Rechtsfolgen einer nicht nach § 87 Abs. 1 AktG angemessenen Vorstandsvergütung

Schriften zum Gesellschafts-, Bilanz- und Unternehmensteuerrecht

Herausgegeben von Barbara Grunewald und Joachim Hennrichs

Band 28

Zur Qualitätssicherung und Peer Review der vorliegenden Publikation

Die Qualität der in dieser Reihe erscheinenden Arbeiten wird vor der Publikation durch den Herausgeber der Reihe geprüft.

Notes on the quality assurance and peer review of this publication

Prior to publication, the quality of the work published in this series is reviewed by the editor of the series.

Florian Wirkes

Rechtsfolgen einer nicht nach § 87 Abs. 1 AktG angemessenen Vorstandsvergütung

Unter Berücksichtigung der Änderungen durch das Gesetz zur Angemessenheit der Vorstandsvergütung (VorstAG)

PETER LANG

Bibliografische Information der Deutschen Nationalbibliothek
Die Deutsche Nationalbibliothek verzeichnet diese Publikation in der Deutschen Nationalbibliografie; detaillierte bibliografische Daten sind im Internet über http://dnb.d-nb.de abrufbar.

Zugl.: Köln, Univ., Diss., 2017

D 38
ISSN 1867-500X
ISBN 978-3-631-74419-2 (Print)
E-ISBN 978-3-631-74572-4 (E-PDF)
E-ISBN 978-3-631-74573-1 (EPUB)
E-ISBN 978-3-631-74574-8 (MOBI)
DOI 10.3726/b13263

Peter Lang – Berlin · Bern · Bruxelles · New York · Oxford · Warszawa · Wien

Diese Publikation wurde begutachtet.

www.peterlang.com

Vorwort

Diese Arbeit wurde im Sommersemester 2017 von der Rechtswissenschaftlichen Fakultät der Universität zu Köln als Dissertation angenommen. Während der Erstellung der Arbeit war ich parallel als Rechtsanwalt tätig. Berücksichtigt sind Rechtsprechung und Literatur bis Ende April 2017 mit einzelnen Aktualisierungen bis Ende Oktober 2017.

Ganz besonders herzlich möchte ich mich bei meiner großartigen Doktormutter Frau Prof. Dr. *Barbara Dauner-Lieb* bedanken. Durch ihr Schaffen wurde ich wesentlich zum Thema meiner Arbeit inspiriert. Ebenfalls bedanke ich mich bei Frau Prof. Dr. *Barbara Grunewald* für die zügige Anfertigung des Zweitgutachtens sowie die Aufnahme meiner Arbeit in ihre Schriftenreihe.

Nicht genug kann ich meiner Familie und meinen Freunden danken, insbesondere meinen lieben Eltern Frau *Brigitte* und Herrn *Peter Wirkes*. Sie haben mich nicht nur beim Korrekturlesen der Arbeit tatkräftig unterstützt und dabei hoffentlich Freude an aktienrechtlichen Texten gefunden. Meine juristische Ausbildung haben meine Eltern mir erst ermöglicht und mich so meinen beruflichen Zielen ganz entscheidend nähergebracht. Auch sonst im Leben standen sie mir immer mit Rat und Tat zur Seite und haben mich so stark gemacht. Gleiches gilt für meine geliebte Freundin und zukünftige Ehefrau *Mariola*. Mögen die Sterne dir immer günstig stehen. Diesen drei widme ich diese Arbeit.

Köln, November 2017

Inhaltsverzeichnis

Literaturverzeichnis

Abelshauser, Werner: „Auftakt zur Depression", Interview mit Hoffmann, Catherine, in: Süddeutsche.de vom 17.05.2010, http://www.sueddeutsche.de/geld/wirtschaftskrisen-im-vergleich-auftakt-zur-depression-1.469404 (Stand: 25.04.2017) (zit.: *Abelshauser*, Süddeutsche.de vom 17.05.2010).

Abeltshauser, Thomas E.: Leitungshaftung im Kapitalgesellschaftsrecht, zugleich Habilitationsschrift (Gießen 1994), Köln / Berlin / Bonn / München 1998 (zit.: *Abeltshauser*, Leitungshaftung im Kapitalgesellschaftsrecht).

Abendroth, Wolfgang: Das Grundgesetz, herausgegeben von Hempel, Hans-Peter, 5. Auflage, Pfullingen 1975 (zit.: *Abendroth*, Das Grundgesetz).

Adams, Michael: Aktienoptionspläne und Vorstandsvergütungen, in: ZIP 2002, S. 1325–1344 (zit.: *Adams*, ZIP 2002).

Adams, Michael: Gesetzliche Begrenzung von Managergehältern, in: ZRP 2003, S. 380 (zit.: *Adams*, ZRP 2003).

Aebersold, Andreas / Suter, Daniel: Der Nutzen einer integrierten Berichterstattung, in: IRZ 2012, S. 381–384 (zit.: *Aebersold/Suter*, IRZ 2012).

Altmeppen, Holger: Die Auswirkungen des KonTraG auf die GmbH, in: ZGR 1999, S. 291–313 (zit.: *Altmeppen*, ZGR 1999).

Amm, Till: Rechtsgeschäft, Gesetzesverstoss und § 134 BGB, zugleich Diss. iur. (Bochum 1982), Bochum 1982 (zit.: *Amm*, Rechtsgeschäft, Gesetzesverstoss und § 134 BGB).

Ankenbrand, Hendrik / Meck, Georg: Top-Manager verlieren ihre Freunde, in: FAZ.NET vom 17.03.2012, http://www.faz.net/aktuell/wirtschaft/spitzengehaelter-top-manager-verlieren-ihre-freunde-11688016.html (Stand: 25.04.2017) (zit.: *Ankenbrand/Meck*, FAZ.NET vom 17.03.2012).

Annuß, Georg / Theusinger, Ingo: Das VorstAG – Praktische Hinweise zum Umgang mit dem neuen Recht, in: BB 2009, S. 2434–2442 (zit.: *Annuß/Theusinger*, BB 2009).

Armbrüster, Christian: Die neue Vergütungsverordnung – erste Antworten für die Praxis, in: VW 2011, S. 401–402 (zit.: *Armbrüster*, VW 2011).

Armgardt, Matthias: Der Kondiktionsausschluss des § 817 S. 2 BGB im Lichte der neuesten Rechtsprechung des BHG, in: NJW 2006, S. 2070–2073 (zit.: *Armgardt*, NJW 2006).

Arnold, Arnd: Die Steuerung des Vorstandshandelns, zugleich Habilitationsschrift (Köln 2006), München 2007 (zit.: *Arnold*, Die Steuerung des Vorstandshandelns).

Arnold, Christian / Schansker, Mareike: Vergütungsgestaltung in Vorstandsverträgen – Rechtliche Anforderungen und praktische Umsetzung, in: KSzW 2012, S. 39–48 (zit.: *Arnold/Schansker*, KSzW 2012).

Arzberger, Klaus: Über die Ursprünge und Entwicklungsbedingungen der Leistungsgesellschaft, in: Krise der Leistungsgesellschaft?, herausgegeben von Hondrich, Karl Otto / Schumacher, Jürgen / Arzberger, Klaus / Schlie, Frank / Stegbauer, Christian, Opladen 1988, S. 23–49 (zit.: *Arzberger*, in: Hondrich/Arzberger/Schlie/Stegbauer, Krise der Leistungsgesellschaft?).

Arzt, Gunther: Die Ansicht aller billig und gerecht Denkenden, zugleich Diss. iur. (Tübingen 1962), Tübingen 1962 (zit.: *Arzt*, Die Ansicht aller billig und gerecht Denkenden).

Astheimer, Sven: Boni für das Volk, in: FAZ.NET vom 20.03.2012, http://www.faz.net/aktuell/wirtschaft/arbeitsmarkt-und-hartz-iv/kommentar-boni-fuer-das-volk-11689118.html (Stand: 25.04.2017) (zit.: *Astheimer*, FAZ.NET vom 20.03.2012).

Augsburger, Matthias: Lauterbarkeitsrechtliche Beurteilung von Corporate Responsibility Codes, in: MMR 2014, S. 427–431 (zit.: *Augsburger*, MMR 2014).

Bachmann,Gregor: Die Einmann-AG, in: NZG 2001, S. 961–971 (zit.: *Bachmann*, NZG 2001).

Bachmann, Gregor: Der „Deutsche Corporate Governance Kodex“: Rechtswirkungen und Haftungsrisiken, in: WM 2002, S. 2137–2143 (zit.: *Bachmann*, WM 2002).

Bachmann, Gregor: Die Erklärung zur Unternehmensführung (Corporate Governance Statement), in: ZIP 2010, 1517–1526 (zit.: *Bachmann*, ZIP 2010).

Bachmann, Gregor: Reformbedarf bei der Business Judgment Rule?, in: ZHR 177 (2013), S. 1–12 (zit.: *Bachmann*, ZHR 177 (2013)).

Baetge, Schmidt / Schmidt, Matthias: Nachhaltigkeit – eine Angelegenheit für den CFO?!, in: IRZ 2010, S. 293–294 (zit.: *Baetge/Schmidt*, IRZ 2010).

Bamberger, Heinz Georg / Roth, Herbert (Hrsg.): Kommentar zum Bürgerlichen Gesetzbuch, Band 1 (§§ 1–610; CISG), 3. Auflage, München 2012 (zit.: *Bearbeiter*, in: Bamberger/Roth, BGB).

Bamberger, Heinz Georg / Roth, Herbert (Hrsg.): Kommentar zum Bürgerlichen Gesetzbuch, Band 2 (§§ 611–1296; AGG; ErbbauRG; WEG), 3. Auflage, München 2012 (zit.: *Bearbeiter*, in: Bamberger/Roth, BGB).

Basedow, Jürgen: Die zentrifugalen Kräfte und das europäische Recht, in: EuZW 2011, S. 361–362 (zit.: *Basedow*, EuZW 2011).

Battis, Ulrich: Bundesbeamtengesetz, Kommentar, 5. Auflage, München 2017 (zit.: *Bearbeiter*, in: Battis, BBG).

Bauer, Jobst-Hubertus / Arnold, Christian: Sind Abfindungs-Caps in Vorstandsverträgen wirklich zu empfehlen? – Zur Überarbeitung des Deutschen Corporate Governance Kodex, in: BB 2008, S. 1692–1697 (zit.: *Bauer/Arnold*, BB 2008).

Bauer, Jobst-Hubertus / Arnold, Christian: Festsetzung und Herabsetzung der Vorstandsvergütung nach dem VorstAG, in: AG 2009, S. 717–731 (zit.: *Bauer/Arnold*, AG 2009).

Bauernfeind, Tobias: Aufsichts- und gesellschaftsrechtliche Grenzen der Vorstandsvergütung bei Finanzinstituten, in: GWR 2016, S. 89–92 (zit.: *Bauernfeind*, GWR 2016).

Baumbach, Adolf (Begr.) / *Hueck, Alfred*: GmbHG, Kommentar, 21. Auflage, München 2017 (zit.: *Bearbeiter*, in: Baumbach/Hueck, GmbHG).

Baums, Theodor: Der Geschäftsleitervertrag, zugleich Habilitationsschrift (Bonn 1985/1986), Köln 1987 (zit.: *Baums*, Der Geschäftsleitervertrag).

Baums, Theodor: Anerkennungsprämien für Vorstandsmitglieder, in: Festschrift für Ulrich Huber zum siebzigsten Geburtstag, herausgegeben von Baums, Theodor / Lutter, Marcus / Schmidt, Karsten / Wertenbruch, Johannes, Tübingen 2006, S. 657–675 (zit.: *Baums*, in: FS Huber).

Baums, Theodor: Rücklagenbildung und Gewinnausschüttung im Aktienrecht, in: Festschrift für Karsten Schmidt zum 70. Geburtstag, herausgegeben von Bitter, Georg / Lutter, Marcus / Priester, Hans-Joachim / Schön, Wolfgang / Ulmer, Peter, Köln 2009, S. 57–83 (zit.: *Baums*, in: FS Schmidt).

Baums, Theodor: Die Unabhängigkeit des Vergütungsberaters, in: AG 2010, S. 53–62 (zit.: *Baums*, AG 2010).

Baums, Theodor: Risiko und Risikosteuerung im Aktienrecht, in: ZGR 2011, S. 218–274 (zit.: *Baums*, ZGR 2011).

Bayer, Walter / *Habersack, Mathias* (Hrsg.): Aktienrecht im Wandel, Band 2 (Grundsatzfragen des Aktienrechts), Tübingen 2007 (zit.: *Bearbeiter*, in: Walter/Habersack, Aktienrecht im Wandel).

Bayer, Walter / *Meier-Wehrsdorfer, Annett*: Abfindungsleistungen an Manager, in: AG 2013, S. 477–488 (zit.: *Bayer/Meier-Wehrsdorfer*, AG 2013).

BDI (Bundesverband der Deutschen Industrie e. V.): Stellungnahme zur öffentlichen Anhörung des Rechtsausschusses des Deutschen Bundestages am 25. Mai 2009 – Entwurf eines Gesetzes zur Angemessenheit der Vorstandsvergütung (BT-Drs. 16/12278) in der Fassung der Synopse der Berichterstatter der Koalitionsfraktionen vom 15. Mai 2009, Berlin 2009, http://www.kapitalmarktrecht-im-internet.eu/de/Rechtsgebiete/Gesellschaftsrecht/Artikelgesetze/85/VorstAG.htm (Stand: 25.04.2017) (zit.: BDI, Stellungnahme zum Entwurf eines VorstAG).

Beater, Axel: Der Gesetzesbegriff von § 134 BGB, in: AcP 197 (1997), S. 505–528 (zit.: *Beater*, AcP 197 (1997)).

Bechtold, Rainer (Begr.) / *Bosch, Wolfgang*: Kartellgesetz: GWB, Kommentar, 8. Auflage, München 2015 (zit.: *Bechtold/Bosch*, GWB).

Beck, Hanno / *Wienert, Helmut*: Anatomie der Weltwirtschaftskrise: Ursachen und Schuldige, in: APuZ 20/2009, S. 7–12 (zit.: *Beck/Wienert*, APuZ 20/2009).

Becker, Christoph: Die Lehre von der laesio enormis in der Sicht der heutigen Wucherproblematik, zugleich Diss. iur. (Köln 1990), Köln / Berlin / Bonn / München 1993 (zit.: *Becker*, Die Lehre von der laesio enormis in der Sicht der heutigen Wucherproblematik).

Beck´sches Handbuch der AG, herausgegeben von Müller, Welf / Rödder, Thomas, 2. Auflage, München 2009 (zit.: *Bearbeiter*, in: BeckHdb AG).

Beck´sches Mandatshandbuch Vorstand der AG, herausgegeben von Lücke, Oliver / Schaub, Bernhard, 2. Auflage, München 2010 (zit.: *Bearbeiter*, in: BeckHdb Vorstand).

Behrens, Walther / Rinsdorf, Hauke: Eingriff in die Weisungsunabhängigkeit von Vorständen durch Zielvereinbarungen, in: Festschrift zum 25-jährigen Bestehen der Arbeitsgemeinschaft Arbeitsrecht im Deutschen Anwaltsverein, herausgegeben von Bauer, Jobst-Hubertus / Beckmann, Paul Werner / Lunk, Stefan / Meier, Hans-Georg / Schipp, Johannes / Schütte, Reinhard, Bonn 2006, S. 449–470 (zit.: *Behrens/Rinsdorf*, in: FS zum 25-järhrigen Bestehen AG ArbR im DAV).

Beiner, Torsten / Braun, Eckhart: Der Vorstandsvertrag, 2. Auflage, Stuttgart / München / Hannover / Berlin / Weimar / Dresden 2014 (zit.: *Beiner/Braun*, Der Vorstandsvertrag).

Berg, Wilfried: Nachhaltigkeit und Umweltstaat, in: Nachhaltigkeit als Verbundbegriff, herausgegeben von Kahl, Wolfgang, Tübingen 2008, S. 425–442 (zit.: *Berg*, in: Kahl, Nachhaltigkeit als Verbundbegriff).

Berg, Stefan / Stöcker, Mathias: Anwendungs- und Haftungsfragen zum Deutschen Corporate Governance Kodex, in: WM 2002, S. 1569–1582 (zit.: *Berg/Stöcker*, WM 2002).

Bergius, Susanne: Investoren verstärken den Druck auf Unternehmen, in: Handelsblatt Online vom 20.09.2011, www.handelsblatt.com/finanzen/boerse-maerkte/boerse-inside/nachhaltigkeit-investoren-verstaerken-den-druck-auf-unternehmen/4623378.html (Stand: 25.04.2017) (zit.: *Bergius*, Handelsblatt Online vom 20.09.2011).

Bernhardt, Wolfgang: Sechs Jahre Deutscher Corporate Governance Kodex – Eine Erfolgsgeschichte?, in: BB 2008, S. 1686–1692 (zit.: *Bernhardt*, BB 2008).

Bernsdorff, Norbert: Positivierung des Umweltschutzes im Grundgesetz (Art. 20a GG), in: NuR 1997, S. 328–334 (zit.: *Bernsdorff*, NuR 1997).

Bickenbach, Christian: Die Einschätzungsprärogative des Gesetzgebers, zugleich Habilitationsschrift (Mainz 2012/2013), Tübingen 2014 (zit.: *Bickenbach*, Die Einschätzungsprärogative des Gesetzgebers).

Binder, Jens-Hinrich: Geschäftsleiterhaftung und fachkundiger Rat, in: AG 2008, S. 274–287 (zit.: *Binder*, AG 2008).

Binder, Jens-Hinrich: Anforderungen an Organentscheidungsprozesse in der neueren höchstrichterlichen Rechtsprechung – Grundlagen einer körperschaftsrechtlichen Entscheidungslehre?, in: AG 2012, S. 885–898 (zit.: *Binder*, AG 2012).

Birk, Axel: Corporate Responsibility, unternehmerische Selbstverpflichtungen und unlauterer Wettbewerb, in: GRUR 2011, S. 196–203 (zit.: *Birk*, GRUR 2011).

Blasche, Sebastian: Die Anwendung der Business Judgment Rule bei Kollegialentscheidungen und Vorliegen eines Interessenkonflikts bei einem der Vorstandsmitglieder, in: AG 2010, S. 692–699 (zit.: *Blasche*, AG 2010).

Blasche, Sebastian: Auswirkungen von Verstößen gegen das KWG sowie von Abweichungen von den MaRisk auf die zivilrechtliche Haftung des Bankvorstandes, in: WM 2011, S. 343–351 (zit.: *Blasche*, WM 2011).

BMU (Bundesministerium für Umwelt, Naturschutz und Reaktorsicherheit) (Hrsg.): Was Investoren wollen – Nachhaltigkeit in der Lageberichterstattung, Berlin 2009, http://www.vgie.de/uploads/media/090804_BMU_broschuere_investoren_bf.pdf (Stand: 25.04.2017) (zit.: BMU, Nachhaltigkeit in der Lageberichterstattung).

BMU (Bundesministerium für Umwelt, Naturschutz und Reaktorsicherheit) / BDI (Bundesverband der deutschen Industrie e. V.) (Hrsg.): Nachhaltigkeitsmanagement in Unternehmen, Berlin 2002, http://www.emas.de/fileadmin/user_upload/06_service/PDF-Dateien/Nachhaltigkeitsmanagement_in_Unternehmen.pdf (Stand: 25.04.2017) (zit.: BMU/BDI, Nachhaltigkeitsmanagement in Unternehmen).

BMW AG (Bayerische Motoren Werke Aktiengesellschaft): Geschäftsbericht 2011, München 2012, http://geschaeftsbericht2011.bmwgroup.com/bmwgroup/annual/2011/gb/German/pdf/bericht2011.pdf (Stand: 25.04.2017) (zit.: BMW AG, Geschäftsbericht 2011).

Böcking, Hans-Joachim / Eibelshäuser, Beate: Die Erklärung zur Unternehmensführung nach BilMoG (§ 289a HGB), in: Der Konzern 2009, S. 563–572 (zit.: *Böcking/Eibelshäuser*, Der Konzern 2009).

Böhme, Gernot (Hrsg.): Das Leistungsprinzip und das Reich der Freiheit, in: Kritik der Leistungsgesellschaft, Bielefeld / Basel (Schweiz) 2010, S. 13–22 (zit.: *Böhme*, in: Kritik der Leistungsgesellschaft).

Böttcher, Lars: Bankvorstandshaftung im Rahmen der Sub-Prime Krise, in: NZG 2009, S. 1047–1052 (zit.: *Böttcher*, NZG 2009).

Boos, Karl-Heinz / Fischer, Reinfrid / Schulte-Mattler, Hermann (Hrsg.): Kreditwesengesetz, Kommentar, 4. Auflage, München 2012 (zit.: *Bearbeiter*, in: Boos/Fischer/Schulte-Mattler, KWG, 4. Aufl.).

Bork, Reinhard: Anmerkung zum Urteil des BGH vom 19.01.2001, in: JZ 2001, S. 1138–1140 (zit.: *Bork*, JZ 2001).

Bork, Reinhard: Allgemeiner Teil des Bürgerlichen Gesetzbuchs, 4. Auflage, Tübingen 2016 (zit.: *Bork*, BGB AT).

Bosch, Nikolaus / Lange, Knut Werner: Unternehmerischer Handlungsspielraum des Vorstandes zwischen zivilrechtlicher Verantwortung und strafrechtlicher Sanktion, in: JZ 2009, S. 225–237 (zit.: *Bosch/Lange*, JZ 2009).

Bosse, Christian: Das Gesetz zur Angemessenheit der Vorstandsvergütung (VorstAG) – Überblick und Handlungsbedarf, in: BB 2009, S. 1650–1654 (zit.: *Bosse*, BB 2009).

Brandes, Stephan: Rückzahlung überhöhter Vorstandsgehälter, in: ZIP 2013, S. 1107–1112 (zit.: *Brandes*, ZIP 2013).

Brauer, Markus: Die aktienrechtliche Beurteilung von „appreciation award" zu Gunsten des Vorstands, in: NZG 2004, S. 502–509 (zit.: *Brauer*, NZG 2004).

Breithaupt, Walter: Die guten Sitten, in: JZ 1964, S. 283–285 (zit.: *Breithaupt*, JZ 1964).

Bremer, Jan: Neuere Entwicklungen in Brüssel, in: NZG 2014, S. 57–59 (zit.: *Bremer*, NZG 2014).

Brömmelmeyer, Christoph: Neue Regeln für die Binnenhaftung des Vorstands – Ein Beitrag zur Konkretisierung der Business Judgment Rule, in: WM 2004, S. 2065–2070 (zit.: *Brömmelmeyer*, WM 2004).

Brüning, Janique / Samson, Erich: Bankenkrise und strafrechtliche Haftung wegen Untreue gem. § 266 StGB, in: ZIP 2009, S. 1089–1094 (zit.: *Brüning/Samson*, ZIP 2009).

Brundtland Commission (World Commission on Environment and Development): Our Common Future, Report, englische Originalfassung, herausgegeben von United Nations, Oxford (England) 1987, http://www.un-documents.net/wced-ocf.htm (Stand: 25.04.2017) (zit.: Brundtland Commission, Our Common Future).

Buchta, Jens: Die Haftung des Vorstands einer Aktiengesellschaft – aktuelle Entwicklungen in Gesetzgebung und Rechtsprechung (Teil I), in: DStR 2003, S. 694–699 (zit.: *Buchta*, DStR 2003).

Bückmann, Walter / Rogall, Holger: Nachhaltigkeit – rechtliche und wissenschaftliche Aspekte, in: UPR 2001, S. 121–130 (zit.: *Bückmann/Rogall*, UPR 2001).

Bückmann, Walter / Lee, Yeong Heui / Simonis, Udo E.: Nachhaltigkeit und das Recht, in: APuZ 27/2003, S. 27–32 (zit.: *Bückmann/Lee/Simonis*, APuZ 27/2003).

Bühler, Ottmar / Strickrodt, Georg: Steuerrecht, Band 1 (Allgemeines Steuerrecht, 1. Halbband), 3. Auflage, Wiesbaden 1959 (zit.: *Bühler/Strickrodt*, Steuerrecht I 1).

Bürgers, Tobias / Körber, Torsten (Hrsg.): Aktiengesetz, Heidelberger Kommentar, 1. Auflage, Heidelberg / München / Landsberg / Frechen / Hamburg 2008 (zit.: *Bearbeiter*, in: Bürgers/Körber, AktG, 1. Aufl.).

Bürgers, Tobias / Körber, Torsten (Hrsg.): Aktiengesetz, Heidelberger Kommentar, 4. Auflage, Heidelberg 2017 (zit.: *Bearbeiter*, in: Bürgers/Körber, AktG).

Bundesregierung: Deutsche Nachhaltigkeitsstrategie – Neuauflage 2016, Berlin 2017 https://www.bundesregierung.de/Content/DE/_Anlagen/Nachhaltigkeit-wiederhergestellt/2017-01-11-nachhaltigkeitsstrategie.pdf?__blob=publicationFile&v=15 (Stand: 25.04.2017) (zit.: Bundesregierung, Nachhaltigkeitsstrategie).

Bundesregierung: Perspektiven für Deutschland, Berlin 2002, http://www.bundesregierung.de/Content/DE/_Anlagen/Nachhaltigkeit-wiederhergestellt/perspektiven-fuer-deutschland-langfassung.pdf?__blob=publicationFile&v=3 (Stand: 25.04.2017) (zit.: Bundesregierung, Perspektiven für Deutschland).

Bundesregierung: Nationale Strategie zur gesellschaftlichen Verantwortung von Unternehmen (Corporate Social Responsibility – CSR) – Aktionsplan CSR – der

Bundesregierung, herausgegeben vom Ministerium für Arbeit und Soziales, Bonn 2010, https://www.bundesregierung.de/Content/DE/_Anlagen/Nachhaltigkeit-wiederhergestellt/2010-12-07-aktionsplan-csr.pdf?__blob=publicationFile&v=2 (Stand: 25.04.2017) (zit.: Bundesregierung, Aktionsplan CSR).

Bunte, Hermann-Josef: Rechtsfindungsprobleme im Bereich des Konsumentenkredits, in: ZIP 1985, S. 1–11 (zit.: *Bunte*, ZIP 1985).

Bunz, Thomas: Die Business Judgment Rule bei Interessenkonflikten im Kollegialorgan, in: NZG 2011, S. 1294–1296 (zit.: *Bunz*, NZG 2011).

Busse von Colbe, Walther: Was ist und was bedeutet Shareholder Value aus betriebswirtschaftlicher Sicht?, in: ZGR 1997, S. 271–290 (zit.: *Busse v. Colbe*, ZGR 1997).

Bydlinski, Franz: Grundzüge der juristischen Methodenlehre, 2. Auflage, Wien (Österreich) 2012 (zit.: *Bydlinski*, Grundzüge der juristischen Methodenlehre).

Cahn, Andreas: Vorstandsvergütung als Gegenstand rechtlicher Regelung, in: Festschrift für Klaus J. Hopt zum 70. Geburtstag am 24. August 2010, herausgegeben von Grundmann, Stefan / Haar, Brigitte / Merkt, Hanno / Mülbert, Peter O. / Wellenhofer, Marina / Baum, Harald / von Hein, Jan / von Hippel, Thomas / Pistor, Katharina / Roth, Markus / Schweitzer, Heike, Berlin / New York (USA) 2010, S. 431–455 (zit.: *Cahn*, in: FS Hopt).

Cahn, Andreas: Aufsichtsrat und Business Judgment Rule, in: WM 2013, S. 1293–1305 (zit.: *Cahn*, WM 2013).

Calliess, Christian: Die neue Querschnittsklausel des Art. 6 ex 3c EGV als Instrument zur Umsetzung des Grundsatzes der nachhaltigen Entwicklung, in: DVBl 1998, S. 559–568 (zit.: *Calliess*, DVBl 1998).

Calliess, Christian: Der Grundsatz der nachhaltigen Entwicklung: Zur Konkretisierung eines politischen Konsensbegriffs durch Recht, in: Dynamik und Nachhaltigkeit des Öffentlichen Rechts, Festschrift für Professor Dr. Meinhard Schröder zum 70. Geburtstag, herausgegeben von Ruffert, Matthias, Berlin 2012, S. 515–530 (zit.: *Calliess*, in: FS Schröder).

Canaris, Claus-Wilhelm: Atypische faktische Arbeitsverhältnisse, in: BB 1967, S. 165–170 (zit.: *Canaris*, BB 1967).

Canaris, Claus-Wilhelm: Grundrechte und Privatrecht, in: AcP 184 (1984), S. 201–246 (zit.: *Canaris*, AcP 184 (1984)).

Canaris, Claus-Wilhelm: Das Rangverhältnis der „klassischen“ Auslegungskriterien, demonstriert an Standardproblemen aus dem Zivilrecht, in: Festschrift für Dieter Medicus zum 70. Geburtstag, herausgegeben von Beuthien, Volker / Fuchs, Maximilian / Roth, Herbert / Schiemann, Gottfried / Wacke, Andreas, Köln / Berlin / Bonn / München 1999, S. 25–61 (zit.: *Canaris*, in: FS Medicus).

Canaris, Claus-Wilhelm: Wandlungen des Schuldvertragsrechts – Tendenzen zu seiner „Materialisierung“, in: AcP 200 (2000), S. 273–364 (zit.: *Canaris*, AcP 2000).

Canaris, Claus-Wilhelm: Nachträgliche Gesetzwidrigkeit von Verträgen, geltungserhaltende Reduktion und salvatorische Klauseln im deutschen und europäischen Kartellrecht, in: DB 2002, S. 930–936 (zit.: *Canaris*, DB 2002).

Cannivé, Klaus / Seebach, Daniel: Vorstandsvergütung als neue Haftungsfalle für Aufsichtsratsmitglieder?, in: Der Konzern 2009, S. 593–601 (zit.: *Cannivé/Seebach*, Der Konzern 2009).

Casper, Matthias: Hat die grundsätzliche Verfolgungspflicht im Sinne des ARAG/Garmenbeck-Urteils ausgedient?, in: ZHR 176 (2012), S. 617–651 (zit.: *Casper*, ZHR 176 (2012)).

Cezanne, Wolfgang: Allgemeine Volkswirtschaftslehre, 6. Auflage, München / Wien (Österreich) 2005 (zit.: *Cezanne*, Allgemeine VWL).

Claussen, Carsten Peter / Bröcker, Norbert: Der Corporate Governance-Kodex aus der Perspektive der kleinen und mittleren Börsen-AG, in: DB 2002, S. 1199–1206 (zit.: *Claussen/Bröcker*, DB 2002).

Creifelds, Carl (Begr.): Rechtswörterbuch, 22. Auflage, München 2017 (zit.: *Creifelds*, Rechtswörterbuch).

Daimler AG: Geschäftsbericht 2011, Stuttgart 2012, https://www.daimler.com/dokumente/investoren/berichte/geschaeftsberichte/daimler/daimer-ir-geschaeftsbericht-2011.pdf (Stand: 25.04.2017) (zit.: Daimler AG, Geschäftsbericht 2011).

Dauner-Lieb, Barbara: Angemessenheitskontrolle privatautonomer Selbstbindung des Gesellschafters?, in: GmbHR 1994, S. 836–842 (zit.: *Dauner-Lieb*, GmbHR 1994).

Dauner-Lieb, Barbara: Unternehmerische Tätigkeit zwischen Kontrolle und Kreativität, in: Festschrift für Volker Röhricht zum 65. Geburtstag, herausgegeben von Crezelius, Georg / Hirte, Heribert / Vieweg, Klaus, Köln 2005, S. 83–103 (zit.: *Dauner-Lieb*, in: FS Röhricht).

Dauner-Lieb, Barbara: Die Verrechtlichung der Vorstandsvergütung durch das VorstAG als Herausforderung für den Aufsichtsrat, in: Der Konzern 2009, S. 583–593 (zit.: *Dauner-Lieb*, Der Konzern 2009).

Dauner-Lieb, Barbara / Heidel, Thomas / Ring, Gerhard (Hrsg.): BGB, Kommentar, Band 1 (Allgemeiner Teil, §§ 1–240, EGBGB), 3. Auflage, Baden-Baden 2016 (zit.: *Bearbeiter*, in: Dauner-Lieb/Heidel/Ring, BGB).

Dauner-Lieb, Barbara / Heidel, Thomas / Ring, Gerhard (Hrsg.): BGB, Kommentar, Band 2/2 (Schuldrecht, §§ 611–853), 3. Auflage, Baden-Baden 2016 (zit.: *Bearbeiter*, in: Dauner-Lieb/Heidel/Ring, BGB).

Dauner-Lieb, Barbara / Preen, Alexander von / Simon, Stefan: Das VorstAG – Ein Schritt auf dem Weg zum Board-System?, in: DB 2010, S. 377–383 (zit.: *Dauner-Lieb/v. Preen/Simon*, DB 2010).

Deckert, Martina R. / Rüden, Jens von: Anlegerschutz durch Europäisches Kapitalmarktrecht, in: EWS 1998, S. 46–54 (zit.: *Deckert/v. Rüden*, EWS 1998).

Deilmann, Barbara / Otte, Sabine: Auswirkungen des VorstAG auf die Struktur der Vorstandsvergütung, in: GWR 2009, S. 261–263 (zit.: *Deilmann/Otte*, GWR 2009).

Deter, Gerhard: „Nationale Nachhaltigkeitsstrategie" und Grundgesetz, in: ZUR 2012, S. 157–163 (zit.: *Deter*, ZUR 2012).

Dettling, Heinz-Uwe: Die Entstehungsgeschichte des Konzernrechts im Aktiengesetz von 1965, in: Beiträge zur Rechtsgeschichte des 20. Jahrhunderts, herausgegeben von Nörr, Knut Wolfgang / Rückert, Joachim / Rüthers, Bernd / Stolleis, Michael, zugleich Diss. iur. (Tübingen 1995/1996), Tübingen 1997 (zit.: *Dettling*, Entstehungsgeschichte des Konzernrechts im Aktiengesetz 1965).

Deutsche UNESCO-Kommission e.V.: Eine kurze Geschichte der Nachhaltigkeit, Bonn 2009, https://www.unesco.de/bildung/bis-2009/geschichte-der-nachhaltigkeit.html (Stand: 25.04.2017 (zit.: Deutsche UNESCO-Kommission, Eine kurze Geschichte der Nachhaltigkeit).

DGB (Deutscher Gewerkschaftsbund): Stellungnahme des DGB zum Entwurf eines Gesetzes zur Angemessenheit der Vorstandsvergütung (VorstAG), Berlin 2009, http://www.boeckler.de/pdf/boxen_2009_08_managergehaelter_dgb_stellungnahme.pdf (Stand: 25.04.2017).

Diekmann, Hans / Fleischmann, Dermot: Umgang mit Interessenkonflikten in Aufsichtsrat und Vorstand der Aktiengesellschaft, in: AG 2013, S. 141–150 (zit.: *Diekmann/Fleischmann*, AG 2013).

Dienes, Dominik / Velte, Patrick: Das finale IIRC-Rahmenkonzept zum Integrated Reporting – Kritische Würdigung wesentlicher Inhalte und Änderungen gegenüber der Entwurfsfassung, in: IRZ 2014, S. 67–72 (zit.: *Dienes/Velte*, IRZ 2014).

Die Welt Online: VW-Chef Winterkorn verteidigt 17-Millionen-Gehalt, in: Die Welt Online vom 25.03.2012, http://www.welt.de/wirtschaft/article13945119/VW-Chef-Winterkorn-verteidigt-17-Millionen-Gehalt.html (Stand: 25.04.2017) (zit.: Die Welt Online vom 25.03.2012).

Döll, Matthias: Das Votum zum Vergütungssystem nach § 120 Abs. 4 AktG, in: WM 2010, S. 103–112 (zit.: *Döll*, WM 2010).

Dörrwächter, Jan / Trafkowski, Armin: Anmerkungen zum Abfindungs-Cap in Nummer 4.2.3 n.F. des Deutschen Corporate Governance Kodex, in: NZG 2007, S. 846–851 (zit.: *Dörrwächter/Trafkowski*, NZG 2007).

Dreher, Meinrad: Change of control-Klauseln bei Aktiengesellschaften, in: AG 2002, S. 214–223 (zit.: *Dreher*, AG 2002).

Dreher, Meinrad: Die Qualifikation der Aufsichtsratsmitglieder, in: Verantwortung und Gestaltung, Festschrift für Karlheinz Boujong zum 65. Geburtstag, herausgegeben von Ebenroth, Carsten Thomas / Hesselberger, Dieter / Rinne, Manfred Eberhard, München 1996, S. 71–97 (zit.: *Dreher*, in: FS Boujong).

Dreier, Horst (Hrsg.): Grundgesetz, Kommentar, Band 2 (Artikel 20–82), 3. Auflage, Tübingen 2015 (zit.: *Bearbeiter*, in: Dreier, GG).

Drygala, Tim: Die neue Pflicht des Vorstands zur Bescheidenheit, in: Festschrift für Uwe H. Schneider zum 70. Geburtstag, herausgegeben von Burgard, Ulrich / Hadding, Walther / Mülbert, Peter O. / Nietsch, Michael / Welter, Reinhard, Köln 2011, S. 275–293 (zit.: *Drygala*, in: FS Schneider).

Drygala, Tim: Die fehlende Verantwortung des Vorstands für sein Gehalt, oder: Ketzerische Gedanken zur Vergütungsdebatte, in: ZRP 2012, S. 161–164 (zit.: *Drygala*, ZRP 2012).

Duden online, Wörterbuch, http://www.duden.de/woerterbuch (Stand: 25.04.2017) (zit.: Duden online, „Wort").

Dzida, Boris / Naber, Sebastian: Risikosteuerung durch variable Vergütung, in: BB 2011, S. 2613–2617 (zit.: *Dzida/Naber*, BB 2011).

Ebsen, Ingwer: Nachhaltigkeit sozialer Sicherheit? in: Sozialrechtsgeltung in der Zeit, Schriftenreihe des Deutschen Sozialrechtsverbandes, Band 55, Berlin 2007, S. 79–102 (zit.: *Ebsen*, in: SDSRV 55).

Eckardstein, Dudo von / Konlechner, Stefan: Vorstandsvergütung und gesellschaftliche Verantwortung der Unternehmung, München / Mering 2008 (zit.: *v. Eckardstein/ Konlechner*, Vorstandsvergütung und gesellschaftliche Verantwortung der Unternehmung).

Eckert, Jörn: Sittenwidrigkeit und Wertungswandel, in: AcP 199 (1999), S. 337–359 (zit.: *Eckert*, AcP 199 (1999)).

Ehrenzeller, Bernhard / Mastronardi, Philippe / Schweizer, Rainer J. / Vallender, Klaus A. (Hrsg.): Die schweizerische Bundesverfassung, Kommentar, Band 1 (Art. 1–93), 2. Auflage, Zürich (Schweiz) / St. Gallen (Schweiz) 2008 (zit.: *Bearbeiter*, in: Ehrenzeller/Mastronardi/Schweizer/Vallender, Die schweizerische Bundesverfassung).

Eichner, Christian / Delahaye, Lukas: Sorgfaltspflichten und Gestaltungsmöglichkeiten des Aufsichtsrats bei Vorstandsverträgen nach dem VorstAG, in: ZIP 2010, S. 2082–2087 (zit.: *Eichner/Delahaye*, ZIP 2010).

Eidenmüller, Horst: Wertersatz für rechtsgrundlos erbrachte Bauleistungen, in: JZ 1996, S. 889–893 (zit.: *Eidenmüller*, JZ 1996).

Enderlein, Wolfgang: Rechtspaternalismus und Vertragsrecht, zugleich Habilitationsschrift (Saarbrücken 1994), München 1996 (zit.: *Enderlein*, Rechtspaternalismus und Vertragsrecht).

Engels, Dieter / Hugo, Dieter: Verschuldung des Bundes und rechtliche Schuldengrenzen, in: DÖV 2007, S. 445–456 (zit.: *Engels/Dieter*, DÖV 2007).

Erbguth, Wilfried: Konsequenzen der neueren Rechtsentwicklung im Zeichen nachhaltiger Raumentwicklung, in: DVBl 1999, S. 1082–1091 (zit.: *Erbguth*, DVBl 1999).

Erfurter Kommentar zum Arbeitsrecht, herausgegeben von Müller-Glöge, Rudi / Preis, Ulrich / Schmidt, Ingrid, 17. Auflage, München 2017 (zit.: *Bearbeiter*, in: ErfK, Gesetz).

Erman, Walter (Begr.): Bürgerliches Gesetzbuch, Handkommentar, Band 1 (§§ 1–761; AGG), 15. Auflage, Köln 2017 (zit.: *Bearbeiter*, in: Erman, BGB).

Erman, Walter (Begr.): Bürgerliches Gesetzbuch, Handkommentar, Band 2 (§§ 762–2385; ProdHaftG; ErbbauRG; VersAusglG; VBVG; LPartG; WEG; EGBGB), 15. Auflage, Köln 2017 (zit.: *Bearbeiter*, in: Erman, BGB).

Esser, Josef: § 138 BGB und die Bankpraxis der Globalzession, in: ZHR 135 (1971), S. 320–339 (zit.: *Esser*, ZHR 135 (1971)).

Europäische Kommission: Europäische Rahmenbedingungen für die soziale Verantwortung der Unternehmen, Grünbuch, KOM(2001) 366 endgültig, Brüssel (Belgien) 2001, http://www.europarl.europa.eu/meetdocs/committees/deve/20020122/com%282001%29366_de.pdf (Stand: 25.04.2017) (zit.: Europäische Kommission, KOM(2001) 366 endgültig).

Europäische Kommission: Förderung einer nachhaltigen Entwicklung durch die EU-Politik: Überprüfung der EU-Strategie für nachhaltige Entwicklung 2009, Mitteilung an das Europäische Parlament, den Rat, den Europäischen Wirtschafts- und Sozialausschuss und den Ausschuss der Regionen, KOM(2009) 400 endgültig, Brüssel (Belgien) 2009, http://eur-lex.europa.eu/LexUriServ/LexUriServ.do?uri=COM:2009:0400:FIN:DE:HTML (Stand: 25.04.2017) (zit.: Europäische Kommission, KOM(2009) 400 endgültig).

Europäische Kommission: Eine neue EU-Strategie (2011–14) für die soziale Verantwortung der Unternehmen (CSR), Mitteilung an das Europäische Parlament, den Rat, den Europäischen Wirtschafts- und Sozialausschuss und den Ausschuss der Regionen, KOM(2011) 681 endgültig, Brüssel (Belgien) 2011, http://eur-lex.europa.eu/LexUriServ/LexUriServ.do?uri=COM:2011:0681:FIN:DE:PDF (Stand: 25.04.2017) (zit.: Europäische Kommission, KOM(2011) 681 endgültig).

Europäische Kommission: Vorschlag für eine Richtlinie des Europäischen Parlaments und des Rates zur Änderung der Richtlinien 78/660/EWG und 83/349/EWG des Rates im Hinblick auf die Offenlegung nichtfinanzieller und die Diversität betreffender Informationen durch bestimmte große Gesellschaften und Konzerne, COM(2013) 207 final, Straßburg (Frankreich) 2013, http://eur-lex.europa.eu/LexUriServ/LexUriServ.do?uri=COM:2013:0207:FIN:DE:PDF (Stand: 25.04.2017) (zit.: Europäische Kommission, COM(2013) 207 final).

Europäische Kommission: Vorschlag für eine Richtlinie des Europäischen Parlaments und des Rates zur Änderung der Richtlinie 2007/36/EG im Hinblick auf die Förderung der langfristigen Einbeziehung der Aktionäre sowie der Richtlinie 2013/34/EU in Bezug auf bestimmte Elemente der Erklärung zur Unternehmensführung, COM(2014) 213 final, Brüssel (Belgien) 2014, http://ec.europa.eu/internal_market/company/docs/modern/cgp/shrd/140409-shrd_de.pdf (Stand: 25.04.2017) (zit.: Europäische Kommission, COM(2014) 213 final).

European Commission: Growth, Internal Market, Industry, Entrepreneurship SMEs: Corporate Social Responsibility (CSR), englische Originalfassung, https://ec.europa.eu/growth/industry/corporate-social-responsibility_en (Stand: 25.04.2017) (zit.: European Commission: CSR).

European Commission: Improving corporate governance: Europe's largest companies will have to be more transparent about how they operate, STATEMENT/14/124, englische Originalfassung, Brüssel (Belgien) 2014, http://europa.eu/rapid/press-release_STATEMENT-14-124_en.htm (Stand: 25.04.2017) (zit.: European Commission, STATEMENT/14/124).

Evers, Heinz / Köstler, Roland / Weckes, Marion: Managervergütung in der Praxis, Hinweise zum Umgang mit dem VorstAG, Arbeitshilfe für Aufsichtsräte 14 (Angemessene Vorstandsvergütung), herausgegeben von Hans-Böckler-Stifung, 4. Auflage, Düsseldorf 2010, http://www.boeckler.de/pdf/ah_ar_14.pdf (Stand: 25.04.2017) (zit.: *Evers/Köstler/Weckes*, in: Arbeitshilfe für AR 14).

Fabricius, Fritz: Einschränkung der Anwendung des § 817 S. 2 BGB durch den Zweck des Verbotsgesetzes?, in: JZ 1963, S. 85–91 (zit.: *Fabricius*, JZ 1963).

Falkenhausen, Joachim von: Die Haftung außerhalb der Business Judgment Rule, in: NZG 2012, S. 644–651 (zit.: *v. Falkenhausen*, NZG 2012).

Falkenhausen, Joachim von / Kocher, Dirk: Erste Erfahrungen mit dem Vergütungsvotum der Hauptversammlung, in: AG 2010, S. 623–628 (zit.: *v. Falkenhausen/Kocher*, AG 2010).

Fechner, Frank: Geistiges Eigentum und Verfassung, zugleich Habilitationsschrift (1996), Tübingen 1999 (zit.: *Fechner*, Geistiges Eigentum und Verfassung).

Feddersen, Dieter: Nochmals – Die Pflichten des Vorstands zur Unternehmensplanung, in: ZGR 1993, S. 114–117 (zit.: *Feddersen*, ZGR 1993).

Feudner, Bernd: Regeln für Vorstandsbezüge, in: NZG 2007, S. 779–781(zit.: *Feudner*, NZG 2007).

Fleischer, Holger: Unternehmensspenden und Leitungsermessen des Vorstands im Aktienrecht, in: AG 2001, S. 171–181 (zit.: *Fleischer*, AG 2001).

Fleischer, Holger: Die „Business Judgment Rule" im Spiegel von Rechtsvergleichung und Rechtsökonomie, in: Festschrift für Herbert Wiedemann zum 70. Geburtstag, herausgegeben von Wank, Rolf / Hirte, Heribert / Frey, Kaspar / Fleischer, Holger / Thüsing, Gregor, München 2002, S. 827–849 (zit.: *Fleischer*, in: FS Wiedemann).

Fleischer, Holger: Zur organschaftlichen Treuepflicht der Geschäftsleiter im Aktien- und GmbH-Recht, in: WM 2003, S. 1045–1058 (zit.: *Fleischer*, WM 2003).

Fleischer, Holger: Die „Business Judgment Rule": Vom Richterrecht zur Kodifizierung, in: ZIP 2004, S. 685–692 (zit.: *Fleischer*, ZIP 2004).

Fleischer, Holger: Zur Angemessenheit der Vorstandsvergütung im Aktienrecht (Teil I), DStR 2005, S. 1279–1283 (zit.: *Fleischer*, DStR 2005).

Fleischer, Holger: Zur Angemessenheit der Vorstandsvergütung im Aktienrecht (Teil II), in: DStR 2005, S. 1318–1323 (zit.: *Fleischer*, DStR 2005).

Fleischer, Holger: Das Gesetz zur Unternehmensintegrität und Modernisierung des Anfechtungsrechts, in: NJW 2005, S. 3525–3530 (zit.: *Fleischer*, NJW 2005).

Fleischer, Holger: Reichweite und Grenzen der unbeschränkten Organvertretungsmacht im Kapitalgesellschaftsrecht, in: NZG 2005, S. 529–537 (zit.: *Fleischer*, NZG 2005).

Fleischer, Holger: Aktienrechtliche Legalitätspflicht und „nützliche" Pflichtverletzungen von Vorstandsmitgliedern, in: ZIP 2005, S. 141–152 (zit.: *Fleischer*, ZIP 2005).

Fleischer, Holger (Hrsg.): Handbuch des Vorstandsrechts, München 2006 (zit.: Bearbeiter, in: Fleischer, Hdb Vorstandsrecht).

Fleischer, Holger: Das Mannesmann-Urteil des Bundesgerichtshofs: Eine aktienrechtliche Nachlese, in: DB 2006, S. 542–545 (zit.: *Fleischer*, DB 2006).

Fleischer, Holger: Haftung des herrschenden Unternehmens im faktischen Konzern und unternehmerisches Ermessen (§§ 317 II, 93 I AktG), in: NZG 2008, S. 371–375 (zit.: *Fleischer*, NZG 2008).

Fleischer, Holger: Kompetenzüberschreitungen von Geschäftsleitern im Personen- und Kapitalgesellschaftsrecht, in: DStR 2009, 1204–1210 (zit.: *Fleischer*, DStR 2009).

Fleischer, Holger: Das Gesetz zur Angemessenheit der Vorstandsvergütung (VorstAG), in: NZG 2009, S. 801–806 (zit.: *Fleischer*, NZG 2009).

Fleischer, Holger: Rechtsrat und Organwalterhaftung im Gesellschafts- und Kapitalmarktrecht, in: Festschrift für Uwe Hüffer zum 70. Geburtstag, herausgegeben von Kindler, Peter / Koch, Jens / Ulmer, Peter / Winter, Martin, München 2010, S. 187–203 (zit.: *Fleischer*, in: FS Hüffer).

Fleischer, Holger: Aufsichtsratsverantwortlichkeit für die Vorstandsvergütung und Unabhängigkeit der Vergütungsberater, in: BB 2010, S. 67–74 (zit.: *Fleischer*, BB 2010).

Fleischer, Holger: Vorstandshaftung und Vertrauen auf anwaltlichen Rat, in: NZG 2010, S. 121–125 (zit.: *Fleischer*, NZG 2010).

Fleischer, Holger: Das unternehmerische Ermessen des GmbH-Geschäftsführers und seine GmbH-spezifischen Grenzen, in: NZG 2011, S. 521–527 (zit.: *Fleischer*, NZG 2011).

Fleischer, Holger: Fehlerhafte Aufsichtsratsbeschlüsse: Rechtsdogmatik – Rechtsvergleichung – Rechtspolitik (Teil 1), in: DB 2013, S. 160–167 (zit.: *Fleischer*, DB 2013).

Fleischer, Holger: Fehlerhafte Aufsichtsratsbeschlüsse: Rechtsdogmatik – Rechtsvergleichung – Rechtspolitik (Teil 2), in: DB 2013, S. 217–224 (zit.: *Fleischer*, DB 2013).

Fleischer, Holger / Bauer, Leopold: Von Vorstandsbezügen, Flugreisen, Festschriften, Firmensponsorings und Festessen: Vorstandshaftung für übermäßige Vergütung und „fringe benefits", in; ZIP 2015, S. 1901–1911 (zit.: *Fleischer/Bauer*, ZIP 2015).

Fleischer, Holger / Bedkowski, Dorothea: „Say on Pay“ im deutschen Aktienrecht: Das neue Vergütungsvotum der Hauptversammlung nach § 120 Abs. 4 AktG, in: AG 2009, S. 677–692 (zit.: *Fleischer*, AG 2009).

Fleischhauer, Jan: Gefallene Helden, in: Der Spiegel 24/2002, S. 106–108 (zit.: *Fleischhauer*, Der Spiegel 24/2002).

Flotow, Paschen von / Kachel, Petra: Nachhaltigkeit und Shareholder Value aus Sicht börsennotierter Unternehmen, in: Studien des Deutschen Aktieninstituts, Heft 50, herausgegeben von Rosen, Rüdiger von, Frankfurt am Main 2011 (zit.: *v. Flotow/Kachel*, in: v. Rosen, Nachhaltigkeit und Shareholder Value aus Sicht börsennotierter Unternehmen).

Flume, Werner: Allgemeiner Teil des Bürgerlichen Rechts, Band 2 (Das Rechtsgeschäft), 4. Auflage, Berlin / Heidelberg / New York (USA) 1992 (zit.: *Flume*, BGB AT II).

Flume, Werner: Zur Anwendung der Saldotheorie im Fall der Nichtigkeit eines Grundstück-Kaufvertrags nach § 138 Abs. 1 BGB wegen verwerflicher Gesinnung des Käufers, in: ZIP 2001, S. 1621–1623 (zit.: *Flume*, ZIP 2001).

Förster, Christian: Soziale Verantwortung von Unternehmen rechtlich reguliert, in: RIW 2008, S. 833–840 (zit.: *Förster*, RIW 2008).

Fonk, Hans-Joachim: Die Zulässigkeit von Vorstandsbezügen dem Grunde nach – Aktienrechtliche Anmerkungen zum Urteil des LG Düsseldorf, NZG 2004, Seite 1047 – Mannesmann, in: NZG 2005, S. 248–254 (zit.: *Fonk*, NZG 2005).

Fonk, Hans-Joachim: Vergütungsrelevante Zielvereinbarungen und -vorgaben versus Leitungsbefugnis des Vorstands, in: NZG 2011, S. 321–327 (zit.: *Fonk*, NZG 2011).

Franz, Thorsten: Forstrecht, 3. Auflage, Remagen 2014 (zit.: *Franz*, Forstrecht).

Freeman, R. Edward: Strategic Management – A Stakeholder Approach, englische Originalfassung, Neuauflage, Cambridge (England) / New York (USA) / Melbourne (Australien) / Madrid (Spanien) / Kapstadt (Südafrika) / Singapur / Sao Paulo (Brasilien) / Delhi (Indien) / Dubai / Tokyo (Japan) 2010 (zit.: *Freeman*, Strategic Management).

Freitag, Robert / Korch, Stefan: Die Angemessenheit der Information im Rahmen der Business Judgment Rule (§ 93 Abs. 1 Satz 2 AktG), in: ZIP 2012, S. 2281–2286 (zit.: *Freitag/Korch*, ZIP 2012).

Frenz, Walter: Nachhaltige Entwicklung nach dem Grundgesetz, in: Jahrbuch des Umwelt- und Technikrechts 49 (1999), Berlin 1999, S. 37–80 (zit.: *Frenz*, in: JbUTR 49 (1999)).

Frenz, Walter: Deutsche Umweltgesetzgebung und Sustainable Development, in: ZG 1999, S. 143–160 (zit.: *Frenz*, ZG 1999).

Frenz, Walter / Unnerstall, Herwig: Nachhaltige Entwicklung im Europarecht, Baden-Baden 1999 (zit.: *Frenz/Unnerstall*, Nachhaltige Entwicklung im Europarecht).

Friedl, Gunther: Rede auf einer Pressekonferenz zur Vorstellung der von dem Deutsche Schutzvereinigung für Wertpapierbesitz e. V. und der Technischen Universität München erstellten „Studie zur Vergütung der Vorstände in den DAX- und MDAX-Unternehmen im Geschäftsjahr 2013" am 10.07.2014, Düsseldorf 2014, http://www.dsw-info.de/DSW-Vorstandsverguetungsstudie.2010.0.html (Stand: 25.04.2017) (zit.: *Friedl*, Rede zur „Studie zur Vergütung der Vorstände in den DAX- und MDAX-Unternehmen im Geschäftsjahr 2013").

Gaul, Björn / Janz, Alexandra: Wahlkampfgetöse im Aktienrecht: Gesetzliche Begrenzung der Vorstandsvergütung und Änderungen der Aufsichtsratstätigkeit, in: NZA 2009, S. 809–815 (zit.: *Gaul/Janz*, NZA 2009).

Gehb, Jürgen / Heckelmann, Martin: Haftungsfreistellung von Vorständen, in: ZRP 2005, S. 145–149 (zit.: *Gehb/Heckelmann*, ZRP 2005).

Geßler, Ernst: Vorstand und Aufsichtsrat im neuen Aktiengesetz, in: JW 1937, S. 497–503 (zit.: *Geßler*, JW 1937).

Glaser, Andreas: Nachhaltige Entwicklung und Demokratie, zugleich Diss. iur. (Bayreuth 2005), Tübingen 2006 (zit.: *Glaser*, Nachhaltige Entwicklung und Demokratie).

Goette, Wulf: Zur Verteilung der Darlegungs- und Beweislast der objektiven Pflichtwidrigkeit bei der Organhaftung, in: ZGR 1995, S. 648–674 (zit.: *Goette*, ZGR 1995).

Goette, Wulf: Gesellschaftsrechtliche Grundfragen im Spiegel der Rechtsprechung, in: ZGR 2008, S. 436–453 (zit.: *Goette*, ZGR 2008).

Goette, Wulf: „Zur ARAG/GARMENBECK-Doktrin", in: Liber amicorum für Martin Winter, herausgegeben von Hoffmann-Becking, Michael / Hüffer, Uwe / Reichert, Jochem, Köln 2011, S. 153–166 (zit.: *Goette*, in GS Winter).

Goette, Wulf: Grundsätzliche Verfolgungspflicht des Aufsichtsrats bei sorgfaltswidrig schädigendem Verhalten im AG-Vorstand?, in: ZHR 176 (2012), S. 588–616 (zit.: *Goette*, ZHR 176 (2012)).

Graumann, Matthias / Grundei, Jens: Wann entsprechen unternehmerische Entscheidungen der gesellschaftsrechtlichen Anforderung „angemessener Information"?, in: DBW 2011, S. 379–399 (zit.: *Graumann/Grundei*, DBW 2011).

Greive, Martin: Finanzkrise kostet Deutschland 187 Milliarden, in: Die Welt Online vom 03.04.2013, http://www.welt.de/wirtschaft/article114944193/Finanzkrise-kostet-Deutschland-187-Milliarden.html (Stand: 25.04.2017) (zit.: *Greive*, Die Welt Online vom 03.04.2013).

Grigoleit, Hans Christoph (Hrsg.): Aktiengesetz, Kommentar, München 2013 (zit.: *Bearbeiter*, in: Grigoleit, AktG).

Gröpl, Christoph: Staatseinnahmen und Staatsausgaben im demokratischen Verfassungsstaat, in: AöR 133 (2008), S. 1–42 (zit.: *Gröpl*, AöR 133 (2008)).

Groh, Manfred: Shareholder Value und Aktienrecht, in: DB 2000, S. 2153–2158 (zit.: *Groh*, DB 2000).

Großkommentar Aktiengesetz Band 2/1 (§§ 23–40), herausgegeben von Hirte, Heribert / Mülbert, Peter O. / Roth, Markus, 5. Auflage, Berlin / Boston (USA) 2016 (zit.: *Bearbeiter*, in: GK, AktG).

Großkommentar Aktiengesetz, Band 3 (§§ 76–94), herausgegeben von Hopt, Klaus J. / Wiedemann, Herbert, 4. Auflage, Berlin 2008 (zit.: *Bearbeiter*, in: GK, AktG, 4. Aufl.).

Großkommentar Aktiengesetz, Band 4 (§§ 95–117), herausgegeben von Hopt, Klaus J. / Wiedemann, Herbert, 4. Auflage, Berlin 2006 (zit.: *Bearbeiter*, in: GK, AktG).

Großkommentar Aktiengesetz, Band 4/1 (§§ 76–91), herausgegeben von Hirte,Heribert / Mülbert, Peter O. / Roth, Markus, 5. Auflage, Berlin / München / Boston (USA) 2015 (zit.: *Bearbeiter*, in: GK, AktG).

Großkommentar Aktiengesetz, Band 4/2 (§§ 92–94), herausgegeben von Hirte, Heribert / Mülbert, Peter O. / Roth, Markus, 5. Auflage, Berlin / München / Boston (USA) 2015 (zit.: *Bearbeiter*, in: GK, AktG).

Großkommentar Aktiengesetz, Band 6 (§§ 150–220), herausgegeben von Hopt, Klaus J. / Wiedemann, Herbert, 4. Auflage, Berlin 2006 (zit.: *Bearbeiter*, in: GK, AktG).

Großmann, Adolf: Unternehmensziele im Aktienrecht, zugleich Diss. iur. (Bochum 1979), Köln / Berlin / Bonn / München 1980 (zit.: *Großmann*, Unternehmensziele im Aktienrecht).

Grundei, Jens / Werder, Axel von: Die Angemessenheit der Informationsgrundlage als Anwendungsvoraussetzung der Business Judgment Rule, in: AG 2005, S. 825–834 (zit.: *Grundei/v. Werder*, AG 2005).

Grundmann, Stefan: Europäisches Gesellschaftsrecht, 2. Auflage, Heidelberg 2011 (zit.: *Grundmann*, Europäisches Gesellschaftsrecht).

Grunewald, Barbara / Hennrichs, Joachim: Haftungsgrundsätze für Entscheidungen unter Unsicherheit, in: Festschrift für Georg Maier-Reimer zum 70. Geburtstag, herausgegeben von Grunewald, Barbara / Westermann, Harm Peter, München 2010, S. 147–159 (zit.: *Grunewald/Hennrichs*, in: FS Maier-Reimer).

Grupp, Wolfgang: Warum Alice Schwarzer trotz Steuerhinterziehung Vorbild bleibt, in: Wirtschaftswoche Online vom 04.02.2014, http://www.wiwo.de/finanzen/steuern-recht/100-prozent-grupp-warum-alice-schwarzer-trotz-steuerhinterziehung-vorbild-bleibt/9429216.html (Stand: 25.04.2017) (zit.: *Grupp*, WiWo Online vom 02.04.2014).

Habersack, Matthias: Die Verantwortlichkeit des Aufsichtsorgans der Gesellschaft, in: Zeitschrift für Schweizerisches Recht 124 (2005) II, S. 533–568 (zit.: *Habersack*, ZSR 124 (2005) II).

Habersack, Matthias: Managerhaftung, in: Karlsruher Forum 2009: Managerhaftung, herausgegeben von Lorenz, Egon, Karlsruhe 2010 (zit.: *Habersack*, in: Lorenz, Karlsruher Forum 2009).

Habersack, Mathias: Perspektiven der aktienrechtlichen Organhaftung, in: ZHR 177 (2013), S. 782–806 (zit.: *Habersack*, ZHR 177 (2013)).

Habersack, Mathias: Zielvorgaben – gesellschaftsrechtlich betrachtet, in: ZHR 180 (2016), S. 145–151 (zit.: *Habersack*, ZHR 180 (2016)).

Häberle, Peter: Rechtsvergleichung im Kraftfeld des Verfassungsstaates, Berlin 1992 (zit.: *Häberle*, Rechtsvergleichung im Kraftfeld des Verfassungsstaates).

Häberle, Peter: Nachhaltigkeit und Gemeineuropäisches Verfassungsrecht – Eine Textstufenanalyse, in: Nachhaltigkeit als Verbundbegriff, herausgegeben von Kahl, Wolfgang, Tübingen 2008, S. 180–203 (zit.: *Häberle*, in: Kahl, Nachhaltigkeit als Verbundbegriff).

Hager, Johannes: Die gesetzeskonforme Aufrechterhaltung übermäßiger Vertragspflichten – BGHZ 89, 316 und 90, 69, in: JuS 1985, S. 264–270 (zit.: *Hager*, JuS 1985).

Hager, Johannes: Grundrechte im Privatrecht, in: JZ 1994, S. 373–383 (zit.: *Hager*, JZ 1994).

Hanau, Peter: Der (sehr vorsichtige) Entwurf eines Gesetzes zur Angemessenheit der Vorstandsvergütung, in: NJW 2009, S. 1652–1653 (zit.: *Hanau*, NJW 2009).

Handelsblatt Online vom 07.12.2012: Thyssen-Krupp zahlt gefeuerten Managern hohe Abfindungen, http://www.handelsblatt.com/unternehmen/industrie/trennung-wird-teuer-thyssen-krupp-zahlt-gefeuerten-managern-hohe-abfindungen/7489200.html (Stand: 25.04.2017) (zit.: Handelsblatt Online vom 07.12.2012).

Handelsrechtsausschuss des Deutschen Anwaltsvereins (DAV): Stellungnahme zum Entwurf eines Gesetzes zur Angemessenheit der Vorstandsvergütung (VorstAG), in: NZG 2009, S. 612–616 (zit.: Handelsrechtsausschuss DAV, NZG 2009).

Handelsrechtsausschuss des Deutschen Anwaltsvereins (DAV): Stellungnahme zu den Änderungsvorschlägen der Regierungskommission Deutscher Corporate Governance Kodex vom 5. Februar 2013, in: NZG 2013, S. 419–421 (zit.: Handelsrechtsausschuss DAV, NZG 2013).

Handelsrechtsausschuss des Deutschen Anwaltsvereins (DAV): Stellungnahme des Deutschen Anwaltsvereins zum Referentenentwurf eines Gesetzes zur Änderung des Aktiengesetzes („Aktienrechtsnovelle 2014“), in: NZG 2014, S. 863–865 (zit.: Handelsrechtsausschuss DAV, NZG 2014).

Harbarth, Stephan: Unternehmerisches Ermessen des Vorstands im Interessenkonflikt, in: Festschrift für Peter Hommelhoff zum 70. Geburtstag, herausgegeben von Erle, Bernd / Goette, Wulf / Kleindiek, Detlef / Krieger, Gerd / Priester, Hans-Joachim / Schubel, Christian / Schwab, Martin / Teichmann, Christoph / Witt, Carl-Heinz, Köln 2012, S. 323–342 (zit.: *Harbarth*, in: FS Hommelhoff).

Hartz, Wilhelm: Die Auslegung von Steuergesetzen, Herne 1957 (zit.: *Hartz*, Die Auslegung von Steuergesetzen).

Hauschka, Christoph E.: Grundsätze pflichtgemäßer Unternehmensführung, in: ZRP 2004, S. 65–67 (zit.: *Hauschka*, ZRP 2004).

Hayek, Friedrich August von: Recht, Gesetzgebung und Freiheit, Band 2: Die Illusion der sozialen Gerechtigkeit, Landsberg am Lech 1981 (zit.: *v. Hayek*, Recht, Gesetzgebung und Freiheit, Band 2).

Hecker, Andreas / Peters, Marc: Der Deutsche Nachhaltigkeitskodex, in: NZG 2012, S. 55–58 (zit.: *Hecker/Peters*, NZG 2012).

Heide, Dana: Wem Nestlé das Wasser abgräbt, in: Handelsblatt Online vom 14.02.2013, http://www.handelsblatt.com/unternehmen/handel-dienstleister/lebensmittelkonzern-wem-nestle-das-wasser-abgraebt/7782074.html (Stand: 25.04.2017) (zit.: *Heide*, Handelsblatt Online vom 14.02.2014).

Heide, Diana: Studie wirft Energieversorgern Verschlafen vor, in: Handelsblatt Online vom 27.02.2014, http://www.handelsblatt.com/unternehmen/industrie/energiewende-studie-wirft-energieversorgern-verschlafen-vor/9543520.html (Stand: 25.04.2017) (zit.: *Heide*, Handelsblatt Online vom 27.02.2014).

Heidel, Thomas (Hrsg.): Aktienrecht und Kapitalmarktrecht, Kommentar, 2. Auflage, Baden-Baden 2007 (zit.: *Bearbeiter*, in: Heidel, AktG, 2. Aufl.).

Heidel, Thomas (Hrsg.): Aktienrecht und Kapitalmarktrecht, Kommentar, 4. Auflage, Baden-Baden 2014 (zit.: *Bearbeiter*, in: Heidel, Gesetz).

Heldrich, Andreas: Die Bedeutung der Rechtssoziologie für das Zivilrecht, in: AcP 186 (1986), S. 74–114 (zit.: *Heldrich*, AcP 186 (1986)).

Henssler, Paul: Verfassungsrechtliche Aspekte zukunftsbelastender Parlamentsentscheidungen, in: AöR 108 (1983), S. 499–560 (zit.: *Henssler*, AöR 108 (1983)).

Henssler, Martin / Strohn, Lutz (Hrsg.): Gesellschaftsrecht (BGB; HGB; PartGG; GmbHG; AktG; GenG; UmwG; InsO; AnfG; IntGesR), Kommentar, 3. Auflage, München 2016 (zit.: *Bearbeiter*, in: Henssler/Strohn, Gesetz).

Henssler, Martin / Willemsen, Heinz Josef / Kalb, Heinz-Jürgen (Hrsg.): Arbeitsrecht, Kommentar, 7. Auflage, Köln 2016 (zit.: *Bearbeiter*, in: Henssler/Willemsen/Kalb, Gesetz).

Henze, Hartwig: Leitungsverantwortung des Vorstands – Überwachungspflicht des Aufsichtsrats, in: BB 2000, S. 209–216 (zit.: *Henze*, BB 2000).

Hermes, Georg: Grundrechtsschutz durch Privatrecht auf neuer Grundlage?, in: NJW 1990, S. 1764–1768 (zit.: *Hermes*, NJW 1990).

Hexel, Dietmar: Bausteine für eine angemessene Vorstandsvergütung, in: Der Aufsichtsrat 2008, S. 128–129 (zit.: *Hexel*, Der Aufsichtsrat 2008).

Hirte, Heribert: Stellungnahme zum Fraktionsentwurf eines Gesetzes zur Angemessenheit der Vorstandsvergütung (VorstAG) für den Deutschen Bundestag, Hamburg 2009, http://www.kapitalmarktrecht-im-internet.eu/de/Rechtsgebiete/Kapitalma/Artikelgesetze/85/VorstAG.htm (Stand: 25.04.2017) (zit.: *Hirte*, Stellungnahme zum Entwurf eines VorstAG).

Hölters, Wolfgang (Hrsg.): Aktiengesetz, Kommentar, 3. Auflage, München 2017 (zit.: *Bearbeiter*, in: Hölters).

Hoffmann, Gunter M.: Existenzvernichtende Haftung von Vorständen und Aufsichtsräten?, in: NJW 2012, S. 1393–1399 (zit.: *Hoffmann*, NJW 2012).

Hoffmann, Dietrich / Preu, Peter: Der Aufsichtsrat, 5. Auflage, München 2003 (zit.: *Hoffmann/Preu*, Der Aufsichtsrat).

Hoffmann-Becking, Michael: Gestaltungsmöglichkeiten bei Anreizsystemen, in: NZG 1999, S. 797–804 (zit.: *Hoffmann-Becking*, NZG 1999).

Hoffmann-Becking, Michael: Rechtliche Anmerkungen zur Vorstands- und Aufsichtsratsvergütung, in: ZHR 169 (2005), S. 155–180 (zit.: *Hoffmann-Becking*, ZHR 169 (2005)).

Hoffmann-Becking, Michael: Vorstandsvergütung nach Mannesmann, in: NZG 2006, S. 127–131 (zit.: *Hoffmann-Becking*, NZG 2006).

Hoffmann-Becking, Michael: Abfindungsleistungen an ausscheidende Vorstandsmitglieder, in: ZIP 2007, S. 2101–2110 (zit.: *Hoffmann-Becking*, ZIP 2007).

Hoffmann-Becking, Michael / Krieger, Gerd: Leitfaden zur Anwendung des Gesetzes zur Angemessenheit der Vorstandsvergütung (VorstAG), in: Beilage zu NZG 26/2009, S. 1–12 (zit.: *Hoffmann-Becking/Krieger*, Beilage NZG 26/2009).

Hohaus, Benedikt / Weber, Christoph: Die Angemessenheit der Vorstandsvergütung gem. § 87 AktG nach dem VorstAG, in: DB 2009, S. 1515–1520 (zit.: *Hohaus/Weber*, DB 2009).

Hohenstatt, Klaus-Stefan: Das Gesetz zur Angemessenheit der Vorstandsvergütung, in: ZIP 2009, S. 1349–1358 (zit.: *Hohenstatt*, ZIP 2009).

Hohenstatt, Klaus-Stefan / Kuhnke, Michael: Vergütungsstruktur und variable Vergütungsmodelle für Vorstandsmitglieder nach dem VorstAG, in: ZIP 2009, 1981–1989 (zit.: *Hohenstatt/Kuhnke*, ZIP 2009).

Hohenstatt, Klaus-Stefan / Willemsen, Heinz Josef: Abfindungsobergrenzen in Vorstandsverträgen, in: NJW 2008, S. 3462–3467 (zit.: *Hohenstatt/Willemsen*, NJW 2008).

Holle, Philipp Maximilian: Rechtsbindung und Business Judgment Rule, in: AG 2011, S. 778–786 (zit.: *Holle*, AG 2011).

Hommelhoff, Peter: Die Konzernleitungspflicht, zugleich Habilitationsschrift (Bochum 1980/1981), Köln 1982 (zit.: *Hommelhoff*, Die Konzernleitungspflicht).

Hommelhoff, Peter / Hopt, Klaus J. / Werder, Axel von (Hrsg.): Handbuch Corporate Governance, 2. Auflage, Stuttgart / Köln 2009 (zit.: *Bearbeiter*, in: Hommelhoff/Hopt/v. Werder, Hdb CG).

Honsell, Heinrich: Johannes Hager, Gesetzes- und sittenkonforme Auslegung und Aufrechterhaltung von Rechtsgeschäften, Münchener Universitätsschriften, Reihe der juristischen Fakultät, Band 54. C. H. Beck, München, 1983. 238 S., in: ZHR 148 (1984), S. 298–303 (zit.: *Honsell*, ZHR 148 (1984)).

Hopt, Klaus J.: Aktionärskreis und Vorstandsneutralität, in: ZGR 1993, S. 534–566 (zit.: *Hopt*, ZGR 1993).

Hopt, Klaus J.: Auf dem Weg zu einer neuen europäischen und internationalen Finanzmarktarchitektur, in: NZG 2009, S. 1401–1408 (zit.: *Hopt*, NZG 2009).

Hübner, Heinz: Allgemeiner Teil des Bürgerlichen Gesetzbuches, 2. Auflage, Berlin / New York (USA) 1996 (zit.: *Hübner*, BGB AT).

Hübschmann, Walter: Die Problematik der wirtschaftlichen Betrachtungsweise, in: Gegenwartsfragen des Steuerrechts, Festschrift für Armin Spitaler, herausgegeben von Thoma, Gerhard, Köln 1958, S. 107–123 (zit.: *Hübschmann*, in: FS Spitaler).

Hueck, Götz: Der Grundsatz der gleichmäßigen Behandlung im Privatrecht, zugleich Habilitationsschrift (Münster 1958), München / Berlin 1958 (zit.: *Hueck*, Der Grundsatz der gleichmäßigen Behandlung im Privatrecht).

Hüffer, Uwe: Das Leitungsermessen des Vorstands in der Aktiengesellschaft, in: Festschrift für Thomas Raiser zum 70. Geburtstag am 20. Februar 2005, herausgegeben von Damm, Reinhard / Heermann, Peter W. / Veil, Rüdiger, Berlin 2005, S. 163–180 (zit.: *Hüffer*, in: FS Raiser).

Hüffer, Uwe: Aktiengesetz, Kommentar, 8. Auflage, München 2008 (zit.: *Hüffer*, AktG, 8. Aufl.).

Hüffer, Uwe: Unangemessenheit der Vorstandsvergütung als Haftungsrisiko von Aufsichtsratsmitgliedern, in: Festschrift für Hoffmann-Becking, Michael, herausgegeben von Krieger, Gerd / Lutter, Marcus / Schmidt, Karsten, München 2013, S. 589–601 (zit.: *Hüffer*, in: FS Hoffmann-Becking).

Hüffer, Uwe (Begr.) / *Koch, Jens*: Aktiengesetz, Kommentar, 12. Auflage, München 2016, (zit.: Hüffer/*Koch*, AktG).

Ihrig, Hans-Christoph: Reformbedarf beim Haftungstatbestand des § 93 AktG, in: WM 2004, S. 2098–2107 (zit.: *Ihrig*, WM 2004).

Ihrig, Hans-Christoph / Wandt, Andre P. H. / Wittgens, Jonas: Die angemessene Vorstandsvergütung drei Jahre nach Inkrafttreten des VorstAG, in: Beilage zu ZIP 40/2012, S. 1–31 (zit.: *Ihrig/Wandt/Wittgens*, Beilage ZIP 40/2012).

Imbusch, Peter / Rucht, Dieter: Wirtschaftseliten und ihre gesellschaftliche Verantwortung, in: APuZ 04–05/2007, S. 3–10 (zit.: *Imbusch/Rucht*, APuZ 04–05/2007).

Isensee, Josef / Kirchhof, Paul (Hrsg.): Handbuch des Staatsrecht, Band 2 (Verfassungsstaat), 3. Auflage, Heidelberg 2004 (zit.: *Bearbeiter*, in: Hdb Staatsrecht).

Jabloner, Clemens: Die Gesetzesmaterialien als Mittel der historischen Auslegung, in: Für Staat und Recht, Festschrift für Herbert Schambeck, herausgegeben von Hengstschläger, Johannes / Köck, Heribert Franz / Korinek, Karl / Stern, Klaus / Truyol y Serra, Antonio, Berlin 1994, S. 441–457 (zit.: *Jabloner*, in: FS Schambeck).

Jahn, Joachim: Das VorstAG: Neue Vorschriften gegen „unangemessene" Managerbezüge, in: GWR 2009, S. 135–137 (zit.: *Jahn*, GWR 2009).

Jauernig, Othmar (Begr.): Bürgerliches Gesetzbuch, Kommentar, 16. Auflage, München 2015 (zit.: *Bearbeiter*, in: Jauernig, BGB).

Jickeli, Joachim: Die Überprüfung von Vorstandsbezügen auf ihre Angemessenheit, in: Festschrift für Franz Jürgen Säcker zum 70. Geburtstag, herausgegeben von Joost, Detlev / Oetker, Hartmut / Paschke, Marian, München 2011, S. 381–392 (zit.: *Jickeli*, FS Säcker).

Jungmann, Carsten: Die Business Judgment Rule im Gesellschaftsinsolvenzrecht, in: NZI 2009, S. 80–86 (zit.: *Jungmann*, NZI 2009).

Käpplinger, Markus: Zur aktienrechtlichen Zulässigkeit von Abfindungszahlungen, in: NZG 2003, S. 573–574 (zit.: *Käpplinger*, NZG 2003).

Kahl, Wolfgang: Staatsziel Nachhaltigkeit und Generationengerechtigkeit, in: DÖV 2009, S. 2–13 (zit.: *Kahl*, DÖV 2009).

Kann, Jürgen van / Keiluweit, Anjela: Das neue Gesetz zur Angemessenheit der Vorstandsvergütung, in: DStR 2009, S. 1587–1592 (zit.: *v. Kann/Keiluweit*, DStR 2009).

Kapp, Thomas / Gärtner, Daniel: Die Haftung von Vorstand und Aufsichtsrat bei Verstößen gegen das Kartellrecht, in: CCZ 2009, S. 168–174 (zit.: *Kapp/Gärtner*, CCZ 2009).

Kasiske, Peter: Bestandsgefährdung systemrelevanter Kreditinstitute als eigener Straftatbestand?, in: ZRP 2011, S. 137–140 (zit.: *Kasiske*, ZRP 2011).

Kaulich, Matthias: Die Haftung von Vorstandsmitgliedern einer Aktiengesellschaft für Rechtsanwendungsfehler, zugleich Diss. iur. (Göttingen 2011), Berlin 2012 (zit.: *Kaulich*, Die Haftung von Vorstandsmitgliedern einer Aktiengesellschaft für Rechtsanwendungsfehler).

Kebekus, Frank / Zenker, Wolfgang: Business Judgment Rule und Geschäftsleiterermessen – auch in Krise und Insolvenz?, in: Festschrift für Georg Maier-Reimer zum 70. Geburtstag, herausgegeben von Grunewald, Barbara / Westermann, Harm Peter, München 2010, S. 319–343 (zit.: *Kebekus/Zenker*, in: FS Maier-Reimer).

Kempter, Fritz: Anhörung vor dem Rechtsausschuss des Deutschen Bundestag am 25.05.2009 zum Entwurf eines Gesetzes zur Angemessenheit der Vorstandsvergütung (VorstAG), München 2009, http://www.kapitalmarktrecht-im-internet.eu/de/Rechtsgebiete/Gesellschaftsrecht/Artikelgesetze/85/VorstAG.htm (Stand: 25.04.2017) (zit.: *Kempter*, Stellungnahme zum Entwurf eines VorstAG).

Kern, Christoph A.: Privilegiertes Business Judgment trotz Interessenkonflikts?, in: ZVglRWiss 112 (2013), S. 70–88 (zit.: *Kern*, ZVglRWiss 112 (2013)).

Kiefner, Alexander: Fehlerhafte Entsprechenserklärung und Anfechtbarkeit von Hauptversammlungsbeschlüssen, in: NZG 2011, S. 201–209 (zit.: *Kiefner*, NZG 2011).

Kiefner, Alexander / Theusinger, Ingo: Aufsteigende Darlehen und Sicherheitenbegebung im Aktienrecht nach dem MoMiG, in: NZG 2008, S. 801–806 (zit.: *Kiefner/Theusinger*, NZG 2008).

Kind, Sandra: Darf der Vorstand einer AG Spenden an politische Parteien vergeben?, in: NZG 2000, S. 567–573 (zit.: *Kind*, NZG 2000).

Kindler, Peter: Finanzkrise und Finanzmarktregulierung – Ein Zwischenruf zum 68. Deutschen Juristentag, in: NJW 2010, S. 2465–2469 (zit.: *Kindler*, NJW 2010).

Kirchhof, Paul: Deutschland im Schuldensog, München 2012 (zit.: *Kirchhof*, Deutschland im Schuldensog).

Kling, Michael: Die Angemessenheit der Vorstandsvergütung gemäß § 87 AktG n. F., in: DZWIR 2010, S. 221–232 (zit.: *Kling*, DZWIR 2010).

Koch, Jens: Das Gesetz zur Unternehmensintegrität und Modernisierung des Anfechtungsrechts (UMAG), in: ZGR 2006, S. 769–804 (zit.: *Koch*, ZGR 2006).

Koch, Jens: Die Anwendung der Business Judgment Rule bei Interessenkonflikten innerhalb des Vorstands, in: Festschrift für Franz Jürgen Säcker zum 70. Geburtstag, herausgegeben von Joost, Detlev / Oetker, Hartmut / Paschke, Marian, München 2011, S. 403–420 (zit.: *Koch*, in: FS Säcker).

Koch, Jens: Die Neufassung der Aktionärsrechte-Richtlinie – alles halb so schlimm?, in: BB 2017, S. 1 (zit.: *Koch*, BB 2017).

Kocher, Dirk: Zur Reichweite der Business Judgment Rule, in: CCZ 2009, S. 215–221 (zit.: *Kocher*, CCZ 2009).

Kocher, Dirk: Ungeklärte Fragen der Erklärung zur Unternehmensführung nach § 289a HGB, in: DStR 2010, S. 1034–1037 (zit.: *Kocher*, DStR 2010).

Kocher, Dirk / Bednarz, Liane: Mehrjährigkeit der variablen Vorstandsvergütung im Lichte der Nachhaltigkeit nach dem VorstAG, in: Der Konzern 2011, S. 77–84 (zit.: *Kocher/Bednarz*, Der Konzern 2011).

Kock, Martin / Dinkel, Renate: Die zivilrechtliche Haftung von Vorständen für unternehmerische Entscheidungen, in: NZG 2004, S. 441–448 (zit.: *Kock/Dinkel*, NZG 2004).

Köbler, Gerhard: Juristisches Wörterbuch, 16. Auflage, München 2016 (zit.: *Köbler*, Juristisches Wörterbuch).

Köhler, Helmut: Fehlerhafte Vorstandsverträge, in: NZG 2008, S. 161–166 (zit.: *Köhler*, NZG 2008).

Köhler, Helmut: Einschränkungen der Nichtigkeit von Rechtsgeschäften, in: JuS 2010, S. 665–671 (zit.: *Köhler*, JuS 2010).

Kölner Kommentar zum Aktiengesetz, Band 2/1 (§§ 76–94), herausgegeben von Zöllner, Wolfgang / Noack, Ulrich, 3. Auflage, Köln 2010 (zit.: *Bearbeiter*, in: KöKo, AktG).

Kölner Kommentar zum Aktiengesetz, Band 2/2 (§§ 95–117), herausgegeben von Zöllner, Wolfgang / Noack, Ulrich, 3. Auflage, Köln 2013 (zit.: *Bearbeiter*, in: KöKo, AktG).

Körner, Marita: Die Angemessenheit von Vorstandsbezügen in § 87 AktG, in: NJW 2004, S. 2697–2702 (zit.: *Körner*, NJW 2004).

Kohte, Wolfhard: Die Rechtsfolgen der Mietpreisüberhöhung, in: NJW 1982, S. 2803–2807 (zit.: *Kohte*, NJW 1982).

Kort, Michael: Das „Mannesmann"-Urteil im Lichte von § 87 AktG, in: NJW 2005, S. 333–336 (zit.: *Kort*, NJW 2005).

Kort, Michael: Mannesmann: Das „Aus" für nachträglich vorgesehene Vorstandsvergütungen ohne Anreizwirkungen?, in: NZG 2006, S. 131–133 (zit.: *Kort*, NZG 2006).

Kort, Michael: Zivilrechtliche Folgen unangemessen hoher Vorstandsvergütung – eine „Mannesmann"-Spätlese, in: DStR 2007, S. 1127–1133 (zit.: *Kort*, DStR 2007).

Kort, Michael: Interessenkonflikte bei Organmitgliedern der AG, in: ZIP 2008, 717–725 (zit.: *Kort*, ZIP 2008).

Kort, Michael: Gemeinwohlbelange beim Vorstandshandeln, in: NZG 2012, S. 926–930 (zit.: *Kort*, NZG 2012).

Kotulla, Michael: Wasserhaushaltsgesetz, Kommentar, 2. Auflage, Stuttgart 2011 (zit.: *Kotulla*, WHG).

Kotzur, Markus: Der nachhaltige Sozialstaat, in: BayVBl. 2007, S. 257–263 (zit.: *Kotzur*, BayVBl. 2007).

Kühne, Gunther: Billigkeitskontrolle und Verbotsgesetze, in: NJW 2006, S. 2520–2522 (zit.: *Kühne*, NJW 2006).

Kuhner, Christoph: Unternehmensinteresse vs. Shareholder Value als Leitmaxime kapitalmarktorientierter Aktiengesellschaften, in: ZGR 2004, S. 244–279 (zit.: *Kuhner*, ZGR 2004).

Krämer, Hans-Jörg: Das Unternehmensinteresse als Verhaltensmaxime der Leitungsorgane einer Aktiengesellschaft im Rahmen der Organhaftung, zugleich Diss. iur. (Bayreuth 2002), Berlin 2002 (zit.: *Krämer*, Das Unternehmensinteresse als Verhaltensmaxime).

Krampe, Christoph: Aufrechterhaltung von Verträgen und Vertragsklauseln, in: AcP 194 (1994), S. 1–41 (zit.: *Krampe*, AcP 194 (1994)).

Kremer, Thomas / Bachmann, Gregor / Lutter, Marcus / Werder, Axel von (Hrsg.): Kommentar zum Deutschen Corporate Governance Kodex, 6. Auflage, München 2016 (zit.: *Bearbeiter*, in: Kremer/Bachmann/Lutter/v. Werder, DCGK).

Krieger, Gerd: Wie viele Rechtsberater braucht ein Geschäftsleiter?, in: ZGR 2012, S. 496–504 (zit.: *Krieger*, ZGR 2012).

Kriele, Martin: Die vermutete Vernünftigkeit unseres Rechts (1967), in: Recht, Vernunft, Wirklichkeit, Berlin 1990, S. 471–486 (zit.: *Kriele*, Recht, Vernunft, Wirklichkeit).

Kropff, Bruno: Die Unternehmensplanung im Aufsichtsrat, in: NZG 1998, S. 613–622 (zit.: *Kropff*, NZG 1998).

Krzus, Michael P.: Integrated reporting: if not now, when?, in: IRZ 2011, S. 271–276 (zit.: *Krzus*, IRZ 2011).

Kübler, Friedrich / Assmann, Heinz-Dieter: Gesellschaftsrecht, 6. Auflage, Heidelberg / München / Landsberg / Berlin 2006 (zit.: *Kübler/Assmann*, Gesellschaftsrecht).

Küting, Karlheinz / Pfitzer, Norbert / Weber, Claus-Peter (Hrsg.): Handbuch der Rechnungslegung – Einzelabschluss, Kommentar, 5. Auflage, Loseblattsammlung, 25. Ergänzungslieferung, Stuttgart, Stand 05/2017 (zit.: *Bearbeiter*, in: Küting/Pfitzer/Weber, Hdb Rechnungslegung).

Kulke, Ulrich: Sittenwidrigkeit eines Schuldbeitritts und Teilnichtigkeit, in: ZIP 2001, S. 985–994 (zit.: *Kulke*, ZIP 2001).

Langen, Eugen / Bunte, Hermann-Josef: Kartellrecht, Kommentar, Band 1 (Deutsches Kartellrecht), 12. Auflage, Köln 2014 (zit.: *Bearbeiter*, in: Langen/Bunte).

Langenbucher, Katja: Die bereicherungsrechtliche Rückforderung unangemessener Vorstandsbezüge, in: Festschrift für Ulrich Huber zum siebzigsten Geburtstag, herausgegeben von Baums, Theodor / Wertenbruch, Johannes / Lutter, Marcus / Schmidt, Karsten, Tübingen 2006, S. 861–870 (zit.: *Langenbucher*, in: FS Huber).

Larenz, Karl: Methodenlehre der Rechtswissenschaft, 6. Auflage, Berlin / Heidelberg / New York (USA) / London (England) / Paris (Frankreich) / Tokyo (Japan) / Hong Kong (China) / Barcelona (Spanien) / Budapest (Ungarn) 1991 (zit.: *Larenz*, Methodenlehre).

Larenz, Karl / Canaris, Claus-Wilhelm: Methodenlehre der Rechtswissenschaft, 3. Auflage, Berlin / Heidelberg / New York (USA) / Barcelona (Spanien) / Budapest (Ungarn) / Hong Kong (China) / London (England) / Mailand (Italien) / Paris (Frankreich) / Tokyo (Japan) 1995 (zit.: *Larenz/Canaris*, Methodenlehre).

Leisner, Walter: Demokratie gegen Marktwirtschaft, in: NJW 2011, S. 3553–3556 (zit.: *Leisner*, NJW 2011).

Lengfeld, Holger: Lohngerechtigkeit im Wandel der Arbeitsgesellschaft, in: APuZ 04–05/2007, S. 11–17 (zit.: *Lengfeld*, APuZ 04–05/2007).

Liebers, Hans-Joachim / Hoefs, Christian: Anerkennungs- und Abfindungszahlungen an ausscheidende Vorstandsmitglieder, in: ZIP 2004, S. 97–103 (zit.: *Liebers/Hoefs*, ZIP 2004).

Lindacher, Walter F.: Grundsätzliches zu § 138 BGB, in: AcP 173 (1973), S. 124–136 (zit.: *Lindacher*, AcP 173 (1973)).

Lingemann, Stefan: Angemessenheit der Vorstandsvergütung – Das VorstAG ist in Kraft, in: BB 2009, S. 1918–1924 (zit.: *Lingemann*, BB 2009).

Loritz, Karl-Georg / Wagner, Klaus-R.: Haftung von Vorständen und Aufsichtsräten, in: DStR 2012, S. 2189–2195 (zit.: *Loritz/Wagner*, DStR 2012).

Lorz, Albert (Begr.) / *Metzger, Ernst* / *Stöckel, Heinz*: Jagdrecht – Fischereirecht, Kommentar, 4. Auflage, München 2011 (zit.: *Bearbeiter*, in: Lorz/Metzger/Stöckel, Gesetz).

Louven, Christoph / *Ingwersen, Malte*: Wie nachhaltig muss die Vorstandsvergütung sein?, in: BB 2013, S. 1219–1222 (zit.: *Louven/Ingwersen*, BB 2013).

Lücke, Oliver: Die Angemessenheit von Vorstandsbezügen – Der erste unbestimmbare unbestimmte Rechtsbegriff?, in: NZG 2005, S. 692–697 (zit.: *Lücke*, NZG 2005).

Lutter, Marcus: Unternehmensplanung und Aufsichtsrat, in: Unternehmensdynamik, Horst Albach zum 60. Geburtstag, herausgegeben von Kistner, Klaus-Peter / Schmidt, Reinhart, Wiesbaden 1991, S. 345–360 (zit.: *Lutter*, in: FS Albach).

Lutter, Marcus: Die Erklärung zum Corporate Governance Kodex gemäß § 161 AktG, in: ZHR 166 (2002), S. 523–543 (zit.: *Lutter*, ZHR 166 (2002)).

Lutter, Marcus: Corporate Governance und ihre aktuellen Probleme, vor allem: Vorstandsvergütung und ihre Schranken, in: ZIP 2003, S. 737–743 (zit.: *Lutter*, ZIP 2003).

Lutter, Marcus: Aktienrechtliche Aspekte der angemessenen Vorstandsvergütung, in: ZIP 2006, S. 733–737 (zit.: *Lutter*, ZIP 2006).

Lutter, Marcus: Verhaltenspflichten von Organmitgliedern bei Interessenkonflikten, in: Festschrift für Hans-Joachim Priester zum 70. Geburtstag, herausgegeben von Hommelhoff, Peter / Rawert, Peter / Schmidt, Karsten, Köln 2007, S. 417–425 (zit.: *Lutter*, in: FS Priester).

Lutter, Marcus: Die Business Judgment Rule und ihre praktische Anwendung, in: ZIP 2007, S. 841–848 (zit.: *Lutter*, ZIP 2007).

Lutter, Marcus: Stellungnahme zum Gesetzesentwurf der Fraktionen CDU/CSU und SPD eines „Gesetzes zur Angemessenheit der Vorstandsvergütung (VorstAG)" – Drucksache 16/12778 – zur Sitzung des Rechtsausschusses des Deutschen Bundestages am 25. Mai 2009, Bonn 2009, http://www.kapitalmarktrecht-im-internet.eu/de/Rechtsgebiete/Gesellschaftsrecht/Artikelgesetze/85/VorstAG.htm (Stand: 25.04.2017) (zit.: *Lutter*, Stellungnahme zum Entwurf eines VorstAG).

Lutter, Marcus / *Hommelhoff, Peter* (Hrsg.): GmbH-Gesetz, Kommentar, 19. Auflage, Köln 2016 (zit.: *Bearbeiter*, in: Lutter/Hommelhoff, GmbHG).

Lutter, Marcus / *Krieger, Gerd* / *Verse, Dirk A.* (Hrsg.): Rechte und Pflichten des Aufsichtsrats, 6. Auflage, Köln 2014 (zit.: *Lutter/Krieger/Verse*, Rechte und Pflichten des AR).

Lux-Wesener, Christina: Generationengerechtigkeit im Grundgesetz? – Eine Untersuchung des Grundgesetzes auf Gewährleistungen von intergenerationeller Gerechtigkeit, in: Handbuch Generationengerechtigkeit, herausgegeben von Stiftung für die Rechte zukünftiger Generationen, 2. Auflage, München 2003, S. 405–440 (zit.: *Bearbeiter*, in: Hdb Generationengerechtigkeit).

Maaßen, Wolfgang: Privatrechtsbegriffe in den Tatbeständen des Steuerrechts, zugleich Diss. iur. (Bochum 1976/1977), Berlin 1977 (zit.: *Maaßen*, Privatrechtsbegriffe in den Tatbeständen des Steuerrechts).

Mahayni, Ziad: Das Leben als To-Do-Liste, in: Kritik der Leistungsgesellschaft, herausgegeben von Böhme, Gernot, Bielefeld / Basel (Schweiz) 2010, S. 53–70 (zit.: *Mahayni*, in: Kritik der Leistungsgesellschaft).

Mailänder, K. Peter: Privatrechtliche Folgen unerlaubter Kartellpraxis, Karlsruhe 1964 (zit.: *Mailänder*, Privatrechtliche Folgen unerlaubter Kartellpraxis).

Mangoldt, Hermann von / Klein, Friedrich / Starck, Christian (Hrsg.): Kommentar zum Grundgesetz, Band 2 (Artikel 20 bis 82), 6. Auflage, München 2010 (zit.: *Bearbeiter*, in: v. Mangoldt/Klein/Starck, GG).

Marsch-Barner, Reinhard: Aktuelle Rechtsfragen zur Vergütung von Vorstands- und Aufsichtsratsmitgliedern einer AG, in: Festschrift für Volker Röhricht zum 65. Geburtstag, herausgegeben von Crezelius, Georg / Hirte, Heribert / Vieweg, Klaus, Köln 2005, S. 401–419 (zit.: *Marsch-Barner*, in: FS Röhricht).

Marsch-Barner, Reinhard: Vorteilsausgleich bei der Schadensersatzhaftung nach § 93 AktG, in: ZHR 173 (2009), S. 723–734 (zit.: *Marsch-Barner*, ZHR 173 (2009)).

Marsch-Barner, Reinhard: Zum Begriff der Nachhaltigkeit in § 87 Abs. 1 AktG, in: ZHR 175 (2011), S. 737–745 (zit.: *Marsch-Barner*, ZHR 175 (2011)).

Marsch-Barner, Reinhard / Schäfer, Frank A. (Hrsg.): Handbuch börsennotierte AG, 2. Auflage, Köln 2009 (zit.: *Bearbeiter*, in: Marsch-Barner/Schäfer, Hdb börsennotierte AG, 2. Aufl.).

Marsch-Barner, Reinhard / Schäfer, Frank A. (Hrsg.): Handbuch börsennotierte AG, 3. Auflage, Köln 2014 (zit.: *Bearbeiter*, in: Marsch-Barner/Schäfer, Hdb börsennotierte AG).

Martens, Klaus-Peter: Die Vorstandsvergütung auf dem Prüfstand, in: ZHR 169 (2005), S. 124–154 (zit.: *Martens*, ZHR 169 (2005)).

Martens, Klaus-Peter: Rechtliche Rahmenbedingungen der Vorstandsvergütung, in: Festschrift für Uwe Hüffer zum 70. Geburtstag, herausgegeben von Kindler, Peter / Koch, Jens / Ulmer, Peter / Winter, Martin, München 2010, S. 647–662 (zit.: *Martens*, in: FS Hüffer).

Martini, Mario: Zur Kasse bitte ...! Die Bankenabgabe als Antwort auf die Finanzkrise – Placebo, Heilmittel oder Gift?, in: NJW 2010, S. 2019–2023 (zit.: *Martini*, NJW 2010).

Maurer, Hartmut / Waldhoff, Christian: Allgemeines Verwaltungsrecht, 19. Auflage, München 2017 (zit.: *Maurer/Waldhoff*, Verwaltungsrecht).

Mayer-Maly, Theo: Handelsrechtliche Verbotsgesetze, in: Strukturen und Entwicklungen im Handels-, Gesellschafts- und Wirtschaftsrecht, Festschrift für Wolfgang Hefermehl zum 70. Geburtstag am 18. September 1976, herausgegeben von

Fischer, Robert / Gessler, Ernst / Schilling, Wolfgang / Serick, Rolf / Ulmer, Peter, München 1976, S. 103–112 (zit.: *Mayer-Maly*, in: FS Hefermehl).

Mayer-Maly, Theo: Renaissance der laesio enormis?, in: Festschrift für Karl Larenz zum 80. Geburtstag am 23. April 1983, herausgegeben von Canaris, Claus-Wilhelm / Diederichsen, Uwe, München 1983, S. 395–409 (zit.: *Mayer-Maly*, in: FS Larenz).

Mayer-Maly, Theo: Was leisten die guten Sitten?, in: AcP 194 (1994), S. 105–176 (zit.: *Mayer-Maly*, AcP 194 (1994)).

Mayer-Maly, Theo: Rangordnung von Normen innerhalb des Gesetzes, in: Rangordnung der Gesetze, herausgegeben von Starck, Christian, Göttingen 1995, S. 123–141 (zit.: *Mayer-Maly*, in: Starck, Rangordnung der Gesetze).

Meck, Georg: Martin Winterkorn ist toll. Lionel Messi ist einzigartig, in: FAZ.NET vom 24.03.2012, http://www.faz.net/aktuell/wirtschaft/pro-contra-duerfen-topmanager-ihre-gehaelter-an-star-gagen-messen-11695994.html (Stand: 25.04.2017) (zit.: *Meck*, FAZ.NET vom 24.03.2012).

Medicus, Dieter / Petersen, Jens: Allgemeiner Teil des BGB, 11. Auflage, Heidelberg 2016 (zit.: *Medicus/Petersen*, BGB AT).

Meier, Hans-Georg: Der fehlerhafte Anstellungsvertrag von Organmitgliedern und die Rückabwicklung der Vergütung, in: NZA 2011, S. 267–270 (zit.: *Meier*, NZA 2011).

Meier, Norbert / Pech, Andreas: Bestellung und Anstellung von Vorstandsmitgliedern in Aktiengesellschaften und Geschäftsführern in einer GmbH, in: DStR 1995, S. 1195–1199 (zit.: *Meier/Pech*, DStR 1995).

Menzel, Hans-Joachim: Das Konzept der „nachhaltigen Entwicklung“ – Herausforderung an Rechtssetzung und Rechtsanwendung, in: ZRP 2001, S. 221–229 (zit.: *Menzel*, ZRP 2001).

Merten, Detlef / Papier, Hans-Jürgen (Hrsg.): Handbuch der Grundrechte in Deutschland und Europa, Band 1 (Entwicklung und Grundlagen), Heidelberg 2004 (zit.: *Bearbeiter*, in: Merten/Papier, Hdb Grundrechte).

Mertens, Hans-Joachim: Der Begriff des Vermögensschadens im Bürgerlichen Recht, zugleich Habilitationsschrift (Mainz 1965/1966), Stuttgart / Berlin / Köln / Mainz 1967 (zit.: *Mertens*, Der Begriff des Vermögensschadens im Bürgerlichen Recht).

Mertens, Hans-Joachim: Der Vorstand darf zahlen, in: AG 2000, S. 157–163 (*Mertens*, AG 2000).

Mertens, Hans-Joachim: Schadensersatzhaftung des Aufsichtsrats bei Nichtbeachtung der Regeln des ARAG-Urteils über die Inanspruchnahme von Vorstandsmitgliedern, in: Festschrift für Karsten Schmidt zum 70. Geburtstag, herausgegeben von Bitter, Georg / Lutter, Marcus / Priester, Hans-Joachim / Schön, Wolfgang / Ulmer, Peter, Köln 2009, S. 1183–1195 (zit.: *Mertens*, in: FS Schmidt).

Mertens, Hans-Joachim: Vorstandsvergütung in börsennotierten Aktiengesellschaften, in: AG 2011, S. 57–63 (zit.: *Mertens*, AG 2011).

Meyer, Elske: Vorstandsvergütung, zugleich Diss. iur. (Potsdam 2012), Baden-Baden 2013 (zit.: *Meyer*, Vorstandsvergütung).

Miolo, Alessandro / Veser, Mark: Integrated Reporting – wirklich ein Bedürfnis?, in: IRZ 2012, S. 479–482 (zit.: *Miolo/Veser*, IRZ 2012).

Möller, Mirko: Leistungskondiktion trotz beiderseitiger Sittenwidrigkeit? – Die Einschränkung des § 817 S. 2 BGB durch den BGH, in: NJW 2006, S. 268–270 (zit.: *Möller*, NJW 2006).

Möllers, Thomas M. J.: Anlegerschutz durch Aktien- und Kapitalmarktrecht, in: ZGR 1997, S. 334–367 (zit.: *Möllers*, ZGR 1997).

Mülbert, Peter O.: Shareholder Value aus rechtlicher Sicht, in: ZGR 1997, S. 129–172 (zit.: *Mülbert*, ZGR 1997).

Müller, Hans-Erich: Erfolgskriterien für die angemessene Vorstandsvergütung, in: Der Aufsichtsrat 2007, S. 36–37 (zit.: *Müller*, Der Aufsichtsrat 2007).

Müller, Henrik: Manager, stellt Euch!, in: manager magazin online vom 12.12.2007, http://www.manager-magazin.de/unternehmen/artikel/a-522945.html (Stand: 25.04.2017) (zit.: *Müller*, manager magazin online vom 12.12.2007).

Müller, Friedrich / Christensen, Ralph: Juristische Methodik, Band 1 (Grundlegung für die Arbeitsmethoden der Rechtspraxis), 11. Auflage, Berlin 2013 (zit.: *Müller/ Christensen*, Juristische Methodik).

Müller, Stefan / Stawinoga, Martin: Grundsachverhalte einer integrierten Nachhaltigkeitsberichterstattung im Lagebericht, in: IRZ 2013, S. 117–121 (zit.: *Müller/ Stawinoga*, IRZ 2013).

Müller-Eising, Karsten: Aktienrechtsnovelle 2014 – Ein neuer Anlauf zur Novellierung des Aktienrechts, in: GWR 2014, S. 229–231 (zit.: *Müller-Eising*, GWR 2014).

Müller-Michaels, Olaf / Ringel, Wiebke: Muss sich Ethik lohnen?, in: AG 2011, S. 101–113 (zit.: *Müller-Michaels/Ringel*, AG 2011).

Münchener Handbuch des Gesellschaftsrechts, Band 4 (Aktiengesellschaft), herausgegeben von Hoffmann-Becking, Michael, 4. Auflage, München 2015 (zit.: *Bearbeiter*, in: MüHdb Gesellschaftsrecht).

Münchener Kommentar zum Aktiengesetz, Band 1 (§§ 1–75), herausgegeben von Goette, Wulf / Habersack, Mathias, 4. Auflage, München 2016 (zit.: *Bearbeiter*, in: MüKo, AktG).

Münchener Kommentar zum Aktiengesetz, Band 2 (§§ 76–117; MitbestG; DrittelbG), herausgegeben von Goette, Wulf / Habersack, Mathias, 3. Auflage, München 2008 (zit.: *Bearbeiter*, in: MüKo, AktG, 3. Aufl.).

Münchener Kommentar zum Aktiengesetz, Band 2 (§§ 76–117; MitbestG; DrittelbG), herausgegeben von Goette, Wulf / Habersack, Mathias, 4. Auflage, München 2014 (zit.: *Bearbeiter*, in: MüKo, AktG).

Münchener Kommentar zum Aktiengesetz, Band 3 (§§ 118–178), herausgegeben von Goette, Wulf / Habersack, Mathias, 3. Auflage, München 2013 (zit.: *Bearbeiter*, in: MüKo, AktG).

Münchener Kommentar zum Bürgerlichen Gesetzbuch, Band 1 (Allgemeiner Teil, §§ 1–240; ProstG; AGG), herausgegeben von Säcker, Franz Jürgen / Rixecker, Roland / Oetker, Hartmut / Limperg, Bettina, 7. Auflage, München 2015 (zit.: *Bearbeiter*, in: MüKo, BGB).

Münchener Kommentar zum Bürgerlichen Gesetzbuch, Band 2 (Schuldrecht Allgemeiner Teil, §§ 241–432), herausgegeben von Säcker, Franz Jürgen / Rixecker, Roland / Oetker, Hartmut / Limperg, Bettina, 7. Auflage, München 2016 (zit.: *Bearbeiter*, in: MüKo, BGB).

Münchener Kommentar zum Bürgerlichen Gesetzbuch, Band 4 (Schuldrecht Besonderer Teil II, §§ 535–630h; BetrKV; HeizV; WärmeLV; EFZG; TzBfG; MiLoG; KSchG), herausgegeben von Säcker, Franz Jürgen / Rixecker, Roland / Oetker, Hartmut / Limperg, Bettina, 7. Auflage, München 2016 (zit.: *Bearbeiter*, in: MüKo, BGB).

Münchener Kommentar zum Bürgerlichen Gesetzbuch, Band 6 (Schuldrecht Besonderer Teil IV, §§ 705–853; PartGG; ProdHaftG), herausgegeben von Säcker, Franz Jürgen / Rixecker, Roland / Oetker, Hartmut / Limperg, Bettina, 7. Auflage, München 2017 (zit.: *Bearbeiter*, in: MüKo, BGB).

Münchener Kommentar zum Handelsgesetzbuch, Band 4 (Bilanzrecht, §§ 238–342e), herausgegeben von Schmidt, Karsten / Ebke, Werner F., 3. Auflage, München 2013 (zit.: *Bearbeiter*, in: MüKo, HGB).

Musielak, Hans-Joachim / Voit, Wolfgang (Hrsg.): Zivilprozessordnung, Kommentar, 14. Auflage, München 2017 (zit.: *Bearbeiter*, in: Musielak/Voit, ZPO).

Nieding, Klaus: Gesetzliche Begrenzung von Managergehältern, in: ZRP 2003, S. 380 (zit.: *Nieding*, ZRP 2003).

Niemann, Walter: Ermessen, unbestimmter Rechtsbegriff und Beurteilungsspielraum bei der Abschlussprüfung, in: DStR 2004, S. 52–57 (zit.: *Niemann*, DStR 2004).

Nikolay, Judith: Die neuen Vorschriften zur Vorstandsvergütung – Detaillierte Regelungen und offene Fragen, in: NJW 2009, S. 2640–2647 (zit.: *Nikolay*, NJW 2009).

Nipperdey, Hans Carl: Soziale Marktwirtschaft und Grundgesetz, 3. Auflage, Köln / Berlin / München / Bonn 1965 (zit.: *Nipperdey*, Soziale Marktwirtschaft und Grundgesetz).

Olshausen, Eberhard von: Zivil- und wirtschaftsrechtliche Instrumente gegen überhöhte Preise, in: ZHR 146 (1982), S. 259–295 (zit.: *v. Olshausen*, ZHR 146 (1982)).

Overlack, Arndt: Der Einfluß der Gesellschafter auf die Geschäftsführung in der mitbestimmten GmbH, in: ZHR 141 (1977), S. 125–144 (zit.: *Overlack*, ZHR 141 (1977)).

Palandt, Otto (Begr.): Bürgerliches Gesetzbuch, Kommentar, 76. Auflage, München 2017 (zit.. *Bearbeiter*, in: Palandt).

Paefgen, Walter G.: Dogmatische Grundlagen, Anwendungsbereich und Formulierung einer Business Judgment Rule im künftigen UMAG, in: AG 2004, S. 245–261 (zit.: *Paefgen*, AG 2004).

Panosch, Martin: Der Wille des Normsetzers und sein Ausdruck, in: Rechtstheorie 25 (1994), S. 118–123 (zit.: *Panosch*, Rechtstheorie 25 (1994)).

Paulick, Heinz: Auslegung und Rechtsfortbildung im Steuerrecht, in: Die Auslegung der Steuergesetze in Wissenschaft und Praxis, Gedenkschrift für Armin Spitaler, herausgegeben von Thoma, Gerhard / Niemann, Ursula, Köln 1965, S. 165–193 (zit.: *Paulick*, in: GS Spitaler).

Paulick, Heinz: Lehrbuch des allgemeinen Steuerrechts, 3. Auflage, Köln / Berlin / Bonn / München 1977 (zit.: *Paulick*, Lehrbuch des allgemeinen Steuerrechts).

Pawlowski, Hans-Martin: Zum Umfang der Nichtigkeit bei Verstößen gegen „öffentlich-rechtliche“ Verbotsgesetze (§§ 35, 210 AVAVG), in: JZ 1966, S. 696–700 (zit.: *Pawlowski*, JZ 1966).

Peltzer, Martin: Wider den „greed“ – Betrachtungen zu §§ 86 und 87 AktG, in: Festschrift für Marcus Lutter zum 70. Geburtstag, herausgegeben von Schneider, Uwe H. / Hommelhoff, Peter / Schmidt, Karsten, Köln 2000, S. 571–586 (zit.: *Peltzer*, in: FS Lutter).

Peltzer, Martin: More stick than carrot – Kritische Betrachtung einiger Maßnahmen zur Verbesserung der Corporate Governance, in: Festschrift für Hans-Jürgen Hellwig zum 70. Geburtstag, herausgegeben von Hoffmann-Becking, Michael / Hommelhoff, Peter / Graf von Westphalen, Friedrich, Köln 2010, S. 269–283 (zit.: *Peltzer*, in: FS Hellwig).

Petersen, Jens: Gesetzliches Verbot und Rechtsgeschäft, in: Jura 2003, S. 532–535 (zit.: *Petersen*, Jura 2003).

Philipp, Otmar: Gesellschaftsrecht: Verabschiedung der Aktionärsrechterichtlinie, in: EuZW 2017, S. 243 (zit.: *Philipp*, EuZW 2017).

Philipp, Wolfgang: Darf der Vorstand zahlen?, in: AG 2000, S. 62–69 (zit.: *Philipp*, AG 2000).

Pielorz, Michael: In der Unternehmensinsolvenz lebendig wie nie – Organhaftung für Missmanagement, in: Festschrift für Friedrich Wilhelm Metzeler zum 70. Geburtstag, herausgegeben von Betteray, Wolfgang van / Delhaes, Wolfgang, Köln 2003, S. 167–189 (zit.: *Pielorz*, in: FS Metzeler).

Prütting, Hanns / Wegen, Gerhard / Weinreich, Gerd (Hrsg.): BGB, Kommentar, 12. Auflage, Köln 2017 (zit.: *Bearbeiter*, in: Prütting/Wegen/Weinreich).

Raapke, Julius: Die Regulierung der Vergütung von Organmitgliedern und Angestellten im Aktien- und Kapitalmarktrecht, zugleich Diss. iur. (Göttingen 2012), Frankfurt 2012 (zit.: Raapke, Die Regulierung der Vergütung von Organmitgliedern und Angestellten im Aktien- und Kapitalmarktrecht).

Rahlf, Joachim: Die Rolle der historischen Auslegungsmethode in der Rechtsprechung des BGH, in: Juristische Dogmatik und Wissenschaftstheorie, herausgegeben von Savigny, Eike von, München 1976 (zit.: *Rahlf*, Juristische Dogmatik und Wissenschaftstheorie).

Raisch, Peter: Zum Begriff und zur Bedeutung des Unternehmensinteresses als Verhaltensmaxime von Vorstands- und Aufsichtsratsmitgliedern, in: Strukturen und Entwicklungen im Handels-, Gesellschafts- und Wirtschaftsrecht, Festschrift für Wolfgang Hefermehl zum 70. Geburtstag am 18. September 1976, herausgegeben von Fischer, Robert / Gessler, Ernst / Schilling, Wolfgang / Serick, Rolf / Ulmer, Peter, München 1976, S. 347–364 (zit.: *Raisch*, in: FS Hefermehl).

Raiser, Thomas / Veil, Rüdiger: Recht der Kapitalgesellschaften, 6. Auflage, München 2015 (zit.: *Raiser/Veil*, Recht der Kapitalgesellschaften).

Rappaport, Alfred: Shareholder Value, Deutsche Übersetzung, 2. Auflage, Stuttgart 1999 (zit.: *Rappaport*, Shareholder Value).

Redeke, Julian: Zur gerichtlichen Kontrolle der Angemessenheit der Informationsgrundlage im Rahmen der Business Judgment Rule nach § 93 Abs. 1 Satz 2 AktG, in: ZIP 2011, S. 59–64 (zit.: *Redeke*, ZIP 2011).

Regierungskommission Deutscher Corporate Governance Kodex: Schriftliche Stellungnahme zum Entwurf eines Gesetzes zur Angemessenheit der Vorstandsvergütung, BT-Drs. 16/12778, Frankfurt am Main 2009, http://www.dcgk.de/de/kommission/die-kommission-im-dialog/deteilansicht/stellungnahme-zum-entwurf-eines-gesetzes-zur-angemessenheit-der-vorstandsverguetung.html (Stand: 25.04.2017) (zit.: Regierungskommission DCGK, Stellungnahme zum Entwurf eines VorstAG).

Reichert, Jochem / Balke, Michaela: Die Berücksichtigung von Konzernzielen bei der variablen Vergütung des Vorstands einer abhängigen Gesellschaft im faktischen Konzern, in: Festschrift für Hans-Jürgen Hellwig zum 70. Geburtstag, herausgegeben von Hoffmann-Becking, Michael / Hommelhoff, Peter / Graf von Westphalen, Friedrich, Köln 2010, S. 285–293 (zit.: *Reichert/Balke*, in: FS Hellwig).

Reichert, Jochem / Ullrich, Kristin: Haftung von Aufsichtsrat und Vorstand nach dem VorstAG, in: Festschrift für Uwe H. Schneider zum 70. Geburtstag, herausgegeben von Burgard, Ulrich / Hadding, Walther / Mülbert, Peter O. / Nietsch, Michael / Welter, Reinhard, Köln 2011, S. 1017–1037 (zit.: *Reichert/Ullrich*, in: FS Schneider).

Reiner, Günter: Shareholder Value und Nachhaltigkeit: Zur obersten Leitungsmaxime des Vorstands, in: ZVglRWiss 110 (2011), S. 443–475 (zit.: *Reiner*, ZVglRWiss 110 (2011)).

Richter, Frank / Timmreck, Christian (Hrsg.): Unternehmensbewertung, Stuttgart 2004 (zit.: *Bearbeiter*, in: Richter/Timmreck, Unternehmensbewertung).

Ringleb, Henrik-Michael / Kremer, Thomas / Lutter, Marcus / Werder, Axel von (Hrsg.): Kommentar zum Deutschen Corporate Governance Kodex, 5. Auflage, München 2014 (zit.: *Bearbeiter*, in: Ringleb/Kremer/Lutter/v. Werder, DCGK, 5. Aufl.).

Ritschl, Albrecht: War 2008 das neue 1931?, in: APuZ 20/2009, S. 27–32 (zit.: *Ritschl*, APuZ 20/2009).

Rittner, Fritz: Zur Verantwortung des Vorstandes nach § 76 Abs. 1 AktG 1965, in: Festschrift für Ernst Gessler zum 65. Geburtstag am 5. März 1970, herausgegeben von Ballerstedt, Kurt / Hefermehl, Wolfgang, München 1971, S. 139–158 (zit.: *Rittner*, in: FS Gessler).

RNE (Rat für nachhaltige Entwicklung): Auftrag des Rates, http://www.nachhaltigkeitsrat.de/der-rat/auftrag-des-rates/ (Stand: 25.04.2017) (zit.: RNE, Auftrag des Rates).

RNE (Rat für nachhaltige Entwicklung): Deutscher Nachhaltigkeitskodex, 4. Fassung, Berlin 2017 http://www.deutscher-nachhaltigkeitskodex.de/fileadmin/user_upload/dnk/dok/kodex/DNK_Broschuere_2017.pdf (Stand: 26.10.2017) (zit.: RNE, DNK).

RNE (Rat für nachhaltige Entwicklung): Merkel stellt Entwurf der neuen Nachhaltigkeitsstrategie vor, Berlin 2016, http://www.nachhaltigkeitsrat.de/aktuelles/aktuelle-meldungen/detailansicht/artikel/merkel-stellt-entwurf-der-neuen-nachhaltigkeitsstrategie-vor/ (Stand: 25.04.2017) (zit.: RNE, Nachhaltigkeitsstrategie).

Rönnau, Thomas: Untreue zu Lasten juristischer Personen und Einwilligungskompetenz der Gesellschafter, in: Grundlagen des Straf- und Strafverfahrensrechts, Festschrift für Knut Amelung zum 70. Geburtstag, herausgegeben von Böse, Martin / Sternberg-Lieben, Detlev, Berlin 2009, S. 247–268 (zit.: *Rönnau*, in: FS Amelung).

Röttgen, Norbert / Kluge, Hans-Georg: Nachhaltigkeit bei Vorstandsvergütungen, in: NJW 2013, S. 900–905 (zit.: *Röttgen/Kluge*, NJW 2013).

Rosbach, Thorsten: Ethik in einem Wirtschaftsunternehmen – nützlich oder überflüssige Förmelei?, in: CCZ 2008, S. 101–104 (zit.: *Rosbach*, CCZ 2008).

Roth, Herbert: Geltungserhaltende Reduktion im Privatrecht, in: JZ 1989, S. 411–419 (zit.: *Roth*, JZ 1989).

Roth, Markus: Private Altersvorsorge als Aspekt der Corporate Governance, in: ZGR 2011, S. 516–557 (zit.: *Roth*, ZGR 2011).

Roth, Günter / Altmeppen, Holger (Hrsg.): GmbHG, Kommentar, 8. Auflage, München 2015 (zit.: *Bearbeiter*, in: Roth/Altmeppen, GmbHG).

Rother, Frederik: Die zivilrechtliche Haftung von Mitgliedern des Aufsichtsrates einer AG im Überblick, in: NJ 2012, S. 14–18 (zit.: *Rother*, NJ 2012).

Rother, Werner: Sittenwidriges Rechtsgeschäft und sexuelle Liberalisierung, in: AcP 172 (1972), S. 498–519 (zit.: *Rother*, in: AcP 172 (1972)).

Rubner, Daniel: Anforderungen an Vergütungssysteme im Finanzsektor, in: NZG 2010, S. 1288–1291 (zit.: *Rubner*, NZG 2010).

Rudzio, Kolja / Uchatius, Wolfgang / Willeke, Stefan: Was ist ein gerechter Lohn?, in: Zeit Online vom 30.03.2006, http://www.zeit.de/2006/14/Gerechter_Lohn (Stand: 25.04.2017) (zit.: *Rudzio/Uchatius/Willeke*, Zeit Online vom 30.03.2006).

Sachs, Michael (Hrsg.): Grundgesetz, Kommentar, 7. Auflage, München 2014 (zit.: *Bearbeiter*, in: Sachs, GG).

Sack, Rolf: Der rechtswidrige Arbeitsvertrag, in: RdA 1975, S. 171–182 (zit.: *Sack*, RdA 1975).

Sack, Rolf: Das Anstandsgefühl aller billig und gerecht Denkenden und die Moral als Bestimmungsfaktor der guten Sitten, in: NJW 1985, S. 761–769 (zit.: *Sack*, NJW 1985).

Sack, Rolf: Der subjektive Tatbestand des § 826 BGB, in: NJW 2006, S. 945–955 (zit.: *Sack*, NJW 2006).

Säcker, Franz Jürgen: Rechtliche Anforderungen an die Qualifikation und Unabhängigkeit von Aufsichtsratsmitgliedern, in: AG 2004, S. 180–186 (zit.: *Säcker*, AG 2004).

Säcker, Franz Jürgen: Gesetzliche und satzungsmäßige Grenzen für Spenden und Sponsoringmaßnahmen in der Kapitalgesellschaft, in: BB 2009, S. 282–286 (zit.: *Säcker*, BB 2009).

Säcker, Franz Jürgen / Boesche, Katharina: Vom Gutsherren zum Gutsverwalter: Wandlungen im Aufsichtsratsrecht unter besonderer Berücksichtigung des Mannesmann-Urteils, in: BB 2006, S. 897–905 (zit.: *Säcker/Boesche*, BB 2006).

Säcker, Franz Jürgen / Stenzel, Sonja: Das zivilrechtliche Schicksal von gegen § 87 Abs. 1 AktG verstoßenden Vergütungsvereinbarungen, in: JZ 2006, S. 1151–1157 (zit.: *Säcker/Stenzel*, JZ 2006).

Saenger, Ingo (Hrsg.): Zivilprozessordnung, Kommentar, 7. Auflage, Baden-Baden 2017 (zit.: *Bearbeiter*, in: Saenger, ZPO).

Salje, Peter: Zur Rückforderung von verdeckten privaten Parteispenden, in: NJW 1985, S. 998–1004 (zit.: *Salje*, NJW 1985).

Sandrock, Otto: Subjektive und objektive Gestaltungskräfte bei der Teilnichtigkeit von Rechtsgeschäften, in: AcP 159 (1960/1961), S. 481–546 (zit.: *Sandrock*, AcP 159 (1960/1961)).

Sandrock, Otto: Die Einheit der Wirtschaftsordnung, Frankfurt am Main 1971 (zit.: *Sandrock*, Die Einheit der Wirtschaftsordnung).

Schäfer, Carsten: Die Binnenhaftung von Vorstand und Aufsichtsrat nach der Renovierung durch das UMAG, in: ZIP 2005, S. 1253–1259 (zit.: *Schäfer*, ZIP 2005).

Schäfer, Carsten: Variable Vorstandsvergütung als unzulässiges Mittel der Einflussnahme des Aufsichtsrats auf die Unternehmensleitung?, in: Liber amicorum für Martin Winter, herausgegeben von Hoffmann-Becking, Michael / Hüffer, Uwe / Reichert, Jochem, Köln 2011, S. 557–567 (zit.: *Schäfer*, in: GS Winter).

Schäfer, Ulrich: 1929 und 2008, in: Süddeutsche.de vom 17.05.2010, http://www.sueddeutsche.de/geld/finanzkrise-und-1.706025 (Stand: 25.04.2017) (zit.: *Schäfer*, Süddeutsche.de vom 17.05.2010).

Schilling, Wolfgang: Macht und Verantwortung in der Aktiengesellschaft (oder das Prinzip der Interessenfreiheit), in: Festschrift für Ernst Gessler zum 65. Geburtstag am 5. März 1970, herausgegeben von Ballerstedt, Kurt / Hefermehl, Wolfgang, München 1971, S. 159–169 (zit.: *Schilling*, in: FS Gessler).

Schimansky, Herbert / Bunte, Hermann-Josef / Lwowski, Hans-Jürgen (Hrsg.): Bankrechts-Handbuch, Band 2, 5. Auflage, München 2017 (zit.: *Bearbeiter*, in: Schimansky/Bunte/Lwowski, Hdb Bankrecht).

Schimmel, Sascha-Pascal: So ertrickst sich Apple einen Steuersatz von zwei Prozent, in: Focus Online vom 22.05.2013, http://www.focus.de/finanzen/steuern/tid-31358/deals-und-geistertoechter-so-ertrickst-sich-apple-einen-steuersatz-von-zwei-prozent_aid_996261.html (Stand: 25.04.2017) (zit.: *Schimmel*, Focus Online vom 22.05.2013).

Schlegelberger, Franz / Quassowski, Leo (Hrsg.): Aktiengesetz 1937, Kommentar, 3. Auflage, Berlin 1939 (zit.: *Schlegelberger/Quassowski*, AktG 1937).

Schlie, Frank: Die Vielfalt der Leistungsbegriffe, in: Krise der Leistungsgesellschaft?, herausgegeben von Hondrich, Karl Otto / Schumacher, Jürgen / Arzberger, Klaus / Schlie, Frank / Stegbauer, Christian, Opladen 1988, S. 50–67 (zit.: *Schlie*, in: Hondrich/Arzberger/Schlie/Stegbauer, Krise der Leistungsgesellschaft?).

Schlimm, Katrin: Das Geschäftsleiterermessen des Vorstands einer Aktiengesellschaft, zugleich Diss. iur. (Münster 2008), Baden-Baden 2009 (zit.: *Schlimm*, Das Geschäftsleiterermessen des Vorstands einer Aktiengesellschaft).

Schmoeckel, Mathias: Der maßgebliche Zeitpunkt zur Bestimmung der Sittenwidrigkeit nach § 138 I BGB, in: AcP 197 (1997), S. 1–79 (zit.: *Schmoeckel*, AcP 197 (1997)).

Schmoeckel, Mathias / Rückert, Joachim / Zimmermann, Reinhard (Hrsg.): Historisch-kritischer Kommentar zum BGB, Band 1 (Allgemeiner Teil, §§ 1–240), Tübingen 2003 (zit.: *Bearbeiter*, in: Schmoeckel/Rückert/Zimmermann).

Schmidt, Karsten: Liquidationszweck und Vertretungsmacht der Liquidatoren, in: AcP 174 (1974), S. 55–77 (zit.: *Schmidt*, AcP 174 (1974)).

Schmidt, Karsten: Wirtschaftsrecht: Nagelprobe des Zivilrechts – Das Kartellrecht als Beispiel, in: AcP 206 (2006), S. 169–204 (zit.: *Schmidt*, AcP 206 (2006)).

Schmidt, Karsten: Nichtigkeit oder Abwicklung kartellrechtswidriger Gemeinschaftsunternehmen?, in: BB 2014, S. 515–520 (zit.: *Schmidt*, BB 2014).

Schmidt, Matthias: Integrierte Berichterstattung – Weckruf für die Finanzberichterstattung, in: IRZ 2012, S. 137–138 (zit.: *Schmidt*, IRZ 2012).

Schmidt, Karsten / Lutter, Marcus (Hrsg.): Aktiengesetz, Kommentar, Band 1 (§§ 1–149), 1. Auflage, Köln 2008 (zit.: *Bearbeiter*, in: Schmidt/Lutter, AktG, 1. Aufl.).

Schmidt, Karsten / Lutter, Marcus (Hrsg.): Aktiengesetz, Kommentar, Band 1 (§§ 1–149), 3. Auflage, Köln 2015 (zit.: *Bearbeiter*, in: Schmidt/Lutter, AktG).

Schmidt, Karsten / Lutter, Marcus (Hrsg.): Aktiengesetz, Kommentar, Band 2, 3. Auflage, Köln 2015 (zit.: *Bearbeiter*, in: Schmidt/Lutter, AktG).

Schmidt-Bleibtreu, Bruno / Hofmann, Hans / Henneke, Hans-Günter (Hrsg.): Grundgesetz, Kommentar, 13. Auflage, Köln 2014 (zit.: *Bearbeiter*, in: Schmidt-Bleibtreu/Hofmann/Henneke, GG).

Schneider, Sven Henrik: „Unternehmerische Entscheidungen“ als Anwendungsvoraussetzung für die Business Judgment Rule, in: DB 2005, S. 707–712 (zit.: *Schneider*, DB 2005).

Schneider, Uwe Helmut: Zwischenruf – Was ist ist eine systemisch relevante Bank?, in: ZRP 2009, S. 119–121 (zit.: *Schneider*, ZRP 2009).

Schön, Wolfgang: Der Einfluss öffentlich-rechtlicher Zielsetzungen auf den Statut privatrechtlicher Eigengesellschaften der öffentlichen Hand, in: ZGR 1996, S. 429–457 (zit.: *Schön*, ZGR 1996).

Schrader, Christian: Nachhaltigkeit in Unternehmen – Verrechtlichung von Corporate Social Responsibility (CSR), in: ZUR 2013, S. 451–458 (zit.: *Schrader*, ZUR 2013).

Schünemann, Bernd: Die „gravierende Pflichtverletzung“ bei der Untreue: dogmatischer Zauberhut oder taube Nuss?, in: NStZ 2005, S. 473–476 (*Schünemann*, NStZ 2005).

Schüppen, Matthias: Vorstandsvergütung – (K)ein Thema für die Hauptversammlung, in: ZIP 2010, 905–913 (zit.: *Schüppen*, ZIP 2010).

Schüppen, Matthias / Schaub, Bernhard (Hrsg.): Münchener Anwaltshandbuch Aktienrecht, 2. Auflage, München 2010 (zit.: *Bearbeiter*, in: Schüppen/Schaub, MüHdb Aktienrecht).

Schuler-Harms, Margarete: Demografischer Wandel und Generationengerechtigkeit, in: DVBl 2008, S. 1090–1098 (zit.: *Schuler-Harms*, DVBl 2008).

Schuster, Doris-Maria: Clawback-Klauseln – probates Mittel zukunftsgerechter Gestaltung von Bonus-Vereinbarungen?, in: Festschrift für Jobst-Hubertus Bauer zum 65. Geburtstag, herausgegeben von Baeck, Ulrich / Hauck, Friedrich / Preis, Ulrich / Rieble, Volker / Röder, Gerhard / Schunder, Achim, München 2010, S. 973–988 (zit.: *Schuster*, in: FS Bauer).

Schwark, Eberhard: Zum Haftungsmaßstab der Aufsichtsratsmitglieder einer AG, in: Festschrift für Winfried Werner zum 65. Geburtstag am 17. Oktober 1984, herausgegeben von Hadding, Walther / Immenga, Ulrich / Mertens, Hans-Joachim / Schneider, Uwe Helmut, Berlin / New York (USA) 1984, S. 841–854 (zit.: *Schwark*, in: FS Werner).

Schwark, Eberhard: Zur Angemessenheit der Vorstandsvergütung, in: Festschrift für Thomas Raiser zum 70. Geburtstag am 20. Februar 2005, herausgegeben von Damm, Reinhard / Heermann, Peter W. / Veil, Rüdiger, Berlin 2005, S. 377–398 (zit.: *Schwark*, in: FS Raiser).

Schwark, Eberhard / Zimmer, Daniel (Hrsg.): Kapitalmarktrechts-Kommentar, 4. Auflage, München 2010 (zit.: *Bearbeiter*, in: Schwark/Zimmer, Gesetz).

Schwintowski, Hans-Peter: Ist der Kapitalmarkt unmoralisch?, in: Zivil- und Wirtschaftsrecht im Europäischen Kontext, Festschrift für Norbert Horn zum 70. Geburtstag, herausgegeben von Berger, Klaus Peter / Borges, Georg / Herrmann, Harald / Schlüter, Andreas / Wackerbarth, Ulrich, Berlin 2006, S. 859–872 (zit.: *Schwintowski*, in: FS Horn).

Seibert, Ulrich: Finanzmarktkrise, Corporate Governance, Aufsichtsrat, in: DB 2009, S. 1167–1171 (zit.: *Seibert*, DB 2009).

Seibert, Ulrich: Das VorstAG – Regelungen zur Angemessenheit der Vorstandsvergütung und zum Aufsichtsrat, in: WM 2009, S. 1489–1493 (zit.: *Seibert*, WM 2009).

Seibert, Ulrich: Die Koalitionsgruppe „Managervergütungen“: Rechtspolitische Überlegungen zur Beschränkung der Vorstandsvergütung (Ende 2007 bis März 2009), in: Festschrift für Uwe Hüffer zum 70. Geburtstag, herausgegeben von Kindler, Peter / Koch, Jens / Ulmer, Peter / Winter, Martin, München 2010, S. 955–972 (zit.: *Seibert*, in: FS Hüffer).

Seibt, Christoph H.: Deutscher Corporate Governance Kodex und Entsprechens-Erklärung (§ 161 AktG-E), in: AG 2002, S. 249–259 (zit.: *Seibt*, AG 2002).

Seidel, Wolfgang: Der Deutsche Corporate Governance Kodex – eine private oder doch eine staatliche Regelung?, in: ZIP 2004, S. 285–294 (zit.: *Seidel*, ZIP 2004).

Semler, Johannes: Leitung und Überwachung der Aktiengesellschaft, 2. Auflage, Köln / Berlin / Bonn / München 1996 (zit.: *Semler*, Leitung und Überwachung der Aktiengesellschaft).

Semler, Johannes: Entscheidungen und Ermessen im Aktienrecht, in: Festschrift für Peter Ulmer zum 70. Geburtstag am 2. Januar 2003, herausgegeben von Habersack, Mathias / Hüffer, Uwe / Hommelhoff, Peter / Schmidt, Karsten, Berlin 2003, S. 627–642 (zit.: *Semler*, in: FS Ulmer).

Semler, Johannes: Mitverantwortung der Vorstandsmitglieder einer Aktiengesellschaft für die eigenen Vergütungen, in: Liber amicorum Wilhelm Happ: Zum 70. Geburtstag am 30. April 2006, herausgegeben von Hoffmann-Becking, Michael / Ludwig, Rüdiger, Köln / Berlin / München 2006, S. 277–294 (zit.: *Semler*, in: FS Happ).

Semler, Johannes: Der Aufsichtsrat – Die Karriere einer Einrichtung, in: NZG 2013, S. 771–778 (zit.: *Semler*, NZG 2013).

Semler, Johannes / Schenck, Kersten von (Hrsg.): Arbeitshandbuch für Aufsichtsratsmitglieder, 4. Auflage, München 2013 (zit.: *Bearbeiter*, in: Arbeitshdb AR).

Semler, Johannes / Schenck, Kersten von (Hrsg.): Der Aufsichtsrat (§§ 95–116, 161, 170–172, 394 und 395 AktG), Kommentar, München 2015 (zit.: *Bearbeiter*, in: Semler/Schenk, AktG).

Semler, Johannes / Peltzer, Martin / Kubis, Dietmar (Hrsg.): Arbeitshandbuch für Vorstandsmitglieder, 2. Auflage, München 2015 (zit.: *Bearbeiter*, in: Semler/Peltzer/Kubis, Hdb Vorstand).

Shoham, Shlomo / Lamay, Nira: Comission for Future Generations in the Knesset: lessons learnt, in: Handbook of Intergenerational Justice, englische Originalfassung, herausgegeben von Tremmel, Jörg, Cheltenham (England) / Northampton (USA) 2006 (zit.: *Shoham/Lamay*, in: Tremmel, Handbook of Intergenerational Justice).

Sieben, Peter: Was bedeutet Nachhaltigkeit als Rechtsbegriff?, in: NVwZ 2003, S. 1173–1176 (zit.: *Sieben*, NVwZ 2003).

Sierck, Gabriela M.: Verfassungsgarantie der Generationengerechtigkeit, in: Wissenschaftliche Dienste des Deutschen Bundestages Nr. 05/06 vom 26.01.2006, http://www.bundestag.de/blob/189496/bd690f1fbf663fb41e72c235c7543ca6/verfassungsgarantie_der_generationengrechtigkeit-data.pdf (Stand: 25.04.2017) (zit.: *Sierck*, Wissenschaftliche Dienste des DB Nr. 05/06).

Smeets, Heinz-Dieter: Staatsschuldenkrise in Europa: Ist die Finanzierung der Schuldenländer alternativlos?, Düsseldorf 2011, http://hdl.handle.net/10419/51560 (Stand: 25.04.2017) (zit.: *Smeets*, Staatsschuldenkrise in Europa).

Soergel, Theodor (Begr.): Bürgerliches Gesetzbuch mit Einführungsgesetz und Nebengesetzen, Kommentar, Band 2 (Allgemeiner Teil 2, §§ 104–240), 13. Auflage, Stuttgart / Berlin / Köln / Mainz 1999 (zit.: *Bearbeiter*, in: Soergel, BGB).

Sofiotis, Ilias: Zum Bedarf einer Garantie der Generationengerechtigkeit im Grundgesetz, in: VR 2012, S. 300–304 (zit.: *Sofiotis*, VR 2012).

Sommer, Rainer: Die Subprime-Krise in den Vereinigten Staaten, in: Dossier Finanzmärkte vom 20.01.2012, herausgegeben von Bundeszentrale für politische Bildung, Bonn 2012, http://www.bpb.de/politik/wirtschaft/finanzmaerkte/55766/subprime-krise (Stand: 25.04.2017) (zit.: *Sommer*, in: Dossier Finanzmärkte).

Spiegel Online vom 29.08.2009: Studie: Finanzkrise kostet Weltwirtschaft über zehn Billionen Dollar, http://www.spiegel.de/wirtschaft/soziales/studie-finanzkrise-kostet-weltwirtschaft-ueber-zehn-billionen-dollar-a-645746.html (Stand: 25.04.2017) (zit.: Spiegel Online vom 29.08.2009).

Spindler, Gerald: Vergütung und Abfindung von Vorstandsmitgliedern, in: DStR 2004, S. 36–45 (zit.: *Spindler*, DStR 2004).

Spindler, Gerald: Prognosen im Gesellschaftsrecht, in: AG 2006, S. 677–689 (zit.: *Spindler*, AG 2006).

Spindler, Gerald: Vorstandsvergütungen und Abfindungen auf dem aktien- und strafrechtlichen Prüfstand – Das Mannesmann-Urteil des BGH, in: ZIP 2006, S. 349–355 (zit.: *Spindler*, ZIP 2006).

Spindler, Gerald: Die Haftung von Vorstand und Aufsichtsrat für fehlerhafte Auslegung von Rechtsbegriffen, in: Festschrift für Claus-Wilhelm Canaris zum 70. Geburtstag, herausgegeben von Heldrich, Andreas / Prölss, Jürgen / Koller, Ingo / Langenbucher, Katja / Grigoleit, Hans Christoph / Hager, Johannes / Hey, Felix Christopher / Neuner, Jörg / Petersen, Jens / Singer, Reinhard, München 2007, S. 403–428 (zit.: *Spindler*, in: FS Canaris).

Spindler, Gerald: Vorstandsgehälter auf dem Prüfstand – das Gesetz zur Angemessenheit der Vorstandsvergütung (VorstAG), in: NJOZ 2009, S. 3282–3291 (zit.: *Spindler*, NJOZ 2009).

Spindler, Gerald: Rechtsfolgen einer unangemessenen Vorstandsvergütung, in: AG 2011, S. 725–734 (zit.: *Spindler*, in: AG 2011).

Spindler, Gerald / Stilz, Eberhard (Hrsg.): Kommentar zum Aktiengesetz, Band 1 (§§ 1–178), 1. Auflage, München 2007 (zit.: *Bearbeiter*, in: Spindler/Stilz, AktG, 1. Aufl.).

Spindler, Gerald / Stilz, Eberhard (Hrsg.): Kommentar zum Aktiengesetz, Band 1 (§§ 1–149), 2. Auflage, München 2010 (zit.: *Bearbeiter*, in: Spindler/Stilz, AktG, 2. Aufl.).

Spindler, Gerald / Stilz, Eberhard (Hrsg.): Kommentar zum Aktiengesetz, Band 1 (§§ 1–149), 3. Auflage, München 2015 (zit.: *Bearbeiter*, in: Spindler/Stilz, AktG).

Spitaler, Armin: Die Grenzen der Auslegung im Steuerrecht, in: BB 1956, S. 7–10 (zit.: *Spitaler*, BB 1956).

Staudingers, Julius von: Kommentar zum Bürgerlichen Gesetzbuch mit Einführungsgesetz und Nebengesetzen, Buch 1 (Allgemeiner Teil, §§ 134–138; Anh zu § 138: ProstG), herausgegeben von Fischinger, Philipp S. / Kohler, Jürgen / Seibl, Maximilian, 16. Auflage, Berlin 2017 (zit.: *Bearbeiter*, in Staudinger, BGB).

Staudingers, Julius von: Kommentar zum Bürgerlichen Gesetzbuch mit Einführungsgesetz und Nebengesetzen, Buch 1 (Allgemeiner Teil 5, §§ 164–240), herausgegeben von Habermann, Norbert / Herrler, Sebastian / Gursky, Karl-Heinz / Jacoby, Florian / Peters, Frank / Repgen, Tilman / Schilken, Eberhard, 16. Auflage, Berlin 2014 (zit.: *Bearbeiter*, in: Staudinger, BGB).

Staudingers, Julius von: Kommentar zum Bürgerlichen Gesetzbuch mit Einführungsgesetz und Nebengesetzen, Buch 2 (Ungerechtfertigte Bereicherung, §§ 812–822), herausgegeben von Horn, Norbert / Lorenz, Stephan, 15. Auflage, Berlin 2007 (zit.: *Bearbeiter*, in: Staudinger, BGB).

Stein, Ursula: Die Grenzen vollmachtloser Vertretung der Gesellschaft gegenüber Vorstandsmitgliedern und Geschäftsführern, in: AG 1999, S. 28–42 (zit.: *Stein*, AG 1999).

Steinberg, Rudolf: Der ökologische Verfassungsstaat, Frankfurt am Main 1998 (zit.: *Steinberg*, Der ökologische Verfassungsstaat).

Steiner, Udo: Generationenfolge und Grundgesetz, in: NZS 2004, S. 505–509 (zit.: *Steiner*, NZS 2004).

Steinmann, Horst / Schreyögg, Georg / Koch, Jochen: Management, 7. Auflage, Wiesbaden 2013 (zit.: *Steinmann/Schreyögg/Koch*, Management).

Streinz, Rudolf: Auswirkungen des Rechts auf „Sustainable Development" – Stütze oder Hemmschuh?, in: Die Verwaltung 31 (1998), S. 449–480 (zit.: *Streinz*, Die Verwaltung 31 (1998)).

Strohn, Lutz: Aus der neueren Rechtsprechung des BGH zum Gesellschaftsrecht (Teil 2), in: DB 2012, S. 1193–1198 (zit.: *Strohn*, DB 2012).

Strohn, Lutz: Beratung der Geschäftsleitung durch Spezialisten als Ausweg aus der Haftung?, in: ZHR 176 (2012), S. 137–143 (zit.: *Strohn*, ZHR 176 (2012)).

Suchan, Stefan / Winter, Stefan: Rechtliche und betriebswirtschaftliche Überlegungen zur Festsetzung angemessener Vorstandsbezüge nach Inkrafttreten des VorstAG, in: DB 2009, S. 2531–2539 (zit.: *Suchan/Winter*, DB 2009).

Taupitz, Jochen: Berufsständische Satzungen als Verbotsgesetze im Sinne des § 134 BGB, in: JZ 1994, S. 221–227 (zit.: *Taupitz*, JZ 1994).

Thole, Christoph: Managerhaftung für Gesetzesverstöße, in: ZHR 173 (2009), S. 504–535 (zit.: *Thole*, ZHR 173 (2009)).

Thümmel, Roderich C.: Aufsichtsräte in der Pflicht? – Die Aufsichtsratshaftung gewinnt Konturen, in: DB 1999, S. 885–888 (zit.: *Thümmel*, DB 1999).

Thümmel, Roderich C.: Aufsichtsratshaftung vor neuen Herausforderungen – Überwachungsfehler, unternehmerische Fehlentscheidungen, Organisationsmängel und andere Risikofelder, in: AG 2004, S. 83–91 (zit.: *Thümmel*, AG 2004).

Thümmel, Roderich C.: Organhaftung nach dem Referentenentwurf des Gesetzes zur Unternehmensintegrität und Modernisierung des Anfechtungsrechts (UMAG) – Neue Risiken für Manager?, in: DB 2004, S. 471–474 (zit.: *Thümmel*, DB 2004).

Thüsing, Gregor: Die Angemessenheit von Vorstandsvergütungen – Mögliche Handlungsoptionen zur Sicherstellung, in: DB 2003, S. 1612–1615 (zit.: *Thüsing*, DB 2003).

Thüsing, Gregor: Auf der Suche nach dem iustum pretium der Vorstandstätigkeit, in: ZGR 2003, S. 457–507 (zit.: *Thüsing*, ZGR 2003).

Thüsing, Gregor: Das Gesetz zur Angemessenheit der Vorstandsvergütung, in: AG 2009, S. 517–529 (zit.: *Thüsing*, AG 2009).

Thüsing, Gregor: Stellungnahme zum Entwurf eines Gesetzes zur Angemessenheit der Vorstandsvergütung (VorstAG) (BT-Drucks. 16/12278), Bonn 2009, http://www.kapitalmarktrecht-im-internet.eu/de/Rechtsgebiete/Gesellschaftsrecht/Artikelgesetze/85/VorstAG.htm (Stand: 25.04.2017) (zit.: *Thüsing*, Stellungnahme zum Entwurf eines VorstAG).

Thüsing, Gregor / Forst, Gerrit: Nachhaltigkeit als Zielvorgabe für die Vorstandsvergütung, in: GWR 2010, S. 515–518 (zit.: *Thüsing/Forst*, GWR 2010).

Thum, Alexander J. / Klofat, Daniel: Der ungetreue Aufsichtsrat – Handlungsmöglichkeiten des Vorstands bei Pflichtverletzungen des Aufsichtsrats, in: NZG 2010, S. 1087–1091 (zit.: *Thum/Klofat*, NZG 2010).

Tieves, Johannes: Der Unternehmensgegenstand der Kapitalgesellschaft, zugleich Diss. iur. (Heidelberg 1997), Köln 1998 (zit.: *Tieves*, Der Unternehmensgegenstand der Kapitalgesellschaft).

Tipke, Klaus (Begr.) / Lang, Joachim: Steuerrecht, 22. Auflage, Köln 2015 (zit.: *Bearbeiter*, in: Tipke/Lang, Steuerrecht).

Tremmel, Jörg: Generationengerechtigkeit in der Verfassung, in: APuZ 8/2005, S. 18–28 (zit.: *Tremmel*, APuZ 8/2005).

Tremmel, Jörg / Laukemann, Marc / Lux, Christina: Die Verankerung von Generationengerechtigkeit im Grundgesetz – Vorschlag für einen erneuerten Art. 20 a GG, in: ZRP 1999, S. 432–438 (zit.: *Tremmel/Laukemann/Lux*, ZRP 1999).

Trescher, Karl: Aufsichtsratshaftung zwischen Norm und Wirklichkeit, in: DB 1995, S. 661–665 (zit.: *Trescher*, DB 1995).

Tschöpe, Ulrich / Wortmann, Florian: Abberufung und außerordentliche Kündigung von geschäftsführenden Organvertretern – Grundlagen und Verfahrensfragen, in: NZG 2009, S. 85–90 (zit.: *Tschöpe/Wortmann*, NZG 2009).

Ulmer, Peter: Überlegungen zur wirtschaftlichen Betrachtungsweise im Kartellrecht, in: WuW 1971, S. 878–886 (zit.: *Ulmer*, WuW 1971).

Ulmer, Peter: Aktienrecht im Wandel, in: AcP 202 (2002), S. 143–179 (zit.: *Ulmer*, AcP 202 (2002)).

Ulmer, Peter: Der Deutsche Corporate Governance Kodex – ein neues Regulierungsinstrument für börsennotierte Aktiengesellschaften, in: ZHR 166 (2002), S. 150–181 (zit.: *Ulmer*, ZHR 166 (2002)).

Ulmer, Peter: Haftungsfreistellung bis zur Grenze grober Fahrlässigkeit bei unternehmerischen Fehlentscheidungen von Vorstand und Aufsichtsrat?, in: DB 2004, S. 859–863 (zit.: *Ulmer*, DB 2004).

Ulmer, Peter / Habersack, Mathias / Henssler, Martin: Mitbestimmungsrecht, Kommentierung des MitbestG, des DrittelbG, des SEBG und MgVG, 3. Auflage, München 2013 (zit.: *Bearbeiter*, in: Ulmer/Habersack/Henssler, Gesetz).

Ulrici, Bernhard: Verbotsgesetz und zwingendes Gesetz, in: JuS 2005, S. 1073–1076 (zit.: *Ulrici*, JuS 2005).

UNCED (Konferenz der Vereinten Nationen über Umwelt und Entwicklung 1992 in Rio de Janeiro): Agenda 21, deutsche Fassung, herausgegeben von Bundesministerium für Umwelt, Naturschutz und Reaktorsicherheit, Bonn 1993, http://www.bmub.bund.de/fileadmin/bmu-import/files/pdfs/allgemein/application/pdf/agenda21.pdf (Stand: 25.04.2017) (zit.: UNCED, Agenda 21).

Unruh, Peter: Zur Dogmatik der grundrechtlichen Schutzpflichten, Berlin 1996 (zit.: *Unruh*, Zur Dogmatik der grundrechtlichen Schutzpflichten).

Velte, Patrick: „Nachhaltige" Vorstandsvergütung bei börsennotierten Aktiengesellschaften, in: NZG 2016, S. 294–299 (zit.: *Velte*, NZG 2016).

Verse, Dirk A. / Wiersch, Rachid René: Die Entwicklung des europäischen Gesellschaftsrecht im Jahr 2013, in: EuZW 2014, S. 375–382 (zit.: *Verse/Wiersch*, EuZW 2014).

Vetter, Eberhard: Der Tiger zeigt seine Zähne, in: NZG 2009, S. 561–567 (zit.: *Vetter*, NZG 2009).

Vetter, Eberhard: Begrenzung der Vorstandsbezüge durch Hauptversammlungsbeschluss?, in: ZIP 2009, S. 1307–1309 (zit.: *Vetter*, ZIP 2009).

Volkswagen AG: Geschäftsbericht 2011, Wolfsburg 2012, http://geschaeftsbericht2011.volkswagenag.com/serviceseiten/downloads/files/gesamt_vw_gb11.pdf (Stand: 25.04.2017) (zit.: Volkswagen AG, Geschäftsbericht 2011).

Vormbusch, Uwe / Kels, Peter: Berufskarrieren Hochqualifizierter: on the road to nowhere?, in: Rückkehr der Leistungsfrage, herausgegeben von Dröge, Kai / Marrs, Kira / Menz, Wolfgang, Berlin 2008, S. 137–160 (zit.: *Vormbusch/Kels*, in: Dröge/Marrs/Menz, Rückkehr der Leistungsfrage).

Voswinkel, Stephan / Kocyba, Hermann: Die Kritik des Leistungsprinzips im Wandel, in: Rückkehr der Leistungsfrage, herausgegeben von Dröge, Kai / Marrs, Kira / Menz, Wolfgang, Berlin 2008, S. 21–39 (zit.: *Voswinkel/Kocyba*, in: Dröge/Marrs/Menz, Rückkehr der Leistungsfrage).

Wagner, Gerhard: Organhaftung im Interesse der Verhaltenssteuerung, in: ZHR 178 (2014), S. 227–182 (zit.: *Wagner*, ZHR 2014 (2014)).

Wagner, Jens: Nachhaltige Unternehmensentwicklung als Ziel der Vorstandsvergütung, in: AG 2010, S. 774–779 (zit.: *Wagner*, AG 2010).

Wagner, Jens / Wittgens, Jonas: Corporate Governance als dauernde Reformanstrengung: Der Entwurf des Gesetzes zur Angemessenheit der Vorstandsvergütung, in: BB 2009, S. 906–911 (zit.: *Wagner/Wittgens*, BB 2009).

Wand, Peter / Tillmann, Tobias / Heckenthaler, Stephan: Aufsteigende Darlehen und Sicherheiten bei Aktiengesellschaften nach dem MoMiG und der MPS-Entscheidung des BGH, in: AG 2009, S. 148–161 (zit.: *Wand/Tillmann/Heckenthaler*, AG 2009).

Wasserer, Simone: Neue Grundsätze für eine angemessene Vergütungspolitik – Zur Umsetzung der Vergütungsempfehlung der Europäischen Kommission im Rechtsvergleich Österreich und Deutschland, in: Festschrift für Günter H. Roth zum 70. Geburtstag, herausgegeben von Altmeppen, Holger / Fitz, Hanns / Honsell, Heinrich, München 2011, S. 871–880 (zit.: *Wasserer*, in: FS Roth).

Weber-Rey, Daniela: Änderungen des Deutschen Corporate Governance Kodex 2009, in: WM 2009, S. 2255–2264 (zit.: *Weber-Rey*, WM 2009).

Weber-Rey, Daniela / Buckel, Jochen: Die Pflichten des Aufsichtsrats bei der Mandatierung des Vergütungsberaters, in: NZG 2010, S. 761–766 (zit.: *Weber-Rey/Buckel*, NZG 2010).

Weber-Rey, Daniela / Buckel, Jochen: Best Practice Empfehlungen des Deutschen Corporate Governance Kodex und die Business Judgment Rule, in: AG 2011, S. 845–852 (zit.: *Weber-Rey/Buckel*, AG 2011).

Weckes, Marion: Vergütung der Vorstandsmitglieder der DAX30-Unternehmen für das Geschäftsjahr 2008, Untersuchung, herausgegeben von Hans-Böckler-Stiftung, Düsseldorf 2009, http://www.boeckler.de/pdf/mbf_vorstandsverguetungen_weckes_2009.pdf (Stand: 25.04.2017) (zit.: *Weckes*, Vergütung der Vorstandsmitglieder der DAX30-Unternehmen für das Geschäftsjahr 2008).

Weinsheimer, Willi: Die Auslegung gegen den Wortlaut im Steuerrecht, Düsseldorf 1958 (zit.: *Weinsheimer*, Die Auslegung gegen den Wortlaut im Steuerrecht).

Weiss, Susanne / Buchner, Markus: Wird das UMAG die Haftung und Inanspruchnahme der Unternehmensleiter verändern?, in: WM 2005, S. 162–171 (zit.: *Weiss/Buchner*, WM 2005).

Werder, Axel von: Vorstandsentscheidungen nur auf der Grundlage „sämtlicher relevanter Informationen"?, in: ZfB 1997, S. 901–922 (zit.: *v. Werder*, ZfB 1997).

Werder, Axel von / Maly, Werner / Pohle, Klaus / Wolff, Gerhardt: Grundsätze ordnungsgemäßer Unternehmensleitung (GoU) im Urteil der Praxis, in: DB 1998, S. 1193–1198 (zit.: *v. Werder/Maly/Pohle*, DB 1998).

Werner, Josua: Verteilungspolitik, Stuttgart / New York (USA) 1979 (zit.: *Josua*, Verteilungspolitik).

Werner, Winfried: Vertretung der Aktiengesellschaft gegenüber Vorstandsmitgliedern, in: ZGR 1989, S. 369–395 (zit.: *Werner*, ZGR 1989).

Westermann, Harry: Die unternehmerische Leitungsmacht des Vorstandes der Genossenschaft nach geltendem und zukünftigem Genossenschaftsrecht im Vergleich zur Leitungsmacht des Vorstandes der AG, in: Festschrift für Rudolf Reinhardt zum 70. Geburtstag 7. Juni 1972, herausgegeben von Pleyer, Klemens / Schultz, Dietrich / Schwinge, Erich, Köln 1972, S. 359–373 (zit.: *Westermann*, in: FS Reinhardt).

Westermann, Harry: Zweck der Gesellschaft und Gegenstand des Unternehmens im Aktien- und Genossenschaftsrecht, in: Festschrift für Ludwig Schnorr von Carolsfeld zum 70. Geburtstag 26. Januar 1973, herausgegeben von Hubmann, Heinrich / Hübner, Heinz, Köln / Berlin / Bonn / München 1972, S. 517–532 (zit.: *Westermann*, in: FS Schnorr von Carolsfeld).

Wettich, Carsten: Vorstandsvergütung: Bonus-Malus-System mit Rückforderungsmöglichkeit (claw back) und Reichweite des Zuständigkeitsvorbehalts zugunsten des Aufsichtsratsplenums, in: AG 2013, S. 374–383 (zit.: *Wettich*, AG 2013).

Weyer, Hartmut: Leistungskondiktion und Normzweck des Verbotsgesetzes, in: WM 2002, S. 627–635 (zit.: *Weyer*, WM 2002).

Wiedemann, Herbert: Grundfragen der Unternehmensverfassung, in: ZGR 1975, S. 385–432 (zit.: *Wiedemann*, ZGR 1975).

Wiedemann, Herbert: Zu den Treuepflichten im Gesellschaftsrecht, in: Festschrift für Theodor Heinsius zum 65. Geburtstag am 25. September 1991, herausgegeben von Kübler, Friedrich / Mertens, Hans-Joachim / Werner, Winfried, Berlin / New York (USA) 1991, S. 949–966 (zit.: *Wiedemann*, in: FS Heinsius).

Wilhelm, Jan: Kapitalgesellschaftsrecht, 3. Auflage, Berlin 2009 (zit.: Wilhelm, Kapitalgesellschaftsrecht).

Wilke, Peter / Schmid, Katrin: Entwicklung der Vorstandsvergütung 2011 in den DAX-30-Unternehmen, in: Arbeitspapiere (Unternehmensmitbestimmung und Unternehmenssteuerung), Band 269, herausgegeben von der Hans-Böckler-Stiftung, Düsseldorf 2012, https://www.boeckler.de/pdf/p_arbp_269.pdf (Stand: 25.04.2017) (zit.: *Wilke/Schmid*, Entwicklung der Vorstandsvergütung 2011 in den Dax-30-Unternehmen).

Wilsing, Hans-Ulrich / Linden, Klaus von der: Vorstandsvergütung und ihre Transparenz – Gedanken zur Kodexnovelle 2013, in: DStR 2013, S. 1291–1295 (zit.: *Wilsing*, DStR 2013).

Wilsing, Hans-Ulrich / Paul, Carsten A.: Reaktionen der Praxis auf das Nachhaltigkeitsgebot des § 87 Abs. 1 Satz 2 AktG – Eine erste Zwischenbilanz, in: GWR 2010, S. 363–366 (zit.: *Wilsing/Paul*, GWR 2010).

Winnen, Armin: Die Innenhaftung des Vorstandes nach dem UMAG, zugleich Diss. iur. (Köln 2008), Baden-Baden 2009 (zit.: *Winnen*, Die Innenhaftung des Vorstandes nach dem UMAG).

Wirth, Gerhard: Anforderungsprofil und Inkompatibilitäten für Aufsichtsratsmitglieder, in: ZGR 2005, S. 327–347 (zit.: *Wirth*, ZGR 2005).

Wöhe, Günter: Einführung in die Allgemeine Betriebswirtschaftslehre, 26. Auflage, München 2016 (zit.: *Wöhe*, Einführung ABWL).

Wolf, Maik: Unternehmensbegriff, Zuständigkeit der Kartellämter und Rechtsweg bei öffentlich-rechtlichen Leistungsbeziehungen, in: BB 2011, S. 648–654 (zit.: *Wolf*, BB 2011).

Wolf, Manfred / Neuner, Jörg: Allgemeiner Teil des bürgerlichen Rechts, 11. Auflage, München 2016 (zit.: *Wolf/Neuner*, BGB AT).

Wollburg, Ralph: Unternehmensinteresse bei Vergütungsentscheidungen, in: ZIP 2004, S. 646–658 (zit.: *Wollburg*, ZIP 2004).

Wollny, Christoph: Wer den Schaden hat, muss für die Bewertung sorgen – Unternehmensbewertung zur Ermittlung von Schadensersatzansprüchen, in: DStR 2013, S. 2132–2139 (zit.: *Wollny*, DStR 2013).

Zentes, Joachim / Schramm-Klein, Hanna: Nachhaltigkeitsberichtserstattung – eine neue Dimension der Rechnungslegung, in: Berichterstattung für den Kapitalmarkt, Festschrift für Karlheinz Küting zum 65. Geburtstag, herausgegeben von Weber, Claus-Peter / Lorson, Peter / Pfitzer, Norbert / Kessler, Harald / Wirth, Johannes, Stuttgart 2009, S. 183–209 (zit.: *Zentes/Schramm-Klein*, in: FS Küting).

Ziemons, Hildegard: Angemessene Vorstandsvergütung und Change of Control Klauseln, in: Festschrift für Ulrich Huber zum siebzigsten Geburtstag, herausgegeben von Baums, Theodor / Lutter, Marcus / Schmidt, Karsten / Wertenbruch, Johannes, Tübingen 2006, S. 1035–1047 (zit.: *Ziemons*, in: FS Huber).

Zimmermann, Martin: Kartellrechtliche Bußgelder gegen Aktiengesellschaft und Vorstand: Rückgriffsmöglichkeiten, Schadensumfang und Verjährung, in: WM 2008, S. 433–442 (zit.: *Zimmermann*, WM 2008).

Zippelius, Reinhold: Juristische Methodenlehre, 11. Auflage, München 2012 (zit.: *Zippelius*, Juristische Methodenlehre).

Zöllner, Wolfgang: Unternehmensinnenrecht: Gibt es das?, in: AG 2003, S. 2–12 (zit.: *Zöllner*, Unternehmensinnenrecht).

Gesetzgebung, Rechtsprechung und Literatur sind bis zum 26.10.2017 berücksichtigt.

Gebraucht werden die üblichen Abkürzungen, vgl. *Kirchner, Hildebert*: Abkürzungsverzeichnis der Rechtssprache, 8. Auflage, Berlin / Boston (USA) 2015.

A. Einleitung

Die vorliegende Arbeit befasst sich mit den gesetzlichen Anforderungen an die Bezüge von Vorständen deutscher Aktiengesellschaften. Das Hauptaugenmerk soll diesbezüglich auf die möglichen zivil- und aktienrechtlichen Folgen gerichtet sein, welche eingreifen könnten, wenn die gesetzgeberischen Vorgaben nicht eingehalten werden.

Zentrale Norm in diesem Zusammenhang ist § 87 AktG. Die Kernaussage der Vorschrift ist, dass die Gehälter der Vorstände von Aktiengesellschaften angemessen sein müssen. Hierfür hat der Aufsichtsrat nach § 87 Abs. 1 AktG bei der Festsetzung des Vorstandsgehalts zu sorgen. Es stellt sich daher die Frage, welche rechtlichen Konsequenzen es hat, wenn dem Vorstand eine unangemessene Vergütung gewährt wird.

I. Problemstellung

§ 87 Abs. 1 AktG trifft selbst keine Aussage zu den Rechtsfolgen einer unangemessenen Vorstandsvergütung. Auch der Wortlaut, Sinn und Zweck sowie die Systematik und Historie liefern auf den ersten Blick kein eindeutiges Ergebnis. Hieran entfachte sich zunächst eine Diskussion im Schrifttum, welche im weiteren Verlauf bisher nur vereinzelt von der Rechtsprechung aufgegriffen wurde. Vorrangig konzentrieren sich die Meinungsstreitigkeiten, welche in rechtlicher und tatsächlicher Hinsicht mit vielfachen Schwierigkeiten und Unwägbarkeiten verbundenen sind, auf diverse Zahlungsansprüche der Gesellschaft gegen den Vorstand und den Aufsichtsrat.

Der insoweit im Fokus stehende § 87 Abs. 1 AktG hat – wie auch andere Regelungen des AktG und angrenzender Bereiche – im Zuge der Finanzkrise durch das Gesetz zur Angemessenheit der Vorstandsvergütung (VorstAG) vom 31.07.2009[1] einige noch im Einzelnen aufzuzeigende Änderungen erfahren. Fraglich ist, ob die mit dem VorstAG eingeführten Neuregelungen eine Neubewertung der in Betracht kommenden zivil- und aktienrechtlichen Folgen eines Verstoßes gegen § 87 Abs. 1 AktG erforderlich machen. Soweit ersichtlich, wurde dies bisher nicht dezidiert untersucht.

II. Gegenstand und Ziel der Arbeit

Anlässlich der Problemstellung sollen die Änderungen des § 87 Abs. 1 AktG durch das VorstAG und ihre etwaigen Auswirkungen auf denkbare zivil- und aktienrechtliche Rechtsfolgen einer nicht den gesetzlichen Anforderungen entsprechenden und somit unangemessenen Vorstandvergütung den Schwerpunkt dieser Arbeit bilden. Hierbei

1 BGBl. I 2009, S. 2509ff.

wird unter anderem zu prüfen sein, ob die durch das VorstAG veranlassten Änderungen des § 87 Abs. 1 AktG zumindest vordergründig nicht stärker den Tatbestand der Unangemessenheit betreffen. Selbst in diesem Fall wäre aber vermutlich zunächst nicht auszuschließen, dass sich die Änderungen auch auf die zivil- und aktienrechtlichen Rechtsfolgen einer unangemessenen Vorstandsvergütung niederschlagen.

Wie bereits angedeutet, wurde das VorstAG im Zuge der Finanzkrise auf den Weg gebracht. Somit ist es wahrscheinlich, dass den tatbestandlichen Änderungen eine bestimmte Zielsetzung und Historie zugrunde gelegen haben, woraus sich gegebenenfalls übergeordnete Schlüsse auf den Charakter des § 87 Abs. 1 AktG ziehen lassen. Eine Neufassung der Tatbestandsseite könnte unter Umständen mit einer systematischen Neuorientierung der gesamten Vorschrift einhergehen. Diesbezüglich wird auch zu klären sein, inwieweit ein europarechtlicher Kontext besteht, in welchen die anzustellende Betrachtung einzubetten wäre.

Um jedoch der Frage möglicher Auswirkungen des VorstAG von § 87 Abs. 1 AktG auf die Rechtsfolgen eines unangemessenen Vorstandsgehalts überhaupt in adäquatem Umfang nachgehen zu können, dürfte es unabdingbar sein, sich vorab ein Bild von den bisher im Schrifttum und vereinzelt in der Rechtsprechung vertretenen Ansichten zu verschaffen. Diskutiert werden Rückforderungsansprüche gegen den Vorstand sowie Schadensersatzansprüche gegen beide Organe.[2]

Mögliche Rückforderungsansprüche gegen den Vorstand nach Bereicherungsrecht werden ganz überwiegend auf eine (Teil-)Unwirksamkeit des Anstellungsvertrages beziehungsweise der Vergütungsvereinbarung mit dem Vorstand gestützt. Als mögliche Anknüpfungspunkte einer Nichtigkeit werden § 134 BGB, § 138 BGB sowie ein Missbrauch der Vertretungsmacht des Aufsichtsrats bei Abschluss des Anstellungsvertrages mit dem Vorstand thematisiert. So ist umstritten, ob es sich bei § 87 Abs. 1 AktG um ein Verbotsgesetz im Sinne von § 134 BGB handelt, welches bei Verstößen gegen die Norm die Nichtigkeit des betroffenen Rechtsgeschäfts nach sich zieht. Außerdem ist unklar, ob und ab welcher Schwelle ein Anstellungsvertrag wegen eines unangemessenen Vorstandsgehalts insgesamt oder teilweise sittenwidrig und somit nichtig sein kann. Teilweise wird eine (Teil-)Unwirksamkeit auch damit begründet, der Aufsichtsrat überschreite bei Verstößen gegen § 87 Abs. 1 AktG seine Vertretungsmacht beim Abschluss des Anstellungsvertrages mit dem Vorstand gemäß § 112 AktG, was für den Vorstand unter bestimmten Voraussetzungen evident sei.

Als untergeordnete Fragen sind in diesem Zusammenhang unter anderem bedeutsam, ob sich eine Nichtigkeit ex tunc auf das gesamte Vertragsverhältnis oder nur einen Teil davon auswirken würde oder gegebenenfalls die Grundsätze zum fehlerhaften Dienstverhältnis Anwendung finden könnten. Vereinzelt wird auch problematisiert, wie sich ein Verstoß gegen § 87 Abs. 1 AktG auf den Aufsichtsratsbeschluss, der dem Anstellungsvertrag zugrunde liegt, auswirken und

2 Vgl. für einen Überblick zu den Rechtsfolgen unangemessener Vorstandsvergütungen nach dem VorstAG z. B. *Fleischer*, in: Spindler/Stilz, AktG, § 87 Rn. 57 f.; *Spindler*, AG 2011, 925 ff.

ob beziehungsweise wie sich dies wiederum auf den Vertrag selbst niederschlagen könnte. Darüber hinaus werden die bereicherungsrechtlichen Besonderheiten im Falle einer möglichen Rückforderung eines unangemessenen Gehalts vom Vorstand zumindest kurz thematisiert.

Schadensersatzansprüche infolge der Vereinbarung einer unangemessenen Vorstandsvergütung kommen aufgrund der gesetzlichen Regelung des mit dem VorstAG neu eingefügten § 116 S. 3 AktG in erster Linie gegen den Aufsichtsrat in Betracht. Daneben sind jedoch auch Schadensersatzansprüche gegen den Vorstand denkbar. In beiden Fällen bereiten die Feststellung des jeweiligen Handlungsspielraums eines Organs und die Bestimmung eines Schadens der Gesellschaft die wohl größten Probleme im Rahmen der Diskussion.

Unabhängig von der Art des möglichen Anspruchs spielen auch Fragen der gerichtlichen Geltendmachung, insbesondere, wer hierzu jeweils berufen ist und welche Probleme sich hieraus ergeben können sowie der Zeitpunkt der Vereinbarung, insbesondere, ob es sich um eine Erst- oder Wiederbestellung des Vorstands handelt, eine wichtige Rolle. Auch das Verhältnis von nebeneinander bestehenden Ansprüchen ist Gegenstand der Diskussion.

Um mögliche Konsequenzen des VorstAG gegebenenfalls besser erkennbar zu machen, bietet es sich an, in zeitlicher Hinsicht zwischen dem Meinungsstand vor und nach der Gesetzesänderung zu unterscheiden. Nach einer solchen Darstellung sollen dann die Neuerungen des VorstAG unter Zuhilfenahme anerkannter Auslegungsgrundsätze einzeln und detailliert auf ihre Auswirkungen untersucht sowie anschließend ins Gesamtbild eingebettet und gewürdigt werden. Im Rahmen des § 134 BGB soll insbesondere hinterfragt werden, welche Folgen die Änderungen des § 87 Abs. 1 AktG auf den möglichen Verbotscharakter im Sinne von § 134 BGB haben könnten. Hierzu soll vor allem die vom VorstAG vorgegebene Schutzrichtung des § 87 Abs. 1 AktG ausgeleuchtet werden. Des Weiteren soll erörtert werden, inwieweit ein rechtliches Erfordernis bestehen könnte, welches den Vorstand verpflichtet, bei der Vereinbarung seiner Vergütung mitzuwirken.

Hinsichtlich einer möglichen Sittenwidrigkeit der Vergütungsvereinbarung mit dem Vorstand wegen einer Verletzung des § 87 Abs. 1 AktG erscheint es naheliegend, sich mit den vom VorstAG ausdrücklich benannten Merkmalen der Vorstandsleistungen und einer nachhaltigen Unternehmensentwicklung näher auseinanderzusetzen. Die Sittenwidrigkeit einer Vergütungsvereinbarung wegen mangelnder Ausrichtung auf eine nachhaltige Unternehmensentwicklung ließe sich unter Umständen bejahen, wenn der Begriff der Nachhaltigkeit auf das allgemeine Nachhaltigkeitskonzept zurückzuführen wäre. Dieses übergeordnete Prinzip geht in seiner heutigen Form auf die Brundtland-Kommission zurück und kann auch als Drei-Säulen-Konzept bezeichnet werden, welches ökonomische, ökologische und soziale Belange vereint.[3]

3 Vgl. hierzu *Berg*, in: Kahl, Nachhaltigkeit als Verbundbegriff, S. 425, 430 f.; *Bückmann/Lee/Simonis*, APuZ 27/2003, 27; *Erbguth*, DVBl 1999, 1082, 1083 f.; *Sieben*, NVwZ 2003, 1173, 1174 f.

In diesem Sinne soll versucht werden, den Begriffsinhalt einer nachhaltigen Unternehmensentwicklung etwas näher zu bestimmen beziehungsweise einzugrenzen. Hierzu dürfte zumindest kurz auch auf das diesbezügliche Verständnis und mögliche Aktivitäten des europäischen Gesetzgebers einzugehen sein. Besondere Bedeutung könnte in diesem Zusammenhang dem am 14.03.2017 vom Europäischen Parlament mit großer Mehrheit angenommenen Vorschlag zur Änderung der sogenannten Aktionärsrechterichtlinie 2007/36/EG und der sogenannten Rechnungslegung-Richtlinie 2013/34/EU zukommen.

Zwar sollen Fragen im vorstehenden Sinn, welche in erster Linie auf Tatbestandsebene des § 87 Abs. 1 AktG angesiedelt sein dürften, grundsätzlich nicht beziehungsweise nur am Rande Gegenstand dieser Arbeit sein, wie ihr Titel bereits nahelegt. Jedoch muss hiervon im erforderlichen Umfang eine Ausnahme gemacht werden, soweit eine Tatbestandsfrage unmittelbar über das Eingreifen einer bestimmten Rechtsfolge entscheidet und die betreffende Tatbestandsfrage nicht ausreichend geklärt scheint.

Ein wichtiger Teil der Auseinandersetzung mit möglichen Schadensersatzansprüchen gegen den Aufsichtsrat soll sich auf die Anwendbarkeit der Business Judgment Rule nach § 93 Abs. 1 S. 2 AktG im Anwendungsbereich des § 87 Abs. 1 AktG konzentrieren.[4] Soweit die Business Judgment Rule anwendbar wäre, könnten sich die Änderungen des § 87 Abs. 1 AktG durch das VorstAG darauf auswirken, unter welchen Voraussetzungen der Aufsichtsrat auf Grundlage angemessener Information gehandelt hat oder annehmen durfte, zum Wohle der Gesellschaft zu handeln. Ein weiteres Hauptaugenmerk im Rahmen einer möglichen Aufsichtsratshaftung soll der Bestimmbarkeit des Schadens der Gesellschaft im Zusammenhang mit den Änderungen des VorstAG gelten. Diesbezüglich könnte auch die Frage interessant sein, ob ein Schaden der Gesellschaft nicht entfiele, falls der unangemessene Vergütungsteil vom Vorstand wegen (Teil-)Nichtigkeit der Vergütungsabrede zurückerstattet würde.

Im Anschluss an die vorgenannten Themenkomplexe sollen die Besonderheiten hinsichtlich möglicher Schadensersatzansprüche gegen den Vorstand untersucht werden, vor allem, ob auch der Vorstand gegebenenfalls in den „Genuss" der Business Judgment Rule kommen könnte, falls er möglicherweise eine unternehmerische Entscheidung über seine eigene Vergütung treffen müsste.

Wie erwähnt ist es Hauptanliegen der Arbeit, zu beurteilen, ob eine Neubewertung der möglichen Rechtsfolgen wegen eines Verstoßes gegen § 87 Abs. 1 AktG aufgrund der Änderungen des VorstAG geboten ist. Wie noch aufzuzeigen ist, bestanden allerdings schon vor dem VorstAG ganz erhebliche Unklarheiten im Rahmen der teils recht weitläufigen Diskussion über die Rechtsfolgen eines unangemessenen Vorstandsgehalts. Es wäre daher vermessen anzunehmen, diese Arbeit

4 Für einen Überblick hierzu etwa *Hambloch-Gesinn/Gesinn*, in: Hölters, AktG, § 116 Rn. 34 ff.; *Spindler*, in: MüKo, AktG, § 87 Rn. 128; *ders.*, in: Spindler/Stilz, AktG, § 116 Rn. 43 ff.

könne das Thema auch nur ansatzweise abschließend behandeln. Vielmehr wird sich die Arbeit auf die als zentral erachteten Punkte konzentrieren müssen. Selbst diese näher zu prüfenden Fragen werden sich aber aufgrund ihres Umfangs und ihrer Komplexität aller Voraussicht nach nicht abschließend beantworten lassen.

Neben den oben konkret genannten Rechtsfolgen dürften im Fall einer unangemessenen Vorstandsvergütung noch weitere denkbar sein, wie zum Beispiel eine deliktische Haftung der Organe aus § 823 BGB. Aus Kapazitätsgründen muss sich der Fokus der Arbeit jedoch auf die nächstliegenden Tatbestände richten. Weitere gegebenenfalls in Betracht kommende, allerdings nach der hier vertretenen Ansicht fernliegendere zivil- und aktienrechtliche Rechtsfolgen werden genau wie Rechtsfolgen im Zusammenhang mit strafrechtlichen Normen bewusst vom Gegenstand dieser Arbeit ausgeklammert. Ebenso wenig sollen Auswirkungen der Änderungen in § 87 Abs. 2 AktG näher behandelt werden, soweit dies nicht ausnahmsweise zwingend erforderlich erscheint.

III. Anlass der Arbeit

Den Anlass für diese Arbeit mit der genannten Zielsetzung lässt ein historisch angehauchter Abriss zum Thema Vorstandsgehälter schnell erkennen.

1. Stetiges Auseinanderklaffen von Vorstands- und Mitarbeitergehältern

Wie bereits angedeutet, ist die Frage, unter welchen Voraussetzungen ein Vorstandsgehalt angemessen im Sinne von § 87 Abs. 1 S. 1 AktG ist, bereits seit Jahrzehnten Gegenstand einer regen, teilweise nur noch sehr schwer überschaubaren juristischen Diskussion. Bereits die Vorgängernorm § 78 Abs. 1 S. 4 AktG 1937 gab das Erfordernis der Angemessenheit vor.[5] Durch diesen gesetzgeberischen Eingriff in die Vertragsfreiheit sollten und sollen missbräuchlich gewährte Vorstandsgehälter verhindert und die Gesellschaft, deren Aktionäre, Gläubiger und Arbeitnehmer geschützt werden.[6]

Auch in der öffentlichen Diskussion nimmt der Themenkomplex „Managergehälter" einen immer wichtigeren Platz ein.[7] Für den heutzutage in diesem Kontext oftmals öffentlich geäußerten Unmut dürfte vor allem der rasante Anstieg der Gehälter in den Chefetagen der großen DAX-Konzerne in Deutschland verantwortlich sein. Die Gehälter der Vorstandsvorsitzenden der DAX-30-Unternehmen dürften sich zwischen 2003 und 2012 in etwa verdoppelt haben, wohingegen der

---

5 RGBl. I 1937, S. 121.

6 Vgl. nur Hüffer/*Koch*, AktG, § 87 Rn. 1; *Spindler*, in: MüKo, AktG, § 87 Rn. 1; *Thüsing*, DB 2003, 1612; *ders.*, ZGR 2003, 457 ff.; zu § 78 AktG 1937 *Schlegelberger/Quassowski*, AktG 1937, § 78 Rn. 1.

7 Vgl. nur *Bauer/Arnold*, AG 2009, 717; *Thüsing*, AG 2009, 517.

durchschnittliche Anstieg von Löhnen und Gehältern in den Unternehmen nur mit 16 % beziffert wird.[8] Das Vorstandsgehalt in den DAX-Konzernen soll sich 1987 im Durchschnitt auf ungefähr das 19-fache des durchschnittlichen Gehalts eines „normalen" Arbeitnehmers belaufen haben. 2007 soll der Faktor bereits bei 84 gelegen haben.[9] Die absolute Steigerung der Vorstandsvergütung in den DAX-Unternehmen in etwa derselben Zeitspanne wird mit ca. 445 % angegeben.[10] Über die genauen Zahlen scheint eine gewisse Unklarheit zu herrschen. So soll die durchschnittliche Vergütung eines DAX-Vorstandes im Jahr 2013 nach anderen Quellen „nur" das 53-fache des durchschnittlichen DAX-Angestellten betragen haben. Gleichzeitig wurde aber bestätigt, dass die Gehaltsschere wie in den Jahren davor stetig weiter auseinandergehe.[11]

Der genaue Faktor dürfte vermutlich stark von den herangezogenen Daten zur Ermittlung des durchschnittlichen Einkommens des „normalen" Arbeitnehmers beziehungsweise Angestellten abhängen. Nahezu unstreitig dürfte jedoch sein, dass die Entwicklung der Vorstandsgehälter in den vergangenen Jahrzehnten nur eine Richtung, nämlich nach oben, kannte. Ebenso wenig wird sich das kontinuierliche Auseinanderdriften der Vorstandsvergütungen vom Durchschnittseinkommen innerhalb des jeweiligen Unternehmens bestreiten lassen.[12] In dieser problematischen Entwicklung wird eine große Gefahr für den sozialen Frieden und die soziale Marktwirtschaft beziehungsweise das Wirtschaftssystem gesehen.[13]

Vor diesem Hintergrund dürfte durchsetzbaren zivil- und aktienrechtlichen Rechtsfolgen bei unangemessenen Vorstandsgehältern eine hohe Bedeutung zukommen. Dennoch wurde bisher nur in wenigen gerichtlichen Verfahren der Versuch unternommen, Ansprüche aufgrund eines Verstoßes gegen § 87 Abs. 1 AktG durchzusetzen.[14] Ein wesentlicher Grund hierfür dürften die ganz erheblichen Unklarheiten bezüglich des Bedeutungsgehaltes der Angemessenheit im Sinne von § 87

---

8 Vgl. *Wilke/Schmid*, Entwicklung der Vorstandsvergütung 2011 in den Dax-30-Unternehmen, S. 9 f.

9 Vgl. *Peltzer*, in: FS Hellwig, S. 269, 271, der sich auf einen Vortrag von *Baums* am 03.11.2009 bei einer Veranstaltung der Polytechnischen Gesellschaft in Frankfurt bezieht. *Baums* wiederum nannte als Quelle „Schwalbach, Vergütungsstudie 2008; Bundesministerium für Soziales und Arbeit. Statistisches Jahrbuch 2008; eigene Berechnung".

10 Vgl. *Seibert*, in: FS Hüffer, S. 955.

11 Vgl. *Friedl*, Rede zur „Studie zur Vergütung der Vorstände in den DAX- und MDAX-Unternehmen im Geschäftsjahr 2013".

12 Vgl. nur *Peltzer*, in: FS Hellwig, S. 269, 270; früher schon *Adams*, ZRP 2003, 380; *Nieding*, ZRP 2003, 380.

13 Vgl. DGB, Stellungnahme zum Entwurf eines VorstAG, S. 4; *Drygala*, ZRP 2012, 161; *Körner*, NJW 2004, 2697, 2698; *Peltzer*, in: FS Hellwig, S. 269, 270 f.; *Seibert*, DB 2009,1167, 1168.

14 Am prominentesten dürfte wohl der Fall Arcandor/Middelhoff sein: LG Essen, Urt. v. 9.9.2013, 44 O 164/10, Rn. 1 ff.; vgl. auch *Körner*, NJW 2004, 2697, 2699; *Säcker/Stenzel*, JZ 2006, 1151, 1153.

Abs. 1 S. 1 AktG sowie der damit in Verbindung stehenden Rechtsprobleme sein, auf welche an späterer Stelle noch näher eingegangen werden soll.

2. VorstAG im Zuge der Finanz- und Wirtschaftskrise ab 2007

Besondere Brisanz erhielt das Thema unangemessener Vorstandsgehälter mit Beginn der Finanz- und Wirtschaftskrise im Jahr 2007. Nunmehr standen nicht mehr bloß die notorische Überhöhung der Bezüge und die damit einhergehenden Gerechtigkeitsbedenken im Fokus. Zusätzlich wurde auch die Gefahr erblickt, dass von in bestimmter Weise ausgerichteten Vergütungen falsche Verhaltensanreize für den Vorstand ausgehen könnten.

Insbesondere variable Vergütungsbestandteile, deren Bezugsgrößen an einen bestimmten Stichtag geknüpft waren, wurden für die uferlose Risikobereitschaft einiger Manager verantwortlich gemacht. Diese Bereitschaft, das eigene Gehalt auf Risiko der Gesellschaft um jeden Preis zu erhöhen, wurde vom Gesetzgeber als tatsächliche oder vermeintliche Mitursache der ausgebrochenen Krise und den damit verbundenen schweren Risiken identifiziert. Mit dieser Beurteilung ging ein grundlegender Ansichtswechsel einher. Der Blick richtete sich nicht mehr auf den eher risikoscheuen, sondern nunmehr auf den zu risikobereiten Vorstand.[15] Der Gesetzgeber sah sich daher zum Handeln veranlasst und brachte das eingangs erwähnte VorstAG auf den Weg.[16]

Durch dieses wurde wie eingangs erwähnt unter anderem § 87 AktG neu gefasst, neben anderen aktienrechtlichen Vorschriften sowie Regelungen angrenzender Bereiche. Nach der seitdem geltenden Fassung von § 87 Abs. 1 S. 1 AktG hat der Aufsichtsrat bei der Festsetzung der Gesamtbezüge des einzelnen Vorstandsmitglieds (Gehalt, Gewinnbeteiligungen, Aufwandsentschädigungen, Versicherungsentgelte, Provisionen, anreizorientierte Vergütungszusagen wie zum Beispiel Aktienbezugsrechte und Nebenleistungen jeder Art) dafür zu sorgen, dass diese in einem angemessenen Verhältnis zu den Aufgaben und Leistungen des Vorstandsmitglieds sowie zur Lage der Gesellschaft stehen und die übliche Vergütung nicht ohne besondere Gründe übersteigen.

Die Merkmale der Vorstandsleistungen und der Üblichkeit der Vergütung fanden sich im früheren Wortlaut der Vorschrift nicht ausdrücklich. Außerdem wurde der Klammerzusatz um die anreizorientierten Vergütungszusagen wie zum Beispiel Aktienbezugsrechte ergänzt.[17] Im Übrigen wurden zwischen dem alten Satz 1 und 2 von § 87 Abs. 1 AktG die nunmehr gültigen Sätze 2 und 3 neu eingefügt. Der alte Satz 2 entspricht jetzt Satz 4. Nach § 87 Abs. 1 S. 2 AktG ist die Vergütungsstruktur bei börsennotierten Gesellschaften nun auf eine nachhaltige Unternehmensentwicklung auszurichten. Gemäß § 87 Abs. 1 S. 3 Hs. 1 AktG sollen variable Vergütungs-

15 Vgl. *Dauner-Lieb*, Der Konzern 2009, 583, 585.

16 Vgl. BT-Drs. 16/12278, S. 1.

17 Vgl. die alte, seit Erlass des AktG 1965 unveränderte Fassung von § 87 Abs. 1 S. 1 AktG in BGBl. I 1965, S. 1107.

bestandteile daher eine mehrjährige Bemessungsgrundlage haben. § 87 Abs. 1 S. 3 Hs. 2 AktG zufolge soll der Aufsichtsrat eine Begrenzungsmöglichkeit für außerordentliche Entwicklungen vereinbaren.[18]

Mit Hilfe der genannten Gesetzesänderungen wollte der Gesetzgeber den Begriff der angemessenen Vorstandsvergütung konkretisieren.[19] Fraglich ist, ob ihm dies auch gelungen ist. Besonders das neu eingefügte Merkmal der nachhaltigen Unternehmensentwicklung entfachte die Diskussion zu unangemessenen Vorstandsgehältern neu, wenn auch aus einem anderen Blickwinkel. Trotz der Fülle an diesbezüglichen juristischen Publikationen scheinen bisher weder der Bedeutungsgehalt einer nachhaltigen Unternehmensentwicklung noch die Rechtsfolgen bei Nichtbeachtung der Vorgabe hinreichend geklärt.

Es muss also die Frage erlaubt sein, ob der neue Begriff der nachhaltigen Unternehmensentwicklung nicht sogar mehr Unklarheiten geschaffen als beseitigt hat. Daneben bieten auch die sonstigen durch das VorstAG in § 87 Abs. 1 AktG eingefügten Merkmale, wie etwa die Leistungen des Vorstands oder die Üblichkeit seiner Vergütung, erheblichen Raum zur Diskussion. Vor diesem Hintergrund scheint es umso mehr angebracht, sich intensiv mit den möglichen Rechtsfolgen eines Verstoßes gegen den neu gefassten § 87 Abs. 1 AktG auseinanderzusetzen.

---

18 Überblick zu den Änderungen von § 87 AktG sowie flankierenden Gesetzesänderungen bei *Dauner-Lieb*, in: Henssler/Strohn, AktG, § 87 Rn. 4.

19 Vgl. BT-Drs. 16/12278, S. 5.

B. Bisheriger Diskussionsstand zu den Rechtsfolgen einer unangemessenen Vorstandsvergütung

Um die möglichen Auswirkungen des VorstAG auf die Rechtsfolgen einer unangemessenen Vorstandsvergütung überhaupt überprüfen und so dem einleitend genannten Ziel ernsthaft nachgehen zu können, erscheint es fast zwingend, den bisherigen Diskussionsstand zu den Rechtsfolgen eines Verstoßes gegen § 87 Abs. 1 AktG (a.F.) zumindest überblicksartig vorab darzustellen. Diesbezüglich bietet es sich an, zwischen der Diskussion vor und nach dem VorstAG zu differenzieren. Wie bereits erwähnt, datiert das VorstAG auf den 31.07.2009. Das VorstAG trat gemäß Artikel 6 am Tag nach seiner Verkündung in Kraft. Verkündet wurde es am 04.08.2009.[20] Die Darstellung des Meinungsstands vor dem VorstAG berücksichtigt folglich die Literatur und Rechtsprechung, soweit vorhanden, bis zu diesem letztgenannten Datum. Entsprechendes gilt für den Streitstand ab Inkrafttreten des VorstAG.

Unter Umständen ergeben sich aus einer solchen zeitlichen Aufteilung bereits erste Erkenntnisse zur Frage, ob die Änderungen des VorstAG eine Neubewertung der Rechtsfolgen erforderlich machen könnten. In diesem Sinn soll untersucht werden, inwieweit die vorher vertretenen Ansichten nach Inkrafttreten des VorstAG übernommen, ergänzt, verändert oder aufgegeben wurden. Im Falle einer reinen Übernahme ohne nähere Angabe von Gründen soll dies lediglich kurz festgehalten und auf den Meinungsstand vor dem VorstAG verwiesen werden. Zur besseren Übersichtlichkeit soll der Streitstand hinsichtlich der Rechtsfolgen eines Verstoßes gegen § 87 Abs. 1 AktG a.F. vor dem VorstAG sprachlich in der Vergangenheitsform dargestellt werden. Dessen ungeachtet ist aber grundsätzlich von einem Fortbestand der jeweiligen Argumentationsansätze nach Inkrafttreten des VorstAG auszugehen, auch wenn dies nicht explizit erklärt werden sollte. Soweit Teile der Diskussion ausnahmsweise nicht auf die Zeit nach der Gesetzesänderung übertragbar sein sollten, wäre dies ausdrücklich zu benennen und es bedürfte einer detaillierten Auseinandersetzung mit den vertretenen Neuerungen beziehungsweise Änderungen.

Darüber hinaus muss sich der nachfolgende Überblick ganz überwiegend darauf beschränken, den Meinungsstand weitestgehend unkommentiert darzustellen. Eine eigene Stellungnahme soll in diesem Teil der Arbeit allenfalls dann erfolgen, wenn sie zum Verständnis hilfreich sein könnte. Erst im sich anschließenden Teil der Arbeit soll ausgehend vom Diskussionsstand vor und nach dem VorstAG detailliert in die Untersuchung der Fragen eingetreten werden, ob beziehungsweise inwieweit

20 BGBl. I 2009, S. 2509ff.

sich das VorstAG auf die Rechtsfolgen bei Verstößen gegen § 87 Abs. 1 AktG ausgewirkt haben könnte.

I. (Teil-)Nichtigkeit des Anstellungsvertrages beziehungsweise der Vergütungsvereinbarung bei Verstoß gegen § 87 Abs. 1 AktG (a.F.)?

Als wohl einschneidendste Rechtsfolge wurde und wird eine mögliche Unwirksamkeit[21] als Folge eines Verstoßes gegen § 87 Abs. 1 AktG (a.F.) in Erwägung gezogen. Insoweit sind nachfolgend die unterschiedlichen Auffassungen zu einem möglichen Anknüpfungspunkt einer möglichen Nichtigkeit aufzuzeigen. Je nach Ansicht wurde und wird eine Unwirksamkeit im Bereich des § 87 Abs. 1 AktG (a.F.) an einen Verstoß gegen ein gesetzliches Verbot nach § 134 BGB, einen Missbrauch der Vertretungsmacht durch den Aufsichtsrat oder eine Sittenwidrigkeit der Gehaltsabrede nach § 138 BGB geknüpft. Darüber hinaus muss der Meinungsstand zu den möglichen Folgen einer Unwirksamkeit aufgrund eines Verstoßes gegen § 87 Abs. 1 AktG (a.F.) dargelegt werden, insbesondere, ob eine Gesamt- oder Teilnichtigkeit des Anstellungsvertrages beziehungsweise der Vergütungsvereinbarung vorzugswürdig scheint.

1. § 87 Abs. 1 AktG (a.F.) als gesetzliches Verbot nach § 134 BGB?

In der Literatur wurden Rechtsfolgen in Verbindung mit § 134 BGB für den Fall eines Verstoßes gegen § 87 Abs. 1 AktG a.F. bereits vor dem VorstAG diskutiert.[22] Diese Diskussion wird seit Inkrafttreten des VorstAG hinsichtlich § 87 Abs. 1 AktG n.F. fortgeführt, in zarten Ansätzen nun auch in der Rechtsprechung.[23] Nach § 134 BGB ist ein Rechtsgeschäft nichtig, das gegen ein gesetzliches Verbot verstößt, wenn sich nicht aus dem Gesetz ein anderes ergibt. Somit dreht sich der Meinungsstreit seit seinem Beginn im Kern darum, ob es sich bei § 87 Abs. 1 AktG (a.F.) um ein Verbotsgesetz im Sinne von § 134 BGB handelt(e). Allgemeine Erörterungen zur Frage, wann ein Gesetz losgelöst von § 87 Abs. 1 AktG (a.F.) ein Verbotsgesetz im Sinne von § 134 BGB ist, können in diesem Diskussionsüberblick aus Kapazitätsgründen grundsätzlich nicht erfolgen, es sei denn, sie sind oder waren ausdrücklich Teil der Diskussion.

---

21 Vgl. hierzu allgemein *Köhler*, JuS 2010, 665f.

22 Vgl. für einen Überblick zu den Rechtsfolgen unangemessener Vorstandsvergütungen vor Inkrafttreten des VorstAG z.B. *Fleischer*, in: Spindler/Stilz, AktG, 1. Aufl., § 87 Rn. 28f.

23 Vgl. für einen Überblick zu den Rechtsfolgen unangemessener Vorstandsvergütung nach Inkrafttreten des VorstAG z.B. *Fleischer*, in: Spindler/Stilz, AktG, § 87 Rn. 57f.; *Spindler*, AG 2011, 925ff.

a) Diskussionsstand vor dem VorstAG

Erwartungsgemäß gab es in der Lehre eine Ansicht, welche den Verbotscharakter des § 87 Abs. 1 AktG a. F. im Sinne des § 134 BGB bejahte, und eine entgegengesetzte Meinung, welche den Verbotscharakter verneinte. Die Streitfrage ließ kaum Raum für eine vermittelnde Auffassung.

aa) Verbotsgesetz ablehnende Auffassung

Die vor dem Inkrafttreten des VorstAG in der Literatur deutlich stärker vertretene Meinung ging davon aus, bei § 87 Abs. 1 AktG a. F. habe es sich nicht um ein Verbotsgesetz im Sinne von § 134 BGB gehandelt. Vielmehr habe die Norm eine flexible Schranke beziehungsweise Konkretisierung des Ermessens des Aufsichtsrats gebildet, welche den §§ 134, 138 BGB vorgelagert gewesen sei. Nach dieser Auffassung konnte ein Verstoß gegen § 87 Abs. 1 AktG a. F. nicht zu einer (teilweisen) Nichtigkeit des Anstellungsvertrages oder der Vergütungsvereinbarung in Verbindung mit § 134 BGB und entsprechenden Rückforderungsansprüchen gegen den Vorstand führen.[24]

Zur Begründung verwies diese überwiegende Literaturansicht unter anderem auf die Fassung der Vorschrift. Aus dieser habe sich nicht mehr als eine Pflicht des Aufsichtsrats ergeben, für die Festsetzung angemessener Vorstandsbezüge zu sorgen.[25] Andere Vertreter dieser Auffassung stellten lediglich fest, dass die Norm nicht als Verbot, sondern Gebot („... hat ... dafür zu sorgen ...") formuliert gewesen sei, hielten den Wortlaut im Übrigen aber für nicht ergiebig.[26]

Nach Sinn und Zweck des § 87 Abs. 1 AktG a. F. habe die Regelung lediglich das unternehmerische Ermessen des Aufsichtsrats konkretisieren sollen. Die Regelung habe allein den Aufsichtsrat angesprochen und sei daher allenfalls als einseitiges Verbot einzustufen gewesen, was einem Verbotscharakter im Sinne von § 134 BGB klar entgegengestanden habe.[27] Wenn ein Vorstandsmitglied eine unangemessene Vergütung annahm, soll darin gerade kein Verstoß gegen § 87 Abs. 1 AktG a. F. gelegen haben, sondern gegen § 93 AktG oder ein anderes gesetzliches Verbot, wie zum Beispiel § 266 StGB.[28]

Des Weiteren führte die soweit erkennbar überwiegend vertretene Literaturmeinung die erfolgte Aufhebung von § 86 AktG a. F.[29] für sich ins Feld. § 86 Abs. 2

---

24 Vgl. *Hüffer*, AktG, 8. Aufl., § 87 Rn. 1; *Kort*, in: GK, AktG, 4. Aufl., § 87 Rn. 1; *ders.*, DStR 2007, 1127; *Spindler*, in: MüKo, AktG, 3. Aufl., § 87 Rn. 80.

25 Vgl. *Fleischer*, in: Spindler/Stilz, AktG, 1. Aufl., § 87 Rn. 29; *ders.*, DStR 2005, 1318, 1322; *Marsch-Barner*, in: FS Röhricht, S. 401, 403; *Spindler*, DStR 2004, 36, 42.

26 *Kort*, DStR 2007, 1127, 1128.

27 *Kort*, DStR 2007, 1127, 1128.

28 *Kort*, DStR 2007, 1127, 1128.

29 Aufgehoben durch Artikel 1 Nr. 4 des Gesetzes zur weiteren Reform des Aktien- und Bilanzrechts, zu Transparenz und Publizität (Transparenz- und Publizitätsgesetz), BGBl. I 2002, S. 2681.

S. 2 AktG a. F. erklärte die Vereinbarung von bestimmten Gewinnbeteiligungen der Vorstände ausdrücklich für nichtig. Eine solche ausdrückliche Nichtigkeitsfolge sei vom Gesetzgeber in § 87 Abs. 1 AktG a. F. im Umkehrschluss bewusst nicht angeordnet und daher auch nicht gewollt gewesen.[30]

bb) Verbotsgesetz bejahende Auffassung

Eine deutlich weniger stark vertretene Auffassung in der Literatur sah § 87 Abs. 1 AktG a. F. hingegen als Verbotsnorm im Sinne von § 134 BGB an. Die Vertreter dieser Ansicht gingen insoweit einheitlich davon aus, der Vorstand sei im Falle einer nach § 87 Abs. 1 AktG a. F. unangemessenen Vergütung dazu verpflichtet gewesen, den unangemessenen Vergütungsteil an die Gesellschaft zurückzuzahlen. Im Übrigen sollte der Vertrag aber wirksam fortgeführt werden.[31] Teilweise war nicht ganz eindeutig, worauf sich die partielle Nichtigkeit eines Verstoßes gegen § 87 Abs. 1 AktG a. F. genau erstrecken sollte, das heißt auf den Aufsichtsratsbeschluss, den Vertrag als Ganzes oder die Vergütungsabrede.

(1) Teilweise nichtige Vergütungsvereinbarung

Vereinzelt wurde im Schrifttum die Rückforderung des überhöhten Teils gegenüber dem Vorstand nach den §§ 812 ff. BGB kurz und knapp damit begründet, der Vorstand sei im Rahmen der Vergütungsverhandlungen kein schützenswerter, schwächerer Verhandlungspartner gewesen.[32] Die ausschließliche Bezugnahme auf den überhöhten Teil sowie den Vorstand als Verhandlungspartner legt den Schluss nahe, dass lediglich der unangemessene Teil der Vergütungsabrede als nichtig erachtet wurde. Hätte man mit der vorgenannten Begründung den Aufsichtsratsbeschluss für teilweise nichtig erklären wollen, wäre unklar, warum man hierzu auf die Verhandlungsposition des Vertragspartners, das heißt den Vorstand, zurückgegriffen haben sollte. Der Aufsichtsratsbeschluss im Rahmen des § 87 Abs. 1 AktG a. F. gehörte allein zur Sphäre des Aufsichtsrats und wäre auf dieser Grundlage zu beurteilen gewesen.

(2) Ergänzende Vertragsauslegung aufgrund eines nichtigen Aufsichtsratsbeschlusses

Andere Vertreter der Auffassung, welche § 87 Abs. 1 AktG a. F. vor dem VorstAG als Verbotsgesetz im Sinne des § 134 BGB sahen, gingen bei einer unangemessenen Vorstandsvergütung von einem nichtigen Aufsichtsratsbeschluss aus. Aufgrund dieses nichtigen Beschlusses soll die Vertretungsmacht des Aufsichtsrats nach § 112 AktG entfallen und die Willenserklärung gegenüber dem Vorstand unwirksam gewesen sein. Da die Parteien allerdings keinen vertragslosen Zustand gewollt hätten, sei

30 Vgl. *Kort*, DStR 2007, 1127, 1128.
31 *Oltmanns*, in: Heidel, AktG, 2. Aufl., § 87 Rn. 6; *Säcker/Stenzel*, JZ 2006, 1151, 1152 ff.
32 *Oltmanns*, in: Heidel, AktG, 2. Aufl., § 87 Rn. 6.

diese Lücke im Wege der ergänzenden Vertragsauslegung zu schließen gewesen.[33] Der Vorstand sei zur Rückzahlung des unangemessenen Gehaltsteils nach Bereicherungsrecht verpflichtet gewesen.[34]

Warum ein solcher Bereicherungsanspruch an die Nichtigkeit des Aufsichtsratsbeschlusses geknüpft werden sollte, war nicht abschließend klar. Erläuterungen, warum nicht unmittelbar der Vertrag oder zumindest die Vergütungsvereinbarung von einem Verstoß gegen den § 87 Abs. 1 AktG a. F. betroffen gewesen sein könnte, sind nicht auffindbar. Ob ein solcher „Umweg" über den Aufsichtsratsbeschluss gegebenenfalls dennoch gerechtfertigt gewesen sein könnte, soll an dieser Stelle noch nicht untersucht werden.

Die Nichtigkeit des Aufsichtsratsbeschlusses wurde jedenfalls damit begründet, dass ein Beschluss schon dann unwirksam gewesen sei, wenn er formal nicht ordnungsgemäß zustande gekommen sei. Dann müsse ein Beschluss erst recht unwirksam gewesen sein, wenn er ein Gesetz verletzt habe, welches sich auf den Inhalt des Beschlusses bezogen habe. In diesem Sinne habe ein Verstoß gegen § 87 Abs. 1 AktG a. F. die Vergütungsvereinbarung in ihrer Substanz betroffen. § 87 Abs. 1 AktG a. F. habe es dem Aufsichtsrat verboten, unangemessen hohe Gesamtbezüge mit dem Vorstand zu vereinbaren. Durch dieses ihr immanente Verbot habe die Norm auf den Inhalt des Rechtsgeschäfts des Aufsichtsrats, das heißt des Beschlusses, abgezielt und nicht nur auf die Art und Weise des Zustandekommens. § 87 Abs. 1 AktG a. F. habe das Gestaltungsermessen des Aufsichtsrats eingegrenzt, weil der Aufsichtsrat im Unternehmensinteresse habe handeln müssen und daher gesetzlich verpflichtet gewesen sei, keine unangemessene Vergütung, insbesondere keine Doppelzahlung, zu vereinbaren.[35]

Entgegen der ein Verbotsgesetz ablehnenden Ansicht habe sich die Nichtigkeit nicht mit einem Verweis auf den Wortlaut von § 87 Abs. 1 AktG a. F. verneinen lassen. Nicht der Wortlaut von § 87 Abs. 1 AktG a. F., sondern dessen Sinn und Zweck sei entscheidend gewesen.[36] § 87 Abs. 1 AktG a. F. wäre in der Praxis wirkungslos gewesen, hätte ein Verstoß gegen die Norm nicht die Nichtigkeit nach sich gezogen, da man Aufsichtsratsmitglieder selbst in Verschuldensfällen nicht auf Schadensersatz hätte in Anspruch nehmen können.[37] Nur eine verschuldensunabhängige Nichtigkeit habe dem Vorstandsmitglied wirksam seinen Zahlungsanspruch entziehen, eine Rückforderung nach § 812 BGB ermöglichen und somit dem Sinn und Zweck von § 87 Abs. 1 AktG gerecht werden können.[38]

---

33 *Säcker/Stenzel*, JZ 2006, 1151, 1157.

34 *Säcker/Stenzel*, JZ 2006, 1151, 1156.

35 Vgl. *Säcker/Stenzel*, JZ 2006, 1151, 1152 f., die hinsichtlich des Verbots zur Gewährung unangemessener Vergütung verweisen auf *Fleischer*, DStR 2005, 1318, 1322, und *Martens*, ZHR 169 (2005), 124, 135.

36 Vgl. *Säcker/Stenzel*, JZ 2006, 1151, 1153 (Fn. 26).

37 Zur Bezeichnung von § 87 Abs. 1 AktG als „dead letter law" s. *Thüsing*, ZGR 2003, 457, 506; *ders.*, DB 2003, 1612.

38 *Säcker/Stenzel*, JZ 2006, 1151, 1153.

Die ein Verbotsgesetz bejahende Meinung verwies zudem – genau wie die ein Verbotsgesetz ablehnende – auf die als überflüssig aufgehobene Vorschrift des § 86 Abs. 2 S. 2 AktG a. F.[39], welche für die Vereinbarung bestimmter Gewinnbeteiligungen deren Nichtigkeit anordnete. Das Fehlen eines Hinweises auf die Gültigkeit eines gegen § 87 Abs. 1 AktG a. F. verstoßenden Aufsichtsratsbeschlusses in der Regierungsbegründung habe die vom Gesetzgeber gewünschte Nichtigkeitsfolge belegt.[40]

Im Übrigen habe im Wirtschaftsrecht der Ausbau von zunächst jeweils nur als Schutzgesetz (zum Beispiel die §§ 823 Abs. 2 BGB, 33 GWB) ausgeformten Vorschriften zu Verbotsgesetzen (zum Beispiel die §§ 1, 19 GWB, 32 EnWG, 40 TKG) der modernen dogmatischen Handhabung entsprochen, um so einen verbesserten Privatrechtsschutz herbeizuführen.[41] Vermögensschützende Vorschriften im vorgenannten Sinn seien daher regelmäßig gleichzeitig Schutz- und Verbotsgesetze gewesen, Ausnahmen hiervon seien zu begründen gewesen.[42]

Für eine Einstufung des § 87 Abs. 1 AktG a. F. als Verbotsgesetz habe auch die Rechtssicherheit gesprochen. Im Falle einer gerichtlichen Überprüfung habe sich die Kernfrage nach der Angemessenheit der Vorstandsvergütung unabhängig davon gestellt, ob ein Verbotsgesetz oder nur ein Schutzgesetz vorgelegen habe. Allerdings sei im Falle eines Verbotsgesetzes die regelmäßig schwer zu beantwortende Verschuldensfrage von wesentlich geringerer Bedeutung gewesen.[43]

Habe der Aufsichtsrat vorsätzlich gegen § 87 Abs. 1 AktG a. F. verstoßen, habe er zudem den Tatbestand des § 266 StGB erfüllt. Hierzu korrespondierend seien vorsätzlich handelnde Vorstandsmitglieder wegen Beihilfe zu verurteilen gewesen.[44] Wenn ein zivilrechtliches Rechtsgeschäft mit Strafe bedroht gewesen sei, habe dies stark darauf hingedeutet, dass die Nichtigkeit dieses Geschäfts gewollt gewesen sei.[45] Somit sei bei vorsätzlichem Handeln der Vorstände ein Wertungswiderspruch entstanden, da die Vergütungsabrede trotz strafrechtlicher Sanktion des Verstoßes gegen § 87 Abs. 1 AktG a. F. nicht gemäß § 134 BGB unwirksam gewesen wäre.[46]

b) Diskussionsstand nach dem VorstAG

Auch nach dem Inkrafttreten des VorstAG existieren weiterhin die zwei oben genannten gegenläufigen Ansichten. Zu klären ist, ob es insoweit Änderungen oder Ergänzungen im Vergleich zum früheren Meinungsstand gibt.

---

39 Vgl. BT-Drs. 14/8769, S. 13.
40 *Säcker/Stenzel*, JZ 2006, 1151, 1153.
41 Vgl. zur kartellrechtlichen Entwicklung *Schmidt*, AcP 206 (2006), 169, 196 ff.
42 *Säcker/Stenzel*, JZ 2006, 1151, 1153; in diese Richtung überlegend auch *Thüsing*, ZGR 2003, 457, 506.
43 *Säcker/Stenzel*, JZ 2006, 1151, 1153.
44 Vgl. dazu BGHSt 50, 331 ff.
45 Vgl. hierzu nur BGHZ 37, 363, 365.
46 *Säcker/Stenzel*, JZ 2006, 1151, 1153 f.

aa) Verbotsgesetz ablehnende Auffassung

Nach dem Inkrafttreten des VorstAG wurde die Meinung, welche ein Verbotsgesetz bereits vorher ablehnte, in der Literatur unverändert übernommen. Zur Ablehnung eines Verbotsgesetzes werden weiterhin der Wortlaut, die Entstehungsgeschichte sowie der Sinn und Zweck der Vorschrift in den bereits bekannten Facetten ins Feld geführt.[47] Teilweise wird der Ansicht auch ohne nähere Erläuterung zugestimmt[48], so nun auch erstmals durch die Rechtsprechung.[49] Eine bewusste Auseinandersetzung mit möglichen Auswirkungen des VorstAG auf die Frage, ob § 87 Abs. 1 AktG ein Verbotsgesetz im Sinne von § 134 BGB ist, hat erkennbar nicht stattgefunden.

bb) Verbotsgesetz bejahende Auffassung

Die ein Verbotsgesetz bejahende Literaturansicht befasst sich soweit ersichtlich ebenso wenig mit der Frage, wie das VorstAG gegebenenfalls die Rechtsfolgen eines Verstoßes gegen das Angemessenheitsgebot nach § 87 Abs. 1 AktG beeinflusst haben könnte. Der Vorstand wird unverändert als nicht schützenswerter Vertragspartner der Gesellschaft angesehen, da er dem Aufsichtsrat in der Verhandlungsposition nicht unterlegen sei. Daher könne der unangemessene Vergütungsteil vom Vorstand zurückgefordert werden. Dies könnte auf die Annahme einer teilweise nichtigen Vergütungsvereinbarung hindeuten, wie zum Diskussionsstand vor dem VorstAG ausgeführt. Ausdrücklich wird jedoch nach wie vor nicht erklärt, worauf sich die Nichtigkeit genau beziehen soll.[50]

Wohl unter Berufung auf die unterstellte fehlende Schutzwürdigkeit des Vorstands fand die Auffassung, welche in § 87 Abs. 1 AktG ein Verbotsgesetz im Sinne von § 134 BGB sieht, vereinzelt weiteren Zulauf im Schrifttum. Auch bei den neuen Vertretern dieser Ansicht wird nicht ganz klar, ob ein Verstoß gegen § 87 Abs. 1 AktG zur Nichtigkeit des Anstellungsvertrages insgesamt, der Vergütungsvereinbarung beziehungsweise Teilen davon oder des Aufsichtsratsbeschlusses führen soll. Der Wortlaut der Ausführungen zielt zunächst auf die Nichtigkeit des Anstellungsvertrages ab. Hingegen soll dem Vorstand im Ergebnis die angemessene Vergütung verbleiben, wohinter die Annahme einer teilweisen Nichtigkeit der Vergütungsvereinbarung stehen könnte. An einer genaueren Begründung, warum der Vorstand die angemessene Vergütung behalten dürfen soll, fehlt es allerdings.[51]

---

47 Vgl. *Brandes*, ZIP 2013, 1107, 1109; *Drygala*, in: FS Schneider, S. 275, 283; *Fleischer*, in: Spindler/Stilz, AktG, § 87 Rn. 58; Hüffer/*Koch*, AktG, § 87 Rn. 22; *Kort*, in: GK, AktG, 87 Rn. 331f.; *Spindler*, in: MüKo, AktG, § 87 Rn. 137; *ders.*, AG 2011, 725, 728f.

48 *Dauner-Lieb*, in: Henssler/Strohn, AktG, § 87 Rn. 10; *Schwennicke*, in: Grigoleit, AktG, § 87 Rn. 30; *Seibt*, in: Schmidt/Lutter, AktG, § 87 Rn. 17.

49 KG Berlin, NZG 2011, 865, 866; Verbotscharakter von § 87 Abs. 1 AktG hingegen unter Hinweis auf nicht gesicherten Meinungsstand offen lassend OLG Stuttgart, BeckRS 2010, 28334; LG Stuttgart, BeckRS 2010, 13182; LG Stuttgart, BeckRS 2011, 13162.

50 Vgl. *Oltmanns*, in: Heidel, AktG, § 87 Rn. 6.

51 Vgl. *Meier*, NZA 2011, 267, 268f.

2. Sittenwidrigkeit bei grobem Verstoß gegen § 87 Abs. 1 AktG (a.F.)?

Sowohl vor als auch nach der Neufassung des § 87 Abs. 1 AktG durch das VorstAG wurde und wird in der Literatur diskutiert, unter welchen Umständen und in welchem Umfang unangemessene Vorstandsgehälter zu einer Nichtigkeit nach § 138 BGB führen können. Die Rechtsprechung äußert sich hierzu nur äußerst spärlich. Nach § 138 Abs. 1 BGB ist ein Rechtsgeschäft nichtig, wenn es gegen die guten Sitten verstößt. § 138 Abs. 2 BGB konkretisiert die Generalklausel des Abs. 1 für die Fälle des Wuchers.[52] Die allgemeinen Grundsätze zur Sittenwidrigkeit von Rechtsgeschäften können im Rahmen des hiesigen Überblicks nur erwähnt werden, soweit sie auch im Rahmen der Diskussion explizit genannt werden. Andernfalls bleiben derartige Ausführungen einer späteren Stellungnahme vorbehalten.

a) Diskussionsstand vor dem VorstAG

Soweit ersichtlich bestand in der Literatur vor Inkrafttreten des VorstAG weitgehend Einigkeit darüber, dass nicht jeder Verstoß gegen § 87 Abs. 1 AktG a. F. zu einer Nichtigkeit nach § 138 Abs. 1 BGB führen sollte. Bei besonders schwerwiegenden hinzukommenden Umständen wurde dies hinsichtlich der Vergütungsvereinbarung allerdings ausdrücklich als möglich erachtet.[53] Teilweise wurde leicht abweichend auch auf eine Nichtigkeit des Anstellungsvertrages anstatt der Vergütungsvereinbarung oder auf beides abgestellt.[54] Ob dies bewusst geschah, ist mangels näherer Erläuterungen nicht zu beurteilen. Aufgrund der ausdrücklichen Bezugnahme auf die anderen Vertreter dieser Ansicht, die sich auf eine potentiell nichtige Vergütungsabrede bezogen, scheint dies aber eher zweifelhaft.

Insbesondere der Kasuistik zu § 138 Abs. 1 BGB soll zu entnehmen gewesen sein, dass bei der Beurteilung einer Sittenwidrigkeit unangemessener Vorstandsgehälter Zurückhaltung geboten gewesen sei. Es habe sich wegen der schweren Bestimmbarkeit des Angemessenheitsbegriffs verboten, eine Sittenwidrigkeit vorschnell zu bejahen, was dennoch nicht gänzlich ausgeschlossen gewesen sei.[55] Im Anwendungsbereich des § 138 Abs. 2 BGB wurde eine Sittenwidrigkeit selbst bei einem starken Missverhältnis zwischen Leistung und Gegenleistung nicht angenommen, da es stets an der erforderlichen Ausbeutung einer Schwächesituation der Gesellschaft durch den Vorstand gefehlt habe.[56]

---

52 Vgl. nur *Ahrens*, in: Prütting/Wegen/Weinreich, BGB, § 138 Rn. 3.

53 *Bürgers/Israel*, in: Bürgers/Körber, AktG, 1. Aufl., § 87 Rn. 7; *Hoffmann-Becking*, NZG 1999, 797, 798; *Kort*, in: GK, AktG, 4. Aufl., § 87 Rn. 69; *Seibt*, in: Schmidt/Lutter, AktG, 1. Aufl., § 87 Rn. 10; *Spindler*, in: MüKo, AktG, 1. Aufl., § 87 Rn. 80; *ders.*, DStR 2004, 36, 42.

54 Auf Anstellungsvertrag abstellend *Hüffer*, AktG, 8. Aufl., § 87 Rn. 8; zusätzlich noch auf Vergütungsvereinbarung abstellend *Fleischer*, in: Spindler/Stilz, AktG, 1. Aufl., § 87 Rn. 28.

55 *Kort*, DStR 2007, 1127, 1129.

56 *Kort*, DStR 2007, 1127, 1129; Möglichkeit wucherischer Vorstandsgehälter zumindest in Erwägung ziehend *Schlegelberger/Quassowski*, AktG 1937, § 78 Rn. 1.

Die Möglichkeit sittenwidriger Gehaltsvereinbarungen mit dem Vorstand wurde dem Grunde nach nicht ersichtlich bestritten. Dennoch wurde im Schrifttum vereinzelt an der diesbezüglichen Auseinandersetzung kritisiert, die einheitlich geforderten, besonders schwerwiegenden Umstände für eine Sittenwidrigkeit seien nicht weiter konkretisiert worden, weshalb die Annahme einer solchen möglichen Rechtsfolge dogmatisch nur schwer greifbar gewesen sei.[57]

Entgegen dieser Aussage gab es jedoch zumindest etwas konkretere Überlegungen zu einer möglichen Sittenwidrigkeit in Fällen eines besonders großen und augenscheinlichen Ungleichgewichts zwischen Leistung und Gegenleistung. In derartigen Konstellationen sei für die rechtliche Einordnung auf marktübliche Vergleichsmaßstäbe zurückzugreifen gewesen, in die auch internationale Vorstandsgehälter miteinzubeziehen gewesen seien, wenn der betreffende Vorstandskandidat tatsächlich für eine Tätigkeit im Ausland infrage gekommen wäre.[58] Detailliertere Ausführungen zu möglicherweise sittenwidrigen Vorstandsbezügen existierten jedoch nicht.

b) Diskussionsstand nach dem VorstAG

Eine facettenreichere Auseinandersetzung mit dem Thema blieb auch nach dem Inkrafttreten des VorstAG weitestgehend aus. Die in der Literatur bereits vor dem VorstAG ganz überwiegend vertretene Auffassung wird ohne offenkundige Besonderheiten übernommen und sogar noch vermehrt vertreten. Eine Sittenwidrigkeit der Vergütungsvereinbarung wird bei besonders schwerwiegenden Umständen für möglich erachtet.[59] Die Fallgruppen zu § 138 BGB würden eine Sittenwidrigkeit weiterhin nicht nahelegen.[60] Weiterhin wird noch immer ausgeschlossen, dass eine Vergütungsvereinbarung den Wuchertatbestand des § 138 Abs. 2 BGB erfüllt, da es hieran stets an den subjektiven Komponenten seitens der Gesellschaftsorgane fehle.[61] Soweit begrifflich hinsichtlich des Gegenstands der Sittenwidrigkeit nicht immer ausdrücklich auf die Vergütungsvereinbarung abgestellt wird, dürften sich hieraus – wie auch schon vor dem VorstAG – keine Abweichungen ergeben.[62]

Auch die Rechtsprechung befasst sich nach dem VorstAG erstmals mit der Möglichkeit sittenwidriger Vereinbarungen über Vorstandsgehälter.[63] Zur ent-

---

57 Vgl. *Säcker/Stenzel*, JZ 2006, 1151, 1152.

58 *Feudner*, NZG 2007, 779, 780.

59 Vgl. *Bürgers*, in: Bürgers/Körber, AktG, § 87 Rn. 7; *Dauner-Lieb*, in: Henssler/Strohn, AktG, § 87 Rn. 10; *Mertens/Cahn*, in: KöKo, AktG, § 87 Rn. 5; *Seibt*, in: Schmidt/Lutter, AktG, § 87 Rn. 17; *Spindler*, in: MüKo, AktG, § 87 Rn. 136; *ders.*, AG 2011, 725, 729; *Weber*, in: Hölters, AktG, § 87 Rn. 46.

60 *Kort*, in: GK, AktG, § 87 Rn. 333.

61 *Kort*, in: GK, AktG, § 87 Rn. 334.

62 Auf Anstellungsvertrag abstellend Hüffer/*Koch*, AktG, § 87 Rn. 22; *Schwennicke*, in: Grigoleit, AktG, § 87 Rn. 30; zusätzlich noch auf Vergütungsvereinbarung abstellend *Fleischer*, in: Spindler/Stilz, AktG, § 87 Rn. 57.

63 Vgl. KG Berlin, NZG 2011, 865, 866.

sprechenden Beurteilung müsse laut Rechtsprechung die der Vergütung zugrunde liegende Vereinbarung und nicht die Vergütung selbst geprüft werden. Folglich komme es auf die Umstände bei Vornahme des Rechtsgeschäfts an.[64] So soll etwa eine fehlende Obergrenze für die variable Vergütung nicht als Anknüpfungspunkt der Unangemessenheit herangezogen werden können, wenn sie bei Abschluss der Vergütungsvereinbarung nicht rechtlich vorgesehen gewesen sei. Entsprechendes soll erst recht gelten, wenn mangels gesetzlicher Normierung eine Vereinbarung fehle, nach welcher die variable Vergütung auf den nachhaltigen Erfolg ausgerichtet werde. Dementsprechend soll auch eine Sittenwidrigkeit der Vereinbarung nicht auf solche Umstände gestützt werden können, insbesondere nicht darauf, dass sich die Vergütung aufgrund der Entwicklung der vereinbarten Zielgröße nachträglich in ihrer Höhe als gegebenenfalls sittenwidrig darstelle. Allenfalls sei in derartigen Fällen über ein Leistungsverweigerungsrecht oder eine Anpassung der Vergütungsvereinbarung nachzudenken.[65]

Der letztgenannte Ansatz der Rechtsprechung setzt sich somit zumindest ansatzweise mit den Auswirkungen des VorstAG auf eine etwaige Sittenwidrigkeit unangemessener Vergütungsvereinbarungen auseinander. Dies wurde jedoch in der Literatur und Rechtsprechung bisher nicht erkennbar weiterverfolgt.

3. Missbrauch der Vertretungsmacht bei Verstoß gegen § 87 Abs. 1 AktG (a.F.)?

Neben den bereits dargestellten möglichen Rechtsfolgen eines Verstoßes gegen § 87 Abs. 1 AktG a. F. befasste sich die Literatur vor dem VorstAG in diesem Zusammenhang auch mit einem möglichen Missbrauch der Vertretungsmacht durch den Aufsichtsrat unter entsprechender Einbeziehung des Vorstands. Nach den allgemeinen Grundsätzen zum Missbrauch der Vertretungsmacht, welche vor dem VorstAG gleichermaßen an Geltung beanspruchten, ist ein Rechtsgeschäft nichtig, wenn Vertreter und Geschäftspartner entweder kollusiv zusammenwirken oder ein evidenter Missbrauch vorliegt. Kollusion liegt vor, wenn die handelnden Personen „hinter dem Rücken" der vertretenen Person und bewusst zu deren Nachteil handeln. Derartige Vereinbarungen sind nach der herrschenden Meinung sittenwidrig gemäß § 138 BGB.[66] Ein evidenter Missbrauch der Vertretungsmacht ist gegeben, wenn der Vertreter seine Vertretungsmacht objektiv überschreitet und der Geschäftspartner dies erkennt oder es sich ihm aufdrängen musste.[67] In solchen Fällen soll der Vertretene

64 OLG Stuttgart, BeckRS 2010, 28334; LG Stuttgart, BeckRS 2010, 13182.

65 LG Stuttgart, BeckRS 2011, 13162.

66 Vgl. nur BGH, NJW 1989, 26 f.; BGH, NJW 2000, 2896, 2897; BGH, NJW-RR 2004, 247, 248; OLG Hamm, NJW-RR 1997, 737 f.; *Schilken*, in: Staudinger, BGB, § 167 Rn. 93; *Schubert*, in: MüKo, BGB, § 164 Rn. 211 f.

67 BGH, NJW-RR 2004, 1367, 1368; BGH, NJOZ 2009, 367, 369; BGH, NZG 2010, 1397, 1399; die subjektiven Anforderungen an den Geschäftspartner werden jedoch uneinheitlich gehandhabt, vgl. *Schubert*, in: MüKo, BGB, § 164 Rn. 217 m.w.N.

einen Verstoß gegen Treu und Glauben gemäß § 242 BGB einwenden können.[68] Eine Gegenansicht will in Fällen des evidenten Missbrauchs der Vertretungsmacht die §§ 177 ff. BGB analog anwenden, das heißt dem Vertretenen ein Genehmigungsrecht zusprechen.[69]

Auf derartige allgemeine Ausführungen und Problemstellungen zu den Grundsätzen über den Missbrauch der Vertretungsmacht kann in diesem Arbeitsteil nur dann näher eingegangen werden, wenn sie ausdrücklich von den jeweiligen Vertretern einer Ansicht angeführt werden.

a) Diskussionsstand vor dem VorstAG

Die mögliche Anwendung der Grundsätze zum Missbrauch der Vertretungsmacht bei Verstößen gegen § 87 Abs. 1 AktG a. F. wurde vor dem VorstAG ausschließlich im Schrifttum erörtert. Entscheidungen aus der Rechtsprechung zu dieser Problemstellung sind nicht bekannt.

aa) Missbrauch der Vertretungsmacht ablehnende Auffassung

Voranstellend ist anzumerken, dass der Weg über einen Vertretungsmachtmissbrauch in der Literatur als Gegenmodell zu einer Einstufung des § 87 Abs. 1 AktG a. F. als Verbotsnorm nach § 134 BGB betrachtet wurde. Ziel dieses Gegenmodells war es, trotz vermeintlich fehlendem Verbotscharakter von § 87 Abs. 1 AktG a. F. bei Gesetzesverstößen unterhalb der Schwelle des § 138 BGB dennoch Ansprüche gegen den Vorstand herleiten zu können. Somit lehnten die Vertreter, welche in § 87 Abs. 1 AktG a. F. ein Verbotsgesetz sahen, inzident die Anwendbarkeit der Grundsätze über den Missbrauch der Vertretungsmacht ab.[70] Die Argumentation für einen Verbotscharakter von § 87 Abs. 1 AktG a. F. sprach also mittelbar auch für die Ablehnung des Gegenmodells. Auf die obigen Ausführungen kann insoweit verwiesen werden.[71]

Vereinzelt wurde die Anwendbarkeit der Grundsätze über den Missbrauch der Vertretungsmacht im Anwendungsbereich des § 87 Abs. 1 AktG a. F. jedoch auch direkt kritisiert oder abgelehnt. So wurde etwa bemängelt, dass der Anstellungsvertrag im Falle eines Vertretungsmachtmissbrauchs insgesamt nichtig gewesen wäre. Die Vereinbarung hätte nicht in einen angemessenen und unangemessenen

---

68 Vgl. nur BGHZ 50, 112, 114; BGHZ 113, 315, 320; BGH, NJW-RR 2004, 247, 248; *Schramm*, in: MüKo, BGB, 6. Aufl., § 164 Rn. 116.

69 *Flume*, BGB AT II, S. 789; *Hübner*, BGB AT, Rn. 1302; *Maier-Reimer*, in: Erman, BGB, § 167 Rn. 73; *Schilken*, in: Staudinger, BGB, § 167 Rn. 103; *Schubert*, in: MüKo, BGB, § 164 Rn. 225; *Stoffels*, in: Dauner-Lieb/Heidel/Ring, BGB, § 164 Rn. 88; *Valenthin*, in: Bamberger/Roth, BGB, § 167 Rn. 51; wohl auch *Medicus/Petersen*, BGB AT, Rn. 967; *Schmidt*, AcP 174 (1974), 55, 59.

70 Vgl. *Säcker/Stenzel*, JZ 2006, 1151, 1154; *Ziemons*, in: FS Huber, S. 1035, 1046.

71 Siehe oben S. 12 ff.

Teil aufgespalten werden können. Zudem sei eine Genehmigung des Vertrages nach § 177 Abs. 2 BGB aktienrechtlich nicht möglich gewesen.[72]

Aufgrund der hieraus zwangsläufig resultierenden Unwirksamkeit habe der Aufsichtsrat nicht mit Sanktionen rechnen müssen, da der Gesellschaft kein Schaden habe entstehen können. Dies sei rechtspolitisch nicht gewollt gewesen.[73] Außerdem habe ein Vertretungsmachtmissbrauch Vorsatz des Vertreters, das heißt des Aufsichtsrats, vorausgesetzt. Die Gesellschaft sei aber auch bei Fahrlässigkeit schutzwürdig gewesen, weshalb der Ansatz über den Missbrauch der Vertretungsmacht unzureichend gewesen sei. Vorzugswürdig sei daher eine Schadensersatzpflicht der Organe anzunehmen gewesen.[74]

bb) Missbrauch der Vertretungsmacht bejahende Ansicht mit Abstufungen bezüglich der subjektiven Anforderungen an den Vorstand

Ein kollusives Zusammenwirken von Vorstand und Aufsichtsrat bei Verstößen gegen § 87 Abs. 1 AktG wurde nur sehr selten offen problematisiert.[75] Soweit sich die Literatur vor dem VorstAG für die Anwendung der Grundsätze über den Missbrauch der Vertretungsmacht aussprach, bezog sich dies ganz überwiegend auf Evidenzfälle. Diesbezüglich war im Schrifttum streitig, welche subjektiven Anforderungen hinsichtlich des Vorstands gelten sollten, um von einem evidenten Missbrauch ausgehen zu können.

Teilweise wurde für einen evidenten Missbrauch der Vertretungsmacht im Rahmen des § 87 Abs. 1 AktG a. F. hinsichtlich der Vergütungsvereinbarung zwischen Aufsichtsrat und Vorstand gefordert, der Aufsichtsrat habe seine Vertretungsmacht vorsätzlich überschreiten und der Vorstand habe dies erkennen oder grob fahrlässig verkennen müssen. Grob fahrlässige Unkenntnis des Vorstands sollte bei einer unangemessenen Gehaltsvereinbarung immer dann angenommen werden, wenn der Vorstand den Verstoß des Aufsichtsrats gegen das Angemessenheitsgebot auf Grundlage seiner objektiven Kenntnisse hätte erkennen können.[76]

Hiervon abweichend wurde vielfach vertreten, es habe schon ausgereicht, wenn der Vorstand den Verstoß durch den Aufsichtsrat, das heißt die Überschreitung seiner Vertretungsmacht, einfach fahrlässig verkannt habe.[77] Ein Vorstand habe als (zukünftiges) Gesellschaftsorgan in gleichem Maß wie oder sogar

72 *Ziemons*, in: FS Huber, S. 1035, 1046.

73 *Ziemons*, in: FS Huber, S. 1035, 1046.

74 *Ziemons*, in: FS Huber, S. 1035, 1046.

75 Ohne nähere Begründung *Säcker/Stenzel*, JZ 2006, 1151, 1154, welche ohnehin eine andere Auffassung vertraten.

76 Vgl. *Säcker/Stenzel*, JZ 2006, 1151, 1154, die im Ergebnis jedoch § 87 Abs. 1 AktG a. F. als Verbotsgesetz einstuften und somit eine Heranziehung der Grundsätze über den Missbrauch der Vertretungsmacht im Ergebnis ablehnten.

77 Vgl. *Kort*, DStR 2007, 1127, 1128 f.; *Schwark*, in: FS Raiser, S. 377, 395; *Spindler*, in: MüKo, AktG, 3. Aufl., § 87 Rn. 80; vgl. auch schon *Peltzer*, in: FS Lutter, S. 571, 579,

besser als ein Dritter über die Angelegenheiten der Gesellschaft informiert sein müssen. Deshalb habe der Vorstand nur geringeren Schutz verdient. Bereits in den ersten Vertragsverhandlungen sei der Vorstand im Anwendungsbereich der §§ 84, 87 AktG a.F. verpflichtet gewesen, auf die Angemessenheit seiner Vergütung zu achten.[78]

Zum Teil wurde hinsichtlich der erforderlichen subjektiven Elemente des Vorstands auch im Rahmen der Darlegungs- und Beweislastverteilung mittels einer zeitlichen Komponente differenziert. Bei einer Vergütungsvereinbarung vor Erstbestellung des Vorstands sollte ihm ein evidenter Missbrauch nachgewiesen werden müssen. Bei einer Vergütungsabrede nach Bestellung soll der objektive Verstoß durch den Aufsichtsrat die erforderlichen subjektiven Merkmale beim Vorstand indiziert haben, an welche in diesem Fall ohnehin weniger starke Anforderungen zu stellen gewesen wären. Grund für eine solche Unterscheidung sei die mit Bestellung entstehende Loyalitätsbindung des Vorstands gegenüber der Gesellschaft und die damit einhergehende Fähigkeit gewesen, das Unternehmensinteresse besser bestimmen zu können.[79]

Weitestgehend Einigkeit bestand über die Rechtsfolgen eines evidenten Missbrauchs der Vertretungsmacht bei Verstößen gegen § 87 Abs. 1 AktG a.F. Der unangemessene Teil der Vergütungsabrede mit dem Vorstand sollte nichtig sein, der angemessene Teil sollte ihm hingegen verbleiben. Hiervon wurde zumindest stillschweigend ausgegangen.[80]

Der oben kurz aufgezeigte Streit, ob bei einem Vertretungsmachtmissbrauch die Vereinbarung nach den §§ 177ff. BGB genehmigungsfähig sein oder Nichtigkeit gemäß § 242 BGB eintreten sollte, wurde hinsichtlich der Gehaltsabrede mit dem Vorstand als unerheblich angesehen. Für eine mögliche Genehmigung der Gehaltsvereinbarung wäre jedenfalls der Aufsichtsrat zuständig gewesen, der die unangemessene Vergütung zuvor selbst festgesetzt hätte. Dem Vorstand habe das Aktienrecht diesbezüglich keine Vertretungsmacht eingeräumt. Die Hauptversammlung wäre aufgrund des zwingenden aktienrechtlichen Kompetenzgefüges unzuständig gewesen. Somit soll in jedem Fall, das heißt auch nach der die §§ 177ff. BGB anwendenden Ansicht, (teilweise) Nichtigkeit der Vergütungsvereinbarung eingetreten sein, da keine Person existiert habe, die das Rechtsgeschäft hätte genehmigen können.[81]

---

der den Begriff des Arglisteinwands verwendet; vgl. hierzu auch *Kort*, in: GK, AktG, 4. Aufl., § 87 Rn. 71.

78 Vgl. *Langenbucher*, in: FS Huber, S. 861, 864; *Martens*, ZHR 169 (2005), 124, 135f.

79 Vgl. *Kort*, DStR 2007, 1127, 1130.

80 Vgl. *Kort*, DStR 2007, 1127, 1131; *Martens*, ZHR 169 (2005), 124, 135; *Peltzer*, in: FS Lutter, S. 571, 579; *Schwark*, in: FS Raiser, S. 377, 394f.; *Spindler*, in: MüKo, AktG, 3. Aufl., § 87 Rn. 80; a.A. *Ziemons*, in: FS Huber, S. 1035, 1046, welche von einer Gesamtnichtigkeit des Anstellungsvertrages ausgeht.

81 *Kort*, DStR 2007, 1127, 1131; *Langenbucher*, in: FS Huber, S. 861, 865.

cc) Teleologische Beschränkung der Vertretungsmacht des Aufsichtsrats

Nach einer weiteren, vereinzelt vertretenen Literaturansicht traf der mit den Missbrauchsregeln einhergehende Grundgedanke zwar zu. Ein Vorstand, welcher einen Verstoß gegen § 87 Abs. 1 AktG a. F. bei der Vereinbarung seiner Vergütung erkannt habe, soll nämlich keinen Anspruch auf den unangemessenen Teil der Bezüge erlangt haben. Streng genommen habe es sich aber um keinen Missbrauchsfall, sondern eine teleologische Beschränkung der Vertretungsmacht des Aufsichtsrats gemäß § 112 AktG gehandelt.[82]

Interne Beschränkungen der Vertretungsmacht des Vorstands sollen auch gegenüber Aufsichtsräten gegolten haben, wenn diese eigene Geschäfte mit der Gesellschaft tätigten.[83] Umgekehrt sollte daher die Beschränkung der Vertretungsmacht des Aufsichtsrats nach § 87 Abs. 1 AktG a. F. auch gegenüber dem Vorstand bei dessen Vergütungsfestsetzung wirken.[84] Der Vorstand habe auf die Vertretungsmacht des Aufsichtsrats bei der Festsetzung einer unangemessenen Vergütung nicht vertrauen dürfen, da er kein beliebiger Dritter gewesen sei. Folglich seien subjektive Voraussetzungen auf Seiten des Vorstands komplett entbehrlich gewesen. Bereits der objektive Verstoß gegen § 87 Abs. 1 AktG a. F. soll nach dieser Ansicht zur (Teil-) Nichtigkeit der Vergütungsabrede geführt haben.[85]

b) Diskussionsstand nach dem VorstAG

Die Diskussion zum Vertretungsmachtmissbrauch bei Verstößen gegen § 87 Abs. 1 AktG nahm nach dem Inkrafttreten des VorstAG an Fahrt auf. Ob dies vorrangig den Änderungen des VorstAG geschuldet ist, ist zweifelhaft. Die derzeitige Diskussion geht allenfalls am Rande speziell auf die Neufassung der Vorschrift ein. Vielmehr scheint sich die Argumentation im Kern auf dieselben Punkte zu konzentrieren wie vor dem VorstAG. Bemerkenswert ist jedoch, dass sich nun auch die Rechtsprechung erstmals dieses Themas angenommen hat.

---

82 *Fleischer*, in: MüKo, AktG, 3. Aufl., § 87 Rn. 29; *ders.*, DStR 2005, 1318, 1322.

83 Vgl. hierzu unabhängig vom Inkrafttreten des VorstAG zum heutigen Stand *Bürgers*, in: Bürgers/Körber, AktG, § 82 Rn. 8; *Fleischer*, in: Spindler/Stilz, AktG, § 82 Rn. 19; *ders.*, NZG 2005, 529, 535 f.; *Habersack/Foerster*, in: GK, AktG, § 82 Rn. 17; *Mertens/Cahn*, in: KöKo, AktG, § 82 Rn. 14; *Seibt*, in: Schmidt/Lutter, AktG, § 82 Rn. 8; *Spindler*, in: MüKo, AktG, § 82 Rn. 51; für die GmbH BGH, NJW 1997, 2678; *Kleindiek*, in: Lutter/Hommelhoff, GmbHG, § 35 Rn. 25; *Zöllner/Noack*, in: Baumbach/Hueck, GmbHG, § 37 Rn. 41; im Ergebnis ähnlich, jedoch mit abweichender Begründung *Altmeppen*, in: Roth/Altmeppen, GmbHG, § 37 Rn. 48.

84 Insoweit zustimmend *Säcker/Stenzel*, JZ 2006, 1151, 1154, die im Ergebnis jedoch § 87 Abs. 1 AktG a. F. als Verbotsgesetz einstuften, wodurch eine Heranziehung der Grundsätze über den Missbrauch der Vertretungsmacht entfällt.

85 Vgl. *Fleischer*, in: Spindler/Stilz, AktG, 1. Aufl., § 87 Rn. 29; *ders.*, DStR 2005, 1318, 1322.

aa) Missbrauch der Vertretungsmacht ablehnende Ansicht

Innerhalb der vor dem VorstAG vertretenen Literaturmeinung, welche sich gegen die Anwendung der Grundsätze über den Missbrauch der Vertretungsmacht im Rahmen des § 87 Abs. 1 AktG a.F. aussprach, dürften keine nennenswerten Neuerungen oder Erweiterungen zu Tage getreten sein. Ausdrückliche Kritik an der Heranziehung der Grundsätze zum Vertretungsmachtmissbrauch wurde nach dem VorstAG erkennbar nicht geäußert.[86]

Wie bereits vor dem VorstAG fußt die Ablehnung eines Vertretungsmachtmissbrauchs dogmatisch weiterhin auf der Annahme, § 87 Abs. 1 AktG sei ein Verbotsgesetz nach § 134 BGB. Bei einem solchen Standpunkt bedarf es nicht mehr des Rückgriffs auf die Rechtsfolgen einer evidenten Überschreitung der Vertretungsmacht des Aufsichtsrats.[87]

bb) Missbrauch der Vertretungsmacht bejahende Ansicht mit Abstufungen bezüglich der subjektiven Anforderungen an den Vorstand

Die Auffassung, welche bei Verstößen gegen § 87 Abs. 1 AktG die Grundsätze zum evidenten Vertretungsmachtmissbrauch heranzieht, hat seit dem Inkrafttreten des VorstAG dem Grunde nach vielfach Zustimmung im Schrifttum erfahren. Weiterhin dreht sich der Streit allerdings wesentlich darum, welche subjektiven Voraussetzungen bei Aufsichtsrat und Vorstand erfüllt sein müssen, damit ein Evidenzfall vorliegt.

Vertreten wird insofern wie schon vor dem VorstAG, eine Anpassung der subjektiven Voraussetzungen zulasten der Gesellschaftsorgane sei nicht geboten, da auch nach Neufassung des § 87 Abs. 1 AktG allein der Aufsichtsrat für die Gehaltsfestsetzung verantwortlich sei. Auf Seiten des Aufsichtsrats müsse daher ein vorsätzlicher Verstoß gegen das Angemessenheitsgebot vorliegen. Für den Vorstand müsse dieser Verstoß offensichtlich gewesen sein.[88]

Erstmals hat auch die Rechtsprechung sich dieser Ansicht dem Grunde nach angeschlossen, allerdings in wohl abgestufter Fassung. Hinsichtlich des Vorstands soll es ausreichen, wenn er den Verstoß des Aufsichtsrats gegen § 87 Abs. 1 AktG kannte oder hätte erkennen können. Hinsichtlich des Aufsichtsrats wird ausdrücklich kein bewusstes Handeln gefordert, das heißt die Beeinträchtigung der Gesellschaftsinteressen dürfte insoweit ausreichen.[89] Ein solches Verständnis stünde jedenfalls im Einklang damit, dass auch sonst bei einem evidenten Vertretungsmachtmissbrauch nicht zwingend vorsätzliches Handeln des Vertreters gegeben sein müsse.[90]

---

86 Ähnlich auch *Brandes*, ZIP 2013, 1107, 1109.

87 Vgl. *Drygala*, in: FS Schneider, S. 275, 283, der jedoch § 87 Abs. 1 AktG nicht als Verbotsgesetz einordnet.

88 Vgl. *Drygala*, in: FS Schneider, S. 275, 291; Hüffer/*Koch*, AktG, § 87 Rn. 22; *Kort*, in: GK, AktG, § 87 Rn. 337; *Mertens/Cahn*, in: KöKo, AktG, § 87 Rn. 5.

89 Vgl. LG Essen, Urt. v. 9.9.2013, 44 O 164/10, juris Rn. 611; so wohl auch *Brandes*, ZIP 2013, 1107, 1110; Hüffer/*Koch*, AktG, § 87 Rn. 22.

90 Vgl. z.B. BGH, NJW 1984, 1461, 1462; *Schubert*, in: MüKo, BGB, § 164 Rn. 215 m.w.N.

Eine weitere, in der Literatur vertretene Abstufung dieser Ansicht differenziert anhand der Art der dem Vorstand zustehenden Kenntnisse. Dabei wird sogar, wenn auch nur beiläufig, Bezug auf eine durch das VorstAG eingefügte Änderung genommen. Wenn es um die Lage der Gesellschaft oder eine nachhaltige Unternehmensentwicklung gehe, seien beim bereits bestellten Vorstand geringere subjektive Anforderungen für einen evidenten Vertretungsmachtmissbrauch zu fordern. Bezüglich der vorgenannten Umstände werde der Vorstand, dessen Vertrag verlängert werden soll, im Zweifel besser als der Aufsichtsrat beurteilen können, ob die vorgesehene Vergütung unangemessen sei. Vor Erstbestellung könne von einem Vorstandsanwärter allerdings nicht verlangt werden, über zumindest gleichrangige interne Informationen wie der Aufsichtsrat zu verfügen. Die subjektiven Voraussetzungen für einen evidenten Missbrauch seien daher höher anzusetzen.[91]

In eine ähnliche Richtung geht auch die nach Inkrafttreten des VorstAG weiterhin vertretene Differenzierung innerhalb der Darlegungs- und Beweislastverteilung. Bei einer Erstanstellung soll dem Vorstand, mit welchem die unangemessene Vergütung vereinbart wurde, ein evidenter Missbrauch der Vertretungsmacht nachgewiesen werden müssen. Bei einer Vertragsverlängerung hingegen soll der objektive Verstoß gegen § 87 Abs. 1 AktG den Missbrauch der Vertretungsmacht indizieren.[92]

Hinsichtlich der Folgen eines Missbrauchs der Vertretungsmacht scheint im Rahmen des § 87 Abs. 1 AktG nach wie vor weitestgehend Einigkeit zu bestehen. Der Meinungsstreit, ob die §§ 177 ff. BGB eingreifen oder die Vereinbarung per se nach § 242 BGB nichtig ist, bedarf hinsichtlich der Vereinbarung des Vorstandsgehaltes keiner Entscheidung. Selbst bei Anwendung der §§ 177 ff. BGB fehle es aufgrund der Kompetenzordnung der Aktiengesellschaft an einem zur Genehmigung berufenen Organ. Somit sei die Vergütungsabrede stets nichtig.[93] Der Unterschied der auf einen Vertretungsmachtmissbrauch abstellenden Sichtweise zu der Auffassung, welche § 87 Abs. 1 AktG für ein Verbotsgesetz im Sinne des § 134 BGB halte, bestehe im Ergebnis nur darin, dass der Gesetzesverstoß für den Vorstand erkennbar sein müsse.[94]

cc) Teleologische Beschränkung der Vertretungsmacht des Aufsichtsrats

Die Ansicht, welche die Vertretungsmacht des Aufsichtsrats teleologisch reduzieren möchte, wenn der Vorstand mit dem Aufsichtsrat eine unangemessene Vergütung vereinbart, wird nach dem VorstAG unverändert vertreten. Ausgangspunkt ist nach wie vor, dass sich der Aufsichtsrat bei Geschäften nicht auf die unbeschränkte Vertretungsmacht des Vorstands nach § 82 Abs. 1 AktG stützen könne, was bei Insider-Geschäften des Vorstands mit der Gesellschaft, wie die Vereinbarung seiner Vergütung, umgekehrt ebenso gelte.[95]

---

91 *Spindler*, in: MüKo, AktG, § 87 Rn. 139; *ders.*, AG 2011, 725, 730.

92 *Kort*, in: GK, AktG, § 87 Rn. 341.

93 Vgl. *Kort*, in: GK, AktG, § 87 Rn. 342; *Spindler*, in: MüKo, AktG, § 87 Rn. 140; *ders.*, AG 2011, 725, 730.

94 *Spindler*, AG 2011, 725, 730.

95 *Fleischer*, in: Spindler/Stilz, AktG, § 87 Rn. 58.

Diese Auffassung wurde nach dem VorstAG von der Rechtsprechung unter Berufung auf die Auffassung zu den Grundsätzen über den Missbrauch der Vertretungsmacht abgelehnt.[96] In der Literatur wurde die Annahme einer teleologischen Reduktion der Vertretungsmacht bei Verstößen gegen § 87 Abs. 1 AktG recht heftig kritisiert. Auf die Änderungen durch das VorstAG berufen sich jedoch weder Rechtsprechung noch Literatur.

Im Rahmen der Kritik gegen den als „Vollmachtslösung"[97] bezeichneten Ansatz wird zunächst infrage gestellt, ob sich der Aufsichtsrat bei Geschäften mit der Gesellschaft tatsächlich nicht auf die uneingeschränkte Vertretungsmacht des Vorstands nach § 82 Abs. 1 AktG berufen könne.[98] Des Weiteren könne man bezüglich der Gehaltsabrede nicht stets von einem Insider-Geschäft des Vorstands mit der Gesellschaft ausgehen, insbesondere nicht, wenn der Vorstand neu bestellt werde oder bei der Beschlussfassung des Aufsichtsrats nicht anwesend gewesen sei.[99] In diesem Sinn treffe den Vorstand gegenüber dem Aufsichtsrat auch keine allgemeine Pflicht zur Überwachung.[100]

Darüber hinaus werden gegen eine teleologische Beschränkung der Vertretungsmacht Gründe der Rechtssicherheit angeführt. Ein objektiver Verstoß gegen § 87 Abs. 1 AktG führe zwangsläufig zu einer Nichtigkeit des gesamten Vorstandsvertrages, was wiederum die Anwendung der Grundsätze des fehlerhaften Dienstvertrages nach sich ziehe. Das hieraus resultierende jederzeitige Lösungsrecht des Vorstands entspreche nicht dem Wunsch der Gesellschaft nach planungssicheren Verträgen. Außerdem könnten die Verhandlungspartner gerade in Grenzbereichen allenfalls noch ganz schwer die Wirksamkeit der Vereinbarung beurteilen, da subjektive Elemente gerade keine Rolle mehr spielen würden.[101]

Gegen die „Vollmachtslösung" wird weiter eingewandt, ihr zufolge drohten dem Aufsichtsrat keine Sanktionen, da der Gesellschaft kein Schaden entstehe. Die Gesellschaft könne das unangemessene Gehalt aufgrund der Unwirksamkeit des Vertrages stets vom Vorstand zurückfordern.[102]

4. Mögliche Folgen eines Verstoßes gegen § 87 Abs. 1 AktG (a.F.)

Neben den möglichen Nichtigkeitsgründen bei Verstößen gegen § 87 Abs. 1 AktG (a.F.) waren und sind auch die sich hieran anschließenden Folgen für den Anstellungsvertrag nicht ohne Weiteres klar. Diesbezüglich wurde vor dem VorstAG vor allem eine mögliche Anwendung der Grundsätze über den fehlerhaften Anstellungs-

---

96 LG Essen, Urt. v. 9.9.2013, 44 O 164/10, juris Rn. 612.
97 *Drygala*, in: FS Schneider, S. 275, 286.
98 Vgl. *Brandes*, ZIP 2013, 1107, 1110; *Drygala*, in: FS Schneider, S. 275, 286.
99 Vgl. *Drygala*, in: FS Schneider, S. 275, 286.
100 Vgl. *Brandes*, ZIP 2013, 1107, 1110.
101 Vgl. *Drygala*, in: FS Schneider, S. 275, 287.
102 *Drygala*, in: FS Schneider, S. 275, 287 f.

vertrag im Verhältnis zu einer möglichen Gesamt- oder Teilnichtigkeit gefolgt von einem bereicherungsrechtlichen Rückabwicklungsanspruch der Gesellschaft gegen den Vorstand diskutiert. Auch nach dem Inkrafttreten des VorstAG wird diesen Fragen weiterhin nachgegangen.

a) Teilnichtigkeit der Vergütungsvereinbarung oder Anwendbarkeit der Grundsätze des fehlerhaften Anstellungsverhältnisses?

Teilweise wurde und wird im Zusammenhang mit einem zur Nichtigkeit führenden Verstoß gegen § 87 Abs. 1 AktG (a.F.) die Frage aufgegriffen, ob die Grundsätze über den fehlerhaften Anstellungsvertrag auf den Anstellungsvertrag mit dem Vorstand herangezogen werden mussten beziehungsweise müssen. Nach den – auch vor dem VorstAG allgemein anerkannten – Grundsätzen des fehlerhaften, aber bereits in Vollzug gesetzten Anstellungsverhältnisses soll die Nichtigkeit eines Anstellungsvertrags aus Gründen der Rechtssicherheit und des Vertrauensschutzes nicht wie sonst ex tunc eingreifen, sondern erst ex nunc wenn sich eine Seite von dem Vertrag löst. Beiden Seiten wird dementsprechend ein jederzeitiges Lösungsrecht zugesprochen. Bis zu dessen Ausübung soll der Vertrag als wirksam behandelt werden. Insbesondere der Anspruch auf die vereinbarte Vergütung bleibt also bestehen.[103] Diese Grundsätze werden in der Rechtsprechung auch auf bereits in Vollzug gesetzte Anstellungsverträge zwischen Vorständen und Aktiengesellschaften angewendet, welche unter Verstoß gegen die aktienrechtlichen Vertretungsvorschriften zustande gekommen sind.[104]

Ob eine Übertragung der Regeln auch statthaft ist, wenn nicht direkt entgegen der für die Aktiengesellschaft geltenden Vertretungsregeln gehandelt, sondern gegen § 87 Abs. 1 AktG (a.F.) verstoßen wurde, ist Gegenstand verschiedener Abhandlungen in der Literatur. Die voranstehende Frage scheint eng mit der Problematik verwoben, ob ein zur Nichtigkeit führender Verstoß gegen § 87 Abs. 1 AktG (a.F.) die Gesamt- oder nur Teilnichtigkeit des Anstellungsvertrages beziehungsweise der Vergütungsvereinbarung nach sich zieht oder zog. Aus diesem Grund sollen beide Themenkomplexe nachfolgend gemeinsam dargestellt werden.

Dabei darf nicht verkannt werden, dass die zuvor aufgeführten Ansichten vielfach bereits stillschweigend ein bestimmtes Ergebnis voraussetzen. Dennoch befasste sich die Diskussion zu den Rechtsfolgen einer unangemessenen Vorstandsvergütung schon vor dem VorstAG auch ausdrücklich mit der Gesamt- oder Teilnichtigkeit des Anstellungsvertrages mit dem Vorstand beziehungsweise den Grundsätzen des fehlerhaften Anstellungsverhältnisses. Da dies nach der Gesetzesänderung weiterhin geschieht, dürfte es sachgerecht sein, diese Punkte nochmals gesondert aufzugreifen.

---

103 Vgl. nur BGHZ 53, 152, 158; BAGE 8, 47, 50; BAGE 50, 370, 374; *Sack*, RdA 1975, 171, 172.

104 Vgl. BGHZ 41, 282, 286; BGHZ 65, 190, 194; OLG Frankfurt, WM 2011, 2226, 2228.

aa) Diskussionsstand vor dem VorstAG

Ob die genannten Grundsätze des fehlerhaften Anstellungsverhältnisses auch bei der Vereinbarung einer unangemessenen Vorstandsvergütung zum Tragen kommen konnten, wurde vor dem VorstAG in erster Linie von der Ansicht im Schrifttum problematisiert, welche bei Verstößen gegen § 87 Abs. 1 AktG a.F. einen Missbrauch der Vertretungsmacht des Aufsichtsrats in Betracht zog. Die Vertreter dieser Ansicht sprachen sich jedoch einheitlich gegen eine Heranziehung der Grundsätze des fehlerhaften Anstellungsverhältnisses und für eine Teilnichtigkeit der unangemessenen Gehaltsabrede aus.[105]

Zwar wurde grundsätzlich anerkannt, dass sowohl der Vorstand als auch die Gesellschaft bei einer Verletzung des § 87 Abs. 1 AktG a.F. ein berechtigtes Interesse an dem Bestand des Anstellungsverhältnisses für die Vergangenheit gehabt hätten. So sei der Vorstand hinsichtlich der vollen Vergütung für seine Anstrengungen und die Gesellschaft bezüglich etwaiger vertraglicher Schadensersatzansprüche aufgrund von Pflichtverletzungen des Vorstands schutzwürdig gewesen. Aus diesem Grunde wurde eine Heranziehung der Regeln des fehlerhaften Dienstverhältnisses überhaupt erst in Erwägung gezogen. Jedoch sollen diese Argumente bei der Vereinbarung einer unangemessenen Vorstandsvergütung gerade nicht übertragbar gewesen sein. In dieser Vereinbarung habe nämlich eine Pflichtwidrigkeit des Vorstands gelegen, welche die (teilweise) Unwirksamkeit des Vertrages erst begründet habe. Der Vorstand sei daher nicht schützenswert gewesen.[106]

Teilweise wurde sogar der Anwendungsbereich der Grundsätze des fehlerhaften Anstellungsverhältnisses als überhaupt nicht eröffnet angesehen. Bei einem Verstoß gegen § 87 Abs. 1 AktG a.F. sei der Anstellungsvertrag mit dem Vorstand nicht vollständig unwirksam gewesen. Nur der unangemessene Vergütungsteil sei betroffen gewesen, der angemessene Teil sei wirksam vereinbart worden.[107] Die Frage, ob ein Vertrag nach den Grundsätzen des fehlerhaften Anstellungsverhältnisses zu behandeln gewesen sei, habe sich jedoch nur bei einer Gesamtnichtigkeit gestellt.[108]

Vertreter der Meinung, welche in § 87 Abs. 1 AktG a.F. ein Verbotsgesetz erblickten, sprachen sich zwar nicht unmissverständlich gegen die Anwendung der Regeln des faktischen Dienstvertrages aus, jedoch klar für eine Teilnichtigkeit. Eine Teilnichtigkeit der unangemessenen Vergütungsabrede wurde damit begründet, dass ihr Rest, das heißt der angemessene Teil, im Wege einer insbesondere im Wirt-

105 Vgl. *Kort*, DStR 2007, 1127, 1131; *Langenbucher*, in: FS Huber, S. 861, 870.

106 Vgl. *Langenbucher*, in: FS Huber, S. 861, 869f.

107 Vgl. hierzu RG, DR 1944, 488, 489; *Säcker/Stenzel*, JZ 2006, 1151, 1155; *Schwark*, in: FS Raiser, S. 377, 394; ferner BGHZ 8, 348, 361; a.A. *Ziemons*, in: FS Huber, S. 1035, 1046.

108 *Kort*, DStR 2007, 1127, 1131f.

schaftsrecht gebotenen geltungserhaltenden Reduktion nach § 139 BGB[109] bestehen geblieben sei.[110]

Der Schutzzweck des § 87 Abs. 1 AktG a.F. habe es erfordert, unangemessene Vergütungsbestandteile nicht Vertragsinhalt werden zu lassen, um ein unrechtmäßiges Abfließen des Vermögens der Gesellschaft an ihre Organe zu verhindern. Die Interessenlage sei vergleichbar mit den unter § 612 Abs. 2 BGB fallenden Konstellationen einer fehlenden Vergütungsfestlegung gewesen. Auf Grundlage des mutmaßlichen Parteiwillens und im Rahmen einer ergänzenden Vertragsauslegung habe man daher eine angemessene Vergütung als vereinbart annehmen müssen.[111] Mit einer solchen Sichtweise waren die Grundsätze des fehlerhaften Anstellungsverhältnisses nicht in Einklang zu bringen.

Insoweit dürfte, von ein paar wenigen nicht ganz eindeutigen Formulierungen einmal abgesehen, im Ergebnis Einigkeit darüber bestanden haben, dass eine Nichtigkeit im Zusammenhang mit einem Verstoß gegen § 87 Abs. 1 AktG a.F. nicht den Anstellungsvertrag im Ganzen, sondern allein den unangemessenen Vergütungsteil betreffen sollte. Die Parteien hätten gerade keinen Zustand ohne vertragliche Grundlage gewollt.[112]

bb) Diskussionsstand nach dem VorstAG

Die Vertreter im Schrifttum, die eine Nichtigkeit einer unangemessenen Gehaltsvereinbarung mit einem Vertretungsmachtmissbrauch begründen wollen, lehnen es nach Inkrafttreten des VorstAG weiterhin ab, den betroffenen Anstellungsvertrag zwischen Vorstand und Gesellschaft nach den Grundsätzen des fehlerhaften Anstellungsverhältnisses zu behandeln. Weiterhin wird die bloße Teilnichtigkeit des Anstellungsvertrages hinsichtlich der unangemessenen Vergütung betont, welche eine Anwendung der Regeln verbiete.[113] Des Weiteren könne es aus Gründen der Rechts- und Planungssicherheit nicht gewollt sein, Vergütungsvereinbarungen mit dem Vorstand bei Verstößen gegen § 87 Abs. 1 AktG nach den Grundsätzen des fehlerhaften Dienstvertrages zu behandeln und damit einhergehend beiden Seiten ein jederzeitiges Recht zur Vertragsauflösung zuzusprechen.[114]

Zudem genieße der Vorstand ohnehin keinen Vertrauensschutz, wenn man die Teilnichtigkeit der Gehaltsvereinbarung auf einen Missbrauch der Vertretungsmacht zurückführe.[115] Ein Vertretungsmachtmissbrauch bringe es nun einmal mit sich, dass der Vorstand von der Unangemessenheit seiner Vergütung gewusst habe

---

109 Vgl. hierzu allgemein BGH, NJW 1972, 1459f.; BGH, WM 1993, 1759, 1760; *Busche*, in: MüKo, BGB, § 139 Rn. 2; *Roth*, JZ 1989, 411ff.

110 Vgl. *Säcker/Stenzel*, JZ 2006, 1151, 1155.

111 Vgl. *Säcker/Stenzel*, JZ 2006, 1151, 1155.

112 Vgl. *Kort*, DStR 2007, 1127, 1131f.; *Säcker/Stenzel*, JZ 2006, 1151, 1155.

113 *Kort*, in: GK, AktG, § 87 Rn. 342.

114 Vgl. *Drygala*, in: FS Schneider, S. 275, 287.

115 Vgl. *Kort*, in: GK, AktG, § 87 Rn. 342.

beziehungsweise gewusst haben müsse. Auf eine bekanntermaßen gesetzeswidrig überhöhte Vergütung könne der Vorstand nicht vertrauen.[116]

Trotz dieses Umstands sei es aber nicht gerechtfertigt, dem Vorstand auch den Anspruch auf den angemessenen Teil der Vergütung abzusprechen. Zwar werde der Vorstand insoweit bevorteilt, als er trotz des für ihn evidenten Vertretungsmachtmissbrauchs stets auf den angemessenen Teil der Vergütung vertrauen könne und somit den vollständigen Verlust seiner Ansprüche nicht zu befürchten habe. Allerdings entspreche ein solches Ergebnis der überwiegend vertretenen Ansicht in Rechtsprechung und Literatur bezüglich einer geltungserhaltenden Reduktion bei der Nichtigkeit von teilbaren Rechtsgeschäften. Ein Verbot der geltungserhaltenden Reduktion wie im AGB-Recht gelte im Aktienrecht gerade nicht.[117]

Die vorgenannte Ansicht hat inzwischen weiteren Zulauf aus dem Lager erhalten, welches in § 87 Abs. 1 AktG eine Verbotsnorm nach § 134 BGB erblickt. Die Argumentation richtet sich nunmehr unmittelbar gegen die Anwendung der Grundsätze des fehlerhaften Anstellungsverhältnisses. Allerdings richtet sich die Kritik aus der Lehre gegen eine Entscheidung der Rechtsprechung, die sich ausschließlich mit einem Vorstandsvertrag beschäftigt, der unter Missachtung der aktienrechtlichen Vertretungsregeln zustande kam.[118] Ausgangspunkt der Kritik ist die Unterstellung, die kritisierte Rechtsprechung sei auch auf gegen § 87 Abs. 1 AktG verstoßende Anstellungsverträge anwendbar. Eine entsprechende Entscheidung oder Absicht der Rechtsprechung ist jedoch nicht bekannt.

Nicht ganz klar wird im Rahmen dieser Kritik an der Rechtsprechung außerdem, ob die Vergütungsabrede auf einen wirksamen und angemessenen Teil reduziert werden soll oder die Grundsätze des faktischen Dienstverhältnisses dergestalt abgewandelt werden sollen, dass dem Vorstand für die Vergangenheit nur ein Anspruch auf eine angemessene Vergütung verbleibt, beiden Seiten für die Zukunft aber dennoch ein jederzeitiges Lösungsrecht zustehen soll.[119]

Jedenfalls kritisiert die Literaturmeinung die zitierte Rechtsprechung aufgrund der von letzterer befürchteten Schwierigkeiten, die entstehen sollen, wickelte man einen unwirksamen, aber schon in Vollzug gesetzten Vertrag nach Bereicherungsrecht ab. Auf Seiten des Vorstands wären laut Rechtsprechung angeblich erhebliche, nicht in Geld berechenbare Leistungen zu beachten, weshalb eine Berechnung der Ansprüche äußerst schwierig sei. Als ein schwer zu handhabender Bemessungsfaktor werden zum Beispiel die Aufgaben des Vorstands und die daraus resultierende Verantwortung genannt.[120]

An dieser Argumentation der Rechtsprechung sei unzutreffend, dass sich eine angemessene Vergütung nicht bestimmen lasse und deshalb einer teilweisen Rück-

---

116 Vgl. *Spindler*, in: MüKo, AktG, § 87 Rn. 142; *ders.*, AG 2011, 725, 731.

117 Vgl. *Spindler*, in: MüKo, AktG, § 87 Rn. 143 m.w.N.; *ders.*, AG 2011, 725, 731 f. m.w.N.

118 Vgl. BGHZ 41, 282 ff.

119 Vgl. *Meier*, NZA 2011, 267, 268 f.

120 Insoweit BGHZ 41, 282, 288.

abwicklung entgegenstehe. Auch in anderen Bereichen des Rechts sei es möglich, konkrete Voraussetzungen aufzustellen, um unbestimmte Rechtsbegriffe auszufüllen. Vor diesem Hintergrund stelle es eine Missachtung des durch das VorstAG ausdrücklich wiederholten gesetzgeberischen Auftrags an die Rechtsprechung dar, wenn sie es unterlasse, Vorstandsgehälter auf ihre Angemessenheit zu überprüfen.[121]

Des Weiteren sei das jeweilige Vorstandsmitglied laut Literaturansicht bei einem Verstoß gegen § 87 Abs. 1 AktG nicht schutzwürdig. Die Rechtsprechung begründe die Anwendung der Grundsätze über das fehlerhafte Anstellungsverhältnis zugunsten des Vorstands aber gerade damit, dass dem Vorstand nicht auferlegt werden könne, die Differenz zwischen der tatsächlich erhaltenen und angemessenen Vergütung zurückzuzahlen, weil der Vorstand hierdurch wirtschaftlich schwer belastet, womöglich sogar ruiniert würde. Die dem Einkommen angepasste Lebensführung des Vorstands entspreche laut Rechtsprechung zudem häufig den Repräsentationspflichten des Vorstands und somit dem Interesse der Gesellschaft. In Betracht komme daher nach der Rechtsprechung nur, auf die vereinbarte und nicht auf die angemessene Vergütung für die Vergangenheit abzustellen.[122] An diesem Gedanken der Rechtsprechung kritisiert die Literaturansicht, dass bei der Bemessung des angemessenen Gehalts die Interessen der Gesellschaft und die Repräsentationspflichten des Vorstands ohnehin zu berücksichtigen seien. Es liege demnach kein wirkliches Problem vor.[123]

Im Übrigen belaste es die Gesellschaft, der ein Schaden aus einer unangemessenen Vorstandsvergütung erwachse, einseitig und unangemessen, wenn der Vorstand die überhöhte Vergütung behalten dürfe. Eine angemessene Vergütung gelte die Leistungen des Vorstands vollumfänglich ab. Für ein darüber hinausgehendes Gehalt fehle es an einer Gegenleistung des Vorstands. Auch deshalb sei eine (uneingeschränkte) Anwendung der Regeln über den fehlerhaften Anstellungsvertrag nicht angezeigt.[124]

b) Bereicherungsrechtliche Folgen einer teilweise nichtigen Vergütungsvereinbarung

Ist die Gehaltsabrede zwischen Gesellschaft und Vorstand unangemessen und daher, aus welchem Grund auch immer, teilweise unwirksam, herrscht soweit erkennbar Einigkeit in Rechtsprechung und Schrifttum, dass bezüglich des unangemessenen Vergütungsteils ein bereicherungsrechtlicher Anspruch der Gesellschaft gegen den Vorstand nach § 812 Abs. 1 S. 1 Alt. 1 BGB (Leistungskondiktion) besteht.[125] In diesem Zusammenhang wird zu Recht allein das mögliche Eingreifen der Kondik-

---

121 *Meier*, NZA 2011, 267, 268.
122 Insoweit BGHZ 41, 282, 289f.
123 Vgl. *Meier*, NZA 2011, 267, 268 („Scheinproblem").
124 Vgl. *Meier*, NZA 2011, 267, 269.
125 Vgl. LG Essen, Urt. v. 9.9.2013, 44 O 164/10, juris Rn. 608ff.; *Säcker/Stenzel*, JZ 2006, 1151, 1155.

tionssperren nach § 814 Var. 1 BGB und § 817 S. 2 BGB problematisiert.[126] Nur diese Punkte sind daher Gegenstand der nachfolgenden Darstellungen. Nicht geprüft werden muss die Möglichkeit einer Zweckkondiktion nach § 812 Abs. 1 S. 2 Alt. 2 BGB. Ein solcher Anspruch gegen den Vorstand wird zu Recht von vorneherein ausgeschlossen.[127]

Ausnahmsweise soll der Diskussionsstand vorliegend nicht gesondert für den Zeitraum vor und nach Inkrafttreten des VorstAG erörtert werden. Die sich stellenden Fragen sind allgemeiner zivilrechtlicher Natur. Besondere Auswirkungen aufgrund der Änderungen des VorstAG sind in diesem Bereich nicht zu erwarten. Daher wird auch auf eine spätere Stellungnahme hierzu verzichtet, soweit sie aufgrund der weiteren Prüfung nicht doch zwingend geboten erscheint.

aa) Keine Kondiktionssperre nach § 814 Alt. 1 BGB

In der Literatur wird diskutiert, ob die Kondiktionssperre des § 814 Alt. 1 BGB einem Rückforderungsanspruch der Gesellschaft gegen den Vorstand nach § 812 Abs. 1 S. 1 Alt. 1 BGB aufgrund einer unangemessenen Vergütungsvereinbarung entgegenstehen könnte. Nach § 814 Alt. 1 BGB kann das zum Zwecke der Erfüllung einer Verbindlichkeit Geleistete nicht zurückgefordert werden, wenn der Leistende gewusst hat, dass er zur Leistung nicht verpflichtet war. Grundsätzlich wäre das Wissen des Aufsichtsrats, der mit dem Vorstand dessen unangemessene Vergütung vereinbart und folglich die zur Unangemessenheit führenden Umstände kennt beziehungsweise kennen muss, der Gesellschaft nach § 166 Abs. 1 BGB zuzurechnen.[128] Eine Rückforderung des an den Vorstand gezahlten unangemessenen Vergütungsteils wäre dann nach dem Wortlaut des § 814 Alt. 1 BGB ausgeschlossen.[129]

Eine solche Wissenszurechnung soll allerdings bei einer wegen Verstoß gegen § 87 Abs. 1 AktG teilweise nichtigen Vereinbarung des Vorstandsgehalts aus Wertungsgesichtspunkten entfallen. § 814 Alt. 1 BGB solle den Empfänger der Leistung schützen. Wenn dieser aber nicht davon ausgehen dürfe, das Geleistete behalten zu dürfen, könne die Norm nicht zu seinem Schutz herangezogen werden.[130] Dieser Fall sei gegeben, wenn der Vorstand ein unangemessenes Gehalt annimmt, welches auf einer teilweise nichtigen Vereinbarung beruht. § 814 Alt. 1 BGB sei dann teleo-

---

126 Vgl. *Kort*, in: GK, AktG, § 87 Rn. 344ff.; *ders.*, DStR 2007, 1127, 1131; *Langenbucher*, in FS: Huber, S. 861, 868f.; *Spindler*, in: MüKo, AktG, § 87 Rn. 144ff.; *ders.*, AG 2011, 725, 732f.

127 Vgl. *Langenbucher*, in: FS Huber, S. 861, 867f.

128 Allgemein zur Geltung des § 166 BGB im Rahmen des § 814 BGB BGHZ 73, 202, 204f.; RGZ 108, 329, 335; *Lorenz*, in: Staudinger, BGB, § 814 Rn. 5; *Wendehorst*, in: Bamberger/Roth, BGB, § 814 Rn. 9.

129 Vgl. *Spindler*, in: MüKo, AktG, § 87 Rn. 145; *ders.*, AG 2011, 725, 732; ebenso, jedoch hinsichtlich der Zurechnung des Aufsichtsratswissens auf § 31 BGB abstellend, *Kort*, in: GK, AktG, § 87 Rn. 344; *ders.*, DStR 2007, 1127, 1131; für eine analoge Anwendung von § 31 BGB *Langenbucher*, in: FS Huber, S. 861, 868.

130 Vgl. nur BGHZ 73, 202, 205f.

logisch zu reduzieren, da sonst der gesetzlich nicht erwünschte Zustand verfestigt würde.[131] § 87 Abs. 1 AktG solle die Gesellschaft gerade vor Verfehlungen des Aufsichtsrats und des Vorstandes schützen.[132]

bb) Keine Kondiktionssperre nach § 817 S. 2 BGB

Außerdem wird in der Literatur der Frage nachgegangen, ob eine Rückforderung des unangemessenen Gehaltsteils vom Vorstand auch wegen der Kondiktionssperre nach § 817 S. 2 BGB ausgeschlossen sein könnte. Entgegen einem auf den ersten Blick naheliegenden Verständnis ist der Anwendungsbereich von § 817 S. 2 BGB grundsätzlich nicht nur für ein Herausgabeverlangen gemäß § 817 S. 1 BGB, sondern für alle Leistungskondiktionen eröffnet.[133] Nach § 817 S. 2 BGB ist eine Rückforderung des Geleisteten nicht möglich, wenn Leistendem und Leistungsempfänger gleichfalls ein Verstoß gegen ein gesetzliches Gebot oder gegen die guten Sitten zur Last fällt. Dem Wortlaut der Vorschrift zufolge wäre eine Rückforderung also ausgeschlossen, soweit sich die Nichtigkeit der Vergütungsvereinbarung aus § 134 BGB oder § 138 BGB ergeben sollte.

Teilweise wird hierzu vertreten, § 817 S. 2 BGB sei schon deshalb nicht anwendbar, weil im Falle einer sittenwidrigen Vergütungsvereinbarung gleichzeitig auch stets ein evidenter Vertretungsmachtmissbrauch vorliege. Eine Zurechnung des sittenwidrigen Handelns des Aufsichtsrats zulasten der Gesellschaft erfolge daher nicht, das heißt, ein Verstoß gegen die guten Sitten im Sinne von § 817 S. 2 BGB liege auf Seiten der Gesellschaft nicht vor.[134]

Zudem soll die Anwendung des § 817 S. 2 BGB immer dann ausscheiden, wenn durch sie der von der verletzten Norm oder der sittlichen Wertung nicht erwünschte Zustand aufrechterhalten würde. § 817 S. 2 BGB sei in solchen Fällen aus Schutzzweckgesichtspunkten teleologisch zu reduzieren.[135] Dies müsse auch bezüglich einer teilweise unwirksamen Gehaltsabrede zwischen Gesellschaft und Vorstand

---

131 Vgl. *Langenbucher*, in: FS Huber, S. 861, 868 f.; speziell für Fälle des evidenten Vertretungsmachtmissbrauchs *Kort*, DStR 2007, 1127, 1131; *Schwab*, in: MüKo, BGB, § 814 Rn. 8; *Spindler*, in: MüKo, AktG, § 87 Rn. 145; *ders.*, AG 2011, 725, 732.

132 Vgl. so zu § 817 S. 2 BGB *Spindler*, in: MüKo, AktG, § 87 Rn. 146 f.; *ders.*, AG 2011, 725, 733.

133 Vgl. z. B. BGH, NJW 1965, 1585, 1587; RGZ 151, 70, 72; RGZ 161, 52, 55; *Buck-Heeb*, in: Erman, BGB, § 817 Rn. 11; *Eidenmüller*, JZ 1996, 889, 890 (Fn. 7); *Lorenz*, in: Staudinger, BGB, § 817 Rn. 10; *v. Sachsen-Gessaphe*, in: Dauner-Lieb/Heidel/Ring, BGB, § 817 Rn. 10; *Schwab*, in: MüKo, BGB, § 817 Rn. 11; *Wendehorst*, in: Bamberger/Roth, BGB, § 817 Rn. 11.

134 Vgl. *Schwab*, in: MüKo, BGB, § 817 Rn. 35, der bezüglich der (hier entfallenden) Zurechnung des Aufsichtsratshandelns auf § 166 Abs. 1 BGB abstellt; *Spindler*, in: MüKo, AktG, § 87 Rn. 146; *ders.*, AG 2011, 725, 732.

135 Vgl. BGHZ 75, 299, 305; BGHZ 111, 308, 312; BGH, NJW 2006, 45, 46; *Armgardt*, NJW 2006, 2070 ff.; *Möller*, NJW 2006, 268 ff.; *Fabricius*, JZ 1963, 85 ff.; *Salje*, NJW 1985, 998, 1002 f.; *Schwab*, in: MüKo, BGB, § 817 Rn. 22; *Wendehorst*, in: Bamberger/Roth, BGB, § 817 Rn. 23 f.; *Weyer*, WM 2002, 627, 630.

gelten. § 817 S. 2 BGB würde sonst dazu führen, dass der Vorstand den unangemessenen Teil seines Gehalts behalten dürfte. § 87 Abs. 1 AktG solle das Gesellschaftsvermögen jedoch im Interesse der Anteilseigner und Stakeholder vor unangemessenen Zahlungen an den Vorstand schützen. Die Erreichung dieses Zwecks würde durch § 817 S. 2 BGB erheblich erschwert beziehungsweise unmöglich gemacht.[136]

II. Haftung der Organmitglieder auf Schadensersatz bei Verstoß gegen § 87 Abs. 1 AktG (a.F.)?

Neben einer möglichen Teilnichtigkeit der Vergütungsvereinbarung mit dem Vorstand wurde und wird bei Verletzung des § 87 Abs. 1 AktG (a.F.) eine mögliche Schadensersatzhaftung der Gesellschaftsorgane in Erwägung gezogen. Den diesbezüglichen Diskussionsstand vor und nach dem Inkrafttreten des VorstAG gilt es nachfolgend aufzuzeigen.

1. Schadensersatzhaftung des Aufsichtsrats wegen eines Verstoßes gegen § 87 Abs. 1 AktG (a.F.)

Nach § 116 S. 1 AktG in Verbindung mit § 93 Abs. 2 S. 1 AktG haften Aufsichtsratsmitglieder, die ihre Pflichten schuldhaft verletzen, der Gesellschaft für einen daraus entstehenden Schaden. § 116 S. 3 AktG betont seit Inkrafttreten des VorstAG explizit die Verpflichtung der Aufsichtsratsmitglieder zum Ersatz, wenn sie eine unangemessene Vorstandsvergütung festsetzen.

Bei der Haftung des Aufsichtsrats nach den genannten Vorschriften handelt es sich um eine Innenhaftung gegenüber der Gesellschaft. Von dieser lässt sich die Außenhaftung des Aufsichtsrats gegenüber Aktionären und Gläubigern unterscheiden.[137] Letztere braucht in dieser Arbeit nicht thematisiert zu werden. Die hier interessierende Innenhaftung des Aufsichtsrats wegen der Festsetzung einer unangemessenen Vorstandsvergütung nimmt in der Rechtsprechung – anders als in der Literatur – eine sehr untergeordnete Rolle ein.[138] Zur gerichtlichen Geltendmachung von Ansprüchen ist es bis dato erkennbar nur sehr selten gekommen.[139]

---

136 Vgl. *Schwab*, in: MüKo, BGB, § 817 Rn. 35; *Spindler*, in: MüKo, AktG, § 87 Rn. 147; *ders.*, AG 2011, 725, 733; in diesem Sinne auch OLG München, NJW 2011, 80, 82.

137 Vgl. zur begrifflichen Unterscheidung etwa *Lutter/Krieger/Verse*, Rechte und Pflichten des AR, Rn. 981 und 1030; *Ritter*, in: Schüppen/Schaub, MüHdb Aktienrecht, § 24 Rn. 114.

138 Vgl. *Körner*, NJW 2004, 2697, 2699; *Säcker/Stenzel*, JZ 2006, 1151, 1153; allgemein zur seltenen Inanspruchnahme des Aufsichtsrats *Hoffmann-Becking*, in: MüHdb Gesellschaftsrecht, § 33 Rn. 71 m.w.N.; *Ihrig/Wandt/Wittgens*, Beilage ZIP 40/2012, 1, 30.

139 Vgl. LG München I, NZG 2007, 447 ff.; zur Anfechtung eines Hauptversammlungsbeschlusses über die Entlastung des Aufsichtsrats wegen der Festsetzung einer unangemessenen Vorstandsvergütung BGH, ZIP 2009, 2436 ff.; OLG München, NZG 2008, 631 ff.

Nachfolgend sollen die in Literatur und gegebenenfalls Rechtsprechung problematisierten Anspruchsvoraussetzungen eines Schadensersatzanspruchs gegen den Aufsichtsrat wegen eines Verstoßes gegen § 87 Abs. 1 AktG (a.F.) umrissen werden. Hingegen sollen nicht diskutierte Anspruchsmerkmale zur besseren Übersichtlichkeit und aus Kapazitätsgründen außen vor bleiben.

a) Diskussionsstand vor dem VorstAG

Vor dem VorstAG dürfte es in der Literatur nahezu unumstritten gewesen sein, dass sich ein Aufsichtsrat, welcher schuldhaft gegen § 87 Abs. 1 AktG a. F. verstieß und unangemessene Bezüge mit dem Vorstand vereinbarte, sich nach den §§ 116 S. 1, 93 Abs. 2 S. 1 AktG schadensersatzpflichtig machen konnte.[140] Die zu diesem Themenkomplex äußerst spärlich vorzufindende Rechtsprechung ging ebenfalls unter Bezugnahme auf die §§ 116, 93 AktG ohne nähere Ausführungen von der grundlegenden Möglichkeit einer Schadensersatzhaftung des Aufsichtsrats aufgrund eines Verstoßes gegen § 87 Abs. 1 AktG a. F. aus.[141]

Ein gegen den Aufsichtsrat gerichteter Schadensersatzanspruch wurde teils deshalb als vorzugswürdig gegenüber einer Nichtigkeit der Vergütungsabrede erachtet, weil der Aufsichtsrat im Falle einer Unwirksamkeit mangels Schadens der Gesellschaft nicht mit Sanktionen habe rechnen müssen. Dies sei jedoch nicht gewollt gewesen.[142]

aa) Pflichtverletzung des Aufsichtsrats

Im Schrifttum war im Rahmen einer Aufsichtsratshaftung wegen Verletzung des § 87 Abs. 1 AktG a. F. besonders die Frage umstritten, ob zugunsten des Aufsichtsrats die Business Judgment Rule eingreifen sollte, wodurch eine Pflichtverletzung und somit die Haftung des Aufsichtsrats hätte entfallen können. Die Anwendung der Business Judgment Rule wurde teilweise mit einem Verweis auf einen vorrangigen materiell-rechtlichen Beurteilungsspielraum abgelehnt, welcher sich unmittelbar aus § 87 Abs. 1 AktG a. F. ergeben habe.

(1) Anwendbarkeit der Business Judgment Rule aufgrund unternehmerischer Entscheidung über Vorstandsvergütung

Eine Literaturmeinung wollte bei der Vereinbarung der Vorstandsvergütung gemäß § 87 Abs. 1 AktG die in § 93 Abs. 1 S. 2 AktG kodifizierte Business Judgment

---

140 Vgl. *Fleischer*, in: Spindler/Stilz, AktG, 1. Aufl., § 87 Rn. 28; *ders.*, DStR 2005, 1279; *Hüffer*, AktG, 8. Aufl., § 87 Rn. 8; *Körner*, NJW 2004, 2696, 2699; *Kort*, in: GK, AktG, 4. Aufl., § 87 Rn. 70; *ders.*, DStR 2007, 1127, 1132; *ders.*, NJW 2005, 333; *Säcker/Stenzel*, JZ 2006, 1151, 1152; *Schwark*, in: FS Raiser, S. 377, 395; *Spindler*, in: MüKo, AktG, 3. Aufl., § 87 Rn. 79; bereits zu § 78 AktG 1937 *Schlegelberger/Quassowski*, AktG 1937, § 78 Rn. 7.

141 Vgl. LG München I, NZG 2007, 447.

142 Vgl. *Ziemons*, in: FS Huber, S. 1035, 1045 f.

Rule[143] zugunsten des Aufsichtsrats anwenden. Nach dem bereits vor dem VorstAG in gleicher Fassung unmittelbar für den Vorstand geltenden § 93 Abs. 1 S. 2 AktG schied eine Pflichtverletzung aus, wenn das Vorstandsmitglied bei einer unternehmerischen Entscheidung vernünftigerweise annehmen durfte, auf der Grundlage angemessener Information zum Wohle der Gesellschaft gehandelt zu haben.

Die US-amerikanischer Rechtsprechung entstammende Business Judgment Rule sah und sieht einen gerichtlich nicht überprüfbaren Handlungsspielraum für die Organe einer Aktiengesellschaft – insbesondere für den Vorstand – bei unternehmerischen Entscheidungen vor, um den dynamischen Prozessen einer Marktwirtschaft gerecht zu werden. Eine nachträgliche gerichtliche Überprüfung von durch Unsicherheiten und Prognosen geprägten Organentscheidungen wurde und wird als nicht sachgerecht empfunden.[144] Über den Verweis in § 116 S. 1 AktG galt die Business Judgment Rule auch schon für unternehmerische Entscheidungen des Aufsichtsrats vor dem VorstAG.[145]

Die sich für eine Anwendung der Business Judgment Rule bei Verstößen des Aufsichtsrats gegen § 87 Abs. 1 AktG aussprechende Ansicht verkannte nicht, dass es sich bei der Angemessenheit im Sinne des § 87 Abs. 1 AktG a. F. um einen unbestimmten Rechtsbegriff handelte.[146] Bei der Konkretisierung von unbestimmten Rechtsbegriffen hätten die Gesellschaftsorgane dem Legalitätsprinzip unterlegen, das heißt, die zu treffende Entscheidung sei grundsätzlich gesetzlich vorgegeben und somit nicht unternehmerischer Natur gewesen. In solchen Fällen habe die Business Judgment Rule eigentlich keine Anwendung finden können.[147]

Allerdings wurde ein solches Ergebnis im Rahmen des § 87 Abs. 1 AktG a. F. als nicht sach- und interessengerecht eingestuft. Der Aufsichtsrat habe bei der Festsetzung der Vorstandsvergütung nach § 87 Abs. 1 AktG a. F. nämlich sehr wohl eine durch starke Unsicherheiten und Prognosen geprägte unternehmerische Entscheidung getroffen. Daher sei die Vereinbarung des Aufsichtsrats mit dem Vorstand über dessen Vergütung durchaus eine unternehmerische Entscheidung beziehungsweise zumindest mit einer solchen vergleichbar gewesen.[148] Dem Aufsichtsrat sei durch die Anwendung der Business Judgment Rule auch nicht – wie

---

143 Eingefügt durch das Gesetz zur Unternehmensintegrität und Modernisierung des Anfechtungsrechts (UMAG) vom 22.09.2005, BGBl. I 2005, S. 2802 ff.; zur vorherigen höchstrichterlichen Anerkennung durch die grundlegende sog. ARAG/Garmenbeck-Entscheidung BGHZ 135, 244 ff.

144 Allgemein zur Business Judgment Rule z. B. *Dauner-Lieb*, in: Henssler/Strohn, AktG, § 93 Rn. 17 ff.; *Spindler*, in: MüKo, AktG, § 93 Rn. 36 ff.

145 Vgl. zur Geltung bereits vor dem UMAG *Hambloch-Gesinn/Gesinn*, in: Hölters, AktG, § 116 Rn. 34.

146 *Spindler*, in: MüKo, AktG, 3. Aufl., § 87 Rn. 20.

147 Vgl. hierzu BT-Drs. 15/5092, S. 11; *Fleischer*, in: Spindler/Stilz, AktG, 1. Aufl., § 93 Rn. 63; *Spindler*, in: FS Canaris, S. 403, 413 ff.; *Thole*, ZHR 173 (2009), 504, 521 f.

148 Vgl. BGHSt 50, 331, 336; LG Düsseldorf, NJW 2004, 3275, 3276; *Fleischer*, in: Spindler/Stilz, AktG, 1. Aufl., § 87 Rn. 15; *Hoffmann-Becking*, ZHR 169 (2005), 155, 157 f.;

von der Gegenauffassung bemängelt – ein zusätzlicher Ermessensspielraum zugestanden worden.[149]

(2) Materiell-rechtlicher Beurteilungsspielraum nach § 87 Abs. 1 AktG a. F.

Nach der Gegenansicht im Schrifttum soll § 87 Abs. 1 AktG a. F. dem Aufsichtsrat aus sich heraus bereits einen materiell-rechtlichen Beurteilungsspielraum eingeräumt haben. Eine zusätzliche Anwendung der Business Judgment Rule sei daher nicht zulässig gewesen. Die Heranziehung dieses allgemeinen Grundsatzes habe sich stets dann verboten, wenn bereits ein Spezialgesetz dem handelnden Organ Ermessen eingeräumt habe.[150] § 87 AktG a. F. sei eine solche spezialgesetzliche Norm gewesen.[151]

In dieselbe Richtung ging der Ansatz, welcher streng zwischen der inhaltlichen Konkretisierung des Angemessenheitsbegriffs auf erster Stufe und der Überprüfung der Vergütungsentscheidung durch die Gerichte auf zweiter Stufe unterschied. Auf erster Stufe habe eine materiell-rechtliche „Bandbreite von angemessenen Bezügen"[152] existiert, die grundsätzlich nicht infrage habe gestellt werden dürfen. Bei der Angemessenheit gemäß § 87 Abs. 1 AktG a. F. habe es sich um einen unbestimmten Rechtsbegriff gehandelt. Der hieraus resultierende Beurteilungsspielraum des Aufsichtsrats sei allerdings nicht im verwaltungsrechtlichen Sinne zu verstehen gewesen. Im aktienrechtlichen Kontext seien unter anderem die Grundlagen der Vergütungsentscheidung nicht immer klar festzulegen gewesen.[153]

Ob der Spielraum des Aufsichtsrats überschritten worden sei, habe nur anhand der vom Aufsichtsrat herangezogenen Gründe und nicht aufgrund allgemeiner Grundsätze beurteilt werden können. Falls sich den maßgeblichen Beschlussmaterialien keine inhaltlichen Mängel entnehmen haben lassen, seien Verfahrensfehler zu prüfen gewesen. Die Angemessenheit einer außergewöhnlich hohen Vergütung sei zum Beispiel bereits zweifelhaft gewesen, wenn eine entsprechende Begründung gefehlt habe.[154]

Neben diesem materiell-rechtlichen Spielraum sollte dem Aufsichtsrat auf der zweiten Stufe der gerichtlichen Überprüfbarkeit nicht zusätzlich noch die Business Judgment Rule zugute kommen.[155] Eine weitere Absicherung sei nicht erforderlich

---

Hüffer, AktG, 8. Aufl., § 87 Rn. 8; *Kort*, NJW 2005, 333, 334; *Mutter*, in: Hdb börsennotierte AG, 2. Aufl., § 19 Rn. 29; *Spindler*, in: MüKo, AktG, 3. Aufl., § 87 Rn. 20.

149 Vgl. *Brauer*, NZG 2004, 502, 504 f.

150 Vgl. allgemein *Kiefner/Theusinger*, NZG 2008, 802, 805; ferner *Wand/Tillmann/Heckenthaler*, AG 2009, 148, 153; a.A. wohl *Brömmelmeyer*, WM 2005, 2065, 2066.

151 Vgl. *Hopt/Roth*, in: GK, AktG, 4. Aufl., § 93nF Rn. 55 f.; *Kort*, DStR 2007, 1127, 1132.

152 *Peltzer*, in: FS Lutter, S. 571, 577.

153 *Schwark*, in: FS Raiser, S. 377, 387 f.

154 Vgl. *Schwark*, in: FS Raiser, S. 377, 389 ff.

155 Im Ergebnis ebenfalls gegen die Anwendung der Business Judgment Rule *Habersack*, in: MüKo, AktG, 3. Aufl., § 116 Rn. 41; *ders.*, ZSR 124 II (2005), 533, 543 f.;

gewesen und sei dem Zweck des § 87 Abs. 1 AktG a.F., Vergütungsexzesse zu vermeiden, nicht gerecht geworden. Ein zusätzlicher Freiraum hätte es nahezu unmöglich gemacht, die Unangemessenheit eines Vorstandsgehalts festzustellen. Die vom Gesetzgeber vorgegebenen objektiven Maßstäbe des § 87 Abs. 1 AktG wären dadurch faktisch unterlaufen worden.[156]

bb) Darlegungs- und Beweislast

Die wenigen sonstigen Überlegungen des Schrifttums hinsichtlich einer Schadensersatzhaftung des Aufsichtsrats nach § 87 Abs. 1 AktG a.F. blieben unbestritten. So wurde im Einklang mit den allgemeinen Regeln ausgeführt, die Aktiengesellschaft habe den kausal verursachten Schaden sowie dessen Höhe beweisen müssen. Der Aufsichtsrat habe hingegen seine fehlende Pflichtverletzung und sein fehlendes Verschulden darlegen und beweisen müssen.[157]

b) Diskussionsstand nach dem VorstAG

Mit dem VorstAG hat der Gesetzgeber eine mögliche Aufsichtsratshaftung ausdrücklich aufgegriffen. Wie bereits erwähnt, sind Aufsichtsratsmitglieder nach dem neu eingefügten § 116 S. 3 AktG namentlich zum Ersatz verpflichtet, wenn sie eine unangemessene Vergütung des Vorstands festsetzen (§ 87 Abs. 1 AktG). Der Gesetzgeber war der Ansicht, dass Aufsichtsräte ihrer Pflicht, eine angemessene Vorstandsvergütung zu vereinbaren, und ihrer persönlichen Haftung bei schuldhafter Pflichtverletzung nicht die nötige Bedeutung beimaßen.[158]

Nach unstreitiger Ansicht hat die Neufassung von § 116 S. 3 AktG rein klarstellende Funktion, da der Aufsichtsrat sich auch schon vor der Gesetzesänderung durch die Festsetzung einer unangemessenen Vorstandsvergütung schadensersatzpflichtig machen konnte.[159] Trotz oder gerade wegen dieses rein deklaratorischen

---

Hopt/Roth, in: GK, AktG, 4. Aufl., § 93nF Rn. 56; *Schäfer*, ZIP 2005, 1253, 1258; a.A. z.B. *Spindler*, in: MüKo, AktG, 3. Aufl., § 87 Rn. 134.

156 *Schwark*, in: FS Raiser, S. 377, 391 f.

157 Vgl. hierzu *Kort*, DStR 2007, 1127, 1132; allgemein zur Beweislastverteilung bei Schadensersatzansprüchen gegen den Aufsichtsrat BGH, NJW 2009, 2454, 2455 f.; *Goette*, ZGR 1995, 648, 671 ff.; *Lutter*, ZIP 2007, 841, 846; *Rother*, NJ 2012, 14, 18; *Spindler*, in: Spindler/Stilz, AktG, § 116 Rn. 137.

158 BT-Drs. 16/12278, S. 6.

159 Vgl. *Bauer/Arnold*, AG 2009, 717, 730; *Cannivé/Seebach*, Der Konzern 2009, 593, 595; *Drygala*, in: Schmidt/Lutter, AktG, § 116 Rn. 61; *Fleischer*, NZG 2009, 801, 804; *Fonk*, in: Semler/Schenck, Hdb AR, § 10 Rn. 119 (Fn. 335); *Habersack*, in: MüKo, AktG, § 116 Rn. 42a; *Hanau*, NJW 2009, 1652, 1653; *Hohenstatt*, ZIP 2009, 1349, 1354; Hüffer/*Koch*, AktG, § 116 Rn. 18; *Nikolay*, NJW 2009, 2640, 2645; *Spindler*, AG 2011, 725.

Charakters hat die Regelung einiges an Kritik erfahren[160], indem sie als zumindest teilweise populistisch motiviert eingestuft wurde. Unter anderem erwecke die dem „Volkszorn“[161] entsprechende Gesetzesänderung bewusst den falschen Eindruck, die Vergütungsfestsetzung sei die wichtigste und schadensanfälligste Aufgabe des Aufsichtsrats.[162]

Ungeachtet dieser Kritik gilt es, nachfolgend die Entwicklung des Meinungsstands nach dem VorstAG zu einer möglichen Schadensersatzhaftung des Aufsichtsrats anlässlich eines Verstoßes gegen § 87 Abs. 1 AktG möglichst vollständig zu erfassen. Insoweit wird man vorwegnehmen dürfen, dass zumindest einige Fragen inzwischen etwas intensiver erörtert werden als vor dem VorstAG.

aa) Pflichtverletzung des Aufsichtsrats

Nach dem Inkrafttreten des VorstAG ist auf der Ebene einer möglichen Pflichtverletzung des Aufsichtsrats weiterhin umstritten, ob und gegebenenfalls in welchem Umfang dem Aufsichtsrat ein Handlungsfreiraum bei der Bestimmung einer angemessenen Vorstandsvergütung zusteht.

(1) Anwendbarkeit der Business Judgment Rule aufgrund unternehmerischer Entscheidung über Vorstandsvergütung

Nach wie vor wird in der Literatur überwiegend vertreten, die Entscheidung des Aufsichtsrats über die Vorstandsvergütung habe unternehmerischen Charakter beziehungsweise die Situation sei zumindest vergleichbar, weshalb der Anwendungsbereich der Business Judgment Rule eröffnet sei.[163] Im Zeitpunkt der Vergütungsvereinbarung sei weder die weitere (nachhaltige) Entwicklung des Unternehmens noch die Wirkung der durch die Vergütung gesetzten Anreize absehbar.[164] Entgegen der anderslautenden Auffassung gewähre die Business Judgment Rule keinen zusätzlichen Ermessensspielraum, sondern sei vielmehr Rechtferti-

---

160 Vgl. *Hanau*, NJW 2009, 1652, 1653; *Henssler*, in: Henssler/Strohn, AktG, § 116 Rn. 18.

161 *Peltzer*, in: FS Hellwig, S. 269, 281.

162 Vgl. Handelsrechtsausschuss DAV, NZG 2009, 612, 615; *v. Kann/Keiluweit*, DStR 2009, 1587, 1590 f.

163 Vgl. *Beiner/Braun*, Der Vorstandsvertrag, Rn. 317; *Dauner-Lieb*, in: Henssler/Strohn, AktG, § 87 Rn. 8 f.; *Fleischer*, in: Spindler/Stilz, AktG, § 87 Rn. 39; *ders.*, BB 2010, 67, 70; *Hambloch-Gesinn/Gesinn*, in: Hölters, AktG, § 116 Rn. 47; *Hohaus/Weber*, DB 2009, 1515, 1517; *Hohenstatt*, ZIP 2009, 1349, 1354; *Lingemann*, BB 2009, 1918, 1923; *Mertens/Cahn*, in: KöKo, AktG, § 87 Rn. 4; *Reichert/Ullrich*, in: FS Schneider, S. 1017, 1021 ff.; *v. Schenck*, in: Semler/v. Schenck, AktG, § 116 Rn. 523; *Schwennicke*, in: Grigoleit, AktG, § 87 Rn. 6; *Seibt*, in: Schmidt/Lutter, AktG, § 87 Rn. 16; *Spindler*, AG 2011, 725, 726.

164 Vgl. *Reichert/Ullrich*, in: FS Schneider, S. 1017, 1021; *Röttgen/Kluge*, NJW 2013, 900, 904; *Spindler*, AG 2011, 725, 726.

gungsgrund für die aufgrund der Natur der Sache erforderliche Handlungsfreiheit des Aufsichtsrats bei unternehmerischen Entscheidungen.[165]

Zwar wird unverändert eingeräumt, dass es sich bei der Angemessenheit im Sinne von § 87 Abs. 1 AktG um einen unbestimmten Rechtsbegriff handele, der einer Anwendung der Business Judgment Rule grundsätzlich entgegenstehe.[166] Jedoch wird dieser Einwand mit Blick auf die der Vergütungsentscheidung innewohnende Prognose auch nach dem VorstAG vielfach abgelehnt. Teilweise wird der Prognosecharakter sogar mit den Neuerungen des VorstAG begründet, etwa weil der Aufsichtsrat einschätzen müsse, ob mit der Vergütung die richtigen, auf eine nachhaltige Unternehmensentwicklung ausgerichteten, Anreize für den Vorstand gesetzt würden.[167]

Neben der Frage der Anwendbarkeit widmet sich die Lehre im Rahmen des § 87 Abs. 1 AktG inzwischen auch näher der in der Praxis wohl wichtigsten Voraussetzung der Business Judgment Rule[168], der angemessenen Informationsgrundlage des Aufsichtsrats. Eine solche setzt voraus, dass der Aufsichtsrat in angemessenem Umfang relevante Tatsachen als Basis für seine Entscheidung zusammenträgt.[169] Weitergehende allgemeine Ausführungen müssen an dieser Stelle unterbleiben.

Im Anwendungsbereich des § 87 Abs. 1 AktG steht im Zusammenhang mit einer angemessenen Informationsgrundlage des Aufsichtsrats besonders die Einschaltung externer Vergütungsberater im Fokus. Zwar war es dem Aufsichtsrat auch schon vor Inkrafttreten des VorstAG möglich, sich externen Rates hinsichtlich der Vorstandsvergütung zu bedienen. Seit dem Inkrafttreten wird jedoch wegen der in § 87 Abs. 1 AktG neu eingefügten Angemessenheitskriterien mit einer verstärkten Inanspruchnahme derartiger Dienstleistungen gerechnet.[170]

Eine Pflicht des Aufsichtsrats, einen Vergütungsberater zu beauftragen, wird jedoch überwiegend verneint, unter anderem mit Verweis auf die gesetzlichen Publikationspflichten nach den §§ 285 Nr. 9 lit. a), 314 Abs. 1 Nr. 6 lit. a) HGB, welche dem Aufsichtsrat im Regelfall die Einholung von entsprechenden Informationen ermöglichen sollten.[171] Allenfalls im Einzelfall, wenn der Aufsichtsrat sich sonst

165 Vgl. *Reichert/Ullrich*, in: FS Schneider, S. 1017, 1021.

166 Vgl. hierzu *Cahn*, WM 2013, 1293, 1294 f.; umfassend *Kaulich*, Die Haftung von Vorstandsmitgliedern einer Aktiengesellschaft für Rechtsanwendungsfehler, S. 174 ff.

167 Vgl. *Spindler*, in: MüKo, AktG, § 87 Rn. 134; *ders.*, AG 2011, 725, 726.

168 *Freitag/Korch*, ZIP 2012, 2281, 2282; *Redeke*, ZIP 2011, 59, 60.

169 Vgl. für den Vorstand etwa BGHZ 135, 244, 253; *Krieger/Sailer-Coceani*, in: Schmidt/Lutter, AktG, § 93 Rn. 17; *Semler*, in: FS Ulmer, S. 627, 632 f.

170 Vgl. *Annuß/Theusinger*, BB 2009, 2434, 2440; *Baums*, AG 2010, 53 f.; *Bosse*, BB 2009, 1650, 1653; *Cannivé/Seebach*, Der Konzern 2009, 593, 600; *Dauner-Lieb*, in: Henssler/Strohn, AktG, § 87 Rn. 8; *dies.*, Der Konzern 2009, 583, 592; *Fleischer*, NZG 2009, 801, 804; a.A. *Bauer/Arnold*, AG 2009, 717, 720.

171 Vgl. *Fleischer*, BB 2010, 67, 70; *Hoffmann-Becking/Krieger*, Beilage NZG 26/2009 1, 2.

keine ausreichenden Informationen für die Vergütungsentscheidung beschaffen könnte, wird eine Pflicht zur Hinzuziehung eines Beraters in Erwägung gezogen.[172]

Wird ein Vergütungsberater eingeschaltet, soll der Aufsichtsrat jedenfalls nach der Empfehlung in Ziffer 4.2.2 Abs. 3 des Deutschen Corporate Governance Kodexes (DCGK) auf dessen Unabhängigkeit vom Vorstand beziehungsweise Unternehmen achten.[173] Gilt die Unabhängigkeit des Beraters als gesichert, so darf der Aufsichtsrat grundsätzlich auf die gelieferten Informationen vertrauen, soweit sie sich nach einer eigenen Prüfung als plausibel erwiesen haben. Folglich werden Vergütungsberater als Mittel zur möglichen Enthaftung des Aufsichtsrats zumindest nicht ausgeschlossen.[174]

Im Zuge solcher Entwicklungen wird zukünftig mit einer verstärkten Konzentration der Lehre und Praxis auf das Verfahren der Vergütungsfestsetzung gerechnet und nicht mehr so sehr mit einer – angesichts des unbestimmten Angemessenheitsbegriffs schwer greifbaren – inhaltlichen Auseinandersetzung.[175] Daher wird zukünftig ein höherer Begründungs- und Dokumentationsaufwand und damit einhergehend eine verstärkte Bürokratisierung der Aufsichtsratsarbeit für möglich erachtet.[176]

(2) Materiell-rechtlicher Beurteilungsspielraum nach § 87 Abs. 1 AktG

Die Literaturmeinung, welche einen aus § 87 Abs. 1 AktG selbst hervorgehenden materiell-rechtlichen Beurteilungsspielraum des Aufsichtsrats bei der Festsetzung der Vorstandsvergütung annimmt, wird nach Inkrafttreten des VorstAG unverändert vertreten. § 87 Abs. 1 AktG sei gegenüber der Business Judgment Rule nach § 93 Abs. 1 S. 2 AktG lex specialis.[177] In diesem Lichte gebiete § 87 Abs. 1 AktG dem Aufsichtsrat insbesondere abzuwägen, welche Vorteile ein Abgang oder Zugang beziehungsweise Verbleib des Vorstands bei der Gesellschaft mit sich bringe. Überschreite der Aufsichtsrat dieses ihm eingeräumte Ermessen, so könne die Haftung nach § 116 S. 3 AktG eingreifen.[178]

(3) Vergütungsentscheidung als Pflichtaufgabe mit Ermessensspielraum

Eine weitere inzwischen in der Literatur zu findende Meinung geht davon aus, § 87 Abs. 1 S. 1 AktG normiere für den Aufsichtsrat eine Pflichtaufgabe mit Ermessens-

---

172 Vgl. *Spindler*, in: Spindler/Stilz, AktG, § 116 Rn. 57; allgemein zur verpflichtenden Einholung von Rechtsrat *Cahn*, WM 2013, 1293, 1303 f.

173 Vgl. *Dauner-Lieb*, in: Henssler/Strohn, AktG, § 87 Rn. 8; ausführlich zum Erfordernis der Unabhängigkeit des Vergütungsberaters *Fleischer*, BB 2010, 67, 71 ff.; *Weber-Rey/Buckel*, NZG 2010, 761, 763 ff.

174 Vgl. *Fleischer*, in: Spindler/Stilz, AktG, § 87 Rn. 40; *ders.*, BB 2010, 67, 70 f.; Hüffer/*Koch*, AktG, § 116 Rn. 19; *Weber-Rey/Buckel*, NZG 2010, 761, 766.

175 Vgl. *Baums*, AG 2010, 53 f.

176 Vgl. *Dauner-Lieb*, in: Henssler/Strohn, AktG, § 87 Rn. 8; *Spindler*, in: MüKo, AktG, § 87 Rn. 131.

177 *Kort*, in: GK, AktG, § 87 Rn. 348.

178 *Kort*, in: GK, AktG, § 87 Rn. 349.

spielraum.[179] Solche seien nicht ausschließlich dem Gesellschaftswohl, sondern auch gesetzlichen Vorgaben untergeordnet und räumten dem Aufsichtsrat daher zwar ähnliche Spielräume wie die Business Judgment Rule ein, seien von dieser jedoch unabhängig.[180] Detaillierte Ausführungen zur konkreten Ausgestaltung dieser Spielräume finden sich jedoch nicht. Ebenso wenig wird klar, ob beziehungsweise inwieweit sich diese Auffassung in praktischer Hinsicht von der unmittelbar zuvor genannten unterscheiden soll.

bb) Schaden der Gesellschaft

Seit dem Inkrafttreten des VorstAG widmet das Schrifttum dem potentiellen Schaden der Gesellschaft wegen einer Missachtung des § 87 Abs. 1 AktG, welcher weitere Haftungsvoraussetzung für einen Anspruch der Gesellschaft gegenüber dem Aufsichtsrat ist, vermehrte Aufmerksamkeit. Wohl unbestritten wird angenommen, die Bezifferung eines möglichen Schadens in diesem Zusammenhang dürfe erhebliche Schwierigkeiten bereiten.[181]

Ein zunächst im Entwurf des VorstAG vorgesehener Mindestschaden, welcher eine Vorteilsanrechnung ausschließen sollte, ist nicht Gesetz geworden.[182] In einem solchen Mindestschaden wurde die Gefahr eines systemfremden Strafschadensersatzes gesehen.[183] Ohnehin hätte ein solcher Strafschadensersatz nicht das Problem der Berechnung des Schadens gelöst, da die Bestimmung einer angemessenen Vergütung dennoch durch das Gericht hätte erfolgen müssen. Eine Vereinfachung wäre nicht geschaffen worden.[184]

Die Berechnung des Schadens aufgrund einer nicht nach § 87 Abs. 1 AktG angemessenen Vorstandsvergütung erfolge genau wie die Berechnung jedes anderen Schadens nach der Differenzhypothese im Sinne der §§ 249 ff. BGB. Folglich sollen die hypothetische Vermögenslage der Gesellschaft ohne schädigendes Ereignis und die tatsächliche Vermögenslage miteinander verglichen werden. Der Schaden belaufe sich auf die Höhe der Differenz zwischen gezahlter und angemessener Ver-

179 Hüffer/*Koch*, AktG, § 87 Rn. 23.

180 Vgl. hierzu *Bachmann*, ZHR 177 (2013), 1, 8; *Bayer/Meier-Wehrsdorfer*, AG 2013, 477, 479 f.; *Habersack*, in: Lorenz, Karlsruher Forum 2009, S. 5, 17 f.; *Holle*, AG 2011, 778, 784; Hüffer/*Koch*, AktG, § 93 Rn. 11.

181 Vgl. *Cahn*, in: FS Hopt, S. 431, 449 f.; *Eichner/Delahaye*, ZIP 2010, 2082, 2085; Hüffer/*Koch*, AktG, § 116 Rn. 19; *Seibt*, in: Schmidt/Lutter, AktG, § 87 Rn. 17.

182 Zum ursprünglichen Entwurf siehe BT-Drs. 16/12278, S. 3 und 6: § 116 S. 4 AktG sollte lauten: „In diesem Fall ist der Mehrbetrag zu einer angemessenen Vergütung als Mindestschadensersatz zu erstatten."

183 Vgl. BT-Drs. 16/13433, S. 12; Handelsrechtsausschuss DAV, NZG 2009, 612, 615; *Lingemann*, BB 2009, 1918, 1923; *Mertens/Cahn*, in: KöKo, AktG, § 87 Rn. 7; *Spindler*, NJOZ 2009, 3282, 3289; *ders.*, AG 2011, 725, 727.

184 Vgl. *Cahn*, in: FS Hopt, S. 431, 449.

gütung.[185] Auch mittelbare Schäden seien ersatzfähig.[186] So wäre zum Beispiel eine falsche Anreizsetzung durch die Vergütung vorstellbar, welche sich mittelbar zu einem Schaden der Gesellschaft auswirken könne.[187]

Eine Anrechnung von Vorteilen, welche der Gesellschaft infolge der Festsetzung der unangemessenen Vorstandsvergütung adäquat kausal zuflössen, sei zwar grundsätzlich zulässig.[188] Allerdings wird diesem Punkt in der Praxis keine beziehungsweise keine große Bedeutung beigemessen.[189] Soweit ein Vorteilsausgleich ganz ausnahmsweise in Betracht käme, träfe diesbezüglich den Aufsichtsrat die Darlegungs- und Beweislast.[190]

Die Gesellschaft könne sich bezüglich der Ermittlung der Schadenshöhe zwar auf die Beweiserleichterung des § 287 Abs. 1 ZPO berufen.[191] Trotzdem wird die Feststellung eines Schadens letztendlich nur in solchen Fällen als möglich erachtet, in denen sich eine Überschreitung der Angemessenheit geradezu aufdrängen müsse, etwa im Verhältnis zu den Vergleichsgehältern.[192]

cc) Kausalität des Schadens

Die Frage der Kausalität des Schadens wird von der Literatur besonders im Bereich falscher, das heißt nicht im Sinne von § 87 Abs. 1 S. 2 AktG nachhaltiger, Vergütungsanreize problematisiert. Bei derartigen falsch gesetzten Vergütungsanreizen werde man häufig nicht eindeutig beurteilen können, ob diese allein ursächlich für das Handeln des Vorstands gewesen seien, welches letztendlich zur Minderung des Gesellschaftsvermögens geführt habe. Kämen auch noch andere Gründe in Betracht, könne man nicht mit Sicherheit davon ausgehen, dass die Pflichtverletzung kausal für den Schadenseintritt gewesen sei.[193]

---

185 Vgl. *Habersack*, in: MüKo, AktG, § 116 Rn. 69; *Henssler*, in: Henssler/Strohn, AktG, § 116 Rn. 18; Hüffer/*Koch*, AktG, § 116 Rn. 19; *Reichert/Ullrich*, in: FS Schneider, S. 1017, 1033; *Seibt*, in: Schmidt/Lutter, AktG, § 116 Rn. 62; *Spindler*, AG 2011, 725, 727; für den Vorstand z. B. *Fleischer*, in: Spindler/Stilz, AktG, § 93 Rn. 211; allgemein zur Differenzhypothese z. B. OLG Düsseldorf, AG 1997, 231, 237; *Oetker*, in MüKo, BGB, § 249 Rn. 16 ff. m.w.N.

186 Vgl. *Habersack*, in: MüKo, AktG, § 116 Rn. 69; *Hölters*, in: Hölters, AktG, § 93 Rn. 252; allgemein z. B. *Grüneberg*, in: Palandt, BGB, Vor v § 249 Rn. 15.

187 Vgl. *Cahn*, in: FS Hopt, S. 431, 450; *Habersack*, in: MüKo, AktG, § 116 Rn. 69.

188 A.A. BT-Drs. 16/12278, S. 6; *Lingemann*, BB 2009, 1918, 1923.

189 Vgl. *Marsch-Barner*, ZHR 173 (2009), 723, 731 ff.

190 Vgl. *Marsch-Barner*, ZHR 173 (2009), 723, 726; allgemein zur Beweislast des Schädigers bezüglich eines Vorteilsausgleichs BGH, NJW-RR 2004, 79, 81; *Grüneberg*, in: Palandt, BGB, Vorb v § 249 BGB Rn. 75.

191 Vgl. OLG München, AG 2011, 204; *Hölters*, in: Hölters, AktG, § 93 Rn. 252; *Reichert/Ullrich*, in: FS Schneider, S. 1017, 1033.

192 Vgl. *Drygala*, in: Schmidt/Lutter, AktG, § 116 Rn. 62; *Habersack*, in: MüKo, AktG, § 116 Rn. 69.

193 *Cahn*, in: FS Hopt, S. 431, 450.

Die Gesellschaft könne sich bezüglich der Kausalität nicht auf die Beweislastumkehr des § 116 S. 1 AktG in Verbindung mit § 93 Abs. 2 S. 2 AktG berufen.[194] Sonstige Beweiserleichterungen aufgrund typischer Fallgestaltungen seien aufgrund der hohen Anzahl unterschiedlicher Sachverhalte nicht auszumachen.[195]

Im Übrigen stehe es dem Aufsichtsrat frei, sich bezüglich einer unangemessenen – zum Beispiel da nicht auf eine nachhaltige Unternehmensentwicklung ausgerichteten – Vorstandsvergütung auf den Einwand des rechtmäßigen Alternativverhaltens zu berufen. Derartige Fälle, in denen der Schaden der Gesellschaft auch bei einer den Vorgaben des § 87 Abs. 1 AktG entsprechenden Gehaltsvereinbarung eingetreten sei, seien jedoch nur schwer vorstellbar.[196]

Ein einzelnes Aufsichtsratsmitglied könne sich zur Entkräftung des Kausalitätszusammenhangs nicht darauf stützen, der Schaden sei auch ohne seine Stimme eingetreten. Nach § 116 AktG würden die Aufsichtsratsmitglieder solidarisch haften. Jedes Mitglied sei somit für die Erfüllung der Organpflichten in gleichem Maß verantwortlich.[197]

dd) Darlegungs- und Beweislast

Soweit den Aufsichtsrat hinsichtlich eines Schadensersatzanspruches wegen Verletzung des § 87 Abs. 1 AktG die Beweislast treffe, sei es zur Minimierung des Haftungsrisikos angezeigt, den Weg zur Vergütungsentscheidung möglichst genau und vollständig zu dokumentieren.[198] Insbesondere die Diskussion im Aufsichtsrat und der grobe Verlauf der Sitzungen sollen festgehalten werden. Die Unterlagen solle der Aufsichtsrat bis zum Ende der Verjährungsfrist aufbewahren.[199]

2. Schadensersatzhaftung des Vorstands wegen eines Verstoßes gegen § 87 Abs. 1 AktG (a.F.)?

Neben einer Aufsichtsratshaftung zog die Literatur bereits vor dem VorstAG mögliche Schadensersatzansprüche gegen den Vorstand in Erwägung, soweit dessen Vergütungsabrede unangemessen war. Der Meinungsstand vor und nach dem VorstAG soll nachfolgend im Überblick aufgezeigt werden.

Von besonderer Bedeutung im Zusammenhang mit einer Vorstandshaftung dürfte der genaue Anknüpfungspunkt eines pflichtwidrigen Verhaltens des Vorstands im Anwendungsbereich des § 87 Abs. 1 AktG (a.F.) sein. Mit anderen Worten ist fraglich, welche konkreten Pflichten den Vorstand insoweit treffen beziehungsweise trafen. Darüber hinaus war und ist fester Diskussionsbestandteil die Frage,

---

194 Vgl. *Mertens/Cahn*, in: KöKo, AktG, § 93 Rn. 142.
195 *Cahn*, in: FS Hopt, S. 431, 450.
196 Vgl. *Reichert/Ullrich*, in: FS Schneider, S. 1017, 1033 f.
197 Vgl. *Reichert/Ullrich*, in: FS Schneider, S. 1017, 1034 f.
198 Vgl. *Annuß/Theusinger*, BB 2009, 2434, 2440.
199 Vgl. *Reichert/Ullrich*, in: FS Schneider, S. 1017, 1034.

ob die Business Judgment Rule auch im Rahmen einer möglichen Schadensersatzhaftung des Vorstands Anwendung finden konnte beziehungsweise kann. Soweit Besonderheiten aufgrund der jeweiligen Organstellung sehr unwahrscheinlich erscheinen, wie zum Beispiel hinsichtlich eines Schadens der Gesellschaft infolge einer unangemessenen Vorstandsvergütung, wird man auf die obigen Ausführungen zur Schadensersatzhaftung des Aufsichtsrats verweisen dürfen.

a) Diskussionsstand vor dem VorstAG

Vor dem VorstAG betrachtete die Literatur den Vorstand überwiegend nicht als Adressaten des § 87 Abs. 1 AktG a.F. Der Gesetzgeber habe mit § 87 Abs. 1 AktG a.F. allein den Aufsichtsrat angesprochen, weshalb die Haftung des Vorstands nicht durch einen unmittelbaren Verstoß gegen die Norm habe ausgelöst werden können.[200]

Trotz dieser Annahme gab es zwei unterschiedliche Ansichten, nach denen der Vorstand bei Verstößen gegen § 87 Abs. 1 AktG a.F. dennoch unter bestimmten Voraussetzungen haftbar sein sollte. Die Möglichkeit einer Vorstandshaftung wurde im Rahmen der Diskussion vor dem VorstAG dem Grunde nach nicht erkennbar bestritten. Die Streitigkeiten befassten sich überwiegend mit der dogmatischen Herleitung der Haftung. Innerhalb einer der Auffassungen wurde am Rande noch eine mögliche Anwendbarkeit der Business Judgment Rule zugunsten des Vorstands thematisiert.

aa) Verstoß gegen die Treue- und Sorgfaltspflicht

Vereinfacht und abstrakt beschrieben gebot die organschaftliche Loyalitäts- und Treuepflicht dem Vorstand bereits vor dem VorstAG, seine Interessen bei Konflikten mit den Gesellschaftsinteressen zurückzustellen.[201] Daher wurde von einer häufig vertretenen Literaturmeinung in der Vereinbarung beziehungsweise Annahme einer unangemessenen Vergütung ein Verstoß des Vorstands gegen seine allgemeine Treuepflicht gesehen. Hieran wurde eine Schadensersatzpflicht des Vorstands nach § 93 Abs. 2 S. 1 AktG geknüpft.[202]

In diesem Sinn lässt sich auch der Literaturansatz verstehen, nach welchem der Vorstand für ein rechtmäßiges Verwaltungshandeln des Aufsichtsrats Sorge zu tragen

---

200 Vgl. *Kort*, DStR 2007, 1127, 1128; *Spindler*, in: MüKo, AktG, 3. Aufl., § 87 Rn. 79f.; a.A. *Semler*, in: FS Happ, S. 277, 282.

201 Vgl. hierzu z.B. *Fleischer*, in: Spindler/Stilz, AktG, 1. Aufl., § 93 Rn. 103; *Hopt*, in: GK, AktG, 4. Aufl., § 93 Rn. 145; *Landwehrmann*, in: Heidel, AktG, 2. Aufl., § 93 Rn. 19ff.; *Spindler*, in: MüKo, AktG, 3. Aufl., § 93 Rn. 92; für die GmbH BGH, WM 1977, 361, 362; BGH, WM 1983, 498, 499; BGH, WM 1989, 1335, 1339.

202 Vgl. *Kort*, DStR 2007, 1127, 1132; *Lutter*, ZIP 2003, 737, 741; *ders.*, ZIP 2006, 733, 735; *Semler*, in: FS Happ, S. 277, 278f.; *Ziemons*, in: FS Huber, S. 1035, 1044; wohl auch *Schwark*, in: FS Raiser, S. 377, 395; offen hinsichtlich des Anknüpfungspunktes *Kort*, in: GK, AktG, 4. Aufl., § 87 Rn. 70; *Spindler*, in: MüKo, AktG, 3. Aufl., § 87 Rn. 79f.; kritisch *Hüffer*, AktG, 8. Aufl., § 87 Rn. 8.

gehabt habe und wegen der hieraus herrührenden Sorgfaltspflicht nicht an einem Verstoß des Aufsichtsrats gegen § 87 Abs. 1 AktG a.F. habe mitwirken dürfen. Sei dies dennoch geschehen, etwa durch Annahme einer unangemessenen Vergütung, so habe der Vorstand seine ihm obliegende Sorgfaltspflicht verletzt.[203] Ein solcher Verstoß habe auch bei der Auszahlung eines unangemessenen Gehalts an die einzelnen Mitglieder des Vorstands vorgelegen. Die Auszahlung sei Aufgabe des Vorstands gewesen, welcher hierbei verpflichtet gewesen sei, auf die Gesetzmäßigkeit der vorangegangenen Vergütungsfestsetzung durch den Aufsichtsrat zu achten.[204]

Bei einer Erstbestellung des Vorstands hielten Vertreter der hier erörterten Ansichten § 93 Abs. 2 AktG mangels wirksamer Amtsübernahme nicht für die richtige Anspruchsgrundlage. Vielmehr sollten die Schadensersatzansprüche gegen den Vorstand auf die von der Treuepflicht (beziehungsweise Sorgfaltspflicht) des Vorstands ausgehenden vorvertraglichen Wirkungen gestützt werden (culpa in contrahendo).[205] Auch sonst sei aktienrechtlich anerkannt gewesen, dass sich ein Rechtsverhältnis derart vorgelagert habe auswirken können, sofern eine enge sachliche und zeitliche Verbindung bestanden habe.[206]

Die Anwendbarkeit der Business Judgment Rule zugunsten des Vorstands wurde innerhalb der hier erörterten Ansicht mit dem Hinweis verneint, auf Seiten des Vorstandes habe bezüglich seiner Vergütungsabrede – anders als beim Aufsichtsrat – keine unternehmerische Entscheidung vorgelegen. Der Vorstand habe in erster Linie im eigenen Interesse gehandelt, weshalb der Anwendungsbereich der Business Judgment Rule nicht eröffnet gewesen sei.[207]

bb) Aktive und pflichtwidrige Beeinflussung des Aufsichtsrats

Andere Vertreter des Schrifttums bejahten eine etwaige Schadensersatzhaftung des Vorstands einschränkend zu der zuvor genannten Meinung nicht per se, wenn der Vorstand eine unangemessene Vergütung vereinbarte beziehungsweise erhielt. Vielmehr habe es eines aktiven und pflichtwidrigen Einwirkens des Vorstands auf die Entscheidungsfindung des Aufsichtsrates bedurft, indem der Vorstand dem Aufsichtsrat zum Beispiel falsche oder nicht vollständige Informationen geliefert habe.[208] Warum diese Einschränkung im Einzelnen geboten gewesen sein soll, wurde nicht näher erläutert.

---

203 Vgl. *Fleischer*, in: Spindler/Stilz, AktG, 1. Aufl., § 87 Rn. 29; *ders.*, DStR 2005, 1318, 1322; *Peltzer*, in: FS Lutter, S. 571, 578; zur möglichen Verwirklichung des Untreuetatbestandes oder Beihilfe hierzu durch den Vorstand BGHSt 50, 331 ff.; RG, JW 1934, 2151 f.; *Seibt*, in: Schmidt/Lutter, AktG, 1. Aufl., § 87 Rn. 10.

204 Vgl. *Semler*, in: FS Happ, S. 277, 282.

205 Vgl. *Fleischer*, in: Spindler/Stilz, AktG, 1. Aufl., § 87 Rn. 29; *ders.*, DStR 2005, 1318, 1322.

206 *Ziemons*, in: FS Huber, S. 1035, 1045 f.

207 *Kort*, DStR 2007, 1127, 1132.

208 Vgl. *Peltzer*, in: FS Lutter, S. 571, 577 f.; *Schwark*, in: FS Raiser, S. 377, 395.

b) Diskussionsstand nach dem VorstAG

Die Literatur beschäftigt sich seit der Verkündung des VorstAG – teilweise differenzierter als zuvor – weiterhin mit einer möglichen Vorstandshaftung bei unangemessenen Vergütungsvereinbarungen und entsprechenden Zahlungen. Auch in der Rechtsprechung ist die Problematik einer Vorstandshaftung im Zusammenhang mit Verstößen gegen § 87 Abs. 1 AktG inzwischen ein Thema.

aa) Keine Verletzung der Treuepflicht durch den Vorstand

Eine recht junge Auffassung lehnt eine Vorstandshaftung wegen der Verletzung der Treuepflicht bei der Vereinbarung oder Auszahlung unangemessener Bezüge explizit ab. Dem Vorstand obliege hinsichtlich seines eigenen Gehalts beziehungsweise dessen Aushandlung keine Vermögensbetreuungspflicht gegenüber der Gesellschaft. Aus der aktienrechtlichen Treue- und Loyalitätspflicht könne sich daher keine weitergehende Pflicht des Vorstandes in Bezug auf sein eigenes Gehalt ergeben.[209] Unklar ist, ob diese Ansicht eine Haftung des Vorstands auch dann ablehnt, wenn dieser den Aufsichtsrat bei der Vereinbarung einer unangemessenen Vergütung aktiv beeinflusst.[210]

Jedenfalls könne die organschaftliche Treuepflicht gegenüber dem Vorstand keine Wirkung hinsichtlich der rechtlichen Angelegenheiten entfalten, durch welche die Pflicht erst begründet oder neu ausgestaltet werde. Es sei der Privatautonomie fremd, den Vorstand für die Wahrnehmung seiner eigenen Interessen der Gefahr einer Haftung auszusetzen.[211]

bb) Verstoß gegen die Treue- und Sorgfaltspflicht

Ein wohl kleiner werdender Teil der Literatur knüpft eine mögliche Vorstandshaftung bei Verstößen gegen § 87 Abs. 1 AktG nach wie vor an einen Verstoß des Vorstands gegen seine organschaftliche Treuepflicht.[212] Diese gelte stets bei Eigengeschäften des Vorstands mit der Gesellschaft, was zur Folge habe, dass der Vorstand seine Interessen bei Konflikten gegenüber dem Unternehmensinteresse zurückstellen müsse. Die Vergütungsvereinbarung nehme insoweit keinen Sonderstatus ein, das heißt auch für sie gelte die Treuepflicht des Vorstands. Unterschiede könnten sich allenfalls bei der Erstbestellung ergeben, das heißt, eine vorvertragliche Haftung soll in diesen Fällen wohl – anders als noch vor dem VorstAG – ausscheiden.[213]

---

209 LG Essen, Urt. v. 9.9.2013, 44 O 164/10, juris Rn. 772 ff.; *Lutter/Krieger/Verse*, Rechte und Pflichten des AR, Rn. 395; offen bei OLG Stuttgart, BeckRS 2010, 28334.

210 So wohl *Seibt*, in: Schmidt/Lutter, AktG, § 87 Rn. 17.

211 Vgl. Hüffer/*Koch*, AktG, § 87 Rn. 23, der aber eine Pflichtverletzung des Vorstands in „krassen Fällen" für möglich hält.

212 Vgl. *Fleischer*, in: Spindler/Stilz, AktG, § 87 Rn. 58; *Kort*, in: GK, AktG, § 87 Rn. 350; *Reichert/Ullrich*, in: FS Schneider, S. 1017, 1036.

213 Vgl. *Fleischer/Bauer*, ZIP 2015, 1901, 1903; eine vorvertragliche Haftung sehr wohl in Erwägung ziehend *Fleischer*, in: Spindler/Stilz, AktG, § 87 Rn. 58.

Hinsichtlich der einschränkenden Auffassung, welche eine Vorstandshaftung bei unangemessenen Bezügen nur zulassen will, wenn der Vorstand den Aufsichtsrat aktiv beeinflusst, wird angemerkt, sie gehe fehl. Man könne nicht wie diese einschränkende Ansicht einen Vergleich ziehen zwischen der Gehaltsverhandlung des Vorstands und der Treuebindung eines Gesellschafters, der seine Interessen auch gegen das Gesellschaftsinteresse ausüben dürfe.[214] Der Vorstand verwalte nämlich fremdes Vermögen, der Gesellschafter hingegen sein eigenes. Daher sei die Treuepflicht eines Vorstands deutlich intensiver ausgeprägt als die eines Gesellschafters.[215] Die Möglichkeit, den Vorstand bei Verstößen gegen § 87 Abs. 1 AktG uneingeschränkt haftbar zu machen, sei zwingend geboten, da eine Pflichtverletzung des Aufsichtsrats in diesem Zusammenhang ohne Mitwirkung des Vorstands schlicht nicht möglich sei.[216]

cc) Aktive und pflichtwidrige Beeinflussung des Aufsichtsrats erforderlich

Den wohl stärksten Zulauf erhielt die Ansicht in der Literatur, welche eine Vorstandshaftung nur für möglich hält, wenn der Vorstand den Aufsichtsrat bei den Gehaltsverhandlungen aktiv und pflichtwidrig beeinflusst. So könne der Vorstand etwa absichtlich falsch über die Höhe der Gehälter seiner Kollegen in vergleichbaren Unternehmen informieren oder in sonstiger Weise wahrheitswidrig Zweifel des Aufsichtsrats über die Einhaltung des § 87 Abs. 1 AktG ausräumen.[217] Des Weiteren könne der Vorstand den Aufsichtsrat in unerlaubter Weise beeinflussen, wenn er ihm im Rahmen einer anstehenden Vertragsverlängerung besondere Kenntnisse vorenthalte, etwa bezüglich einer nachhaltigen Unternehmensentwicklung, der Lage der Gesellschaft oder Ähnlichem.[218] Unterhalb einer zielgerichteten Beeinflussung des Aufsichtsrats soll es nach vereinzelten Vertretern dieser Auffassung schon ausreichen, wenn ein Verstoß gegen § 87 Abs. 1 AktG für den Vorstand ohne Weiteres erkennbar ist oder er aus anderen Gründen hiervon Kenntnis hat.[219]

Begründet wird die Einschränkung der Schadensersatzpflicht des Vorstands auf Fälle der aktiven Beeinflussung beziehungsweise Erkennbarkeit von Verstößen damit, dass sich der Vorstand in seinen Gehaltsverhandlungen in einem natürlichen Interessengegensatz zur Gesellschaft befinde. Deren Interessen müsse der Vorstand in dieser Situation gerade nicht wahren, sondern könne seine eigenen bis zur Grenze der Sittenwidrigkeit stur verfolgen. Gerade vor einer Neubestellung unterliege der Vorstandskandidat keinen allgemeinen aktienrechtlichen Pflichten wie der Treuepflicht, sodass eine Schadensersatzpflicht hieran überhaupt nicht angeknüpft wer-

---

214 Vgl. hierzu *Brandes*, ZIP 2013, 1107, 1108f.
215 Vgl. *Fleischer/Bauer*, ZIP 2015, 1901, 1903.
216 Vgl. *Fleischer/Bauer*, ZIP 2015, 1901, 1904.
217 *Drygala*, in: FS Schneider, S. 275, 290f., der den Anknüpfungspunkt der Haftung in vertragsrechtlichen Umständen sieht.
218 *Spindler*, in: MüKo, AktG, § 87 Rn. 136; *ders.*, AG 2011, 725, 728.
219 Vgl. *Brandes*, ZIP 2013, 1107, 1111f.

den könne.[220] Im Übrigen obliege die Wahrung der Unternehmensinteressen gerade dem Aufsichtsrat, da der Vorstand sich in einem Interessenkonflikt befinde.[221]

Darüber hinaus könne dem Vorstand nicht abverlangt werden, bei der Annahme seines Gehalts darauf zu achten, ob dieses zuvor vom Aufsichtsrat rechtmäßig festgesetzt wurde. Andernfalls führe dies zu einer allgemeinen Pflicht des Vorstands, den Aufsichtsrat zu überwachen, obwohl es hierfür an einer aktienrechtlichen Grundlage fehle und eine solche Pflicht sogar gegen die aktienrechtliche Kompetenzverteilung verstoßen würde.[222]

III. Geltendmachung von Ansprüchen der Gesellschaft gegen die Organe

Nachdem soeben der Meinungsstand zu möglichen Ansprüchen der Gesellschaft gegen ihre Organe aufgrund einer unangemessenen Vorstandsvergütung erörtert wurde, dürfen die wenigen Abhandlungen in der Literatur, welche sich mit der Durchsetzung dieser Ansprüche befassen, nicht unerwähnt bleiben. Insoweit dürfte es sich weitestgehend um allgemeingültige Fragestellungen im Bereich des § 87 Abs. 1 AktG handeln, welche durch das VorstAG nicht ersichtlich beeinflusst worden sein sollten. Daher soll an dieser Stelle auf eine zeitlich zwischen dem Stand vor und nach dem Inkrafttreten des VorstAG differenzierende Darstellung verzichtet werden.

1. Verpflichtung der Organe zur Anspruchsdurchsetzung

Bezüglich der Verpflichtung der Organe, Ansprüche aufgrund einer unangemessenen Vorstandsvergütung gegen das jeweils andere Organ geltend zu machen, verweist das Schrifttum zunächst auf das aktienrechtliche Kompetenzgefüge, nach welchem der Vorstand bei Ansprüchen gegen den Aufsichtsrat gemäß § 78 AktG und der Aufsichtsrat bei Ansprüchen gegen den Vorstand gemäß § 112 AktG jeweils als Vertreter der Gesellschaft fungieren. Diese Konstruktion leidet an einer strukturellen Schwäche. Das jeweils berufene Organ würde sich im Falle der Anspruchsverfolgung gegen das jeweils andere Organ regelmäßig selbst der Gefahr einer Inanspruchnahme aussetzen. Läge ein Anspruch gegen den Vorstand vor und verfolgte der Aufsichtsrat diesen, würde er dokumentieren, selbst das Angemessenheitsgebot des § 87 Abs. 1 AktG nicht beachtet zu haben. Ein Vorstand, der einen Anspruch gegen den Aufsichtsrat geltend machte, würde unter Umständen eingestehen, ein unangemessenes Gehalt erhalten zu haben.[223]

---

220 Vgl. *Brandes*, ZIP 2013, 1107, 1008; *Drygala*, in: FS Schneider, S. 275, 289; *Spindler*, in: MüKo, AktG, § 87 Rn. 136; *ders.*, AG 2011, 725, 728.

221 Vgl. *Mertens/Cahn*, in: KöKo, AktG, § 87 Rn. 5.

222 Vgl. *Brandes*, ZIP 2013, 1107, 1109.

223 Vgl. zu § 87 Abs. 1 AktG *Cahn*, in: FS Hopt, S. 431, 451; *Körner*, NJW 2004, 2697, 2699; *Schwark*, in: FS Raiser, S. 377, 395; allgemein zur gegenseitigen Anspruchsverfolgung durch die Organe *Habersack*, ZHR 177 (2013), 782, 785 ff.; allgemein zur

Trotz dieser erheblichen Unstimmigkeiten soll der Aufsichtsrat bei Vorliegen bestimmter Voraussetzungen dennoch zur Verfolgung von Ansprüchen gegen den Vorstand verpflichtet bleiben.[224] Diese allgemeinen Grundsätze ließen sich auf den Vorstand entsprechend übertragen.[225] Eine unterlassene Geltendmachung von Ansprüchen wegen einer unangemessenen Vorstandsvergütung könne somit für sich betrachtet eine Pflichtverletzung des jeweiligen Organs bedeuten.[226] Die Geltendmachung einer Rückforderung soll nur dann ausnahmsweise ausgeschlossen sein, wenn sie sich nicht mit dem Unternehmensinteresse decken würde.[227]

Auf die Möglichkeiten einer Klageerzwingung durch die Hauptversammlung nach § 147 AktG oder einer Aktionärsklage nach § 148 AktG wird in der Literatur lediglich hingewiesen. Eine detaillierte Auseinandersetzung mit diesen Punkten findet jedoch nicht statt.[228]

2. Anspruchskonkurrenzen und gesamtschuldnerische Haftung der Organe und ihrer Mitglieder

Neben der Frage der Anspruchsverfolgung wird im Schrifttum diskutiert, in welchem Verhältnis mehrere potentielle Anspruchsschuldner zueinander stehen könnten. Sind Schadensersatzansprüche der Gesellschaft gegen den Aufsichtsrat gegeben, sollen dessen Mitglieder aufgrund der für die Vergütungsentscheidung vorgeschriebenen Zuständigkeit des Plenums als Gesamtschuldner nach den §§ 421ff. BGB haften, das heißt, die einzelnen Mitglieder wären jeweils zum Ersatz des vollen Schadens verpflichtet. Unterschiedliche Verschuldensbeiträge wären dann im Haftungsverhältnis zur Gesellschaft unerheblich.

Anspruchsverfolgung durch den Vorstand *Habersack*, in: MüKo, AktG, § 116 Rn. 8; *Thümmel*, DB 1999, 885, 887; *Trescher*, DB 1995, 661ff.; allgemein zur Anspruchsverfolgung durch den Aufsichtsrat *Habersack*, in: MüKo, AktG, § 111 Rn. 34f.; *Mertens/Cahn*, in: KöKo, AktG, § 111 Rn. 44ff.

224 Vgl. zu den Voraussetzungen nach der ARAG/Garmenbeck-Entscheidung BGHZ 135, 244, 253ff.; BGHZ 180, 9, 21f.; *Casper*, ZHR 176 (2012), 617ff.; *Drygala*, in: Schmidt/Lutter, AktG, § 116 Rn. 11ff.; *Goette*, in: GS Winter, S. 153, 155ff.; *ders.*, ZHR 176 (2012), 588ff.; *Hambloch-Gesinn/Gesinn*, in: Hölters, AktG, § 116 Rn. 38; *Mertens*, in: FS Schmidt, S. 1183, 1187ff.; *Spindler*, in: Spindler/Stilz, AktG, § 111 Rn. 27 und § 116 Rn. 58ff.; kritisch bis ablehnend bezüglich Prüfungs- und Verfolgungspflicht *Cahn*, WM 2013, 1293, 1295ff.; *Mertens/ders.*, in: KöKo, AktG, § 111 Rn. 46.

225 Vgl. OLG Frankfurt, AG 2010, 793, 796; *Drygala*, in: Schmidt/Lutter, AktG, § 116 Rn. 55; *Habersack*, in: MüKo, AktG, § 116 Rn. 8; *Henssler*, in: Henssler/Strohn, AktG, § 116 Rn. 15; *Mertens/Cahn*, in: KöKo, AktG, § 116 Rn. 72; *Spindler*, in: Spindler/Stilz, AktG, § 116 Rn. 140; *Thum/Klofat*, NZG 2010, 1087.

226 Vgl. *Kort*, in: GK, AktG, § 87 Rn. 354; *ders.*, DStR 2007, 1127, 1133; *Schwintowski*, in: FS Horn, S. 859, 865f.; kritisch *Schwark*, in: FS Raiser, S. 377, 395.

227 *Kort*, in: GK, AktG, § 87 Rn. 354; *ders.*, DStR 2007, 1127, 1133.

228 Vgl. *Körner*, NJW 2004, 2697, 2699; *Reichert/Ullrich*, in: FS Schneider, S. 1017, 1035.

Jedoch sollen die Aufsichtsratsmitglieder im Verhältnis untereinander nach 426 Abs. 1 BGB grundsätzlich zu gleichen Teilen zum Ausgleich verpflichtet sein. Bei unterschiedlichen Verursachungs- und Verschuldensbeiträgen der einzelnen Mitglieder könne die Ausgleichspflicht entsprechend unterschiedlich ausfallen.[229] Diesbezüglich soll im Rahmen von § 87 Abs. 1 AktG insbesondere zu beachten sein, ob das betroffene Mitglied vorbereitend im Vergütungsausschuss tätig gewesen sei oder diesen fehlerhaft überwacht habe.[230]

Bestehen Schadensersatzansprüche gegen Vorstand und Aufsichtsrat nebeneinander, soll im Innenverhältnis zwischen den Organgen unter Umständen auch nach § 426 Abs. 1 BGB differenziert werden. Das Aufstellen allgemeiner Grundsätze hierzu wird allerdings für nicht möglich gehalten.[231]

Soweit bereicherungsrechtliche Ansprüche gegen den Vorstand und Schadensersatzansprüche gegen ein Organ parallel vorliegen sollten, wird hierin mangels Gleichrangigkeit der Forderungen kein Fall der Gesamtschuld erblickt. Die Herausgabe des ohne Rechtsgrund Erlangten stellte für den Bereicherungsschuldner keinen Vermögensnachteil dar, der durch mutmaßliche Mitschuldner ausgeglichen werden müsse.[232] Ein Mitverschulden könne ohnehin nicht beachtet werden, da Ansprüche aus Bereicherungsrecht kein Verschulden erfordern würden.[233] Aus diesem Grund komme dem Kondiktionsanspruch eine eigenständige Bedeutung zu.[234] Prozesstaktisch wird der Schadensersatzanspruch wegen einer unangemessenen Vorstandsvergütung teilweise als vorzugswürdig gegenüber einem bereicherungsrechtlichen Anspruch erachtet, da die Anforderungen an Darlegungs- und Beweislast der Gesellschaft angeblich geringer ausfielen.[235]

IV. Zwischenergebnis

Im Falle der Vereinbarung einer unangemessenen Vergütung mit dem Vorstand einer Aktiengesellschaft wird deren (Teil-)Nichtigkeit nach § 134 BGB, § 138 BGB und den Grundsätzen über den Missbrauch der Vertretungsmacht in Erwägung gezogen. Hieraus werden bereicherungsrechtliche Ansprüche der Gesellschaft gegen den Vorstand abgeleitet. Eine Nichtigkeit wird vorrangig nicht auf § 134 BGB gestützt, da § 87 Abs. 1 AktG überwiegend nicht als Verbotsgesetz im Sinne des § 134 BGB gesehen wird. Eine Sittenwidrigkeit unangemessener Gehaltsabreden nach § 138 Abs. 1 BGB wird nur bei besonders schwerwiegenden Verstößen gegen § 87 Abs. 1

---

229 Vgl. allgemein nur BGHZ 17, 214, 222; für den Vorstand Hüffer/*Koch*, AktG, § 93 Rn. 57.

230 Vgl. *Reichert/Ullrich*, in: FS Schneider, S. 1017, 1034f.; *Spindler*, AG 2011, 725, 733.

231 Vgl. *Spindler*, in: MüKo, AktG, § 87 Rn. 148; *ders.*, AG 2011, 725, 733f.

232 Vgl. *Bydlinski*, in: MüKo, BGB, § 421 Rn. 56 m.w.N.

233 Vgl. *Spindler*, in: MüKo, AktG, § 87 Rn. 149; *ders.*, AG 2011, 725, 734.

234 Vgl. *Kort*, in: GK, AktG, § 87 Rn. 352; *Langenbucher*, in: FS Huber, S. 861, 870 (Fn. 47); *Mertens/Cahn*, in: KöKo, AktG, § 87 Rn. 5; a.A. wohl *Martens*, ZHR 169 (2005), 124, 135 (Fn. 30), der nur auf Bereicherungsrecht abstellen will.

235 Vgl. *Fleischer/Bauer*, ZIP 2015, 1901, 1902.

AktG angenommen. Am stärksten vertreten wird eine Nichtigkeit aufgrund eines für den Vorstand evidenten Vertretungsmachtmissbrauchs durch den Aufsichtsrat, wenn Letzterer die Grenzen des § 87 Abs. 1 AktG im Rahmen der Vergütungsvereinbarung überschreitet. Die subjektiven Anforderungen an den Vorstand werden diesbezüglich unterschiedlich beurteilt. Von einer möglichen Nichtigkeit soll nach überwiegender Ansicht nur der unangemessene Teil der Vergütungsabrede erfasst sein. Im Übrigen soll der Vertrag gültig bleiben.

Die Möglichkeit eines Schadensersatzanspruches gegen den Aufsichtsrat wegen eines Verstoßes gegen § 87 Abs. 1 AktG wird in Lehre und Rechtsprechung fast durchgängig bejaht. Unterschiedlich wird jedoch die Frage beantwortet, ob zugunsten des Aufsichtsrats die Business Judgment Rule eingreifen kann oder sich ein (abweichender) Beurteilungsspielraum unmittelbar aus § 87 Abs. 1 AktG ergibt. Der Berechnung eines Schadens werden nicht unerhebliche Schwierigkeiten beigemessen.

Eine mögliche Schadensersatzhaftung des Vorstands wird zwar in großen Teilen für möglich gehalten, ist jedoch nicht unbestritten. Zudem bestehen unterschiedliche Auffassungen hinsichtlich der genauen Pflicht des Vorstands, an welche eine mögliche Haftung geknüpft werden könnte. Teile der Literatur berufen sich hinsichtlich einer in Betracht kommenden Vorstandshaftung im Bereich des § 87 Abs. 1 AktG auf die allgemeine Treue- und Sorgfaltspflicht des Vorstands. Andere wiederum erachten eine Haftung des Vorstands nur dann für möglich, wenn er aktiv auf den Aufsichtsrat einwirkt, damit dieser die Grenzen des § 87 Abs. 1 AktG überschreitet.

Ob beziehungsweise in welchem Umfang sich die durch das VorstAG eingefügten Änderungen auf die Rechtsfolgen einer unangemessenen Gehaltsvereinbarung mit dem Vorstand ausgewirkt haben könnten, wird bisher ersichtlich nicht detailliert untersucht. Dies sollte die zeitlich zwischen dem Meinungsstand vor und nach dem VorstAG trennende Darstellung deutlich gemacht haben.

Unabhängig hiervon sollte erkennbar geworden sein, dass die Rechtsfolgenproblematik im Zusammenhang mit Verstößen gegen § 87 Abs. 1 AktG nach Erlass des VorstAG deutlich mehr Beachtung findet. Die zuvor fast nur in der Literatur behandelten Themen haben inzwischen zumindest in Teilen Einfluss in die Rechtsprechung gefunden. Ob der Grund hierfür im VorstAG zu sehen ist, ist nicht zweifelsfrei zu beurteilen, jedoch nicht fernliegend.

C. Rechtsfolgen einer unangemessenen Vorstandsvergütung unter besonderer Betrachtung der Neuregelungen des § 87 Abs. 1 AktG durch das VorstAG

Nunmehr soll sukzessiv zu den soeben aufgezeigten Meinungen in Rechtsprechung und Lehre bezüglich möglicher Rechtsfolgen eines Verstoßes gegen § 87 Abs. 1 AktG Stellung genommen werden. Insbesondere geht es hierbei um die Kernfragen dieser Arbeit, ob und gegebenenfalls wie sich die Änderungen der Norm durch das VorstAG auf mögliche Rechtsfolgen ausgewirkt haben könnten.

Soweit nicht bereits im obigen Meinungsüberblick erwähnt, erscheint es sinnvoll, jeweils einleitend die am wichtigsten erscheinenden allgemeinen Erkenntnisse zu einer Rechtsfolge losgelöst von § 87 Abs. 1 AktG darzustellen. In diesem Lichte sollen dann die einzelnen Neuregelungen in § 87 Abs. 1 AktG an jeweils geeigneter Stelle isoliert hinsichtlich möglicher Auswirkungen auf eine Rechtsfolge betrachtet werden. Des Weiteren dürfte es unerlässlich sein, auch unabhängig von den Gesetzesänderungen zu den verschiedenen Ansichten Stellung zu nehmen. Soweit möglich und erforderlich, soll dies anlässlich einer die vorgenannten Bestandteile integrierenden Gesamtbetrachtung erfolgen.

I. (Teil-)Nichtigkeit der Vergütungsvereinbarung bei Verstoß gegen § 87 Abs. 1 AktG

Wie oben ausgeführt ist im Zusammenhang mit Verstößen gegen § 87 Abs. 1 AktG vor allem umstritten, ob sich eine Nichtigkeit aus § 134 BGB, § 138 BGB oder einem Missbrauch der Vertretungsmacht durch den Aufsichtsrat ergeben kann. Nun gilt es zu klären, welcher dieser Ansätze vorzugswürdig erscheint. Außerdem müssen die sonstigen hiermit in Verbindung stehenden Diskussionspunkte näher untersucht werden. Zu nennen sind insbesondere der Umfang der Nichtigkeit sowie die Auswirkungen eines möglicherweise nichtigen Aufsichtsratsbeschlusses.

1. Kein Durchschlagen eines nichtigen Aufsichtsratsbeschlusses auf die Vergütungsvereinbarung

Zuerst soll näher auf einen aufgrund eines Verstoßes gegen § 87 Abs. 1 AktG möglicherweise nichtigen Aufsichtsratsbeschluss eingegangen werden. Bekanntlich wird vereinzelt vertreten, die Nichtigkeit infolge eines Verstoßes gegen § 87 Abs. 1 AktG erfasse den Beschluss des Aufsichtsrats und schlage sich dann auf dessen Willenserklärung zum Abschluss der Vergütungsabrede mit dem Vorstand durch.[236] Fraglich ist, ob diese Annahme, eine mögliche Beschlussunwirksamkeit könne sich auf den zeitlich nachgelagerten Vertragsschluss auswirken, berechtigt ist.

Um von vorneherein den Blick für diese Themenkomplexe zu schärfen, bietet es sich an dieser Stelle an, sich kurz den rechtlichen Grundlagen der Beziehung zwischen Vorstand und Aktiengesellschaft zu widmen. Nach der ganz überwiegenden Meinung ist stets zwischen der schuldrechtlichen Anstellung des Vorstands und seiner organschaftlichen Bestellung, welche in § 84 AktG geregelt ist, zu unterscheiden. Auch wenn diese zwei Ebenen an vielen Stellen tatsächlich und rechtlich eng verknüpft sein mögen, sind Mängel der Bestellung beziehungsweise des Anstellungsvertrages grundsätzlich getrennt zu würdigen.[237]

Beim Anstellungsvertrag des Vorstands handelt es sich üblicherweise um einen Dienstvertrag mit einer entgeltlichen Geschäftsbesorgung zum Gegenstand, §§ 611, 675 BGB. Aus dem Anstellungsvertrag ist der Vorstand unter anderem zur Leistung von Diensten gegenüber der Gesellschaft verpflichtet, wofür ihm im Gegenzug Vergütungsansprüche zustehen. Die hier vor allem wichtige Vergütungsabrede ist folglich Teil des Anstellungsvertrages.[238] Dieser ist zugleich auch der Anlass für die Bestellung des Vorstands. Durch den körperschaftlichen Akt der Bestellung werden dem Vorstand sowohl im Außen- als auch im Innenverhältnis sämtliche organschaftliche Rechte und Pflichten übertragen.[239]

Bei Abschluss des Anstellungsvertrages mit dem Vorstand vertritt der Aufsichtsrat nach § 112 AktG die Gesellschaft. Dies gilt auch, wenn es um den erstmaligen Abschluss eines Anstellungsvertrages geht, der Kandidat also noch nicht Vorstand ist.[240] Der Abschluss des Anstellungsvertrages könnte theoretisch anders als die Bestellung des Vorstands nach § 84 Abs. 1 AktG auch an einen Aufsichtsratsausschuss

---

236 Siehe oben S. 12 ff.

237 Vgl. BT-Drs. 04/171, S. 125 (§ 84 AktG war im Regierungsentwurf zunächst als § 81 AktG vorgesehen); BGHZ 78, 82, 84 (für GmbH); BGHZ 79, 38, 41 (für AöR); BGHZ 89, 48, 52 (für GmbH); BGH, NJW 2003, 351 (für GmbH); *Beiner/Braun,* Der Vorstandsvertrag, Rn. 230 f.; *Fleischer,* in: Spindler/Stilz, AktG, § 84 Rn. 7; Hüffer/*Koch,* AktG, § 84 Rn. 2; *Mertens/Cahn,* in: KöKo, AktG, § 84 Rn. 4; *Spindler,* in: MüKo, AktG, § 84 Rn. 10; a.A. („Einheitstheorie") *Baums,* Der Geschäftsleitervertrag, S. 3 ff.

238 Vgl. BGHZ 10, 187, 191 f.; BGHZ 36, 142, 143; *Dauner-Lieb,* in: Henssler/Strohn, AktG, § 84 Rn. 17; Hüffer/*Koch,* AktG, § 84 Rn. 22; *Kort,* in: GK, AktG, § 84 Rn. 272; *Liebscher,* in: BeckHdb AG, § 6 Rn. 37; *Mertens/Cahn,* in: KöKo, AktG, § 84 Rn. 60; *Seibt,* in: Schmidt/Lutter, AktG, § 84 Rn. 29; *Spindler,* in: MüKo, AktG, § 84 Rn. 87.

239 Vgl. BGHZ 3, 90, 92; *Dauner-Lieb,* in: Henssler/Strohn, AktG, § 84 Rn. 3; *Fleischer,* in: Spindler/Stilz, AktG, § 84 Rn. 5; Hüffer/*Koch,* AktG, § 84 Rn. 9 ff.; *Spindler,* in: MüKo, AktG, § 84 Rn. 9; *Weber,* in: Hölters, AktG, § 84 Rn. 3; *Wiesner,* in: MüHdb Gesellschaftsrecht, § 20 Rn. 123.

240 *Drygala,* in: Schmidt/Lutter, AktG, § 112 Rn. 7; *Habersack,* in: MüKo, AktG, § 112 Rn. 11; *Hopt/Roth,* in: GK, AktG, § 112 Rn. 19; *Mertens/Cahn,* in: KöKo, AktG, § 112 Rn. 15, die jedoch hinsichtlich Ansprüchen nach erfolglosem Abschluss des

delegiert werden. § 107 Abs. 3 S. 4 AktG stünde dem grundsätzlich nicht entgegen. Wie ausgeführt ist es jedoch eine wesentliche Funktion des Anstellungsvertrages, die Vorstandsbezüge zu regeln. Die Entscheidung des Aufsichtsrats hierüber nach § 87 Abs. 1 AktG kann gemäß § 107 Abs. 3 S. 4 AktG seit dem VorstAG nicht mehr von einem Ausschuss getroffen werden. Deshalb wird sich nunmehr ganz regelmäßig das Aufsichtsratsplenum mit dem Abschluss des Anstellungsvertrages befassen müssen[241], gegebenenfalls nach Vorbereitung durch den Personalausschuss.[242]

Bevor der Aufsichtsrat den Willen der Gesellschaft gegenüber dem Vorstand erklären kann, bedarf es einer entsprechenden internen Willensbildung. Wenn es wie beim Abschluss des Anstellungsvertrages mit dem Vorstand darum geht, eine rechtsverbindliche Erklärung abzugeben, entscheidet der Aufsichtsrat durch Beschluss gemäß § 108 Abs. 1 AktG.[243] Ein solcher Aufsichtsratsbeschluss ist nach der überwiegend vertretenen Meinung als kooperationsrechtliches Rechtsgeschäft grundsätzlich nichtig, wenn er an einem wesentlichen Verfahrensmangel leidet oder inhaltlich gegen die Satzung oder das Gesetz verstößt. Nur bei unwesentlichen Verfahrensverstößen kann eine Nichtigkeit des getroffenen Beschlusses abzulehnen sein.[244] Zwar sind die Einzelheiten hierzu oftmals umstritten. Bezüglich der vorgenannten Inhaltsmängel dürfte jedoch weitestgehend Einigkeit über die ihnen nachfolgende Unwirksamkeit des Aufsichtsratsbeschlusses bestehen.[245]

Wird mit dem Vorstand entgegen § 87 Abs. 1 AktG ein unangemessenes Gehalt vereinbart, liegt hierin augenscheinlich ein Verstoß gegen den Kerninhalt der gesetzlichen Norm. Bei § 87 Abs. 1 AktG handelt es sich zweifelsfrei nicht um eine Verfahrensvorschrift für den Aufsichtsrat, weshalb ein nicht zur Unwirksamkeit führender Beschlussmangel fast sicher ausgeschlossen werden kann. Man wird daher zum Zwecke der weiteren Prüfung unterstellen dürfen, dass im Falle eines Anstellungsvertrages mit dem Vorstand, der gegen § 87 Abs. 1 AktG verstößt, auch der vorausgegangene Beschluss des Aufsichtsrats unwirksam war.[246]

Bewerbungsprozesses (z. B. Auslagenerstattung) von einer Vertretung der Gesellschaft durch den Vorstand ausgehen.

241 Vgl. *Fleischer*, in: Spindler/Stilz, AktG, § 84 Rn. 34; *Hoffmann-Becking/Krieger*, Beilage NZG 26/2009, 1, 9; *Mertens/Cahn*, in: KöKo, AktG, § 84 Rn. 48.

242 *Reichert/Ullrich*, in: FS Schneider, S. 1017, 1018.

243 Vgl. dazu allgemein etwa *Breuer/Fraune*, in: Heidel, AktG, § 108 Rn. 2; *Habersack*, in: MüKo, AktG, § 108 Rn. 8; *Hopt/Roth*, in: GK, AktG, § 108 Rn. 15; Hüffer/*Koch*, AktG, § 108 Rn. 2.

244 Vgl. BGHZ 122, 342, 351 f.; BGHZ 135, 244, 247; BGH, NZG 2000, 945, 946 (für Verwaltungsrat einer Sparkasse); BayObLGZ 2003, 89, 95; OLG Frankfurt, AG 2007, 282, 284; LG Düsseldorf, AG 1995, 333; *Habersack*, in: MüKo, AktG, § 108 Rn. 73 ff.; Hüffer/*Koch*, AktG, § 108 Rn. 25 ff.; *Spindler*, in: Spindler/Stilz, AktG, § 108 Rn. 72.

245 Vgl. zur Entwicklung *Fleischer*, DB 2013, 160 ff.; *ders.*, DB 2013, 217 ff.

246 Dass sich ein zur Unterzeichnung des Anstellungsvertrages bevollmächtigtes Aufsichtsratsmitglied theoretisch eigenmächtig über einen wirksam gefassten Beschluss hinwegsetzen könnte, soll nicht weiter erörtert werden. Vgl. zur Möglich-

Ob und gegebenenfalls wie sich diese Nichtigkeit des Beschlusses auf die Vergütungsvereinbarung mit dem Vorstand durchschlägt, ist hiermit aber nicht gesagt.[247] Diesbezüglich könnte man überlegen, ob der Aufsichtsrat überhaupt mit Vertretungsmacht im Sinne von § 112 AktG handelt, wenn er ohne wirksamen Vergütungsbeschluss eine Gehaltsabrede mit dem Vorstand trifft.[248] Zu beachten ist jedoch, dass mit dem Aufsichtsrat das für den Abschluss des Anstellungsvertrages zuständige Organ handelt. Zwar wäre ein gegen § 87 Abs. 1 AktG verstoßender Aufsichtsratsbeschluss gesetzeswidrig und der Aufsichtsrat würde deshalb im Innenverhältnis zur Gesellschaft pflichtwidrig handeln. Eine Pflichtverletzung eines Vertreters berührt jedoch grundsätzlich nicht seine Vertretungsmacht im Außenverhältnis.[249]

In Anlehnung an diese allgemeinen Regeln wird ein Durchschlagen eines mangelhaften Aufsichtsratsbeschlusses auf Geschäfte zwischen der vom Aufsichtsrat vertretenen Gesellschaft und dem Vorstand grundsätzlich abgelehnt. Begründet wird dies damit, dass der Vorstand nicht immer über die nötigen Kenntnisse hinsichtlich der internen Willensbildung des Aufsichtsrats verfüge und deshalb nicht mit einer Nichtigkeit des Geschäfts belastet werden könne, wenn der Aufsichtsrat seine Vertretungsmacht überschreite. Für Fälle, in denen der Vorstand doch interne Kenntnisse hatte und daher den Mangel des Aufsichtsrats kannte oder kennen musste, wird auf die Grundsätze über den Missbrauch der Vertretungsmacht und insoweit geltenden Voraussetzungen verwiesen. Ein unmittelbares Durchschlagen des Beschlussmangels wird in diesen Fälle also ebenfalls abgelehnt.[250]

Aufgrund der nicht als nicht durchgängig gesichert erachteten Insider-Stellung des Vorstands hinsichtlich der Tätigkeit des Aufsichtsrats wird auch die Literaturauffassung abgelehnt, welche bei Verstößen gegen § 87 Abs. 1 AktG die Vertretungsmacht des Aufsichtsrats teleologisch reduzieren will, weil der Vorstand an die internen Beschränkungen der Vertretungsmacht des Aufsichtsrats gebunden sei.[251]

---

keit, die Unterzeichnung einem einzelnen Aufsichtsratsmitglied zu übertragen und die daraus folgende Gebundenheit an den Beschlussinhalt BGH, WM 1960, 543, 544; BGHZ 41, 282, 285; BGHZ 47, 341, 350 f.; *Meier/Pech*, DStR 1995, 1195, 1196; *Spindler*, in: MüKo, AktG, § 84 Rn. 71.

247 Bejahend wohl *Säcker/Stenzel*, JZ 2006, 1151, 1152 ff.; ablehnend *Kort*, DStR 2007, 1127, 1128.

248 Vgl. allgemein zur Vertretungsmacht bei nichtigen Aufsichtsratsbeschlüssen *Spindler*, in: Spindler/Stilz, AktG, § 112 Rn. 44.

249 Allgemein zu den Rechtsfolgen pflichtwidrigen Handelns des Vertreters im Außenverhältnis z.B. *Schubert*, in: MüKo, BGB, § 164 Rn. 206 ff. m.w.N.

250 Vgl. *Cahn*, in: FS Hopt, S. 247, 275 ff.; *Spindler*, in: Spindler/Stilz, AktG, § 112 Rn. 44; vgl. auch *Brandes*, ZIP 2013, 1107, 1110 f., der ein Durchschlagen des mangelhaften Vergütungsbeschlusses auf den Beschluss zur Bevollmächtigung des Aufsichtsratsvorsitzenden, mit dem Vorstand den Vertrag abzuschließen, ablehnt.

251 Siehe hierzu oben S. 25.

Bei näherem Hinsehen lassen sich keine wesentlichen Unterschiede zwischen der sich bei Verstößen gegen § 87 Abs. 1 AktG auf eine teleologische Reduktion der Vertretungsmacht des Aufsichtsrats und der auf ein Durchschlagen des nichtigen Aufsichtsratsbeschlusses berufenden Ansicht ausmachen. Nach beiden Meinungen soll es an einer wirksamen Willenserklärung des Aufsichtsrats für die Gesellschaft hinsichtlich des unangemessenen Teils der Vergütungsabrede fehlen. Es dürfte sich somit dem Grunde nach um denselben Ansatz unter einer unterschiedlichen Bezeichnung handeln. Die weitergehende Erörterung zu dieser Thematik soll daher zunächst zurückgestellt und im Rahmen der Stellungnahme zu einer angedachten teleologischen Reduktion der Vertretungsmacht des Aufsichtsrats bei Verletzung des § 87 Abs. 1 AktG wieder aufgegriffen werden.

2. § 87 Abs. 1 AktG als gesetzliches Verbot nach § 134 BGB

Einige Vertreter in der Literatur stützen eine Unwirksamkeit von gegen § 87 Abs. 1 AktG verstoßenden Gehaltsabreden auf § 134 BGB.[252] Nach dieser Vorschrift ist ein Rechtsgeschäft nichtig, das gegen ein gesetzliches Verbot verstößt, wenn sich nicht aus dem Gesetz ein anderes ergibt. Die Prüfung des § 134 BGB gestaltet sich folglich zwei-[253], beziehungsweise, wenn man den Verstoß gegen das fragliche Gesetz als eigenständigen Punkt zusätzlich berücksichtigt, dreistufig. So ist zu untersuchen, ob es sich bei der jeweiligen Norm um ein Verbotsgesetz handelt, ob gegen dieses verstoßen wurde und welche Rechtsfolge sich hieran anknüpft, insbesondere ob sich aus dem Gesetz nicht eine andere Folge als die Nichtigkeit ergibt.[254] Diese Prüfung ist nun hinsichtlich des § 87 Abs. 1 AktG vorzunehmen. Zu diesem Zwecke wird der auf Tatbestandsseite angesiedelte Verstoß gegen die Vorschrift unterstellt.

a) Allgemeine Grundsätze zu § 134 BGB

Zu § 134 BGB und den hierzu entwickelten Grundsätzen existiert ein breiter Fundus an Rechtsprechung und Literatur.[255] Hierauf soll zumindest kurz eingegangen werden, um eine halbwegs aussagekräftige Stellungnahme zu § 87 Abs. 1 AktG nicht von vorneherein auszuschließen. In diesem Sinne scheint es wichtig anzumerken, dass § 134 BGB eine äußere Grenze der Rechtsordnung und somit der Vertragsfreiheit zum Schutz der Allgemeinheit darstellt. Die Vorschrift soll Rechtsgeschäfte verhindern beziehungsweise sanktionieren, welche zwingende Normen des Rechts

252 Siehe hierzu oben S. 12 ff.
253 *Mayer-Maly*, in: FS Hefermehl, S. 103.
254 *Hefermehl*, in: Soergel, BGB, § 134 Rn. 1.
255 Zur historischen Entwicklung der Norm ausführlich *Dorn*, in: Schmoeckel/Rückert/Zimmermann, BGB, §§ 134–137 Rn. 4 ff.

missachten.[256] Der Wille der Vertragsparteien spielt für die von § 134 BGB angeordnete Rechtsfolge keine Rolle.[257]

§ 134 BGB greift nicht ein, wenn die verletzte Rechtsnorm selbst eine Rechtsfolge anordnet. Die Norm ist dann lex specialis zu § 134 BGB.[258] Dies ist jedoch bei § 87 Abs. 1 AktG eindeutig nicht der Fall. Des Weiteren ist § 134 BGB nicht auf dispositive, also vertraglich abdingbare, Vorschriften anwendbar, das heißt solche können kein Verbotsgesetz sein.[259] Daraus soll jedoch nicht der Umkehrschluss zu ziehen sein, zwingende Vorschriften seien stets Verbotsgesetze nach § 134 BGB.[260]

aa) Verbotsgesetz

Als Verbotsgesetze im Sinne des § 134 BGB kommen alle unter die Legaldefinition des Art. 2 EGBGB fallenden Vorschriften in Betracht, das heißt Verfassungsgesetze, einfache Gesetze, Verordnungen und grundsätzlich auch Satzungen.[261] Da § 87 AktG zweifelsfrei dem vorgenannten Gesetzesbegriff unterfällt, erübrigen sich weitere Ausführungen zu diesem Punkt.

Handelt es sich um ein Gesetz im vorgenannten Sinn, ist in einem weiteren Schritt durch Auslegung zu ermitteln, ob es sich bei der verletzten Norm um ein Verbotsgesetz nach § 134 BGB handelt. Hierbei bietet der Wortlaut allenfalls einen ersten Anhaltspunkt für den Verbotscharakter, kann jedoch keinen eindeutigen Aufschluss darüber geben.[262] Insoweit ist ohnehin kaum eine klare Linie zu erkennen. Formulierungen wie „kann nicht“, „ist unzulässig“ oder „nicht übertragbar“ werden häufig als Hinweis auf eine Beschränkung der rechtlichen Dispositionsmacht gesehen, mit der Folge, dass § 134 BGB nicht anwendbar sein soll.[263] „Darf

---

256 Vgl. z. B. BGHZ 13, 179, 182; *Armbrüster*, in: MüKo, BGB, § 134 Rn. 1; *Beater*, AcP 197 (1997), 505, 507; *Hefermehl*, in: Soergel, BGB, § 134 Rn. 1 f.; *Looschelders*, in: Dauner-Lieb/Heidel/Ring, BGB, § 134 Rn. 1 f.

257 Z.B. BVerfGE 7, 198, 206; BGHZ 58, 231, 258; RGZ 111, 26, 28; *Arnold*, in: Erman, BGB, § 134 Rn. 1.

258 Vgl. BGH, NJW 2003, 3692; *Armbrüster*, in: MüKo, BGB, § 134 Rn. 3; *Arnold*, in: Erman, BGB, § 134 Rn. 2; *Hefermehl*, in: Soergel, BGB, § 134 Rn. 3; *Ulrici*, JuS 2005, 1073, 1075.

259 Vgl. BGHZ 143, 283, 288; *Sack/Seibl*, in: Staudinger, BGB, § 134 Rn. 32.

260 Vgl. *Armbrüster*, in: MüKo, BGB, § 134 Rn. 46; *Hefermehl*, in: Soergel, BGB, § 134 Rn. 2; *Mayer-Maly*, in: FS Hefermehl, S. 103, 111 f.; in diese Richtung jedoch BGHZ 29, 121, 124 f.

261 Vgl. nur BGH, NJW 1986, 2360, 2361; BGH, NJW 2014, 3016, 3017; *Armbrüster*, in: MüKo, BGB, § 134 Rn. 30; *Arnold*, in: Erman, BGB, § 134 Rn. 8; *Petersen*, Jura 2003, 532, 533; *Sack/Seibl*, in: Staudinger, BGB, § 134 Rn. 16; ausführlich *Beater*, AcP 197 (1997), 505, 512 ff.; umstritten für berufsständische Satzungen, vgl. *Taupitz*, JZ 1994, 221 ff.

262 Vgl. nur BGHZ 85, 39, 43; BGHZ 143, 283, 286; *Sack/Seibl*, in: Staudinger, BGB, § 134 Rn. 31; *Ulrici*, JuS 2005, 1073, 1075.

263 Vgl. *Dorn*, in: Schmoeckel/Rückert/Zimmermann, BGB, §§ 134–137 Rn. 13; *Hefermehl*, in: Soergel, BGB, § 134 Rn. 13; *Looschelders*, in: Dauner-Lieb/Heidel/Ring,

nicht“ und „soll nicht“ werden teils als Hinweis auf ein Verbotsgesetz, teils auf eine bloße Ordnungsvorschrift verstanden.[264] Ordnungsvorschriften sind keine Verbotsgesetze im Sinne des § 134 BGB, sondern richten sich lediglich gegen eine bestimmte Art und Weise, wie ein Rechtsgeschäft zustande kommt (zum Beispiel Verkauf nach Ladenschluss oder Arzneimittelverkauf ohne Rezept), verbieten aber seinen Inhalt nicht.[265]

Die Frage, ob ein Verbotsgesetz oder bloß eine Ordnungsvorschrift vorliegt, vermag der Wortlaut aufgrund seiner regelmäßigen Unklarheiten und uneinheitlichen Interpretation nicht abschließend zu beantworten. Entscheidend müssen daher der Sinn und Zweck eines Gesetzes sein.[266] Soll ein Gesetz die Vornahme eines Rechtsgeschäfts an sich (zum Beispiel dürfen nach § 56 Abs. 1 Nr. 6 GewO im Reisegewerbe nicht entgeltlich Darlehensverträge vermittelt werden) oder den damit verbundenen rechtlichen oder wirtschaftlichen Erfolg verhindern (zum Beispiel Rechtsdienstleitung durch eine hierzu nicht nach dem RDG befugte Person), so handelt es sich um ein Verbotsgesetz.[267] Maßgeblich sind insoweit berechtigte Interessen Dritter oder der Allgemeinheit.[268]

Des Weiteren indiziert die Unabdingbarkeit einer Bestimmung deren Verbotscharakter, geht jedoch wie oben bereits ausgeführt nicht zwingend damit einher.[269] Ebenfalls eine hohe Bedeutung wird der Adressatenzahl einer Norm beigemessen.

BGB, § 134 Rn. 47; *Wolf/Neuner*, BGB AT, § 45 Rn. 5; a.A. *Armbrüster*, in: MüKo, BGB, § 134 Rn. 43, der wohl eher von einem Hinweis auf ein Verbotsgesetz ausgeht; bezüglich „kann nicht“ offener *Arnold*, in: Erman, BGB, § 134 Rn. 13.; bezüglich „kann nicht“ von einem Hinweis auf eine Ordnungsvorschrift ausgehend *Sack/Seibl*, in: Staudinger, BGB, § 134 Rn. 31.

264 Vgl. für ein Verbotsgesetz wohl BGHZ 118, 142, 144f.; *Looschelders*, in: Dauner-Lieb/Heidel/Ring, BGB, § 134 Rn. 47; differenzierend *Armbrüster*, in: MüKo, BGB, § 134 Rn. 44; *Hefermehl*, in: Soergel, BGB, § 134 Rn. 12; *Sack/Seibl*, in: Staudinger, BGB, § 134 Rn. 31; *Wolf/Neuner*, BGB AT, § 45 Rn. 8.

265 Vgl. nur BGH, NJW 1968, 2286; *Armbrüster*, in: MüKo, BGB, § 134 Rn. 42; *Hefermehl*, in: Soergel, BGB, § 134 Rn. 20.

266 Vgl. BGHZ 78, 263, 265; BGHZ 93, 264, 267; BGH, NJW-RR 1986, 732; BGHZ 118, 142, 144; *Armbrüster*, in: MüKo, BGB, § 134 Rn. 41; *Beater*, AcP 197 (1997), 505, 510ff.; *Hefermehl*, in: Soergel, BGB, § 134 Rn. 14; *Mayer-Maly*, in: FS Hefermehl, S. 103, 111f.; *Sack/Seibl*, in: Staudinger, BGB, § 134 Rn. 34.

267 Vgl. z.B. BGHZ 110, 156, 175; BGH, NJW 1994, 728, 729; BGHZ 139, 387, 391f.; BGHZ 146, 250, 257f.; BGH, NJW 2009, 3242, 3244; *Arnold*, in: Erman, BGB, § 134 Rn. 17; *Looschelders*, in: Dauner-Lieb/Heidel/Ring, BGB, § 134 Rn. 48; *Sack/Seibl*, in: Staudinger, BGB, § 134 Rn. 1ff.; *Ulrici*, JuS 2005, 1073, 1075; teilweise a.A. *Amm*, Rechtsgeschäft, Gesetzesverstoss und § 134 BGB, S. 21f., der § 134 BGB nicht anwenden will, wenn das Gesetz die Vornahme eines Rechtsgeschäfts verbietet.

268 Vgl. BGH, NJW 1986, 1104; *Hefermehl*, in: Soergel, BGB, § 134 Rn. 14, 16 und 18f.; *Sack/Seibl*, in: Staudinger, BGB, § 134 Rn. 68.

269 Vgl. *Armbrüster*, in: MüKo, BGB, § 134 Rn. 46; *Mayer-Maly*, in: Starck, Rangordnung der Gesetze, S. 123, 124f.

Spricht sie alle Beteiligten an, so soll es sich in der Regel um ein Verbotsgesetz handeln, welches bei Verstößen die Nichtigkeit des Rechtsgeschäfts nach sich zieht.[270] Dies soll insbesondere dann gelten, wenn das Rechtsgeschäft für beide Geschäftspartner eine strafbare Handlung darstellt.[271] Verbietet das Gesetz nur einem Teil die Vornahme eines Rechtsgeschäfts, so soll es trotz einseitigem Gesetzesverstoß in der Regel gültig sein.[272]

bb) Rechtsfolge

Bezüglich der möglichen Rechtsfolge von Verstößen gegen ein Verbotsgesetz im Rahmen des § 134 BGB unterscheidet die Rechtsprechung ebenfalls danach, ob nur ein Teil oder beide Parteien gegen eine Norm verstoßen haben. Im letzteren Fall soll die Nichtigkeit indiziert sein.[273] Ob diese Annahme gerechtfertigt ist, mag bis auf Weiteres dahinstehen. Jedenfalls lässt sich daran erkennen, dass auch bei der Frage, ob das vorgenommene Rechtsgeschäft nichtig ist oder sich aus dem Gesetz eine andere Rechtsfolge ergibt, eine vorrangig an Sinn und Zweck orientierte Auslegung nach den obigen Kriterien erforderlich ist.[274]

Der Verbotscharakter einer Norm zieht nämlich wie bereits erwähnt nicht zwangsläufig die Nichtigkeit nach sich. Ein gegen ein Verbotsgesetz verstoßendes Rechtsgeschäft ist nach § 134 BGB vielmehr nur dann nichtig, wenn sich aus dem Sinn und Zweck des Gesetzes nicht ein anderes ergibt. Zwar lässt sich aus der Formulierung von § 134 BGB unter Umständen eine für die Nichtigkeitsfolge eines Verbotsgesetzes sprechende Auslegungsregel entnehmen.[275] Daneben

---

270 Vgl. nur BGHZ 46, 24, 25 f.; BGHZ 78, 263, 265; BGH, NJW 1986, 1104; RGZ 104, 105, 107.

271 Vgl. z. B. BGHZ 37, 363, 365; BGHZ 53, 152, 157; BGHZ 118, 142, 145.

272 Vgl. nur BGHZ 46, 24, 26; BGHZ 78, 269, 271; BGHZ 89, 369, 373; BGHZ 143, 283, 287; offener z. B. BGHZ 139, 387, 392; BGHZ 146, 250, 258; *Armbrüster*, in: MüKo, BGB, § 134 Rn. 48; *Hefermehl*, in: Soergel, BGB, § 134 Rn. 15; *Mayer-Maly*, in: FS Hefermehl, S. 103, 104; *Pawlowski*, JZ 1966, 696, 699; *Sack/Seibl*, in: Staudinger, BGB, § 134 Rn. 35 und 75.

273 Vgl. BGHZ 89, 369, 373; BGH, NJW 1985, 2403, 2404; BGHZ 159, 334, 340; a.A. *Sack/Seibl*, in: Staudinger, BGB, § 134 Rn. 74 f.; kritisch *Armbrüster*, in: MüKo, BGB, § 134 Rn. 48.

274 Vgl. BGHZ 78, 263, 265; BGHZ 93, 264, 267; BGH, NJW-RR 1986, 732; BGHZ 118, 142, 144; *Armbrüster*, in: MüKo, BGB, § 134 Rn. 41; *Beater*, AcP 197 (1997), 505, 511 f.; *Hefermehl*, in: Soergel, BGB, § 134 Rn. 29; *Sack/Seibl*, in: Staudinger, BGB, § 134 Rn. 34; a.A. *Mailänder*, Privatrechtliche Folgen unerlaubter Kartellpraxis, S. 150 f.

275 Vgl. BGHZ 45, 322, 326; BGH, NJW 1992, 1159, 1160 („grundsätzlich, aber nicht ausnahmslos nichtig"); *Armbrüster*, in MüKo, BGB, § 134 Rn. 103; *Bork*, BGB AT, Rn. 1111; *Medicus/Petersen*, BGB AT, Rn. 646 (Fn. 3); *Sack/Seibl*, in: Staudinger, BGB, § 134 Rn. 58; *Wendtland*, in: Bamberger/Roth, BGB, § 134 Rn. 2 und 12; a.A. *Flume*, BGB AT II, S. 341; *Köhler*, JuS 2010, 665, 666; *Mansel*, in: Jauernig, BGB, § 134 Rn. 8.

ist jedoch auch eine Teilnichtigkeit denkbar. Zum Beispiel bei Verstößen gegen preisrechtliche Verbotsvorschriften wird oft von der starren Gesamtnichtigkeit abgewichen, um den benachteiligten Partner des Rechtsgeschäfts zu schützen. Der Vertrag soll dann zum gerade noch zulässigen Preis als wirksam gelten.[276] Auch in anderen Bereichen wird eine Nichtigkeit des Vertrages wegen des Verstoßes gegen ein Verbotsgesetz oft als nicht sachgerecht empfunden. So werden auf bereits in Vollzug gesetzte Dienst- und Gesellschaftsverhältnisse regelmäßig die Grundsätze des fehlerhaften Dienstverhältnisses beziehungsweise der fehlerhaften Gesellschaft angewendet, um einen angemessenen Interessenausgleich herbeizuführen.[277]

Hinsichtlich Verpflichtungs- und Verfügungsgeschäft sind die Rechtsfolgen dem Abstraktionsprinzip folgend getrennt voneinander zu betrachten. Verbietet ein Gesetz nach seinem Sinn und Zweck auch oder gerade die Umverteilung der Güter, so wird regelmäßig auch das Verfügungsgeschäft nichtig sein.[278] Für die Beurteilung der Rechtsfolgen eines Rechtsgeschäfts ist auf den Zeitpunkt seiner Vornahme abzustellen. Tritt ein Verbotsgesetz erst zu einem späteren Zeitpunkt in Kraft, ist es grundsätzlich unbeachtlich, es sein denn, es handelt sich ausnahmsweise um einen zulässigen Fall der Rückwirkung von Gesetzen.[279]

cc) Fallgruppen

Trotz der soeben genannten Indizien und den damit einhergehenden gewissen Regelmäßigkeiten kann man die Frage nach dem Verbotscharakter sowie den Rechtsfolgen einer Vorschrift nicht schematisch beantworten. Es bleibt immer eine vorrangig am Sinn und Zweck ausgerichtete Einzelfallbetrachtung erforderlich.[280]

Das Schrifttum versucht daher teilweise, die praktischen Anwendungsfälle des § 134 BGB anhand von Rechtsgebieten zu ordnen. Anhand eines solchen Vorgehens

---

276 Vgl. BGHZ 51, 174, 181; BGHZ 89, 316, 319 ff.; *Armbrüster*, in: MüKo, BGB, § 134 Rn. 107; *Arnold*, in: Erman, BGB, § 134 Rn. 20; *Looschelders*, in: Dauner-Lieb/Heidel/Ring, BGB, § 134 Rn. 69 ff.; ausführlich zu Preisvorschriften *Sack/Seibl*, in: Staudinger, BGB, § 134 Rn. 269 ff.

277 Vgl. nur BGHZ 53, 152, 158; BAGE 8, 47, 50; *Armbrüster*, in: MüKo, BGB, § 134 Rn. 104; *Canaris*, BB 1967, 165 ff.; *Looschelders*, in: Dauner-Lieb/Heidel/Ring, BGB, § 134 Rn. 65 ff.; *Sack*, RdA 1975, 171 ff.

278 Vgl. BGHZ 122, 115, 122; *Arnold*, in: Erman, BGB, § 134 Rn. 19; *Hefermehl*, in: Soergel, BGB, § 134 Rn. 35; *Looschelders*, in: Dauner-Lieb/Heidel/Ring, BGB, § 134 Rn. 72.

279 Vgl. BGHZ 45, 322, 326; BGHZ 154, 21, 26 f.; BGH, NZG 2010, 310, 312; *Armbrüster*, in: MüKo, BGB, § 134 Rn. 20; *Arnold*, in: Erman, BGB, § 134 Rn. 15; *Canaris*, DB 2002, 930 ff.; *Sack/Seibl*, in: Staudinger, BGB, § 134 Rn. 55.

280 Vgl. *Armbrüster*, in: MüKo, BGB, § 134 Rn. 49; *Beater*, AcP 197 (1997), 505, 510 ff.; *Krampe*, AcP 194 (1994), 1, 28 f.; *Looschelders*, in: Dauner-Lieb/Heidel/Ring, BGB, § 134 Rn. 59.

soll erkennbar werden, ob im jeweiligen Sachgebiet häufiger Ordnungsvorschriften oder Verbotsgesetze vorkommen, auch wenn hieraus kein sicherer Schluss bezüglich des konkret infrage stehenden Gesetzes gezogen werden soll.[281] Neben den bereits genannten Bereichen Arbeits-, Gesellschafts- und Preisrecht lassen sich beispielhaft noch das Steuer-, Gewerbe-, Handels-, Bank- und Wettbewerbsrecht nennen.[282]

Auf die vorgenannten Kategorien wird im weiteren Verlauf der Arbeit gegebenenfalls noch zurückzukommen sein, soweit sich hieraus Erkenntnisse bezüglich des § 87 Abs. 1 AktG im Lichte des § 134 BGB ergeben könnten. Bereits jetzt ist allerdings die Beobachtung festzuhalten, dass der Anwendungsbereich des § 134 BGB im Wirtschaftsrecht mehr und mehr an Bedeutung zu-, hingegen im Strafrecht mehr und mehr abnimmt. Als Grund hierfür wird die sich immer stärker häufende Schaffung von Verbotsgesetzen auf dem Gebiet des Wirtschaftsrechts gesehen.[283]

b) Stellungnahme zum Verbotscharakter von § 87 Abs. 1 AktG unter besonderer Betrachtung der Neuregelungen durch das VorstAG

Bei der Untersuchung, welche der oben dargestellten Ansichten zu dem infrage stehenden Verbotscharakter von § 87 Abs. 1 AktG mit ihren Argumenten überzeugt, soll besonderes Augenmerk darauf gelegt werden, ob sich gegebenenfalls aufgrund der Änderungen des § 87 Abs. 1 AktG durch das VorstAG, insbesondere durch die neu eingeführten Sätze 2 und 3 des Absatzes 1, neue Argumente zur Beantwortung der Streitfrage herleiten lassen. Wie bereits erwähnt, wurde dieser Punkt seit dem Inkrafttreten des VorstAG nicht erkennbar untersucht.

aa) Neuregelungen des § 87 Abs. 1 AktG im Lichte von § 134 BGB

Die oben bereits aufgeführten Neuregelungen des § 87 Abs. 1 AktG können unter den Stichworten „Leistungen des Vorstands", „Üblichkeit der Vergütung", „nachhaltige Unternehmensentwicklung" und „anreizorientierte Vergütung" zusammengefasst werden.[284]

(1) Leistungen des Vorstands

Bereits vor der Neufassung von § 87 Abs. 1 S. 1 AktG hatte der Aufsichtsrat nach allgemeiner Ansicht dafür zu sorgen, dass die Gesamtbezüge des einzelnen Vorstandsmitglieds nicht nur in einem angemessenen Verhältnis zu dessen Aufgaben,

---

281 Vgl. *Armbrüster*, in: MüKo, BGB, § 134 Rn. 49 ff.

282 Vgl. z. B. Aufzählungen bei *Sack/Seibl*, in: Staudinger, BGB, § 134 Rn. 195 ff.; *Looschelders*, in: Dauner-Lieb/Heidel/Ring, BGB, § 134 Rn. 89 ff.

283 Vgl. *Dorn*, in: Schmoeckel/Rückert/Zimmermann, BGB, § 134 Rn. 10; zur kartellrechtlichen Entwicklung *Schmidt*, AcP 206 (2006), 169, 196 ff.; bezüglich § 87 Abs. 1 AktG a. F. vgl. auch *Säcker/Stenzel*, JZ 2006, 1151, 1153; *Thüsing*, ZGR 2003, 457, 506.

284 Siehe oben S. 7 f.

sondern auch zu dessen Leistungen stehen.[285] Das Leistungskriterium fand sich vor dem VorstAG auch schon im DCGK. Die Einfügung in § 87 Abs. 1 S. 1 AktG dient somit nur der Klarstellung.[286]

Keine Einigkeit besteht darüber, was der Begriff der Leistungen genau umfasst.[287] Ziffer 4.2.2 Abs. 2 S. 1 DCGK sieht eine im Gesetz nicht genannte Leistungsbeurteilung durch das Aufsichtsratsplenum vor. Wie genau diese Beurteilung durchgeführt werden soll, ist unklar. Sie soll nur in irgendeiner Weise nach betriebswirtschaftlichen Erkenntnissen nachvollziehbar sein, das heißt vor allem in irgendeinem Bezug zu den persönlichen Leistungen des Vorstands stehen.[288] Eine nähere Auseinandersetzung mit dieser Frage soll an dieser Stelle nicht erfolgen, da sich hieraus im Hinblick auf den Verbotscharakter von § 87 Abs. 1 AktG vermutlich keine nennenswerten Schlüsse ziehen lassen.

(a) Sinn und Zweck des Leistungskriteriums

Mehr Aufschluss dürfte der Sinn und Zweck einer an den Leistungen des Vorstands ausgerichteten Vergütung bieten. Die diesbezügliche Neufassung von § 87 Abs. 1 AktG wird auf den Grundsatz der Leistungsgerechtigkeit zurückgeführt, welcher als „ein tragender Grundsatz der freien Marktwirtschaft und ein unverzichtbares, sie moralisch erst rechtfertigendes Axiom“[289] angesehen wird. Mit anderen Worten kehre man sich letztendlich von der Marktwirtschaft ab, wenn man keine Leistungsgerechtigkeit mehr anstrebe.[290]

Diese Gefahr bestehe vor allem deshalb, weil nicht leistungsgerechte Vorstandsvergütungen nicht mehr im Verhältnis zum eigenen Anteil des Vorstands am Unternehmenserfolg stünden. Schließlich bildeten Unternehmen eine Leistungsgemeinschaft, deren Erfolg ein Produkt vieler Einzelleistungen sei.[291] Folglich soll eine leistungsgerechte Entlohnung der Unternehmensleiter unter anderem die Gerechtigkeit innerhalb des Unternehmens, das heißt gegenüber den übrigen Unternehmensmitarbeitern, bewahren.

---

285 Vgl. *Dauner-Lieb*, Der Konzern 2009, 583, 586; *Fleischer*, NZG 2009, 801, 802; *Kort*, in: GK, AktG, 4. Aufl., § 87 Rn. 30ff.; *Lutter*, ZIP 2006, 733, 735f.; *Mertens/Cahn*, in: KöKo, AktG, § 87 Rn. 13; *Suchan/Winter*, DB 2009, 2531, 2533.

286 Vgl. *Bachmann*, in: Kremer/Bachmann/Lutter/v. Werder, DCGK, Rn. 969; *Dauner-Lieb*, Der Konzern 2009, 583, 586; *Hohenstatt*, ZIP 2009, 1349, 1350.

287 Kurzer Überblick dazu bei *Kling*, DZWIR 2010, 221, 223f. m.w.N.

288 Vgl. *Bachmann*, in: Kremer/Bachmann/Lutter/v. Werder, DCGK, Rn. 972.

289 *Peltzer*, in: FS Lutter, S. 571, 586.

290 Vgl. *Peltzer*, in: FS Hellwig, S. 269, 271.

291 Vgl. *Peltzer*, in: FS Lutter, S. 571, 586; in ähnliche Richtung gehende, jedoch von nationalsozialistischer Ideologie geprägte Überlegungen zur Vorgängervorschrift § 78 AktG 1937 bei *Schlegelberger/Quassowski*, AktG 1937, § 78 AktG Rn. 1 („nationalsozialistischer Grundsatz „Gemeinnutz geht vor Eigennutz““).

(b) Stellungnahme

Durchgreifende Einwände gegen diese Sichtweise sind nahezu nicht vorstellbar. Zwar ist das Grundgesetz wirtschaftspolitisch neutral ausgestaltet und garantiert dementsprechend nicht ausdrücklich die (soziale) Marktwirtschaft. Vereinzelt werden andere Wirtschaftsverfassungen – zum Beispiel die mit dem Sozialismus einhergehende Zentralverwaltungswirtschaft – auf dem Boden des Grundgesetzes sogar für möglich gehalten.[292] Solche sind allerdings vor dem Hintergrund der in Art. 2 Abs. 1 GG niedergelegten allgemeinen Handlungsfreiheit nur schwer vorstellbar.[293] Die Gestaltungsfreiheit des Gesetzgebers findet ihre Grenzen in den Grundrechten.[294]

Jedenfalls dürfte es außer Frage stehen, dass die von Ludwig Erhard entscheidend mitgeprägte soziale Marktwirtschaft die in der Bundesrepublik Deutschland tatsächlich vorherrschende Wirtschaftsordnung ist und auch schon bei der Verabschiedung des Aktiengesetzes 1965 war.[295] Auch die Präambel des DCGK sieht den Vorstand und Aufsichtsrat in der Verpflichtung, im Einklang mit den Prinzipien der sozialen Marktwirtschaft für den Bestand des Unternehmens und seine nachhaltige Wertschöpfung zu sorgen (Unternehmensinteresse). Innerhalb der sozialen Marktwirtschaft ist die Leistungsgerechtigkeit beziehungsweise das Leistungsprinzip als Ausgangspunkt der Einkommenszuordnung eine tragende Säule der Verteilungspolitik.[296] Stark vereinfacht besagt Leistungsgerechtigkeit, dass Güter wie Macht, Einkommen oder Vermögen etc. entsprechend der einem Individuum zuzurechnenden Leistung verteilt werden, um so ein gerechtes Ergebnis zu erzielen.[297]

Mit der Klarstellung in § 87 Abs. 1 S. 1 AktG bekennt sich der Gesetzgeber unmissverständlich zur Leistungsgerechtigkeit und somit zur sozialen Marktwirtschaft. Im Übrigen finden sich Ausformungen der Leistungsgerechtigkeit auch an anderen Stellen der Rechtsordnung wieder, etwa hinsichtlich des Zugangs zu öffentlichen Ämtern in Artikel 33 Abs. 2 GG oder zu Beamtenverhältnissen in § 9 S. 1 BBG.

Ausgehend von dem soeben Erörterten, stellt sich die entscheidende Frage, unter welchen Umständen ein ungerechtfertigt gegen die Grundpfeiler der in der Bundesrepublik Deutschland geltenden und vom Gesetzgeber gewollten Wirtschaftsverfassung verstoßendes, sich von dieser sogar abkehrendes, Rechtsgeschäft gültig sein soll. Die Antwort hierauf erübrigt sich im Grunde. Solche Umstände können nicht existieren. Eine nicht an den Leistungen des Vorstands orientierte Vergütung soll nach dem gesetzgeberischen Willen nicht toleriert werden. Andernfalls würde sich der Gesetzgeber in Widerspruch zu seinen eigenen Grundsatzentscheidungen setzen.

---

292 *Abendroth*, Das Grundgesetz, S. 66 ff.

293 Vgl. *Leisner*, NJW 2011, 3553, 3554; *Nipperdey*, Soziale Marktwirtschaft und Grundgesetz, S. 21 ff.

294 Vgl. nur BVerfGE 4, 7, 15; BVerfGE 50, 290, 336.

295 Vgl. nur *Dettling*, Entstehungsgeschichte des Konzernrechts im AktG 1965, S. 118 f.

296 Vgl. z. B. BT-Drs. 04/171, S. 94; *Peltzer*, in: FS Hellwig, S. 269, 271; *Werner*, Verteilungspolitik, S. 51 ff.

297 Vgl. z. B. *Cezanne*, Allgemeine VWL, S. 14 f.

Dabei kann es keine entscheidende Rolle spielen, dass unklar ist, was Leistungen im Sinne von § 87 Abs. 1 S. 1 AktG überhaupt sind. Insoweit hat der Gesetzgeber sich eines unbestimmten Rechtsbegriffes bedient, den es auszufüllen gilt. Die Konkretisierung des Begriffes betrifft „nur" die Frage, wann das Prinzip der Leistungsgerechtigkeit verletzt ist. Davon unabhängig ist allerdings die grundlegende gesetzgeberische Aussage, dass im Falle einer – wie auch immer gearteten – Verletzung der Leistungsgerechtigkeit wesentliche Grundwerte der geltenden Wirtschaftsordnung missachtet werden. Für den Sinn und Zweck von § 87 Abs. 1 S. 1 AktG ist in erster Linie die letztgenannte, übergeordnete Wertung ausschlaggebend.

(2) Üblichkeit der Vergütung

Auch aus der Verpflichtung des Aufsichtsrats gemäß der Neufassung des § 87 Abs. 1 S. 1 AktG, dafür zu sorgen, dass die Vorstandsvergütung die übliche Vergütung nicht ohne besondere Gründe übersteigt, könnten sich neue Erkenntnisse zum Verbotscharakter der Norm ergeben. Nicht gänzlich geklärt ist, ob der Gesetzgeber mit der Neufassung die Angemessenheit der Vorstandsvergütung weiter konkretisieren oder ein eigenständiges korrigierendes Merkmal in Form einer Obergrenze schaffen wollte.[298] Die praktische Bedeutung dieser Frage dürfte aber gering sein. Jedenfalls soll zur Verringerung der Unsicherheiten bei der Anwendung von § 87 Abs. 1 AktG ein horizontaler Vergleich mit Unternehmen derselben Branche, ähnlicher Größe und Komplexität in Deutschland sowie ein vertikaler mit den sonstigen Löhnen und Gehältern innerhalb des jeweiligen Unternehmens durchgeführt werden, um so die übliche Vergütung festzustellen.[299]

Das zur Konkretisierung neu eingefügte Üblichkeitsgebot hat bereits im Gesetzgebungsverfahren erhebliche Kritik erfahren.[300] Es sei unscharf und bringe daher große Rechtsunsicherheit mit sich.[301] Entgegen dieser Kritik wurde das Merkmal der Üblichkeit teilweise aber auch positiv bewertet.[302] Fraglich ist somit, ob der vom Gesetzgeber eingeschlagene Weg sinnvoll und gerechtfertigt ist und welcher Sinn und Zweck hiermit verfolgt wird. Die Antworten hierauf könnten wiederum Rückschlüsse auf einen möglichen Verbotscharakter von § 87 Abs. 1 AktG zulassen.

---

298 Vgl. für Korrektiv *Bürgers*, in: Bürgers/Körber, AktG, § 87 Rn. 6a; *Cahn*, in: FS Hopt, S. 431, 433; *Fleischer*, in: Spindler/Stilz, AktG, § 87 Rn. 15; *Mertens/Cahn*, in: KöKo, AktG, § 87 Rn. 16; *Spindler*, in: MüKo, AktG, § 87 Rn. 54; wohl auch *Bauer/Arnold*, AG 2009, 717, 719; *Thüsing*, AG 2009, 517, 518; für Teil der Angemessenheit *Jickeli*, in: FS Säcker, S. 381, 382; *Seibt*, in: Schmidt/Lutter, AktG, § 87 Rn. 10.

299 BT-Drs. 16/12278, S. 5; BT-Drs. 16/13433, S. 10; OVG Lüneburg, NVwZ-RR 2010, 699, 700.

300 Generell ablehnend *Lutter*, Stellungnahme zum Entwurf eines VorstAG, S. 2.

301 Vgl. BDI, Stellungnahme zum Entwurf eines VorstAG, S. 4; Regierungskommission DCGK, Stellungnahme zum Entwurf eines VorstAG, S. 2, die aber zumindest vertikalen Vergleich als akzeptabel bezeichnet.

302 DGB, Stellungnahme zum Entwurf eines VorstAG, S. 5.

(a) Horizontaler Vergütungsvergleich

Den angesprochenen horizontalen Gehaltsvergleich wünscht der Gesetzgeber nach überwiegender Literaturansicht lediglich auf nationaler Ebene.[303] Dies wird auf das Ansinnen der Legislative zurückgeführt, deutschen Vorständen die Möglichkeit zu versperren, sich auf außergewöhnlich hohe ausländische, insbesondere im angloamerikanischen Raum vorzufindende, Vergütungen zu berufen.[304]

An einem rein nationalen Vergleich wird allerdings bemängelt, dass unter Umständen gar keine landesübliche Vergleichsvergütung existiere, weil es ein vergleichbares inländisches Unternehmen nicht gebe.[305] Außerdem sei es in systematischer Hinsicht nicht gerechtfertigt, ausländische Vergütungen außen vor zu lassen, wenn ein international agierendes Unternehmen zum Erhalt der Wettbewerbsfähigkeit darauf angewiesen sei, internationales Führungspersonal einzukaufen.[306]

Andere wiederum begrüßen einen rein nationalen Vergleich. Schon vor der Gesetzesänderung war der Rückgriff auf ausländische Vergütungsmodelle in der Lehre umstritten. So wurde und wird argumentiert, ein internationaler Markt für Manager existiere nicht.[307] Ohnehin sei deutschen Vorständen der Weg in US-amerikanische Führungsetagen in tatsächlicher Hinsicht regelmäßig nicht eröffnet.[308] Ein Wettbewerbsnachteil für Deutschland drohe also nicht.[309] Zudem finde man in anderen Ländern teilweise sehr weitgehende Systemunterschiede vor, welche eine Berufung auf dortige Vergütungen nicht rechtfertigten.[310] Ausnahmsweise wird ein internationaler Vergleich als zulässig erachtet, etwa wenn ein Vorstand nachweisbar ein besseres Angebot aus dem Ausland vorliegen habe.[311]

Wie die vorstehenden Ausführungen zeigen sollten, liegt der Schwerpunkt der Diskussion zum horizontalen Vergleich neben der Frage nach dem maßgeblichen Gebiet mehr auf der Handhabung sowie den Auswirkungen eines auf Deutschland beschränkten Vergleichs als auf dem vom Gesetzgeber verfolgten Sinn und Zweck. Gerade der Sinn und Zweck der Neuregelung könnte unter Umständen aber Aufschluss über den Verbotscharakter von § 87 Abs. 1 AktG geben. Hierzu soll alsbald selbst Stellung genommen werden.

---

303 Vgl. BT-Drs.16/13433, S. 10.

304 *Hohaus/Weber*, DB 2009, 1515, 1516.

305 Vgl. BDI, Stellungnahme zum Entwurf eines VorstAG, S. 4; *Kempter*, Stellungnahme zum Entwurf eines VorstAG, S. 3.

306 Vgl. *Dauner-Lieb*, in: Henssler/Strohn, AktG, § 87 Rn. 19; *Hoffmann-Becking/Krieger*, Beilage NZG 26/2009, 1; *Hohenstatt*, ZIP 2009, 1349, 1351.

307 *Thüsing*, Stellungnahme zum Entwurf eines VorstAG, S. 3f.

308 Vgl. *Kling*, DZWIR 2010, 221, 225; *Thüsing*, ZGR 2003, 457, 471.

309 *Thüsing*, Stellungnahme zum Entwurf eines VorstAG, S. 3f.

310 Vgl. DGB, Stellungnahme zum Entwurf eines VorstAG, S. 6.

311 Vgl. *Schwark*, in: FS Raiser, S. 377, 385f. m.w.N.; *Spindler*, in: MüKo, AktG, § 87 Rn. 56; *Suchan/Winter*, DB 2009, 2531, 2535.

(b) Vertikaler Vergütungsvergleich

Zuvor bedarf es jedoch noch einer Darstellung des vertikalen Vergütungsvergleiches. Der Gesetzgeber bezweckt mit einem – bei Kollision mit einem horizontalen Vergleich nachrangigen[312] – vertikalen Vergleich innerhalb eines Unternehmens insbesondere, dass die Gehälter des Vorstands nicht völlig die Relation zu den Gehältern der anderen Mitarbeiter verlieren.[313]

Nach einer im Schrifttum vertretenen Ansicht, die sich für einen vertikalen Vergleich ausspricht, habe nämlich genau ein solcher Bezugsverlust in den der Gesetzgebung vorangegangenen Jahren stattgefunden. Eine fortlaufende Entwicklung in diese Richtung stelle eine grundlegende Gefahr für den gesellschaftlichen Zusammenhalt und die Entwicklung der sozial geprägten Demokratie dar und widerspreche der einem Unternehmen innewohnenden Leistungsgemeinschaft.[314] Der Gesetzgeber habe deshalb reagieren müssen.[315] In die gleiche Richtung geht die Annahme, der Gesetzgeber habe einer durch die exorbitant gestiegenen Vorstandsvergütungen hervorgerufenen neidgetriebenen Diskussion entgegenwirken wollen, welche das Management von der Belegschaft entfremdet habe.[316] An diesem letztgenannten Begründungsansatz wird teilweise bemängelt, er sei zu stark an die nicht mehr zeitgemäße, vom Sozialismus geprägte Lehre vom Unternehmen als Sozialverband sowie teilweise an die dem AktG 1937 zugrunde liegenden nationalsozialistischen Vorstellungen angelehnt.[317]

In Ablehnung eines vertikalen Vergleichs wird versucht, eine sich öffnende Schere zwischen Vorstandsgehältern und Gehältern der sonstigen Mitarbeiter eines Unternehmens vielfach mit Veränderungen am Markt, insbesondere mit einem aus China stammenden Druck auf die Gehälter der einfachen Arbeiter, zu rechtfertigen. Die Arbeit der Vorstände bleibe von einem solchen Lohndruck hingegen unberührt.[318] Im Übrigen könnte ein vertikaler Vergleich zu nicht angebrachten Vereinfachungen in der Gehaltsbemessung führen. Vor allem stelle sich die Multiplikation eines bestimmten Bezugsgehaltes aus dem Unternehmen mit einem festen Faktor als willkürlich und somit nicht geeignet dar.[319]

---

312 Vgl. *Bauer/Arnold*, AG 2009, 717, 720; *Fleischer*, NZG 2009, 801, 802; Hüffer/*Koch*, AktG, § 87 Rn. 3 m.w.N.

313 Vgl. BT-Drs. 16/13433, S. 10.

314 In diesem Sinne auch *Peltzer*, in: FS Hellwig, S. 269, 270 f.

315 DGB, Stellungnahme zum Entwurf eines VorstAG, S. 4.

316 Vgl. *Kling*, DZWIR 2010, 221, 225 („Neiddebatte").

317 Vgl. *Kling*, DZWIR 2010, 221, 226; *Spindler*, in: MüKo, AktG, § 87 Rn. 58 („Betriebsgemeinschaft").

318 Vgl. *Suchan/Winter*, DB 2009, 2531, 2534.

319 Vgl. *Hohenstatt*, ZIP 2009, 1349, 1351; *Schwark*, in: FS Raiser, S. 377, 389; *Suchan/Winter*, DB 2009, 2531, 2535.

(c) Stellungnahme

Dem Gesetzgeber ging es bei der Reform von § 87 AktG in erster Linie darum, zukünftig immer weiter steigende und in der breiten Öffentlichkeit kaum akzeptierte Vorstandsvergütungen mit falscher Anreizsetzung sowie die daraus resultierenden negativen Folgen zu verhindern. Dementsprechend verweist der Gesetzgeber auf § 78 AktG 1937, welcher sich als wirksam gegen skandalös hohe Vorstandsbezüge erwiesen habe.[320] Dieses grundlegende gesetzgeberische Anliegen wird allgemein begrüßt und dessen Umsetzung als erforderlich erachtet.[321] Neben der genannten Gefahr einer Vergiftung des Betriebsklimas werden überhöhte Vorstandsgehälter als mitursächlich für die jüngste Finanzkrise[322], als Auslöser für „Unruhe in der Gesellschaft"[323] und als Grund für „verloren gegangenes Vertrauen"[324] in die soziale Marktwirtschaft angesehen.

Diese Beweggründe kommen in dem Kriterium der üblichen Vergütung deutlich zum Vorschein. Wenn der Gesetzgeber weitere Skandale befürchtet, meint er damit nach dem allgemeinen Wortverständnis ein Aufsehen erregendes beziehungsweise anstößiges Ärgernis.[325] Es geht also um die Wirkung überhöhter Vergütungen auf das Unternehmen, daran Beteiligte sowie Außenstehende, das heißt die Öffentlichkeit. Sich nach oben deutlich abhebende Vergütungen Einzelner, welche weder bei vergleichbaren Unternehmen gezahlt werden noch sich in eine unternehmensinterne Hierarchie einfügen, stechen besonders heraus und stoßen größtenteils auf Unverständnis in der öffentlichen Meinung.[326] Dies gilt umso mehr in Zeiten, in denen ohnehin die Vorstellung einer nur ihren eigenen Regeln unterworfenen und eigenen Interessen folgenden Manager-Elite weit verbreitet ist.[327]

An dieser Stelle ist einzuwenden, dass Vorstände einer Aktiengesellschaft selbstverständlich kein öffentliches Amt bekleiden, sondern Partei einer privatrechtlichen Vereinbarung sind. Die Höhe ihrer Vergütung müsste daher eigentlich frei verhandelbar sein. Dass es sich bei § 87 Abs. 1 AktG aber um eine Einschränkung der Vertragsfreiheit handelt, war bereits vor der Gesetzesreform allgemein anerkannt.[328]

---

320 BT-Drs. 16/12278, S. 5.

321 Vgl. DGB, Stellungnahme zum Entwurf eines VorstAG, S. 1; *Hirte*, Stellungnahme zum Entwurf eines VorstAG, S. 1; *Kling*, DZWIR 2010, 221, 226; *Lutter*, Stellungnahme zum Entwurf eines VorstAG, S. 2; Regierungskommission DCGK, Stellungnahme zum Entwurf eines VorstAG, S. 1.

322 Vgl. BT-Drs. 16/12278, S. 1; DGB, Stellungnahme zum Entwurf eines VorstAG, S. 1; *Hirte*, Stellungnahme zum Entwurf eines VorstAG, S. 1.

323 *Lutter*, Stellungnahme zum Entwurf eines VorstAG, S. 2.

324 BDI, Stellungnahme zum Entwurf eines VorstAG, S. 1.

325 Duden online, „Skandal".

326 Vgl. bereits zu § 78 AktG 1937*Geßler*, JW 1937, 497, 499.

327 Vgl. nur *Grupp*, WiWo Online vom 04.02.2014; *Imbusch/Rucht*, APuZ 04–05/2007, 3 ff.; *Ringleb*, in: Ringleb/Kremer/Lutter/v. Werder, DCGK, 5. Aufl., Rn. 679.

328 Vgl. *Feudner*, NZG 2007, 779; *Fleischer*, in: Spindler/Stilz, AktG, § 87 Rn. 2; *Lutter*, ZIP 2003, 737, 740; *Marsch-Barner*, in: FS Röhricht, S. 401, 403.

Privatrechtliches Handeln findet dort seine Grenzen, wo die Selbstregulierung nicht funktioniert und Schäden Unbeteiligter zu befürchten sind.[329] Zwar nennt der DCGK bereits seit seiner Einführung die Beachtung eines Vergleichsumfelds als Maßgabe für eine angemessene Vergütung. In Bezug auf die Vorstandsgehälter wurde die Möglichkeit der flexiblen Kontrolle jedoch nicht ausreichend genutzt, sodass ein gesetzlicher Eingriff gerechtfertigt scheint.[330] Hiermit deckt sich die Einschätzung, im Bereich der Vorstandsgehälter liege ein Marktversagen vor.[331] Mit dem Kriterium der Üblichkeit hat der Gesetzgeber daher ein berechtigtes, da nicht offensichtlich ungeeignetes Mittel gewählt, um die befürchteten weiteren negativen Folgen unangemessener Vorstandsbezüge einzudämmen.

Es fällt auf, dass die endgültige Fassung des § 87 Abs. 1 S. 1 AktG im Hinblick auf die übliche Vergütung negativ formuliert ist („...die übliche Vergütung nicht ohne besondere Gründe übersteigen...") und nicht wie in einem früheren Gesetzesentwurf positiv („...in einem angemessenen Verhältnis zu...der üblichen Vergütung stehen...").[332] Der Gesetzgeber wollte durch diese sprachliche Änderung offenbar die im Gesetzgebungsverfahren geäußerte Kritik aufgreifen und der Gefahr sich gegenseitig aufschaukelnder Vorstandsvergütungen zuvorkommen.[333]

Der Gesetzgeber bezweckte mit einem horizontalen Vergleich folglich genau das Gegenteil einer Aufschaukelung. Der Blick auf Unternehmen derselben Branche soll den rasanten Anstieg der Vorstandsvergütungen durch Einziehen einer horizontalen Bremse verlangsamen. Dies sollte nicht im Sinne einer absoluten und in Stein gemeißelten Obergrenze verstanden werden.[334] Selbstverständlich muss es möglich bleiben, dass sich diese Vergleichslinie nach oben oder unten verschieben kann, ähnlich wie bei der ortsüblichen Miete. Schließlich handelt es sich bei dem horizontalen Vergleich nur um ein Mittel, um die Angemessenheit der Vorstandsvergütung zu bestimmen. Andere Kriterien, wie zum Beispiel die außerordentlich gute Lage der Gesellschaft oder die besonders herausragende Qualifikation des Vorstandsmitglieds, können im Einzelfall zu einer Vergütung oberhalb des Branchendurchschnitts führen[335], was diesen wiederum insgesamt anheben würde.

Vor diesem Hintergrund ist es zunächst nicht abwegig, für einen horizontalen Vergleich nur inländische Unternehmen heranzuziehen.[336] Schließlich ist es Aufgabe

---

329 Vgl. etwa BVerfGE 89, 214, 232; *Busche*, in: MüKo, BGB, Vor § 145 Rn. 3 m.w.N.; *Wolf/Neuner*, BGB AT, § 10 Rn. 38.

330 Vgl. *Lutter*, Stellungnahme zum Entwurf eines VorstAG, S. 2.

331 Vgl. *Adams*, ZIP 2002, 1325, 1338; *Langenbucher*, in: FS Huber, S. 861, 862; *Peltzer*, in: FS Hellwig, S. 269, 271; *Thüsing*, ZGR 2003, 457, 465 ff.

332 Vgl. BT-Drs. 16/12278, S. 3.

333 Vgl. BT-Drs. 16/13433, S. 10; *Lutter*, Stellungnahme zum Entwurf eines VorstAG, S. 2.

334 Eine solche zu Recht ablehnend *Schwark*, in: FS Raiser, S. 377, 389.

335 Vgl. *Fleischer*, NZG 2009, 801, 802; *Hohaus/Weber*, DB 2009, 1515, 1516; *Lingemann*, BB 2009, 1918, 1919; *Weber*, in: Hölters, AktG, § 87 Rn. 24.

336 Vgl. BT-Drs. 16/12278, S. 5; BT-Drs. 16/13433, S. 10.

und Ziel des Gesetzgebers, die Akzeptanz der Vorstandsvergütungen in seinem Zuständigkeitsbereich, das heißt in Deutschland, zu steigern und von unangemessenen Vergütungsmodellen ausgehende negative Wirkungen zu verhindern. Der Gesetzgeber geht scheinbar davon aus, dass Vergütungen auf angloamerikanischem Niveau Skandale in der Öffentlichkeit verursachen können. Hingegen dürfte der Rückgriff auf eine gewisse Übung in Deutschland zumindest geeignet sein, eine bessere Anerkennung in der Öffentlichkeit zu fördern. Auch kann ein rein nationaler Vergleich einen „Kamineffekt", das heißt ein sich gegenseitiges Aufschaukeln der Vorstandsgehälter, gegebenenfalls besser verlangsamen.

Sollte ein international tätiges Unternehmen auf die Rekrutierung eines nicht austauschbaren Vorstandes angewiesen sein, der nachweisbar im Ausland zu deutlich besseren Konditionen tätig werden könnte, müsste ein internationaler Vergleich zum Erhalt der Wettbewerbsfähigkeit ausnahmsweise zulässig bleiben.[337] Allerdings wäre in einem solchen Fall grundsätzlich zu erwarten, dass auch die nationalen Vergleichsunternehmen international begehrte Führungskräfte zwingend benötigten. Andernfalls wären die nationalen Unternehmen aufgrund des stark abweichenden Anforderungsprofils nicht recht vergleichbar. Bei vergleichbaren „Global Players" sollte das Vergütungsniveau auf nationaler Ebene dem Bedürfnis nach international gefragten Managern also bereits Rechnung tragen. Ein Vergleich mit ausländischen Unternehmen dürfte daher im Ergebnis, auch mit Blick auf die bestehenden rechtlichen Strukturunterschiede etwa bei Haftungsrisiken, nur unter strengen Voraussetzungen erforderlich beziehungsweise zulässig sein.

Dies könnte gegebenenfalls der Fall sein, wenn kein geeignetes vergleichbares nationales Unternehmen existieren sollte. Im Zweifel könnte sich ein horizontaler Vergleich sogar komplett erübrigen.[338] Dann bliebe nur der Rückgriff auf andere Angemessenheitskriterien. Angesichts der verschärften Publizitätspflichten in den §§ 285, 314 HGB und den verfügbaren Vergütungsstudien und -tabellen sollte der Aufsichtsrat aber regelmäßig in der Lage sein, eine Vergleichsvergütung adäquat zu bestimmen.[339] Bei der Bestimmung des Vergleichshonorars muss dem Aufsichtsrat ein weiter Beurteilungsspielraum eingeräumt werden.[340]

Noch stärker als einem horizontalen wird oftmals einem vertikalen Vergleich eine mangelnde Praktikabilität und daraus resultierende geringe Bedeutung bei der Bestimmung der Angemessenheit der Vorstandsgehälter attestiert.[341] Dem ist nicht zwingend zu folgen. Ein Vorteil des vertikalen Vergleichs ist jedenfalls die im Gegensatz zu einem horizontalen nahezu immer mögliche Durchführbarkeit. Zwar

---

337 Vgl. *Dauner-Lieb*, in: Henssler/Strohn, AktG, § 87 Rn. 19; *Fleischer*, NZG 2009, 801, 802; *Hohaus/Weber*, DB 2009, 1515, 1516; *Ihrig/Wandt/Wittgens*, Beilage ZIP 40/2012, 1, 8; *Lingemann*, BB 2009, 1918, 1919; *Weber*, in: Hölters, AktG, § 87 Rn. 22.

338 Vgl. *Thüsing*, AG 2009, 517, 518.

339 Vgl. *Hohaus/Weber*, DB 2009, 1515, 1519f.; *Suchan/Winter*, DB 2009, 2531, 2535.

340 Vgl. *Seibt*, in: Schmidt/Lutter, AktG, § 87 Rn. 10.

341 Vgl. *Mertens/Cahn*, in: KöKo, AktG, § 87 Rn. 16; *Seibt*, in: Schmidt/Lutter, AktG, § 87 Rn. 10; kritisch auch *Hohenstatt*, ZIP 2009, 1349, 1351.

mag es zutreffen, dass eine feste Bezugsrelation innerhalb eines Unternehmens für einen vertikalen Vergleich nicht geeignet ist. Es lässt sich allerdings eine bessere Akzeptanz eines hohen Vorstandsgehalts in der Belegschaft des Unternehmens und auch der Öffentlichkeit beobachten, wenn zumindest ein irgendwie gearteter vertikaler Bezug zwischen den Gehältern besteht, sei er auch nur grundlegender Natur. Dies zeigt ein Blick auf das Rekordgehalt des Vorstandsvorsitzenden der Volkswagen AG für das Jahr 2011 in Höhe von ca. EUR 17.500.000 und die gleichzeitigen Boni-Zahlungen an die ca. 90.000 Tarifbeschäftigten des Unternehmens in Höhe von jeweils EUR 7.500.[342]

So lässt sich wohl tendenziell annehmen, dass ein überdurchschnittlich hohes Vorstandsgehalt deutlich weniger als ungerecht kritisiert werden wird, soweit auch die gesamte Belegschaft überdurchschnittlich gut verdient beziehungsweise auch an positiven Geschäftsentwicklungen in irgendeiner Weise beteiligt wird. Umgekehrt ist von einer verstärkten Akzeptanz von Lohnkürzungen auszugehen, wenn in Zeiten der schweren wirtschaftlichen Krise eines Unternehmens auch die Vorstände zu einem Verzicht bereit wären. Solche grundlegenden Gerechtigkeitsempfindungen sollten unabhängig von der politischen Ausrichtung in der als „egalitäre Bürgergesellschaft“[343] konzipierten und die soziale Marktwirtschaft praktizierenden Bundesrepublik Deutschland als Mindeststandard gelten. Vor diesem Hintergrund geht der Vorwurf der (national-)sozialistisch angehauchten Zielsetzung eines vertikalen Vergleichs ins Leere.

Bei der Festlegung der Bezugsparameter eines vertikalen Vergleichs muss dem Aufsichtsrat genau wie bei einem horizontalen Vergleich ein weiter Beurteilungsspielraum eingeräumt werden.[344] Die Frage, ab wann ein vertikaler Vergleich ausreichend durchgeführt ist, stellt sich allerdings vorrangig auf Tatbestandsseite des § 87 Abs. 1 AktG. Sie soll daher an dieser Stelle nicht weiter erörtert werden. Hilfreiche Erkenntnisse auf den Verbotscharakter von § 87 Abs. 1 AktG sind nicht zu erwarten.

Festzuhalten bleibt die grundsätzliche Möglichkeit, durch einen horizontalen als auch vertikalen Vergleich anhand von am Einzelfall ausgerichteten, objektiv überprüfbaren Kriterien zu bestimmen, ob eine Vorstandsvergütung offensichtlich unüblich ist. Folglich geht es bei der Neuregelung des § 87 Abs. 1 S. 1 AktG vorrangig darum, unübliche Vorstandsvergütungen zu ermitteln und von üblichen abzugrenzen.[345] Ist eine Vergütung unüblich, indiziert dies die Unangemessenheit

---

342 Vgl. *Astheimer*, FAZ.NET vom 20.03.2012.

343 *Lutter*, ZIP 2003, 737, 739.

344 Vgl. zum weiten Beurteilungsspielraum beim horizontalen Vergleich *Seibt*, in: Schmidt/Lutter, AktG, § 87 Rn. 10. Ein allgemeingültiger fester Faktor zwischen Vorstands- und Mitarbeitergehalt dürfte angesichts der Vielschichtigkeit der jeweiligen Unternehmensstrukturen kaum sinnvoll sein, vgl. *Hohenstatt*, ZIP 2009, 1349, 1351; *Lingemann*, BB 2009, 1918, 1919; *Schwark*, in: FS Raiser, S. 377, 389; *Suchan/Winter*, DB 2009, 2531, 2535; *Weber*, in: Hölters, AktG, § 87 Rn. 23.

345 Vgl. *Hohaus/Weber*, DB 2009, 1515, 1516; zu § 87 Abs. 1 AktG a.F. schon *Thüsing*, ZGR 2003, 457, 471.

der Vergütung.[346] In der Ausgrenzung offensichtlich unangemessener Vorstandsvergütungen liegt eine zulässige Konkretisierung der Angemessenheit.[347] Der Aufsichtsrat kann also angesichts des ihm im Rahmen eines horizontalen und vertikalen Vergleichs zustehenden weiten Beurteilungsspielraums bei entsprechend guter und nachvollziehbarer Begründung sein eigenes Haftungsrisiko deutlich reduzieren.

Wichtiger wird allerdings die damit einhergehende Erreichung der gesetzgeberischen Ziele sein. Wie bereits erörtert, besteht der Sinn und Zweck einer Überprüfung der Üblichkeit unter anderem darin, Vergütungen zu verhindern, durch die das friedliche Zusammenleben in politischer und sozialer Hinsicht erheblich negativ beeinflusst wird und Vertrauen in die soziale Marktwirtschaft, das heißt in das Wirtschaftssystem als Ganzes, verloren geht.[348] Derartig hochrangigen Interessen kann schon aus dogmatischen Gesichtspunkten nur ein Verbotsgesetz im Sinne von § 134 BGB gerecht werden, wollte man nicht die Gefahr in Kauf nehmen, dass tragende Grundpfeiler der Bundesrepublik Deutschland ernsthaft beschädigt oder sogar zerstört werden.

Genau dies geschähe nämlich, wenn eine unübliche Vorstandsvergütung, welche sich selbst mit dem weiten Beurteilungsspielraum des Aufsichtsrats bei der Festlegung der Vergleichsparameter nicht mehr rechtfertigen ließe, von vorneherein aus dem Anwendungsbereich des § 134 BGB ausgeklammert wäre und in jedem Fall Bestand hätte. Eine Unwirksamkeit der zugrunde liegenden Vereinbarung könnte sich nur noch aus einer Überschreitung der Grenzen des § 138 BGB ergeben, was jedoch für den verfolgten hochrangigen Zweck nicht ausreichend wäre.

(3) Nachhaltige Unternehmensentwicklung

Nach § 87 Abs. 1 S. 2 AktG ist die Vergütungsstruktur bei börsennotierten Gesellschaften auf eine nachhaltige Unternehmensentwicklung auszurichten. Nach § 87 Abs. 1 S. 3 Hs. 1 AktG sollen variable Vergütungsbestandteile daher eine mehrjährige Bemessungsgrundlage haben. Gemäß § 87 Abs. 1 S. 3 Hs. 2 AktG soll der Aufsichtsrat für außergewöhnliche Entwicklungen eine Begrenzungsmöglichkeit vereinbaren. Der Gesetzgeber empfiehlt die Beachtung des Nachhaltigkeitsgebots auch für nicht börsennotierte Gesellschaften. Von einer ausdrücklichen Ausdehnung der Regelung hat der Gesetzgeber aber abgesehen, um keine Probleme im Zusammenhang mit der Anwendung bei GmbHs oder Personengesellschaften aufkommen zulassen. Deren Eigentümern könne man die Wahl der Vergütungsinstrumente gut selbst überlassen.[349]

---

346 *Fleischer*, NZG 2009, 801, 802; *Hohaus/Weber*, DB 2009, 1515, 1516; *Seibert*, WM 2009, 1489, 1490; *Suchan/Winter*, DB 2009, 2531, 2535.

347 Vgl. *Fleischer*, in: Spindler/Stilz, AktG, § 87 Rn. 24f.; *ders.*, DStR 2005, 1318; Hüffer/*Koch*, AktG, § 87 Rn. 5.

348 Vgl. z.B. *Körner*, NJW 2004, 2697, 2698 m.w.N.; siehe auch oben S. 67.

349 BT-Drs. 16/13433, S. 10.

(a) Hintergrund der Neuregelung

In dem der Gesetzgebung vorangegangenen Geschäftsjahr 2008 soll die Gesamtvergütung der DAX 30–Vorstände 68 % variable Vergütungsbestandteile enthalten haben, wovon wiederum 60 % auf die Erreichung kurzfristiger Ziele ausgerichtet gewesen seien sollen.[350] Der Gesetzgeber sah in solchen kurzfristig ausgerichteten Vergütungsbestandteilen zumindest eine Mitursache der Finanzmarktkrise. Kurzfristige Parameter, wie zum Beispiel stichtagsbezogene Börsenkurse, hätten Fehlanreize mit der Folge gesetzt, dass Vorstände das nachhaltige Wachstum ihrer Unternehmen nicht mehr berücksichtigt hätten und darüber hinaus nicht vertretbare Risiken eingegangen seien. Die gemäß § 87 Abs. 1 S. 2 AktG vorgeschriebene Ausrichtung der Vorstandsvergütung auf eine nachhaltige Unternehmensentwicklung soll solche Negativwirkungen nunmehr verhindern.[351]

Die Reform des § 87 Abs. 1 AktG ist somit ein Versuch des Gesetzgebers, über die Vergütung des Vorstands dessen Verhalten zu steuern. Dem liegt die hier stark vereinfacht zusammengefasste Annahme der Principal-Agent-Theorie und des Shareholder-Value-Konzepts zugrunde, dass die an sich widerstreitenden Interessen des Vorstands durch bestimmte Vergütungsinstrumente, zum Beispiel die Gewährung von Aktien, an die Interessen der Aktionäre gekoppelt werden können.[352]

(b) Begriff der nachhaltigen Unternehmensentwicklung

Der Ansatz des Gesetzgebers wirft zwingend die Frage auf, was sich hinter dem Begriff der nachhaltigen Unternehmensentwicklung verbirgt, das heißt, in welche Richtung der Gesetzgeber den Vorstand lenken möchte. Der Begriff der nachhaltigen Unternehmensentwicklung bildet eine, wenn nicht die zentrale Neuerung im Rahmen des neu gefassten § 87 Abs. 1 AktG beziehungsweise des VorstAG. Zwar ist der Begriff auf der Tatbestandsseite angesiedelt, welche nicht im Vordergrund dieser Arbeit stehen soll. Jedoch ist es nicht auszuschließen beziehungsweise sogar wahrscheinlich, dass sich aus dem Begriffsinhalt der Nachhaltigkeit Schlüsse ziehen lassen, welche es rechtfertigen, § 87 Abs. 1 AktG als Verbotsgesetz im Sinne von § 134 BGB einzuordnen.

Aus diesem Grund ist ein kurzer Überblick zu den bisherigen Erkenntnissen zum Bedeutungsgehalt einer nachhaltigen Unternehmensentwicklung geboten. § 87 Abs. 1 S. 3 AktG konkretisiert für variable Vergütungsbestandteile, was unter einer auf nachhaltige Unternehmensentwicklung ausgerichteten Vergütung verstanden werden kann.[353] Nach § 87 Abs. 1 S. 3 Hs. 1 AktG sollen variable Vergütungsbestandteile eine mehrjährige Bemessungsgrundlage haben. Als konkrete Dauer werden

---

350 *Weckes*, Vergütung der Vorstandsmitglieder der DAX 30 Unternehmen für das Geschäftsjahr 2008, S. 3 ff.

351 BT-Drs. 16/12278, S. 1.

352 Vgl. *Dauner-Lieb/v. Preen/Simon*, DB 2010, 377 f.

353 *Arnold/Schansker*, KSzW 2012, 39, 43; *Mertens/Cahn*, in: KöKo, AktG, § 87 Rn. 22; *Oltmanns*, in: Heidel, AktG, § 87 Rn. 7.

unterschiedlich zwei bis fünf Jahre genannt.[354] Durch eine mehrjährige Bemessungsgrundlage will der Gesetzgeber unter anderem verhindern, dass die Vorstände das Auftragsvolumen zu einem bestimmten Stichtag zulasten der langfristigen Entwicklung kurzfristig aufblähen, um eine höhere Vergütung zu erhalten.[355] Dennoch soll die Verwendung einzelner kurzfristiger Anreizinstrumente laut Gesetzgeber möglich bleiben, soweit die Vergütungsstruktur durch eine entsprechende Mischung insgesamt auf langfristiges Verhalten des Vorstands abzielt.[356]

Nach § 87 Abs. 1 S. 3 Hs. 2 AktG soll der Aufsichtsrat für außergewöhnliche Entwicklungen eine Begrenzungsmöglichkeit hinsichtlich der variablen Vergütungsbestandteile vereinbaren. Die Begrenzungsmöglichkeit soll nicht für Fälle einer wirtschaftlich schlechten Lage, sondern für außerordentliche, positive Entwicklungen vereinbart werden.[357] Sogenannte „windfall profits" der Vorstände sollen verhindert werden.[358] Laut Gesetzgeber soll der Vorstand zum Beispiel nicht unbegrenzt an Unternehmensübernahmen, der Veräußerung von Unternehmensteilen, der Hebung stiller Reserven und den Folgen externer Einflüsse beteiligt werden. Die konkrete Ausgestaltung der Begrenzungsmöglichkeit bleibt dem Aufsichtsrat überlassen.[359] Zum Beispiel ist denkbar, bei der Vergütung des Vorstands nicht zu berücksichtigende außerordentliche Entwicklungen in einem Katalog aufzuzählen, eine Obergrenze für die Vergütung festzulegen oder beides zu kombinieren.[360]

Sowohl § 87 Abs. 1 S. 3 Hs. 1 AktG als auch § 87 Abs. 1 S. 3 Hs. 2 AktG sind als Soll-Vorschriften formuliert. Folglich muss der Aufsichtsrat diese nicht beachten, soweit dem Gebot der Nachhaltigkeit auf sonstige Weise genügt wird. Ohnehin gilt § 87 Abs. 1 S. 3 AktG nur für variable Vergütungsbestandteile. Aber auch eine reine Festvergütung wird häufig weiterhin als zulässig erachtet, da auch sie zur Förderung einer nachhaltigen Unternehmensentwicklung anreizen kann.[361]

Es stellt sich daher die Frage, welchen Inhalt der Begriff einer nachhaltigen Unternehmensentwicklung neben den Vorgaben gemäß § 87 Abs. 1 S. 3 AktG sonst noch hat. Eine zu umfassende Behandlung dieser – ohnehin auf Tatbestandsseite des § 87 Abs. 1 AktG angesiedelten – Thematik würde diese Arbeit an dieser Stelle vermutlich überfrachten. Deshalb soll sich die nachfolgende Darstellung auf die maß-

---

354 Vgl. *Eichner/Delahaye*, ZIP 2010, 2082 (zwei bis drei Jahre); *Fleischer*, NZG 2009, 801, 803 (drei bis fünf Jahre); *Gaul/Janz*, NZA 2009, 809, 810 (vier Jahre); *Hoffmann-Becking/Krieger*, Beilage NZG 26/2009, 1, 3 (zwei Jahre); *Seibert*, WM 2009, 1489, 1490 (drei bis vier Jahre); *Thüsing*, AG 2009, 517, 521 (fünf Jahre).

355 BT-Drs. 16/12778, S. 5.

356 BT-Drs. 16/13433, S. 10.

357 *Arnold/Schansker*, KSzW 2012, 39, 44.

358 *Bauer/Arnold*, AG 2009, 717, 723; *Hohenstatt*, ZIP 2009, 1349, 1352.

359 BT-Drs. 16/13433, S. 10.

360 Vgl. *Oltmanns*, in: Heidel, AktG, § 87 Rn. 7.

361 BT-Drs. 16/12278, S. 5; *Fleischer*, NZG 2009, 801, 803; *Hoffmann-Becking/Krieger*, Beilage NZG 26/2009, 1, 2; *Lingemann*, BB 2009, 1918, 1919; *Wagner*, AG 2010, 774, 779; kritisch *Kocher/Bednarz*, Der Konzern 2011, 77, 78 f.

geblichen Eckpunkte des Meinungsstreits in der Literatur beschränken.[362] Soweit für die weitere Beurteilung möglicher Rechtsfolgen eines Verstoßes gegen § 87 Abs. 1 AktG erforderlich, soll eine ausführlichere Auseinandersetzung hiermit einschließlich abschließender Stellungnahme in einem späteren Teil der Arbeit erfolgen.

Im Schrifttum dürfte Einigkeit darüber bestehen, dass unabhängig davon, ob variable Vergütungsbestandteile vereinbart werden oder nicht, keine Vergütungsstrukturen bestehen dürfen, die von den Vorständen ausgelöste „Strohfeuer"[363], das heißt kurzfristige Erfolge auf Kosten der langfristigen Entwicklung des Unternehmens unter Eingehung unverhältnismäßiger Risiken, begünstigen.[364] Für manche Vertreter des Schrifttums soll diese Zielsetzung bereits durch eine mehrjährige Bemessungsgrundlage im vorstehenden Sinne ausreichend berücksichtigt werden.[365]

Wohl zu Recht wird ein solcher ausschließlich negativ abgrenzender beziehungsweise sich auf die Soll-Vorschrift des § 87 Abs. 1 S. 3 AktG beschränkender Definitionsversuch von Teilen der Literatur als unzureichend kritisiert und dem Nachhaltigkeitsbegriff auch ein positiver Bedeutungsgehalt zugemessen. Teilweise wird das Erfordernis der positiven Komponente mit der Finalität des Wortlauts („auf...auszurichten") begründet.[366] Nach überwiegender Auffassung sollen der unter anderem auch in der Forstwirtschaft und im Umweltrecht verwendete Begriff der Nachhaltigkeit sowie die darauf ausgerichtete Vorstandsvergütung inhaltlich jedenfalls darauf abzielen, den dauerhaften Bestand eines Unternehmens und dessen dauerhafte Rentabilität zu sichern.[367]

Die Verfolgung dieser existentiellen Ziele obliegen dem Vorstand aber ohnehin aufgrund seiner Vorstandspflicht.[368] Daher werden zur Ausfüllung des positiven Bedeutungsgehalts einer nachhaltigen Unternehmensentwicklung noch weitere, über eine bloße Existenz- und Rentabilitätssicherung hinausgehende (vor Inkrafttreten des VorstAG wohl häufig vernachlässigte) Vergütungsparameter beziehungsweise Anknüpfungspunkte genannt, zum Beispiel Forschung und Entwicklung, innovative Leistungen, Kunden- und Mitarbeiterzufriedenheit, Rohstoff- und Energieeffizienz, Umweltbilanz, durchschnittliches Lohnniveau, Risikomanagement, Bildung finan-

---

362 Übersicht zum Meinungsstand bei *Velte*, NZG 2016, 294, 296ff.

363 *Fleischer*, NZG 2009, 801, 802.

364 Vgl. *Annuß/Theusinger*, BB 2009, 2434, 2435; *Bauer/Arnold*, AG 2009, 717, 721; *Dauner-Lieb*, in: Henssler/Strohn, AktG, § 87 Rn. 26; *dies.*, Der Konzern, 2009, 583, 585f.; *Hoffmann-Becking/Krieger*, Beilage NZG 26/2009, 1, 2; *Hohaus/Weber*, DB 2009, 1515, 1517; *Hohenstatt/Kuhnke*, ZIP 2009, 1981, 1982; *Jahn*, GWR 2009, 135; *Lingemann*, BB 2009, 1918, 1919; *Seibert*, WM 2009, 1489, 1490; *Thüsing*, AG 2009, 517, 519f.

365 Vgl. *Louven/Ingwersen*, BB 2013, 1219ff.; *Marsch-Barner*, ZHR 175 (2011), 737, 745.

366 *Wagner*, AG 2010, 774, 776.

367 *Hohaus/Weber*, DB 2009, 1515, 1516f.; *Kling*, DZWIR 2010, 221, 227; *Suchan/Winter*, DB 2009, 2531, 2537; *Wagner*, AG 2010, 774, 776ff.; a.A. *Marsch-Barner*, ZHR 175 (2011), 737, 739f.

368 Vgl. nur Hüffer/*Koch*, AktG, § 76 Rn. 34; *Mertens/Cahn*, in: KöKo, AktG, § 76 Rn. 21.

zieller Reserven, Compliance-Organisation oder Corporate-Governance-Struktur. Richtig sollen jedoch auch vor der Gesetzesänderung überwiegend verwendete (Finanz-)Parameter wie zum Beispiel der Aktienkurs, das EVA, EBT, EBIT oder ROCE zulässig bleiben.[369]

(c) Stellungnahme

Gemäß den eingangs erklärten Zielen dieser Arbeit sollen nunmehr die soeben dargestellten Hintergründe des Gebots einer Ausrichtung der Vorstandsvergütung auf eine nachhaltige Unternehmensentwicklung und die hierzu bisher gefundenen Erkenntnisse dahingehend untersucht werden, inwieweit sich ihnen Anhaltspunkte für eine Einstufung des § 87 Abs. 1 AktG als Verbotsgesetz im Sinne von § 134 BGB entnehmen lassen. Dies dürfte zumindest nicht von vorneherein ausgeschlossen sein.

(aa) Gefahr für das gesamte Wirtschaftssystem

Der mit dem Nachhaltigkeitsgebot nach § 87 Abs. 1 S. 2 AktG verfolgte Sinn und Zweck könnte darin bestehen, die Integrität des gesamten Wirtschaftssystems zu schützen. Dies wiederum dürfte wohl ein wichtiges Indiz für den Verbotscharakter der Vorschrift sein. Ausschließlich auf kurzfristige Verhaltensanreize ausgerichtete Vorstandsgehälter bergen nach Ansicht des Gesetzgebers ein erhebliches Gefahrenpotential, welches sich bereits in der ursprünglich 2007 als „Subprime"-Krise begonnenen Finanz- und Wirtschaftskrise niedergeschlagen habe.[370] Kurzfristige Anreize, insbesondere auf einen Stichtag bezogene Boni, hätten wegen einer häufig negativen langfristigen Entwicklung zu einer verstärkten Risikobereitschaft der Vorstände geführt.[371]

Inwieweit falsch ausgerichtete Vorstandsvergütungen tatsächlich die (alleinige) Ursache der Finanzkrise waren, wird von Teilen der Lehre kritisch hinterfragt.[372] Einige Vertreter in der Literatur gehen davon aus, Vorstände würden auch beziehungsweise sogar vorrangig durch andere Faktoren als monetäre Aspekte motiviert, wie zum Beispiel dem Erhalt oder Ausbau ihrer Machtposition sowie ihres Marktwertes und das mögliche Ansehen in Fachkreisen und der

---

369 Vgl. *Arnold/Schansker*, KSzW 2012, 39, 43; *Dauner-Lieb*, in: Henssler/Strohn, AktG, § 87 Rn. 26; *dies./v. Preen/Simon*, DB 2010, 377, 378; *Fleischer*, in: Spindler/Stilz, AktG, § 87 Rn. 27; *Wagner*, AG 2010, 774, 778; *Weber*, in: Hölters, AktG, § 87 Rn. 30.

370 Vgl. allgemein zur 2007 als sog. „Subprime"-Krise begonnenen Finanz- und Wirtschaftskrise etwa *Beck/Wienert*, APuZ 20/2009, 7 ff.; *Sommer*, in: Dossier Finanzmärkte.

371 BT-Drs. 16/12278, S. 5; vgl. auch *Bauernfeind*, GWR 2016, 89; *Habersack*, ZHR 180 (2016), 145, 146.

372 Ablehnend z.B. *Drygala*, in: FS Schneider, S. 275, 276 ff.

Öffentlichkeit.[373] Andere Vertreter im Schrifttum nehmen hingegen ähnlich wie die Legislative an, die wichtigste Motivation der Vorstände sei die Höhe ihres (variablen) Gehaltes, unter anderem deswegen, weil ein hierarchischer Aufstieg zumindest innerhalb des Unternehmens nicht mehr möglich sei. Ein Vorstand sei demnach umso besser motiviert, je stärker sich sein unterschiedliches Verhalten auf die Vergütungshöhe auswirke.[374] Schließlich gingen Führungskräfte davon aus, sie würden Überdurchschnittliches erbringen. Daher seien sie auch darauf bedacht, möglichst viel zu verdienen, da sich in der Höhe des Gehalts ihr Erfolg widerspiegele.[375]

Eine detaillierte Auseinandersetzung mit dem Meinungsstand zu den möglichen Motivationsfaktoren von Führungspersonal ist aus Platzgründen nicht möglich. Daher muss sich diese Arbeit darauf beschränken, sich die soeben erwähnte gesetzgeberische und in der Literatur oftmals übernommene Einschätzung zu Eigen zu machen. In diesem Sinne soll unterstellt werden, dass zu kurzfristigem Handeln anreizende Vorstandsgehälter zumindest das abstrakte Risiko deutlich erhöhen können, erhebliche Fehlentwicklungen im Unternehmen zu verursachen.

Bei überwiegender oder ausschließlicher Ausrichtung der variablen Vergütung auf kurzfristige Ziele wäre es für den Vorstand aus Sicht eines auf Nutzenmaximierung bedachten, rational denkenden Individuums absolut nachvollziehbar, hohe mittel- oder langfristige Risiken für das Unternehmen einzugehen, soweit die kurzfristige Entwicklung bis zu einem bestimmten Stichtag gut einzuschätzen wäre. In der Regel wird ein Vorstand die Folgen seines Handelns oder Unterlassens wegen geringerer Unsicherheiten besser einschätzen können, je kürzer der Betrachtungszeitraum ist. Weiß oder glaubt der Vorstand also, dass sich ein Risiko allenfalls nach einem maßgeblichen Stichtag realisieren wird, kann er es grundsätzlich eingehen, ungeachtet dessen wie groß es ist. Schließlich hat der Vorstand unmittelbar nichts zu befürchten. Ein Beispiel hierfür könnte der Erwerb hoch verzinster, aber auch hoch riskanter Anleihepapiere mit einer Laufzeit von etlichen Jahren sein, bei welchen die Zinszahlungen und damit die Ertragssteigerung des Unternehmens allenfalls zu Beginn der Laufzeit gesichert ist.

Es ist naheliegend, dass sich viele Geschäftsrisiken ohnehin erst auf längerfristige Sicht offenbaren beziehungsweise realisieren werden.[376] Wäre nämlich bereits vor einem bestimmten Handeln oder Unterlassen eines Vorstands ein hohes kurzfristiges Risiko erkennbar, würde regelmäßig schon die Organpflicht des Vorstands aus § 93 Abs. 1 S. 1 AktG eine bestimmte Entscheidung vorgeben.[377]

373 Vgl. *Cahn/v. Spannenberg*, in: Spindler/Stilz, AktG, § 58 Rn. 8; *Drygala*, in: FS Schneider, S. 275, 277 f.; *Fonk*, NZG 2005, 248, 252; *Ringleb*, in: Ringleb/Kremer/Lutter/v. Werder, DCGK, 5. Aufl., Rn. 679; *Thüsing*, ZGR 2003, 457, 475 ff.

374 Vgl. *Suchan/Winter*, DB 2009, 2531, 2534.

375 Vgl. *Drygala*, ZRP 2012, 161, 163; ferner *Peltzer*, in: FS Hellwig, S. 269, 272 f.

376 *Dzida/Naber*, BB 2011, 2613.

377 Vgl. *Hopt/Roth*, in: GK, AktG, § 93 Rn. 88; *Spindler*, in: MüKo, AktG, § 93 Rn. 25.

Vor diesem Hintergrund ist die gesetzliche Vorgabe einer auf langfristige und nachhaltige Unternehmensentwicklung ausgerichteten Vorstandsvergütung umso bedeutsamer. Zwar mag es im konkreten Einzelfall nicht zwingend sein, dass ein Vorstand wegen kurzfristiger Anreize unverhältnismäßige Risiken eingehen wird, weil er gegebenenfalls andere Motive über das der Gehaltsmaximierung stellt. Die abstrakte Gefahr wird aber jedenfalls erhöht. Die Frage, ob falsch ausgerichtete Vorstandsgehälter tatsächlich eine (Mit-)Ursache der 2007 begonnenen Finanz- und Wirtschaftskrise waren, muss daher an dieser Stelle nicht genauer untersucht werden. Der Gesetzgeber hat dies im Rahmen der ihm zustehenden Einschätzungsprärogative zulässig unterstellt.[378]

Nach der gesetzgeberischen Vorstellung wäre es statistisch betrachtet also nur eine Frage der Zeit, wann eine auf kurzfristiges und nicht nachhaltiges Handeln ausgerichtete Vorstandsvergütung das jeweilige Unternehmen und dadurch, wie im Fall der Finanz- und Wirtschaftskrise, das (globale) Wirtschaftssystem im Ganzen schädigen würde.[379] Der Umfang einer solchen Schädigung wäre mehr oder weniger vom Zufall abhängig. Selbst der vollständige Kollaps des Wirtschaftssystems im Zuge der jetzigen Finanz- und Wirtschaftskrise wurde unter Bezugnahme auf die Weltwirtschaftskrise von 1929 zunächst nicht vollständig ausgeschlossen.[380] Auch der Gesetzgeber zieht eine gewisse Parallele, wenn er sich bei der Reform von § 87 AktG ausdrücklich auf den im Rahmen der 1929 begonnenen Krise eingeführten § 78 AktG 1937 beruft.

Zwar dürfte deutlich besser zu vertreten sein, dass die Unterschiede in der jüngsten, sich wohl noch immer auswirkenden Krise die Gemeinsamkeiten zur Krise von 1929 von Beginn an deutlich überwogen haben.[381] Im Zeitpunkt, in dem das VorstAG beschlossen wurde, ließ sich ex ante betrachtet jedoch kaum sicher vorhersagen, ob sich tatsächlich keine vergleichbaren Schäden realisieren würden. Selbst heute scheint ein Wiederaufflammen der Krise mit Blick auf die jüngeren Entwicklungen, wie zum Beispiel die immer noch schwelende Staatsschuldenproblematik[382], nicht ausgeschlossen. Daher wird man nach wie vor auf die damalige Einschätzungsprärogative des Gesetzgebers vertrauen müssen.

Wenn es also Sinn und Zweck von § 87 Abs. 1 AktG ist, eine Vergütungsvereinbarung zu unterbinden, welche die Gefahr eines Zusammenbruchs des gesamten Wirtschaftssystems nur geringfügig vergrößert, wäre es dogmatisch schlicht nicht

378 Allgemein zur gesetzgeberischen Einschätzungsprärogative etwa BVerfGE 111, 226, 255; BVerfGE 125, 141, 154; BVerfGE 128, 1, 34; *Degenhart*, in: Sachs, GG, Art. 72 Rn. 20; *Schulze-Fielitz*, in: Dreier, GG, Art. 20 (Rechtsstaat) Rn. 190; umfassend *Bickenbach*, Die Einschätzungsprärogative des Gesetzgebers, S. 1 ff.

379 Vgl. ferner *Kasiske*, ZRP 2011, 137, 140.

380 Vgl. *Abelshauser*, Süddeutsche.de vom 17.05.2010; *Schäfer*, Süddeutsche.de vom 17.05.2010.

381 Vgl. *Ritschl*, APuZ 20/2009, 27, 31 f.

382 Hierzu allgemein z. B. *Smeets*, Staatsschuldenkrise in Europa, S. 1 ff.

nachvollziehbar, wäre die Vorschrift kein Verbotsgesetz im Sinne von § 134 BGB. Der potentielle Schaden wäre nicht überschaubar und somit auch nicht hinnehmbar.

(bb) Erfordernis der Mitwirkung des Vorstands bei der Entscheidung des Aufsichtsrats über die Vorstandsvergütung zur Vermeidung eines aktienrechtlichen Kompetenzkonflikts

Für die vorgenannte Ansicht könnte auch sprechen, dass der Vorstand aufgrund des in § 87 Abs. 1 S. 2 AktG eingefügten Kriteriums der nachhaltigen Unternehmensentwicklung rechtlich dazu verpflichtet sein könnte, bei der Entscheidung über seine Vergütung durch den Aufsichtsrat mitzuwirken. Dann würde § 87 Abs. 1 AktG nicht nur den Aufsichtsrat ansprechen, was erkennbar nicht bestritten wird, sondern zusätzlich auch den Vorstand. Hierin wäre ein weiteres wichtiges Indiz für ein Verbotsgesetz nach § 134 BGB zu sehen.[383]

Wie kurz zuvor erörtert umfasst der Begriff der nachhaltigen Unternehmensentwicklung nach der hier bis auf Weiteres geteilten Ansicht auch positive Ziele und erschöpft sich nicht in dem Ausschluss von „Strohfeuern". Die kurz zuvor aufgezählten möglichen positiven Ziele einer auf nachhaltige Unternehmensentwicklung ausgerichteten Vorstandsentwicklung sind lediglich beispielhaft und nicht abschließend. Welche genauen Ziele für welches Unternehmen sinnvoll sind, lässt sich nicht abstrakt, sondern nur anhand der jeweiligen Unternehmensstrategie bestimmen. Nur eine solche Herangehensweise kann der Vielfalt der unterschiedlichen Lebenssachverhalte und Bedürfnisse eines Unternehmens gerecht werden.[384]

Aus der notwendigen Heranziehung der Unternehmensstrategie im Rahmen der Vereinbarung der Vorstandsvergütung könnte sich allerdings ein Kompetenzkonflikt zwischen Aufsichtsrat und Vorstand ergeben. Der Vorstand leitet nach § 76 Abs. 1 AktG die Gesellschaft unter eigener Verantwortung. Zu einer seiner wichtigsten Aufgaben gehört die Festlegung der Unternehmensstrategie im Rahmen des Unternehmensinteresses.[385] Der Aufsichtsrat überwacht nach § 111 Abs. 1 AktG die Geschäftsleitung des Vorstands. Maßnahmen der Geschäftsführung können dem Aufsichtsrat nicht übertragen werden, § 111 Abs. 4 S. 1 AktG. Nach § 87 Abs. 1 S. 1 AktG ist der Aufsichtsrat aber zur Festsetzung der Vorstandsbezüge verpflichtet, welche er nach § 87 Abs. 1 S. 2 AktG auf eine nachhaltige Unternehmensentwicklung auszurichten hat. Folglich müsste der Aufsichtsrat gleichzeitig mit der Vorstandsvergütung auch positive Ziele einer nachhaltigen Unternehmensentwicklung,

---

383 Siehe zu den allgemeinen Beurteilungsgrundsätzen oben S. 57 ff.

384 Vgl. *Dauner-Lieb*, Der Konzern 2009, 583, 586; *dies./v. Preen/Simon*, DB 2010, 377, 379 („Compensation follows strategy"); *Weber*, in: Hölters, AktG, § 87 Rn. 31; kritisch *Wagner*, AG 2010, 774, 778 („... im Wege der Auslegung bereits aus dem Gesetz ...").

385 Vgl. *Fleischer*, in: Fleischer, Hdb Vorstandsrecht, § 1 Rn. 15; *Mertens/Cahn*, in: KöKo, AktG, § 76 Rn. 4; *Oltmanns*, in: Heidel, AktG, § 76 Rn. 5.

das heißt Teile der Unternehmensstrategie, festsetzen und damit zwangsläufig in die Geschäftsführungskompetenz des Vorstands eingreifen.[386]

Der Gesetzgeber wollte aber die Kompetenzordnung des Aktienrechts durch das VorstAG erkennbar nicht verändern und daher auch dem Aufsichtsrat nicht die Möglichkeit einräumen, über die Vorstandsvergütung die Unternehmensstrategie zu beeinflussen.[387] Zur Lösung des sich hieraus ergebenden Konflikts schlägt eine überzeugende Literaturmeinung vor, der Aufsichtsrat dürfe nur solche Ziele festsetzen, welche der Vorstand zuvor in Einklang mit der von ihm entwickelten Unternehmensstrategie vorgeschlagen habe.[388] Dies entspreche ohnehin in vielen Fällen bereits der Praxis und solle dementsprechend als „realitätsnah" anerkannt und weiterentwickelt werden. Ein solches Vorgehen betone, dass die Festlegung der Unternehmensstrategie dem Vorstand obliege. Zudem werde der Vorstand unter anderem im Rahmen eines Hauptversammlungsvotums über die Vergütung gemäß § 120 Abs. 4 AktG verstärkt an seinen eigenen Zielen gemessen und müsse diese entsprechend verteidigen. Die Prüfungskompetenz, ob die Vorgaben des § 87 Abs. 1 AktG eingehalten wurden, und die finale Entscheidung über die Vergütungsfestsetzung sollen selbstverständlich nach wie vor dem Aufsichtsrat zustehen. Dieser sei dementsprechend nicht an die Vergütungsvorschläge des Vorstands gebunden, das heißt der Vorstand soll sein Gehalt nicht selbst festsetzen dürfen.[389]

Diese Ansicht erscheint nur folgerichtig, wenn man einer nachhaltigen Unternehmensentwicklung wie hier einen positiven Sinngehalt beimisst. Konsequenz dieser Auffassung dürfte sein, dass dem Vorstand eine entsprechende Pflicht zukommen muss, Vorschläge für seine auf eine nachhaltige Unternehmensentwicklung ausgerichtete Vergütung zu unterbreiten. Andernfalls wäre die Vermeidung eines Kompetenzkonflikts nicht sichergestellt. Aufgrund dieser zweiseitigen Ausrichtung des § 87 Abs. 1 AktG ist es naheliegend, dass die Norm ein Verbotsgesetz gemäß § 134 BGB ist.

Teilweise wird an der Forderung nach der Mitwirkung des Vorstands bei der Festsetzung seiner Vergütung kritisiert, der Vorstand werde sich keine ambitionierten Ziele setzen, um seine Vergütung nicht negativ zu beeinflussen.[390] Dieser Einwand verfängt nicht. Ein Vorstand, der eine hohe variable Vergütung wünscht, wird dem Aufsichtsrat auch entsprechend hohe Ziele vorschlagen müssen.[391] Sollte es doch einmal in Ausnahmefällen zu einer wenig ambitionierten Zielsetzung kommen,

386 *Dauner-Lieb/v. Preen/Simon*, DB 2010, 377, 381; *Weber*, in: Hölters, AktG, § 87 Rn. 31.

387 Vgl. *Dauner-Lieb/v. Preen/Simon*, DB 2010, 377, 381; insoweit auch *Fonk*, NZG 2011, 321, 327.

388 Vgl. *Behrens/Rinsdorf*, in: FS zum 25-jährigen Bestehen AG ArbR im DAV, S. 449, 458f.; *Dauner-Lieb/v. Preen/Simon*, DB 2010, 377, 382; *Spindler*, in: MüKo, AktG, § 87 Rn. 78f.; *Weber*, in: Hölters, AktG, § 87 Rn. 31f.; im Ergebnis so auch *Wagner*, AG 2010, 774, 778f.; a.A. *Fonk*, NZG 2011, 321, 325; *Kling*, DZWIR 2010, 221, 229 (Fn. 145).

389 *Dauner-Lieb/v. Preen/Simon*, DB 2010, 377, 382.

390 *Fonk*, NZG 2011, 321, 325.

391 Vgl. *Dauner-Lieb/v. Preen/Simon*, DB 2010, 377, 382.

würde dies gerade die verbleibende Letztverantwortung und Ungebundenheit des Aufsichtsrats für die Festsetzung der Vorstandsvergütung verdeutlichen.

Ebenso wenig überzeugt der Versuch im Schrifttum, von vorneherein einen Kompetenzkonflikt und eine daraus folgende Mitwirkungspflicht des Vorstands bei der Ausrichtung der Vorstandsvergütung auf eine nachhaltige Unternehmensentwicklung zu verneinen, indem sogenannte quantitative (zum Beispiel Kunden- oder Mitarbeiterzufriedenheit) und qualitative (zum Beispiel Innovationskompetenz oder Führungskultur) Ziele im Bereich des § 87 Abs. 1 AktG für generell unzulässig erklärt werden, weil sie dem Vorstand vorgäben, wie dieser seine Aufgaben zu erfüllen habe. Hingegen sollen Finanz- und Bilanzkennzahlen als abstrakte Ziele ohne Weiteres zulässig sein.[392] Diese Sichtweise ist mit dem hier favorisierten positiven Bedeutungsgehalt einer nachhaltigen Unternehmensentwicklung im Sinne des § 87 Abs. 1 S. 2 AktG nicht vereinbar.

Eine Mitwirkungspflicht des Vorstands nach § 87 Abs. 1 S. 2 AktG wird in der Lehre außerdem aufgrund der Annahme verneint, nur ein verschwindend geringer Anteil von Parametern sei überhaupt geeignet, einen Kompetenzkonflikt zwischen Aufsichtsrat und Vorstand auszulösen.[393] Insoweit wird vertreten, es kämen nur variable mittel- oder langfristige Vergütungsbestandteile als konfliktträchtig in Betracht. Darüber hinaus könnten sämtliche zur Strategie des Unternehmens neutrale Parameter, wie zum Beispiel der Großteil der Finanzkennzahlen, keinen Konflikt verursachen.[394]

Diese Auffassung erscheint aus dogmatischer Sicht zumindest zweifelhaft. Der Ansatz knüpft seine Argumentation zwar an die Ausgangsüberlegungen der gegenläufigen Meinung an, welche sich für eine Mitwirkung des Vorstands ausspricht. Seit der Neueinführung des § 87 Abs. 1 S. 2 AktG seien nämlich verstärkt sogenannte „Leistungs- und Nachhaltigkeitsparameter“[395] erforderlich, woraus sich ein Kompetenzkonflikt ergebe.[396] Dies wird jedoch fast gleichzeitig wieder negiert, indem behauptet wird, „Leistungs- und Nachhaltigkeitsparameter“ würden nur einen verschwindend geringen Teil der in der Praxis gewählten Vergütungsparameter darstellen, weshalb in den meisten Fällen überhaupt kein Kompetenzkonflikt vorläge.[397] Hinter dem Versuch, eine der grundlegenden Thesen der eine Mitwirkung des Vorstands im Rahmen des § 87 Abs. 1 AktG befürwortenden Ansicht argumentativ zu widerlegen, steckt im Grunde deren schlichtes Bestreiten. Überspitzt ließe sich also ein Teil des Kritikansatzes auf die bloße Behauptung reduzieren, dass „Leistungs- und Nachhaltigkeitsparameter“ durch § 87 Abs. 1 S. 2 AktG doch keine verstärkte Bedeutung erlangen und Finanzkennzahlen als Vergütungsparameter weitestgehend ausreichend sind.

---

392 Vgl. *Fonk*, NZG 2011, 321, 325 f.
393 Vgl. *Schäfer*, in: GS Winter, S. 557, 565.
394 *Schäfer*, in: GS Winter, S. 557, 561 f.
395 *Dauner-Lieb/v. Preen/Simon*, DB 2010, 377, 379.
396 Vgl. *Schäfer*, in: GS Winter, S. 557, 559 f.
397 Vgl. *Schäfer*, in: GS Winter, S. 557, 561 f.

Würde dies zutreffen, verblieben nach beiden soeben erörterten Gegenansätzen – anfängliche Konfliktvermeidung und Behaupten eines verschwindend geringen Konfliktpotenzials – zur Ausrichtung der Vorstandsvergütung auf eine nachhaltige Unternehmensentwicklung eigentlich nur Finanz- und Bilanzkennzahlen. Hiermit lässt sich die „konzeptionelle Neuorientierung"[398] des § 87 Abs. 1 AktG, der jedenfalls nicht ausdrücklich widersprochen wird, nur schwerlich in Einklang bringen. Würde § 87 Abs. 1 S. 2 AktG nicht regelmäßig über Finanzkennzahlen hinausgehende Zielsetzungen in Form von Leistungs- und Nachhaltigkeitsparametern erfordern, wäre der einzige wesentliche Unterschied zur Rechtslage vor Einführung der Norm die Soll-Vorschrift des § 87 Abs. 1 S. 3 Hs. 1 AktG bezüglich einer mehrjährigen Bemessungsgrundlage für die variable Vergütung. Eine weit verbreitete Ansicht geht zu Recht aber davon aus, dass eine mehrjährige Bemessungsgrundlage für eine nachhaltige Ausrichtung der Vorstandsvergütung nicht ausreichen kann.[399] Etwas anderes würde § 87 Abs. 1 S. 2 AktG, der schon aufgrund seiner Formulierung zwingenden Charakter hat, sonst auch seine Bedeutung und somit die Daseinsberechtigung entziehen.

Dies verkennt auch die nur ein geringes Konfliktpotential sehende und deshalb die Mitwirkung des Vorstands bei seiner Vergütungsfestsetzung ablehnende Ansicht nicht. Dieser Ansicht zufolge verbleiben bestimmte zur Unternehmensstrategie nicht neutrale Ziele, die vom Aufsichtsrat allein festgesetzt werden müssen. Hierzu reiche jedoch eine vorherige Diskussion mit dem Vorstand aus, ohne dass dieser eigene Vergütungsvorschläge unterbreite. Anhand der mitgeteilten Informationen sei es dem Aufsichtsrat möglich, Ziele zu formulieren, die entweder die Strategie des Vorstands abbildeten oder zumindest nicht im Gegensatz zu dieser stünden.[400]

Ein wahrer Kompetenzkonflikt mit dem Vorstand sei nur denkbar, wenn dieser seine Strategie anlässlich aktueller Entwicklungen eigentlich ändern müsste, aufgrund der veralteten, vom Aufsichtsrat festgesetzten Vergütungsziele aber davon abgehalten würde. Ein solcher „Versteinerungseffekt"[401] werde auch nicht durch das Vorschlagen von Vergütungszielen durch den Vorstand verhindert. Der Aufsichtsrat müsse ohnehin aus der geänderten Strategie des Vorstands neue Vergütungsziele für die Zukunft herleiten. Des Weiteren sei die nachträgliche Anpassung der ursprünglichen Vergütungsziele auch bei Mitwirkung des Vorstands unzulässig. In Fällen des erforderlichen Strategiewechsels bestehe daher stets die Gefahr, dass der Vorstand von einem Strategiewechsel abgehalten werde, da er sonst (jedenfalls für den rückwärtsgewandten Zeitraum bis zur Anpassung der Ziele) auf einen Teil seiner variablen Vergütung verzichten müsse.[402]

398 *Dauner-Lieb/v. Preen/Simon*, DB 2010, 377, 378.

399 Vgl. *Dauner-Lieb/v. Preen/Simon*, DB 2010, 377, 380; *Wagner*, AG 2010, 774, 776; insoweit auch *Schäfer*, in: GS Winter, S. 557, 559; a.A. *Louven/Ingwersen*, BB 2013, 1219, 1222; *Marsch-Barner*, ZHR 175 (2011), 737, 745.

400 *Schäfer*, in: GS Winter, S. 557, 563.

401 *Schäfer*, in: GS Winter, S. 557, 564.

402 *Schäfer*, in: GS Winter, S. 557, 563 ff.

Die vorgenannte Argumentation setzt als zentralen Ausgangspunkt voraus, dass es dem Aufsichtsrat möglich ist, nach vorheriger Diskussion mit dem Vorstand variable Vergütungsziele zu formulieren, die entweder im Einklang mit dessen Strategie oder zumindest nicht im Gegensatz zu ihr stehen. Die in der Praxis regelmäßig zu beobachtende Beauftragung des Vorstands durch den Aufsichtsrat, Vergütungsvorschläge zu entwickeln, und der anschließende Rückgriff darauf zeichnen allerdings ein anderes Bild. Der zur Begründung dieser Vorgehensweise herangezogene Verweis des Aufsichtsrats auf die größere Sachnähe des Vorstands verdeutlicht die sonst nicht auszuräumende Gefahr, dass der Aufsichtsrat durch die alleinige Festsetzung von Vergütungszielen in den Kompetenzbereich des Vorstands eingreifen könnte.[403]

Darüber hinaus obläge es ohne Mitwirkung des Vorstands ausschließlich dem Aufsichtsrat, eigene Vergütungsziele zu entwickeln und gleichzeitig die Einhaltung des Angemessenheits-/Nachhaltigkeitsgebots zu kontrollieren. Eine zusätzliche Kontrolle der Vergütungsziele durch unterschiedliche Personen und auf anderen Ebenen ginge verloren.[404] Zudem würde die Arbeit des Aufsichtsrats mit der Aufgabe, den positiven Bedeutungsgehalt des Nachhaltigkeitsbegriffs alleine auszufüllen, durch ein neues Aufgabenfeld weiter erschwert.

(α) Mitwirkung vor der Erstbestellung

Insbesondere im Rahmen der Erstbestellung zeigt sich nach der hier vertretenen Ansicht, dass § 87 Abs. 1 AktG aufgrund des zu beachtenden Kriteriums der nachhaltigen Unternehmensentwicklung auch den Vorstand direkt anspricht und daher auf ein Verbotsgesetz hinweist. Der im Schrifttum diesbezüglich geäußerte Einwand, ein Vorstand verstoße durch Vereinbarung oder Annahme einer unangemessenen Vergütung allenfalls gegen § 93 Abs. 1 S. 1 AktG oder ein anderes Verbotsgesetz, wie zum Beispiel § 266 StGB[405], nicht aber gegen § 87 Abs. 1 S. 1 AktG, dürfte im Rahmen von § 87 Abs. 1 S. 2 AktG vermutlich nicht durchgreifen. Der Aufsichtsrat ist gemäß § 87 Abs. 1 S. 2 AktG dazu verpflichtet, auch die Bezüge eines neu zu bestellenden Vorstands auf eine nachhaltige Unternehmensentwicklung auszurichten. Den obigen Ausführungen zufolge darf der Aufsichtsrat die hierfür maßgeblichen Zielparameter aufgrund eines sonst entstehenden Kompetenzkonflikts nicht selbst festlegen.

Bei einer Wiederbestellung ließe sich noch argumentieren, die Pflicht des Vorstands, die Unternehmensstrategie zu entwerfen und den Aufsichtsrat darüber zu unterrichten beziehungsweise ihm daraus abgeleitete Vergütungsvorschläge zu unterbreiten, geht auf seine organschaftlichen Pflichten gemäß § 93 Abs. 1 S. 1 AktG zurück. Dieser Argumentationsansatz dürfte aber bei der Neubestellung eines Vorstands gerade nicht möglich sein. Die Pflicht des Vorstands, die Unternehmensstrategie festzulegen, folgt aus § 93 Abs. 1 S. 1 AktG und gehört zu den wichtigsten

403 Vgl. *Dauner-Lieb/v. Preen/Simon*, DB 2010, 377, 382.

404 Vgl. *Dauner-Lieb/v. Preen/Simon*, DB 2010, 377, 382.

405 Siehe hierzu oben S. 11.

Aufgaben des Vorstands.[406] Unstreitig unterliegt ein Vorstand vor seiner Bestellung aber noch keinen organschaftlichen Pflichten gemäß § 93 Abs. 1 S. 1 AktG.[407] Wenn der werdende Vorstand aber nicht verpflichtet wäre, eine grobe Vorstellung von der Unternehmensstrategie bei seiner Erstbestellung kundzutun beziehungsweise Vergütungsvorschläge aufgrund seiner Vorstellungen zu machen, wäre der Aufsichtsrat nicht mit Sicherheit in der Lage, der ihm unzweifelhaft obliegenden Pflicht aus § 87 Abs. 1 AktG nachzukommen, ohne gegen die Kompetenzordnung der Aktiengesellschaft zu verstoßen. Die Schaffung eines solchen Gesetzes war nicht die Absicht des Gesetzgebers.[408]

Daher muss die Verpflichtung des Vorstands, aktiv mitzuwirken, zumindest vor seiner Erstbestellung aus einer anderen Norm als § 93 Abs. 1 S. 1 AktG herrühren. § 87 Abs. 1 AktG setzt in zeitlicher Hinsicht beim frühestmöglichen Zeitpunkt an, nämlich den Verhandlungen über den Anstellungsvertrag. Ein anderer rechtlicher Anknüpfungspunkt ist nicht ersichtlich. Hinzu kommt, dass gerade § 87 Abs. 1 S. 2 AktG den Begriff der nachhaltigen Unternehmensentwicklung ins Aktienrecht neu eingeführt hat und es daher systematisch nur schwer zu rechtfertigen wäre, die Verpflichtung des werdenden Vorstands aus einer allgemeinen Norm herzuleiten.

Somit spricht vieles dafür, dass § 87 Abs. 1 S. 2 AktG den Vorstand auch schon vor seiner Erstbestellung in die Pflicht nimmt, dem Aufsichtsrat aus den Vorstellungen von der Unternehmensstrategie abgeleitete Vorschläge hinsichtlich der Vergütung zu unterbreiten. Dies dürfte auch der gängigen Praxis bei Anstellungsverhandlungen entsprechen. Der Aufsichtsrat könnte sonst schon gar nicht prüfen, ob der Vorstandskandidat die richtige Person für den Posten ist.

Zur Vermeidung von Missverständnissen sei nochmals angemerkt, dass die Pflicht des Vorstands, eine Unternehmensstrategie zu entwerfen, nicht etwa aus § 87 Abs. 1 AktG hergeleitet werden soll. Der Vorstand soll lediglich dem Aufsichtsrat aus seinen Vorstellungen von der Unternehmensstrategie abgeleitete Vorschläge unterbreiten, sozusagen eine Art Vorüberlegung anstellen. Zu etwas anderem wäre der Vorstand vor seiner Bestellung ohnehin nicht befugt. Zur endgültigen Festlegung der Unternehmensstrategie verpflichtet den Vorstand § 93 Abs. 1 S. 1 AktG erst ab seiner Bestellung.[409] Sollte die vom Vorstand später tatsächlich eingeschlagene Unternehmensstrategie von seinen früheren Vorschlägen abweichen, müsste er mit

---

406 Vgl. *Abeltshauser*, Leitungshaftung im Kapitalgesellschaftsrecht, S. 219; *Altmeppen*, ZGR 1999, 291, 303 ff.; *Feddersen*, ZGR 1993, 114, 116 ff.; *Fleischer*, in: Spindler/Stilz, AktG, § 93 Rn. 52 f.; *ders.*, in: Fleischer, Hdb Vorstandsrecht, § 7 Rn. 39; *Kropff*, NZG 1998, 613 f.; *Lutter*, in: FS Albach, S. 345, 350.

407 Vgl. nur *Fleischer*, in: Spindler/Stilz, AktG, § 84 Rn. 5; *Mertens/Cahn*, in: KöKo, AktG, § 93 Rn. 65.

408 Vgl. *Dauner-Lieb/v. Preen/Simon*, DB 2010, 377, 381.

409 Vgl. *Fleischer*, in: Spindler/Stilz, AktG, § 93 Rn. 52; *ders.*, WM 2003, 1045, 1046; Hüffer/*Koch*, AktG, § 76 Rn. 9 und § 84 Rn. 9; *Schmidt*, in: Heidel, AktG, § 93 Rn. 30; *Spindler*, in: MüKo, AktG, § 84 Rn. 9; *Wiedemann*, in: FS Heinsius, S. 949, 951.

dem Aufsichtsrat die Vergütungsabrede entsprechend anpassen. In seiner alleinigen Verantwortung für die Geschäftsführung würde ihn dies nicht beeinträchtigen.

Wenn die Mitwirkungspflicht des (zukünftigen) Vorstands bei seiner Erstbestellung § 87 Abs. 1 AktG zu entnehmen wäre, dürfte für seine Wiederbestellung nichts anderes gelten. Jedenfalls würde eine Mitwirkungspflicht des Vorstands dem Ziel des Gesetzgebers, das Verhalten des Vorstands über die Vergütung auf eine nachhaltige Unternehmensentwicklung auszurichten, am besten gerecht. Der Vorstand wäre nämlich gezwungen, sich bereits ab den Verhandlungen über seine Anstellung mit dem Erfordernis einer nachhaltigen Unternehmensentwicklung auseinanderzusetzen. Die einzuhaltenden inhaltlichen Maßstäbe hierfür würde allein § 87 Abs. 1 S. 2 AktG setzen.

Die Formulierung des § 87 Abs. 1 S. 3 Hs. 2 AktG stützt die Annahme, dass § 87 Abs. 1 S. 2 AktG auch den Vorstand anspricht, was wiederum ein Hinweis auf ein Verbotsgesetz nach § 134 BGB ist. Der Aufsichtsrat soll eine Begrenzungsmöglichkeit mit dem Vorstand vereinbaren und nicht festsetzen wie es im Anwendungsbereich des § 87 Abs. 1 S. 1 AktG der Fall ist. Ohnehin kann von einem einseitigen Festsetzen der Vorstandsvergütung durch den Aufsichtsrat keine Rede sein. Vielmehr wird das Vorstandsgehalt auf Augenhöhe zwischen Vorstand und Aufsichtsrat ausgehandelt.[410]

Vermutlich hat der Gesetzgeber an dem Wortlaut des schon vor dem VorstAG existenten § 87 Abs. 1 S. 1 AktG festgehalten, um damit auszudrücken, dass das „letzte Wort" über die Entscheidung der Angemessenheit des Vorstandsgehalts beim Aufsichtsrat verbleibt.[411] Dies schließt aber nicht aus, dass der Aufsichtsrat in bestimmten Fällen auf die aktive Mitwirkung des Vorstands angewiesen ist, wie der Gesetzgeber offenbar für die Ausrichtung der Vorstandsbezüge auf eine nachhaltige Unternehmensentwicklung angenommen hat.

Mit der bewusst unterschiedlich gewählten Formulierung des durch das VorstAG neugeschaffenen § 87 Abs. 1 S. 3 Hs. 2 AktG verdeutlicht der Gesetzgeber, dass Vorstand und Aufsichtsrat vereinbaren (müssen), was unter einer nachhaltigen Entwicklung für ihr Unternehmen im Sinne von § 87 Abs. 1 S. 2 AktG zu verstehen ist. Zwar handelt es sich bei § 87 Abs. 1 S. 3 Hs. 2 AktG nur um eine Soll-Vorschrift, die nicht generell beachtet werden muss. Sie kann und muss jedoch zur Auslegung der zwingenden Vorschrift des § 87 Abs. 1 S. 2 AktG herangezogen werden, weil sie die diesbezüglichen Vorstellungen des Gesetzgebers erkennen lässt.[412] Diesem ist zwischenzeitlich wohl bewusst geworden, dass Vorstandsgehälter nicht festgesetzt, sondern vereinbart werden.

(β) Mitwirkung bei Strategiewechsel

Nicht nur bei im Rahmen der Erstbestellung, sondern auch bei einem Wechsel der Unternehmensstrategie könnte die Mitwirkung des Vorstands im Rahmen

---

410 Vgl. *Martens*, ZHR 169 (2005), 124, 128 f.; *Peltzer*, in: FS Lutter, S. 571, 573 f.
411 Vgl. *Drygala*, in: FS Schneider, S. 275, 280.
412 Vgl. *Mertens*, AG 2011, 57, 61.

des § 87 Abs. 1 AktG notwendig sein. Dies würde die beidseitige Ausrichtung der Norm und somit ihren Verbotscharakter erneut unterstreichen. Ursprung dieser Überlegung ist, dass ein notwendiger Strategiewechsel neben der bloßen Entwicklung neuer Vergütungsziele ganz regelmäßig eine Anpassung der Vergütungsvereinbarung zwischen Gesellschaft und Vorstand erfordert. Eine Änderung der Rechte und Pflichten aus einem Vorstandsvertrag erfolgt grundsätzlich nach den allgemeinen Regeln.[413] Eine Vertragsänderung erfordert somit grundsätzlich zwei übereinstimmende Willenserklärungen.[414] Angenommen diese kämen hinsichtlich der Vergütungsvereinbarung bei einem Wechsel der Unternehmensstrategie nicht zustande, zum Beispiel, weil der Vorstand mit den neuen Ziel- beziehungsweise Vergütungsvorgaben des Aufsichtsrats nicht einverstanden wäre, so gäbe es grundsätzlich drei Möglichkeiten.

Eine wäre, in zweifelhafter Weise eine Einschränkung der Vertragsfreiheit zulasten des Vorstands dergestalt zu konstruieren, dass dieser die vom Aufsichtsrat aus dem Strategiewechsel einseitig abgeleiteten Zielvorstellungen akzeptieren müsste. § 87 Abs. 1 S. 2 AktG würde durch einen solchen Kontrahierungszwang jedenfalls auch den Vorstand ansprechen. Hiergegen spricht aber klar der Vergleich mit § 87 Abs. 2 AktG. Ein dem Interessenausgleich dienendes Recht des Vorstands zur Sonderkündigung seines Anstellungsvertrages wie im Fall der einseitigen Herabsetzung seiner Bezüge durch den Aufsichtsrat wegen einer verschlechterten Lage der Gesellschaft gemäß § 87 Abs. 2 S. 4 AktG besteht erkennbar nicht.

Eine andere Möglichkeit bestünde schlicht darin, dass eine Vertragsänderung nicht zustande käme. Dann wäre die Vorstandvergütung nicht mehr auf eine nachhaltige Unternehmensentwicklung ausgerichtet. Die sich hieran anschließenden Rechtsfolgen sind Gegenstand dieser Arbeit, deren Ergebnisse an dieser Stelle nicht vorweg genommen werden können. Spräche man sich gegen eine Mitwirkung des Vorstands und damit auch gegen den Verbotscharakter von § 87 Abs. 1 AktG aus, ließe sich zwar argumentieren, dass der Vorstand die inzwischen veralteten Vergütungsziele nach einem Strategiewechsel aufgrund seiner Organpflicht nicht mehr weiter verfolgen dürfte und ihm die entstehenden Gehaltseinbußen mangels Einigungsbereitschaft selbst zuzurechnen wären. Der mit dem VorstAG vom Gesetzgeber verfolgte Zweck, das Verhalten des Vorstands mittels der Vergütung zu steuern, würde auf diese Weise aber womöglich ad absurdum geführt, da die überholte Vergütungsabrede grundsätzlich wirksam bliebe.[415] Die ausdrücklich beabsichtigten Verhaltensanreize durch die Vergütung gingen verloren. Die Steuerung des Vorstands könnte nur noch über die Androhung straf- und zivilrechtlicher Sanktionen in Form von Schadensersatzansprüchen beziehungsweise einer Strafbarkeit wegen Untreue erfolgen.

---

413 Vgl. nur *Seibt*, in: Schmidt/Lutter, AktG, § 84 Rn. 37.

414 Vgl. nur *Emmerich*, in: MüKo, BGB, § 311 Rn. 11.

415 Vgl. zum Anliegen der Verhaltenssteuerung BT-Drs. 16/12278, S. 1 und 5; BT-Drs. 16/13433, S. 1; *Dauner-Lieb/v. Preen/Simon*, DB 2010, 377 m.w.N.

Eine Veränderung zur alten Rechtslage wäre nicht erkennbar. Der Aufsichtsrat wäre zwar frei, den Vorstand abzuberufen und einen neuen einzusetzen. Der Anstellungsvertrag des alten Vorstands würde hiervon aber nicht berührt, sodass hierdurch insbesondere die Gesellschaft und somit die Aktionäre geschädigt würden, da die Gesellschaft den alten Vorstand weiterhin vertragsgemäß entlohnen beziehungsweise bei vorzeitiger Auflösung des Anstellungsvertrages ganz regelmäßig eine Abfindung zahlen müsste.[416]

Die dogmatisch sauberste, am wenigsten einschränkende und praktisch am besten handhabbare Lösung dürfte daher sein, dem Vorstand gemäß § 87 Abs. 1 S. 2 AktG das Recht und die Pflicht aufzuerlegen, eigene Vorschläge für die Ausrichtung seiner Vergütung auf eine nachhaltige Unternehmensentwicklung zu formulieren. Etwas anderes wäre gegebenenfalls denkbar, wenn man die Unternehmensstrategie nicht als Ausgangspunkt einer nachhaltigen Unternehmensentwicklung gemäß § 87 Abs. 1 S. 2 AktG betrachten wollte. Dann würde eine Strategieänderung durch den Vorstand nicht zwangsläufig eine Anpassung der Vergütungsvereinbarung bedingen. Ein solches Verständnis wurde jedoch soeben als nicht vorzugswürdig erachtet.

(cc) Zwischenergebnis

Es gilt somit festzuhalten, dass der Aufsichtsrat nach der hier vertretenen Ansicht eine auf nachhaltige Unternehmensentwicklung ausgerichtete Vorstandsvergütung ohne Verstoß gegen die Kompetenzordnung der Aktiengesellschaft nur unter aktiver Mitwirkung des Vorstands festsetzen kann. § 87 Abs. 1 S. 2 AktG spricht daher unmittelbar beide Gesellschaftsorgane an. Wenn eine Norm beiden Seiten eines Rechtsgeschäfts ein bestimmtes Verhalten ver- beziehungsweise gebietet, handelt es sich in der Regel um ein Verbotsgesetz im Sinne von § 134 BGB. Hierfür spricht auch der von § 87 Abs. 1 S. 2 AktG verfolgte Sinn und Zweck, welcher darin besteht, die Integrität und Stabilität des Wirtschaftssystems zu schützen. Derart hochrangigen Zielsetzungen dürfte allein ein Verbotsgesetz gerecht werden.

§ 87 Abs. 1 S. 2 AktG gebietet dem Vorstand nach den Ergebnissen dieser Arbeit in einem ersten Schritt, dem Aufsichtsrat Vorschläge für seine auf nachhaltige Entwicklung im Rahmen der Unternehmensstrategie ausgerichtete Vergütung zu unterbreiten. Umgekehrt verbietet die Vorschrift dem Vorstand, Ziele vorzuschlagen, die nicht auf eine nachhaltige Unternehmensentwicklung ausgerichtet sind. § 87 Abs. 1 S. 2 AktG setzt also inhaltliche Grenzen für die Vorschlagspflicht des Vorstands. In einem zweiten Schritt gebietet die Vorschrift dem Aufsichtsrat, Ziele für eine nachhaltige Unternehmensentwicklung nur aus den Vorschlägen des Vorstands zu entwickeln beziehungsweise auf geeignete Vorschläge hinzuwirken. Mit anderen Worten ist es dem Aufsichtsrat untersagt, selbst Ziele für eine nachhaltige Unternehmensentwicklung zu formulieren und auf diese Weise Gefahr zu laufen, in die Geschäftsführungsbefugnis des Vorstands einzugreifen.

416 Vgl. zur ablösenden Abfindung z. B. *Fleischer*, in: Spindler/Stilz, AktG, § 87 Rn. 46.

Vor diesem Hintergrund wäre zu überlegen, ob gegebenenfalls die Aufnahme einer entsprechenden Regelung in den DCGK sinnvoll sein könnte. Ebenfalls ließe sich darüber nachdenken, ob der Aufsichtsrat allgemeine Verfahrensgrundsätze für die Mitwirkungspflicht des Vorstands aufstellen sollte, um eine effizientere Umsetzung zu fördern.[417] Auf die Beurteilung einer möglicherweise nichtigen Gehaltsvereinbarung im Rahmen des § 134 BGB dürften derartige Maßnahmen allerdings keinen Einfluss haben. Inwieweit eine Empfehlung im DCGK oder allgemeine Verfahrensgrundsätze etwaige Schadensersatzansprüche beeinflussen könnten, müsste gesondert geprüft werden.

(4) Anreizorientierte Vergütungszusagen

In § 87 Abs. 1 S. 1 AktG werden nunmehr im Klammerzusatz auch anreizorientierte Vergütungszusagen wie zum Beispiel Aktienbezugsrechte als mögliche Formen der Vergütung von Vorstandsmitgliedern genannt. Auch schon vor Erlass des VorstAG wurden alle variablen Vergütungsbestandteile, das heißt auch Aktienbezugsrechte sowie andere auf Aktien basierende Vergütungen oder Phantom-Stocks, als von § 87 Abs. 1 AktG erfasst angesehen.[418] Eine Änderung der materiellen Rechtslage soll daher durch die reine Klarstellung nicht eingetreten sein.[419]

Den Gesetzesmaterialien lässt sich hinsichtlich der Ergänzung des Klammerzusatzes um den Punkt „anreizorientierte Vergütungszusagen wie zum Beispiel Aktienbezugsrechte“ lediglich entnehmen, dass sie auf den Vorschlag der Regierungskommission Corporate Governance („Baums-Kommission“) aus dem Jahr 2001 und dem Zehnpunkteprogramm der Bundesregierung „Anlegerschutz und Unternehmensintegrität“ aus dem Jahr 2003 zurückgeht.[420] Die Baums-Kommission hatte mit der von ihr vorgeschlagenen Änderung des § 87 Abs. 1 AktG eine quantitative Deckelung der entsprechenden Vergütungsbestandteile im Blick. Namentlich ging es um Aktienoptionen, Phantom Stocks und Stock Appreciation Rights (SARs).[421] Diese sollten ausdrücklich unter dem Oberbegriff „anreizorientierte Vergütungszusage“ dem Angemessenheitsgebot in § 87 Abs. 1 AktG unterworfen werden. Der Baums-Kommission erschien eine solche Lösung besser geeignet als eine wie auch immer geartete unmittelbare quantitative Beschränkung der genannten Optionsmodelle, um sie auf einem sozial verträglichen Maß zu halten.[422]

---

417 Vgl. zur Festlegung allgemeiner Grundsätze für den Aufsichtsrat im Umgang mit der Entscheidung über die Vorstandsvergütung *Lutter*, ZIP 2003, 737, 741 f.; *Schwark*, in: FS Raiser, S. 377, 396.

418 Vgl. *Seibt*, in: Schmidt/Lutter, AktG, § 87 Rn. 5; *Spindler*, in: MüKo, AktG, § 87 Rn. 22; *Weber*, in: Hölters, AktG, § 87 Rn. 5.

419 Vgl. *Dauner-Lieb*, in: Henssler/Strohn, AktG, § 87 Rn. 13; *Hoffmann-Becking/Krieger*, Beilage NZG 26/2009, 1; *Hohenstatt*, ZIP 2009, 1349, 1350; *Thüsing*, AG 2009, 517.

420 BT-Drs. 16/12278, S. 5.

421 Vgl. zu den zwei letztgenannten Gestaltungen *Spindler*, in: MüKo, AktG, § 87 Rn. 112.

422 Vgl. BT-Drs. 14/7515, S. 42 f.

Nach hiesiger Auffassung dürfte die Ergänzung des Klammerzusatzes in § 87 Abs. 1 S. 1 AktG die bisher gefundenen Ergebnisse bestärken. Die explizite Ausdehnung des Angemessenheitsgebots auf anreizorientierte Vergütungszusagen soll genau wie die Berücksichtigung der üblichen Vergütung und Leistungen des Vorstands zu einer besseren Akzeptanz in der Öffentlichkeit führen.[423] Das Vertrauen in das Wirtschaftssystem soll durch eine sozial verträgliche Gestaltung von Optionsmodellen gestärkt beziehungsweise zurückgewonnen werden. „Skandale" sollen vermieden werden.[424] Ob sich darüber hinaus noch weitere Erkenntnisse aus der Erweiterung des Klammerzusatzes in § 87 Abs. 1 S. 1 AktG gewinnen lassen, erscheint zweifelhaft. Schließlich handelt es sich bei den anreizorientierten Vergütungszusagen um eine den Angemessenheitskriterien des § 87 Abs. 1 AktG systematisch nachgestellte Begrifflichkeit. Diese stellt nicht eigene Zielvorgaben auf, sondern orientiert sich an diesen oben teilweise erörterten Kriterien.

(5) Zwischenergebnis

Einzeln betrachtet spricht jede Änderung des § 87 Abs. 1 AktG durch das VorstAG nach ihrem Sinn und Zweck für eine Einordnung als Verbotsgesetz im Sinne von § 134 BGB. Die leistungsgerechte, übliche, langfristige und nachhaltige Ausrichtung der Vorstandsvergütung soll Gerechtigkeitsvorstellungen und Vertrauen der Öffentlichkeit in das Wirtschaftssystem wiederherstellen. Hierdurch soll der soziale Frieden der Gesellschaft gewahrt und negative Auswüchse beziehungsweise „Skandale" wie die Finanzkrise verhindert werden. Diese Zielvorgaben sprechen für sich und sollten bereits separat betrachtet für die Annahme eines Verbotscharakters ausreichen. Um diesen zu untermauern, lassen sich außerdem systematische Aspekte anführen, nämlich das Erfordernis einer Mitwirkung durch den Vorstand bei der Ausrichtung seiner Vergütung auf eine nachhaltige Unternehmensentwicklung.

bb) Gesamtbetrachtung

Fraglich ist, ob eine die Neuerungen durch das VorstAG integrierende Gesamtbetrachtung es ebenfalls rechtfertigt, § 87 Abs. 1 AktG als Verbotsnorm zu behandeln. Die derzeit überwiegende Ansicht, welche in § 87 Abs. 1 AktG nach wie vor kein Verbotsgesetz sieht, greift zur Begründung auf bereits vor Inkrafttreten des VorstAG herangezogene Argumente, wie zum Beispiel die Entstehungsgeschichte, zurück. Wie schon erwähnt, hat eine ausführliche Auseinandersetzung mit den Neuerungen des § 87 Abs. 1 AktG im Hinblick auf den Verbotscharakter der Norm bisher erkennbar nicht stattgefunden.

---

423 Siehe hierzu oben S. 63 und 67.

424 Vgl. BT-Drs. 16/12278, S. 5.

(1) Fortschreibung der Entstehungsgeschichte von § 87 Abs. 1 AktG durch das VorstAG

Die Frage, ob es sich vor dem VorstAG bei § 87 Abs. 1 AktG a.F. um ein Verbotsgesetz gehandelt haben könnte, bedarf keiner Klärung mehr. Allerdings dürften die nach dem Inkrafttreten des VorstAG zu § 87 Abs. 1 AktG fast identisch übernommenen Begründungsansätze zumindest nicht ohne Weiteres auf die neu eingeführten Kriterien des § 87 Abs. 1 AktG übertragbar sein. Insbesondere ein pauschaler Verweis auf die frühere Entstehungsgeschichte überzeugt nicht mehr, da er allenfalls ein unvollständiges Bild zeichnet. Der Charakter eines Gesetzes wird nicht einmalig mit seiner ersten Einführung für alle Zeit festgelegt, sondern kann beziehungsweise muss durch den Gesetzgeber bei veränderten Umständen im Rahmen seiner Gesetzgebungskompetenz selbstverständlich eingeschränkt, erweitert oder sogar aufgegeben werden.[425]

Der Gesetzgeber hat mit dem Erfordernis, die Vorstandsvergütung auf eine nachhaltige Unternehmensentwicklung auszurichten, ein vollkommen neues Kriterium in § 87 Abs. 1 AktG eingeführt. Dem entspricht die im Gesetzgebungsverfahren ausdrücklich geäußerte Absicht des Gesetzgebers, die Kriterien einer angemessenen Vorstandsvergütung hinsichtlich der langfristigen und nachhaltigen Anreize fortzuentwickeln.[426] Die dem VorstAG zugrunde liegenden Zielsetzungen des Gesetzgebers sind nunmehr ebenfalls Teil der Entstehungsgeschichte des § 87 Abs. 1 AktG geworden. Gerade im modernen Wirtschaftsrecht werden Schutzvorschriften oft zu Verbotsgesetzen weiterentwickelt, um dadurch den Privatrechtsschutz zu verbessern, was unter anderem im Kartellrecht (§§ 1, 19 GWB) zu beobachten ist.[427]

Es verwundert daher nicht, dass das Kartellrecht als Teil des Wettbewerbsrechts häufig als eigene Fallgruppe im Rahmen des § 134 BGB gebildet wird.[428] Teilweise wird hierin sogar der wichtigste Anwendungsbereich des § 134 BGB auf dem Gebiet des Wirtschaftsrechts gesehen.[429] Dementsprechend finden sich im Kartellrecht diverse Verbotsgesetze im Sinne von § 134 BGB. In diesem Sinn ziehen insbesondere gegen § 1 GWB verstoßende wettbewerbsbeschränkende Vereinbarung eine Nichtigkeit nach sich, wobei das Geschäft soweit möglich auf den zulässigen Teil reduziert werden soll.[430] Genauso führt der Missbrauch einer marktbeherrschenden

---

425 Vgl. BVerfGE 49, 89, 130; BVerfGE 50, 290, 335; BVerfGE 55, 274, 308; BVerfGE 59, 119, 127; *Bickenbach*, Die Einschätzungsprärogative des Gesetzgebers, 405 ff.; *Sannwald*, in: Schmidt-Bleibtreu/Hofmann/Henneke, GG, Vorb. v. Art. 70 Rn. 23.

426 Vgl. BT-Drs. 16/12278, S. 5.

427 *Säcker/Stenzel*, JZ 2006, 1151, 1153; vgl. zur kartellrechtlichen Entwicklung *Schmidt*, AcP 206 (2006), 169, 196 ff.

428 Siehe nur *Arnold*, in: Erman, BGB, § 134 Rn. 45; zur Fallgruppenbildung siehe oben S. 61.

429 *Armbrüster*, in: MüKo, BGB, § 134 Rn. 64.

430 Vgl. BGH, WuW/E DE-R 1305, 1306; BGH, NZG 2010, 76, 78; *Wolf*, BB 2011, 648, 650; *Schmidt*, BB 2014, 515, 516.

Stellung entgegen § 19 GWB über § 134 BGB zur (Teil-)Nichtigkeit des jeweiligen Geschäfts.[431] Diese Wertungen beruhen auf dem maßgeblichen Schutzzweck des GWB, welcher darin besteht, einen wirksamen und funktionsfähigen Wettbewerb als Grundpfeiler der Wirtschaftsverfassung zu gewährleisten. Das GWB verbietet folglich Vereinbarungen, welche dieser Schutzrichtung zuwider laufen.[432]

Gewisse Parallelen der vom GWB und von § 87 Abs. 1 AktG jeweils verfolgten Schutzrichtung sind nicht zu verkennen. Das unterstellte Marktversagen bei der Aushandlung von Vorstandsgehältern wurde bereits erwähnt.[433] Anhand der sonstigen Ausführungen in dieser Arbeit sollte deutlich geworden sein, dass § 87 Abs. 1 AktG nicht nur die Interessen der Shareholder, sondern nach ganz überwiegender Ansicht auch die der Stakeholder schützen soll.[434] Ein funktionierender Wettbewerb bei der Aushandlung von Vorstandsbezügen würde zum Schutz der Stakeholder-Interessen maßgeblich selbstregulierend beitragen. Um einen solchen Wettbewerb zu fördern oder zumindest nachträglich korrigierend eingreifen zu können, dürfte es ein wirksames Mittel sein, unangemessene Gehaltsvereinbarungen zwischen Aktiengesellschaft und Vorstand dem Regime des § 134 BGB zu unterstellen.

Im Übrigen diente § 87 AktG bis zum Inkrafttreten des VorstAG vorrangig dazu, das Gesellschaftsvermögen für die Gesellschaft, Aktionäre und Gläubiger vor übermäßigen Bezügen der Vorstände zu schützen.[435] Diese alleinige Intention wird dem enorm hohen Stellenwert von Aktiengesellschaften im Wirtschaftssystem nicht (mehr) gerecht. Kapitalgesellschaften, allen voran Aktiengesellschaften, bilden zumindest tatsächlich einen wesentlichen Teil des sozialen Systems, dessen Bedeutung, zum Beispiel im Bereich der Altersversorgung, aus Gründen schlechter Staatsfinanzen zukünftig immer weiter ausgebaut werden soll.[436] In diesem Sinn kommt den Aktiengesellschaften insbesondere auch als Arbeitgebern eine sehr wichtige Bedeutung zu. Bei den Vorständen handelt es sich folglich um äußerst bedeutsame Beteiligte am Wirtschaftsleben, welche die Geschicke ihrer Unternehmen leiten und damit zumindest mittelbar in die Schicksale einer großen Zahl einzelner Individuen eingreifen.

Vor diesem Hintergrund hat der Gesetzgeber nunmehr den Kreis der zu schützenden Stakeholder erweitert, indem er zum Beispiel das Vertrauen der Öffentlichkeit sowie den sozialen und politischen Frieden in Deutschland als von § 87 Abs. 1

---

431 Vgl. BGH, BB 2014, 641; *Kühne*, NJW 2006, 2520, 2521.

432 Vgl. *Bechtold/Bosch*, GWB, Einführung Rn. 49 ff.; *Bunte*, in: Langen/Bunte, Kartellrecht, Einl. Rn. 82.

433 Siehe oben S. 69.

434 Vgl. auch *Dauner-Lieb/v. Preen/Simon*, DB 2010, 377, 378; *Döll*, WM 2010, 103, 107, bezüglich § 120 Abs. 4 AktG; *Seibert*, WM 2009, 1489, 1490; *Weber-Rey*, WM 2009, 2255, 2257.

435 Vgl. BGHSt 50, 331, 341; LG Düsseldorf, NJW 2004, 3275, 3277; *Fleischer*, in: Spindler/Stilz, AktG, 1. Aufl., § 87 Rn. 1; *ders.*, DStR 2005, 1279; *Hüffer*, AktG, 8. Aufl., § 87 Rn. 1; *Körner*, NJW 2004, 2697, 2698 m.w.N.

436 *Körner*, NJW 2004, 2697, 2698; *Lutter*, ZIP 2003, 737, 739.

AktG erfasste Interessen anerkannt hat. Wie schon mehrfach erwähnt sind die vorgenannten Interessen derart hochrangig, dass es nur schwer zu rechtfertigen wäre, wenn es sich bei § 87 Abs. 1 AktG nicht um ein Verbotsgesetz handeln würde.

Fraglich ist allerdings, ob nicht eine stärkere Rechtssicherheit gegen die Einstufung als Verbotsgesetz angeführt werden könnte, wenn nicht jeder objektive Verstoß gegen § 87 Abs. 1 AktG eine Nichtigkeit nach sich ziehen würde.[437] Der Aspekt der Rechtssicherheit wird jedoch genauso genannt, um eine Einstufung als Verbotsgesetz zu begründen.[438] Dieses Argument dürfte somit im Bereich des § 87 Abs. 1 AktG nicht ergiebig sein. Im Übrigen ließe es sich auch als generelles Universalargument gegen jegliches potentielle Verbotsgesetz ins Felde führen. Handelt es sich nach Sinn und Zweck einer Norm um ein Verbotsgesetz im Sinne des § 134 BGB, ist die Wahrung der Außengrenzen der Rechtsordnung nun einmal vorrangig gegenüber dem Wunsch nach Rechtssicherheit.[439] Ohnehin könnte es nur zu Rechtsunsicherheit kommen, wenn ein Verstoß gegen § 87 Abs. 1 AktG zur Unwirksamkeit des Anstellungsvertrages im Ganzen führen würde. Nur dann bestünde ein unklarer Zustand, andernfalls würde der Vertrag zu angemessenen Konditionen weitergelten. Eine Gesamtnichtigkeit des Anstellungsvertrages wird allerdings ganz überwiegend abgelehnt.[440]

Zu diesem letztgenannten Punkt muss an dieser Stelle noch nicht abschließend Stellung genommen werden. Der Gedanke der Rechtssicherheit muss jedenfalls aus anderen Gründen zurücktreten. Es liefe der erweiterten Schutzrichtung der von § 87 Abs. 1 AktG nämlich klar zuwider, wenn die Vereinbarung einer Vorstandsvergütung trotz Verstoßes gegen § 87 Abs. 1 AktG bis zur Grenze der Sittenwidrigkeit stets wirksam bliebe. Die Öffentlichkeit fühlte sich womöglich in ihrer derzeitigen Auffassung bestätigt, dass bestimmte Bevölkerungsgruppen, namentlich hochrangige Wirtschaftsvertreter, nach eigenem Gutdünken handeln können und selbst trotz jüngster gesetzgeberischer Aktivität nicht mit Sanktionen zu rechnen haben.[441] Als Folge müsste sich der Gesetzgeber wahrscheinlich Aktionismus im Rahmen der Bundestagswahl 2009 zur Besänftigung der Wähler, gegebenenfalls sogar bewusste und dauerhafte Bevorteilung bestimmter Gruppen, unterstellen lassen. Die Reform des § 87 Abs. 1 AktG würde gegebenenfalls dem eigens erklärten Ziel des Gesetzgebers zuwider laufen, weil sie geeignet wäre, den Vertrauensverlust der Öffentlichkeit in Politik und Wirtschaft noch zu vergrößern.

Es ist aber fehl am Platz, dem Gesetzgeber politischen Aktionismus vorzuwerfen.[442] Es hat ein Wechsel in der Blickrichtung vom nicht risikobereiten auf den

---

437 A.A. bezüglich einer Nichtigkeit infolge einer Reduktion der Vertretungsmacht *Drygala*, in: FS Schneider, S. 275, 287.

438 *Säcker/Stenzel*, JZ 2006, 1151, 1153.

439 Siehe oben S. 57 f.

440 Siehe oben S. 26 ff.

441 Vgl. nur *Grupp*, WiWo Online vom 04.02.2014; *Imbusch/Rucht*, APuZ 04–05/2007, 3 ff.

442 Vgl. *Bauer/Arnold*, AG 2009, 717, 718; a.A. *Wagner/Wittgens*, BB 2009, 906.

nicht hinreichend auf Risiken achtenden Vorstand stattgefunden.[443] Dies lässt sich den Gesetzgebungsmaterialien unmissverständlich entnehmen. Daher wird man auf die Einschätzungsprärogative des Gesetzgebers, namentlich die Gefahrenprognose hinsichtlich falsch ausgerichteter Vorstandsvergütungen, vertrauen dürfen.[444] Der Verbotscharakter von § 87 Abs. 1 AktG in der Form des VorstAG bildet somit einen Reflex auf die neue gesetzgeberische Wertung, das heißt den neuen, zusätzlichen Sinn und Zweck der Bestimmung.

(2) Gleichzeitige Adressierung des § 87 Abs. 1 AktG an Aufsichtsrat und Vorstand

Weiterhin könnte für den Verbotscharakter des § 87 Abs. 1 AktG sprechen, dass die Regelung sich auch aus allgemeinen, das heißt vom VorstAG unabhängigen, Gesichtspunkten, unmittelbar an den Vorstand richtet. Ein solcher Punkt könnte die tatsächliche Waffengleichzeit zwischen Vorstand und Aufsichtsrat bei den Verhandlungen des Vorstandsvertrags sein. Würde § 87 Abs. 1 AktG nur den Aufsichtsrat ansprechen, könnte sich diese anfängliche Waffengleichheit aufgrund der gesetzlichen Regelung jedoch in ein Ungleichgewicht zulasten der Gesellschaft verkehren. Dies wiederum würde nicht mit Sinn und Zweck der Vorschrift übereinstimmen, wie nachfolgend aufgezeigt werden soll.

Im Rahmen der Vertragsverhandlungen werden dem Vorstand und Aufsichtsrat unterstellt, sie seien Verhandlungspartner auf Augenhöhe, die sich vollumfänglich gleichberechtigt und mit derselben Stärke gegenüberträten.[445] Der Aufsichtsrat könne das Vorstandsgehalt schon deshalb nicht einseitig festsetzen, weil regelmäßig nur wenige Vorstandskandidaten für einen bestimmten Posten infrage kämen.[446] Die Kandidaten seien in fachlicher und persönlicher Hinsicht ausreichend qualifiziert und erfahren, um ihre Interessen gleichberechtigt gegenüber dem Aufsichtsrat vorzubringen. Andernfalls könnten sie jederzeit den erforderlichen qualifizierten Rat einholen. Darüber hinaus handele der regelmäßig bereits gut abgesicherte Vorstand beziehungsweise Vorstandskandidat nicht aus wirtschaftlicher Bedrängnis, sodass er auch bei Scheitern der Verhandlungen keine wesentlichen materiellen Nachteile befürchten müsse.[447]

Diese Ausgangsüberlegungen wurden bisher nicht erkennbar bestritten. Dass Vorstandsgehälter vereinbart und nicht festgesetzt werden, wird man als gesicherte Erkenntnis voraussetzen dürfen. Der Wortlaut von § 87 Abs. 1 S. 1 AktG („Festset-

---

443 *Dauner-Lieb*, Der Konzern 2009, 583, 585; *dies./v. Preen/Simon*, DB 2010, 377, 378.

444 Allgemein zur gesetzgeberischen Einschätzungsprärogative etwa BVerfGE 111, 226, 255; BVerfGE 125, 141, 154; BVerfGE 128, 1 , 34; *Degenhart*, in: Sachs, GG, Art. 72 Rn. 20; *Schulze-Fielitz*, in: Dreier, GG, Art. 20 (Rechtsstaat) Rn. 190; umfassend *Bickenbach*, Die Einschätzungsprärogative des Gesetzgebers, S. 1ff.

445 Vgl. *Martens*, ZHR 169 (2005), 124, 128f.; *Peltzer*, in: FS Lutter, S. 571, 573f.

446 Vgl. *Peltzer*, in: FS Lutter, S. 571, 573f. („knappe Ressource Management").

447 Vgl. *Martens*, ZHR 169 (2005), 124, 128f.

zung") ist insoweit nicht aussagekräftig.[448] Ein anderes Verständnis widerspräche zudem dem Grundsatz der Vertragsfreiheit. Auch gegen den Gedanken, der Vorstand sei gegenüber dem Aufsichtsrat ein mindestens gleichstarker Verhandlungspartner, lässt sich nicht viel einwenden. Ohne eine gute Qualifikation, große Erfahrung und eine entsprechende Durchsetzungsfähigkeit wäre ein Vorstandskandidat regelmäßig nicht für die Stelle geeignet.[449]

Vor diesem Hintergrund ist es nur schwer verständlich, warum § 87 Abs. 1 AktG lediglich den Aufsichtsrat ansprechen sollte. Eine solche Sichtweise würde den mit der Norm bezweckten Schutz unterlaufen und die Lebenswirklichkeit ausblenden. Wenn beide Parteien eines Vertrages in tatsächlicher Hinsicht gleichstarken Einfluss auf den Vertragsinhalt nehmen und somit auch den von § 87 Abs. 1 AktG bezweckten Schutz in gleicher Weise herbeiführen können, erscheint es nicht richtig, nur dem Aufsichtsrat die Einhaltung dieser rechtlichen Pflicht aufzuerlegen. Von tatsächlich gleichwertigen Vertragspartnern wird angenommen, dass sie einen für beide Seiten gerechten Vertrag aushandeln werden. Im Umkehrschluss werden tatsächlich nicht gleichwertige Vertragsparteien voraussichtlich ein nicht gerechtes Ergebnis erzielen.[450] Im Rahmen von Vertragsverhandlungen wird daher grundsätzlich nur eine Partei einseitig inhaltlich eingeschränkt, wenn die Verhandlungsparität gestört ist, das heißt nur diese Partei besonderen Einfluss auf bestimmte Vertragsinhalte und -umstände hat.[451]

Ausgehend vom Vorstehenden haben Vorstand und Aufsichtsrat aber denselben Einfluss auf die Vergütungsabrede und die Verhandlungsparität ist nicht zugunsten des Aufsichtsrats gestört. Würde § 87 Abs. 1 AktG also nur den Aufsichtsrat ansprechen und nur ihm inhaltliche Vorgaben machen, könnte dies gegebenenfalls zu einem nachteiligen, nicht den tatsächlichen Gegebenheiten entsprechenden, Verhandlungsungleichgewicht gegenüber dem Vorstand führen. Es könnte für den Aufsichtsrat einen Nachteil bei den Vertragsverhandlungen bedeuten, müsste er einseitig auf die Angemessenheit der Vorstandsbezüge achten.

Würde § 87 Abs. 1 AktG nicht den Vorstand ansprechen, könnte er zunächst einmal bei den Vertragsverhandlungen gegen § 87 Abs. 1 AktG verstoßende Forderungen als Verhandlungsmasse in den Raum stellen, auch wenn es ihm im Ergebnis vielleicht gar nicht auf die vollständige Durchsetzung ankommen sollte. Der Aufsichtsrat müsste Forderungen des Vorstands jedenfalls ablehnen, von denen er glaubt, sie verstießen gegen § 87 Abs. 1 AktG. Der Vorstand könnte sich nun auf den Standpunkt stellen, die Forderungen seien nicht unangemessen beziehungsweise er sei nicht dem Gebot des § 87 Abs. 1 AktG unterworfen.[452] Damit es zu einem

448 Siehe oben S. 85.
449 Vgl. *Drygala*, ZRP 2012, 161, 163.
450 Vgl. z. B. *Bork*, BGB AT, Rn. 104 f.; *Wolf/Neuner*, BGB AT, § 10 Rn. 33.
451 Vgl. nur *Busche*, in: MüKo, BGB, Vor § 145 Rn. 7.
452 Vgl. *Drygala*, ZRP 2012, 161, 163.

Vertragsschluss kommen könnte, müsste der Vorstand also auf einen Teil seiner unangemessenen Forderungen verzichten.

Seinen Verzicht könnte der Vorstand an anderer Stelle der Vertragsverhandlungen dann als Argumentationsgrundlage zu seinen Gunsten verwenden, um den Aufsichtsrat seinerseits zu einem Verzicht in einem anderen Verhandlungspunkt zu bewegen. Mit einer zivilrechtlichen Haftung wegen anfänglich unangemessener Forderungen müsste der Vorstand nicht rechnen, da die Forderungen nicht Vertragsbestandteil würden. Strafrechtliche Konsequenzen wegen versuchter Beteiligung gemäß § 30 Abs. 1 StGB an einer vorrangig infrage kommenden Untreue des Aufsichtsrats gemäß § 266 Abs. 1 StGB könnte der Vorstand mangels Verbrechenscharakters im Sinne von § 12 Abs. 1 StGB ebenfalls ausschließen.[453]

Solch ungleiche Verhandlungsmethoden stünden dem Vorstand nicht zur Verfügung, wenn § 87 Abs. 1 AktG auch den Vorstand anspräche. Er wäre dann verpflichtet nur noch angemessene Forderungen zu stellen. Es erscheint inkonsequent und in sich nicht schlüssig, das Organ, welches die Vergütungsverhandlungen andernfalls durch seine Forderungen in puncto Angemessenheit von Beginn an in eine falsche Richtung lenken könnte, mit § 87 Abs. 1 AktG nicht anzusprechen. Der bewusste (Teil-)Verzicht des Vorstands auf gegebenenfalls unangemessene Forderungen wäre jedenfalls kein Druckmittel mehr, da der Aufsichtsrat sich stets auf die entsprechende Verpflichtung des Vorstands berufen könnte. Eine derartige Lösung wäre nicht als einseitige Beschränkung des Vorstands dahingehend anzusehen, gewisse Forderungen von vorneherein nicht vorzubringen, sondern vielmehr als Mittel zur Schaffung von Waffengleichheit des sonst in Gehaltsverhandlungen mit dem Vorstand scheinbar strukturell unterlegenen Aufsichtsrats.[454]

Auch der Rechtsgedanke des § 612 Abs. 2 BGB spricht dafür, dass sich § 87 Abs. 1 AktG auch an den Vorstand richtet, was die Annahme eines Verbotsgesetzes aufgrund der beidseitigen Ausrichtung zusätzlich unterstreicht. § 612 Abs. 2 BGB greift nicht nur ein, wenn eine Vergütungsvereinbarung gänzlich fehlt, sondern auch zur Lückenfüllung bei (teilweiser) Unwirksamkeit der Abrede.[455] Nach § 612 Abs. 2 BGB ist dann die übliche Vergütung heranzuziehen. Existiert eine solche nicht, bestimmt grundsätzlich der Dienstverpflichtete einseitig seine Vergütung. Setzt der Dienstverpflichtete seine Vergütung in unbilliger Weise fest, kommt es zu einer Bestimmung durch gerichtliches Urteil.[456]

---

453 Zur in Betracht kommenden vollendeten Beteiligung des Vorstands an einer Untreue des Aufsichtsrats durch die Vereinbarung eines unangemessenen Gehalts BGHSt 50, 331 ff.

454 Von einer systemfremden einseitigen Beschränkung des Vorstands aber ausgehend *Drygala*, ZRP 2012, 161, 163.

455 Vgl. BAGE 14, 291, 292; BAG, DB 1993, 2288; BAGE 130, 338, 340; *Müller-Glöge*, in: MüKo, BGB, § 612 Rn. 32; *Preis*, in: ErfK, BGB, § 612 Rn. 2; *Thüsing*, in: Henssler/Willemsen/Kalb, BGB, § 612 Rn. 32.

456 Vgl. nur *Weidenkaff*, in: Palandt, BGB, § 612 Rn. 7 ff.

Nach diesen allgemeinen Grundsätzen wäre der Vorstand dazu berufen, seine Vergütung zu bestimmen, wenn seine Gehaltsabrede nichtig und eine übliche Vergütung nicht zu eruieren wäre, zum Beispiel mangels geeigneter Vergleichsunternehmen. Es wäre widersprüchlich, den Vorstand erst an seiner Vergütungsfestsetzung zu beteiligen, nachdem es bereits zur Nichtigkeit gekommen wäre. Wenn der Vorstand bereits im Vorfeld erheblich dazu beitragen kann, einen solchen Mangel zu verhindern, der gegebenenfalls sogar nur aus seiner fehlenden Mitwirkung herrührt, wäre es wohl zielführender, den Vorstand von Anfang zu beteiligen.

(3) Systematische Aspekte

Weitere systematische Überlegungen sprechen ebenfalls dafür, dass § 87 Abs. 1 AktG Rechtsgeschäfte bestimmten Inhalts verbieten will und daher eine Verbotsnorm im Sinne von § 134 BGB ist. So lautet die amtliche Überschrift von § 87 AktG „Grundsätze für die Bezüge der Vorstandsmitglieder". Hierdurch bringt der Gesetzgeber die übergeordnete Bedeutung der gesamten Vorschrift des § 87 AktG und somit auch des Angemessenheitsgebots zum Ausdruck.

Bei einem Grundsatz handelt es sich nach dem allgemeinen Wortverständnis um ein allgemeingültiges, einer Sache zugrunde liegendes Prinzip oder eine feste Regel.[457] Zwar wird der Begriff im juristischen Sprachgebrauch oftmals relativierend im Sinne von „Regel mit Ausnahmevorbehalt"[458] gebraucht. Vorliegend ist jedoch eine Verwendung gemäß dem allgemeinen Begriffsverständnis zu unterstellen, in etwa vergleichbar mit dem Grundsatz der Verhältnismäßigkeit oder Ähnlichem.[459]

Die Vergütungsgrundsätze sehen für bestimmte Konstellationen schon selbst Ausnahmen vor, was zum Beispiel durch die Soll-Vorschriften in § 87 Abs. 1 S. 3 oder Abs. 2 S. 2 AktG deutlich wird. Somit ist ein darüber hinausgehendes Abweichen von den Grundsätzen weder erforderlich noch zulässig. Insbesondere der Grundsatz der Angemessenheit nach § 87 Abs. 1 S. 1 AktG ist zwingend.[460] Eine einzelfallbezogene Anpassung der Vorstandsvergütung erfolgt innerhalb dieses Grundsatzes, etwa indem die Lage der Gesellschaft entsprechend beachtet wird, nicht aber durch eine Abweichung von dem Grundsatz. Daher wäre ein relativierendes Wortverständnis, welches eine Abweichung zuließe, nicht gut nachvollziehbar.

Im Übrigen wäre es mit der herausragenden Bedeutung des Angemessenheitsgebots nur schwer in Einklang zu bringen, falls § 87 Abs. 1 S. 1 AktG nur den Aufsichtsrat anspräche, nicht aber den im Mittelpunkt des Rechtsgeschäfts stehenden Vorstand. Naheliegender dürfte es sein, dass der Angemessenheitsgrundsatz von

457 Duden online, „Grundsatz".

458 *Köbler*, Juristisches Wörterbuch, S. 197.

459 Zur Begriffsverwendung ohne Ausnahmevorbehalt im Rahmen des Verhältnismäßigkeitsgrundsatzes etwa *Creifelds*, Rechtswörterbuch, S. 1411; *Sachs*, in: Sachs, GG, Art. 20 Rn. 148.

460 Dies dürfte unstreitig sein und wird daher nicht weiter problematisiert.

allen am Rechtsgeschäft Beteiligten zu beachten ist, wie für eine feste Regel oder ein grundlegendes Prinzip in Form eines Rechtsgrundsatzes üblich.[461]

Der hier angenommene Verbotscharakter von § 87 Abs. 1 AktG wird außerdem bestätigt durch einen Blick auf den thematisch eng verknüpften § 84 AktG. § 84 Abs. 1 AktG regelt die zulässige Höchstdauer der Bestellung eines Vorstands durch den Aufsichtsrat. In der Vorschrift wird ein Verbotsgesetz im Sinne des § 134 BGB gesehen. Die Vorschrift soll eine zeitlich unbegrenzte Bindung der Aktiengesellschaft an einen Vorstand verhindern, um das mit dessen Berufung und Abberufung verbundene wirtschaftliche Risiko zu begrenzen. § 84 Abs. 1 AktG ziele auf den mit einem entgegenstehenden Rechtsgeschäft bezweckten Erfolg ab.[462]

Auch § 87 Abs. 1 AktG soll das wirtschaftliche Risiko der Gesellschaft im Zusammenhang mit der Vorstandstätigkeit durch Verhinderung überhöhter Bezüge begrenzen.[463] Somit schützen sowohl § 84 Abs. 1 AktG als auch § 87 Abs. 1 AktG das Vermögen der Aktiengesellschaft. Es ist nicht ersichtlich, warum der jeweilige Verbotscharakter der Vorschriften trotz identischer Schutzrichtung unterschiedlich zu beurteilen sein sollte. Im Ergebnis macht es keinen Unterschied, ob das Gesellschaftsvermögen aufgrund einer zu langen Bindung an einen Vorstand oder eines überhöhten Gehalts gemindert wird. Einen solchen Erfolg will § 87 Abs. 1 AktG genau wie § 84 Abs. 1 AktG verhindern. Die Vorschriften bilden insoweit eine Einheit, als sie sich in zeitlicher beziehungsweise höhenmäßiger Hinsicht jeweils ergänzen. Dies kommt auch dadurch zum Ausdruck, dass beide Regelungen im ersten Abschnitt („Vorstand") des vierten Teils („Verfassung der Aktiengesellschaft") im AktG kodifiziert sind.

cc) Zwischenergebnis

Zusammenfassend lässt sich festhalten, dass die von § 87 Abs. 1 AktG zu schützenden Interessen durch das VorstAG gezielt erweitert wurden. Mag vor Inkrafttreten des VorstAG der unmittelbare Schutz der Gesellschaft und einzelner Stakeholder-Gruppen vor überhöhten Vorstandsbezügen im Vordergrund gestanden haben, so sind nunmehr die mittelbaren Gefahren von falsch ausgerichteten Bezügen für das gesamte Wirtschaftssystem („Dominoeffekt") in den Fokus gerückt. Die Entstehungsgeschichte und der Zweck der Norm wurden durch das VorstAG somit entscheidend ergänzt und sind deshalb aus einem anderen Blickwinkel zu betrachten.

Des Weiteren scheint nach der hier vertretenen Ansicht eine Mitwirkung des Vorstands bei der Festsetzung beziehungsweise Vereinbarung seiner Vergütung sinnvoll und erforderlich. Dies lässt sich zivil- und aktienrechtlichen sowie fak-

---

461 Vgl. *Köbler*, Juristisches Wörterbuch, S. 350.

462 Vgl. BAGE 132, 27, 34.

463 Vgl. z. B. LG Düsseldorf, NJW 2004, 3275, 3277; *Fleischer*, in: Spindler/Stilz, AktG, § 87 Rn. 1; Hüffer/*Koch*, AktG, § 87 Rn. 1; *Kort*, in: GK, AktG, § 87 Rn. 1; *Mertens/Cahn*, in: KöKo, AktG, § 87 Rn. 2; *Spindler*, in: MüKo, AktG, § 87 Rn. 1; *Thüsing*, ZGR 2003, 457, 459.

tischen Umständen entnehmen. Somit sprechen mit der jüngsten Historie, dem Sinn und Zweck als auch der Systematik der Norm gewichtige Punkte klar für die Einstufung von § 87 Abs. 1 AktG als Verbotsgesetz im Sinne von § 134 BGB.

c) *Teilweise Nichtigkeit der Vergütungsabrede bei Verstoß gegen § 87 Abs. 1 AktG*

Unterwirft man § 87 Abs. 1 AktG wie hier dem Anwendungsbereich des § 134 BGB, gilt es in einem weiteren Schritt, zu untersuchen, ob es aufgrund des Sinns und Zwecks der Vorschrift für den Fall eines Verstoßes gerechtfertigt ist, von einer anderen Rechtsfolge als der Nichtigkeit auszugehen.[464]

Insoweit überzeugt die nicht ernsthaft bestrittene Ansicht der Literatur, welche eine Gesamtnichtigkeit des Anstellungsvertrages generell ausschließt, da weder Vorstand noch Gesellschaft ein Interesse an einem vertragslosen Zustand haben.[465] Bei der Beurteilung, ob ein Rechtsgeschäft nur teilweise oder insgesamt nichtig ist, kommt es maßgeblich auf den mutmaßlichen Parteiwillen an. So ist zu klären, ob die Parteien nach Treu und Glauben und bei Beachtung der Verkehrssitte das Restgeschäft auch vorgenommen hätten, wenn sie den Mangel gekannt hätten.[466] In diesem Sinne wird man positiv gewendet unterstellen dürfen, dass sowohl Gesellschaft als auch Vorstand Interesse an einem Anstellungsvertrag zu angemessenen Konditionen haben sollten. Insbesondere wenn man wie hier davon ausgeht, § 87 Abs. 1 AktG verpflichte auch den Vorstand, auf die Angemessenheit seines Gehalts zu achten, kann keiner der Parteien hinsichtlich der Vergütungsvereinbarung an einer gesetzeswidrigen, gegen die jeweiligen Pflichten der Parteien verstoßende Vereinbarung gelegen sein. Etwas anderes könnte allenfalls dann gelten, wenn im Rahmen der Vertragsverhandlungen anderweitige Äußerungen getätigt worden wären oder ein entsprechender mutmaßlicher Wille in anderer Weise zu Tage getreten wäre.

Somit drängt sich anlässlich der vor und nach dem VorstAG geführten Diskussion die Frage auf, ob der Verstoß gegen § 87 Abs. 1 AktG zur teilweisen Nichtigkeit der Vergütungsvereinbarung zwischen Gesellschaft und Vorstand führt oder die Grundsätze zum fehlerhaften Dienstverhältnis mit den bekannten Folgen Anwendung finden. Problematisch sind also die Fälle, in denen es bereits zum Austausch von Leistungen zwischen Vorstand und Gesellschaft gekommen ist, bevor der Verstoß gegen § 87 Abs. 1 AktG festgestellt wurde. Andernfalls scheidet eine Anwendung der Grundsätze des fehlerhaften Anstellungsverhältnisses von vorneherein aus.[467]

---

464 Siehe hierzu allgemein oben 60 f.

465 Siehe hierzu oben S. 27 ff.

466 Vgl. nur BGH, NJW 1996, 2087, 2088; BGH, NJW 2006, 2696, 2697; OLGR Hamm 1995, 206, 207; *Ellenberger*, in: Palandt, BGB, § 139 Rn. 14.

467 Siehe hierzu oben S. 26.

aa) Keine Anwendung der Grundsätze des fehlerhaften Anstellungsverhältnisses

Die besseren Argumente sprechen für die Ansicht, welche dem Vorstand im Falle einer gegen § 87 Abs. 1 AktG verstoßenden Vergütungsvereinbarung nur den angemessenen Teil seiner Bezüge belassen will und es folglich ablehnt, die Grundsätze zum fehlerhaften Anstellungsverhältnis anzuwenden.

Zwar ist es zweifelhaft, ob sich eine Anwendung der vorgenannten Grundsätze allein deshalb ausschließen lässt, weil nur die Vergütungsvereinbarung und nicht der Vertrag im Ganzen betroffen ist.[468] Bezüglich Vorstandsverträgen, die unter Verstoß gegen die aktienrechtlichen Vertretungsvorschriften zustande gekommen sind, wird nämlich vertreten, der Vorstand müsse für die Vergangenheit über die Grundsätze zum fehlerhaften Anstellungsverhältnis geschützt werden. Die wirtschaftlichen Folgen für den Vorstand könnten ansonsten ruinös sein.[469] Sollte der Vorstand in diesem Sinn hinsichtlich der Vergangenheit tatsächlich schutzwürdig sein, könnte es keinen Unterschied machen, ob der Vorstandsvertrag im Ganzen oder nur die Vergütungsabrede (teilweise) von Mängeln behaftet ist. Die unterstellten ruinösen wirtschaftlichen Folgen infolge einer Verpflichtung des Vorstands, den unangemessenen Teil der Vergütung zurückzuzahlen, wären in der Praxis identisch. Die Begründung der für eine Anwendung der Grundsätze des fehlerhaften Arbeitsverhältnisses plädierenden Ansicht wäre daher hinsichtlich eines Rückforderungsverlangens grundsätzlich auf Anstellungsverträge mit Vorständen übertragbar, bei denen nur der Vergütungsteil unter einem Mangel leidet.

Ob aber in Fällen einer unangemessenen Vergütungsvereinbarung allein die drohenden wirtschaftlichen Folgen für den Vorstand einer Rückforderung entgegenstehen können, ist äußerst fragwürdig. Dieses Argument ließe sich im Grunde auch auf alle bereicherungsrechtlichen Ansprüche außerhalb des Vorstandsrechts übertragen. Sollte der Vorstand seinen Lebenszuschnitt tatsächlich an seiner unangemessen überhöhten Vergütung ausgerichtet und Luxusaufwendungen getätigt haben, könnte er sich zumindest in diesem Umfang gemäß § 818 Abs. 3 BGB auf Entreicherung berufen.[470] Soweit sich der unangemessene Gehaltsbestandteil oder der hierfür erlangte Ersatz aber noch im Vermögen des Vorstands befände, drohte ihm durch die Herausgabe grundsätzlich auch kein finanzieller Ruin.

Im Übrigen leuchtet es im Einklang mit der sich für eine Teilnichtigkeit der Vergütungsabrede aussprechenden Ansicht ein, dass es sich bei der vermeintlichen Schutzwürdigkeit des Vorstands im Zusammenhang mit § 87 Abs. 1 AktG teilweise um ein Scheinproblem handeln könnte.[471] Dem Vorstand darf natürlich nicht jegliche

---

468 So *Kort*, in: GK, AktG, § 87 Rn. 342; *ders.*, DStR 2007, 1127, 1131f.

469 So BGHZ 41, 282, 289f.

470 Vgl. hierzu allgemein nur *Sprau*, in: Palandt, BGB, § 818 Rn. 41.

471 Allerdings ist überhaupt nicht klar, ob die angegriffene Rechtsprechung überhaupt wie von den Kritikern unterstellt auf den Fall einer unangemessenen Vergütungsabrede übertragen werden soll, siehe oben S. 29 f.

Schutzwürdigkeit abgesprochen werden.[472] Es ist aber schlicht nicht nachvollziehbar, wie eine unangemessene, das heißt gesetzeswidrige, Vorstandsvergütung im Interesse der Gesellschaft oder wegen der Repräsentationspflichten des Vorstands geboten sein soll. Wäre die Vergütung von diesen Umständen gedeckt, wäre sie angemessen.

Darüber hinaus erbringt der Vorstand für den unangemessenen Teil der Vergütung keine Gegenleistung. Nur er kann daher ungerechtfertigt bereichert sein, nicht hingegen die Gesellschaft, die bestenfalls eine angemessene Vorstandsleistung erhält. Insoweit dürfte sich die Interessenlage stark von den eigentlichen Fällen des faktischen Anstellungsverhältnisses unterscheiden, in denen die ursprünglich vereinbarte Vorstandsvergütung angemessen ist, der Vertrag aber an einem grundlegenden Wirksamkeitsmangel leidet, wie zum Beispiel aufgrund der Verletzung von Vertretungsvorschriften.[473] Bei grundlegenden Mängeln wäre nämlich unklar, ob der Vertrag überhaupt geschlossen worden wäre. Die Interessenlage bei Mängeln in der Vergütungsvereinbarung gleicht hingegen mehr der Konstellation des § 612 Abs. 2 BGB.[474] Die Vereinbarung dem Grunde nach wird von solchen Mängeln regelmäßig nicht berührt.[475] Diese Umstände sollten bei der Überprüfung durch ein Gericht voll zum Tragen kommen.

Auch die – nicht von der Hand zu weisenden – praktischen Schwierigkeiten bei der Bemessung einer angemessenen Vergütung können es aus dogmatischer Sicht kaum rechtfertigen, auf die Grundsätze des fehlerhaften Anstellungsverhältnisses zurückzugreifen.[476] § 87 Abs. 1 AktG fordert gerade die Bestimmung der Angemessenheit. Die Vorschrift wäre vollkommen überflüssig, ließe sich die Angemessenheit der Vorstandsvergütung beziehungsweise deren Unangemessenheit überhaupt nicht bestimmen.[477] Das gleiche Problem träte nämlich auch bei möglichen Schadensersatzansprüchen gegen Organmitglieder wegen der Vereinbarung einer überhöhten Vorstandsvergütung auf. Inwieweit eine Bestimmung oder wenigstens Eingrenzung der Angemessenheit möglich ist, kann an dieser Stelle (noch) nicht weiter vertieft werden. Die grundlegende Möglichkeit muss daher zunächst unterstellt werden.

bb) Keine verschuldensabhängige Differenzierung

Nach dem Vorstehenden scheint eine Reduzierung der Vergütungsabrede auf den angemessenen Teil infolge teilweiser Nichtigkeit grundsätzlich vorzugswürdig gegenüber der Anwendung der Grundsätze zum faktischen Dienstverhältnis zu sein. Allerdings muss die Frage erlaubt sein, ob ein solch starres Ergebnis den Interessen der Beteiligten gerecht werden kann und dem Sinn und Zweck von

---

472 In diese Richtung aber *Meier*, NZA 2011, 267, 268 („Scheinproblem").
473 Vgl. hierzu BGHZ 41, 282 ff.
474 So auch *Säcker/Stenzel*, JZ 2006, 1151, 1155.
475 Vgl. nur *Müller-Glöge*, in: MüKo, BGB, § 612 Rn. 27.
476 Vgl. hierzu BGHZ 41, 282, 288.
477 Vgl. zu Bezeichnung als „dead letter law" *Thüsing*, ZGR 2003, 457, 506.

§ 87 Abs. 1 AktG entspricht. So könnte man zumindest darüber nachdenken, ob es aus Wertungsgesichtspunkten gegebenenfalls besser vertretbar sein könnte, danach zu differenzieren, ob dem Vorstand bei der Vereinbarung seines Gehalts ein schuldhaftes Verhalten vorwerfbar ist. Der § 134 BGB immanente Normzweckvorbehalt gibt keinen bestimmten Katalog an denkbaren Rechtsfolgen vor. Vielmehr ist gebotene Rechtsfolge stets einzelfallbezogen anhand des Sinn und Zwecks des Verbotsgesetzes zu ermitteln.[478]

Als Anknüpfungspunkt für eine verschuldensabhängige Differenzierung käme eine Verletzung der im Rahmen dieser Arbeit angenommenen Pflicht des Vorstands in Betracht, Vorschläge für eine nachhaltige Vergütung zu machen.[479] Lehnt man eine solche Vorstandspflicht ab, läge eine vorwerfbare Handlung nach der diesbezüglich wohl strengsten Auffassung spätestens vor, wenn der Vorstand aktiv auf den Aufsichtsrat hinsichtlich einer unangemessenen Vergütung einwirkt.[480]

Für eine solche Unterscheidung könnte es beachtlich sein, dass eine teilweise Nichtigkeit der Vergütungsvereinbarung wegen eines Verstoßes gegen § 134 BGB in Verbindung mit § 87 Abs. 1 AktG – den Verbotscharakter von § 87 Abs. 1 AktG unterstellt – vor allem von Bedeutung sein könnte, wenn weder auf Seiten des Vorstands noch des Aufsichtsrats ein Verschulden vorliegt. Sobald auch nur eine Seite schuldhaft handelt, sind nach ganz überwiegender Ansicht Schadensersatzansprüche denkbar, sodass die Frage eines Rückzahlungsanspruchs der Gesellschaft gegen den Vorstand wegen (teilweiser) rechtsgrundloser Gehaltszahlung jedenfalls in der Praxis an Bedeutung verlieren könnte.

Würden aber beide Parteien schuldlos auf die Angemessenheit der Vergütungsabrede vertrauen und nähme der Vorstand seine Tätigkeit in diesem Glauben auf, könnte es wertend betrachtet gerade noch gerechtfertigt sein, den Anstellungsvertrag unter Anwendung der Grundsätze des fehlerhaften Anstellungsverhältnisses bis zur Feststellung des Rechtsverstoßes als wirksam zu behandeln, das heißt, dem Vorstand das vereinbarte Entgelt zu belassen.

Es könnte bei fehlendem Verschulden des Vorstands und Aufsichtsrats nicht interessengerecht sein, den Vorstand faktisch einseitig mit dem Risiko der Nichtigkeit und damit einer Rückabwicklung zu belasten. Der entstehende Rückabwicklungsaufwand träfe überwiegend den Vorstand. Er müsste zum Beispiel regelmäßig

---

478 Siehe hierzu oben S. 61.

479 Siehe hierzu oben S. 79 ff.

480 Vgl. *Mertens/Cahn*, in: KöKo, AktG, § 87 Rn. 5; *Spindler*, in: MüKo, AktG, § 87 Rn. 136; *ders.*, AG 2011, 725, 728; insoweit auch *Peltzer*, in: FS Lutter, S. 571, 577 f.; zusätzlich zur aktiven Beeinflussung auch ein Aufdrängen der Mängel als ausreichend erachtend *Brandes*, ZIP 2013, 1107, 1112; bereits die Annahme einer unangemessenen Vergütung als ausreichend erachtend *Lutter*, ZIP 2003, 737, 741; *ders.*, ZIP 2006, 733, 735; *Reichert/Ullrich*, in: FS Schneider, S. 1017, 1026; *Semler*, in: FS Happ, S. 277, 278 f.; *Ziemons*, in: FS Huber, S. 1035, 1044; wohl auch *Schwark*, in: FS Raiser, S. 377, 395.

gegenüber der Gesellschaft eine Entreicherung darlegen und beweisen.[481] Unter Umständen müsste der Vorstand – sozusagen als „Bestrafung" für seine Tätigkeit für die Gesellschaft – noch Prozesskosten tragen, obwohl beide Seiten einen Verstoß gegen § 87 Abs. 1 AktG bei Vertragsschluss nicht erkannt haben und auch nicht erkennen mussten. Die Gesellschaft hätte außerdem die Leistungen des Vorstands in der Vergangenheit bereits erhalten. Vor diesem Hintergrund könnte es sachgerechter sein, die Gesellschaft als Dienstherren, welcher die Anstellung des Vorstands letztendlich initiiert und sich hieraus einen Vorteil verspricht, mit dem wirtschaftlichen Risiko eines unverschuldeten Verstoßes gegen § 87 Abs. 1 AktG in Verbindung mit § 134 BGB zu belasten.

Allerdings sind solche Fälle des beidseitig fehlenden Verschuldens nur schwer vorstellbar. Sämtliche vor und nach dem VorstAG vertretenen Auffassungen räumen dem Aufsichtsrat in der einen oder anderen Weise einen breiten Handlungsspielraum ein. Erst wenn dieser überschritten wird, wird man sicher von einem Verstoß gegen § 87 Abs. 1 AktG ausgehen können. Eine Überschreitung dieser Beurteilungsspielräume wird in aller Regel für die Organe erkennbar sein, sodass ein Verschulden zumindest eines Organs mehr als nahe liegen dürfte.[482]

Eine Ausnahme könnte gegebenenfalls bestehen, wenn die Rechtslage im Zeitpunkt der Vergütungsvereinbarung unklar war, nachträglich aber die Unangemessenheit bestimmter Vertragsinhalte gerichtlich festgestellt wird. Allerdings sind die sich einer solchen Sachlage anschließenden Rechtsfolgen umstritten, insbesondere, ob das Verschulden des jeweiligen Organs entfallen würde oder unter Umständen die Business Judgment Rule analog herangezogen werden sollte.[483] Hieran zeigt sich, dass derartige Fallkonstellationen und die damit verbundenen Problemstellungen in systematischer Hinsicht stärker dem Schadensersatzrecht zuzuordnen sein dürften. Dagegen wirkt eine verschuldensabhängige Differenzierung im Anwendungsbereich des § 134 BGB als äußere Grenze der Privatrechtsordnung eher fremd.[484]

Außerdem würde es für die Öffentlichkeit, deren Schutz die Reform des § 87 Abs. 1 AktG unter anderem dient, keine große Rolle spielen, ob ein Verschulden bei den Vertragsverhandlungen vorlag oder nicht. Die Verhandlungen sind für die Öffentlichkeit zunächst nur schwer nachvollziehbar. Zudem lässt sich derzeit ein gewisser Generalverdacht gegen die Manager-Elite in Deutschland kaum leugnen.[485] Daher könnte der entscheidende Punkt in den Augen der Öffentlichkeit schlicht

---

481 Vgl. allgemein zur Beweislast nur *Sprau*, in: Palandt, BGB, § 818 Rn. 55.

482 Zu den verschiedenen Handlungsspielräumen siehe oben S. 34 ff.

483 Hierzu allgemein etwa *Arnold/Rothenburg*, in: Semler/Peltzer/Kubis, Hdb Vorstand, § 7 Rn. 16; *Fleischer*, in: Spindler/Stilz, AktG, § 93 Rn. 29 ff.

484 Siehe hierzu oben S. 57.

485 Vgl. nur *Fleischer/Bauer*, ZIP 2015, 1901; *v. Eckardstein/Konlechner*, Vorstandsvergütung und gesellchaftliche Verantwortung der Unternehmung, S. 12; *Fleischhauer*, Der Spiegel 24/2002, 106 ff.; *Müller*, manager magazin online vom 12.12.2007; *Ringleb*, in: Ringleb/Kremer/Lutter/v. Werder, DCGK, 5. Aufl., Rn. 679; *Wagner*, ZHR 178 (2014), 228.

sein, ob die unangemessene Vermögensverschiebung aufrechterhalten wird. In diesem Fall könnte bereits ein weiterer Vertrauensverlust in Politik und Wirtschaft drohen, den die Reform des § 87 Abs. 1 AktG aber gerade zu verhindern versucht.[486] Eine verschuldensabhängige Differenzierung bei Verstößen gegen § 87 Abs. 1 AktG in Verbindung mit § 134 BGB ist daher als Rechtsfolge abzulehnen.

d) Zwischenergebnis

Der insbesondere mit der Reform des § 87 Abs. 1 AktG durch das VorstAG verfolgte Sinn und Zweck spricht für die Einordnung der Norm als Verbotsgesetz im Sinne von § 134 BGB. Die Schutzrichtung der Norm zielt nunmehr deutlich stärker ab auf äußerst hochrangige Stakeholder-Interessen, unter anderem der Öffentlichkeit, was eine Neubewertung erforderlich macht. Hierfür spricht auch der systematische Gesichtspunkt, dass § 87 Abs. 1 AktG zwangsläufig den Vorstand adressieren muss, um keine Kompetenzkonflikte in der Aktiengesellschaft zu verursachen.

Ein Verstoß gegen § 87 Abs. 1 AktG in Verbindung mit § 134 BGB führt zur teilweisen Nichtigkeit der Vergütungsabrede. Die Grundsätze des fehlerhaften Anstellungsverhältnisses sind im Falle einer unangemessenen Vergütungsvereinbarung mit dem Vorstand nicht anwendbar.

3. Sittenwidrigkeit der Vergütungsvereinbarung, § 138 BGB

Eine unangemessene Gehaltsabrede mit dem Vorstand einer Aktiengesellschaft könnte nicht nur gegen § 134 BGB, sondern auch gegen § 138 BGB verstoßen. Nach § 138 Abs. 1 BGB ist ein Rechtsgeschäft nichtig, das gegen die guten Sitten verstößt. Gemäß § 138 Abs. 2 BGB ist insbesondere ein Rechtsgeschäft nichtig, durch das jemand unter Ausbeutung der Zwangslage, der Unerfahrenheit, des Mangels an Urteilsvermögen oder der erheblichen Willensschwäche eines anderen sich oder einem Dritten für eine Leistung Vermögensvorteile versprechen oder gewähren lässt, die in einem auffälligen Missverhältnis zu der Leistung stehen.

a) Allgemeine Grundsätze zu § 138 BGB

Wie angedeutet ist § 138 BGB zweistufig aufgebaut. Die spezielle Regelung des Wuchers in § 138 Abs. 2 BGB konkretisiert die in § 138 Abs. 1 BGB niedergelegte Generalklausel.[487] Ein direkter Fall des Wuchers kommt im Zusammenhang mit unangemessenen Vorstandsgehältern soweit erkennbar nicht in Betracht.[488] Es dürfte an der erforderlichen schwächeren Position des Vorstands oder einer Zwangslage

486 Vgl. insbesondere zu dieser Gefahr *Drygala*, in: FS Schneider, S. 275, 283.

487 Vgl. nur *Ahrens*, in: Prütting/Wegen/Weinreich, BGB, § 138 Rn. 3; *Bork*, BGB AT, Rn. 1152.

488 So auch *Kort*, DStR 2007, 1127, 1129; Möglichkeit wucherischer Vorstandgehälter zumindest in Erwägung ziehend *Schlegelberger/Quassowski*, AktG 1937, § 78 Rn. 1.

der Gesellschaft fehlen.[489] Eine mögliche Sittenwidrigkeit der Vereinbarung überhöhter Bezüge dürfte sich daher allein nach § 138 Abs. 1 BGB beurteilen.

§ 138 Abs. 1 BGB soll solche Rechtsgeschäfte verhindern, welche mit den Mindeststandards des sozialen Zusammenlebens nicht vereinbar sind. Die Norm ist ebenfalls eine rechtliche Außengrenze der Privatautonomie. Nicht Aufgabe des § 138 Abs. 1 BGB ist es, positiv Verhaltensmaßstäbe ins bürgerliche Recht zu portieren.[490]

aa) Begriff der guten Sitten

Die Rechtsprechung sowie ein Teil der Literatur verstehen unter dem unbestimmten Rechtsbegriff der guten Sitten im Sinne von § 138 Abs. 1 BGB das Anstandsgefühl aller billig und gerecht Denkenden. Nach dieser Anstandsformel[491] kommt es darauf an, die in der Gesellschaft herrschende Sozialmoral zu bestimmen.[492] Entscheidend ist ein durchschnittlicher Maßstab, das heißt, besonders strenge oder großzügige Vorstellungen bleiben unberücksichtigt.[493] Nicht möglich ist es, einfach auf die subjektiven Ansichten des entscheidenden Richters abzustellen.[494]

Bei der Ermittlung, was unter der durchschnittlich „herrschenden Sozialmoral“ in einer heterogenen Gesellschaft zu verstehen ist, kann die empirische Sozialforschung, etwa in Form von Meinungsumfragen, allenfalls unterstützend herangezogen werden.[495] Unsitten oder Ähnliches sind nämlich bei der Ermittlung der guten Sitten nicht zu berücksichtigen, selbst wenn sie in bestimmten Bevölkerungsgruppen weit verbreitet sein sollten. Vielmehr kommt es nur auf die Anschauungen der rechtsverbundenen Menschen an, weshalb ein bloßer Mehrheitsentscheid aus-

---

489 Siehe oben S. 85.

490 Vgl. nur *Bork*, BGB AT, Rn. 1152 („ethisches Minimum“); *Ellenberger*, in: Palandt, BGB, § 138 Rn. 1; *Mansel*, in: Jauernig, BGB, § 138 Rn. 1; *Wolf/Neuner*, BGB AT, § 46 Rn. 1 („ethisches Minimum“).

491 Zur Begrifflichkeit etwa *Sack/Fischinger*, in: Staudinger, BGB, § 138 Rn. 57.

492 Vgl. Motive zum BGB II, S. 727; BGHZ 10, 228, 232; BGH, NJW 1994, 187 f.; BGHZ 141, 357, 361; BGH, NJW 2004, 2668, 2670; ausführlich hierzu *Arzt*, Die Ansicht aller billig und gerecht Denkenden, S. 1 ff.; ferner *Sack*, NJW 1985, 761 ff.; dies als Leerformel bezeichnend *Bork*, BGB AT, Rn. 1181; *Hefermehl*, in: Soergel, BGB, § 138 Rn. 3; *Heldrich*, AcP 186 (1986), 74, 94.

493 Vgl. z.B. BGHZ 10, 228, 232; RGZ 80, 219, 221; *Ellenberger*, in: Palandt, BGB, § 138 Rn. 2; *Rother*, AcP 172 (1972), 498, 501 f.; *Sack/Fischinger*, in: Staudinger, BGB, § 138 Rn. 61.

494 Vgl. BGHZ 140, 118, 129; *Armbrüster*, in: MüKo, BGB, § 138 Rn. 14; *Breithaupt*, JZ 1964, 283; *Wolf/Neuner*, BGB AT, § 46 Rn. 8; a.A. wohl *Sack*, NJW 1985, 761, 763 ff.; *ders./Fischinger*, in: Staudinger, BGB, § 138 Rn. 60; ferner auch *Dauner-Lieb*, GmbHR 1994, 836, 840.

495 Vgl. *Heldrich*, AcP 186 (1986), 74, 94 f.; *Mayer-Maly*, AcP 194 (1994), 105, 108 f.; *Wolf/Neuner*, BGB AT, § 46 Rn. 9; a.A. *Armbrüster*, in: MüKo, BGB, § 138 Rn. 14; *Sack/Fischinger*, in: Staudinger, BGB, § 138 Rn. 59.

scheidet.[496] Soweit eine sittliche Handlungsvorgabe für die gesamte Bevölkerung fraglich ist, soll es auf die allgemeinen Anschauungen hierzu ankommen. Geht es allerdings um die Bewertung der guten Sitten eines bestimmten Verkehrskreises, sollen nur die dort geltenden Auffassungen maßgeblich sein.[497]

Die Bestimmung der Sozialanschauungen der billig und gerecht Denkenden wird besonders in Grenzbereichen, etwa hinsichtlich der Zulässigkeit eines Vertrages über eine Samenspende[498] oder eine Leihmutterschaft[499], als äußerst schwierig erachtet.[500] Wohl aus diesem Grund dürfte es erforderlich sein, den Begriff der guten Sitten in gewisser Weise zu objektivieren. Die oben genannte Anstandsformel soll daher durch einen Rückgriff auf in der Rechtsordnung niedergelegten Grundwerte, zum Beispiel die Werteordnung des Grundgesetzes[501] (zu der unter anderem die Sozialstaatsklausel gehört[502]), Grundsätze des Europarechts[503] und unter Umständen einfachgesetzliche Wertungen[504] konkretisiert werden. Die rechtlich normierten Wertungen sollen bei der Auslegung der guten Sitten vorrangig zu den außerrechtlichen Moralanschauungen herangezogen werden.[505] Insbesondere die Grundrechte entfalten so mittelbare Drittwirkung im Privatrecht[506], das heißt, ihre Wertungen sind bei der Bestimmung der guten Sitten maßgeblich zu berücksichtigen.[507]

Wichtig ist zu beachten, dass der Inhalt der guten Sitten nicht für alle Zeit festgelegt ist, sondern einem stetigen Wandel in räumlicher und zeitlicher Hinsicht unterliegt. So können sich zum Beispiel rechtliche Grundwertungen und Moralanschauungen im Laufe der Zeit ändern oder in ländlichen Gebieten können andere Wertungen vorherrschen als in einer Großstadt.[508] So wurde es 1975 etwa noch als sittenwidrig angesehen, ein Doppelzimmer an Verlobte zu vermieten[509], was heute fast undenkbar scheint.

---

496 Vgl. BGHZ 60, 28, 33; *Armbrüster*, in: MüKo, BGB, § 138 Rn. 14.

497 Vgl. BGHZ 20, 43, 50; *Armbrüster*, in: MüKo, BGB, § 138 Rn. 14.

498 Hierzu BGHZ 87, 169, 172 ff.

499 Hierzu OLG Hamm, NJW 1986, 781 ff.; zur Vereinbarkeit mit dem ordre public BGH, NJW 2015, 479, 480 ff.

500 Vgl. *Bork*, BGB AT, Rn. 1181.

501 BGH, NJW 1986, 2943, 2944; BGHZ 106, 336, 338; BGHZ 140, 118, 128.

502 BVerfGE 89, 214, 232.

503 Vgl. BGHZ 142, 304, 314.

504 Vgl. BGHZ 80, 153, 158; BGHZ 106, 336, 338.

505 *Ahrens*, in: Prütting/Wegen/Weinreich, BGB, § 138 Rn. 21; *Ellenberger*, in: Palandt, BGB, § 138 Rn. 6; *Wolf/Neuner*, BGB AT, § 46 Rn. 16.

506 Hierzu *Canaris*, AcP 184 (1984), 201 ff.; *Hager*, JZ 1994, 373 ff.; *Hermes*, NJW 1990, 1764 ff.

507 Vgl. BVerfGE 7, 198, 206; BVerfGE 81, 242, 256; BVerfGE 89, 214, 229; BGHZ 80, 153, 156 ff.; BGHZ 106, 336, 338; BGHZ 142, 304, 307; *Armbrüster*, in: MüKo, BGB, § 138 Rn. 20; *Wolf/Neuner*, BGB AT, § 46 Rn. 13.

508 Vgl. nur BGH NJW 2002, 361 f.; *Bork*, BGB AT, Rn. 1181; *Ellenberger*, in: Palandt, BGB, § 138 Rn. 10; *Schmoeckel*, AcP 197 (1997), 1 ff.; *Wolf/Neuner*, BGB AT, § 46 Rn. 10.

509 AG Emden, NJW 1975, 1363 f.

bb) Verstoß gegen die guten Sitten

Sollte es nach den vorgenannten Grundsätzen gelingen, die maßgeblichen guten Sitten zu bestimmen, schließt sich hieran die Frage an, unter welchen Voraussetzungen ein Rechtsgeschäft dagegen verstößt. Die diesbezüglich vertretenen Ansichten sind in Rechtsprechung und Literatur umstritten. Diese Arbeit muss sich jedoch auf einen groben Überblick der verschiedenen Positionen beschränken.

Ein Rechtsgeschäft kann allein aufgrund seines objektiven Inhalts sittenwidrig sein. Subjektive Vorstellungen der Beteiligten von der Sittenwidrigkeit sind dann nicht erforderlich.[510] Begründet wird dies damit, dass die Rechtsordnung bestimmte Rechtsgeschäfte unabhängig von der inneren Einstellung der Beteiligten schlicht nicht dulden könne.[511] Als Beispiel wird etwa der Verkauf eines Kindes genannt.[512]

In der Regel soll sich die Sittenwidrigkeit aber aus einer Gesamtwürdigung von Inhalt, Motiv und Zweck eines Rechtsgeschäfts sowie den äußeren Umständen dessen Zustandekommens ergeben. Bei einem solchen Zusammenwirken müssen folglich zusätzliche subjektive Elemente bei den Beteiligten des Rechtsgeschäfts hinzutreten.[513] Insbesondere in der Rechtsprechung wird oftmals vertreten, der Vorwurf der Sittenwidrigkeit sei nur bei einer entsprechenden inneren Einstellung der Beteiligten gerechtfertigt.[514]

Nach wohl überwiegender Ansicht dürfte es nicht erforderlich sein, dass die Handelnden sich der Sittenwidrigkeit des Rechtsgeschäfts bewusst sind.[515] Richtet sich das Geschäft gegen Interessen der Allgemeinheit, wird vielmehr häufig gefordert, dass beide Vertragsparteien die Umstände gekannt haben müssen, welche zur Sittenwidrigkeit des Geschäfts führen, oder sich diesen bewusst oder grob

---

510 A.A. z.B. BGHZ 160, 8, 14; BGH, NJW 2010, 363 („unerlässlich").

511 Vgl. z.B. BGH, GRUR 1972, 718, 719; BGH, NJW 1981, 2184, 2186; BGHZ 94, 268, 272; BGH, NJW 1988, 1373, 1374; BGH, NJW 1993, 1587, 1588; BGH, NJW 1994, 187, 188; RGZ 99, 107, 109; OLG Stuttgart, NJW 1979, 2409, 2410; *Ahrens*, in: Prütting/Wegen/Weinreich, BGB, § 138 Rn. 34; *Armbrüster*, in: MüKo, BGB, § 138 Rn. 129; *Eckert*, AcP 199 (1999), 337, 350 f.; *Ellenberger*, in: Palandt, BGB, § 138 Rn. 7; *Esser*, ZHR 135 (1971), 320, 330; *Flume*, BGB AT II, S. 373; *Hefermehl*, in: Soergel, BGB, § 138 Rn. 19 f.; *Lindacher*, AcP 173 (1973), 124, 126; *Medicus/Petersen*, BGB AT, Rn. 690; *Sack*, NJW 2006, 945, 949.

512 *Bork*, BGB AT, Rn. 1183.

513 Vgl. nur BGHZ 107, 92, 97; BGH, NJW 1990, 703, 704; BGHZ 125, 218, 228; BGHZ 146, 298, 301; BAGE 118, 66, 72; *Ahrens*, in: Prütting/Wegen/Weinreich, BGB, § 138 Rn. 33 ff. m.w.N.

514 Vgl. BGHZ 10, 228, 232; BGHZ 20, 43, 52; BGHZ 146, 298, 301; BGH, WM 2002, 1186, 1189.

515 Vgl. BGH, WM 1976, 289, 291; BGH, WM 1993, 1189, 1191; RGZ 97, 253, 255; RGZ 120, 144, 148; *Bork*, BGB AT, Rn. 1199; *Ellenberger*, in: Palandt, BGB, § 138 Rn. 8; *Hefermehl*, in: Soergel, BGB, § 138 Rn. 33.

fahrlässig verschlossen haben.[516] Trifft das sittenwidrige Moment nicht die Allgemeinheit, sondern den Geschäftspartner, wird Kenntnis beziehungsweise bewusste oder grob fahrlässige Unkenntnis auf Seiten des sittenwidrig Handelnden als ausreichend erachtet. Hieraus wird dann auf eine verwerfliche Gesinnung geschlossen.[517]

Maßgeblich für die Beurteilung der Sittenwidrigkeit eines Rechtsgeschäfts sind stets die Verhältnisse im Zeitpunkt seiner Vornahme. Ein nachträglicher Wandel der sittlichen Vorstellungen oder der tatsächlichen Verhältnisse, wie zum Beispiel dem Missverhältnis zwischen Leistung und Gegenleistung, haben grundsätzlich keine Auswirkungen auf die Beurteilung des Rechtsgeschäfts im Rahmen des § 138 Abs. 1 BGB.[518]

cc) Rechtsfolgen

Verstößt ein Rechtsgeschäft gegen die guten Sitten, so führt dies zu seiner Unwirksamkeit nach § 138 Abs. 1 BGB. Anders als bei einem Verbotsgesetz im Sinne des § 134 BGB kommt es bei § 138 BGB nicht darauf an, ob sich aus den verletzten rechtlichen Wertungen etwas anderes als die Nichtigkeit des Rechtsgeschäfts ergeben kann.[519] Häufig erfasst die Nichtigkeit das Rechtsgeschäft im Ganzen. Den sittenwidrig Handelnden soll kein Teilerfolg verbleiben.[520]

Vermehrt wird jedoch von einer Teilnichtigkeit ausgegangen, soweit der Verstoß einen separaten Teil des Geschäfts betrifft, eine teilweise Aufrechterhaltung daher bedenkenlos möglich ist und dem mutmaßlichen Parteiwillen entspricht.[521] Eine

---

516 Vgl. z.B. BGH, NJW 1988, 1373, 1374; BGH, NJW 2005, 2991, 2992; BAG, NJW 2011, 630, 632; *Ellenberger*, in: Palandt, BGB, § 138 Rn. 8; *Wolf/Neuner*, BGB AT, § 46 Rn. 23.

517 Vgl. BGHZ 50, 63, 71; BGH, NJW 1992, 899, 900; BGHZ 125, 135, 140; BGHZ 146, 298, 302; BGHZ 160, 8, 14; BGH, NJW 2007, 2841 f.; BGH, NJW 2010, 363, 364; *Armbrüster*, in: MüKo, BGB, § 138 Rn. 116 f.; *Schmidt-Räntsch*, in: Erman, BGB, § 138 Rn. 48 (für § 138 Abs. 2 BGB); *Ellenberger*, in: Palandt, BGB, § 138 Rn. 8; *Wolf/Neuner*, BGB AT, § 46 Rn. 24; a.A. *Bork*, JZ 2001, 1138, 1139; *Bunte*, ZIP 1985, 1, 7 ff.; *Canaris*, AcP 200 (2000), 273, 301 f.; *Flume*, ZIP 2001, 1621; *Mayer-Maly*, in: FS Larenz, S. 395, 403 ff.

518 Vgl. BGHZ 7, 111, 114; BGHZ 100, 353, 359; BGHZ 107, 92, 96 f.; BGHZ 123, 281, 284; BGH, NJW 2012, 1570, 1571; *Armbrüster*, in: MüKo, BGB, § 138 Rn. 133 ff.; *Ellenberger*, in: Palandt, BGB, § 138 Rn. 9 f.

519 Vgl. BGH, NJW 1958, 1772; *Armbrüster*, in: MüKo, BGB, § 138 Rn. 161; *Becker*, Die Lehre von der laesio enormis in der Sicht der heutigen Wucherproblematik, S. 197 f.; *Bork*, BGB AT, Rn. 1201.

520 Vgl. BGH, NJW 1989, 26, 27; OLG Celle, NJW 1959, 1971, 1972; wohl auch *Honsell*, ZHR 148 (1984), 298, 299 ff.

521 Vgl. BGH, NJW 1979, 1605, 1606; BGHZ 146, 37, 47 f.; *Armbrüster*, in: MüKo, BGB, § 138 Rn. 158; *Ellenberger*, in: Palandt, BGB, § 138 Rn. 19; *Enderlein*, Rechtspaternalismus und Vertragsrecht, S. 386 ff.; *Hager*, JuS 1985, 264, 269 f.; *Kohte*, NJW 1982,

solche geltungserhaltende Reduktion wird insbesondere angenommen, wenn Grund der Sittenwidrigkeit ein Missverhältnis zwischen Leistung und Gegenleistung oder das Rechtsgeschäft in sonstiger Weise problemlos quantitativ teilbar ist.[522]

Grundsätzlich wird von der Sittenwidrigkeit nach § 138 Abs. 1 BGB nur das Verpflichtungsgeschäft erfasst, da das Verfügungsgeschäft als wertneutral angesehen wird.[523] Ausnahmen werden dann gemacht, wenn gerade der Vollzug der Leistung die Sittenwidrigkeit begründet, etwa weil in der Verfügung der Verstoß gegen die guten Sitten liegt oder mit ihr sittenwidrigen Zwecken nachgegangen wird. Daher bedarf die Sittenwidrigkeit des Verfügungsgeschäfts stets einer gesonderten Prüfung.[524]

dd) Fallgruppen

Im Laufe der Jahre haben sich im Anwendungsbereich des § 138 BGB verschiedene Fallgruppen gebildet, um zu einer einheitlicheren Handhabung des Sittenwidrigkeitstatbestandes zu gelangen. Zu beachten ist allerdings, dass diese Fallgruppen nicht abschließend sind. Außerdem kann eine Zuordnung zu einer bestimmten Gruppe keine endgültige Aussage über die Sittenwidrigkeit des konkret infrage stehenden Rechtsgeschäftes treffen.[525]

Mangels feststehender Definition der Fallgruppen kommt es zu unterschiedlichen Einteilungen. So wird zum Beispiel grob zwischen Rechtsgeschäften mit einem sittenwidrigen Inhalt, einem sittenwidrigen gemeinsamen Zweck und einem gegen den Geschäftspartner gerichteten Zweck differenziert.[526] Andere unterscheiden danach, ob sich die Sittenwidrigkeit gegen die eigene Person, den Geschäftspartner, Dritte oder die Allgemeinheit richtet oder, ob es sich um einen Fall des Wuchers

---

2803, 2805; *Roth*, JZ 1989, 411, 417f.; *Sandrock*, AcP 159 (1960/1961), 481, 514ff., hinsichtlich einer Einzelfallbetrachtung im Rahmen des § 138 Abs. 1 BGB.

522 Vgl. BGH, FamRZ 1963, 287, 289f.; BGHZ 52, 17, 24; BGH, NJW 1972, 1459f.; BGH, WM 1974, 257, 260; BGHZ 68, 1, 5; BGH, NJW 1985, 2693, 2695; BGHZ 107, 351, 355f.; BGH, NJW 1992, 2145, 2146; BGHZ 146, 37, 47f.; BGHZ 196, 299, 311 (für Vergütungsvereinbarung); BGHZ 196, 355, 369 (für Vergütungsvereinbarung); RGZ 76, 78, 80; RGZ 82, 124, 125; OLG Düsseldorf, NJW-RR 2005, 288, 289; OLG Hamm, DNotZ 1976, 165, 167f.; OLG Köln, NZG 2001, 165, 167 (für Wettbewerbsverbot); LAG Köln, MDR 2001, 1000, 1001 (für betriebliche Bindungsdauer im Zusammenhang mit Gratifikationszusage); *Armbrüster*, in: MüKo, BGB, § 134 Rn. 107 (hinsichtlich überhöhter Preisabrede) und 138 Rn. 161 (hinsichtlich überlanger Vertragsbindung); *Kulke*, ZIP 2001, 985, 990ff.; ausführlich zu den Begründungsansätzen *Sack/Fischinger*, in: Staudinger, BGB, § 138 Rn. 176ff.; a.A. *Bork*, BGB AT, Rn. 1201.

523 Vgl. BGH, NJW 1990, 384, 385.

524 Vgl. BGH, WM 1966, 1221, 1223; RGZ 145, 152, 153f.; *Armbrüster*, in: MüKo, BGB, § 138 Rn. 165; *Wolf/Neuner*, BGB AT, § 46 Rn. 67ff.

525 Vgl. *Armbrüster*, in: MüKo, BGB, § 138 Rn. 32; *Bork*, BGB AT, Rn. 1184; *Wolf/Neuner*, BGB AT, § 46 Rn. 29.

526 *Bork*, BGB AT, Rn. 1185ff.

handelt.[527] Wiederum an anderer Stelle wird anhand der mit § 138 BGB verfolgten Zwecke unterschieden. Als solche werden der Schutz anerkannter Ordnungen, wie die Wertungen des Grundgesetzes, der Schutz vor Einschränkungen der persönlichen und wirtschaftlichen Freiheit, der Schutz vor dem Ausnutzen von Machtstellungen, der Schutz Dritter vor Schädigungen, die Verhinderung von schweren Äquivalenzstörungen, das Zunichtemachten von verwerflichen Gesinnungen sowie der Schutz vor nicht gewollten Kommerzialisierungen oder Zielsetzungen gesehen.[528] Andere Einteilungen berücksichtigten teilweise auch die jeweils betroffenen Rechtsgebiete.[529] Soweit angezeigt, wird auf einzelne Fallgruppen im weiteren Verlauf gegebenenfalls näher einzugehen sein.

ee) Verhältnis von § 138 Abs. 1 BGB zu § 134 BGB

Grundsätzlich geht § 134 BGB dem § 138 Abs. 1 BGB als speziellere Vorschrift vor. Verstößt ein Gesetz gleichzeitig gegen beide Vorschriften, ist folglich nur § 134 BGB einschlägig. Insbesondere wird dann zu klären sein, ob sich aus dem Gesetz, gegen das verstoßen wurde, nicht eine andere Rechtsfolge als die Nichtigkeit ergibt. Nur wenn der Tatbestand des § 134 BGB nicht erfüllt sein sollte, kann § 138 Abs. 1 BGB Anwendung finden. Insoweit hat § 138 Abs. 1 BGB die Funktion der Lückenfüllung.[530]

b) Stellungnahme unter besonderer Betrachtung der Neuregelungen des § 87 Abs. 1 AktG durch das VorstAG im Lichte des § 138 BGB

Aufgrund des soeben dargestellten Konkurrenzverhältnisses verbliebe § 138 Abs. 1 BGB nach der hier vertretenen Auffassung, dass es sich bei § 87 Abs. 1 AktG um ein Verbotsgesetz handelt, kein eigener Anwendungsbereich mehr hinsichtlich einer unangemessenen Vergütungsvereinbarung mit dem Vorstand. Eine solche würde stets die teilweise Nichtigkeit gemäß § 134 BGB nach sich ziehen. Auf mögliche subjektive Voraussetzungen im Rahmen einer Sittenwidrigkeitsprüfung käme es nicht an.

Jedoch soll nicht verkannt werden, dass überwiegend in § 134 BGB kein Verbotsgesetz gesehen wird. Nach dieser Sichtweise wäre der Anwendungsbereich

---

527 *Wolf/Neuner*, BGB AT, § 46 Rn. 30 ff.

528 Vgl. *Armbrüster*, in: MüKo, BGB, § 138 Rn. 33 ff.

529 Vgl. *Ellenberger*, in: Palandt, BGB, § 138 Rn. 77 ff.; *Hefermehl*, in: Soergel, BGB, § 138 Rn. 86 ff.; *Sack/Fischinger*, in: Staudinger, BGB, § 138 Rn. 539 ff.

530 Vgl. BGH, NJW 1983, 868 ff.; BAG, NJW 1993, 2701, 2703; BayObLGZ 2000, 301, 307 f.; *Ahrens*, in: Prütting/Wegen/Weinreich, BGB, § 138 Rn. 5; *Armbrüster*, in: MüKo, BGB, § 138 Rn. 4; *Schmidt-Räntsch*, in: Erman, BGB, § 138 Rn. 10; *Bork*, BGB AT, Rn. 1154; *v. Olshausen*, ZHR 146 (1982), 259, 290; *Wendtland*, in: Bamberger/Roth, BGB, § 138 Rn. 6; innerhalb des § 138 Abs. 2 BGB Vorrang von § 134 BGB ablehnend *Armbrüster*, in: MüKo, BGB, § 138 Rn. 4; a.A. BGHZ 53, 152, 160; *Wendtland*, in: Bamberger/Roth, BGB, § 138 Rn. 6.

des § 138 BGB im Rahmen des § 87 Abs. 1 AktG folglich eröffnet.[531] Daher ist zu einer möglichen Sittenwidrigkeit einer unangemessenen Vergütungsvereinbarung mit dem Vorstand sozusagen hilfsweise Stellung zu nehmen. Etwas anderes würde dem Ziel dieser Arbeit einer möglichst objektiven und umfassenden Rechtsfolgenprüfung nicht gerecht.

Unter anderem wird zu klären sein, wann eine schwere Äquivalenzstörung vorliegen könnte, welche zur Nichtigkeit der Vergütungsabrede mit dem Vorstand nach § 138 Abs. 1 BGB führen würde. Daneben ist zu untersuchen, ob noch weitere Fälle denkbar sind, in denen eine Sittenwidrigkeit der Vereinbarung von Vorstandsbezügen wegen Verstößen gegen § 87 Abs. 1 AktG in Betracht kommt. Wie aufgezeigt, hat sich die Diskussion hierzu nach dem Inkrafttreten des VorstAG nicht wesentlich weiterentwickelt. Mögliche Auswirkungen der Reform des § 87 Abs. 1 AktG durch das VorstAG wurden bisher nicht umfassend erörtert.

aa) Leistungen des Vorstands und Üblichkeit der Vergütung

Seit Inkrafttreten der Änderung des § 87 Abs. 1 S. 1 AktG müssen die Gesamtbezüge des Vorstands ausdrücklich in einem angemessenen Verhältnis zu den Leistungen des Vorstands stehen. Wie bereits erwähnt wurde mit dieser Neufassung der Norm das Leistungsprinzip im Aktienrecht ausdrücklich verankert.[532] Fraglich ist, ob sich hieraus gegebenenfalls auch neue Erkenntnisse hinsichtlich einer möglichen Sittenwidrigkeit unangemessener Vergütungsvereinbarungen mit dem Vorstand gewinnen lassen.

Dies dürfte wesentlich davon abhängen, ob verlässliche Voraussetzungen aufgestellt werden können, welche es ermöglichen, eine Sittenwidrigkeit der Vergütungsvereinbarung aufgrund der Verletzung des Leistungsprinzips zu bestimmen. Insoweit würde das genaue Ausmaß eines Verstoßes gegen das Leistungsprinzip unmittelbar über das Eingreifen der Nichtigkeitsfolge nach § 138 Abs. 1 BGB entscheiden. Anders als im Rahmen des § 134 BGB geht es also nicht darum, den abstrakten Sinn und Zweck des Leistungsprinzips zu erforschen. Aus diesem Grund scheint eine etwas umfassendere Betrachtung als zuvor im Rahmen des § 134 BGB angezeigt. Insbesondere mit Blick auf das Äquivalenzprinzip bietet es sich an, die Prüfung des Leistungskriteriums mit dem der Üblichkeit zu verbinden. Ein Verstoß gegen das Äquivalenzprinzip könnte unter Umständen einen Verstoß gegen das Leistungsprinzip indizieren und umgekehrt.

(1) Leistungsprinzip als sittlicher Maßstab

Es dürfte nicht ernsthaft in Zweifel gezogen werden, dass in Deutschland genau wie in anderen modernen Staaten eine vom Leistungsprinzip geprägte Leistungsgesellschaft in nahezu allen Bereichen existiert, sei es im Sport, im Bildungswesen, in der

531 Siehe oben S. 11 f. und 15.

532 Siehe oben S. 62 ff.

Wirtschaft oder sonst wo. Dies schließt nicht aus, dass die jeweiligen Definitionen von Leistungen gegebenenfalls voneinander abweichen können.[533] Das Leistungsprinzip als Verteilungsprinzip ist Grundlage einer freien Marktwirtschaft.[534] Stark vereinfacht besagt es, dass Güter wie Macht, Einkommen oder Vermögen etc. entsprechend der einem Individuum zuzurechnenden Leistung verteilt werden. Mit Einführung des Leistungsprinzips ging die überwiegende Abkehr von anderen Zuteilungskriterien, wie zum Beispiel dem Stand oder Herkommen einher.[535]

Das Leistungsprinzip scheint gerechtfertigt, weil es geeignet ist, die Leistungsbereitschaft und Hebung der Arbeitsmoral nach rechtsstaatlichen Grundsätzen zu fördern, vor allem durch die Aussicht auf sozialen Aufstieg.[536] Ein solcher Aufstieg kann darüber hinaus für andere durch die Zurechnung zur Leistung besser nachvollziehbar werden.[537] Zudem ermöglicht das Leistungsprinzip bei konsequenter Anwendung im Idealfall eine Bestenauslese.[538]

Die voranstehenden Ausführungen sollten bereits für sich alleine betrachtet verdeutlichen, dass es sich bei dem nunmehr in § 87 Abs. 1 S. 1 AktG ausdrücklich niedergelegten Leistungsprinzip um eine in Deutschland grundlegend anerkannte Wertvorstellung handelt. Dafür spricht außerdem, dass das Leistungsprinzip bereits vor Inkrafttreten des VorstAG nach einhelliger Auffassung bei der Bemessung der Vorstandsgehälter zu berücksichtigen war.[539] Darüber hinaus findet sich das Leistungsprinzip an anderen Stellen der Rechtsordnung in unterschiedlicher Ausprägung. Für die Besetzung öffentlicher Ämter oder das Beamtentum hat das Leistungsprinzip unter anderem in Art. 33 Abs. 2 GG beziehungsweise § 9 BBG Niederschlag gefunden.[540] Des Weiteren soll das geistige Eigentum aus dem in Art. 14 GG verankerten Leistungsprinzip abzuleiten sein. Die Früchte einer privaten Arbeitsleistung sollen demjenigen zustehen, der das Arbeitsergebnis herbeigeführt hat.[541] Ein fundamentales Prinzip des Steuerrechts ist das ebenfalls auf Gerechtigkeitsüberlegungen im Sinne von Art. 3 Abs. 1 GG zurückgehende Leistungsfähigkeitsprinzip, nach welchem die Steuerlast entsprechend der wirtschaftlichen Leistungsfähigkeit verteilt werden muss.[542]

---

533 Vgl. nur *Voswinkel/Kocyba*, in: Dröge/Marrs/Menz, Rückkehr der Leistungsfrage, S. 21, 24f.

534 Siehe oben S. 63 f.

535 Vgl. *Böhme*, in: Kritik der Leistungsgesellschaft, S. 13, 15.

536 Vgl. hierzu kritisch *v. Hayek*, Recht, Gesetzgebung und Freiheit, Band 2, S. 107.

537 Vgl. *Arzberger*, in: Hondrich/Schumacher/Arzberger/Schlie/Stegbauer, Krise der Leistungsgesellschaft?, S. 23, 24ff. (auch ausführlich zur Entstehungsgeschichte des Leistungsprinzips).

538 Vgl. nur BVerwGE 136, 388, 390; BGH, DNotZ 1996, 906, 909.

539 Siehe hierzu oben S. 63.

540 Vgl. etwa BVerfGE 62, 374, 383; BVerwGE 24, 235, 239ff.; *Battis*, in: Battis, BBG, § 9 Rn. 2.

541 Vgl. *Fechner*, Geistiges Eigentum und Verfassung, S. 202.

542 Vgl. nur *Hey*, in: Tipke/Lang, Steuerrecht, § 3 Rn. 40ff.

Bei dem Leistungsprinzip in § 87 Abs. 1 S. 1 AktG dürfte es sich daher grundsätzlich um einen Maßstab zur Beurteilung der Sittenwidrigkeit eines Rechtsgeschäfts im Sinne von § 138 Abs. 1 BGB handeln. Da § 138 Abs. 2 BGB, als Ausprägung des § 138 Abs. 1 BGB, ausdrücklich das Verhältnis von Leistung und Gegenleistung erwähnt, sollte dies nicht ernsthaft angezweifelt werden. Äußerst stark dürfte das Leistungsprinzip im Bereich der freien Wirtschaft verankert sein.[543] In den Dienstverhältnissen der Vorstände sowie nahezu allen anderen Dienst- und Arbeitsverhältnissen in der Wirtschaft kommt es durch einen Austausch zwischen Arbeitsleistung und einer hierfür vom Dienstherren beziehungsweise Arbeitgeber erbrachten Gegenleistung in Form von Entlohnung, Einräumung einer hierarchischen Stellung innerhalb des Unternehmens etc. fortlaufend zu einer Zu- beziehungsweise Umverteilung von Gütern.

(2) Unvollkommenheit des Leistungsprinzips

Das Voranstehende führt unweigerlich zu der Frage, ob Konstellationen existieren, in denen die Güterzuteilung im Hinblick auf die erbrachte Leistung sittenwidrig ist. Auf die Vorstandsvergütung übertragen muss also danach gefragt werden, unter welchen Voraussetzungen, insbesondere ab welcher Höhe, diese als sittenwidrig bezeichnet werden muss, weil sie mit der Leistung des jeweiligen Vorstands nicht mehr in Einklang zu bringen ist.

Bei der Beantwortung dieser Frage eröffnen sich zwangsläufig mindestens drei große Problemfelder, welche teilweise in erheblicher und oft ideologisch geprägter Kritik am Leistungsprinzip münden. So ist schon unklar, was sich hinter dem Begriff der Leistung verbirgt.[544] Unter anderem wird diskutiert, ob Leistung als Erfolg der Vorstandstätigkeit oder als bloße Beteiligung an dem betrieblichen Wertschöpfungsprozess zu verstehen ist.[545] Teilweise werden als Leistungen eines Vorstands alle Tätigkeiten für die Gesellschaft beschrieben, die sich auf Wirtschaftsparameter positiv auswirken oder für die Gesellschaft auf andere Weise vorteilhaft sind. Nach dieser Ansicht wäre somit eine erfolgsorientierte Betrachtungsweise maßgeblich.[546]

Selbst wenn sich genauer bestimmen ließe, was unter Leistung zu verstehen ist, oder dies zumindest für einen begrenzten Anwendungsbereich subjektiv festgelegt werden könnte, würde sich ein weiteres Problemfeld eröffnen. Häufig wird eine genaue Bewertung der Vorstandsleistung nicht möglich sein. Dabei spielt besonders eine Rolle, dass die Indikatoren für Vorstandsleistungen oft auch von anderen Kriterien beeinflusst werden. Auf die vielfach zur Bestimmung der Leistung von Vorständen verwendeten Kennzahlen wirken ganz regelmäßig noch andere, zum Beispiel volkswirtschaftliche Faktoren mit ein. So verwenden nicht nur viele der

---

543 Vgl. hierzu ausführlich und wegen fortschreitender Abkehr vom Leistungsprinzip hin zur Vermarktlichung kritisch etwa *Mahayni*, in: Kritik der Leistungsgesellschaft, S. 53 ff.

544 Kurzer Überblick dazu bei *Kling*, DZWIR 2010, 221, 223 f. m.w.N.

545 Vgl. *Suchan/Winter*, DB 2009, 2531, 2532 f.

546 Vgl. *Annuß/Theusinger*, BB 2009, 2434.

DAX-Gesellschaften Kennziffern wie EBT oder ROCE zur Bestimmung der variablen Vergütungsbestandteile.[547] Diese Kennzahlen entwickeln sich bei einem konjunkturellen Hoch regelmäßig auch ohne besonderes Zutun der Vorstände positiv. Wohl aus diesem Grund wurde der stetige Anstieg der Vorstandsgehälter in den letzten Jahren schon teilweise als „leistungslos"[548] bezeichnet.[549]

Darüber hinaus stellt sich die Frage, wann die Gegenleistung der Gesellschaft für die Leistungen des Vorstandsmitglieds gerecht ist. Eine mehrheitliche Anerkennung des Leistungsprinzips als gerechtes Verteilungsprinzip setzt jedenfalls Bewertungsstandards voraus, über die innerhalb eines sozialen Systems zumindest ansatzweise Einigkeit besteht.[550] Derzeit ist generell eine gewisse „Vermarktlichung"[551] von Löhnen zu beobachten, das heißt, in der Realität bestimmt mehr und mehr allein der Markt die Höhe des Lohns. Andere Faktoren wie Ausbildung, Bedarf, Dauer der Betriebszugehörigkeit etc. verlieren im Vergleich zu den zurückliegenden Jahrzehnten zunehmend an Bedeutung. Das Leistungsprinzip wird also mehr und mehr zurückgedrängt.[552]

Durch einen ständigen Marktvergleich von Angebot und Nachfrage sollte sich in einer freien Marktwirtschaft zwar immer wieder ein Gleichgewichtslohn einpendeln.[553] Ob dieser aber auch überwiegend als sozial gerecht empfunden wird, wird jedoch vielfach von anderen Faktoren, wie zum Beispiel einer ausreichenden Abdeckung des Lebensbedarfs durch den Lohn, der Entwicklung der Lohnschere und dem diesbezüglichen Blickwinkel abhängen.[554] Bereits mehrfach in dieser Arbeit wurde ein unterstelltes Marktversagen im Bereich der Vorstandsgehälter erwähnt. Vorstandsbezüge werden regelmäßig als überhöht angesehen.[555] Soweit zutreffend dürfte dies hinsichtlich der Sittenwidrigkeitsschwelle einer Vergütungsvereinbarung mit dem Vorstand zu berücksichtigen sein.

(3) Mögliche Kriterien einer Sittenwidrigkeit

Diese vorangestellten Ausführungen sollten verdeutlichen, dass die durch das Leistungsprinzip aufgeworfenen Probleme und damit auch die Frage, wann ein Vor-

---

547 Vgl. z.B. BMW AG, Geschäftsbericht 2011, S. 166; Daimler AG, Geschäftsbericht 2011, S. 162; Volkswagen AG, Geschäftsbericht 2011, S. 140.

548 *Müller*, Der Aufsichtsrat 2007, 36, 37.

549 Vgl. hinsichtlich Kennzahlen mit Bezug zum Börsenkurs *v. Eckardstein/Konlechner*, Vorstandsvergütung und gesellschaftliche Verantwortung der Unternehmung, S. 15; *Peltzer*, in: FS Hellwig, S. 269, 280 m.w.N.

550 Vgl. *Schlie*, in: Hondrich/Arzberger/Schlie/Stegbauer, Krise der Leistungsgesellschaft?, S. 50, 58ff.

551 *Voswinkel/Kocyba*, in: Dröge/Marrs/Menz, Rückkehr der Leistungsfrage, S. 21, 33.

552 Vgl. etwa *Lengfeld*, APuZ 04–05/2007, 11, 13ff.; *Rudzio/Uchatius/Willeke*, Zeit Online vom 30.03.2006; *Vormbusch/Kels*, in: Dröge/Marrs/Menz, Rückkehr der Leistungsfrage, S. 21, 24f.

553 Vgl. z.B. *Cezanne*, Allgemeine VWL, S. 154.

554 Vgl. z.B. *Lengfeld*, APuZ 04–05/2007, 11, 15ff.

555 Siehe z.B. oben S. 69.

standsgehalt sittenwidrig ist, weil im Verhältnis zur Leistung des Vorstands nicht gerecht, im Detail mit formaljuristischen Mitteln kaum beantwortet werden können. Vielmehr sind die Antworten stark abhängig von der jeweils vertretenen politischen Sichtweise und können dementsprechend unterschiedlich ausfallen.

Da der Gesetzgeber die Vergütungsvereinbarungen von Vorständen einer rechtlichen Bewertung aber nicht entziehen will, wie sein Eingriff in die Vertragsfreiheit durch § 87 AktG zeigt[556], gilt es, auf dem Boden der freiheitlich demokratischen Grundordnung den kleinsten gemeinsamen rechtlichen Nenner für die Sittenwidrigkeit von Vorstandsgehältern zu finden. Auch wenn die Problematik nicht leistungsgerechter Vorstandsgehälter in erster Linie auf Tatbestandsseite des § 87 Abs. 1 S. 2 AktG angesiedelt ist, entscheidet die Grenze zur Sittenwidrigkeit unmittelbar über das Eingreifen der Rechtsfolge nach § 138 BGB. Daher sollen nachfolgend einige Grundüberlegungen zu möglichen Kriterien nicht leistungsgerechter und infolgedessen sittenwidriger Vorstandsgehälter angestellt werden. Das Ziel dieser Überlegungen muss sich angesichts des nicht sehr weit fortgeschrittenen und wenig konkreten Diskussionsstandes vermutlich darauf beschränken, Denkanregungen zu liefern, um bestenfalls eine nähere Auseinandersetzung mit dem Thema zu fördern.

(a) Sittenwidrige Leistungskriterien

Überwiegend theoretischer Natur dürften Fälle sein, in denen der Aufsichtsrat mit dem Vorstand eine zu dessen Leistungen gegenläufige Entlohnung vereinbart und so Leistung in sittenwidriger Weise definiert wird. Dies wäre jedenfalls dann der Fall, wenn der Vorstand variable Vergütungselemente für objektiv eindeutig schlechte Leistung erhalten soll, wie zum Beispiel für Verschwendung von Gesellschaftsvermögen.[557] Derartige Vereinbarungen dürften eindeutig sittenwidrig sein. Allerdings sind solche Konstellationen nur dann vorstellbar, wenn sich gleichzeitig auch der Verdacht einer erheblichen Pflichtverletzung und gegebenenfalls sogar strafbaren Handlung des Aufsichtsrats unter Beteiligung des Vorstands aufdrängt.[558]

Auf den ersten Blick stellt sich aber bei einer reinen Festvergütung und eindeutig schlechten Leistung des Vorstands ein ähnliches Problem. Der Vorstand würde stets die volle Vergütung erhalten, das heißt, sie wäre gerade nicht an der individuellen Leistung ausgerichtet. Allerdings sollen nach dem Willen des Gesetzgebers in erster Linie zukünftige, vor allem aber bei Vertragsverlängerungen auch vergangene Leis-

556 Siehe hierzu oben S. 68.
557 In diesem Sinne auch *Peltzer*, in: FS Hellwig, S. 269, 273.
558 Vgl. zur Begehung einer Untreue durch den Aufsichtsrat im Fall einer vertraglich nicht vereinbarten, nachträglichen Sonderzahlung an den Vorstand ohne jeglichen Nutzen für die Gesellschaft BGHSt 50, 331 ff.

tungen des Vorstandsmitglieds berücksichtigt werden.[559] Eine reine Festvergütung soll außerdem ausdrücklich zulässig bleiben.[560]

Dem Vergangenheitsbezug kommt also entscheidende Bedeutung bei der Prognoseentscheidung des Aufsichtsrats über die zukünftigen Leistungen des Vorstands zu. Demzufolge ist bei einer reinen Festvergütung die Sittenwidrigkeit geradezu indiziert, wenn dem Vorstand trotz schlechter Leistungen in der Vergangenheit eine höhere Vergütung für die Zukunft gewährt werden soll. Die Höhe der nicht gerechtfertigten Gehaltssteigerung dürfte in einer solchen Fallkonstellation keine Rolle spielen. Allein die offenkundige Missachtung des Leistungsprinzips sollte ausreichen, um die Sittenwidrigkeit zu begründen. Die Sittenwidrigkeit einer Gehaltssteigerung trotz schlechter Leistung könnte wiederum entfallen, wenn sie durch andere Gründe, zum Beispiel eine verbesserte Lage der Gesellschaft, gerechtfertigt wäre.

Auch bei Abfindungszahlungen an Vorstände wird nicht selten ein Verstoß gegen das Leistungsprinzip unterstellt, weshalb auch insoweit eine Sittenwidrigkeit in Betracht kommt.[561] Abfindungszahlungen an frühzeitig ausscheidende Vorstände im Zusammenhang mit naheliegenden Schlechtleistungen entfachen oftmals eine hitzige öffentliche Debatte, weil sie als ungerechtfertigter „goldener Handschlag" empfunden werden. Bei der Abfindungsproblematik handelt es sich um einen eigenständigen Themenkomplex, der im Zusammenhang mit einem möglichen Verstoß gegen § 87 Abs. 1 AktG in Verbindung mit § 138 Abs. 1 BGB einer deutlich intensiveren, hier nicht zu leistenden Untersuchung bedürfte.[562] Dennoch soll der Versuch unternommen werden, nachfolgend einige Gedankenansätze zu liefern.

Festzuhalten ist zunächst, dass Abfindungen auch an § 87 Abs. 1 AktG zu messen sind, das heißt angemessen sein müssen.[563] Weiter muss differenziert werden, ob die Kündigung des Anstellungsvertrages aufgrund eines wichtigen Grundes gemäß § 626 BGB erfolgt oder nicht. Im erstgenannten Fall verbietet sich eine Abfindung ohnehin, wie auch Ziffer 4.2.3 Abs. 4 S. 2 des DCGK klarstellt.[564] Hierzu ist an-

---

559 Vgl. BT-Drs. 16/12278, S. 5; Hüffer/*Koch*, AktG, § 87 Rn. 3; *Weber*, in: Hölters, AktG, § 87 Rn. 21.

560 BT-Drs. 16/12278, S. 5.

561 Vgl. zu einem prominenteren Beispiel in der jüngeren Vergangenheit bei der Thyssen-Krupp AG Handelsblatt Online vom 07.12.2012 („mindestens je 3,2 Millionen Euro"; „Die Manager werden für Fehlinvestitionen in Amerika und für Fehlverhalten im Unternehmen verantwortlich gemacht.").

562 Vgl. allgemein zur Abfindungsproblematik z. B. *Hohenstatt/Willemsen*, NJW 2008, 3462 ff.; Hüffer/*Koch*, AktG, § 87 Rn. 8; *Käpplinger*, NZG 2003, 573 f.; *Spindler*, DStR 2004, 36, 44 f.; *Thüsing*, in: Fleischer, Hdb Vorstandsrecht, § 5 Rn. 71 ff.; *Weber*, in: Hölters, AktG, § 87 Rn. 42 ff.

563 Vgl. *Dreher*, AG 2002, 214, 216; *Körner*, NJW 2004, 2697, 2699; *Spindler*, in: MüKo, AktG, § 87 Rn. 150; *Thüsing*, in: Fleischer, Hdb Vorstandsrecht, § 5 Rn. 71.

564 Vgl. auch *Bachmann*, in: Kremer/Bachmann/Lutter/v. Werder, DCGK, Rn. 1022; *Dörrwächter/Trafkowski*, NZG 2007, 846, 848; Hüffer/*Koch*, AktG, § 87 Rn. 8.

zumerken, dass ein wichtiger Grund zum Widerruf der Vorstandsbestellung nach § 84 Abs. 3 AktG nicht zwangsläufig auch einen wichtigen Grund zur Kündigung des Anstellungsvertrages darstellt. Umgekehrt berechtigt aber ein wichtiger Kündigungsgrund stets dazu, die Vorstandsbestellung zu widerrufen.[565] Teilweise wird der Bestand des Anstellungsvertrages auch an die Bestellung als Vorstand im Sinne einer auflösenden Bedingung geknüpft („Gleichlaufklausel" oder „Koppelungsklausel").[566] Liegt kein wichtiger Kündigungsgrund vor, ist eine ordentliche Kündigung nur denkbar, wenn der zugrunde liegende Anstellungsvertrag nicht befristet oder befristet ist und eine ordentliche Kündigung vorsieht.[567] Aufgrund dieser Besonderheiten erfolgt eine vorzeitige durch den Aufsichtsrat initiierte Beendigung des Anstellungsverhältnisses in der Praxis regelmäßig durch einen Aufhebungsvertrag.[568]

In diesem Zusammenhang kann und wird der Vorstand sich vermutlich zunächst auf den Grundsatz pacta sunt servanda berufen und verlangen, dass der Vertrag von der Gesellschaft, insbesondere im Hinblick auf die Vergütungszahlung vollständig erfüllt wird.[569] Für die vorzeitige Beendigung des Anstellungsvertrages[570] empfiehlt der DCGK in Ziffer 4.2.3 Abs. 4 S. 1 deshalb, eine Abfindung bereits bei Abschluss des Vorstandsvertrages der Höhe nach auf maximal zwei Jahresvergütungen zu begrenzen und jedenfalls nicht mehr als die Restlaufzeit des Anstellungsvertrages zu vergüten (Abfindungs-Cap).[571] Eine rechtliche Verbindlichkeit kommt dieser Empfehlung („soll") allerdings nicht zu, wie die Präambel des DCKG klarstellt.

Dennoch könnte durch ein Überschreiten der genannten Grenze die Unangemessenheit der Abfindung nach § 87 Abs. 1 S. 1 AktG indiziert sein. Eine solche Annahme scheint aber schon deshalb problematisch, weil sich die Vorgabe des DCGK durch ein Hinauszögern der Aufhebungsvereinbarung leicht aushebeln ließe.[572] Es bedürfte näherer Prüfung, ob ein solches Vorgehen sittenwidrig sein könnte, wenn sein Sinn und Zweck gerade die Umgehung des DCGK und kein

565 Vgl. BGH, NJW 1989, 2683, 2684; BGH, WM 1995, 2064, 2065; *Fleischer*, in: Spindler/Stilz, AktG, § 84 Rn. 152; *Fonk*, in: Semler/v. Schenk, Hdb AR, § 10 Rn. 300; Hüffer/*Koch*, AktG, § 84 Rn. 50; *Kort*, in: GK, AktG, § 84 Rn. 482; *Lücke*, in: BeckHdb Vorstand, § 2 Rn. 242; *Lutter/Krieger/Verse*, Rechte und Pflichten des AR, Rn. 428; *Spindler*, in: MüKo, AktG, § 84 Rn. 177 f.; *Wiesner*, in: MüHdb Gesellschaftsrecht, § 21 Rn. 107.

566 Vgl. *Tschöpe/Wortmann*, NZG 2009, 85, 86 ff.; *Weber*, in: Hölters, AktG, § 84 Rn. 107.

567 Vgl. *Fleischer*, in: Spindler/Stilz, AktG, § 84 Rn. 167; *Lücke*, in: BeckHdb Vorstand, § 2 Rn. 269 f.; *Lutter/Krieger/Verse*, Rechte und Pflichten des AR, Rn. 432; *Thüsing*, in: Fleischer, Hdb Vorstandsrecht, § 5 Rn. 55.

568 Vgl. *Fleischer*, in: Spindler/Stilz, AktG, § 84 Rn. 172; *Schwark*, in: FS Raiser, S. 377, 392 f.; näher *Lücke*, in: BeckHdb Vorstand, § 2 Rn. 275 ff.

569 *Dörrwächter/Trafkowski*, NZG 2007, 846, 847.

570 Vgl. hierzu *Hohenstatt/Willemsen*, NJW 2008, 3462, 3463.

571 Kritisch zu solchen Regelungen *Bauer/Arnold*, BB 2008, 1692 ff.; *Hoffmann-Becking*, ZIP 2007, 2101, 2105 f.; *Martens*, in: FS Hüffer, S. 647, 654 ff.

572 Vgl. *Hohenstatt/Willemsen*, NJW 2008, 3462, 3463.

anderer Grund erkennbar wäre. Ein entsprechender Nachweis dürfte sich allerdings regelmäßig schwierig gestalten. Unabhängig davon könnte man überlegen, ob die Sittenwidrigkeit einer Abfindung – in Anlehnung an den Grundsatz der Vertragstreue – spätestens ab Überschreitung der noch für die gesamte Restlaufzeit des Vertrages vereinbarten Vergütung denkbar ist. Dann dürfte sich unter Umständen sogar die Frage nach einer strafrechtlichen Relevanz der Vereinbarung stellen.

In ähnlicher Weise könnte auch der Abschluss einer Abfindungsvereinbarung und die kurz darauffolgende, gut dotierte Neuaufnahme einer Tätigkeit gegen das Anstandsgefühl aller billig und gerecht Denkenden verstoßen. In einem solchen Fall ermöglicht die Aufhebungsvereinbarung es dem Vorstand erst, die neue Stelle anzunehmen. Er erhält dann neben der Abfindung eine weitere Vergütung, wodurch er vermutlich in aller Regel wirtschaftlich insgesamt besser gestellt würde als bei regulärer Vertragserfüllung. Auslöser der vorzeitigen Vertragsbeendigung dürfte grundsätzlich eine nicht zufriedenstellende Leistung des Vorstands oder dessen Ungeeignetheit für die zukünftige Tätigkeit sein. Im Ergebnis könnten somit ein Fehlverhalten oder fehlende Eigenschaften zu einem wirtschaftlichen Vorteil des Vorstands führen. Ob eine Anrechnungsklausel im Aufhebungsvertrag derartige Fälle stets vermeiden könnte, könnte zweifelhaft sein, da der Vorstand sich hierauf nicht einlassen müsste.[573]

Diese Besonderheiten einer vorzeitigen Vertragsaufhebung, aufgrund welcher das gesetzlich vorgegebene Ziel des Leistungsprinzips oftmals nur mit Hilfe des Vorstands einzuhalten sein dürfte, sowie die nicht zu unterschätzende Bedeutung der Abfindungsthematik in der Öffentlichkeit könnten im Übrigen ein weiteres Indiz dafür sein, dass § 87 Abs. 1 AktG auch den Vorstand anspricht. Dies wäre im Rahmen des § 138 Abs. 1 BGB wohl von untergeordneter Bedeutung. Im Bereich des § 134 BGB würde dieser Aspekt aber unter Umständen eine größere Rolle spielen und soll daher ordnungshalber nicht unerwähnt bleiben.[574]

(b) Wucherähnliches Geschäft

Eine Vorstandsvergütung könnte gegebenenfalls auch allein wegen ihrer absoluten Höhe gegen das Leistungsprinzip verstoßen und daher sittenwidrig sein. Diesbezüglich könnte der Fallgruppe der sogenannten wucherähnlichen Geschäfte nach § 138 Abs. 1 BGB besondere Bedeutung zukommen.[575]

Dieser unter anderem für Verbraucherkreditverträge entwickelte Maßstab besagt, dass ein wucherähnliches und damit sittenwidriges Geschäft unabhängig von weiteren subjektiven Voraussetzungen regelmäßig vorliegt, wenn die Gegenleistung in einem auffälligen Missverhältnis zur Leistung steht. Von einem solchen auffäl-

---

573 Eine Anrechnung anderweitiger Tätigkeiten des Vorstands nach § 615 S. 2 BGB scheitert an der Beendigungsinitiative der Gesellschaft, vgl. *Schwark*, in: FS Raiser, S. 377, 392.

574 Siehe hierzu auch oben S. 89.

575 Siehe zur Fallgruppenbildung oben S. 108 f.

ligen Missverhältnis geht man aus, sobald der Wert der konkret zu erbringenden Leistung den Wert der marktüblichen Leistung mindestens zu 100 % übersteigt.[576] Hintergrund der Unwirksamkeit wucherähnlicher Geschäfte ist unter anderem der Schutz des Vertragspartners.[577]

Ein sittenwidriges wucherähnliches Geschäft kommt anerkanntermaßen nicht nur bei Kreditverträgen, sondern auch zahlreichen anderen Rechtsgeschäften, so etwa beim Kauf von Immobilien[578], bei der Vereinbarung von Werklohn[579] oder Rechtsanwaltshonorar[580] in Betracht.[581] Leicht abgewandelte Voraussetzung in diesen Fällen ist die Existenz eines besonders groben Missverhältnisses, welches die widerlegbare tatsächliche Vermutung für eine verwerfliche Gesinnung des Begünstigten begründet. Ein besonders grobes wird genau wie ein auffälliges Missverhältnis angenommen, wenn die Grenze des Doppelten überschritten ist, das heißt, der Wert der Leistung knapp das Doppelte des marktüblichen Wertes der Gegenleistung beträgt.[582]

Auf den ersten Blick scheint nichts gegen eine Übertragung dieser anerkannten Grundsätze auf Gehaltsvereinbarungen mit Vorständen zu sprechen.[583] Wie bereits dargestellt, lässt sich ein marktübliches Vorstandsgehalt jedoch nicht immer problemlos bestimmen.[584] Des Weiteren wird dem Markt bei der Festsetzung von Vorstandsgehältern bekanntlich ein Defizit attestiert, aufgrund dessen die hohen Vorstandsgehälter nicht allein auf die vermeintlich geringe Anzahl geeigneter Vorstandskandidaten zurückzuführen seien.[585] Als Grund für dieses Marktdefizit wird unter anderem der nicht enden wollende Vorwurf eines dem Vorstand äußerst wohlgesonnenen, nicht immer im Interesse der Gesellschaft handelnden und nicht ernsthaft Sanktionen fürchten müssenden Aufsichtsrats genannt.[586] Darüber hinaus

576 Vgl. nur BGHZ 104, 102, 105; BGHZ 110, 336, 338; *Ellenberger*, in: Palandt, BGB, § 138 Rn. 67.

577 Vgl. nur BGHZ 146, 298, 301 f.; BGH, MittBayNot 2010, 306, 307; *Armbrüster*, in: MüKo, BGB, § 138 Rn. 116 m.w.N.

578 Vgl. BGH, NJW 1992, 899 f.; BGHZ 146, 298, 301 ff.

579 KGR Berlin 1995, 135 f.

580 Vgl. BGH, NJW 2003, 3486.

581 Ein Überblick zur Kasuistik etwa bei *Ellenberger*, in: Palandt, BGB, § 138 Rn. 34d und 77 ff.

582 BGH, NJW 1992, 899, 900; BGHZ 146, 298, 302; BGHZ 160, 8, 14; BGH, NJW 2002, 429, 430 f.; BGH, NJW 2010, 363, 364.

583 A.A. *Schwark*, in: FS Raiser, S. 377, 381, der Vorstandsgehälter jedoch entgegen der nunmehr durch das VorstAG vorgenommenen gesetzgeberischen Wertung (Üblichkeit der Vergütung) generell für nicht vergleichbar hält.

584 Siehe hierzu oben S. 65 ff.

585 Vgl. *Adams*, ZIP 2002, 1325, 1338; *Langenbucher*, in: FS Huber, S. 861, 862; *Peltzer*, in: FS Hellwig, S. 269, 271; *Thüsing*, ZGR 2003, 457, 465 ff.

586 *Thüsing*, ZGR 2003, 457, 466 („back scratching“; „Fremdes Geld ist schnell verschenkt“).

unterbleibe eine wirksame Kontrolle der Vergütungsabreden durch die Aktionäre.[587] Die Vergütungsvorschläge externer Vergütungsberater seien regelmäßig überhöht anstatt zu tief angesetzt.[588] Ein marktübliches Gehalt sei daher – anders als bei Spitzensportlern oder Musikern, bei welchen ein internationaler Markt existiere[589] – nicht zwingend auch angemessen, sondern regelmäßig überhöht.[590]

Gegen die vorstehende Argumentation lässt sich nicht viel einwenden. Fälle, in denen eine Vorstandsvergütung zwar üblich, aber zu niedrig und aus diesem Grund nicht angemessen ist, sind kaum vorstellbar und dürften dementsprechend in der Praxis keine Rolle spielen. Ob das fakultative Hauptversammlungsvotum zum Vergütungssystem bei börsennotierten Gesellschaften nach § 120 Abs. 4 AktG die Kontrolle durch die Aktionäre wesentlich verbessern wird, bleibt abzuwarten. Vorerst dürfte jedenfalls feststehen, dass sich das Kriterium der Marktüblichkeit nicht dazu eignet, positiv festzustellen, ob das Vorstandsgehalt angemessen ist.

Sehr wohl eignet sich aber die Marktüblichkeit als Maßstab, um festzustellen, ob ein Vorstandsgehalt unangemessen oder sogar sittenwidrig ist. Wenn andere auf einem funktionierenden Markt nach den Grundsätzen der Marktwirtschaft fair bewertete Rechtsgeschäfte bei Überschreitung der Grenze des Doppelten regelmäßig sittenwidrig sind, muss dies erst recht gelten, wenn eine übliche, wegen eines Marktdefizits allenfalls überhöhte Vorstandsvergütung um das Doppelte überschritten wird. Der Vertragspartner des Vorstands, das heißt die Gesellschaft und die dahinterstehenden Aktionäre, sind schutzwürdig, wie § 87 Abs. 1 AktG zeigt.[591]

Hinzu kommt, dass Manager von Aktiengesellschaften anders als Spitzensportler oder Schauspieler etc. als Kopf eines Unternehmens großen Einfluss auf das wirtschaftliche Schicksal einer hohen Anzahl von Mitarbeitern, Aktionären und sonstigen Stakeholdern nehmen können. Über eine solche Einflussmöglichkeit verfügen Spitzenverdiener aus anderen Bereichen ganz regelmäßig nicht.[592] Im Bereich der Vorstandsgehälter sollte also besonderes Augenmerk darauf gelegt werden, die grundlegenden Wertungen der Rechtsordnung zu wahren.

Angesichts der regelmäßig vom Markt vorgegebenen Überhöhung der üblichen Vergütung stellt sich die Frage, ob zum Ausgleich nicht sogar ein Abschlag von der bewährten Grenze des Doppelten vorzunehmen wäre. Zum Beispiel könnte ein vereinbartes Vorstandsgehalt bereits sittenwidrig sein, wenn es die marktübliche Vergütung um 75 Prozent übersteigt. Anhaltspunkte für einen konkreten Wert ließen

---

587 Vgl. *Adams*, ZIP 2002, 1325, 1332 und 1338; *Thüsing*, ZGR 2003, 457, 466f.

588 *Thüsing*, ZGR 2003, 457, 467.

589 Vgl. hierzu ausführlich *Adams*, ZIP 2002, 1325, 1331ff. m.w.N.; ferner *Meck*, FAZ.NET vom 24.03.2012.

590 Vgl. *Adams*, ZIP 2002, 1325, 1338f.; *Peltzer*, in: FS Lutter, S. 571, 586; *ders.*, in: FS Hellwig, S. 269, 270f.; *Thüsing*, ZGR 2003, 457, 467.

591 Vgl. nur Hüffer/*Koch*, AktG, § 87 Rn. 1; *Spindler*, in: MüKo, AktG, § 87 Rn. 1; zu § 78 AktG 1937 *Geßler*, JW 1937, 497, 499f.; *Schlegelberger/Quassowski*, AktG 1937, § 78 Rn. 1.

592 Siehe oben S. 91.

sich hierfür aber nur schwer finden. Der soeben vorgenommene Erst-recht-Schluss würde an Wirkung verlieren, weil die Gefahr bestünde, die anfängliche Überbewertung der Vorstandsvergütung durch den Markt mit einem Abschlag übermäßig zu kompensieren.

Ein gewisser Abschlag erfolgt in faktischer Hinsicht ohnehin schon regelmäßig, weil bei der Bemessung der Vorstandsvergütung auch andere Kriterien, wie zum Beispiel die Lage der Gesellschaft eine Rolle spielen. Der allein auf die Leistung des Vorstands entfallende Anteil lässt sich nicht sauber von den auf andere Vergütungskriterien entfallenden Anteilen trennen. Darüber hinaus besteht das zum Ziehen der Grenze des Doppelten dienende marktübliche Gehalt aus dem Durchschnitt der vergleichsweise herangezogenen Gehälter, welche die Leistungen der Vorstände und andere Vergütungskriterien wiederum im Marktdurchschnitt abbilden. Unter Umständen vergleicht man also durchschnittliche (und andere derart ausgeprägte Vergütungskriterien) mit herausragenden Leistungen.

In solchen Fällen müsste die Grenze des Doppelten gegebenenfalls sogar nach oben verlagert werden, weil man einerseits nicht ausschließen kann, dass andere Vergütungskriterien eine höhere Vergütung rechtfertigen und man andererseits nur im selben Maße erfüllte Vergütungsparameter miteinander vergleichen sollte, um ein möglichst präzises Ergebnis zu erhalten. Ein wenig entzerrt wird dieses unvermeidbare Zusammenspiel der verschiedenen Vergütungskriterien allerdings durch die Zugehörigkeit der Vergleichsunternehmen zur selben Branche. So werden sich zumindest maßgebliche volkswirtschaftliche Faktoren in vielen Fällen in ähnlicher Weise auf die Unternehmen des Vorstands auswirken und dementsprechend auch die Vergütungsparameter ähnlich beeinflussen.

Trotz dieser verbleibenden Unsauberkeiten ermöglicht die Grenze des Doppelten insgesamt eine sinnvolle, praktisch umsetzbare und zwingend erforderliche – vor allem angesichts der tatsächlichen Bedeutung von Aktiengesellschaften für das Gesellschaftssystem im Ganzen[593] – Überprüfung von Vorstandsgehältern auf ihre Sittenwidrigkeit. Geht man nämlich von einer ganz regelmäßigen überhöhten Vergütungsfestsetzung wegen eines Marktdefizits aus, sind nur Extremfälle denkbar, in denen die Grenze des Doppelten zu einem nicht sachgemäßen Ergebnis führt, so etwa, wenn die Vergleichsunternehmen ganz überwiegend mit einer äußerst schlechten Lage und völlig unzureichenden Leistungen ihrer Vorstände zu kämpfen haben, das betroffene Unternehmen und sein Vorstand hingegen am anderen Ende der Skala einzuordnen sind.

Deshalb muss der Gegenbeweis, dass trotz Überschreiten der Grenze des Doppelten kein besonders grobes Missverhältnis vorliegt, stets möglich bleiben.[594] Gelingt dieser Nachweis nicht, wird auch der Vorwurf einer verwerflichen Gesinnung des Vorstands und Aufsichtsrats nur schwer zu entkräften sein, da beiden Organen

---

593 Siehe oben S. 91.

594 Vgl. zur Rechtfertigung von die branchenübliche Höhe übersteigenden Vergütungen wegen besonderer Leistungen LG München I, NZG 2007, 447 f.

die marktübliche Vergütung vor dem Hintergrund von Publizitätspflichten und Vergütungsstudien ganz regelmäßig bekannt gewesen sein muss.[595] Es wäre in derartigen Konstellationen von den Beteiligten gegebenenfalls schon leicht vermessen anzunehmen, es existiere kein anderes erreichbares Individuum auf dem Planeten, das nicht willens und in der Lage sei, eine gleichwertige Leistung für weniger als das Doppelte der marktüblichen Vergütung zu erbringen.[596]

Um die soeben angestellten Überlegungen mit Leben zu füllen, soll ein Beispiel aus der Praxis dienen. Der Vorstandsvorsitzende der Daimler AG erhielt laut deren Vergütungsbericht im Jahr 2011 eine Gesamtvergütung in Höhe von EUR 8.654.000,00.[597] Sein Pendant bei der BMW AG wurde 2011 insgesamt mit EUR 6.156.535,00 entlohnt.[598] Hingegen verdiente der Vorstandschef der Volkswagen AG im Jahr 2011 EUR 17.456.206,00 nebst Pensionsrückstellungen in Höhe von EUR 875.002,00.[599] Der Durchschnitt aus den Vergütungen der Vorstandsvorsitzenden der Daimler AG und BMW AG beträgt EUR 7.405.267,50. Auf den ersten Blick wird klar, dass das Gehalt des Vorstandsvorsitzenden der Volkswagen AG diesen Wert deutlich um 100 % übersteigt. Bei den drei genannten Unternehmen handelt es sich um in Deutschland ansässige, weltweit agierende und im DAX-30 notierte Automobilkonzerne. Trotz verbleibender Unterschiede dürfte es sich hinsichtlich Größenordnung und Anforderungsprofil für die Vorstände um geeignete Vergleichsobjekte handeln.

Den obigen Ausführungen zufolge läge die Sittenwidrigkeit der Vereinbarung über das Gehalt des Volkswagen-Vorstands somit mehr als nah. Dementsprechend entbrannte eine teilweise in den Medien nachzuverfolgende heftige Kritik.[600] Der Volkswagen-Vorstandschef versuchte daraufhin, sein Gehalt in erster Linie mit dem überdurchschnittlichen Unternehmenserfolg, den die Volkswagen AG im Geschäftsjahr 2011 erzielt hatte, zu rechtfertigen.[601] Ein solcher Umstand wäre zwar grundsätzlich geeignet, eine Überschreitung der Grenze des Doppelten plausibel zu begründen. Jedoch wäre eine solche Argumentation nur nachvollziehbar, wenn die zum Vergleich herangezogenen Unternehmen eine deutlich schlechtere Erfolgsbilanz vorweisen könnten. Die BMW AG erlebte nach eigenen Angaben aber mit dem Geschäftsjahr 2011 „das bislang beste in der Geschichte des Unternehmens."[602] Auch die Daimler AG gibt an, „2011 einen dreifachen Rekord erzielt"[603] zu haben: der Absatz und Umsatz sowie das EBIT waren so hoch wie nie zuvor.

---

595 Vgl. hierzu *Bauer/Arnold*, AG 2009, 717, 720; *Hohaus/Weber*, DB 2009, 1515, 1519f.; *Suchan/Winter*, DB 2009, 2531, 2535.

596 Vgl. *Adams*, ZIP 2002, 1325, 1332f.

597 Daimler AG, Geschäftsbericht 2011, S. 163.

598 BMW AG, Geschäftsbericht 2011, S. 169.

599 Volkswagen AG, Geschäftsbericht 2011, S. 139ff.

600 Vgl. nur *Ankenbrand/Meck*, FAZ.NET vom 17.03.2012.

601 Vgl. nur Die Welt Online vom 25.03.2012.

602 BMW AG, Geschäftsjahr 2011, S. 18 („Rekordjahr").

603 Daimler AG, Geschäftsbericht 2011, S. 10.

Dies sollte einerseits belegen, dass die Bewertung von Vorstandsleistungen aufgrund der verwendeten Kennzahlen in hohem Maß auch von anderen, zum Beispiel volkswirtschaftlichen Faktoren abhängt.[604] Andererseits muss man gekoppelt an die guten Ergebnisse der Unternehmen auch von entsprechend guten Leistungen des jeweiligen Vorstandsvorsitzenden ausgehen. Vor diesem Hintergrund könnte man sich fragen, ob eine beziehungsweise welche Rechtfertigung für das Überschreiten der Grenze des Doppelten zugunsten des Vorstandschefs der Volkswagen AG existieren könnte.[605]

(4) Zwischenergebnis

Das in § 87 Abs. 1 S. 2 AktG infolge des VorstAG nunmehr ausdrücklich genannte Prinzip der Leistungsgerechtigkeit ist elementarer Bestandteil der sozialen Marktwirtschaft und dürfte daher als Sittenwidrigkeitsmaßstab grundsätzlich in Betracht kommen. Allerdings ist das Leistungsprinzip unvollkommen, da Leistung unterschiedlich definiert und beurteilt werden kann. Außerdem können unterschiedliche Auffassungen hinsichtlich einer gerechten Entlohnung bestehen.

Dennoch könnte ein kleinster gemeinsamer Nenner existieren, ab wann das Leistungsprinzip nicht mehr eingehalten ist. In diesem Sinn könnten Vergütungsvereinbarungen sittenwidrig sein, wenn sie dem Vorstand für eine von ihm herbeigeführte Verschlechterung des Ist-Zustands oder für eine Nichtleistung eine zusätzliche Vergütung gewährt. Das Gleiche könnte gelten, wenn die Vorstandsvergütung im Rahmen eines horizontalen Vergleichs die übliche Vergütung ohne erkennbaren Grund um mehr als das Doppelte übersteigt.

bb) Nachhaltige Unternehmensentwicklung

Seit die Vorstandsvergütung bei börsennotierten Gesellschaften gemäß § 87 Abs. 1 S. 2 AktG auf eine nachhaltige Unternehmensentwicklung auszurichten ist, könnte man hinterfragen, ob eine nachhaltige Unternehmensentwicklung als zu berücksichtigende Wertvorstellung, das heißt als sittlicher Maßstab im Sinne von § 138 BGB, in Betracht kommt. Sollte dies zu bejahen sein, müsste in einem nächsten Schritt geklärt werden, ob bereits der bloße Inhalt oder erst der Gesamtcharakter einer Vereinbarung über nicht auf nachhaltige Unternehmensentwicklung ausgerichteten Vorstandsvergütung die Nichtigkeit nach sich zieht.[606]

(1) Denkbarer sittlicher Maßstab

Bei dem Nachhaltigkeitsgebot des § 87 Abs. 1 S. 2 AktG für börsennotierte Aktiengesellschaften handelt es sich um eine einfachgesetzliche Regelung. Ob der Begriff

---

604 Siehe hierzu auch oben S. 112.

605 Vgl. für einen ähnlichen Fall *Adams*, ZIP 2002, 1325, 1331, der das damalige Gehalt des Vorstands der DaimlerChrysler AG für nicht gerechtfertigt gegenüber dem Gehalt des Vorstands der BMW AG hält.

606 Siehe hierzu allgemein oben S. 107 f.

der nachhaltigen Unternehmensentwicklung auf wesentliche übergeordnete Rechtsgrundsätze zurückzuführen ist, was Voraussetzung für einen sittlichen Maßstab wäre, ist fraglich.[607] Sollte eine nachhaltige Unternehmensentwicklung kein grundlegender rechtlicher Maßstab im Sinne des § 138 BGB sein, müsste geprüft werden, ob eine nachhaltige Unternehmensentwicklung zumindest als grundlegender außerrechtlicher Maßstab in Betracht kommt.

Der Versuch einer Klärung dieser Fragen wird durch den Umstand erschwert, dass Nachhaltigkeit in der derzeitigen gesellschaftlichen und politischen Diskussion in zahlreichen unterschiedlichen Zusammenhängen erwähnt wird. Es bietet sich daher an, zwischen der allgemeinen, der mit § 87 Abs. 1 S. 2 AktG und der sonstigen mit Unternehmen beziehungsweise Vorstandshandeln zusammenhängenden Verwendung des Nachhaltigkeitsbegriffs zu unterscheiden.[608]

In diesem Sinne soll zunächst ein Überblick zu den Ansichten erfolgen, welche im Wesentlichen zu Begriff und Ursprung nachhaltiger Unternehmensentwicklung im Sinne von § 87 Abs. 1 S. 2 AktG vertreten werden. Insoweit scheint es sinnvoll, sich mit der Thematik detaillierter als im Rahmen der obigen Stellungnahme zum Verbotscharakter von § 87 Abs. 1 AktG auseinanderzusetzen.[609] Im Folgenden geht es vor allem darum, ob und unter welchen Voraussetzungen ein Verstoß gegen das Gebot, die Vorstandsvergütung auf eine nachhaltige Unternehmensvergütung auszurichten, zur Sittenwidrigkeit der Vereinbarung führen könnte. Im Kontext des § 134 BGB ging es hingegen darum, welchen Sinn und Zweck das Nachhaltigkeitsgebot des § 87 Abs. 1 S. 2 AktG hat.

Im Anschluss an den Meinungsstand zur nachhaltigen Unternehmensentwicklung nach § 87 Abs. 1 S. 2 AktG soll das allgemeine Nachhaltigkeitskonzept erörtert werden, gefolgt von weiteren im Zusammenhang mit unternehmensbezogener Nachhaltigkeit wesentlich erscheinenden Ansätzen. In einem weiteren Schritt sollen dann im Rahmen einer Stellungnahme die soeben genannten Interpretationsansätze zur Nachhaltigkeit verglichen werden. Hinter einer solchen vergleichenden Betrachtung steht das Ziel, Erkenntnisse bezüglich der Ausgangsfrage zu gewinnen, ob es sich bei nachhaltiger Unternehmensentwicklung im Sinne von § 87 Abs. 1 S. 2 AktG um einen sittlichen Maßstab nach § 138 BGB handeln kann.

(a) Begriff und Ursprung nachhaltiger Unternehmensentwicklung im Sinne von § 87 Abs. 1 S. 2 AktG

Die zu Bedeutung und dem Ursprung nachhaltiger Unternehmensentwicklung im Sinne von § 87 Abs. 1 S. 2 AktG vertretenen Ansichten können zwei sich gegenüberstehenden Grundpositionen zugeordnet werden. Im Wesentlichen liegt der einen

607 Siehe hierzu allgemein oben S. 105.

608 Vgl. hierzu *Reiner*, ZVglRWiss 110 (2011), 443, 449, der dies in ähnlich unterscheidender Weise auch als „interne“ (auf die Aktiengesellschaft bezogen) bzw. „externe“ (allgemeines Konzept) Nachhaltigkeit bezeichnet.

609 Siehe oben S. 72 ff.

Grundposition ein eher enges, der anderen entgegengesetzt ein eher weites Begriffsverständnis zugrunde. Diese Grundpositionen fungieren dabei als der jeweils kleinste gemeinsame Nenner. Innerhalb der Ansichten einer jeweiligen Grundposition kann es durchaus zu Abweichungen kommen.[610]

Die verschiedenen Denkansätze bestanden zunächst eher selbstständig nebeneinander, da sie, wenn überhaupt, nur wenig aufeinander eingingen. Inzwischen hat sich dies jedoch teilweise gewandelt und die Diskussion erfolgt verstärkt mit direktem Bezug zur Gegenauffassung.[611]

(aa) Enges Verständnis

Sowohl das enge als auch das weite Begriffsverständnis nachhaltiger Unternehmensentwicklung scheinen ganz überwiegend darin übereinzustimmen, dass die Ausrichtung der Vorstandsvergütung auf eine nachhaltige Unternehmensentwicklung jedenfalls der Vermeidung von kurzfristig positiven Effekten und dementsprechend der Setzung langfristiger Verhaltensanreize dienen soll. Dies soll vor allem dann gelten, wenn solche „Strohfeuer"[612] mit Risiken verbunden sind, welche die Existenz des Unternehmens bedrohen.[613] Einzelne kurzfristige Vergütungsziele werden dennoch weiterhin für zulässig gehalten, soweit insgesamt langfristige Anreize für die Vorstände gesetzt werden.[614]

Nach dem wohl engsten Verständnis einer nachhaltigen Unternehmensentwicklung reicht eine mehrjährige Bemessungsgrundlage gemäß § 87 Abs. 1 S. 3 Hs. 1 AktG für variable Vergütungsbestandteile bereits aus, um den soeben genannten Erfordernissen gerecht zu werden.[615] Nachhaltige Unternehmensentwicklung bedeute darüber hinaus nicht auch die Sicherung der dauerhaften Existenz und Wirtschaftlichkeit eines Unternehmens, da dies ohnehin eine wesentliche Pflicht des Vorstands sei.[616]

---

610 Vgl. für einen Überblick jeweils m.w.N. *Marsch-Barner*, ZHR 175 (2011), 737, 739; *Velte*, NZG 2016, 294, 296ff.

611 Vgl. *Louven/Ingwersen*, BB 2013, 1219ff.

612 *Fleischer*, NZG 2009, 801, 802.

613 Vgl. *Annuß/Theusinger*, BB 2009, 2434, 2435; *Bauer/Arnold*, AG 2009, 717, 721; *Dauner-Lieb*, in: Henssler/Strohn, AktG, § 87 Rn. 26; *Fleischer*, in: Spindler/Stilz, AktG, § 87 Rn. 27f.; *Hohenstatt/Kuhnke*, ZIP 2009, 1981, 1982; *Jahn*, GWR 2009, 135; *Thüsing*, AG 2009, 517, 519f.; *Weber-Rey*, WM 2009, 2255, 2258.

614 Vgl. BT-Drs. 16/13433, S. 10; *Arnold/Schansker*, KSzW 2012, 39, 43; *Bosse*, BB 2009, 1650, 1651; *Deilmann/Otte*, GWR 2009, 261, 262; *Fleischer*, in: Spindler/Stilz, AktG, § 87 Rn. 29; *ders.*, NZG 2009, 801, 803; *Hohaus/Weber*, DB 2009, 1515, 1517; *Hohenstatt/Kuhnke*, ZIP 2009, 1981, 1987; *v. Kann/Keiluweit*, DStR 2009, 1587, 1588; *Seibert*, WM 2009, 1489, 1490; *Weber-Rey*, WM 2009, 2255, 2259; zur Gebotenheit kurzfristiger Ziele in bestimmten Fällen und Möglichkeiten der Umsetzung vgl. *Dzida/Naber*, BB 2011, 2613, 2616f.

615 Vgl. *Louven/Ingwersen*, BB 2013, 1219ff.; *Marsch-Barner*, ZHR 175 (2011), 737, 745.

616 Vgl. *Marsch-Barner*, ZHR 175 (2011), 737, 739f.

In eine ähnliche Richtung geht die Auffassung, welche in § 87 Abs. 1 S. 2 AktG keine inhaltliche Änderung der grundlegenden Gewinnmaximierungspflicht des Vorstands und somit auch nicht das Erfordernis neuer Zielsetzungen im Sinne eines weiten Verständnisses von nachhaltiger Unternehmensentwicklung erblickt. Die Norm solle den Vorstand lediglich dazu anhalten, seine ihm per Gesetz und Satzung obliegenden Pflichten dauerhaft zu beachten. Diese bestünden vor allem darin, auf einen Jahresüberschuss hinzuarbeiten, der eine fortlaufende Dividendenausschüttung von mindestens vier Prozent zulässt.[617]

Wie der Hintergrund der Finanz- und Wirtschaftskrise belege, gehe es bei nachhaltiger Unternehmensentwicklung nach § 87 Abs. 1 S. 2 AktG darum, die Gesellschaften vor einer Insolvenz zu schützen und nicht darum, Sozial- oder Umweltbelange zu erfassen. Nachhaltigkeit liege kein weites, sondern ein enges, allein auf die Gesellschaft bezogenes Begriffsverständnis zugrunde.[618] Vor diesem Hintergrund wird Nachhaltigkeit mit Dauerhaftigkeit (von Ausschüttungen) gleichgestellt beziehungsweise übersetzt.[619] Ein solches rein zeitliches Verständnis, losgelöst von Umwelt- und Sozialaspekten, gebiete der Wortlaut, die Systematik, die Entstehungsgeschichte sowie der Sinn und Zweck von § 87 Abs. 1 S. 2 AktG.[620]

(bb) Weites Verständnis

Ein anderer Ansatz versteht unter nachhaltiger Unternehmensentwicklung neben der Vermeidung von „Strohfeuern" zusätzlich im positiven Sinne, die Existenz und Wirtschaftlichkeit eines Unternehmens dauerhaft zu gewährleisten, was jedoch keine ständige Zunahme des Unternehmenswertes voraussetze.[621] Da dieser Definitionsversuch vom engen Verständnis nur vereinzelt ausdrücklich abgelehnt wird, muss hierin noch nicht zwangsläufig eine abweichende Auffassung gesehen werden.

Abweichungen zur engen Nachhaltigkeitsauslegung liegen aber spätestens vor, wenn angenommen wird, die Forderung nach einem dauerhaften Bestand und anhaltender Rentabilität decke sich grundsätzlich, allerdings unternehmensspezifisch angepasst, mit dem in der Umwelt- und Entwicklungspolitik vorherrschenden Verständnis von Nachhaltigkeit. Dieses ziele vor allem auf den Schutz künftiger Generationen ab.[622] Dementsprechend gehe eine nachhaltige Unternehmensentwicklung im Sinne von § 87 Abs. 1 S. 2 AktG auf den weiten, das heißt soziale,

---

617 Vgl. *Reiner*, ZVglRWiss 110 (2011), 443, 472ff.
618 Vgl. *Reiner*, ZVglRWiss 110 (2011), 443, 452f.
619 Vgl. *Reiner*, ZVglRWiss 110 (2011), 443, 473.
620 Vgl. *Louven/Ingwersen*, BB 2013, 1219, 1220ff.
621 Vgl. *Annuß/Theusinger*, BB 2009, 2434, 2435; *Hohaus/Weber*, DB 2009, 1515, 1516f.; *Kling*, DZWIR 2010, 221, 227; *Suchan/Winter*, DB 2009, 2531, 2537; *Wagner*, AG 2010, 774, 776ff.; hinsichtlich der Zunahme des Unternehmenswertes wohl a.A. *Thüsing*, AG 2009, 517, 520; *v. Werder*, in: Kremer/Bachmann/Lutter/v. Werder, DCGK, Rn. 805f.
622 Vgl. *Wagner*, AG 2010, 774, 776f.

ökonomische und ökologische Aspekte umfassenden Nachhaltigkeitsbegriff der Brundtland-Kommission zurück.[623]

Oftmals wird der Begriff der nachhaltigen Unternehmensentwicklung zwar als unpassend oder Ähnliches bezeichnet und ein weites Verständnis zunächst infrage gestellt. Vielfach wird einem weiten Verständnis dann inzident aber doch zugestimmt. Anders lässt sich die Nennung bestimmter Nachhaltigkeitsziele kaum verstehen. So sollen abstrakt betrachtet nachhaltig im Sinne von § 87 Abs. 1 S. 2 AktG zum Beispiel Zielparameter wie Aufwendungen für Forschung und Entwicklung, Innovationsleistung, Kunden- und Mitarbeiterzufriedenheit, Rohstoff- und Energieeffizienz, Bildung finanzieller Reserven sowie Fortschritte bezüglich der Corporate-Governance-Strukturen, des Risikomanagements und der Compliance-Organisation sein. Darüber hinaus werden auch Integrationserfolge, das durchschnittliche Lohnniveau, Verbesserungen bei der Unternehmensentwicklung oder etwa die Sicherung der Eigenständigkeit des Konzerns, die Gewinnung von Marktanteilen sowie die Eroberung neuer internationaler Märkte genannt.[624]

Welche Ziele hiervon konkret für eine Gesellschaft nachhaltig sein könnten, hänge vom jeweiligen Unternehmensinteresse ab. Bei der Gewichtung der unterschiedlichen Interessen wird dem Vorstand nach allgemeinen Maßstäben grundsätzlich ein weiter Spielraum und keiner Interessengruppe ein Vorrang zugebilligt. Mit anderen Worten bedeutet dies, was für das eine Unternehmen nachhaltig sein kann, muss nicht auch zwingend für ein anderes nachhaltig sein.[625]

(b) Allgemeines Konzept der Nachhaltigkeit

Neben dem aktienrechtlichen Meinungsstreit lässt sich in Medien und Politik eine Verwendung des Nachhaltigkeitsbegriffs beobachten, welche „Allgemeines Nachhaltigkeitskonzept“ als Titel tragen könnte.[626] Fraglich ist, in welcher Beziehung das

---

623 Vgl. *Röttgen/Kluge*, NJW 2013, 900 ff. Der Bundesminister a.D. *Röttgen* war während des Gesetzgebungsverfahren zum VorstAG 1. Parlamentarischer Geschäftsführer der CDU/CSU-Bundestagsfraktion und kann somit zum historischen Kontext „aus 1. Hand“ berichten. Er spricht sich erfreulich klar für eine Rückbesinnung auf die juristische Methodenlehre zur Begriffsbestimmung aus.

624 Vgl. *Arnold/Schansker*, KSzW 2012, 39, 43; *Dauner-Lieb*, in: Henssler/Strohn, AktG, § 87 Rn. 26; *dies./v. Preen/Simon*, DB 2010, 377, 379; *Fleischer*, in: Spindler/Stilz, AktG, § 87 Rn. 27; *ders.*, NZG 2009, 801, 803 („Zukunftsinvestitionen“); *Wagner*, AG 2010, 774, 778; *Wilsing/Paul*, GWR 2010, 363, 364; ausdrücklich ein weites Verständnis befürwortend *Kocher/Bednarz*, Der Konzern 2011, 77, 78 („unerlässliche Beachtung der verschiedenen Interessen der Stakeholder“).

625 Vgl. *Dauner-Lieb*, in: Henssler/Strohn, AktG, § 87 Rn. 26; *dies./v. Preen/Simon*, DB 2010, 377, 379; *Thüsing/Forst*, GWR 2010, 515, 516; allgemein zum weiten Spielraum bei der Interessenabwägung *Hopt*, ZGR 1993, 534, 536 f.; Hüffer/*Koch*, AktG, § 76 Rn. 28 ff.; *Spindler*, in: MüKo, AktG, § 76 Rn. 60 ff.; kritisch *Kort*, in: GK, AktG, § 76 Rn. 46; *Schön*, ZGR 1996, 429, 439.

626 Vgl. zur Begrifflichkeit z. B. *Reiner*, ZVglRWiss 110 (2011), 443, 449 f.

allgemeine Konzept der Nachhaltigkeit zu nachhaltiger Unternehmensentwicklung im Sinne von § 87 Abs. 1 S. 2 AktG steht. Bevor dieser Frage nachgegangen und zu den unterschiedlichen aktienrechtlichen Auffassungen Stellung genommen werden kann, bedarf es eines kurzen Überblicks zu der Herkunft und einigen der heutigen Erscheinungsformen des allgemeinen Nachhaltigkeitskonzepts.

Als Ursprung der politischen Debatte zur Nachhaltigkeit muss wohl die soeben bereits angedeutete Definition nachhaltiger Entwicklung („sustainable development") der Weltkommission für Umwelt und Entwicklung („Brundtland-Kommission") in ihrem Abschlussbericht „Our Common Future"[627] aus dem Jahre 1987 gelten.[628] Diese Definition ist in Anlehnung an die Forstwirtschaft auf den Schutz natürlicher Ressourcen angelegt.[629] Spätestens seit der auf der Konferenz der Vereinten Nationen für Umwelt und Entwicklung in Rio de Janeiro im Jahr 1992 vereinbarten Agenda 21[630] dürften aber auch soziale und ökonomische Ziele vom Begriff nachhaltiger Entwicklung erfasst sein. Dieses sogenannte Drei-Säulen-Konzept der Nachhaltigkeit bildet die Grundlage des heutigen allgemeinen Begriffsverständnisses.[631] Nach diesem erfordert Nachhaltigkeit in den drei genannten Bereichen nämlich ein staatliches Handeln, welches sowohl die Interessen der heutigen als auch zukünftigen Generationen wahrt. Die grundsätzlich gleichrangigen drei Säulen (Wirtschaftssystem, Sozialstrukturen, Umwelt) sind dabei im Einzelfall miteinander auszubalancieren.[632]

Dementsprechend setzte die Bundesregierung im Jahr 2001 einen Rat für nachhaltige Entwicklung (RNE) ein, dessen Aufgabe es ist, das „Leitbild einer nachhaltigen Entwicklung, das umwelt-, sozial- und wirtschaftspolitische Aspekte"[633] beinhalte,

---

627 Brundtland Commission, Our Common Future; vgl. auch die deutsche Übersetzung von Deutsche UNESCO-Kommission, Eine kurze Geschichte der Nachhaltigkeit („Nachhaltige Entwicklung ist eine Entwicklung, die den Bedürfnissen heutiger Generationen Rechnung trägt, ohne die Möglichkeiten zukünftiger Generationen zu gefährden, ihren eigenen Bedürfnissen nachzukommen."); vgl. zur UN-Weltdekade „Bildung für nachhaltige Entwicklung" auch BT-Drs. 15/3472, S. 1 ff.

628 Vgl. *Hecker/Peters*, NZG 2012, 55; *Menzel*, ZRP 2001, 221, 222; *Sieben*, NVwZ 2003, 1173, 1174.

629 Vgl. *Fleischer*, NZG 2009, 801, 802; *Wagner*, AG 2010, 774, 776; zum Ursprung des Begriffes in der Forstwirtschaft *Franz*, Forstrecht, S. 56 f., der auf *Carlowitz* als Urheber verweist; ferner auch Duden online, „Nachhaltigkeit" („(Forstwirtschaft) forstwirtschaftliches Prinzip, nach dem nicht mehr Holz gefällt werden darf, als jeweils nachwachsen kann; (Ökologie) Prinzip, nach dem nicht mehr verbraucht werden darf, als jeweils nachwachsen, sich regenerieren, künftig wieder bereitgestellt werden kann").

630 Vgl. UNCED, Agenda 21, Teil I.

631 Vgl. *Berg*, in: Kahl, Nachhaltigkeit als Verbundbegriff, S. 425, 430 f.; *Bückmann/Lee/Simonis*, APuZ 27/2003, 27; *Erbguth*, DVBl 1999, 1082, 1083 f.; *Sieben*, NVwZ 2003, 1173, 1174 f.

632 Vgl. BT-Drs. 14/8792, S. 67 f.; *Deter*, ZUR 2012, 157 f.; *Kahl*, DÖV 2009, 2, 6, m.w.N.

633 BT-Drs. 14/3285, S. 5.

in einem fortlaufenden Prozess zu fördern und zu begleiten.[634] Entsprechend zum Nachhaltigkeitsrat der Bundesregierung existiert auch ein Parlamentarischer Beirat für nachhaltige Entwicklung.[635] Basierend auf der Arbeit des vorgenannten Nachhaltigkeitsrats verabschiedete die Bundesregierung 2002 erstmals eine nationale Nachhaltigkeitsstrategie, welche daraufhin fortlaufend überprüft und weiterentwickelt wurde.[636] Daneben existiert auch eine ähnlich ausgerichtete Nachhaltigkeitsstrategie auf Ebene der EU, deren Weiterverfolgung noch 2009 durch die Europäische Kommission bestätigt wurde.[637] Inzwischen ist die Kommission der Ansicht, die europäische Nachhaltigkeitsstrategie sei in der neuen Strategie „Europa 2020" aufgegangen. Dessen ungeachtet spricht sich der Deutsche Bundestag aber für eine Weiterverfolgung der europäischen Nachhaltigkeitsstrategie aus.[638]

Die nationale Nachhaltigkeitsstrategie soll – im Einklang mit der EU-Strategie – ein langfristiges und umfassendes Konzept darstellen, um nachhaltige Verbesserungen in den Bereichen Generationengerechtigkeit, Lebensqualität, sozialer Zusammenhalt und internationale Verantwortung herbeizuführen. Auf Grundlage dieser Zielrichtungen soll auch das Verhalten von Unternehmen entsprechend verändert werden. Lediglich konsequent fordert die nationale Nachhaltigkeitsstrategie daher Unternehmen auf, bei der Erreichung ökologischer und sozialer Ziele aktiv mitzuwirken.[639]

(c) Sonstige unternehmensbezogene Nachhaltigkeit

Es wäre wohl unzureichend, § 87 Abs. 1 S. 2 AktG isoliert dahingehend zu betrachten, ob nachhaltige Unternehmensentwicklung im Sinne der Vorschrift gegebenenfalls auf das soeben vorgestellte allgemeine Nachhaltigkeitskonzept zurückgeführt werden kann. Vielmehr könnten sich diesbezüglich Erkenntnisse auch aus anderen Normen und Regelwerken, welche Nachhaltigkeit im direkten Zusammenhang mit Unternehmensführung zum Gegenstand haben, ergeben. Deshalb soll nachfolgend zunächst ein kurzer Überblick zu einigen in Betracht kommenden Normen erfolgen, um anschließend insgesamt Stellung zu den aufgeworfenen Fragen zu nehmen.

(aa) Versicherungsaufsichtsgesetz (VAG), Kreditwesengesetz (KWG), Verordnung zur Durchführung des Finanzmarktstabilisierungsgesetzes (FMStFV)

An anderen Stellen der Rechtsordnung geben zum Beispiel § 25 Abs. 1 VAG, § 25a Abs. 1 S. 3 Nr. 6 KWG und § 5 Abs. 2 Nr. 3 der FMStFV ebenfalls vor, die Vergütung

634 Vgl. RNE, Auftrag des Rates.
635 Vgl. BT-Drs. 17/245, S. 1 ff.
636 Vgl. für einen Überblick hierzu etwa Bundesregierung, Nachhaltigkeitsstrategie, S. 11 ff.; RNE, Nachhaltigkeitsstrategie.
637 Vgl. Europäische Kommission, KOM(2009) 400 endgültig.
638 BT-Drs. 17/11329, S. 1.
639 Vgl. Bundesregierung, Perspektiven für Deutschland, S. 4; zu möglichen Zielen siehe oben S. 75 f.

von Geschäftsleitern, Mitarbeitern und/oder Aufsichtsratsmitgliedern von Versicherungsunternehmen, Instituten im Sinne des KWG beziehungsweise Unternehmen des Finanzsektors, die Stabilisierungsmaßnahmen des Fonds in Anspruch nehmen, auf eine nachhaltige Unternehmensentwicklung auszurichten.

Es dürfte Einigkeit darüber bestehen, dass die genannten Vorschriften dasselbe (Minimal-)Ziel wie § 87 Abs. 1 S. 2 AktG verfolgen, nämlich die Setzung langfristiger Verhaltensanreize.[640] Ob neben dieser zeitlichen Komponente noch andere Vorgaben zu beachten sind, bleibt weitestgehend offen. Eine Konkretisierung erfolgt erkennbar nur soweit, als unter Nachhaltigkeit im Sinne der genannten Vorschriften teilweise die langfristige Steigerung des Unternehmenserfolges und die Vermeidung überhöhter Risiken zur Steigerung des Ertrages[641] verstanden wird.[642]

(bb) Deutscher Corporate Governance Kodex (DCGK)

Bei dem DCGK handelt es sich um ein Regelwerk mit dem vorrangigen Ziel, Verhaltensmaßstäbe für Vorstand und Aufsichtsrat börsennotierter Aktiengesellschaften hinsichtlich der Unternehmensführung aufzustellen und so das Wohl der Aktionäre und anderer Interessengruppen zu fördern.[643] Auch wenn die Rechtsnatur (und Legitimation) des von einer Regierungskommission entworfenen DCGK umstritten ist[644], kommt dem DCGK in der Praxis zumindest wegen der Anfechtbarkeit von Hauptversammlungsbeschlüssen, die gegen die gemäß § 161 AktG abzugebende Entsprechenserklärung verstoßen, eine gewisse Bindungswirkung zu.[645]

Seit der ersten Fassung des DCGK bis 2009 war der Vorstand gemäß Ziffer 4.1.1 zur „Steigerung des nachhaltigen Unternehmenswertes verpflichtet." Hierbei habe der Verfasser des DCGK mit nachhaltig jedoch lediglich dauerhaft oder langfristig gemeint. Die Begrifflichkeit gehe nämlich nicht auf das allgemeine Nachhaltigkeitskonzept, sondern den Shareholder-Value-Ansatz zurück.[646]

Inzwischen sieht Ziffer 4.1.1 DCGK in seiner aktualisierten Fassung vor, dass der Vorstand das Unternehmen in eigener Verantwortung im Unternehmensinteresse leitet, also unter Berücksichtigung der Belange der Aktionäre, seiner Arbeitnehmer und der sonstigen dem Unternehmen verbundenen Gruppen (Stakeholder) mit dem Ziel nachhaltiger Wertschöpfung. Der zweite Absatz der Präambel des DCGK betont seit 2009 die Verpflichtung von Vorstand und Aufsichtsrat, im Einklang mit den Prinzipien der sozialen Marktwirtschaft für den Bestand des Unternehmens und sei-

---

640 Vgl. für § 64b VAG *Armbrüster*, VW 2011, 401.

641 *Rubner*, NZG 2010, 1288.

642 Vgl. *Dzida/Naber*, BB 2011, 2613.

643 *Claussen/Bröcker*, DB 2002, 1199.

644 Vgl. Überblick hierzu etwa bei *Vetter*, in: Henssler/Strohn, AktG, § 161 Rn. 4 m.w.N.

645 Vgl. nur BGHZ 180, 9, 19ff.; BGHZ 182, 272, 280; OLGR München 2009, 132, 133; *Kiefner*, NZG 2011, 201.

646 Vgl. *Reiner*, ZVglRWiss 110, 443, 451; a.A. *v. Werder*, in: Kremer/Bachmann/Lutter/v. Werder, DCGK, Rn. 805f.

ne nachhaltige Wertschöpfung zu sorgen (Unternehmensinteresse). Der Ursprung von Ziffer 4.1.1 DCGK wird teilweise in dem allgemeinen Nachhaltigkeitsprinzip gesehen, da Nachhaltigkeit zu einem zwingenden Bestandteil des Unternehmensinteresses erklärt werde. In gleicher Weise könne auch der zweite Absatz der Präambel des DCGK verstanden werden.[647]

(cc) Corporate Social Responsibility (CSR), Corporate Citizenship (CC)

Die in den letzten Jahren sowohl auf nationaler als auch internationaler Ebene häufig vorzufindenden Schlagworte der CSR und CC dürfen im Zusammenhang mit nachhaltiger Unternehmensführung nicht unerwähnt bleiben. Die EU-Kommission definierte CSR 2001 in ihrem Grünbuch „Europäische Rahmenbedingungen für die soziale Verantwortung der Unternehmen" als „Konzept, das den Unternehmen als Grundlage dient, auf freiwilliger Basis soziale Belange und Umweltbelange in ihre Unternehmenstätigkeit und in die Wechselbeziehungen mit den Stakeholdern zu integrieren."[648]

Die ständige Überarbeitung dieses Ansatzes in der Folgezeit mündete 2011 unter anderem in „Eine neue EU-Strategie (2011–14) für die soziale Verantwortung der Unternehmen (CSR)". Darin wurde CSR als „die Verantwortung von Unternehmen für ihre Auswirkungen auf die Gesellschaft"[649] beschrieben. Die Strategie der EU-Kommission sah unter anderem vor, bei der Vergabe öffentlicher Aufträge in erhöhtem Maße soziale und ökologische Aspekte zu beachten.[650] Investmentfonds und Finanzinstituten sollte gegebenenfalls aufgegeben werden, darüber zu berichten, inwieweit sie bei ihren Investitionen ethische und verantwortungsvolle Vorgaben beachten.[651] Des Weiteren sollten sich alle großen europäischen Unternehmen bis 2014 verpflichten, entweder die OECD-Leitsätze für multinationale Unternehmen, den „Global Compact" der Vereinten Nationen oder die ISO-Norm 26000 zur sozialen Verantwortung zu beachten.[652] Um die Strategie nach 2014 gegebenenfalls neu auszurichten, fand im Februar 2015 eine Vollversammlung des Multi-Stakeholder-Forums zum Thema CSR statt.[653] Eine aktualisierte Fassung der Strategie ist derzeit nicht bekannt.

Die Strategie der EU-Kommission wurde im Schrifttum angezweifelt. So sei die Freiwilligkeit nicht mehr ausreichend betont worden und auch eine Rechtsgrundlage habe nicht existiert, welche die Unternehmen verpflichtet habe, über ihre gesellschaftlichen Beiträge zu berichten. Im Übrigen sei nicht nachvollziehbar

---

647 Vgl. *Reiner*, ZVglRWiss 110 (2011), 443, 453 ff., welcher dies im Ergebnis aber ablehnt.

648 Europäische Kommission, KOM(2001) 366 endgültig, S. 7.

649 Europäische Kommission, KOM(2011) 681 endgültig, S. 7.

650 Europäische Kommission, KOM(2011) 681 endgültig, S. 13.

651 Europäische Kommission, KOM(2011) 681 endgültig, S. 14.

652 Europäische Kommission, KOM(2011) 681 endgültig, S. 16.

653 European Commission, CSR.

gewesen, warum große europäische Unternehmen den inhaltlich recht unbestimmten Leitfaden gesellschaftlicher Verantwortung ISO 26000 hätten befolgen sollen.[654]

Die Bundesregierung verabschiedete bereits 2010 auf Vorschlag eines zuvor eingesetzten Nationalen CSR-Forums und in Anlehnung an die europäische Definition von CSR die „Nationale Strategie zur gesellschaftlichen Verantwortung von Unternehmen (Corporate Social Responsibility – CSR) – Aktionsplan CSR – der Bundesregierung". Die Bundesregierung versteht in ausdrücklicher Anlehnung an das Verständnis der Europäischen Kommission unter CSR das freiwillige gesellschaftliche Engagement von Unternehmen. Demnach stehe CSR „für eine nachhaltige Unternehmensführung im Kerngeschäft, die in der Geschäftsstrategie des Unternehmens verankert ist."[655] CSR sei „ein wesentlicher Beitrag der Unternehmen zu einer nachhaltigen Entwicklung in den Handlungsfeldern Markt, Umwelt, Arbeitsplatz und Gemeinwesen"[656], der insbesondere in Zeiten von Finanz- und Wirtschaftskrisen erforderlich sei. Des Weiteren definiert der Aktionsplan CSR nachhaltige Entwicklung explizit im Sinne der Brundtland-Kommission.[657] In diesem Sinn helfe der Aktionsplan CSR in wichtigem Maße, die nationale Nachhaltigkeitsstrategie umzusetzen.[658]

Von CSR nicht eindeutig – jedenfalls nicht erkennbar – abgrenzen lassen sich die Begrifflichkeiten CC oder auch Good Corporate Citizen (GCC). Auch diese sollen Tätigkeiten und Berichterstattung eines Unternehmens in den Bereichen Umweltschutz, Soziales und verantwortungsvolle Unternehmensführung umfassen.[659]

An CC beziehungsweise GCC wird unter anderem kritisiert, dass sie etwaige Handlungsvorgaben für den Vorstand nicht weiter konkretisierten.[660] Auch hinsichtlich der Struktur der Vorstandsvergütung ergäben sich aus derartigen öffentlichkeitswirksamen Tätigkeiten keine neuen Erkenntnisse.[661] Es handele sich mit Ausnahme der verwendeten Anglizismen nicht um neue Ansätze in der Sache. Die neuen Begrifflichkeiten dienten lediglich dem Versuch, in der Rechtswissenschaft erneut die bereits früher rechtmäßig verneinte Frage aufzuwerfen, ob eine weite Gemeinwohlbindung des Vorstands bestehe.[662]

(dd) Deutscher Nachhaltigkeitskodex

Im Rahmen der kurz zuvor vorgestellten nationalen Nachhaltigkeitsstrategie verabschiedete der von der Bundesregierung eingesetzte Nachhaltigkeitsrat am 13.10.2011

654 *Kort*, NZG 2012, 926, 927.
655 Bundesregierung, Aktionsplan CSR, S. 35.
656 Bundesregierung, Aktionsplan CSR, S. 35.
657 Bundesregierung, Aktionsplan CSR, S. 35.
658 Bundesregierung, Aktionsplan CSR, S. 9.
659 Vgl. etwa *Marsch-Barner*, ZHR 175 (2011), 737, 743.
660 Vgl. *Kort*, NZG 2012, 926, 927, der dies als „alter Wein in neuen Schläuchen" bezeichnet.
661 Vgl. *Marsch-Barner*, ZHR 175 (2011), 737, 743 f.
662 Vgl. *Kort*, NZG 2012, 926, 927 f.

den Deutschen Nachhaltigkeitskodex (DNK), welcher zuletzt 2017 aktualisiert wurde.[663] Der DNK richtet sich an Unternehmen unabhängig von ihrer Größe und soll Leistungen dieser Unternehmen auf dem Gebiet der Nachhaltigkeit in einheitlicher Weise sichtbar machen. In Anlehnung an § 161 AktG können Unternehmen eine Entsprechenserklärung abgeben, in der sie angeben, den DNK zu befolgen oder Abweichungen vom DNK erläutern („comply or explain").[664]

Laut Präambel des DNK ist die Abgabe einer derartigen Entsprechenserklärung ausdrücklich freiwillig. Unternehmen mit mehr als 500 Mitarbeitern können laut einer Entscheidung der EU-Kommission durch eine solche Entsprechenserklärung der ab 2016 gemäß der Richtlinie 2014/95/EU geltenden Pflicht nachkommen, über Umwelt- und Sozialbelange zu berichten.[665] Hiermit steht es in Einklang, dass der DNK es ausdrücklich ermöglicht, die Entsprechenserklärung in andere Berichte, etwa die Entsprechenserklärung nach § 161 AktG zu integrieren.[666]

Ausgehend von der Nachhaltigkeitsdefinition der Brundtland-Kommission[667] und unter anderem anknüpfend an die Prinzipien des UN Global Compact, die OECD Leitsätze für multinationale Unternehmen, den Leitfaden ISO 26000 sowie verfahrenstechnisch an die Berichtsstandards G4 der Global Reporting Initiative oder die Berichtsstandards des europäischen Analystenverbandes EFFAS stellt der DNK 20 Nachhaltigkeitsaspekte auf, welche anhand von Leistungsindikatoren gemessen werden sollen.[668] Der DNK teilt diese 20 Kriterien den Bereichen Strategie, Prozessmanagement, Umwelt und Gesellschaft zu. Nach der zum Bereich Prozessmanagement gehörenden Ziffer 8 des DNK legt das jeweilige Unternehmen offen, wie sich die Zielvereinbarungen und Vergütungen für Führungskräfte und Mitarbeiter auch am Erreichen von Nachhaltigkeitszielen und der langfristigen Wertschöpfung orientieren. Es wird außerdem offengelegt, inwiefern die Erreichung dieser Ziele Teil der Evaluation der obersten Führungsebene (Vorstand/Geschäftsführung) durch das Kontrollorgan (Aufsichtsrat/Beirat) ist.

Soweit ersichtlich, wird die Freiwilligkeit des DNK weitestgehend einheitlich als positiv beurteilt.[669] Ein Anfechtungsrisiko für Hauptversammlungsbeschlüsse wie bei einer fehlerhaften oder unvollständigen Entsprechenserklärung gemäß § 161 AktG werde so vermieden.[670] Für viele Unternehmen stelle Nachhaltigkeit ein immer

663 Vgl. RNE, DNK, S. 7.

664 RNE, DNK, S. 18.

665 European Commission, STATEMENT/14/124; vgl. außerdem Europäische Kommission, COM(2013) 207 final; *Bremer*, NZG 2014, 57, 58.

666 RNE, DNK, S. 19f.; vgl. allgemein zu einem Rahmenkonzept für das sog. „Integrated Reporting" *Dienes/Velte*, IRZ 2014, 67ff.

667 DNK in der Fassung vom 13.10.2011, S. 16; RNE, DNK, S. 2.

668 RNE, DNK, S 19ff.

669 Vgl. *Marsch-Barner*, ZHR 175 (2011), 737, 744; *Kort*, NZG 2012, 926, 929.

670 *Hecker/Peters*, NZG 2012, 55, 57.

wichtigeres Thema dar.[671] Die konkrete Auseinandersetzung damit sei jedoch regelmäßig abhängig von der jeweiligen Unternehmensgröße.[672] Vor diesem Hintergrund sei auch die Zielsetzung des DNK – national einheitlich über Nachhaltigkeit zu berichten, ohne ein Unternehmen zu überfordern – grundsätzlich begrüßenswert. Der tatsächliche Erfolg in der Praxis müsse allerdings abgewartet werden.[673]

Bemängelt wird unter anderem die vermeintliche Unbestimmtheit des DNK. So sei etwa unklar, was in Ziffer 9 des DNK mit der systematischen Integration von relevanten Stakeholdern in den Nachhaltigkeitsprozess, in Ziffer 16 des DNK mit der Berücksichtigung der demographischen Entwicklung oder in Ziffer 18 des DNK mit dem Beitrag zum Gemeinwesen gemeint sei. Derartige unbestimmte Kriterien würden mit solchen vermischt, die lediglich gesetzliche Vorschriften wiedergäben. Hierdurch entstünde der falsche Eindruck der Durchsetzbarkeit freiwilliger beziehungsweise der Freiwilligkeit gesetzlich zwingender Regelungen.[674] Hinsichtlich der Vorstandsvergütung entstehe aufgrund der Formulierung von Ziffer 8 des DNK die falsche Vorstellung, sie müsse lediglich auf Nachhaltigkeitsziele und dauerhafte Wertschöpfung ausgerichtet sein, nicht aber auch eine entlohnende Funktion haben oder angemessen sein.[675]

(d) Stellungnahme

Wie bereits erwähnt, sollen nunmehr in einem ersten Schritt die oben dargestellten verschiedenen Ansichten zu nachhaltiger Unternehmensentwicklung im Sinne von § 87 Abs. 1 S. 2 AktG mit dem allgemeinen Nachhaltigkeitskonzept sowie den sonstigen dargestellten Ansätzen zu unternehmensbezogener Nachhaltigkeit auf Gemeinsamkeiten und Unterschiede geprüft werden. Anschließend soll nach Möglichkeit eine Würdigung der Vergleichsergebnisse mit Blick auf die Frage vorgenommen werden, ob nachhaltige Unternehmensentwicklung im Sinne von § 87 Abs. 1 S. 2 AktG sittlicher Maßstab nach § 138 Abs. 1 BGB sein kann.

Es fällt auf, dass auf der einen Seite deutliche Berührungspunkte zwischen dem engen Verständnis nachhaltiger Unternehmensentwicklung im Sinne von § 87 Abs. 1 S. 2 AktG – Vermeidung von „Strohfeuern“ durch mehrjährige Bemessungsgrundlage variabler Vergütungsbestandteile – und dem teilweise zu VAG, KWG und FMStFV vertretenen Verständnis von Nachhaltigkeit – Setzung langfristiger Verhaltensanreize bei gleichzeitiger Vermeidung von Risiken zur kurzfristigen Steigerung des Ertrages – bestehen. Dem Nachhaltigkeitsbegriff wird erkennbar keine eigenständige positive Bedeutung beigemessen. Soweit zu VAG, KWG und FMStFV

---

671 *v. Flotow/Kachel*, in: v. Rosen, Nachhaltigkeit und Shareholder Value aus Sicht börsennotierter Unternehmen, S. 9 ff.; *Velte*, NZG 2016, 294, 299.

672 *v. Flotow/Kachel*, in: v. Rosen, Nachhaltigkeit und Shareholder Value aus Sicht börsennotierter Unternehmen, S. 10 f.

673 Vgl. *Hecker/Peters*, NZG 2012, 55, 57.

674 *Kort*, NZG 2012, 926, 929.

675 *Marsch-Barner*, ZHR 175 (2011), 737, 744.

vertreten wird, Nachhaltigkeit erfordere einen stetigen Wertzuwachs des Unternehmens, geschieht dies allerdings ohne nähere Begründung oder Anhaltspunkte.[676]

Sollte nachhaltige Unternehmensentwicklung im Sinne von § 87 Abs. 1 S. 2 AktG tatsächlich keinen positiven Bedeutungsgehalt haben, wäre dies ein starkes Indiz dafür, dass der Begriffsursprung nicht im allgemeinen Nachhaltigkeitskonzept liegt. Dies wiederum ließe der These, bei nachhaltiger Unternehmensentwicklung im Sinne von § 87 Abs. 1 S. 2 AktG könnte es sich um einen Sittlichkeitsmaßstab im Sinne von § 138 BGB handeln, wohl keinen Raum mehr.

Jedoch sind auf der anderen Seite die Überschneidungen zwischen dem weiten Verständnis nachhaltiger Unternehmensentwicklung im Sinne des § 87 Abs. 1 S. 2 AktG, dem allgemeinen Nachhaltigkeitskonzept und den jeweiligen Auffassungen zu Nachhaltigkeit im Rahmen von CSR, CC, dem DCGK sowie dem DNK nicht zu übersehen. Alle vorgenannten Ansätze entnehmen dem Begriff der unternehmensbezogenen Nachhaltigkeit einen eigenständigen positiven Sinngehalt, allerdings in verschiedenen Abstufungen.

Am weitesten verstehen wohl die nationale und europäische Nachhaltigkeitsstrategie den Begriff der Nachhaltigkeit, nämlich im Sinne eines umfassenden, eher abstrakt anmutenden und grundsätzlich jeden, das heißt auch Wirtschaftsunternehmen, ansprechenden Konzepts zur Verbesserung der Verhältnisse in den Bereichen Umwelt, Soziales und Wirtschaft. Die Zielsetzungen des ebenfalls auf die Nachhaltigkeitsstrategie zurückgehenden DNK (Verbesserung der Strategie und des Prozessmanagements von Unternehmen und deren Auswirkungen auf Umwelt und Gesellschaft) können wohl in dem gleichen Lichte betrachtet werden, allerdings ausschließlich an Unternehmen gerichtet. Beim DNK fällt insbesondere die nicht erkennbare Differenzierung nach den jeweils unterschiedlichen Unternehmensinteressen auf. So erweckt der DNK jedenfalls auf den ersten Blick den Eindruck, als sollten sämtliche Unternehmen die 20 Kriterien des DNK in gleicher Weise beachten und gewichten. Ähnlich weit gehen die Ansätze zu CSR beziehungsweise CC, welche ebenfalls die europäischen und nationalen Nachhaltigkeitsstrategien im Handlungsfeld der Unternehmen umsetzen sollen. Sowohl die europäische Strategie zur CSR als auch die nationale sehen Unternehmen, wenn nicht schon in der Pflicht, dann zumindest in der Verantwortung, soziale und umweltpolitische Belange zu beachten.

Die vorgenannten Ansätze nehmen jeweils ausdrücklich Bezug auf die Definition der Brundtland-Kommission zu nachhaltiger Entwicklung. CSR soll nach dem nationalen CSR-Aktionsplan nachhaltige Unternehmensführung im Kerngeschäft bedeuten, die in der Geschäftsstrategie des Unternehmens verankert ist. Diese Definition scheint das jeweilige konkrete Unternehmensinteresse etwas stärker zu berücksichtigen als die allgemeinen Nachhaltigkeitsstrategien oder der DNK. Genauso könnte man die Verankerung in der Geschäftsstrategie aber auch als ein von außen

676 Vgl. *Dzida/Naber*, BB 2011, 2613; *Hohenstatt/Kuhnke*, ZIP 2009, 1981, 1982.

hinzutretendes, dem jeweiligen Unternehmensinteresse sozusagen übergestülptes Element verstehen.

Etwas enger als in den Nachhaltigkeitsstrategien und im DNK dürfte das Nachhaltigkeitsverständnis im DCGK sein. Dieser erklärt in seiner Präambel und in Ziffer 4.1.1 unter anderem eine nachhaltige Wertschöpfung, die Belange der Aktionäre, seiner Arbeitnehmer und der sonstigen dem Unternehmen verbundenen Gruppen (Stakeholder) sowie die Unternehmensführung im Einklang mit den Prinzipien der sozialen Marktwirtschaft ausdrücklich zu Teilen des Unternehmensinteresses. Das Unternehmensinteresse kann demnach nur gewahrt werden, wenn auch seine Bestandteile, das heißt unter anderem Nachhaltigkeit, Stakeholder-Interessen und die Prinzipien der sozialen Marktwirtschaft, konsequent beachtet werden.

Demnach werden die Beachtung und Gewichtung von nachhaltiger Wertschöpfung und Stakeholder-Interessen als zwei der dem Unternehmensinteresse innewohnenden Handlungsgebote für Vorstand und Aufsichtsrat verstanden.[677] Dies mag auch der Grund sein, warum das Nachhaltigkeitsverständnis des DCGK auf das allgemeine Nachhaltigkeitskonzept zurückgeführt wird.[678] Ähnlich wie der DCGK sieht auch das weite Verständnis nachhaltiger Unternehmensentwicklung im Sinne von § 87 Abs. 1 S. 2 AktG in dem jeweils konkreten Unternehmensinteresse die oberste Handlungsmaxime für den Vorstand.[679]

Die Vergleichsergebnisse legen nach der hier vertretenen Ansicht den Schluss nahe, dass das weite Verständnis von nachhaltiger Unternehmensentwicklung im Sinne von § 87 Abs. 1 S. 2 AktG aus dem allgemeinen Nachhaltigkeitskonzept und den daraus folgenden Ansätzen der CC, des GCC, des DNK oder des DCGK abgeleitet wurde. Darüber hinaus sollten die obigen Ausführungen zum allgemeinen Konzept der Nachhaltigkeit andeuten, dass dieses zumindest nicht von vorneherein als Wertungsmaßstab im Rahmen des § 138 Abs. 1 BGB ausscheidet.[680]

Beim allgemeinen Nachhaltigkeitskonzept könnte es sich um einen Sittlichkeitsmaßstab handeln, der bereits Eingang ins europäische beziehungsweise deutsche Verfassungsrecht, ins deutsche Gesetzgebungsverfahren sowie ins einfache nationale Recht gefunden hat. Sollte dies nicht der Fall sein, könnte das allgemeine Nachhaltigkeitskonzept zumindest ein außerrechtlicher Maßstab im Sinne des „ethisch Gewollten“ sein.

Im Rahmen dieser Arbeit könnten beide Varianten allerdings nur relevant sein, soweit nachhaltige Unternehmensentwicklung im Sinne von § 87 Abs. 1 S. 2 AktG überhaupt berechtigt auf das allgemeine Nachhaltigkeitskonzept zurückgeführt werden kann. Nur dann käme nachhaltige Unternehmensentwicklung gemäß § 87 Abs. 1 S. 2 AktG überhaupt als Sittenmaßstab im Sinne von § 138 BGB ernsthaft in Betracht. Diesen aufgeworfenen Fragen soll nunmehr näher nachgegangen werden.

---

677 Vgl. *v. Werder*, in: Kremer/Bachmann/Lutter/v. Werder, DCGK, Rn. 111.
678 Vgl. *Reiner*, ZVglRWiss 110 (2011), 443, 453.
679 Siehe hierzu oben S. 126.
680 Siehe oben S. 126 ff.

(aa) Allgemeines Konzept der Nachhaltigkeit

Zuerst ist also zu prüfen, ob das allgemeine Nachhaltigkeitskonzept ein sittlicher Maßstab gemäß § 138 Abs. 1 BGB sein kann. Wie oben schon erwähnt, sind sittliche Maßstäbe vorrangig Ausfluss grundlegender rechtlich normierter Werte. Außerrechtliche Wertungen sind lediglich nachrangig heranzuziehen.[681]

(α) Normierung im europäischen Verfassungsrecht

Eine rechtliche Normierung hat der Nachhaltigkeitsgedanke nach dem Drei-Säulen-Konzept im europäischen Verfassungsrecht gefunden. Nach Art. 2 des Vertrages zur Gründung der Europäischen Gemeinschaft (EGV) war es unter anderem deren Aufgabe, eine ausgewogene und nachhaltige Entwicklung des Wirtschaftslebens zu fördern. Art. 6 EGV sah vor, die Erfordernisse des Umweltschutzes insbesondere zur Förderung einer nachhaltigen Entwicklung bei Gemeinschaftspolitiken und -maßnahmen einzubeziehen.[682] Im Zuge des 2007 geschlossenen Vertrages von Lissabon wurde der EGV durch den Vertrag über die Arbeitsweise der Europäischen Union (AEUV) ersetzt.[683] Auch der Vertrag über die Europäische Union (EUV) wurde grundlegend reformiert.[684] Die Präambel des EUV spricht sich allerdings unverändert dafür aus, im Rahmen der Verwirklichung des Binnenmarkts sowie der Stärkung des Zusammenhalts und des Umweltschutzes den wirtschaftlichen und sozialen Fortschritt der Völker der Europäischen Union unter Berücksichtigung des Grundsatzes der nachhaltigen Entwicklung zu fördern.

In Art. 11 AEUV, der an die Stelle von Art. 6 EGV getreten ist, wird weiterhin Bezug genommen auf eine nachhaltige Entwicklung, zu deren Förderung nach dem Willen des Gesetzgebers insbesondere Erfordernisse des Umweltschutzes beachtet werden müssen. Nach Art. 3 EUV, in welchen Art. 2 EGV im Wesentlichen übernommen wurde, wirkt die Europäische Union unter anderem auf die nachhaltige Entwicklung Europas auf der Grundlage eines ausgewogenen Wirtschaftswachstums und von Preisstabilität, eine in hohem Maße wettbewerbsfähige soziale Marktwirtschaft, die auf Vollbeschäftigung und sozialen Fortschritt abzielt sowie ein hohes Maß an Umweltschutz und Verbesserung der Umweltqualität hin. Sie fördert den wissenschaftlichen und technischen Fortschritt. Außerdem spricht sich die Vorschrift für Solidarität zwischen den Generationen aus. Auch die Charta der Grundrechte der Europäischen Union erwähnt in ihrer Präambel sowie in Art. 37 (hier mit ausdrücklichem Bezug zum Umweltschutz) jeweils ausdrücklich das Erfordernis einer nachhaltigen Entwicklung.[685]

In den genannten Bezugnahmen in EGV und Grundrechtscharta wird zu Recht eine Ausrichtung jeglichen Gemeinschaftshandelns an dem allgemeinen Nachhaltig-

---

681 Siehe oben S. 105.
682 EU ABl. C 321 vom 29.12.2006, S. 37 ff. (konsolidierte Fassung).
683 EU ABl. C 326 vom 26.10.2012, S. 47 ff. (konsolidierte Fassung).
684 EU ABl. C 326 vom 26.10.2012, S. 13 ff. (konsolidierte Fassung).
685 EU ABl. C 83 vom 30.03.2010, S. 389 ff.

keitskonzept gesehen.[686] Auch deutsche Behörden und Gerichte sollen hieran bei der Vollziehung von Gemeinschaftsrecht gebunden sein.[687] Die genannten verschiedenen Normierungen des Nachhaltigkeitsprinzips erfassen nicht nur die Säule des Umweltschutzes, was auf den ersten Blick nahe liegt, sondern auch die ökonomische sowie soziale Säule, das heißt das „magische Dreieck"[688] insgesamt.

(β) Ansatzweiser Niederschlag im Grundgesetz

Im Grundgesetz hat das allgemeine Nachhaltigkeitsprinzip bisher noch keinen ausdrücklichen Niederschlag gefunden. In diesem Zusammenhang erwähnenswert ist allerdings Art. 20a GG, der in Verantwortung für künftige Generationen den Schutz der natürlichen Lebensgrundlagen und der Tiere, also den Umweltschutz, zu einer Staatszielbestimmung erklärt.[689] Hierin wird eine Anknüpfung an das allgemeine Konzept einer nachhaltigen Entwicklung gesehen[690], allerdings beschränkt auf umweltpolitische Aspekte.[691]

Nicht verabschiedet wurde der Gesetzesentwurf von über 100 überwiegend jungen Abgeordneten zu einem sogenannten Generationengerechtigkeitsgesetz aus dem Jahr 2006. Das Generationengerechtigkeitsgesetz sah die Neuschaffung eines Art. 20b GG sowie eine Änderung des Art. 109 Abs. 2 GG vor.[692] In beiden Vorschriften sollte im Zusammenhang mit staatlichem Handeln ausdrücklich Bezug auf das Prinzip der Nachhaltigkeit als neues Staatsziel genommen werden.[693] Hierdurch sollte dem strukturellen Defizit moderner demokratischer Staaten entgegengewirkt werden, bei anstehenden Entscheidungen durchgängig den Interessen der gegenwärtigen Generation Vorzug gegenüber denen der künftigen Generationen zu geben. Auch die Interessen künftiger Generationen sollten im Rahmen einer verantwortungsvollen Ethik angemessen berücksichtigt werden.[694] Dieser Ansatz versteht Generationengerechtigkeit als existenziellen Bestandteil des umfassenden Nachhaltigkeitskonzepts. Zu einer Abstimmung im Bundestag über den Gesetzes-

---

686 Vgl. *Calliess*, DVBl 1998, 559, 562; *Frenz*, ZG 1999, 143 f.

687 Vgl. *Calliess*, DVBl 1998, 559, 566; *Frenz*, ZG 1999, 143, 153 f.; *ders./Unnerstall*, Nachhaltige Entwicklung im Europarecht, S. 195 ff.; *Menzel*, ZRP 2001, 221, 224 f.

688 *Menzel*, ZRP 2001, 221, 225.

689 Zur näheren Reichweite der Staatszielbestimmung des Art. 20a GG etwa *Epiney*, in: v. Mangoldt/Klein/Stark, GG, Art. 20a Rn. 32 ff.

690 Vgl. nur *Bernsdorff*, NuR 1997, 328, 332; *Epiney*, in: v. Mangoldt/Klein/Stark, GG, Art. 20a Rn. 98.

691 Vgl. nur *Epiney*, in: v. Mangoldt/Klein/Stark, GG, Art. 20a Rn. 102; *Erbguth*, DVBl. 1999, 1082, 1084 f.; *Steinberg*, Der ökologische Verfassungsstaat, S. 112 f.; wohl mit einem umfassenden Verständnis im Sinne des Drei-Säulen-Konzepts *Frenz*, in: JbUTR 49 (1999), 37, 43.

692 Eine Übersicht zu Argumenten für und gegen das Generationengerechtigkeitsgesetz bei *Deter*, ZUR 2012, 157, 160 f.

693 Vgl. BT-Drs. 16/3399, S. 3.

694 Vgl. BT-Drs. 16/3399, S. 1 f.; *Tremmel*, APuZ 8/2005, 18 ff.

entwurf kam es jedoch nicht. Als 2009 während des laufenden Gesetzgebungsverfahrens eine neue Legislaturperiode begann, griff das im Bundestag geltende Diskontinuitätsprinzip ein, wodurch der Entwurf obsolet wurde.[695]

Der Gedanke einer finanziellen Generationengerechtigkeit als Teil des allgemeinen Nachhaltigkeitsprinzips, findet sich jedoch – wenn auch nicht ausdrücklich – in der 2009 angesichts der hohen Staatsverschuldung verabschiedeten sogenannten „Schuldenbremse" gemäß Art. 115 Abs. 2 GG wieder.[696] Die Schuldenbremse bezweckt, finanzielle Lasten zwischen den Generationen gerecht zu verteilen, um zu vermeiden, dass die heutige Generation ihren Wohlstand zum Nachteil der kommenden Generationen finanziert.[697] Hierzu sehen die Art. 109 Abs. 3, 115 Abs. 2 GG in Verbindung mit der Übergangsvorschrift in Art. 143d GG ab 2016 grundsätzlich eine Grenze für die Neuverschuldung des Bundes in Höhe von 0,35 % des Bruttoinlandsprodukts vor. Die Bundesländer dürfen sich ab 2020 überhaupt nicht mehr verschulden. Sollten diese hohen Ziele tatsächlich erreicht werden können, hätte die Schuldenbremse jedenfalls im Bereich der Finanzverfassung Generationengerechtigkeit und somit einen Teil des allgemeinen Nachhaltigkeitskonzepts erfolgreich umgesetzt.[698]

Diese vorgenannten Grundprinzipien werden teilweise auch dem Rechtsstaatsprinzip gemäß den Art. 20 Abs. 3, 28 Abs. 1 GG oder genauer dem sich hieraus ergebenden Verhältnismäßigkeitsgrundsatz entnommen.[699] Vereinzelt wird auch das Sozialstaatsprinzip nach den Art. 20 Abs. 1, 28 Abs. 1 GG zur Verankerung von allgemeiner Nachhaltigkeit und Generationengerechtigkeit im Grundgesetz herangezogen.[700] In einzelnen Punkten könnte eine solche Herleitung vielleicht sogar zutreffen.[701] Falls einzelne Nachhaltigkeitsaspekte tatsächlich vom Sozialstaatsprinzip erfasst sein sollten, dann aber lediglich als Nebeneffekt und nicht als Kernbestandteil. In der Regel konterkariert das Sozialstaatsprinzip zumindest den Gedanken der Generationengerechtigkeit, da es sein vorrangiges Ziel ist, die akuten sozialen Aufgaben zu bewältigen.[702] Im Übrigen wird das Sozialstaatsprinzip als zu

695 Vgl. *Deter*, ZUR 2012, 157, 162, der entsprechende Gesetzesinitiativen in der Zukunft für nicht ausgeschlossen hält; allgemein zum Grundsatz der sachlichen Diskontinuität bezüglich Gesetzesvorschlägen etwa *Masing*, in: v. Mangoldt/Klein/Starck, GG, Art. 76 Rn. 153 ff.

696 Eingeführt mit dem Gesetz zur Änderung des Grundgesetzes (Artikel 91c, 91d, 104b, 109, 109a, 115, 143d) vom 29.07.2009, BGBl. I 2009, S. 2248 ff.

697 Vgl. BT-Drs. 16/12410, S. 6; *Deter*, ZUR 2012, 157, 161 f.; *Sofiotis*, Verwaltungsrundschau 2012, 300 f.

698 *Deter*, ZUR 2012, 157, 162.

699 Vgl. *Erbguth*, DVBl 1999, 1082, 1085 und 1087; *Gröpl*, AöR 133 (2008), 1, 39.

700 Vgl. *Menzel*, ZRP 2001, 221, 226.

701 Vgl. *Kahl*, DÖV 2009, 2, 3; *Kotzur*, BayVBl. 2007, 257, 259 ff.; ferner *Sofiotis*, VR 2012, 300, 301; zurückhaltender *Ebsen*, SDSRV 55 (2007), 79, 86 ff.

702 Vgl. *Deter*, ZUR 2012, 157, 160; *Kahl*, DÖV 2009, 2, 3; *Zacher*, in: Isensee/Kirchhof, Hdb Staatsrecht, § 28 Rn. 135.

unbestimmt gesehen, um den Schutz zukünftiger Generationen ausreichend im Grundgesetz zu normieren.[703]

Die Grundrechte (insbesondere die Art. 1 Abs. 1, 2 Abs. 1, 9, 12, 14 GG) kommen ebenso wenig als Grundlage des Nachhaltigkeitskonzepts in Form von Generationengerechtigkeit in Betracht.[704] Die Grundrechte schützen grundsätzlich nur lebende Menschen.[705] Die Mitglieder künftiger Generationen können im Voraus nicht bestimmt beziehungsweise individualisiert und daher nicht geschützt werden.[706] Insbesondere kann aus Art. 3 Abs. 1 GG aus den genannten Gründen kein Recht auf „Gleichheit in der Zeit"[707] abgeleitet werden.[708]

Nicht erkennbar diskutiert als möglicher Niederschlag des Nachhaltigkeitskonzepts im Grundgesetz wird die sogenannte Ewigkeitsklausel in Art. 79 Abs. 3 GG. Nach dieser dürfen weder die föderalistische Struktur der Bundesrepublik noch die in den Art. 1, 20 GG niedergelegten Grundsätze berührt werden. Art. 1 GG garantiert die Menschenwürde und Menschenrechte. Art 20 GG legt unter anderem die Staatszielbestimmungen in Form des Demokratieprinzips, Sozialstaatsprinzips und Rechtsstaatsprinzips fest. Die Ewigkeitsgarantie gilt jedenfalls bis zu dem Inkrafttreten einer neuen Verfassung im Sinne von Art. 146 GG und wirkt damit naturgemäß auch generationenübergreifend. Eine neue Verfassung könnte nur in einer freien Entscheidung von dem deutschen Volke beschlossen werden, was dafür spricht, dass Äquivalente zu den Art. 1, 20, 79 GG geschaffen werden müssten.[709] Das Grundgesetz geht somit denknotwendig selbst für diesen historischen Fall von einer generationenübergreifenden Gewährleistung dieser Grundsätze aus. Dies wiederum ist nur möglich, wenn die aktuelle Generation ihre Bedürfnisse nicht in einer Art und Weise befriedigt, welche die Aufrechterhaltung der genannten Staatsgrundsätze für die nachfolgende Generation unmöglich macht.

Gegebenenfalls könnte es sinnvoll sein, die Ewigkeitsgarantie näher dahingehend zu untersuchen, ob sie die Generationengerechtigkeit als ganz wesentlichen Teil des Nachhaltigkeitsprinzips im Grundgesetz verankert. Eine solche weitergehende Untersuchung würde allerdings den Rahmen dieser Arbeit sprengen. Jedenfalls für den Bereich der Finanzverfassung bedarf aber die vor Einführung der Schuldenbremse herrschende Meinung, allgemeine Nachhaltigkeit und Generationengerechtigkeit

---

703 Vgl. *Deter*, ZUR 2012, 157, 160; *Sofiotis*, VR 2012, 300, 301; *Steiner*, NZS 2004, 505, 509.

704 In diese Richtung aber *Menzel*, ZRP 2001, 221, 226, der im Rahmen von Gesetzesvorbehalten Nachhaltigkeitsaspekte über das Allgemeinwohlinteresse einfließen lassen will.

705 Beginnend mit dem Embryonenschutz, vgl. BVerfGE 39, 1, 41; BVerfGE 88, 203, 251; bis zum postmortalen Persönlichkeitsschutz, vgl. BVerfGE 30, 173, 194.

706 Vgl. *Deter*, ZUR 2012, 157, 160; *Kahl*, DÖV 2009, 2, 5; *Lux-Wesener*, in: Hdb Generationengerechtigkeit, 405, 420; *Sofiotis*, VR 2012, 300, 301; a.A. wohl *Unruh*, Zur Dogmatik der grundrechtlichen Schutzpflichten, S. 17.

707 *Kahl*, DÖV 2009, 2, 5.

708 Vgl. *Deter*, ZUR 2012, 157, 160; *Sofiotis*, VR 2012, 300, 301.

709 Vgl. BVerfGE 89, 155, 180; *Huber*, in: Sachs, GG, Art. 146 Rn. 9.

seien keine grundlegenden Verfassungsgrundsätze beziehungsweise Staatszielbestimmungen[710], einer Einschränkung.[711]

Zusammenfassend lässt sich festhalten, dass das allgemeine Nachhaltigkeitsprinzip Einzug ins europäische und daneben ansatzweise ins deutsche Verfassungsrecht gefunden hat. Nach der hier vertretenen Ansicht deutet dies klar darauf hin, dass es sich beim Nachhaltigkeitskonzept um eine grundlegende rechtliche Wertung im Sinne von § 138 BGB handelt.

(γ) Normierung auf einfachgesetzlicher nationaler Ebene

Auf einfachgesetzlicher Ebene hat der Begriff der Nachhaltigkeit bereits an zahlreichen Stellen Eingang gefunden. Die nachfolgende Darstellung erfolgt nur beispielhaft. So nennt § 1 Erneuerbare-Energien-Gesetz (EEG) als Zweckbestimmung des Gesetzes eine nachhaltige Entwicklung der Energieversorgung. Das EEG geht konform mit der nationalen Nachhaltigkeitsstrategie und dient dementsprechend deren teilweiser Umsetzung.[712]

Auch im Bundesnaturschutzgesetz, welches nach seinem § 2 Abs. 1 grundsätzlich jeden anspricht, findet sich der Begriff der Nachhaltigkeit an zahlreichen Stellen. § 1 Abs. 2 des Raumordnungsgesetzes nennt als Leitvorstellung einer nachhaltigen Raumentwicklung, die sozialen und wirtschaftlichen Ansprüche an den Raum mit seinen ökologischen Funktionen in Einklang zu bringen. Nach § 1 Abs. 5 S. 1 BauGB sollen die Bauleitpläne eine nachhaltige städtebauliche Entwicklung, die die sozialen, wirtschaftlichen und umweltschützenden Anforderungen auch in Verantwortung gegenüber künftigen Generationen miteinander in Einklang bringt, und eine dem Wohl der Allgemeinheit dienende sozialgerechte Bodennutzung gewährleisten. Wie der Wortlaut der zwei letztgenannten Vorschriften schon vermuten lässt, knüpfen sie an das umfassende Nachhaltigkeitsprinzip an.[713] Weitere Konkretisierungen des allgemeinen Nachhaltigkeitsprinzips finden sich unter anderem noch in § 1 Nr. 1 Bundeswaldgesetz, § 1 Abs. 2 Bundesjagdgesetz und den §§ 1, 6 Wasserhaushaltsgesetz.[714]

Im Übrigen überprüfen die jeweils fachlich zuständigen Ministerien im Gesetzgebungsverfahren gemäß § 44 Abs. 1 der Gemeinsamen Geschäftsordnung der Bundesministerien im Rahmen einer sogenannten Nachhaltigkeitsprüfung, ob Gesetzesvorlagen der Bundesregierung den oben aufgeführten und sonstigen Zielen

---

710 Vgl. hierzu *Kahl*, DÖV 2009, 2, 5; *Schuler-Harms*, DVBl 2008, 1090, 1098; *Steiner*, NZS 2004, 505, 508.

711 Vgl. *Deter*, ZUR 2012, 157, 161 f.; *Sofiotis*, VR 2012, 300, 301; zur alten Rechtslage *Henssler*, AöR 108 (1983), 499, 508 ff.

712 BT-Drs. 17/6071, S. 59.

713 Vgl. *Menzel*, ZRP 2001, 221, 227.

714 Vgl. für BJagdG *Metzger*, in: Lorz/Metzger/Stöckel, BJagdG, § 1 Rn. 7 ff. („alle ökonomischen und ökologischen Aspekte"), der u. a. auch auf Art. 20a GG verweist; für BWaldG *Franz*, Forstrecht, S. 56 f.; für WHG *Kotulla*, WHG, § 1 Rn. 20 ff.

der nationalen Nachhaltigkeitsstrategie entsprechen.[715] Der Parlamentarische Beirat für nachhaltige Entwicklung kontrolliert wiederum, ob die Nachhaltigkeitsprüfung ordnungsgemäß durchgeführt wurde.[716]

Nach der hier vertretenen Ansicht sind die genannten Normen neben den oben erörterten verfassungsrechtlichen Aspekten ein weiteres Indiz dafür, dass es sich beim Prinzip der Nachhaltigkeit um eine grundlegende rechtliche Wertung im Sinne des § 138 Abs. 1 BGB handeln könnte.

(δ) International anerkannter Verfassungsgrundsatz

Ob die obigen Punkte für eine Einstufung als grundlegender rechtlicher Maßstab im Sinne des § 138 Abs. 1 BGB letztendlich ausreichen, könnte gegebenenfalls offen bleiben, wenn das Konzept zumindest einen nachrangigen außerrechtlichen Maßstab im Sinne des ethisch Gewollten darstellen würde. Unter anderem gehen offenbar die Bundesregierung sowie der Bundestag als demokratisch legitimierte Verfassungsorgane davon aus, dass Nachhaltigkeit in den Bereichen Soziales, Umwelt und Wirtschaft den normativen Vorstellungen der Rechtsgemeinschaft, das heißt der Bevölkerung, entspricht. Andernfalls ließen sich die zahlreichen, teilweise oben beschriebenen Bestrebungen (nationale Nachhaltigkeitsstrategie, Nachhaltigkeitsrat, Parlamentarischer Beirat für nachhaltige Entwicklung, Nachhaltigkeitsprüfung von Gesetzesentwürfen etc.), insbesondere mit Blick auf den Haushaltsgrundsatz der Sparsamkeit und Wirtschaftlichkeit nach Art. 114 Abs. 2 GG, kaum erklären.[717] Auch der parteiübergreifende Entwurf eines Generationengerechtigkeitsgesetzes von CDU/CSU, SPD, FDP und Bündnis 90/Die Grünen zeugt von einem breiten Konsens über die grundlegenden Gerechtigkeitsvorstellungen.[718] Diese Sichtweise scheint nicht neu, denn schon einige Jahre zuvor wurde Generationengerechtigkeit als „ethisch geboten"[719] bezeichnet.

Nicht unerwähnt bleiben soll in diesem Zusammenhang die Lage in anderen Staaten aus derselben Rechtskultur. Zwar sind ausländische Wertordnungen für die Bestimmung der guten Sitten im Sinne von § 138 BGB in der Regel nicht zu berücksichtigen.[720] Die nachfolgenden Beispiele entstammen jedoch überwiegend der Europäischen Gemeinschaft, deren Mitglieder sich denselben Grundsätzen verpflichtet fühlen.[721] Daher könnten sie im Zusammenspiel mit den oben erwähnten

---

715 Zur nationalen Nachhaltigkeitsstrategie siehe oben S. 131.

716 BT-Drs. 17/245, S. 2.

717 Allgemein zum Sparsam- und Wirtschaftlichkeitsgrundsatz z. B. *Siekmann*, in: Sachs, GG, Art. 114 Rn. 12 ff.

718 Von den seinerzeit im Bundestag vertretenen Parteien beteiligte sich nur die Fraktion Die Linke nicht, vgl. *Deter*, ZUR 2012, 157, 159.

719 *Tremmel/Laukemann/Lux*, ZRP 1999, 432.

720 Vgl. *Ahrens*, in: Prütting/Wegen/Weinreich, § 138 Rn. 16; *Armbrüster*, in: MüKo, BGB, § 138 Rn. 16 f.

721 Vgl. hierzu nur die Präambel des EUV.

Stellen in der europäischen Verfassung zumindest eine gewisse Indizwirkung für eine bestimmte länderübergreifende Vorstellung entfalten. Die nachfolgend erwähnten Staaten, welche nicht EU-Mitglieder sind, dürften im Wesentlichen übereinstimmende Auffassungen einer freiheitlich demokratischen Werteordnung haben. In diesem Sinne wurde das Nachhaltigkeitsprinzip schon als „Rechtsprinzip des internationalen Rechts“[722] bezeichnet.[723]

In Frankreich werden die drei Säulen des Nachhaltigkeitskonzepts von der Verfassung ausdrücklich im Sinne einer Staatszielbestimmung anerkannt. Es ist sogar umstritten, ob der betreffende Art. 6 der ´“Charte de l´environnement“ subjektive Rechte verleiht.[724] Die Schweizerische Bundesverfassung (BV) erwähnt an mehreren Stellen ausdrücklich das Nachhaltigkeitsprinzip und die Generationengerechtigkeit. Zum Beispiel wird Art. 2 Abs. 2 BV auf das Drei-Säulen-Konzept der Nachhaltigkeit zurückgeführt.[725] Die schweizerische Schuldenbremse in Art. 126 BV wird seit ihrem Inkrafttreten 2001 als wirksames Mittel zur Herbeiführung von Generationengerechtigkeit gesehen.[726] In Finnland besteht seit 2000 ein parlamentarischer Zukunftsausschuss und die Regierung muss regelmäßig ihre Einschätzung zur Lage der nächsten zehn Jahre abgeben.[727] Auch in Israel existiert seit 2001 ein Parlamentsausschuss zum Schutz künftiger Generationen sowie ein Kommissar, der von Gesetzesentwürfen gegebenenfalls ausgehende Negativwirkungen für künftige Generationen überprüft.[728] Darüber hinaus erwähnen auch die griechische, schwedische, polnische und portugiesische Verfassung das Nachhaltigkeitsprinzip.[729]

Aus diesem Rechtsvergleich der Verfassungen[730] wird die Erkenntnis gewonnen, das allgemeine Nachhaltigkeitsprinzip sei „heute allgemein als prägendes Strukturelement des europäischen Verfassungsstaates und damit als Teil des *Ius Commune Europaeum* im Werden“[731] zu verstehen.[732] Möchte man diese Feststellung wegen des Zusatzes „Im Werden“ nicht schon als Argument für einen europarechtlichen

722 *Bückmann/Rogall*, UPR 2001, 121, 122.

723 Vgl. ausführlich zum Niederschlag von Nachhaltigkeit in verschiedenen Rechtsordnungen *Streinz*, Die Verwaltung 1998, 449ff.

724 Vgl. *Kahl*, DÖV 2009, 2, 5 m.w.N.

725 *Vgl. Ehrenzeller*, in: Ehrenzeller/Mastronardi/Schweizer/Vallender, Die schweizerische Bundesverfassung, Art. 2 Rn. 20; *Kahl*, DÖV 2009, 2, 5f.; *Glaser*, Nachhaltige Entwicklung und Demokratie, S. 82ff.

726 *Engels/Hugo*, DÖV 2007, 445, 454; *Kahl*, DÖV 2009, 2, 6.

727 *Sierck*, Wissenschaftliche Dienste des DB Nr. 05/06, S. 2; *Sofiotis*, VR 2012, 300, 302.

728 Vgl. *Shoham/Lamay*, in: Tremmel, Handbook of Intergenerational Justice, S. 244ff.; *Sofiotis*, VR 2012, 300, 302.

729 *Kahl*, DÖV 2009, 2, 6, m.w.N.

730 Grundlegend zu deren rechtlicher Bedeutung etwa *Häberle*, Rechtsvergleichung im Kraftfeld des Verfassungsstaates, S. 71ff.; *Sommermann*, in: Merten/Papier, Hdb Grundrechte, § 16 Rn. 2ff.

731 *Kahl*, DÖV 2009, 2, 5.

732 Vgl. *Häberle*, in: Kahl, Nachhaltigkeit als Verbundbegriff, S. 180, 200f.

Maßstab im Sinne von § 138 BGB verstehen, so scheinen zumindest entsprechende Rückschlüsse auf die europäischen und somit auch deutschen Gerechtigkeitsvorstellungen im Sinne des ethisch Gebotenen nicht unangemessen. Hierfür spricht auch die Annahme, es existiere eine „in der Bevölkerung weit verbreitete Zukunftsethik"[733].[734]

(ε) Zwischenergebnis

Das dreidimensionale Prinzip der Nachhaltigkeit soll gemäß den obigen Ausführungen zumindest für den Zweck dieser Arbeit als Maßstab gelten, der grundsätzlich zur Konkretisierung der guten Sitten im Sinne von § 138 BGB geeignet ist. Auf europarechtlicher Ebene existieren greifbare verfassungsrechtliche Ansatzpunkte, um das Nachhaltigkeitskonzept und das diesem immanente Prinzip der Generationengerechtigkeit als grundlegenden rechtlichen Maßstab einzustufen. Auf deutscher Ebene sind im Grundgesetz nicht ausdrückliche (Art. 20a, 109 Abs. 3, 115 Abs. 2 GG und gegebenenfalls Art. 79 Abs. 3 GG) und auf einfachgesetzlicher Ebene zahlreiche ausdrückliche entsprechende Hinweise erkennbar.

Verbleibende Unsicherheiten hinsichtlich der ausreichenden rechtlichen Normierung des Nachhaltigkeitskonzepts könnten durch die international sowie in Europa und Deutschland wohl vorherrschenden Gerechtigkeitsvorstellungen aufgefangen werden. Die Existenz eines solchen Anstandsgefühls aller billig und gerecht Denkenden dürfte aufgrund der zahlreichen internationalen, europäischen und deutschen politischen Aktivitäten sowie aufgrund eines jeweiligen Blickes in andere demokratische Verfassungen mehr als wahrscheinlich sein.

Unter welchen Voraussetzungen ein Verstoß gegen das allgemeine Prinzip der Nachhaltigkeit zur Nichtigkeit eines Rechtsgeschäfts führen könnte, ist nicht Thema dieser Arbeit und soll daher nicht weiter untersucht werden. Erforderlich dürfte wohl ganz regelmäßig eine Gesamtwürdigung des Rechtsgeschäfts sein.[735] Man wird davon ausgehen können, dass das hierfür nötige Mindestmaß eines übereinstimmenden Begriffsverständnisses von dreidimensionaler Nachhaltigkeit im Sinne einer ausreichenden Bestimmtheit existiert.[736] Dennoch wird man den unbestimmten Rechtsbegriff der Nachhaltigkeit fortlaufend weiter konkretisieren müssen.[737]

733 *Sofiotis*, VR 2012, 300, 304.

734 Vgl. *Tremmel/Laukemann/Lux*, ZRP 1999, 432, 438.

735 Vgl. allgemein BGHZ 34, 169, 176; BGHZ 43, 46, 50; BGHZ 86, 82, 88; BGHZ 106, 269, 272; BGH, NJW 1998, 2047; RGZ 56, 229, 231; RGZ 78, 258, 263; RGZ 80, 219, 221; RGZ 98, 78, 79; BAGE 118, 66, 72; *Armbrüster*, in: MüKo, BGB, § 138 Rn. 27 ff.; *Bork*, BGB AT, Rn. 1183; *Flume*, BGB AT II, S. 368.

736 Vgl. *Kahl*, DÖV 2009, 2, 9.

737 Vgl. *Bückmann/Rogall*, UPR 2001, 121, 130.

(bb) Nachhaltige Unternehmensentwicklung im Sinne von § 87 Abs. 1 S. 2 AktG

Nach dem soeben für das allgemeine Nachhaltigkeitsprinzip gefundenen Zwischenergebnis soll nunmehr die Kernfrage dieses Abschnitts, ob es sich bei nachhaltiger Unternehmensentwicklung im Sinne von § 87 Abs. 1 S. 2 AktG um einen Sittlichkeitsmaßstab im Sinne von § 138 BGB handeln kann, wieder aufgegriffen werden.[738] Falls sich der Begriff nachhaltiger Unternehmensentwicklung auf das allgemeine Nachhaltigkeitskonzept zurückführen ließe, könnte dies ein starker Hinweis in Richtung eines Sittlichkeitsmaßstabes sein. Unter diesem Blickwinkel soll nunmehr zur Ermittlung des gesetzgeberischen Willens eine Auslegung des Wortlauts, der Entstehungsgeschichte, der Systematik sowie des Sinns und Zwecks von § 87 Abs. 1 S. 2 AktG erfolgen.[739]

(α) Wortlautauslegung

Ausgangspunkt einer Gesetzesauslegung ist stets der jeweilige Wortlaut der Norm, der zunächst im Sinne des allgemeinen Wortgebrauches untersucht wird. Bei Fachbegriffen ist die fachsprachliche Bedeutung eines Begriffs heranzuziehen. Daneben muss auch das juristische Verständnis geprüft werden.[740]

Der genaue Wortlaut von § 87 Abs. 1 S. 2 AktG lautet: „Die Vergütungsstruktur ist bei börsennotierten Gesellschaften auf eine nachhaltige Unternehmensentwicklung auszurichten." Die Wortlautauslegung soll hier auf die Begriffe „nachhaltige Unternehmensentwicklung" und „auszurichten" fokussiert werden. Es scheint zumindest nicht von vorneherein ausgeschlossen, aus diesen Begriffen Erkenntnisse für die zu untersuchende Frage ableiten zu können.

In der Allgemeinsprache wird „nachhaltig" im Sinne von „sich auf längere Zeit stark auswirkend" oder sich „auf forstwirtschaftliche beziehungsweise ökologische Prinzipien beziehend" gebraucht.[741] Letzteres muss wohl im Sinne des allgemeinen Nachhaltigkeitsprinzips verstanden werden, Ersteres hingegen nicht ohne Weiteres.

In der Rechtswissenschaft wird „nachhaltig" in verschiedenen Zusammenhängen verwendet. Insoweit ist allgemein anerkannt, dass gleichlautenden Begriffen in verschiedenen Rechtsgebieten ein abweichendes Verständnis zukommen kann.[742] Im Steuerrecht meint „nachhaltig" eine mit Wiederholungsabsicht ausgeübte Tätigkeit.[743] In anderen (neueren) Regelungen, wie zum Beispiel im Bereich des Umweltrechts, nimmt der Begriff überwiegend Bezug auf das allgemeine Nach-

---

738 Siehe hierzu oben S. 122 f.

739 Grundlegend zu den Auslegungsmethoden als Kombination von „subjektiver" und „objektiver" Theorie z.B. BVerfGE 11, 126, 129 ff.; *Säcker*, in: MüKo, BGB, Einl. Rn. 75 ff.

740 Vgl. *Müller/Christensen*, Juristische Methodik, S. 331 f.

741 Duden online, „nachhaltig".

742 Vgl. nur BGHZ 46, 74, 77; RGZ 153, 1, 20.

743 Vgl. nur *Hey*, in: Tipke/Lang, Steuerrecht, § 8 Rn. 413.

haltigkeitsprinzip[744], worin eine klare Tendenz in der Sprache des deutschen Gesetzgebers zu erkennen sein könnte.[745] Der Wortlaut von „nachhaltig" liefert somit zumindest Anhaltspunkte für das allgemeine Nachhaltigkeitskonzept als Ursprung von § 87 Abs. 1 S. 2 AktG, ist jedoch letztendlich nicht ausreichend ergiebig.[746]

Dem Begriff „Entwicklung" wird in der Diskussion soweit erkennbar kaum Aufmerksamkeit geschenkt.[747] Er bedeutet nach allgemeinem Sprachverständnis „[Sich]entwickeln", was wiederum einen fortlaufenden Veränderungsprozess beschreibt, mit dem häufig eine Verbesserung des früheren Zustands einhergeht.[748] Zwar gibt es selbstverständlich auch negative Entwicklungen, wie etwa § 91 Abs. 2 AktG für das Aktienrecht belegt. Hierunter sind für das Unternehmen nachteilhafte Veränderungen oder Prozesse zu verstehen.[749] Jedoch dürfte es auf der Hand liegen, dass § 87 Abs. 1 S. 2 AktG nicht auf eine negative, sondern nur auf eine positive Veränderung beziehungsweise zumindest auf eine nicht negative Veränderung des Ist-Zustands abzielt.

Vor diesem Hintergrund dürfte der Bestandteil „Entwicklung" eher für ein weites, an das allgemeine Nachhaltigkeitskonzept angelehnte Verständnis von nachhaltiger Unternehmensentwicklung sprechen.[750] Die enge Auffassung im Rahmen von § 87 Abs. 1 S. 2 AktG setzt Nachhaltigkeit nämlich im Wesentlichen mit Dauerhaftigkeit im Sinne einer mehrjährigen Bemessungsgrundlage für die Vorstandsvergütung gleich.[751] Im Einklang hiermit wird aus dem Begriff Entwicklung eine zeitlich zu verstehende Vorgabe abgeleitet.[752] Bei einer nicht negativen beziehungsweise positiven Veränderung des Status quo handelt es sich aber nicht um ein rein zeitliches, sondern um ein inhaltliches Moment. Ein weites Verständnis von nachhaltiger Unternehmensentwicklung im Sinne von § 87 Abs. 1 S. 2 AktG bietet je nach Unternehmensinteresse vielfache unmittelbare inhaltliche Anknüpfungspunkte bezüglich zu verbessernder Belange.

„Ausrichten" meint nach allgemeinem Sprachverständnis unter anderem „in eine bestimmte einheitliche Richtung bringen", „auf etwas einstellen" oder „in bestimmter Weise, an einer bestimmten Ideologie oder Ähnlichem orientieren".[753] „Auszurichten" gibt § 87 Abs. 1 S. 2 AktG somit eine „finale Komponente"[754] im

---

744 Siehe hierzu oben S. 126 ff.
745 Vgl. hierzu *Calliess*, in: FS Schröder, S. 515, 519 ff.
746 Vgl. *Röttgen/Kluge*, NJW 2013, 900, 902.
747 Ansatzweise schon bei *Louven/Ingwersen*, BB 2013, 1219, 1220.
748 Vgl. Duden online, „Entwicklung" und „entwickeln".
749 Vgl. *Bürgers*, in: Bürgers/Körber, AktG, § 91 Rn. 9; *Dauner-Lieb*, in: Henssler/Strohn, AktG, § 91 Rn. 7; Hüffer/*Koch*, AktG, § 91 Rn. 6; *Kort*, in: GK, AktG, § 91 Rn. 30; *Krieger/Sailer-Coceani*, in: Schmidt/Lutter, AktG, § 91 Rn. 8.
750 Zum weiten Begriffsverständnis siehe oben S. 125 f.
751 Zum engen Begriffsverständnis siehe oben S. 124 f.
752 Vgl. *Louven/Ingwersen*, BB 2013, 1219, 1220.
753 Duden online, „ausrichten".
754 *Wagner*, AG 2010, 774, 776.

Sinne eines vorzugebenden Ziels. Untermauert wird dieser Aspekt durch die verpflichtende Formulierung der Norm („ist").[755]

Einer solchen Finalität wird der enge Ansatz zu nachhaltiger Unternehmensentwicklung nicht gerecht. Das einzige in Betracht kommende Ziel der Vergütungsausrichtung wäre die Vermeidung von „Strohfeuern". Derartiges Ausweichen beziehungsweise Unterlassen in verschiedenen (häufig zufällig auftretenden) Situationen lässt sich nur schwerlich in dem Sinne verstehen, einen festgelegten Weg hin zu einem bestimmten Punkt zu verfolgen.[756] Würde man den Begriff nachhaltiger Unternehmensentwicklung jedoch aus dem allgemeinen Nachhaltigkeitskonzept ableiten, so eröffneten sich zahlreiche mögliche Ziele, auf welche ein Unternehmen zusteuern könnte.

Darüber hinaus legt der Wortlaut einer Vergütungsausrichtung nahe, dass grundsätzlich keine Pflicht des Vorstands besteht, die festgelegten Nachhaltigkeitsziele zu befolgen. Zwar soll der Vorstand zu einem bestimmten Handeln durch das Inaussichtstellen finanzieller Vorteile ermutigt werden.[757] Folgt der Vorstand diesem Anreiz aber nicht, hat dies lediglich das Ausbleiben zusätzlicher Vergütung zur Folge. Eine Erfolgspflicht ist dem Begriff „ausrichten" nicht zu entnehmen.

Nach der hier vertretenen Ansicht deutet der Wortlaut von § 87 Abs. 1 S. 2 AktG darauf hin, dass der Begriff nachhaltiger Unternehmensentwicklung aus dem allgemeinen Nachhaltigkeitsprinzip abgeleitet werden kann.[758] Dennoch verbleiben erhebliche Unsicherheiten, welche eine weitere sorgfältige Auslegung unabdingbar machen.

(β) Historische Auslegung

Eine Antwort auf den Begriffsursprung lässt sich unter Umständen in einem nächsten Schritt durch eine historische Auslegung von § 87 Abs. 1 S. 2 AktG finden.[759] Im Rahmen der historischen Auslegung sind unter anderem die Gesetzesmaterialien dahingehend zu untersuchen, ob der als wahrscheinlich ermittelte Wortsinn den gesetzgeberischen Willen korrekt, zu eng oder zu weit wiedergibt oder, ob es sich sogar um ein Redaktionsversehen handelt.[760]

---

755 Insoweit zustimmend *Marsch-Barner*, ZHR 175 (2011), 737, 739.

756 So auch *Wagner*, AG 2010, 774, 776.

757 Vgl. *Dauner-Lieb*, Der Konzern, 2009, 583, 585; *dies./v. Preen/Simon*, DB 2010, 377, 378f.; grundlegend zur Steuerungswirkung der Vorstandsvergütung *Arnold*, Die Steuerung des Vorstandshandelns, S. 115ff.

758 A.A. *Louven/Ingwersen*, BB 2013, 1219, 1220.

759 Vgl. ausführlich zur Reihenfolge der Auslegungsmittel etwa *Canaris*, in: FS Medicus, S. 25ff.

760 Vgl. *Jabloner*, in: FS Schambeck, S. 441ff.; *Larenz*, Methodenlehre, S. 328ff.; *Panosch*, Rechtstheorie 25 (1994), 118, 121f.; *Rahlf*, in: Juristische Dogmatik und Wissenschaftstheorie, S. 27ff.; *Zippelius*, Juristische Methodenlehre, S. 36f.

Überwiegend wird vertreten, der Begriff nachhaltiger Unternehmensentwicklung lasse sich anhand der Gesetzesbegründung zum VorstAG nur unzureichend beziehungsweise überhaupt nicht konkretisieren.[761] Dies mag zutreffen, soweit das Drei-Säulen-Nachhaltigkeitskonzept in der Gesetzesbegründung nicht ausdrücklich als Ursprung nachhaltiger Unternehmensentwicklung genannt wird. Dennoch lassen sich den Gesetzesmaterialien einige Anhaltspunkte entnehmen.

So unterscheidet der Gesetzgeber offenkundig zwischen den Begriffen nachhaltig und langfristig, was nahelegt, dass sie nicht gleichbedeutend sind. Wäre nachhaltige Unternehmensentwicklung eng zu verstehen im Sinne einer Vermeidung unternehmerischer „Strohfeuer" durch eine mehrjährige – langfristige – Bemessungsgrundlage, hätte der Gesetzgeber dies einfacher und bestimmter zum Ausdruck bringen können. Er hätte sich wohl kaum eines dem Aktienrecht bis dahin fremden unbestimmten Rechtsbegriffs bedient.[762] Dies spricht recht deutlich für eine eigenständige Bedeutung des Nachhaltigkeitsbegriffs. Diesbezüglich an das allgemeine Nachhaltigkeitskonzept anzuknüpfen, dürfte mangels entgegenstehender Umstände am nächsten liegen. Schon allein vor diesem Hintergrund zeichnet die Behauptung, die Gesetzesbegründung weise nirgendwo auf ein nicht rein zeitliches Verständnis hin, ein falsches Bild.[763]

Im Übrigen bezieht sich die Gesetzesbegründung ausdrücklich auf § 78 AktG 1937. Die Vorgängernorm von § 87 AktG diente anerkanntermaßen dem Schutz von Allgemeinwohlbelangen. Somit darf man davon ausgehen, dass auch § 87 AktG diesen Zweck (mit-)verfolgen soll.[764] Hierfür spricht auch die explizite Erwähnung der Öffentlichkeitsbelange.[765] Das allgemeine Nachhaltigkeitsprinzip bezweckt ebenfalls den Schutz von Allgemeinwohlbelangen.[766] Es ist kaum nachvollziehbar, warum der Gesetzgeber mit einer dem Allgemeinwohl dienenden Norm nicht auf das ebenfalls dem Allgemeinwohl verpflichtete allgemeine Nachhaltigkeitsverständnis abgestellt haben sollte, obwohl er dessen Schlüsselwort gebraucht hat. Dieser Eindruck wird durch die Verwendung des Terminus „Nachhaltigkeitsgedanke"[767] in der Gesetzesbegründung abgerundet. Der Ausdruck lässt auf einen übergeordneten Plan oder höherrangiges Konzept schließen, welches deutlich über eine bloße Mehrjährigkeit hinausgehen sollte, um der Begrifflichkeit gerecht zu werden.[768]

Im Rahmen der historischen Gesetzesauslegung dürfen zusätzlich zu den amtlichen Materialien auch andere Quellen genutzt werden, soweit sie zur Ermittlung

---

761 Vgl. *Dauer-Lieb*, Der Konzern 2009, 583, 585; *Marsch-Barner*, ZHR 175 (2011), 737, 739; *Reiner*, ZVglRWiss 110 (2011), 443, 452; *Wagner*, AG 2010, 774, 775.

762 So auch *Röttgen/Kluge*, NJW 2013, 900, 901 f.

763 So aber *Louven/Ingwersen*, BB 2013, 1219, 1221.

764 Selbstredend ist das bei Einführung des § 78 AktG 1937 in die Allgemeinwohlbelange hineininterpretierte nationalsozialistische Verständnis nicht übertragbar.

765 Vgl. BT-Drs. 16/12278, S. 1 und 5; BT-Drs. 16/13433, S. 1.

766 Zum allgemeinen Nachhaltigkeitsprinzip siehe oben S. 126 ff.

767 BT-Drs. 16/13433, S. 10.

768 Vgl. Duden online, „Gedanke".

des gesetzgeberischen Willens dienlich sind.[769] Der Gesetzesentwurf des VorstAG geht zurück auf Beschlüsse der seinerzeit von der Koalition aus CDU/CSU und SPD eingesetzten Arbeitsgruppe „Managergehälter".[770] Diese gab im Anschluss an ihre Beschlussfassung eine Erklärung gegenüber dem Koalitionsausschuss ab, die unter anderem aufzeigte, dass man sich vor der Entscheidungsfindung mit zwei Professoren sowie Vertretern des Deutschen Gewerkschaftsbundes (DGB) abschließend beraten habe.[771]

Der DGB plädierte unter Berufung auf eindeutige Meinungsumfragen bereits seit 2008 für die Ergänzung des § 87 Abs. 1 AktG dahingehend, bei der Vergütungsfestsetzung die „soziale, gesellschaftliche und ökologische Verantwortung des Vorstands und des jeweiligen Vorstandsmitglieds"[772] heranzuziehen.[773] Eine solche Formulierung sei dem Gesetzgeber jedoch zu umständlich erschienen, weshalb er die berechtigten Belange unter dem Begriff der nachhaltigen Unternehmensentwicklung zusammengefasst habe.[774]

Diese Sichtweise überzeugt. Ihr dürfte sich nur schwer entgegenhalten lassen, die Absichten von Arbeitsgruppen einer Koalitionsfraktion entsprächen nicht dem gesetzgeberischen Willen.[775] Zum einen wurde die Arbeitsgruppe von der entscheidenden Mehrheitskoalition der CDU/CSU und SPD eingesetzt. Hätten die Koalitionsmitglieder die Ergebnisse, mit deren Herausarbeitung sie eigens eine spezialisierte Arbeitsgruppe beauftragt hatten, nicht gewollt, würden sie ihre Verfahrensweise ad absurdum führen. Zum anderen war für jeden einzelnen Abgeordneten spätestens anhand der Gesetzesbegründung eindeutig erkennbar, dass der Entwurf auf die eingesetzte Arbeitsgruppe zurückging. Jeder zustimmende Abgeordnete hat sich deren Vorstellungen somit weitestgehend zu eigen gemacht. Andernfalls wäre es widersprüchlich gewesen, für den Gesetzesentwurf zu stimmen.

Im Übrigen gab es für den Gesetzgeber vor dem Hintergrund einer effizienten Gesetzesformulierung keinen Grund, die einzelnen Bestandteile des Nachhaltigkeitskonzepts gesondert aufzuzählen. Der Gesetzgeber hatte im Zeitpunkt der Verabschiedung des VorstAG eine über Jahre gefestigte Vorstellung von dem

769 Vgl. *Bydlinski*, Grundzüge der juristischen Methodenlehre, S. 35 f.

770 BT-Drs. 16/12278, S. 5.

771 Vgl. *Röttgen/Kluge*, NJW 2013, 900, 902 f., mit Verweis auf die gemeinsame Erklärung („Arbeitsgruppe Managergehälter") von *Bernhardt*, CDU/CSU, und *Poß*, SPD, v. 25.02.2009 zur Vorlage an den Koalitionsausschuss für die Sitzung am 04.03.2009.

772 DGB, Stellungnahme zum Entwurf eines VorstAG, S. 6 f.

773 Vgl. *v. Eckardstein/Konlechner*, Vorstandsvergütung und gesellschaftliche Verantwortung der Unternehmung, S. 33 ff.; *Hexel*, Der Aufsichtsrat 2008, 128 f.; *Jahn*, GWR 2009, 135, 136.

774 Vgl. *Evers/Köstler/Weckes*, Arbeitshilfe für AR 14, S. 38 f.; *Röttgen/Kluge*, NJW 2013, 900, 903.

775 A.A. *Louven/Ingwersen*, BB 2013, 1219, 1222.

Inhalt nachhaltiger Entwicklung von Unternehmen.[776] Die Entstehung dieses Begriffsverständnisses kann unter anderem in verwandten Rechtsgebieten belegt werden.[777] Für große Kapitalgesellschaften besteht gemäß § 289 Abs. 3 HGB sowie für Konzerne gemäß § 315 Abs. 3 S. 1 HGB die Pflicht, über wesentliche nichtfinanzielle Leistungsindikatoren, einschließlich Umwelt- und Arbeitnehmerbelange, zu berichten.

Die genannten handelsrechtlichen Vorschriften entspringen Art. 46 der Richtlinie 78/660/EWG.[778] Mit der Änderungsrichtlinie 2003/51/EG wurde die Berichtspflicht auf nicht-finanzielle Indikatoren ausgedehnt. In den Erwägungsgründen der Änderungsrichtlinie werden ausdrücklich für das Unternehmen wesentliche soziale und ökologische Aspekte mit finanziellen gleichgestellt, wodurch klar auf die drei Säulen des allgemeinen Nachhaltigkeitskonzepts Bezug genommen wird.[779] Der Kreis zum gesetzgeberischen Begriffsverständnis nachhaltiger Entwicklung von Unternehmen schließt sich bei einer Zusammenschau mit den §§ 289 Abs. 1 S. 4, 315 Abs. 1 S. 4 HGB, in denen ausdrücklich die Rede von der Entwicklung der Gesellschaft ist.

Dementsprechend gab das Bundesministerium für Umwelt, Naturschutz und Reaktorsicherheit im Juni 2009, als auch das VorstAG beschlossen wurde, Empfehlungen auf Grundlage des Drei-Säulen-Konzepts für die betroffenen Unternehmen heraus, wie ihren Berichtspflichten nachzukommen sei.[780] Die Bundesregierung gebrauchte den Terminus der nachhaltigen Unternehmensentwicklung unter Bezug auf das allgemeine Nachhaltigkeitskonzept sogar schon seit 2002 ausdrücklich.[781] Diese Sichtweise deckt sich auch mit dem erkennbaren – dem Gesetzgeber im Zeitpunkt der Entscheidung über das VorstAG bekannten – Verständnis von nachhaltiger Unternehmensentwicklung der Europäischen Union[782], des Bundesverbandes der Deutschen Industrie (BDI)[783] und der betroffenen Unternehmen[784] selbst.[785]

Warum der Bundestag eine nachhaltige Entwicklung von Unternehmen zur selben Zeit anders als die Bundesregierung, deren Mitglieder ganz regelmäßig auch ein Bundestagsmandat innehaben, die Europäische Union, der BDI sowie die be-

776 Siehe hierzu oben S. 128 ff.

777 Vgl. *Röttgen/Kluge*, NJW 2013, 900, 903 f.

778 Zur Entstehungsgeschichte *Lange*, in: MüKo, HGB, § 289 Rn. 13 f.

779 Vgl. EU ABl. L 178 vom 17.07.2003, S. 17.

780 Vgl. BMU, Nachhaltigkeit in der Lageberichterstattung, S. 6.

781 Vgl. z. B. BMU/BDI, Nachhaltigkeitsmanagement in Unternehmen, S. 2.

782 Vgl. Europäische Kommission, KOM(2001) 366 endgültig, S. 5 f.; a.A. hinsichtlich des vermeintlichen Begriffsverständnisses der EU *Marsch-Barner*, ZHR 175 (2011), 737, 742.

783 Vgl. BMU/BDI, Nachhaltigkeitsmanagement in Unternehmen, III.

784 Vgl. *Bergius*, Handelsblatt Online vom 20.09.2011; *v. Flotow/Kachel*, in: v. Rosen, Nachhaltigkeit und Shareholder Value aus Sicht börsennotierter Unternehmen, S. 9 ff.; *Roth*, ZGR 2011, 516, 548 f.; *Velte*, NZG 2016, 294, 299.

785 So auch *Röttgen/Kluge*, NJW 2013, 900, 903 f.

troffenen Unternehmen und noch dazu anders als in angrenzenden Rechtsgebieten verstanden haben sollte, erschließt sich mangels objektiv nachvollziehbarer Anhaltspunkte nicht. Soweit dem Gesetzgeber teilweise attestiert wird, er habe den Begriff der nachhaltigen Unternehmensentwicklung nicht optimal ausgesucht[786], wird man dem eine Vermutung der gesetzgeberischen Vernunft entgegenhalten können.[787] Eines Rückgriffs auf diese Vermutung bedarf es aber wohl schon deshalb nicht, weil man, wie voranstehend aufgezeigt werden sollte, eine klare inhaltliche Vorstellung des Gesetzgebers von dem Inhalt nachhaltiger Unternehmensentwicklung, abgeleitet aus dem Drei-Säulen-Konzept, unterstellen darf.[788]

Insbesondere in der öffentlichen und politischen Debatte wird Nachhaltigkeit im Zusammenhang mit Unternehmensführung national sowie international nahezu durchgehend im Sinne des Drei-Säulen-Konzepts und der Generationengerechtigkeit definiert.[789] Hieran vermag auch der Umstand nichts zu ändern, dass in der mündlichen Bundestagsdebatte am Tag der finalen Abstimmung über das VorstAG im Zusammenhang mit sicherheitsrelevanten Themen, wie zum Beispiel der „nachhaltigen" Bekämpfung von Piraterie, dem Begriff gegebenenfalls eine rein zeitliche Bedeutung beigemessen wurde.[790] Die betroffenen Rechtsgüter, welche die diskutierten Sicherheitsfragen zum Gegenstand hatten, sind nicht mit den Interessen von Stakeholdern börsennotierter Unternehmen vergleichbar. Soweit es um den Schutz von Leib und Leben geht, ist klar, dass ganz existenzielle Ziele verfolgt werden. Es geht allein um den dauerhaften Schutz der genannten Rechtsgüter. Eine Auslegungsmöglichkeit sowie ein Auslegungsbedürfnis des in diesem Zusammenhang gebrauchten Nachhaltigkeitsbegriffs scheiden von vorneherein nahezu aus. Somit dürften Rückschlüsse aus der Sicherheitsdebatte auf ein unternehmensbezogenes Nachhaltigkeitsverständnis nicht angebracht sein.

Im Übrigen lässt sich den Protokollen der Bundestagsdebatte sehr wohl entnehmen, dass die Bundestagsabgeordneten – insbesondere auch die der mehrheitsbildenden Koalition – Nachhaltigkeit mit Bezug zur Wirtschaft am Tag der Abstimmung über das VorstAG im Sinne des Drei-Säulen-Konzepts aufgefasst haben. So äußerte sich ein Mitglied der CDU/CSU-Fraktion wie folgt: „Angesichts von Herausforderungen wie der Finanz- und Wirtschaftskrise oder des Klimawandels ist es die Aufgabe der EU, die Stimme der sozialen Marktwirtschaft für eine internationale Ordnung nachhaltigen Wirtschaftens zu sein. Denn es gibt keine Alternative zu einer Wirtschaftsordnung, die auch auf den Grundsätzen beruht, dass die Würde des Menschen unantastbar ist, dass Kinderarbeit und Raubbau an der Natur nicht hingenommen werden und dass wir soziale und ökologische Mindeststandards haben. Sonst werden wir in der Welt von morgen nicht so leben können, wie wir es

---

786 *Fleischer*, NZG 2009, 801, 802.
787 Vgl. hierzu allgemein etwa *Kriele*, in: Recht, Vernunft, Wirklichkeit, S. 471 ff.
788 So auch *Röttgen/Kluge*, NJW 2013, 900, 901 ff.
789 Siehe hierzu oben S. 126 ff.
790 A.A. *Louven/Ingwersen*, BB 2013, 1219, 1221, m.w.N.

wollen. Das ist der Gedanke, von dem wir uns leiten lassen und der unser Handeln bestimmt."[791] Darüber hinaus sah ein Mitglied der Arbeitsgruppe aus der CDU/CSU-Fraktion, welches wesentlich an der Erstellung des Gesetzesentwurfs beteiligt war[792], in den Managergehältern eine Gefahr für den „sozialen Frieden in Deutschland"[793].

Angesichts dieser mehr als deutlichen und nur in begrenztem Maße auslegungsfähigen Worte stellt sich erneut die nach hiesiger Auffassung nur schwer zu beantwortende Frage, warum der Gesetzgeber einen neuen Begriff, das heißt einen „Neologismus"[794], ins Aktienrecht entgegen seinem naheliegenden eigenen Verständnis einführen sollte.[795]

(γ) Systematische Auslegung

Obwohl die historische Auslegung ein deutliches Übergewicht zugunsten einer weiten Auslegung der nachhaltigen Unternehmensentwicklung aufweisen dürfte, kann auf eine systematische Untersuchung von § 87 Abs. 1 S. 2 AktG nicht verzichtet werden. Bei einer solchen sind thematisch verwandte Rechtsgrundsätze, -normen und -vorstellungen daraufhin zu untersuchen, ob sich eine Gesamtwertung des Gesetzgebers erkennen lässt.[796] Die Frage ist also, ob es Hinweise im gesellschaftsrechtlichen Bereich gibt, die für eine Verbindung zwischen nachhaltiger Unternehmensentwicklung im Sinne des Aktienrechts und dem Drei-Säulen-Konzept sprechen.

Die Berichtspflichten zu nicht-finanziellen Indikatoren gemäß dem Nachhaltigkeitskonzept von großen Kapitalgesellschaften und Konzernen nach dem HGB wurden im vorangegangenen Abschnitt bereits erwähnt. Insoweit sind die Grenzen zwischen historischer und systematischer Auslegung fließend. Bei einer von der Berichtspflicht zu nicht-finanziellen Leistungsindikatoren, wie Umwelt- und Arbeitnehmerbelange, erfassten Kapitalgesellschaft handelt es sich stets auch um eine von § 87 Abs. 1 S. 2 AktG erfasste börsennotierte Aktiengesellschaft. § 289 Abs. 3 HGB ist auf große Kapitalgesellschaften im Sinne von § 267 Abs. 3 HGB anwendbar. Nach § 267 Abs. 3 S. 2 HGB sind kapitalmarktorientierte Kapitalgesellschaften im Sinne von § 264d HGB stets große Kapitalgesellschaften. Eine börsennotierte Aktiengesellschaft ist eine kapitalmarktorientierte und somit große Kapitalgesellschaft. Nach § 264d HGB ist eine Kapitalgesellschaft nämlich dann kapitalmarktorientiert, wenn von ihr ausgegebene Wertpapiere an einem organisierten Markt im Sinne § 2 Abs. 5 WpHG gehandelt werden. Eine Aktiengesellschaft ist nach § 3 Abs. 2 AktG börsennotiert, wenn ihre Aktien an einem regulierten Markt im Sinne der §§ 32 ff.

---

791 BT-PlPr. 16/227, S. 25032.
792 Vgl. BT-PlPr. 16/227, S. 25138.
793 BT-PlPr. 16/227 25143.
794 *Thüsing/Forst*, GWR 2010, 515.
795 Vgl. insbesondere auch *Röttgen/Kluge*, NJW 2013, 900, 901 ff.
796 Vgl. *Müller/Christensen*, Juristische Methodik, S. 384 ff.

BörsG, das heißt nicht im Freiverkehr, gehandelt werden.[797] Ein regulierter Markt wiederum ist auch ein organisierter Markt.[798]

Von börsennotierten Aktiengesellschaften sind außerdem nach § 289f. Abs. 2 Nr. 2 HGB relevante Angaben zu Unternehmensführungspraktiken, die über die gesetzlichen Anforderungen hinaus angewandt werden, in die Erklärung zur Unternehmensführung aufzunehmen. Hierzu zählen zum Beispiel Ethik-, Arbeits- oder Sozialstandards.[799] Die Erklärung zur Unternehmensführung nach § 289f. HGB ist Teil des Lageberichts.[800] In der Praxis erfüllen einige börsennotierte Aktiengesellschaften ihre Pflicht, über nicht-finanzielle Indikatoren zu berichten, indem sie in den Lagebericht einen sogenannten Nachhaltigkeitsbericht integrieren.[801]

Zur Erstellung eines Nachhaltigkeitsberichts besteht keine Pflicht, wenn auch aufgrund der Erwartungen des Kapitalmarktes bereits eine Selbstverpflichtung börsennotierter Unternehmen angenommen wird.[802] Ein solcher Nachhaltigkeitsbericht wird häufig gemäß den Leitlinien der „Global Reporting Initiative" erstellt. Er enthält Informationen zur Einbindung des dreidimensionalen Nachhaltigkeitskonzepts in die Geschäftsaktivitäten, um ein aussagekräftigeres Bild eines Unternehmens zu zeichnen und dessen Ruf zu verbessern.[803] Die Integration des freiwilligen Nachhaltigkeitsberichts zur Erfüllung der Berichtspflichten nach dem HGB („Integrated Reporting") wird unter bestimmten Voraussetzungen für zulässig und sinnvoll erachtet, da sie den Informationsgehalt des Lageberichts steigern kann.[804]

Es wäre in gewisser Weise widersprüchlich, müssten börsennotierte Aktiengesellschaften zwar über für sie wesentliche Aspekte des Drei-Säulen-Konzepts – gegebenenfalls durch Einbeziehung eines Nachhaltigkeitsberichts in den Lagebericht – berichten, die Vergütung ihrer Vorstände aber nicht darauf ausrichten. Dem Lagebericht wohnt eine Informations-, Rechenschaftslegungs-, Warn- und Kontrollfunktion inne.[805] Somit soll über die teilweise oder vollständige Nichtbeachtung von nicht-finanziellen Indikatoren, also Nachhaltigkeitsaspekten, soweit sie in den Lagebericht aufzunehmen sind, informiert beziehungsweise davor gewarnt werden. Derartige Zustände sind vom Gesetzgeber folglich nicht gewollt. Diesem Schutzgedanken wäre wohl am meisten gedient, wenn börsennotierte Gesellschaf-

---

797 Vgl. OLGR München 2008, 566, 567.

798 *Kumpan*, in: Schwark/Zimmer, WpHG, § 2 Rn. 120.

799 BT-Drs. 16/10067, S. 78; *Böcking/Eibelshäuser*, Der Konzern 2009, 563, 569; *Kajüter*, in: Küting/ Pfitzer/Weber, Hdb Rechnungslegung, HGB, §§ 289, 289a Rn. 198.

800 *Bachmann*, ZIP 2010, 1517, 1521; *Vetter*, NZG 2009, 561, 562; a.A. *Kocher*, DStR 2010, 1034.

801 Vgl. *Fülbier/Pellens*, in: MüKo, HGB, § 315 Rn. 34.

802 Vgl. *Dienes/Velte*, IRZ 2014, 67; *Zentes/Schramm-Klein*, in: FS Küting, S. 197.

803 Vgl. *Müller/Stawinoga*, IRZ 2013, 117f.

804 Vgl. *Müller/Stawinoga*, IRZ 2013, 117, 121f.; zur Diskussion z.B. auch *Aebersold/Suter*, IRZ 2012, 381ff.; *Krzus*, IRZ 2011, 271ff.; *Miolo/Veser*, IRZ 2012, 479ff.; *Schmidt*, IRZ 2012, 137f.

805 *Lange*, in: MüKo, HGB, § 289 Rn. 4ff.

ten auch die Vergütung ihrer Vorstände konsequent auf für sie wesentliche Aspekte des Drei-Säulen-Konzepts ausrichten müssten, worauf auch der Wortlaut von § 87 Abs. 1 S. 2 AktG unmittelbar hindeuten dürfte.

Nur so wäre auch eine aktive Verbesserung in den betreffenden Bereichen tatsächlich zu erwarten. Zwar könnte gegebenenfalls auch eine reine Berichtspflicht aufgrund der möglichen negativen Ausstrahlungswirkung eines Lageberichts eine gewisse Verhaltenssteuerung herbeiführen. Diese Wirkung dürfte jedoch eher passiver Natur, das heißt auf die Vermeidung von Negativeffekten ausgerichtet sein. Bleiben solche Negativfolgen aus, dürfte den Vorständen regelmäßig kein unmittelbarer finanzieller Nachteil entstehen. Die Nachhaltigkeitsberichtserstattung verkäme unter Umständen zu einem Instrument des sogenannten „Greenwashing“, um dem Unternehmen einen nachhaltigen Anschein zu geben.[806] Würden den Vorständen hingegen finanzielle Vorteile für eine aktive Verbesserung von Nachhaltigkeitsbelangen zuteil, könnte man erwarten, dass die Vorstände aktiv hierauf hinwirken würden.

Weitere systematische Erkenntnisse zum Ursprung und Inhalt nachhaltiger Unternehmensentwicklung gemäß § 87 Abs. 1 S. 2 AktG lassen sich gegebenenfalls durch eine Heranziehung der grundlegenden aktienrechtlichen Zielvorgaben gewinnen, nach welchen der Vorstand eine Aktiengesellschaft zu leiten hat. Die Diskussion hierzu wird seit vielleicht hundert Jahren in zahlreichen Facetten geführt, weshalb sie im Rahmen dieser Arbeit allenfalls kurz in ihren Grundzügen skizziert werden kann.[807] Im Wesentlichen kreist die Kernfrage darum, ob der Vorstand bei der Unternehmensführung gehalten ist, primär die Interessen der Aktionäre oder auch sonstiger mit dem Unternehmen verbundenen Gruppen zu wahren. Zentrale Begriffe in diesem Zusammenhang sind das Gesellschaftsinteresse, das Unternehmensinteresse, Stakeholder Value und Shareholder Value.[808]

Dem Gesellschaftsinteresse dienlich ist, was mit Blick auf den jeweiligen Verbandszweck den Erhalt und das Funktionieren des Verbandes fördert und sichert.[809] Zu unterscheiden ist zwischen dem Sachziel eines Unternehmens, sprich dem Unternehmensgegenstand, zum Beispiel Stromerzeugung, und dem Formalziel[810], das mangels abweichender Satzungsregelung in der Erzielung von Gewinn besteht.[811] Da diese Vorgaben als zu restriktiv erachtet wurden, entwickelte man den Ge-

806 Vgl. zur Bedeutung des „Greenwashing“ etwa *Augsburger*, MMR 2014, 427, 431; *Birk*, GRUR 2011, 196, 199; *Förster*, RIW 2008, 833, 840 („Feigenblatt-Funktion“); *Schrader*, ZUR 2013, 451, 452.

807 Ein Überblick z.B. bei *Fleischer*, in: Spindler/Stilz, AktG, § 76 Rn. 21ff.; *Spindler*, in: MüKo, AktG, § 76 Rn. 60ff.

808 Vgl. für einen Überblick z.B. *Kuhner*, ZGR 2004, 244ff. m.w.N.

809 Vgl. *Krämer*, Das Unternehmensinteresse als Verhaltensmaxime, S. 47.

810 Zum Begriff des Formalziels etwa *Großmann*, Unternehmensziele im Aktienrecht, S. 16f.

811 Vgl. *Kuhner*, ZGR 2004, 244, 246f.; *Krämer*, Das Unternehmensinteresse als Verhaltensmaxime, S. 48. m.w.N.

danken vom Unternehmensinteresse.[812] Die hiermit verbundene Hinwendung zum Unternehmen als Träger eigener Interessen, weg vom Aktionärsverband als Träger der maßgeblichen Interessen, wird als „deutscher Sonderweg" beschrieben.[813] Zusammengefasst besagt er, dass der Vorstand bei Konflikten die Interessen der Aktionäre, Gläubiger, Arbeitnehmer und sonstiger mit dem Unternehmen verbundenen Gruppen wie die Öffentlichkeit im Wege der praktischen Konkordanz miteinander auszugleichen hat. Hierbei wird dem Vorstand ein breiter Ermessensspielraum zugestanden.[814]

Der Ansatz des Unternehmensinteresses weist starke Übereinstimmungen mit dem rechtsökonomischen Ansatz des sogenannten Stakeholder Value auf, der den Interessen der genannten Gruppen grundsätzlich ebenfalls gleichrangige Bedeutung einräumt.[815] Die Wahrung anderer als der Aktionärsinteressen darf aber nicht dazu führen, dass das Unternehmen das Erwirtschaften eines bestandserhaltenden Gewinns aus den Augen verliert.[816] Den Gegenbegriff zum Stakeholder Value bildet der sogenannte Shareholder-Value-Ansatz.[817] In seiner strengen Ausrichtung beschreibt er im Wesentlichen die Handlungsmaxime für den Vorstand, den Wert des Eigenkapitals eines Unternehmens ständig und ausschließlich im Interesse der Anleger zu steigern.[818]

Die interessenpluralistische Auffassung in Form des Unternehmensinteresses oder des Stakeholder Value kann wohl als herrschend bezeichnet werden.[819] Für diese Meinung spricht § 76 Abs. 1 AktG, welcher die Leitung der Gesellschaft durch den Vorstand in eigener Verantwortung vorschreibt. Das für die alte Rechtslage angenommene auftragsähnliche Verhältnis zwischen Vorstand

---

812 Ein Überblick zur Entwicklung des Gesellschaftsrechts als Unternehmensrecht bei *Raiser/Veil*, Recht der Kapitalgesellschaften, § 1 Rn. 1 ff.; *Zöllner*, AG 2003, 1 ff.

813 Vgl. *Kuhner*, ZGR 2004, 244, 247 ff., der auf den von *Walter Rathenau* entwickelten Ansatz vom „Unternehmen an sich" als teilweisen Ursprung des Unternehmensinteresses verweist. Für einen kurzen Überblick zu den „Orientierungswandlungen im deutschen Aktienrecht" vgl. *Groh*, DB 2000, 2153, 2154 ff.

814 Vgl. nur BGHZ 75, 96, 108 ff.; *Hopt*, ZGR 1993, 534, 536 f.; Hüffer/*Koch*, AktG, § 76 Rn. 28 ff.; kritisch *Kort*, in: GK, AktG, § 76 Rn. 46.

815 Vgl. z. B. *Busse v. Colbe*, ZGR 1997, 271, 272; *Fleischer*, in: Spindler/Stilz, AktG, § 76 Rn. 29; *Wöhe*, Einführung ABWL, S. 7 f. und 50 ff.; grundlegend zum Begriff des Stakeholder Value *Freeman*, Strategic Management, S. 1 ff.

816 Vgl. *Kuhner*, ZGR 2004, 244, 250 f.; *Mertens/Cahn*, in: KöKo, AktG, § 76 Rn. 18.

817 Vgl. *Steinmann/Schreyögg/Koch*, Management, S. 798; *Wöhe*, Einführung ABWL, S. 7 f. und 50; grundlegend zum Begriff des Shareholder Value etwa *Rappaport*, Shareholder Value, S. 1 ff.

818 Vgl. nur *Busse v. Colbe*, ZGR 1997, 271, 272 f.; *Fleischer*, in: Spindler/Stilz, AktG, § 76 Rn. 29; *Kuhner*, ZGR 2004, 244, 258 ff.; *Ulmer*, AcP 202 (2002), 143, 155.

819 Vgl. *Goette*, ZGR 2008, 436, 447; *Henze*, BB 2000, 209, 212; *Hopt*, ZGR 1993, 534, 536; Hüffer/*Koch*, AktG, § 76 Rn. 28; *Mertens/Cahn*, in: KöKo, AktG, § 76 Rn. 15 ff.; *Rönnau*, in: FS Amelung, S. 247, 261; *v. Werder*, in: Kremer/Bachmann/Lutter/v. Werder, DCGK, Rn. 111; in diesem Sinne wohl auch BGHSt 50, 331, 341.

und den Anlegern wurde mit § 70 Abs. 1 AktG 1937 abgeschafft.[820] Eine reine Orientierung des Vorstands am Shareholder Value, welche für das angloamerikanische Gesellschaftsrecht durchaus zutreffen mag[821], würde dieser gesetzgeberischen Wertung zuwider laufen.[822] Auch wenn an dem Stakeholder-Konzept umfangreiche Kritik geäußert wird[823], unter anderem wegen der vermeintlich mangelnden Praktikabilität[824] und den nahezu nicht zu kontrollierenden Handlungsspielräumen[825], soll für die Zwecke dieser Arbeit davon ausgegangen werden, dass der Vorstand gehalten ist, die Interessen der verschiedenen Gruppen gegeneinander abzuwägen.

Der Vorstand begeht also bei Bewilligung sozialer Leistungen an die Mitarbeiter oder Belastung des Unternehmens mit anderen „sozialen Kosten" grundsätzlich keine Pflichtverletzung, auch wenn hierdurch der Gewinn unmittelbar gemindert wird.[826] Dies gilt allerdings nur dann, wenn das Unternehmen entsprechend leistungsfähig ist und die Aufwendungen mit dem gesellschaftlichen und wirtschaftlichen Hintergrund des jeweiligen Unternehmens insgesamt betrachtet in Einklang zu bringen sind.[827] Eine so verstandene interessenpluralistische Ausrichtungsmöglichkeit der Aktiengesellschaft deckt sich damit, dass Allgemeinwohlbelange, zum Beispiel die Einhaltung geltender Gesetze, durch eine Vorstandsentscheidung und ihre Umsetzung nicht verletzt werden dürfen.

Eine Pflicht des Vorstands, Allgemeinwohlinteressen aktiv zu fördern, wird man jedoch unabhängig von der Frage, ob die Gemeinwohlklausel des § 70 Abs. 1 AktG

820 Vgl. nur *Hüffer*, in: FS Raiser, S. 163, 167 f.; Hüffer/*Koch*, AktG, § 76 Rn. 26.

821 Vgl. zum US-Recht *Kuhner*, ZGR 2004, 244, 274 ff.

822 Vgl. Hüffer/*Koch*, AktG, § 76 Rn. 30; für eine Orientierung an einem sog. moderaten Shareholder-Value-Konzept *Fleischer*, in: Fleischer, Hdb Vorstandsrecht, § 1 Rn. 29 ff.; *Groh*, DB 2000, 2153, 2158; *Kort*, ZIP 2008, 717; *Richter*, in: Semler/Peltzer/Kubis, Hdb Vorstand, § 4 Rn. 34 ff.; *Seibt*, in: Schmidt/Lutter, AktG, § 76 Rn. 23; *Weber*, in: Hölters, AktG, § 76 Rn. 22.

823 Vgl. für einen Überblick *Reiner*, ZVglRWiss 110 (2011), 443, 460 ff. m.w.N. („Unbestimmtheit", „Unzureichende Steuerungswirkung", „Inkonsistenz auf der Sanktionsseite", „Fehlende Legitimation").

824 Vgl. hierzu z. B. *Großmann*, Unternehmensziele im Aktienrecht, S. 87 ff.

825 Vgl. *Fleischer*, in: Spindler/Stilz, AktG, § 76 Rn. 34; *ders.*, AG 2001, 171, 177.

826 Solche „sozialen Kosten" können z. B. sein: freiwillige Ausgaben für Umweltschutz, finanzielle Förderung kultureller Veranstaltungen, Spenden an politische Parteien, Stiftungen, Stipendien, Beiträge zu Fördervereinen usw., vgl. *Fleischer*, AG 2001, 171 ff.; *Kind*, NZG 2000, 567, 568 f.; *Mertens*, AG 2000, 157, 158; kritisch *Philipp*, AG 2000, 62, 64 ff.

827 Vgl. BGHSt 47, 187, 192 ff.; *Hopt/Roth*, in: GK, AktG, § 93 Rn. 210 f.; *Mertens/Cahn*, in: KöKo, AktG, § 76 Rn. 33 ff.; *Säcker*, BB 2009, 282, 283.

1937 auch im Rahmen des § 76 Abs. 1 AktG fortgilt[828], verneinen können.[829] Die Grenze, ab der freiwillige, altruistische Aufwendungen nicht mehr zulässig sind, dürfte im Kontext einer kapitalistisch geprägten Rechtsform erreicht sein, wenn der Gesellschaft dadurch ex ante betrachtet auch mittelbar, zum Beispiel durch eine Verbesserung ihres Rufes, kein wirtschaftlicher Vorteil zukommen kann. Mit anderen Worten „muss sich Ethik also lohnen."[830]

An dieser Stelle sei erwähnt, dass Unternehmen, die sich an allgemeinen Nachhaltigkeitskriterien orientieren, insbesondere den im „Dow Jones Sustainability Group Index" gelisteten, grundsätzlich attestiert wird, sie würden auf Dauer an der Börse höher bewertet.[831] Daher sollten weit verstandene Nachhaltigkeitsaufwendungen ganz regelmäßig zulässig sein. Eine Einschränkung des Vorstandsermessens können aber folgende Umstände bewirken: keine ausreichende Beziehung zum Gegenstand des Unternehmens, Unvereinbarkeit mit der Ertrags- und Vermögenslage, unzureichende unternehmensinterne Transparenz sowie Interessenkonflikte, das heißt vor allem die Verfolgung persönlicher Vorlieben.[832] Soweit man eine oben bereits erwähnte Vorstandspflicht, auf eine jährliche Mindestdividende von vier Prozent auf das durch Einlagen belegte Grundkapital hinzuwirken[833], bejahen möchte, darf der Vorstand insbesondere dieses Ziel durch gemeinnützige Maßnahmen nicht gefährden.[834]

Infolge dieser unterstellten Gemeinwohlbindung des Vorstands in den genannten Grenzen wird nachhaltige Unternehmensentwicklung im Sinne des § 87 Abs. 1 S. 2 AktG teilweise in die Nähe zum Stakeholder-Ansatz beziehungsweise Gedanken des Unternehmensinteresses gerückt.[835] Wäre nachhaltige Unternehmensentwicklung tatsächlich interessenpluralistisch zu bestimmen, spräche dies voraussichtlich für die Ableitung des aktienrechtlichen Nachhaltigkeitsbegriffs

---

828 Dies bejahend BT-Drs. 04/171, S. 121 (§ 76 AktG war im Regierungsentwurf zunächst als § 73 AktG vorgesehen); *Kübler/Assmann*, Gesellschaftsrecht, S. 182; *Mertens/Cahn*, in: KöKo, AktG, § 76 Rn. 33; *Raisch*, in: FS Hefermehl, S. 347, 352 f.; *Schilling*, in: FS Gessler, S. 159, 168 f.; a.A. *Mülbert*, ZGR 1997, 129, 147 f.; *Rittner*, in: FS Gessler, S. 139, 142 ff.; *Westermann*, in: FS Reinhardt, S. 359, 365; *Wiedemann*, ZGR 1975, 385, 425 f.

829 Vgl. nur *Kort*, NZG 2012, 926, 928; a.A. wohl *Wilhelm*, Kapitalgesellschaftsrecht, Rn. 1055.

830 *Kort*, NZG 2012, 926, 929; vgl. auch BGHSt 47, 187, 196; *Fleischer*, in: Spindler/Stilz, AktG, § 76 Rn. 45 f.; *Seibt*, in: Schmidt/Lutter, AktG, § 76 Rn. 24.

831 Vgl. *Baetge/Schmidt*, IRZ 2010, 293 f.; Bundesregierung, Perspektiven für Deutschland, S. 74; *Rosbach*, CCZ 2008, 101, 102; *Velte*, NZG 2016, 294, 299.

832 Vgl. BGHSt 47, 187, 193 ff.; *Schünemann*, NStZ 2005, 473, 475 f.

833 Vgl. allgemein zu § 254 AktG etwa BGHZ 84, 303 ff.; Hüffer/*Koch*, AktG, § 254 Rn. 1 ff.

834 Vgl. *Reiner*, ZVglRWiss 110 (2011), 443, 474 f.

835 Vgl. *Louven/Ingwersen*, BB 2013, 1219, 1221, und *Reiner*, ZVglRWiss 110 (2011), 443, 458 ff., die einen solchen bzw. ähnlichen Begriffsinhalt im Ergebnis aber ablehnen.

aus dem allgemeinen Nachhaltigkeitsprinzip. Dieses dürfte unstreitig interessenpluralistisch geprägt sein.[836]

Ein solches Begriffsverständnis wird zunächst durch das sonstige, erkennbar überwiegende Verständnis unternehmensbezogener Nachhaltigkeit gestützt. Es wurde bereits festgestellt, dass nachhaltige Unternehmensentwicklung im Sinne von CSR, GCC oder des DNK wohl unter das allgemeine Nachhaltigkeitskonzept subsumiert werden können. Auch hinsichtlich des DCGK, der die Stakeholder eines Unternehmens und die soziale Marktwirtschaft ausdrücklich erwähnt, dürfte dies der Fall sein.[837] An dieser Stelle könnte man sich erneut fragen, warum der Gesetzgeber Nachhaltigkeit bei Erlass des VorstAG gänzlich anders – nämlich eng – verstanden haben sollte als in verwandten Gebieten, in denen ein weites und umfassendes Verständnis maßgeblich ist. Hier ist der Übergang zwischen historischer und systematischer Auslegung erneut fließend.

Im Übrigen ließe sich ein interessenpluralistisches Verständnis nachhaltiger Unternehmensentwicklung systematisch gut in den hier übernommenen Stakeholder-Ansatz integrieren. Soeben wurde festgestellt, dass im Rahmen des Stakeholder-Konzepts grundsätzlich keine Pflicht des Vorstands existiert, Allgemeinwohlbelange aktiv zu fördern. Dementsprechend scheint es folgerichtig, eine aus § 87 Abs. 1 S. 2 AktG abgeleitete Vorstandspflicht zu verneinen, die darauf gerichtet ist, über die gesetzlichen Anforderungen hinaus[838] Nachhaltigkeitsziele nach dem umfassenden Drei-Säulen-Konzept anzustreben.[839]

Hierfür kann – wie bereits ausgeführt – auch der Wortlaut der Norm herangezogen werden. Nach diesem ist die Vorstandsvergütung lediglich auf eine nachhaltige Unternehmensentwicklung *auszurichten*. Es steht dem Vorstand somit grundsätzlich frei, ob er tatsächlich in dieser Weise handelt.[840] Die Vergütungsausrichtung soll den Vorstand lediglich dazu anreizen, sein Ermessen verstärkt derart auszuüben, dass er den vom Drei-Säulen-Konzept geschützten Interessen soweit zulässig den Vorrang einräumt. Der Gesetzgeber wollte das Leitungsermessen des Vorstands nicht grundlegend ändern, sondern weniger einschneidend in eine bestimmte Richtung steuern.[841] Der Vorstand bleibt mangels abweichender Satzungsregelung selbstverständlich vorrangig dazu verpflichtet, für die Gesellschaft einen Gewinn zu erwirt-

836 Siehe oben S. 126 ff.
837 Siehe oben S. 129 f.
838 Vgl. zum Anwendungsbereich des Drei-Säulen-Konzepts auf geltendes Recht *Röttgen/Kluge*, NJW 2013, 900, 904 f.
839 Insoweit zustimmend *Reiner*, ZVglRWiss 110 (2011), 443, 474.
840 Anderes Verständnis bezüglich einer (als unzutreffend erachteten) weiten Auslegung wohl *Louven/Ingwersen*, BB 2013, 1219, 1221.
841 Vgl. BT-Drs. 16/12278, S. 5.

schaften.[842] Ziele des Drei-Säulen-Konzepts, welche bereits Eingang ins geltende Recht gefunden haben, muss der Vorstand hierbei ohnehin beachten.[843]

Bezüglich der freiwilligen Verfolgung von Nachhaltigkeitsinteressen könnte man darüber nachdenken, ob es sinnvoll wäre, sich insoweit der oben genannten ausschüttbaren Mindestdividende von vier Prozent jährlich als Ermessensgrenze für den Vorstand zu bedienen.[844] Wäre diese Mindestdividende noch nicht gesichert, wäre der Vorstand gehalten, unmittelbar gewinnsteigernden Maßnahmen gegenüber sich nur mittelbar auszahlenden Nachhaltigkeitsmaßnahmen den Vorzug zu gewähren. Maßgeblich für die jeweilige Einschätzung des Vorstands, ob die Mindestdividende erreicht wird, könnte nur eine ex-ante-Betrachtung sein.[845]

Könnte der Vorstand die Mindestdividende sogar bei gleichzeitiger Umsetzung der aus dem allgemeinen Nachhaltigkeitskonzept abgeleiteten Ziele erwirtschaften, so sollte er bei entsprechender Vergütungsausrichtung zusätzlich belohnt werden. Sobald der Vorstand rechtmäßig davon ausgehen dürfte, die Mindestdividende sei gesichert, stünde es ihm frei, den Gewinn weiter zu steigern, vorrangig Nachhaltigkeitsziele zu verfolgen oder einen Kompromiss zwischen beiden Möglichkeiten zu finden. Die jeweiligen Auswirkungen auf das Gehalt hingen von der konkreten Vergütungsausgestaltung ab.

Damit der Vorstand aber wirksam zur Verfolgung von Nachhaltigkeitszielen angereizt würde, müssten die Gehaltseinbußen infolge eines geringeren Gewinns (oder eines anderen finanziellen Parameters) durch die anderen nachhaltigen, sich erst über einen längeren Zeitraum finanziell positiv auswirkenden Zielerreichungen entsprechend kompensiert werden. Gegebenenfalls wäre es sogar denkbar, mit dem Vorstand die Erreichung einer finanziellen Bezugsgröße nur bis zu einem gewissen Grad zu vereinbaren. Darüber hinaus könnten dann überwiegend am Unternehmensinteresse orientierte Nachhaltigkeitskriterien – welche zwar auch schon unterhalb dieser Grenze Einfluss finden sollten, damit die Vergütungsstruktur auch bei Nichtüberschreitung dieser Grenze jedenfalls in gewissem Maße nachhaltig wäre – als variable Vergütungsziele fungieren. Diese Vorgehensweise könnte unter Umständen ein vom Gesetzgeber anscheinend erhofftes qualitatives anstatt ein rein quantitatives Wachstum fördern, ohne abschließend in das Vorstandsermessen einzugreifen. Auch die dauerhafte Rentabilität und somit der Bestand der Gesellschaft

842 Vgl. hierzu allgemein *Fleischer*, in: Spindler/Stilz, AktG, § 82 Rn. 27; *Pentz*, in: MüKo, AktG, § 23 Rn. 76; *Semler*, Leitung und Überwachung der Aktiengesellschaft, Rn. 34ff.; *Tieves*, Der Unternehmensgegenstand der Kapitalgesellschaft, S. 36ff.; *Westermann*, in: FS Schnorr v. Carolsfeld, S. 517, 523f.; *Wiedemann*, in: GK, AktG, § 179 Rn 54.; ausführlich zur Begründung dieses Gesellschaftsziels mit Abweichungen im Einzelnen *Großmann*, Unternehmensziele im Aktienrecht, 1980, S. 63ff.

843 Siehe zur allgemeinen Legalitätspflicht des Vorstands z.B. *Spindler*, in: MüKo, AktG, § 93 Rn. 73ff.

844 Siehe oben S. 125.

845 Vgl. *Reiner*, ZVglRWiss 110 (2011), 443, 473.

wären wegen des vorrangigen Ziels einer ausschüttbaren Mindestdividende in Höhe von vier Prozent gesichert.

Ob eine solche Grenzziehung tatsächlich sinnvoll ist, dürfte zunächst einmal wesentlich davon abhängen, ob überhaupt eine Pflicht des Vorstands besteht, eine jährliche ausschüttbare Mindestdividende von vier Prozent zu erzielen. Besteht eine solche Pflicht nämlich nicht, wäre es kaum gerechtfertigt, das Ermessen des Vorstands unterhalb der Grenze vorrangig in den Dienst einer Mindestdividende zu stellen und zulasten der Nachhaltigkeitsinteressen einzuschränken.

Für eine Pflicht des Vorstands, eine Mindestdividende anzustreben, könnten die gesetzgeberischen Wertungen in den §§ 254 Abs. 1, 60 Abs. 2 und 113 Abs. 3 AktG sprechen. Die genannten Vorschriften sehen unter bestimmten Voraussetzungen Rechtsfolgen für den Fall vor, dass der anteilige Bilanzgewinn der Gesellschaft in Höhe von vier Prozent der auf das Grundkapital geleisteten Einlagen nicht wie vorgesehen geschützt wird. Einen solchen Schutz halte der Gesetzgeber für erforderlich, weil der Aktionär eine entsprechende Mindestdividende pro Jahr erwarten dürfe. Ohne korrespondierende Vorstandspflicht könne eine solche gesetzgeberische Wertung keine Wirkung entfalten.[846]

Auf den ersten Blick scheint eine Pflicht zur Erzielung einer Mindestdividende angesichts ihrer rechnerischen Klarheit vielversprechend. Aufgrund der verhältnismäßigen Koppelung an das einbezahlte Grundkapital und des hierdurch regelmäßig nur recht geringen erfassten Betrages wird § 254 AktG jedoch nur eine sehr eingeschränkte praktische Bedeutung zugemessen.[847] Des Weiteren dient die Idee einer Mindestdividende dem Gleichbehandlungsgrundsatz.[848] Vorrangig soll ein „Aushungern" von Minderheitsaktionären verhindert werden.[849] Die Normen setzen somit zum einen auf einer anderen Stufe, nämlich der der Gewinnverwendung und nicht der Gewinnerzielung, an.[850] Zum anderen verfolgen die Vorschriften mit einem Diskriminierungsverbot eine andere Schutzrichtung. Ihr Zweck ist es gerade nicht, Aktionären hiervon losgelöst einen festen Auszahlungsanspruch zu verschaffen. Die Vorschriften sollen nur eingreifen, wenn es dem Vorstand zuvor gelungen ist, einen entsprechenden Gewinn zu erzielen. Dies belegt auch § 60 Abs. 2 S. 2 AktG, der einen niedrigeren Gewinn für möglich hält. Eine Einschränkung des Vorstandsermessens für Fälle, in denen ex ante betrachtet eine Mindestdividende in Höhe von vier Prozent des Grundkapitals aufgrund von Nachhaltigkeitsaufwendungen nicht erzielt würde, dürfte daher nicht angebracht sein.[851]

---

846 Vgl. hierzu ausführlich *Reiner*, ZVglRWiss 110 (2011), 443, 471 ff.

847 Vgl. *Baums*, in: FS Schmidt, S. 57, 82; *Schüppen*, in: Schüppen/Schaub, MüHdb Aktienrecht, § 30 Rn. 33 („praktisch bedeutungslos").

848 Vgl. hierzu Hüffer/*Koch*, AktG, § 60 Rn. 1; allgemein zu den Regeln der Gewinnverteilung *Hueck*, Der Grundsatz der gleichmäßigen Behandlung im Privatrecht, S. 48.

849 Vgl. *Waclawik*, in: Hölters, AktG, § 254 Rn. 1.

850 Vgl. *Spindler*, in: MüKo, AktG, § 76 Rn. 70.

851 Im Ergebnis so auch *Spindler*, in: MüKo, AktG, § 76 Rn. 70.

Somit bleiben nach dem hier gefundenen Ergebnis die oben genannten, durch die interessenpluralistische Ausrichtung der Aktiengesellschaft begründeten, Voraussetzungen für die Zulässigkeit von Aufwendungen im Interesse des Drei-Säulen-Konzepts maßgeblich. Die Vergütungsausrichtung nach § 87 Abs. 1 S. 2 AktG soll den Vorstand allerdings dazu anreizen, sein Vorstandsermessen soweit zulässig verstärkt in Richtung des Nachhaltigkeitsprinzips auszuüben.

In diesem Zusammenhang überzeugt die enge, rein zeitliche Auffassung zur nachhaltigen Unternehmensentwicklung im Sinne von § 87 Abs. 1 S. 2 AktG nicht. Ein weites Nachhaltigkeitsverständnis dürfte den Vorstand nämlich nicht wie befürchtet verpflichten, ökologische und soziale Aspekte vorrangig zu beachten und somit bestimmten Stakeholder-Interessen stets den Vorrang einzuräumen. Die Festlegung des Unternehmensinteresses würde nicht „dem unternehmerischen Ermessensspielraum des Vorstands entzogen und wäre pauschal durch den Gesetzgeber in eine bestimmte Richtung gesteuert.“[852] Die Angemessenheit des Vorstandsgehalts im Sinne von § 87 Abs. 1 AktG und folglich auch die nachhaltige Unternehmensentwicklung ist dem Unternehmensinteresse nicht vorangestellt, sondern folgt ihm nach.[853] Somit gibt das Unternehmensinteresse vor, was nachhaltig ist und nicht umgekehrt. Dies kann demnach für jedes Unternehmen unterschiedlich ausfallen und ist vom jeweiligen Vorstand zu bestimmen.[854] Es besteht nach hiesiger Ansicht gerade keine Pflicht des Vorstands, Nachhaltigkeitsaspekte im Sinne des Drei-Säulen-Konzepts zu fördern. Die Vergütungsausrichtung soll den Vorstand lediglich im Sinne einer Auslegungshilfe dazu anreizen, sein Ermessen in diese Richtung auszuüben, soweit das Unternehmensinteresse es zulässt.

Im Übrigen sieht die eng auslegende Meinung die Bedeutung des Nachhaltigkeitsbegriffs allein darin, „Strohfeuer“ zu verhindern sowie den Bestand und die Rentabilität des jeweiligen Unternehmens dauerhaft durch eine mehrjährige Bemessungsgrundlage zu sichern.[855] Eine mehrjährige Bemessungsgrundlage ist jedoch nicht – anders als das Erfordernis einer nachhaltigen Unternehmensentwicklung nach § 87 Abs. 1 S. 2 AktG – zwingend. § 87 Abs. 1 S. 3 Hs. 1 AktG ist (nur) eine Soll-Vorschrift. Es wäre in systematischer Hinsicht wohl nicht einwandfrei, den Inhalt einer Soll-Vorschrift ohne Ausnahme in eine zwingende Vorschrift hineinzulesen und daraus ein rein zeitliches Verständnis des Nachhaltigkeitsbegriffs abzuleiten.[856]

Im Übrigen obliegt es nach ganz überwiegend vertretener Meinung ohnehin den Vorständen, die Existenz und Rentabilität ihrer Unternehmen dauerhaft ab-

---

852 A.A. *Louven/Ingwersen*, BB 2013, 1219, 1221.

853 Vgl. *Baums*, in: FS Huber, S. 657, 664 ff.; *Dreher*, AG 2002, 214, 216; *Fonk*, NZG 2005, 248, 252; Hüffer/*Koch*, AktG, § 87 Rn. 7; *Kort*, NJW 2005, 333, 334; *Marsch-Barner*, in: FS Röhricht, S. 401, 406; *Reichert/Balke*, in: FS Hellwig, S. 285, 286 f.; offen bei LG Düsseldorf, NJW 2004, 3275, 3277.

854 Siehe oben S. 126.

855 Siehe oben S. 124 f.

856 A.A. *Louven/Ingwersen*, BB 2013, 1219, 1221.

zusichern.[857] Die ausdrückliche Normierung in § 87 Abs. 1 S. 2 AktG wäre rein deklaratorischer Natur und somit eine grundsätzlich überflüssige Selbstverständlichkeit. Warum der Gesetzgeber dies auch noch unter Heranziehung eines dem Aktienrecht bisher fremden, unbestimmten Rechtsbegriffs vorgenommen haben sollte, wurde bereits im Rahmen der historischen Auslegung infrage gestellt.[858]

Des Weiteren wäre es systemfremd, den Vorstand mit finanziellen Vorteilen anzureizen, seine ihm obliegenden grundlegenden Pflichten zu erfüllen. Diese Funktion übernimmt unzweifelhaft die drohende Haftungssanktion des § 93 Abs. 2 S. 1 AktG.[859] Warum man das Haftungsrecht im Bereich der Vorstandsvergütung derartig aushöhlen sollte, ist nicht ersichtlich. Würde man die variable Vorstandsvergütung zusätzlich auf Erhalt und dauerhafte Rentabilität der Gesellschaft ausrichten, erhielte der Vorstand eine Belohnung für die Beachtung einer seiner ureigensten Pflichten, bei deren Nichtbeachtung er sonst zum Schadensersatz verpflichtet wäre. Dies leuchtet nicht ein. Hingegen dürfte eine zusätzliche Entlohnung dann gerechtfertigt sein, wenn es dem Vorstand gelingt, einen Gewinn zu erwirtschaften und gleichzeitig Nachhaltigkeitsinteressen im Sinne des Drei-Säulen-Konzepts zu fördern.

(δ) Teleologische Auslegung

Nachdem auch die systematische Auslegung ein scheinbar klares Bild hinsichtlich des allgemeinen Nachhaltigkeitsprinzips als Ursprung von § 87 Abs. 1 S. 2 AktG zeichnet, ist nunmehr im Rahmen einer teleologischen Auslegung der Sinn und Zweck, das heißt die ratio legis der Norm zu ermitteln. Besondere Bedeutung kommt dabei dem von der Norm konkret zu lösenden Sachproblem zu, um sachfremde Ergebnisse zu vermeiden.[860] Im Wirtschafts- und Steuerrecht ist deshalb regelmäßig eine „wirtschaftliche Betrachtungsweise“ erforderlich.[861] Bei börsennotierten Gesellschaften ist besonders auf eine europarechtskonforme Auslegung

857 Vgl. nur OLG Hamm, AG 1995, 512, 514; Hüffer/*Koch*, AktG, § 76 Rn. 34; *Kort*, in: GK, AktG, § 76 Rn. 53; *Seibt*, in: Schmidt/Lutter, AktG, § 76 Rn. 23; *Spindler*, in: MüKo, AktG, § 76 Rn. 69.

858 Vgl. insbesondere *Röttgen/Kluge*, NJW 2013, 900, 901 f.; siehe auch oben S. 151.

859 Vgl. *Fleischer*, in: Spindler/Stilz, AktG, § 93 Rn. 2 f.; *ders.*, in: Fleischer, Hdb Vorstandsrecht, § 11 Rn. 4; *ders.*, DStR 2009, 1204, 1208; *Hopt/Roth*, in: GK, AktG, § 93 Rn. 28; Hüffer/*Koch*, AktG, § 93 Rn. 1; *Marsch-Barner*, ZHR 173 (2009), 723, 727; *Weber*, in: Hölters, AktG, § 87 Rn. 31.

860 Vgl. *Larenz/Canaris*, Methodenlehre, S. 153 ff.; *Paulick*, in: GS Spitaler, S. 165, 177 f.

861 Vgl. *Bühler/Strickrodt*, Steuerrecht I 1, S. 157 ff.; *Hartz*, Die Auslegung von Steuergesetzen, S. 11 ff.; *Hübschmann*, in: FS Spitaler, S. 107 ff.; *Maaßen*, Privatrechtsbegriffe in den Tatbeständen des Steuerrechts, S. 216 und 226; *Paulick*, Lehrbuch des allgemeinen Steuerrechts, Rn. 313 ff.; *Säcker*, in: MüKo, BGB, Einl. Rn. 143; *Sandrock*, Die Einheit der Wirtschaftsordnung, S. 43 ff.; *Spitaler*, BB 1956, 7, 8; *Ulmer*, WuW 1971, 878, 880 ff.; *Weinsheimer*, Die Auslegung gegen den Wortlaut im Steuerrecht, S. 68 f.

zu achten, da auf den Kapitalmarkt abzielende Gesetze ganz regelmäßig im Dienste der Harmonisierung und Herstellung eines Binnenmarktes stehen.[862]

Das mit dem VorstAG und somit auch mit der Neufassung des § 87 Abs. 1 S. 2 AktG aufgegriffene Sachproblem ist auf den ersten Blick recht deutlich der Gesetzesbegründung zu entnehmen und wurde bereits mehrfach im Rahmen dieser Arbeit angesprochen. Verhaltensweisen von Vorständen börsennotierter Gesellschaften, die der Gesetzgeber zumindest als Mitursache für die Finanzkrise ansah und auf eine falsche Vergütungsausrichtung zurückführte, sollen unterbunden werden. Stattdessen soll die Vorstandsvergütung auf eine langfristige und nachhaltige Unternehmensführung ausgerichtet werden.[863] Es leuchtet ein, dass der Gesetzgeber kein Interesse an den negativen Auswirkungen der Finanzkrise haben kann. Welche genauen Folgen er aber bei der Neufassung von § 87 Abs. 1 S. 2 AktG im Blick hatte, lässt sich der Gesetzesbegründung nicht entnehmen.

Das enge Nachhaltigkeitsverständnis unterstellt insoweit, es gehe aufgrund des Bezugs zur Finanzkrise darum, Gesellschaften vor ihren Geschäftsführern und somit vor der Insolvenz zu schützen.[864] Es gehe nicht darum, soziale oder ökologische Aspekte – auch noch zugunsten zukünftiger Generationen – zu fördern.[865] Dies mag zwar in Ansätzen zutreffen, erfasst den Sachverhalt jedoch möglicherweise nicht vollständig. So ist nur schwer vorstellbar, dass der Schutz der Gesellschaften ein Selbstzweck sein sollte. In einer Marktwirtschaft ist es grundsätzlich essentieller Bestandteil, dass nicht mehr konkurrenzfähige Wettbewerber aus dem Markt ausscheiden. Staatliche Eingriffe sind daher nur in Fällen des Marktversagens zulässig.[866] Von einem solchen, zum Beispiel in Form externer Effekte, ging der Gesetzgeber wohl für die Finanzkrise aus.[867] Deren „Kollateralschäden“[868] drohten bei ungehindertem Fortgang Überhand zu nehmen, weshalb der Gesetzgeber vielfältig reagieren musste.

Zwischen den drei Säulen sowie innerhalb der ökonomischen Säule (Realwirtschaft/Finanzwirtschaft) des allgemeinen Nachhaltigkeitskonzepts besteht eine äußerst starke Wechselwirkung.[869] Die wohl unstreitig immens hohen finanziellen Schäden durch die Finanzkrise sollten dies schon für sich genommen verdeutli-

---

862 Vgl. *Deckert/v. Rüden*, EWS 1998, 47; *Grundmann*, Europäisches Gesellschaftsrecht, Rn. 736 ff.; *ders./Möslein*, in: Bayer/Habersack, Aktienrecht im Wandel, Kapitel 2 Rn. 118; *Möllers*, ZGR 1997, 334, 335.

863 BT-Drs. 16/12278, S. 1 und 5; BT-Drs. 16/13433, S. 1.

864 Siehe oben S. 125.

865 Vgl. *Louven/Ingwersen*, BB 2013, 1219, 1222; *Reiner*, ZVglRWiss 110 (2011), 443, 452 f., mit Verweis auf *Fleischer*, in: Spindler/Stilz, AktG, 2. Aufl., § 87 Rn. 27, und *Seibert*, WM 2009, 1489, 1490, bei denen sich nach der hiesigen Auffassung jedoch eine derart enge Zielsetzung des Gesetzes nicht eindeutig erkennen lässt.

866 Vgl. zu mangelhaften Marktmechanismen z. B. *Cezanne*, Allgemeine VWL, S. 32 ff.

867 Vgl. BT-PlPr. 16/227, S. 25141; *Kindler*, NJW 2010, 2465.

868 *Martini*, NJW 2010, 2019.

869 Vgl. *Kahl*, DÖV 2009, 2,13.

chen.[870] Spätestens wenn diese Kosten auf die Staatsverschuldung durchschlagen, werden die erheblichen Negativfolgen der Finanzkrise auch in anderen Bereichen unübersehbar.[871] Geld, das an einer Stelle ausgegeben werden muss, zum Beispiel um eine „systemrelevante“ Bank zu retten, fehlt zwangsläufig an einer anderen Stelle.

Will der Gesetzgeber also einer Finanzkrise vorbeugen, will er aufgrund der erwähnten Wechselwirkungen nicht zuletzt die negativen sozialen Folgen der Krise verhindern. Ein Mindestmaß an sozialer Gerechtigkeit, wie auch die soziale Säule des Nachhaltigkeitskonzepts es fordert, beugt Konflikten vor und sichert somit den Frieden und Bestand des Staates.[872] Die bei Eintritt der Finanzkrise existierenden (gesetzlichen) Strukturen waren gerade nicht nachhaltig in diesem Sinne, begünstigten die Krise und gefährdeten daher den sozialen Frieden.[873] Umgekehrt bedeutet dies, dass nachhaltige Gestaltungen gemäß eines umfassenden Verständnisses den Eintritt einer Finanzkrise unwahrscheinlicher machen.[874] Die Umsetzung des Nachhaltigkeitskonzepts ist ohne Mitwirkung der Wirtschaft wiederum nicht denkbar.[875] Dies ist nach dem hiesigen Verständnis auch dem Gesetzgeber bekannt.

Das VorstAG und somit auch § 87 Abs. 1 S. 2 AktG dürften aufgrund der genannten Umstände in erster Linie volkswirtschaftliche und nicht betriebswirtschaftliche Ziele verfolgen. Ziel kann es nicht sein, einzelne Unternehmen vor ihren Leitungsorganen zu schützen. Vielmehr erscheint der Insolvenzschutz der Gesellschaften nur als ein notwendiger Zwischenschritt. Hauptziel kann nur sein, die negativen Auswirkungen für seine Aktionäre, Arbeitnehmer, Gläubiger sowie die Allgemeinheit zu verhindern. Deren jeweilige Belange würden zwangsläufig von der Insolvenz einer Gesellschaft stark beeinträchtigt. Aufgrund der regelmäßig vorliegenden Größe der von § 87 Abs. 1 S. 2 AktG angesprochenen börsennotierten Gesellschaften dürften der hiervon ausgehende „Dominoeffekt“ und seine sozialen Auswirkungen regelmäßig derart ins Gewicht fallen, dass der Staat eine Insolvenz trotz der kurz zuvor erwähnten marktwirtschaftlichen Grundsätze verhindern möchte.

---

870 2009 wurden die volkswirtschaftlichen Kosten der Finanzkrise von der Commerzbank AG weltweit auf ca. 10 Billionen US-Dollar und deutschlandweit auf ca. 237 Milliarden US-Dollar geschätzt, vgl. *Kasiske*, ZRP 2011, 137; Spiegel Online vom 29.08.2009; laut einer Studie des Rheinisch Westfälischen Instituts für Wirtschaftsforschung belaufen sich die Kosten deutschlandweit auf ca. 187 Milliarden Euro, vgl. *Greive*, Die Welt Online vom 03.04.2013.

871 Ausführlich zu den Folgen einer hohen Staatsverschuldung *Kirchhof*, Deutschland im Schuldensog, 2012, S. 35 ff.

872 Vgl. *Menzel*, ZRP 2001, 221, 224.

873 Vgl. BT-PlPr. 16/227, S. 25142 f.; DGB, Stellungnahme zum Entwurf eines VorstAG, S. 4; *Drygala*, ZRP 2012, 161; *Peltzer*, in: FS Hellwig, S. 269, 270 f.; *Seibert*, DB 2009,1167, 1168; *ders.*, WM 2009, 1489; in diesem Sinn auch schon *Körner*, NJW 2004, 2697, 2698.

874 Vgl. *Kahl*, DÖV 2009, 2, 13.

875 Vgl. nur *Bückmann/Rogall*, UPR 2001, 121, 125 f.

Unter anderem bestätigt ein Blick auf den inzwischen wieder aufgehobenen § 48b Abs. 2 KWG a.F., der 2010 mit dem Restrukturierungsgesetz[876] ebenfalls als Antwort auf die Finanzkrise eingeführt wurde[877], diesen Grundgedanken. Bei dieser Vorschrift ging der Gesetzgeber im Vergleich zum VorstAG einen großen Schritt weiter, indem er für den Fall der Gefährdung „systemisch relevanter Banken"[878] („too big too fail") erhebliche Eingriffsmöglichkeiten und nicht nur eine Anreizvorgabe schuf. Der Grund für die unterschiedliche Eingriffsintensität dürfte in dem besonderen Gefährdungspotential durch Unternehmen des Finanzsektors gelegen haben.[879] Ein solches Potential dürfte bei sonstigen börsennotierten Unternehmen nicht per se zu beobachten sein. Dies sollte aber nichts daran ändern, dass es dem Gesetzgeber bei der Neufassung des KWG, genau wie bei der Neufassung von § 87 Abs. 1 S. 2 AktG, nicht um das Schicksal einzelner Unternehmen, sondern um die Unterbindung von Ansteckungs- und Ausbreitungseffekten und somit um die Stabilität des Wirtschaftssystems an sich ging.[880] Das VorstAG war genau wie das Restrukturierungsgesetz Teil eines hierauf ausgerichteten Maßnahmenkatalogs. Aufgrund dieser weiten Zielsetzung scheint eine weite Auslegung von § 87 Abs. 1 S. 2 AktG unter Heranziehung des ebenfalls weiten Nachhaltigkeitskonzepts angebracht.

Der nicht zu übersehende Bezug des VorstAG zur Finanzkrise zeigt darüber hinaus das Erfordernis einer europarechtskonformen Auslegung von § 87 Abs. 1 S. 2 AktG. Die Finanzkrise und die daran angeschlossene Wirtschafts- und Schuldenkrise ist unzweifelhaft kein innerdeutsches, sondern ein europäisches beziehungsweise weltweites Problem. Zur Verdeutlichung seien beispielhaft nur der Fiskalpakt oder der Europäische Stabilitätsmechanismus (ESM) als gemeinsame Maßnahmen genannt.[881] Nationale, nicht abgestimmte Einzelmaßnahmen werden als wenig beziehungsweise nicht sinnvoll erachtet.[882]

Daher erscheint es folgerichtig, gesetzgeberische Reaktionen auf die Finanzkrise, welche schon keinen europäischen Ursprung haben, zumindest europarechtskonform auszulegen. Dies gilt umso mehr, als Wirtschaftsgesetze nach den allgemeinen Grundsätzen ohnehin meist auf diese Weise auszulegen sind. Wie oben dargestellt

---

876 Gesetz zur Restrukturierung und geordneten Abwicklung von Kreditinstituten, zur Errichtung eines Restrukturierungsfonds für Kreditinstitute und zur Verlängerung der Verjährungsfrist der aktienrechtlichen Organhaftung vom 09.12. 2010, BGBl. I 2010, S. 1900 ff.

877 Vgl. *Fridgen*, in: Boos/Fischer/Schulte-Mattler, KWG, 4. Aufl., Vor § 48a-s Rn. 1 f.

878 *Schneider*, ZRP 2009, 119, 120.

879 Dieses aus Sicht des Gesetzgebers bestehende besondere Gefährdungspotential lässt sich den Tatbeständen des § 48b Abs. 2 KWG entnehmen, z.B. starke Vernetzung („too connected to fail"); vgl. auch BT-Drs. 17/3024, S. 1.

880 Vgl. hinsichtlich des KWG BT-Drs. 17/3024, S. 1.

881 Vgl. zur Verfassungsmäßigkeit dieser Maßnahmen BVerfGE 132, 195 ff.

882 Vgl. *Basedow*, EuZW 2011, 361, 362; *Haug*, in: Schimansky/Bunte/Lwowski, Hdb Bankrecht, § 133a Rn. 6; *Hopt*, NZG 2009, 1401, 1402.

ist das Drei-Säulen-Konzept, das heißt der Nachhaltigkeitsbegriff, im Europarecht mit einem festen Begriffsverständnis verankert.[883] Demnach sollte auch der Begriff nachhaltiger Unternehmensentwicklung nach § 87 Abs. 1 S. 2 AktG in diesem Sinne ausgelegt werden.

Es lässt sich nicht ausschließen, dass es für einige Betrachter auf den ersten Blick gegebenenfalls etwas befremdend sein mag, soziale und ökologische Aspekte im Sinne des Drei-Säulen-Konzepts in das Aktienrecht integrieren und hieraus unter Umständen sogar noch ein Sittenwidrigkeitskriterium ableiten zu wollen. Schließlich steht im Mittelpunkt des Aktienrechts ganz regelmäßig die Gewinnerzielung als Zweck der Aktiengesellschaft.[884] Wie bereits angeführt, werden sich zahlreiche Nachhaltigkeitsaufwendungen allenfalls mittelbar positiv auf das Gesellschaftsvermögen auswirken und den unmittelbaren Gewinn zunächst schmälern. Man könnte eine Verpflichtung, die Vorstandsvergütung teilweise auf das Drei-Säulen-Konzept auszurichten, also als weiteren nationalen „Klotz am Bein" betrachten, der die deutschen Gesellschaften im internationalen Wettbewerb eher behindert.

Hiergegen lässt sich jedoch anführen, dass nach der hier vertretenen Auffassung keine Pflicht der Gesellschaft besteht, Nachhaltigkeitsziele zu verfolgen, sondern nur, die Vorstandsvergütung teilweise darauf auszurichten. Im Übrigen konkretisiert der Begriff der Angemessenheit und folglich auch der Nachhaltigkeit wie bereits erwähnt das Unternehmensinteresse.[885] Somit müsste der Aufsichtsrat von einer Vergütungsausrichtung auf Nachhaltigkeitsziele im Extremfall auch gänzlich absehen dürfen, wenn der Bestandserhalt oder die Rentabilitätssicherung der Gesellschaft dies zwingend erfordern. Im Idealfall soll der Vorstand aber Wege zur Gewinnerzielung finden, die gleichzeitig Nachhaltigkeitsinteressen fördern.[886]

Es kann nicht von vorneherein ausgeschlossen werden, dass sich hierdurch zumindest teilweise neue Geschäftsfelder eröffnen könnten. Zum Beispiel könnten börsennotierte Gesellschaften, wie derzeit einige Textilhersteller oder zahlreiche Lebensmittelhändler, verstärkt Waren für sich entdecken, die im Gegensatz zu konventionellen Gütern unter Beachtung sozialer und ökologischer Standards hergestellt wurden. Selbst wenn sich der Gewinn aus diesem operativen Bereich wegen höheren Aufwands verringerte, könnte dies durch Vorteile auf anderen Gebieten kompensiert werden, zum Beispiel durch den Anstieg des Markenwerts aufgrund eines verbesserten Ansehens der Gesellschaft in der Öffentlichkeit. Mit hinreichendem Innovationsgeist könnte sich im Idealfall hieraus sogar ein Wettbewerbsvorteil ergeben.

---

883 Siehe oben S. 136 f.

884 Vgl. nur *Fleischer*, in: Spindler/Stilz, AktG, § 82 Rn. 27; *Pentz*, in: MüKo, AktG, § 23 Rn. 76; *Röhricht/Schall*, in: GK, AktG, § 23 Rn. 127.

885 Vgl. *Baums*, in: FS Huber, S. 657, 664ff.; *Dreher*, AG 2002, 214, 216; *Fonk*, NZG 2005, 248, 252; Hüffer/*Koch*, AktG, § 87 Rn. 7; *Kort*, NJW 2005, 333, 334; *Marsch-Barner*, in: FS Röhricht, S. 401, 406; *Reichert/Balke*, in: FS Hellwig, S. 285, 286f.; offen bei LG Düsseldorf, NJW 2004, 3275, 3277.

886 Zur Zulässigkeit von „Sozialaufwendungen" siehe oben S. 155 f.

Eine solche Überlegung dürfte von der grundlegenden Bedeutung der Aktiengesellschaft gestützt werden. Der Fortschritt in Wirtschaft und Technik während der vergangenen zwei Jahrhunderte wird unter anderem auf die von der Aktiengesellschaft gewährleistete Kapitalsammelfunktion zurückgeführt. Ohne diese wären bedeutende Projekte wegen ihres hohen Kapitalbedarfs nicht möglich gewesen. In dieser wirtschaftlichen Bedeutung liegt zugleich auch die Berechtigung des Haftungsschirms und somit der Aktiengesellschaft selbst. Die Aktiengesellschaft wurde somit nicht um ihrer selbst Willen ins Leben gerufen, sondern aufgrund übergeordneter Interessen.[887]

Eine moderate Neukalibrierung durch die Neufassung des § 87 Abs. 1 S. 2 AktG könnte diesen ursprünglichen Zweck wieder aufgreifen. Auch in den Bereichen der drei Säulen des Nachhaltigkeitsprinzips werden zahlreiche Problemkreise erhebliche Aufwendungen erfordern, um sie dauerhaft zu lösen. Sollten börsennotierte Aktiengesellschaften zu einem solchen Fortschritt in für sie rentabler Weise einen Teil beitragen können, wäre dies durchaus begrüßenswert.

Indem der Gesetzgeber nach der hiesigen Auffassung der Aktiengesellschaft keine entsprechende Pflicht auferlegt, sondern versucht, das Verhalten des Vorstands durch die Vergütung zu steuern, greift er auf den ersten Blick nicht übermäßig in die Betätigungsfreiheit der Gesellschaft ein. Eine Pareto-Optimierung der Gesellschafts- und Stakeholder-Interessen durch eine solche Verhaltenssteuerung kann nicht sicher verneint werden.[888] Man wird daher die vom Gesetzgeber mit einer solchen Steuerung verfolgte Absicht bis auf Weiteres als berechtigt ansehen dürfen.

Ob die vom Gesetzgeber nach hiesiger Ansicht vorgegebene Marschroute den Unternehmen und den damit verbundenen Gruppen tatsächlich mehr nutzen als schaden würde, ließe sich mit Gewissheit erst nach einer mehrjährigen Umsetzung und anschließender, vor allem retrospektiver Betrachtung der gewonnenen Erfahrungen beurteilen. Würde sich dann ein negatives Bild abzeichnen, wäre es Sache des Gesetzgebers, seine Entscheidung zu korrigieren und § 87 Abs. 1 S. 2 AktG klarzustellen, zum Beispiel durch unmissverständliche Vorgabe einer rein zeitlich vorzunehmenden Vergütungsausrichtung und Entfernung des Nachhaltigkeitsbegriffs.[889]

(e) Zwischenergebnis

Das allgemeine Nachhaltigkeitskonzept, welches generationenübergreifend die drei Säulen Umwelt, Soziales und Wirtschaft erfasst, kommt als sittlicher Maßstab im Sinne des § 138 BGB grundsätzlich in Betracht. Dies zeigt die fortschreitende rechtliche Verankerung des Nachhaltigkeitsprinzips auf europäischer und deutscher Ebene sowie die zu unterstellenden Gerechtigkeitsvorstellungen der (europäischen und internationalen) Bevölkerung. Nach der hiesigen Auffassung entspringt der Begriff

887 Vgl. *Habersack*, in: MüKo, AktG, Einl. Rn. 5.; *Heider*, in: MüKo, AktG, § 1 Rn. 107.
888 Vgl. zum Begriff der Pareto-Optimierung z. B. *Cezanne*, Allgemeine VWL, S. 202 ff.
889 Hierauf hoffend *Louven/Ingwersen*, BB 2013, 1219, 1222.

einer nachhaltigen Unternehmensentwicklung gemäß § 87 Abs. 1 S. 2 AktG dem allgemeinen Nachhaltigkeitskonzept und ist somit entsprechend zu konkretisieren.

Das oben dargestellte enge, rein zeitliche Verständnis von nachhaltiger Unternehmensentwicklung ist abzulehnen. Hierfür spricht eine grammatikalische, historische, systematische und teleologische Auslegung der Norm. Daher muss der Schluss erlaubt sein, dass Vergütungsvereinbarungen zwischen Vorstand und Gesellschaft, welche nicht auf eine nachhaltige Unternehmensentwicklung ausgerichtet sind, grundsätzlich sittenwidrig sein könnten. Dies lässt sich durchaus in Einklang mit dem im Aktienrecht vorherrschenden Stakeholder-Value-Ansatz sowie dem ursprünglichen Sinn und Zweck von Kapitalgesellschaften bringen.

(2) Mögliche Kriterien einer Sittenwidrigkeit

Es würde den Rahmen dieser Arbeit sprengen, im Einzelnen zu untersuchen, unter welchen Voraussetzungen eine Vergütungsvereinbarung konkret sittenwidrig sein könnte. Daher können an dieser Stelle nur einige grundlegende Überlegungen erfolgen. Aufgrund des weit gefassten Drei-Säulen-Konzepts besteht die Schwierigkeit, dass vielzählige nicht nachhaltige Konstellationen denkbar sind. Es kann selbstverständlich nicht das Ziel sein, zukünftig möglichst viele Rechtsgeschäfte dahingehend zu überprüfen, ob sie wegen der Missachtung des Nachhaltigkeitskonzepts gegebenenfalls sittenwidrig sein könnten. Eine ausufernde Entwicklung in diesem Bereich brächte eine nicht unerhebliche Rechtsunsicherheit mit sich.[890]

Um dem vorzubeugen, wäre also Zurückhaltung bei der Anwendung des Drei-Säulen-Konzepts im Rahmen des § 138 BGB geboten. Gegebenenfalls könnte es sinnvoll sein, das Nachhaltigkeitskonzept nur als Auffangtatbestand für nicht schon unmittelbar von anderen rechtlichen Wertungsgrundsätzen, wie zum Beispiel den Grundrechten, erfassten Bereichen heranzuziehen. Insbesondere könnte man in diesem Zusammenhang an das Stichwort Generationengerechtigkeit denken, welche allenfalls ansatzweise im Grundgesetz verankert ist. Regelmäßig dürfte der Gesamtcharakter der in Betracht kommenden Rechtsgeschäfte unter Beachtung der Begleitumstände maßgeblich sein. Nur in Extremfällen könnte voraussichtlich der bloße Inhalt der Vereinbarung genügen.

Anhaltspunkte, was abstrakt nachhaltig im Sinne von § 87 Abs. 1 S. 2 AktG sein kann, könnte gegebenenfalls – trotz der daran geübten Kritik – der DNK liefern.[891] Der DNK – genau wie CSR, GCC oder DCGK – ist ein freiwilliges Instrument, soweit er nicht nur gesetzliche Anforderungen wiedergibt. Die Vorgaben des DNK sind daher nicht zwingend.[892] Es könnten selbstverständlich auch Aspekte, die

890 Vgl. zur Möglichkeit des rechtlichen Missbrauchs der guten Sitten *Medicus/Petersen*, BGB AT, Rn. 682; *Wolf/Neuner*, BGB AT, § 46 Rn. 11.

891 So auch *Röttgen/Kluge*, NJW 2013, 900, 904.

892 Siehe oben S. 132.

nicht im DNK genannt sind, nachhaltig sein.[893] Dass das Drei-Säulen-Konzept zur weiteren Konkretisierung ausreichend bestimmt ist, wurde bereits weiter oben angenommen.[894] Welche Ziele jeweils konkret nachhaltig für ein Unternehmen sind und dem Vorstand aufgrund ihrer Erreichung einen finanziellen Vorteil gewähren sollen, werden nach der hiesigen Ansicht bei den Vergütungsverhandlungen vom Aufsichtsrat unter Mitwirkung des Vorstands und Beachtung des jeweiligen Unternehmensinteresses festgelegt.[895] Hierbei sollte beziehungsweise muss eine stetige Überprüfung und Weiterentwicklung erfolgen.

Die Vergütungsausrichtung soll den Vorstand dazu anreizen, sein Ermessen soweit zulässig verstärkt zugunsten der zu identifizierenden Nachhaltigkeitsinteressen auszuüben. Gegebenenfalls kann auf diese Weise im Bereich der börsennotierten Gesellschaften ein qualitatives vor quantitativem Wachstum erreicht werden, wie vom allgemeinen Nachhaltigkeitsprinzip bezweckt.[896] Vergütungsvereinbarungen, die diesen Vorgaben eklatant zuwiderlaufen, könnten unter Umständen den Tatbestand der Sittenwidrigkeit erfüllen. Hierzu sind im Wesentlichen zwei Grundkonstellationen denkbar. Zum einen könnte eine Vergütungsvereinbarung Nachhaltigkeitsinteressen unmittelbar gefährden. Zum anderen könnten für das Unternehmensinteresse relevante Nachhaltigkeitsinteressen in Vergütungsvereinbarungen gänzlich unbeachtet bleiben oder nicht ausreichend gewichtet werden.

(a) Sittenwidrigkeit nicht nachhaltiger Vergütungskriterien

In erster Linie könnte man daran denken, dass bestimmte Vergütungsparameter Nachhaltigkeitsinteressen direkt konterkarieren. Dies wäre gegebenenfalls indiziert, wenn mit dem Vorstand eine Vergütung vereinbart wird, die im Ergebnis für eine Verschlechterung von Indikatoren des DNK eine höhere Vergütung vorsieht. Ein solcher Fall könnte zum Beispiel eintreten, wenn der Vorstand einen Bonus für die Minderung der Steuerlast durch die oftmals von internationalen Konzernen praktizierte Steuerverschiebung erhielte. Gemäß Ziffer 18 des DNK soll das Unternehmen nämlich offen legen, wie es zum Gemeinwesen beiträgt, in dem es wesentliche Geschäftstätigkeiten ausübt. Dieser Beitrag bemisst sich unter anderem an der Höhe der in diesem Gebiet entrichteten Steuer. Veranlasst der Vorstand nunmehr die Minderung der Steuerlast durch Verschiebung in eine „Steueroase“, so mag dies zwar (noch) legal, jedoch wohl kaum nachhaltig im Sinne des DNK sein. Das Gebiet, in welchem das Unternehmen unter Nutzung der mit öffentlichen Mitteln geschaffenen

893 Zu zahlreichen denkbaren Nachhaltigkeitszielen bereits *Bückmann/Rogall*, UPR 2001, 121, 126 ff.

894 Siehe oben S. 143.

895 Siehe z.B. oben S. 87.

896 Vgl. hierzu *Menzel*, ZRP 2001, 221, 224.

Infrastruktur wesentliche Tätigkeiten ausgeübt und Gelder erwirtschaftet hat, ginge weitestgehend leer aus.[897]

Es bestünde auf den ersten Blick ein gewisser Wertungswiderspruch zwischen fehlendem Verbot und dem mutmaßlich nicht nachhaltigen Vorgehen. Jedoch dürfte unter anderem genau hier ein Anwendungsbereich für einen sittenwidrigen, nicht nachhaltigen Vergütungsanreiz liegen. Hat der Gesetzgeber erst einmal korrigierend eingegriffen und das nicht nachhaltige Verhalten für unrechtmäßig erklärt, verbietet sich ein entsprechender Vergütungsanreiz ohnehin.[898] Auch ohne ein solches Verbot dürfte es aber dem Anstandsgefühl aller billig und gerecht Denkenden widersprechen, den Vorstand anzureizen, vom Gesetzgeber wohl nicht gewollte Schlupflöcher weitestgehend zugunsten des Unternehmens auszunutzen und dadurch Interessen von beteiligten Stakeholdern erheblich zu beeinträchtigen. Das Nachhaltigkeitsgebot könnte bei Überschreiten einer näher zu definierenden Maßgeblichkeitsschwelle als Auffangtatbestand fungieren.

Ein „klassisches" Beispiel nicht nachhaltiger Unternehmensentwicklung könnte der unangemessen hohe Verbrauch natürlicher Ressourcen durch ein Unternehmen sein. Ein Unternehmen könnte seinen Vorstand zum Beispiel dazu anreizen, den Gewinn durch (legalen) Ressourcenabbau höchstmöglich zu steigern. Führte dies zu Versorgungsengpässen bei der Bevölkerung und würde deshalb ein menschenwürdiges Leben derselben erschwert, wäre dies nicht nachhaltig.[899] Ein Blick auf Ziffer 17 des DNK, die sich mit Menschenrechten befasst, dürfte dies bestätigen. Hinzu käme noch, dass sich das Unternehmen auf Dauer seine Einnahmequelle selbst zerstören könnte. Entsprechende Vergütungsanreize wären unter Umständen sittenwidrig.

Würde ein Vergütungsziel bei seiner vollständigen Erreichung zwangsläufig die Bevölkerung erheblich in ihrer Grundversorgung gefährden (zum Beispiel das Graben und die Nutzung einer festgelegten Anzahl von Tiefbrunnen ließe den Grundwasserspiegel auf ein bestimmtes, zur Versorgung der Bevölkerung nicht ausreichendes Niveau fallen), müsste die zugrunde liegende und gegen das Drei-Säulen-Konzept verstoßende Vereinbarung bereits aufgrund ihres bloßen Inhalts sittenwidrig sein. Ob das Ziel tatsächlich vollständig umgesetzt wird, könnte keine Rolle spielen, da die Gefahr von der Vergütungsvereinbarung selbst ausgeht. Oftmals wird sich ein solch finaler Zusammenhang im Voraus aber nur schwer oder gar nicht nachvollziehen lassen. Dann wäre voraussichtlich auch eine Abwägung der

897 Vgl. zur kritischen Praxis des (nicht vom VorstAG erfassten) US-amerikanischen Konzerns Apple *Schimmel*, Focus Online vom 22.05.2013.

898 Vgl. zum Antrag des Landes Baden-Württemberg auf „Entschließung des Bundesrates zur Bekämpfung internationaler Steuergestaltungen" vom 13.05.2014 BR-Drs. 205/14, S. 1 ff.

899 Vgl. zu in diese Richtung gehenden Anschuldigungen gegen den (nicht vom VorstAG erfassten) Schweizer Konzern Nestlé wegen des übermäßigen Abfüllens von Wasser in Pakistan und dem daraus resultierenden zu niedrigen Grundwasserspiegel *Heide*, Handelsblatt Online v. 14.02.2013.

Begleitumstände erforderlich. Insbesondere sollten die gefährdeten Stakeholder-Interessen mit dem legitimen Gewinninteresse der Gesellschaft und der Motivation der handelnden Personen in Ausgleich gebracht werden.

Im Übrigen ist es auch denkbar, dass ein Vorstand durch Vergütungsparameter in Form von finanziellen Kennzahlen zu einem nicht nachhaltigen Ressourcenabbau angereizt wird. Ein solcher würde sich nämlich zumindest über einen bestimmten Zeitraum ganz regelmäßig positiv auf die Finanzparameter des Unternehmens auswirken. In besonders sensiblen Bereichen wie denen der Grundversorgung sollte man daher darüber nachdenken, ob nicht die Vereinbarung einer Obergrenze für den Ressourcenverbrauch (zum Beispiel Wasserförderung oder Abholzung nur bis zu einem bestimmten Maß) in gesetzlich nicht ausreichend geschützten Regionen sinnvoll sein könnte, um dem Nachhaltigkeitsgedanken ausreichend Rechnung zu tragen. Dies scheint jedenfalls dann angemessen, wenn der übermäßige Abbau der Ressource die Interessen der Stakeholder in erheblichem Maße gefährden könnte.

Etwas anders liegt der Fall in dem Beispiel allerdings, wenn der Ressourcenabbau der Versorgung der Stakeholder dient und allenfalls die Begleiterscheinungen beeinträchtigend wirken können. In den Bereichen der nicht regenerativen Brennstoffe, wie zum Beispiel Braunkohle, ist eine Fortführung des jeweiligen Unternehmens und eine Nutzung der jeweiligen Ressource auf unbestimmte Zeit von vorneherein nicht möglich. Hier könnte der Nachhaltigkeitsgedanke in ökonomischer, ökologischer und sozialer Hinsicht Eingang ins Unternehmen finden, indem die Vorstandsvergütung teilweise auf die ersatzweise Nutzung regenerativer Ressourcen, zum Beispiel regenerativer Energiequellen, ausgerichtet wird.

Zwar wäre der Vorstand zu einem bestimmten Zeitpunkt ohnehin dazu verpflichtet, eine neue Einnahmequelle aufzubauen, um den Bestand und die Rentabilität des Unternehmens dauerhaft zu sichern.[900] Etwas anderes könnte wohl nur gelten, wenn der satzungsmäßige Unternehmenszweck von vorneherein auf eine Beendigung der Gesellschaft bei Wegfall der primär beabsichtigten Einnahmequelle ausgerichtet wäre. Sonst könnte der Mehrwert von § 87 Abs. 1 S. 2 AktG aber gerade darin liegen, den Vorstand trotz fehlender Pflicht durch finanzielle Vorteile zu motivieren, eine möglichst nachhaltige Lösung zu finden, die neben den unmittelbaren auch die sonstigen, mittelbaren Gesellschaftsinteressen (der Stakeholder) schon früh bestmöglich beachtet.

Die genannten Beispiele sollten lediglich verdeutlichen, dass sich die Frage, welche Vergütungsvereinbarungen als sittenwidrig, da nicht nachhaltig, in Betracht kommen, nicht pauschal und abstrakt beantworten lässt. Vielmehr dürfte eine konkrete Einzelfallbetrachtung vonnöten sein, bei der dem Unternehmensinteresse maßgebliche Bedeutung zukommen müsste. Gegebenenfalls könnten stufenweise Fallgruppen gebildet werden. Eine Sittenwidrigkeit von nicht nachhaltigen Vergütungsvereinbarungen ist zumindest dann denkbar, wenn ein massiver Verstoß gegen das Drei-Säulen-Konzept vorliegt.

---

900 Zur allgemeinen Pflicht des Vorstands siehe oben S. 160 f.

(b) Nichtbeachtung beziehungsweise falsche Gewichtung von Nachhaltigkeitsinteressen allenfalls bei weiteren Umständen

Ob dies auch der Fall sein kann, wenn Nachhaltigkeitsinteressen bei der Vergütungsvereinbarung nicht ausreichend berücksichtigt werden, ist fraglich. Diese Frage ließe sich gegebenenfalls (noch) bejahen, wenn derartige Komponenten gänzlich unberücksichtigt blieben und eine entsprechende Motivation der handelnden Personen nicht widerlegt werden könnte.

Ob aber auch eine falsche Gewichtung von Nachhaltigkeitsinteressen ausreichen könnte, scheint zweifelhaft. Hierfür wäre zunächst auf Tatbestandsseite zu klären, welcher prozentuale Anteil der variablen Vergütungsbestandteile überhaupt auf nachhaltige Unternehmensentwicklung ausgerichtet sein müsste. Dieser Anteil müsste sich wohl zumindest auf einem Niveau bewegen, dass eine Verhaltenssteuerung ernsthaft erwarten ließe. Angesichts der bei Vergütungsbestandteilen mit festen Prozentsätzen verbundenen Schwierigkeiten müsste vermutlich jeweils eine am Unternehmensinteresse ausgerichtete Einzelfallbetrachtung vorgenommen werden.[901]

cc) Anreizorientierte Vergütungszusagen

Seit der Neufassung durch das VorstAG werden im Klammerzusatz in § 87 Abs. 1 S. 1 AktG nunmehr anreizorientierte Vergütungszusagen ausdrücklich als Bestandteil der Gesamtbezüge des Vorstands aufgeführt. Die Neuerung stellt aber wohl nur klar, dass auch anreizorientierte Vergütungszusagen den Vorgaben des Angemessenheitsgebots unterliegen. Eigene Vorgaben für die Angemessenheit und somit für die Sittenwidrigkeit dürften sich deshalb hieraus nicht ableiten lassen.[902]

dd) Zwischenergebnis

Dass besonders schwerwiegende Verstöße gegen § 87 Abs. 1 AktG zur Sittenwidrigkeit der Vergütungsvereinbarung führen können, war bereits vor dem VorstAG weitestgehend anerkannt, wurde jedoch kaum näher konkretisiert.[903] Insbesondere ist hierbei an Vorstandsvergütungen zu denken, die dem seit Neufassung des § 87 Abs. 1 S. 1 AktG nunmehr auch ausdrücklich zu beachtenden Leistungsprinzip zuwiderlaufen. Dies könnte bei zusätzlicher Vergütung für Schlecht- beziehungsweise Nichtleistung[904] oder bei Vergütungen, die im Rahmen eines horizontalen Vergleichs die branchenübliche Vergütung um 100 % übersteigen, denkbar sein.[905]

---

901 Vgl. zur Problematik, kurzfristige und langfristige Vergütungselemente zu gewichten z. B. *Dauner-Lieb*, Der Konzern 2009, 583, 588; *Fleischer*, in: Spindler/Stilz, AktG, § 87 Rn. 33 f.

902 Siehe hierzu auch oben S. 89.

903 Siehe oben S. 16 f.

904 Siehe hierzu oben S. 114 ff.

905 Siehe hierzu oben S. 117 ff.

Aus hiesiger Sicht sprechen die besseren Argumente dafür, den in § 87 Abs. 1 S. 2 AktG neu eingefügten Begriff der Nachhaltigkeit im Sinne des Drei-Säulen-Konzepts auszulegen. Somit scheint es nur konsequent, an einen schwerwiegenden Verstoß gegen das allgemeine Nachhaltigkeitskonzept durch eine Vergütungsvereinbarung die mögliche Rechtsfolge der Sittenwidrigkeit zu knüpfen. Dies könnte vor allem in Betracht kommen, wenn ökonomische, ökologische oder soziale Belange durch die Ausrichtung der Vorstandsvergütung nicht unerheblich gefährdet werden. Außerdem könnten Nachhaltigkeitsinteressen nicht oder nicht in einem ausreichenden Umfang berücksichtigt werden, sodass eine diesbezügliche Möglichkeit der Verhaltenssteuerung bereits entfiele. Um dies beurteilen zu können, bedürfte es allerdings noch einer erheblichen Konkretisierung des erforderlichen Gewichtungsverhältnisses anhand von Einzelfallbetrachtungen soweit überhaupt möglich. Unabhängig davon müsste maßgebliches Kriterium wohl stets das Unternehmensinteresse sein.[906]

c) Umfang der Nichtigkeitsfolge

Genau wie im Rahmen des § 134 BGB stellt sich die Frage, in welchem Umfang sich eine Verletzung des § 87 Abs. 1 AktG in Verbindung mit § 138 BGB auf die Gültigkeit der Anstellungs- und Vergütungsabrede auswirken würde. In Betracht kommt eine Nichtigkeit des gesamten Anstellungsvertrages oder des unangemessenen Vergütungsteils. § 138 BGB enthält gerade keinen Normzweckvorbehalt wie § 134 BGB, der eine andere Rechtsfolge nach Wertungsgesichtspunkten ermöglichen könnte.[907]

Zunächst wird man festhalten dürfen, dass im Rahmen der vorliegenden Betrachtung die Sittenwidrigkeit nur die Vergütungsabrede und nicht auch das zugrunde liegende Anstellungsverhältnis des Vorstands an sich betreffen dürfte.[908] Nicht die Anstellung des Vorstands an sich verstößt gegen das Gerechtigkeitsempfinden aller billig und gerecht Denkenden, sondern die von der falsch ausgerichteten oder aus sonstigen Gründen unangemessenen Vergütung ausgehenden Anreiz- und Öffentlichkeitswirkungen.

Vorstand und Aufsichtsrat können an sittenwidrigen Vergütungsbedingungen kein Interesse haben. Die Aufrechterhaltung des Anstellungsvertrages dem Grunde nach dürfte somit zweifellos dem mutmaßlichen Parteiwillen entsprechen, weshalb gegen den Fortbestand keine ernsthaften Bedenken bestehen.[909] Aus diesem Grund wird auch eine Übertragung der Grundsätze des faktischen Dienstverhältnisses auf nichtige Vergütungsabreden abgelehnt. Vielmehr dürfte die Interessenlage der Konstellation des § 612 Abs. 2 BGB entsprechen.[910]

906 Siehe hierzu oben insbesondere S. 126.

907 Vgl. nur *Armbrüster*, in: MüKo, BGB, § 138 Rn. 4.

908 Siehe oben S. 98 ff.

909 Allgemein zur Beachtung des Parteiwillens bei Sittenwidrigkeit etwa BGHZ 52, 17, 24; BGH, NJW 1972, 1459, 1460; BGHZ 146, 37, 47.

910 Siehe hierzu auch oben S. 100.

Theoretische, krasse Ausnahmefälle, in denen Gesamtnichtigkeit des Vorstandsvertrages vorliegen könnte, wären allenfalls dann denkbar, wenn das sittenwidrige Vergütungselement gleichzeitig Motivation für die Aufnahme beziehungsweise Fortführung der Tätigkeit an sich war. Da den so agierenden Gesellschaftsorganen allerdings klar sein müsste, dass der rechtliche Bestand derartiger Abreden von vorneherein erheblich gefährdet wäre und vermutlich auch strafrechtliche Sanktionen drohten, dürfte dies in der Praxis nicht vorkommen.

Im Regelfall dürfte also eine geltungserhaltende Reduktion auf den angemessenen Teil sach- und interessengerecht sein. Insbesondere dürfte dies gelten, wenn eine Sittenwidrigkeit vorliegt, weil das Vorstandsgehalt die marktüblichen Vergleichsgehälter ohne berechtigten Grund um 100 % übersteigt und somit das Verhältnis zwischen Vergütung und Leistungen des Vorstands erheblich gestört ist. Mögliche Probleme, in welchem Verhältnis die einzelnen Vergütungskomponenten herabgesetzt werden müssten, dürften zu vernachlässigen sein. Im Ergebnis sollte es nur auf eine Herabsetzung der Gesamtvergütung unter die Grenze des Doppelten und nicht auf eine Aufteilung auf einzelne Vergütungskomponenten ankommen. § 87 Abs. 1 S. 1 AktG stellt ausdrücklich nur auf die Gesamtvergütung ab.

Unter Umständen wird sich der die Nichtigkeit der Vergütungsvereinbarung begründende Teil jedoch nicht immer klar quantitativ abgrenzen lassen. Probleme könnten zum Beispiel in Fällen entstehen, in denen man die Sittenwidrigkeit aufgrund einer Missachtung oder falschen Gewichtung von Nachhaltigkeitsinteressen annehmen möchte. Dann dürfte es stark einzelfallabhängig sein, ob eine quantitative Aufteilung der Vergütungsvereinbarung in einen sittenwidrigen und nicht sittenwidrigen Teil letztendlich möglich ist. Käme man zu dem Ergebnis, dass eine Aufteilung aufgrund der Interaktion mit den anderen Vergütungselementen nicht möglich ist, müsste man im Zweifel die Gesamtnichtigkeit der Vergütungsabrede annehmen.

Wäre eine Aufteilbarkeit in den vorgenannten Fällen aber doch möglich, würde sich die Frage stellen, ob der die Sittenwidrigkeit auslösende Teil schlicht zu streichen oder durch eine andere Regelung zu ersetzen wäre. Eine ersatzlose Streichung könnte schwierig sein. Schließlich wäre der betroffene Teil nicht aufgrund seiner Höhe, sondern aufgrund der von ihm ausgehenden falschen Anreizsetzung unwirksam. Es wäre daher davon auszugehen, dass die Parteien Vergütungsparameter mit einer wirksamen Anreizsetzung vereinbart und nicht gänzlich darauf verzichtet hätten.

In beiden Fällen – Gesamtnichtigkeit mangels Aufteilbarkeit und Teilnichtigkeit der Vergütungsabrede – bliebe mangels anderer Möglichkeiten wohl nur der Rückgriff auf die übliche Vergütung nach § 612 Abs. 2 BGB und bei Fehlen einer solchen auf eine einseitige Bestimmung durch den Dienstverpflichteten. Sollte die einseitige Bestimmung unbillig sein, müsste die Vergütung durch Urteil festgesetzt werden.[911] Ein Rückgriff auf die übliche Vergütung ist hinsichtlich des Vorstandsgehalts aller-

911 Vgl. nur *Weidenkaff*, in: Palandt, BGB, § 612 Rn. 7.

dings problematisch, da die übliche Vergütung nicht zwangsweise angemessen im Sinne von § 87 Abs. 1 AktG sein muss.[912] Auch bei einer Teilnichtigkeit der Vergütungsvereinbarung aufgrund falscher Anreizsetzung könnte die übliche Vergütung aufgrund der Individualität eines jeden Unternehmens kaum weiterhelfen. Am Ende bliebe wohl nur eine Festsetzung durch ein Gericht. Dieses müsste dann das jeweilige Unternehmensinteresse bestimmen, was – wie aus anderen Problemkreisen bekannt – ganz regelmäßig mit erheblichen Schwierigkeiten verbunden sein dürfte.[913]

Allerdings ist dies der Vorschrift des § 87 Abs. 1 AktG immanent. Der Gesetzgeber wollte die Angemessenheit der Vorstandsvergütung einer gerichtlichen Kontrolle gerade nicht entziehen.[914] Man wird diesen Umstand daher wohl als grundlegende strukturelle Schwäche hinnehmen müssen. Andernfalls müsste auf eine gerichtliche Kontrolle gänzlich verzichtet werden. Im Übrigen kommt eine sittenwidrige Vergütungsvereinbarung nur bei schweren Verstößen in Betracht, sodass eine Bestimmung des Unternehmensinteresses durch den Richter zum einen nicht die Regel bilden sollte. Zum anderen würde es zu einem gerichtlichen Eingriff erst kommen, wenn zuvor erhebliche Verfehlungen des Aufsichtsrats (und Vorstands) zu Tage getreten wären, das heißt, das Unternehmensinteresse bereits massiv missachtet worden wäre.

Die richterliche Vergütungsfestsetzung wäre also geeignet und erforderlich, um den bereits eingetretenen Schaden möglichst zu beseitigen oder zumindest zu reduzieren. Vereinfacht ausgedrückt könnte es in diesen Fällen kaum noch schlimmer kommen. Daher ist auch die oftmals unterstellte unzureichende Sachkunde der Richter zur Bestimmung des Unternehmensinteresses an dieser Stelle von untergeordneter Bedeutung. Dies gilt umso mehr, als das Gericht mangels ausreichender eigener Sachkunde einen Sachverständigen einschalten könnte.[915] Um es aber dennoch nicht zu einer gerichtlichen Festsetzung kommen zu lassen, sind der Aufsichtsrat und nach der hier vertretenen Auffassung auch der Vorstand angehalten, von vorneherein umso stärker auf eine wirksame Vergütungsvereinbarung hinzuwirken.

d) Zwischenergebnis

Vergütungsvereinbarungen, die dem Vorstand mehr als das Doppelte der branchenüblichen Vergütung gewähren oder die in erheblicher Weise Nachhaltigkeitsinteressen im Sinne des Drei-Säulen-Konzepts verletzen, könnten sittenwidrig und

---

912 Siehe oben S. 118 f.

913 Vgl. zum oftmals fehlenden wirtschaftlichen Sachverstand der Richter BGH, NJW-RR 2007, 1409, 1410; BGH, NZG 2008, 622; BGH, NZG 2011, 549, 550f.; ferner *Kocher*, CCZ 2009, 215, 216.

914 Siehe hierzu z. B. oben S. 100.

915 Vgl. BGH, NJW-RR 2007, 1409, 1410; BGH, NZG 2008, 622; BGH, NZG 2011, 549, 550f.; *Dauner-Lieb*, in: Henssler/Strohn, AktG, § 93 Rn. 22; *Strohn*, DB 2012, 1193, 1195.

somit nach § 138 Abs. 1 BGB (teilweise) nichtig sein. Um einer ausufernden Heranziehung des Drei-Säulen-Konzepts im Anwendungsbereich des § 138 Abs. 1 BGB vorzubeugen, sollte jeweils eine sehr zurückhaltende, am Unternehmensinteresse ausgerichtete Einzelfallbetrachtung erfolgen.

Von einer möglichen Sittenwidrigkeit wäre jedenfalls nur die Vergütungsvereinbarung und nicht auch der zugrunde liegende Anstellungsvertrag betroffen. Ob sich die Vergütungsvereinbarung in einen sittenwidrigen und einen nicht sittenwidrigen Teil aufspalten lässt, dürfte zwar in manchen Fällen zweifelhaft, aber nicht ausgeschlossen sein. Auch diesbezüglich scheint eine einzelfallbezogene Prüfung angebracht.

4. Grundsätze zum Missbrauch der Vertretungsmacht bei Vereinbarung der Vorstandsvergütung

Wie oben dargestellt, wird die Nichtigkeit der Vergütungsabrede zwischen Vorstand und Gesellschaft nach § 87 Abs. 1 AktG nicht nur in Zusammenhang § 134 BGB oder § 138 BGB diskutiert, sondern auch vor dem Hintergrund eines Missbrauchs der dem Aufsichtsrat gemäß § 112 AktG zustehenden Vertretungsmacht.

Die Anwendung der Grundsätze des Missbrauchs der Vertretungsmacht und die Einschätzung des § 87 Abs. 1 AktG als Verbotsgesetz schließen sich nach dem bisherigen Meinungsstand gegenseitig aus.[916] Diese Arbeit gelangt zu dem Ergebnis, dass es sich bei § 87 Abs. 1 AktG um ein Verbotsgesetz nach § 134 BGB handelt. Verstöße sollen zur Teilnichtigkeit der Vergütungsabrede führen.[917] Nach dem Voranstehenden bliebe also kein Raum mehr für eine Anwendung der Grundsätze über den Missbrauch der Vertretungsmacht im Rahmen des § 87 Abs. 1 AktG.

Der Ansatz zur missbräuchlich ausgeübten Vertretungsmacht bildet jedoch einen festen Bestandteil innerhalb der Diskussion über die Rechtsfolgen einer unangemessenen Vorstandsvergütung. Genau wie hinsichtlich einer Sittenwidrigkeit nach § 138 BGB kann aus Gründen der zumindest ansatzweise anzustrebenden Vollständigkeit nicht auf eine hilfsweise Stellungnahme zu den Grundsätzen des Missbrauchs der Vertretungsmacht im Anwendungsbereich des § 87 Abs. 1 AktG verzichtet werden.

a) Stellungnahme unter besonderer Betrachtung der Neuregelungen des § 87 Abs. 1 AktG durch das VorstAG

Bei der gegenseitigen Abwägung der unterschiedlichen Ansichten zu einem möglichen Missbrauch der Vertretungsmacht durch den Aufsichtsrat bei der Vereinbarung des Vorstandsgehalts sollen besonders die durch das VorstAG eingefügten Neuerungen des § 87 Abs. 1 AktG mit Blick auf neue Erkenntnis geprüft werden.

916 Siehe oben S. 19.
917 Siehe oben S. 103.

Soweit zweckdienlich, soll anschließend nochmals eine genauere Untersuchung des Konkurrenzverhältnisses der Grundsätze über den Missbrauch der Vertretungsmacht zu den §§ 134, 138 BGB stattfinden.

aa) Keine teleologische Beschränkung der Vertretungsmacht des Aufsichtsrats

Der Ansatz, welcher die Vertretungsmacht des Aufsichtsrats bei Festsetzung einer unangemessenen Vergütung teleologisch reduzieren will („Vollmachtslösung"[918]), erscheint nicht recht überzeugend.[919] Dabei kommt es wahrscheinlich nicht so sehr auf die Frage an, ob im Aktienrecht eine teleologische Reduktion des § 82 AktG bei Insidergeschäften überhaupt geboten beziehungsweise zulässig ist. Entscheidender dürfte sein, ob man bei der Vereinbarung der Vorstandsvergütung stets von einem Insidergeschäft ausgehen und deshalb einen allgemeinen Grundsatz aufstellen kann. Dies scheint etwa bei der Neubestellung eines Vorstands oder bei Treffen des Aufsichtsrats unter Ausschluss des Vorstands äußerst fragwürdig.[920]

Darüber hinaus werden gegen eine teleologische Beschränkung der Vertretungsmacht Gründe der Rechtssicherheit angeführt.[921] Diese Argumentation scheint nicht abwegig. Die „Vollmachtslösung" möchte die Vertretungsmacht des Aufsichtsrats zwar ausdrücklich nur hinsichtlich der Vereinbarung einer unangemessenen Vorstandsvergütung beschränken. Dies erscheint allerdings systemfremd. Da die Auffassung an die Vertretungsmacht im Außenverhältnis anknüpft, wäre es naheliegender, wenn der Anstellungsvertrag im Ganzen unwirksam wäre. Dann kämen gegebenenfalls die Grundsätze des fehlerhaften Anstellungsvertrages zur Anwendung mit einem jederzeitigen Lösungsrecht beider Parteien. Dies dürfte kaum dem mutmaßlichen Parteiwillen entsprechen, der in einer Fortführung des Dienstverhältnisses zu angemessenen Konditionen bestehen wird. Ein solcher Fall wäre wohl besser nach § 612 Abs. 2 BGB zu beurteilen.[922]

Das gegen die „Vollmachtslösung" angeführte Argument, ihr zufolge würden dem Aufsichtsrat keine Sanktionen drohen, da das unangemessene Gehalt vom Vorstand zurückgefordert werden könne und somit der Gesellschaft kein Schaden entstehe[923], dürfte so pauschal nicht zutreffen. Zum Beispiel müsste die Rückforderung beim Vorstand nicht immer gesichert beziehungsweise aussichtsreich sein. Im Übrigen dürfte in der Argumentation ein Widerspruch in sich liegen. Sie verweist kurz zuvor auf das Eingreifen der Grundsätze des fehlerhaften Dienstvertrages bei Anwendung der „Vollmachtslösung" im Falle eines objektiven Verstoßes gegen § 87 Abs. 1 AktG. Nach diesen Grundsätzen wäre der Vorstellungsvertrag für die Vergangenheit als wirksam zu behandeln, weshalb der Vorstand seine in diesen Zeitraum fallende Ver-

---

918 *Drygala*, in: FS Schneider, S. 275, 286
919 Siehe hierzu oben S. 22 ff.
920 Vgl. *Drygala*, in: FS Schneider, S. 275, 286 f.
921 Siehe oben S. 25 f.
922 Siehe z. B. oben S. 100.
923 Siehe oben S. 25.

gütung behalten dürfte.[924] Der Gesellschaft entstünde also sehr wohl ein Schaden, der grundsätzlich beim Aufsichtsrat geltend gemacht werden könnte. Daneben könnte auch die Berücksichtigung des Aufsichtsratshandelns bei der Entlastungsentscheidung eine faktische Sanktion für den Aufsichtsrat darstellen.

Festzuhalten bleibt jedenfalls, dass gegen die „Vollmachtslösung" insbesondere die nicht garantierte Insiderstellung des Vorstands spricht. Dieser Umstand wiegt für sich betrachtet so schwer, dass von der „Vollmachtslösung" Abstand genommen werden sollte. Die Folgen dieses Ansatzes, der schon dem Wortlaut des als Anknüpfungspunkt dienenden § 82 AktG entgegensteht, wären äußerst weitreichend. Bei einem objektiven Verstoß gegen § 87 Abs. 1 AktG, unabhängig von dessen Schwere, wäre die Vergütungsvereinbarung oder voraussichtlich sogar der gesamte Anstellungsvertrag nichtig. Eine derartige Rechtsfolge sollte auf dogmatisch einwandfreien Füßen stehen. Da aber der tragende tatsächliche Anknüpfungspunkt dieser Auffassung – bei der Vereinbarung der Vorstandsvergütung handelt es sich für den Vorstand immer um ein Insidergeschäft – nicht in ausreichendem Maße als erwiesen angesehen werden kann, verbleiben erhebliche Bedenken.

bb) Zeitliche und sachliche Differenzierung innerhalb der auf die Grundsätze zum Missbrauch der Vertretungsmacht abstellenden Auffassung vorzugswürdig

Die Auffassung, welche bei Verstößen gegen § 87 Abs. 1 AktG einen Missbrauch der Vertretungsmacht in Erwägung zieht, sieht sich im Vergleich mit der „Vollmachtslösung" weniger tiefgreifenden Einwänden ausgesetzt. Innerhalb dieser vorzugswürdigen Ansicht stellt sich allerdings die Frage, in welcher Abstufung subjektive Voraussetzungen auf Seiten des Vorstands erforderlich sind. Hier scheint die sachlich beziehungsweise zeitlich differenzierende Betrachtungsweise sachgerecht.[925]

Zwar trifft es zu, dass die Letztverantwortung bei der Vergütungsfestsetzung beim Aufsichtsrat verbleibt. Jedoch scheint es deswegen nicht gerechtfertigt, den Vorstand wie einen beliebigen Dritten zu behandeln und stets den Nachweis der Evidenz des Verstoßes zu verlangen.[926] Dies würde die Einflussmöglichkeiten des Vorstands bei der Vergütungsabrede und seine Kenntnisse über die Gesellschaft nahezu ausblenden. Umgekehrt dürfte es auch nicht interessengerecht sein, dem

---

924 Vgl. zur Lehre vom fehlerhaften Bestellungsverhältnis etwa BGH, NJW 2000, 2983 f.; OLGR Schleswig 2001, 268, 271; *Bürgers*, in: Bürgers/Körber, AktG, § 84 Rn. 12; *Fleischer*, in: Spindler/Stilz, AktG, § 84 Rn. 84 ff.; Hüffer/*Koch*, AktG, § 84 Rn. 27; *Köhler*, NZG 2008, 161, 164; *Oltmanns*, in: Heidel, AktG, § 84 Rn. 15; *Seibt*, in: Schmidt/Lutter, AktG, § 84 Rn. 38; *Thüsing*, in: Fleischer, Hdb Vorstandsrecht, § 4 Rn. 137.

925 Siehe hierzu oben S. 21 und 23 f.

926 So aber *Drygala*, in: FS Schneider, S. 275, 291.

Vorstand jegliche Schutzwürdigkeit abzusprechen.[927] Wie kurz zuvor erörtert, dürfte die Insiderstellung des Vorstands nicht durchgängig feststehen.

Eine pauschalisierende zeitliche Differenzierung kann hier Abhilfe schaffen, natürlich nur, sofern man den Weg über den Missbrauch der Vertretungsmacht überhaupt als den richtigen erachtet. Sieht man einen objektiven Verstoß gegen § 87 Abs. 1 AktG nach bereits erfolgter Bestellung des Vorstands als Indiz für einen Missbrauch der Vertretungsmacht an, einen Verstoß vor Erstbestellung hingegen nicht, kann den individuellen Unterschieden in praktisch gut handhabbarer Weise Rechnung getragen werden.[928]

Von dem ab seiner Bestellung zur ordentlichen und gewissenhaften Geschäftsleitung berufenen Organ müssen umfassende und detaillierte Kenntnisse über die aktuelle Situation der Gesellschaft selbstverständlich erwartet werden. Andernfalls könnte der Vorstand seine zahlreichen Pflichten, wie zum Beispiel die Berichtspflichten gegenüber dem Aufsichtsrat, überhaupt nicht erfüllen.[929] Folglich drohte dem Vorstand eine Haftung nach § 93 Abs. 1 S. 1 AktG. Die spätestens mit der Bestellung beginnende Pflicht des Vorstands, über die Gesellschaft bestens informiert zu sein, sollte es rechtfertigen, ein Erkennen des Vorstands beziehungsweise eine Erkennbarkeit der unangemessenen Vergütung zunächst zu unterstellen. Dennoch bliebe die Möglichkeit des Gegenbeweises noch offen.

Umgekehrt erscheint es sachgerecht, zugunsten des noch nicht bestellten Vorstands zunächst von seiner fehlenden Kenntnis der Unangemessenheit seiner Vergütung auszugehen. Eine Pflicht, detailliert über die Gesellschaft informiert zu sein, kann den Vorstand vor Bestellung grundsätzlich noch nicht treffen.[930] Auch hier müsste natürlich die Möglichkeit eines Gegenbeweises bestehen bleiben.

Über die Anknüpfung derartiger Vermutungen an die (Nicht-)Bestellung des Vorstands erhielte man hinsichtlich der subjektiven Anforderungen eines evidenten Vertretungsmachtmissbrauchs eine differenzierende, aber dennoch klare Richtschnur. Natürlich würde dies nicht von der Schwierigkeit entlasten, zuvor die Unangemessenheit der Vorstandsvergütung auf Tatbestandsseite festzustellen.

Der letztgenannte Punkt leitet über zum zusätzlichen Erfordernis einer sachlichen Differenzierung. Die Evidenzprüfung müsste bestenfalls zweistufig erfolgen. Es sind durchaus Fälle denkbar, in denen auch der zu bestellende Vorstand seine unangemessene Vergütung ohne detaillierte Kenntnisse über die Gesellschaft hätte erkennen können.[931] Daher kommt es wesentlich darauf an, warum die Vergütung

927 A.A. *Langenbucher*, in: FS Huber, S. 861, 864; *Meier*, NZA 2011, 267, 268f.

928 Vgl. zur Indizwirkung bei Wiederbestellung *Kort*, DStR 2007, 1127, 1130.

929 Ausführliche Übersicht zu den Pflichten des Vorstands etwa bei *Wiesner*, in: MüHdb Gesellschaftsrecht § 25 Rn. 1ff.

930 Zum Beginn der allgemeinen Vorstandspflichten *Fleischer*, in: Spindler/Stilz, AktG, § 93 Rn. 117; *ders.*, WM 2003, 1045, 1046; Hüffer/*Koch*, AktG, § 84 Rn. 9f.; *Schmidt*, in: Heidel, AktG, § 93 Rn. 30; *Spindler*, in: MüKo, AktG, § 84 Rn. 9; *Wiedemann*, in: FS Heinsius, S. 949, 951.

931 Vgl. *Spindler*, in AG 2011, 725, 730.

unangemessen ist. Ergibt sich dies aus Umständen, die der Vorstand auch vor Bestellung vernünftigerweise hätte wahrnehmen müssen – zum Beispiel, weil sie unmittelbar seine eigenen Interessen betreffen – dürfte auch hier ein Missbrauch der Vertretungsmacht indiziert sein.

cc) Neuregelungen des § 87 Abs. 1 AktG im Lichte der Grundsätze zum Missbrauch der Vertretungsmacht

Nunmehr sollen die durch das VorstAG in § 87 Abs. 1 AktG neu eingefügten Merkmale im Lichte der Grundsätze zum Missbrauch der Vertretungsmacht näher untersucht werden. Hierbei soll vor allem darauf eingegangen werden, ob und gegebenenfalls warum die Neuerungen eine sachliche und zeitliche Differenzierung hinsichtlich der subjektiven Voraussetzungen für den Vorstand rechtfertigen könnten.

(1) Leistungen des Vorstands

Hinsichtlich des Leistungsmerkmals in § 87 Abs. 1 S. 1 AktG ist insbesondere fraglich, ob der Vorstand einen diesbezüglichen Verstoß der Vergütungsvereinbarung auch schon vor seiner Erstbestellung erkennen kann. Mit der Vergütung des Vorstands sollen regelmäßig nur dessen Leistungen in der Zukunft abgegolten werden.[932] Bei einem neu zu bestellenden Vorstand ergibt sich dies mangels vergangener Leistungen als Vorstand der Gesellschaft grundsätzlich aus der Natur der Sache.[933] Allenfalls wäre es in Ausnahmefällen denkbar, vorherige Leistungen des Vorstands in anderen Dienstverhältnissen zu berücksichtigen.[934]

Losgelöst hiervon dürfte es sich bei den Leistungen des Vorstands stets um Umstände handeln, die unmittelbar seine eigene Person betreffen. Der neu zu bestellende Vorstand sollte daher aus eigenem Interesse beurteilen können, ob die beabsichtigte Vergütung in einem angemessenen Verhältnis zu seinen zu erwartenden Leistungen steht. Andernfalls würde sich die Frage stellen, wie der Vorstand überhaupt einschätzen will, ob er der bevorstehenden Aufgabe voraussichtlich gewachsen ist beziehungsweise er ausreichend dafür entlohnt wird. Sollten dem

---

932 Vgl. BT-Drs. 16/12278, S. 5; ferner *Säcker/Boesche*, BB 2006, 897, 901 ff.

933 Bei bereits bestellten Vorständen ist umstritten, ob besondere, bei der Vergütungsvereinbarung nicht berücksichtigte, Leistungen des Vorstands nachträglich noch vergütet werden können (sog. Anerkennungsprämien), obwohl keine Anreizwirkung mehr hiervon ausgeht. Bejahend: *Baums*, in: FS Huber, S. 657, 669 ff.; *Fleischer*, in: Spindler/Stilz, AktG, § 87 Rn. 50; *Fonk*, NZG 2005, 248, 249 f.; *Hoffmann-Becking*, ZHR 169 (2005), 155, 161 ff.; *ders.*, NZG 2006, 127, 129; Hüffer/*Koch*, AktG, § 87 Rn. 3; *Kort*, NJW 2005, 333, 335; *ders.*, NZG 2006, 131, 132; *Liebers/Hoefs*, ZIP 2004, 97, 100; *Marsch-Barner*, in: FS Röhricht, S. 401, 405 f.; *Mertens/Cahn*, in: KöKo, AktG, § 87 Rn. 35 f.; *Wollburg*, ZIP 2004, 646, 652 ff.; verneinend: BGHSt 50, 331, 340 f.; LG Düsseldorf, NJW 2004, 3275, 3277; *Brauer*, NZG 2004, 502, 507 f.; *Martens*, ZHR 169 (2005), 124, 131 ff.; wohl auch *Hoffmann-Becking/Krieger*, Beilage NZG 26/2009, 1, 3.

934 Vgl. *Weber*, in: Hölters, AktG, § 87 Rn. 21.

Vorstand die wesentlichen zeitlichen und sachlichen Anforderungen seiner zukünftigen Tätigkeit nicht bereits bekannt sein, sollte er sich – zumindest aus Gründen des Selbstschutzes – spätestens im Rahmen der Vertragsverhandlungen hiermit vertraut machen.

Es spricht daher einiges dafür, den neu zu bestellenden Vorstand in Ausnahme zu der sonst sinnvollen zeitlichen Differenzierung nicht zu privilegieren, soweit sich die Unangemessenheit seiner Vergütung aus einem Missverhältnis zu seinen Leistungen ergibt. Vielmehr wird man davon ausgehen können, dass der Vorstand die diesbezügliche Überschreitung der Vertretungsmacht durch den Aufsichtsrat bei der Vergütungsvereinbarung hätte erkennen können. Die Evidenz des Vertretungsmachtmissbrauchs wäre dann unabhängig vom Zeitpunkt der Gehaltsabrede indiziert.

(2) Üblichkeit der Vergütung

Soweit sich die Unangemessenheit der Vorstandsvergütung aus ihrer Unüblichkeit ergibt, könnte eine weitere sachliche Differenzierung sachgerecht sein. Belegt ein horizontaler Vergleich die Unüblichkeit des Gehalts, dürfte der Fall ähnlich wie bei der nicht leistungsgerechten Vergütung liegen. Auch hier ist der Vorstand im eigenen Interesse gehalten, sich vor Beginn der Vertragsverhandlungen mit der Höhe der branchenüblichen Gehälter vertraut zu machen. Unter anderem aufgrund der existierenden Berichtspflichten, zum Beispiel nach § 285 Nr. 9 HGB, dürfte es dem werdenden Vorstand – vorbehaltlich der Existenz von Vergleichsunternehmen – problemlos möglich sein, sich schnell einen entsprechenden Überblick zu verschaffen. Bei nicht branchenüblichen Vergütungen dürfte daher ein evidenter Vertretungsmachtmissbrauch durch den Aufsichtsrat auch für den zukünftigen Vorstand indiziert sein.

Anders könnte es allerdings sein, wenn das Vorstandsgehalt sich nicht in das vertikale Gehaltsgefüge im Unternehmen einfügt. Um dies zu bewerten, ist der Vorstand auf unternehmensinterne Informationen angewiesen. Diese wird er sich vor seiner Bestellung nicht ohne Weiteres beschaffen können und dies aus eigenem Interesse wohl auch nicht müssen. Es scheint daher gerechtfertigt, zunächst von einer fehlenden Kenntnis des zukünftigen Vorstands von der vertikalen Unangemessenheit seines Gehalts auszugehen, das heißt, einen evidenten Vertretungsmachtmissbrauch zunächst nicht als indiziert zu unterstellen.

(3) Nachhaltige Unternehmensentwicklung

Wie bereits oben ausgeführt beinhaltet nachhaltige Unternehmensentwicklung im Sinne von § 87 Abs. 1 S. 2 AktG nach einem engen Verständnis (nur) die Vermeidung von „Strohfeuern" durch eine mehrjährige Bemessungsgrundlage für variable Vergütungsbestandteile.[935] Eine nicht mehrjährige, das heißt nicht nachhaltige

935 Siehe oben S. 124.

Bemessungsgrundlage müsste sich dem amtierenden sowie werdenden Vorstand gleichermaßen auf den ersten Blick aufdrängen. Unternehmensinterne Kenntnisse sind hierfür nicht erforderlich. Es spräche also nichts dafür, den zukünftigen Vorstand zu privilegieren. Vielmehr dürfte es angebracht sein, ihm Kenntnis von dem Normverstoß und damit von der Überschreitung der Vertretungsmacht im Innenverhältnis zu unterstellen.

Weniger einheitlich dürfte die Antwort ausfallen, wenn man nachhaltige Unternehmensentwicklung im Sinne von § 87 Abs. 1 S. 2 AktG weit im Sinne des Drei-Säulen-Konzepts auslegen möchte. In diesem Fall sind zahlreiche – auf Tatbestandsebene näher zu untersuchende – Konstellationen denkbar, warum eine Vorstandsvergütung nicht nachhaltig ausgerichtet und somit unangemessen sein könnte. Entscheidend sollte stets eine Einzelfallbetrachtung unter maßgeblicher Berücksichtigung des jeweiligen Unternehmensinteresses sein.[936] Einzelne in Betracht kommende Tatbestände können und sollen hier nicht näher untersucht werden.

Das bei der Bestimmung der Nachhaltigkeit vorrangig zu beachtende Unternehmensinteresse lässt jedoch gegebenenfalls einen verallgemeinernden Schluss zu. Das Unternehmensinteresse gebietet es, den Bestand eines Unternehmens und seine Rentabilität dauerhaft zu erhalten. Gleichzeitig ist ein Ausgleich mit den Interessen der Stakeholder eines Unternehmens herbeizuführen.[937] Um die Einzelheiten des Unternehmensinteresses bestimmen zu können, zum Beispiel die zum Erhalt der Rentabilität notwendigen Maßnahmen oder die auszugleichenden Stakeholder-Interessen, wird der Vorstand in aller Regel unternehmensinterne Informationen benötigen. Unter Umständen dürften diese Informationen, wie zum Beispiel der Inhalt von Verträgen, dem Vorstandskandidaten aus rechtlichen Gründen überhaupt nicht offenbart werden. Von außen wäre dem werdenden Vorstand daher allenfalls eine unvollständige Einschätzung möglich.

Folglich könnte man es dem zukünftigen Vorstand nur unter hohen Voraussetzungen anlasten, wenn ihm die fehlende Ausrichtung seiner Vergütung auf eine nachhaltige Unternehmensentwicklung im weit verstandenen Sinne unerkannt bliebe.[938] Das Vorliegen einer solchen unangemessenen Vergütung dürfte daher regelmäßig nicht indizieren, dass die Überschreitung der Vertretungsmacht durch den Aufsichtsrat für den werdenden Vorstand evident war.

(4) Anreizorientierte Vergütungszusagen

Die Aufnahme anreizorientierter Vergütungszusagen in den Klammerzusatz des § 87 Abs. 1 S. 1 AktG durch das VorstAG scheint im Rahmen der in diesem Abschnitt aufgeworfenen Frage – Evidenz des Vertretungsmachtmissbrauchs durch den Aufsichtsrat für den (werdenden) Vorstand – irrelevant. Grund hierfür dürfte vor allem sein, dass die anreizorientierten Vergütungszusagen keine Vorgaben aufstellen, an

---

936 Siehe z.B. oben S. 126.
937 Siehe hierzu oben S. 153 ff.
938 So auch *Spindler*, AG 2011, 725, 730.

denen sich die Vergütung orientieren muss. Vielmehr handelt es sich um einen Bestandteil der Vergütung, der selbst an den von § 87 Abs. 1 AktG aufgestellten Kriterien zu messen ist.[939]

Die Neuerung durch das VorstAG könnte dem (werdenden) Vorstand allenfalls bestätigen, dass eine vom Aufsichtsrat zugesagte anreizorientierte Vergütungszusage zulässig ist, der Aufsichtsrat seine Vertretungsmacht also ordnungsgemäß ausgeübt hat.[940]

b) Umfang der Nichtigkeitsfolge

Bezüglich der Frage, in welchem Umfang Nichtigkeit der Vergütungsvereinbarung wegen eines evidenten Missbrauchs der Vertretungsmacht eintritt, wird auf die obigen Ausführungen im Rahmen des § 134 BGB beziehungsweise § 138 BGB entsprechend verwiesen.[941]

c) Verhältnis von den §§ 134, 138 BGB zu den Grundsätzen über den Missbrauch der Vertretungsmacht

Abschließend soll bezüglich der Grundsätze des Missbrauchs der Vertretungsmacht im Rahmen des § 87 Abs. 1 AktG geprüft werden, ob sich für sie nach der hiesigen Meinung überhaupt ein eigenständiger Anwendungsbereich eröffnen könnte.

aa) Verhältnis von § 134 BGB zu den Grundsätzen zum Missbrauch der Vertretungsmacht

Bereits oben wurde ausgeführt, dass eine Nichtigkeit von unangemessenen Vergütungsabreden mit dem Vorstand einer Aktiengesellschaft nach § 134 BGB eine gleichzeitige Anwendung der Grundsätze zum Missbrauch der Vertretungsmacht nicht mehr erforderlich beziehungsweise unmöglich macht.[942] Eine nähere Begründung hierzu ist jedoch bisher ausgeblieben und soll daher nun in der gebotenen Kürze erfolgen.

Bekanntermaßen sind die Rechtsfolgen eines evidenten Vertretungsmachtmissbrauchs umstritten, was sich jedoch im Bereich des § 87 Abs. 1 AktG nicht auswirken soll.[943] Würde man die Rechtsfolge der Nichtigkeit in Evidenzfällen aus § 242 BGB herleiten, wäre sie grundsätzlich nachrangig zur Nichtigkeitsfolge gemäß § 134 BGB.[944] Hinter Letzterer müsste erst recht eine mögliche Nichtigkeit zurücktreten,

---

939 Siehe hierzu oben S. 89.

940 Die Zulässigkeit von Aktienbezugsrechten war allerdings auch schon vorher anerkannt, vgl. nur Hüffer/ *Koch*, AktG, § 87 Rn. 19.

941 Siehe hierzu oben S. 98 ff. und 172 f.

942 Siehe oben S. 19.

943 Siehe oben S. 21 und 24.

944 Vgl. *Böttcher*, in: Erman, BGB, § 242 Rn. 22; *Schubert*, in: MüKo, BGB, § 242, Rn. 126.

welche die insoweit vertretene Gegenauffassung den §§ 177ff. BGB entnehmen würde. Mangels zur Genehmigung für die Gesellschaft berechtigter Personen träte zwar nach den §§ 177ff. BGB stets Nichtigkeit der unangemessenen Vergütungsvereinbarung ein. Jedoch wäre die Vergütungsvereinbarung nach den §§ 177ff. BGB zumindest für eine juristische Sekunde schwebend unwirksam.[945] Die Nichtigkeit nach § 134 BGB würde somit früher eingreifen und dürfte daher auch hier vorrangig sein.

Es bleibt also festzuhalten, dass § 134 BGB die Anwendbarkeit der Grundsätze über den Missbrauch der Vertretungsmacht im Bereich des § 87 Abs. 1 AktG ausschließen dürften. Daher bietet es sich an dieser Stelle an, die beiden vorgenannten Ansichten noch einmal kurz unmittelbar gegenüber zu stellen.

Die Auffassung, welche die Grundsätze zum Missbrauch der Vertretungsmacht anwenden möchte, geht oftmals recht pauschal von dem fehlenden Verbotscharakter des § 87 Abs. 1 AktG aus. Auf etliche von dieser Arbeit zur Begründung des Verbotscharakters aufgegriffene Argumente geht die auf die Vertretungsregeln abstellende Auffassung überhaupt nicht ein. Nach hiesigem Verständnis wird daher die grundlegende Notwendigkeit, die Grundsätze des Vertretungsmachtmissbrauchs im Bereich des § 87 Abs. 1 AktG heranzuziehen, bis auf Weiteres als widerlegt angesehen.

Zudem soll noch hingewiesen werden auf einen nach der hier vertretenen Meinung bestehenden Widerspruch innerhalb der Auffassung, welche sich für die Anwendung der Vertretungsregeln bei unangemessenen Vergütungsabreden ausspricht. Durch die letztgenannte Ansicht würde der Vorstand nämlich indirekt doch zum Adressaten von § 87 Abs. 1 AktG erklärt.[946] Nach den Vertretungsgrundsätzen wären der Vorstandsvertrag oder zumindest die Vergütungsabrede unwirksam und der Vorstand wäre der Gefahr einer Rückforderung durch die Gesellschaft ausgesetzt, wenn er die Unangemessenheit seiner Vergütung hätte erkennen können beziehungsweise müssen. Möchte der Vorstand sich diesem Risiko nicht aussetzen, ist er angehalten, den Aufsichtsrat über die naheliegende Unangemessenheit zu informieren und auf eine angemessene Lösung hinzuwirken.

Mit anderen Worten obläge es neben dem Aufsichtsrat auch dem Vorstand, auf die Einhaltung der inhaltlichen Grenzen des § 87 Abs. 1 AktG zu achten. Allein diese Norm – nicht etwa allgemeine Grundsätze zur Vertretungsmacht – stellt den vom Vorstand inhaltlich einzuhaltenden Maßstab auf. Darüber hinausgehendes Verhalten des Vorstands soll auch nach der auf die Grundsätze zum Missbrauch der Vertretungsmacht zurückgreifenden Ansicht von der Rechtsordnung nicht gebilligt werden.

Macht ein Gesetz aber beiden Seiten eines Rechtsgeschäfts Vorgaben, was erlaubt und was nicht erlaubt ist, ist dies ein starkes Zeichen für ein Verbotsgesetz

945 Allgemeiner Überblick zur schwebenden Unwirksamkeit etwa bei *Ellenberger*, in: Palandt, BGB, Überbl v § 104 Rn. 31ff.

946 Vgl. *Langenbucher*, in: FS Huber, S. 861, 864; *Wiesner*, in: Hdb Gesellschaftsrecht, § 21 Rn. 29 (Fn. 84); *Ziemons*, in: FS Huber, S. 1035, 1046.

gemäß § 134 BGB.[947] Vor diesem Hintergrund wirkt der Ansatz über einen Vertretungsmachtmissbrauch dogmatisch nicht sauber beziehungsweise – überspitzt formuliert – leicht konstruiert. Ein Verbotsgesetz wird mit der Begründung abgelehnt, der Vorstand sei nicht von § 87 Abs. 1 AktG direkt angesprochen. Über den Umweg der Grundsätze zum Missbrauch der Vertretungsmacht wird der Vorstand schließlich aber doch adressiert. Auch vor diesem Hintergrund ist ein Abstellen auf die Grundsätze zum Missbrauch der Vertretungsmacht im Rahmen des § 87 Abs. 1 AktG abzulehnen.

bb) Eigenständiger Anwendungsbereich der Grundsätze zum Missbrauch der Vertretungsmacht neben § 138 BGB

Sähe man § 87 Abs. 1 BGB allerdings nicht als Verbotsgesetz im Sinne von § 134 BGB an, wäre zu untersuchen, in welchem Konkurrenzverhältnis § 138 BGB zu den Grundsätzen des evidenten Missbrauchs der Vertretungsmacht bei einem gleichzeitigen Zusammenfallen stünde. Ein solches Zusammentreffen wäre zum Beispiel denkbar, wenn der Aufsichtsrat evident seine Vertretungsmacht missbraucht und das Rechtsgeschäft gleichzeitig schon nach seinem bloßen Inhalt sittenwidrig ist.[948] Auch hier ginge eine Nichtigkeit der Gehaltsabrede nach dem engeren § 138 Abs. 1 BGB derjenigen aus § 242 BGB vor.[949] Für eine Nichtigkeit mangels Genehmigung des schwebend unwirksamen Geschäfts nach den § 177 ff. BGB würden die soeben gemachten Ausführungen zu § 134 BGB entsprechend gelten.

Allerdings wäre zu beachten, dass die Voraussetzungen für den Missbrauch der Vertretungsmacht allgemein niedriger sind als die für eine Sittenwidrigkeit. Ein Zusammenfallen der Nichtigkeitsgründe wäre somit nicht zwingend. Stuft man § 87 Abs. 1 AktG nicht als Verbotsgesetz ein, verbliebe folglich ein eigenständiger Anwendungsbereich der Grundsätze zur Vertretungsmacht neben § 138 Abs. 1 BGB. Dieser wäre immer dann eröffnet, wenn auf Tatbestandsebene die evidente Überschreitung der Vertretungsbefugnisse durch den Aufsichtsrat, nicht aber die Sittenwidrigkeit der Vergütungsabrede feststünde.

d) Zwischenergebnis

Teilweise wird vertreten, die Wirksamkeit von Vereinbarungen über unangemessene Vorstandsgehälter anhand der Grundsätze zum evidenten Missbrauch der Vertretungsmacht zu beurteilen. Hätte der Vorstand erkennen können, dass der Aufsichtsrat ihm unangemessene Bezüge gewährt, so soll die Vergütungsabrede unwirksam sein.

---

947 Siehe oben S. 59 f.

948 Zur Möglichkeit sittenwidriger Geschäfte allein aufgrund ihres objektiven Inhalts siehe oben S. 106.

949 Vgl. BGH, WM 2002, 955, 956; BGH, NJW 2005, 2386, 2388; BGH, NJW 2008, 3426, 3427; BGH, NJW 2009, 2124 f.; *Schubert*, in: MüKo, BGB, § 242 Rn. 127.

Hinsichtlich der subjektiven Voraussetzungen auf Seiten des Vorstands scheint es vorzugswürdig, zeitlich danach zu differenzieren, ob der Vorstand bereits bestellt wurde. Weiter ließe sich sachlich danach unterscheiden, aus welchem Umstand sich die Unangemessenheit der Vergütung genau ergibt. Eine solche Differenzierung könnte ergeben, dass das Erkennen des unangemessenen Vergütungsbestandteils in bestimmten Konstellationen unmittelbar im eigenen Interesse des (werdenden) Vorstands gelegen haben und auch ohne besondere unternehmensinterne Informationen möglich gewesen sein müsste. In einem solchen Fall wäre die Evidenz eines Missbrauchs der Vertretungsmacht indiziert.

Betrachtet man § 87 Abs. 1 AktG allerdings wie hier als gesetzliches Verbot im Sinne von § 134 BGB, bleibt kein Raum für die gleichzeitige Anwendung der Grundsätze über den Missbrauch der Vertretungsmacht. Die beiden Ansätze schließen sich gegenseitig aus. Gegen die Anwendung der Grundsätze über den Missbrauch der Vertretungsmacht im Bereich des § 87 Abs. 1 AktG könnte aus dogmatischer Sicht sprechen, dass der Vorstand auf Umwegen doch zum Adressaten der Norm gemacht werden soll. Diese beidseitige Adressierung ist aber gerade ein klares Indiz für das Vorliegen eines Verbotsgesetzes.

5. Zwischenergebnis

Eine gegen § 87 Abs. 1 AktG verstoßende Gehaltsabrede zwischen Vorstand und Aktiengesellschaft kann unter anderem nach § 134 BGB nichtig sein. Nach der hier vertretenen Ansicht handelt es sich bei § 87 Abs. 1 AktG um ein gesetzliches Verbot. Die Änderungen der Vorschrift durch das VorstAG bezwecken ganz wesentlich den Schutz der Interessen der Öffentlichkeit sowie sonstiger Stakeholder, was eine Neubewertung der Norm nahelegt.

Nach hiesiger Auffassung trifft den (werdenden) Vorstand zur Vermeidung eines aktienrechtlichen Kompetenzkonflikts nach § 87 Abs. 1 S. 2 AktG unter anderem die Pflicht, dem Aufsichtsrat Vorschläge für eine nachhaltige Unternehmensentwicklung zu unterbreiten, damit Letzterer hieraus entsprechende Vergütungsparameter ableiten kann. Die Einhaltung des Angemessenheitsgebots nach § 87 Abs. 1 AktG dürfte im eigenen Interesse des (werdenden) Vorstands liegen.

Im Übrigen kann die Vergütungsvereinbarung mit dem Vorstand auch nach § 138 BGB nichtig sein. In Betracht kommen etwa über dem Doppelten des Üblichen liegende Vergütungsvereinbarungen oder in sonstiger Weise gegen das Leistungsprinzip verstoßende Vergütungszusagen. Auch eine Sittenwidrigkeit wegen einer fehlenden Ausrichtung auf eine nachhaltige Unternehmensentwicklung im Sinne des § 87 Abs. 1 S. 2 AktG lässt sich nicht ausschließen.

Beim allgemeinen Nachhaltigkeitsprinzip (Drei-Säulen-Konzept) handelt es sich um eine unter anderem im europäischen Verfassungsrecht verankerte, grundlegende rechtliche Wertung, die als Sittenwidrigkeitsmaßstab dienen kann. Nach den hier erarbeiteten Ergebnissen sprechen die besseren Argumente dafür, dass nachhaltige Unternehmensentwicklung im Sinne des § 87 Abs. 1 S. 2 AktG auf das allgemeine Nachhaltigkeitsprinzip zurückzuführen ist und nicht nur eine rein zeitliche Bedeutung im Sinne einer mehrjährigen Bemessungsgrundlage hat. Welche genauen Anforderungen an die Ausrichtung der Vorstandsvergütung auf eine derart weit verstandene nachhaltige Unternehmensentwicklung zu stellen sind, könnte nur vom jeweiligen Unternehmensinteresse im Einzelfall abhängig sein.

Von einer Nichtigkeit betroffen wäre nur der unangemessene Teil der Gehaltsvereinbarung, soweit sich dieser problemlos vom Rest trennen lässt. Anderenfalls wäre die gesamte Vergütungsvereinbarung nichtig. Zur Lückenfüllung müsste § 612 Abs. 2 BGB herangezogen werden. Bezüglich des unangemessenen Vergütungsteils stünde der Gesellschaft gegen den Vorstand ein bereicherungsrechtlicher Anspruch nach § 812 Abs. 1 S. 1 Alt. 1 BGB zu. Die Kondiktionssperren des § 814 Alt. 1 BGB und des § 817 S. 2 BGB müssen jeweils aus Normzwecküberlegungen teleologisch reduziert werden und stünden dem Anspruch der Gesellschaft daher nicht entgegen.

Eine Nichtigkeit der Vergütungsabrede wegen eines für den Vorstand evidenten Missbrauchs der Vertretungsmacht dürfte wegen der im Rahmen dieser Arbeit getroffenen Annahme des Verbotscharakters von § 87 Abs. 1 AktG ausscheiden. Auch der nichtige Vergütungsbeschluss des Aufsichtsrats im Innenverhältnis sollte sich nicht auf das Rechtsgeschäft mit dem Vorstand im Außenverhältnis auswirken.

II. Haftung der Organmitglieder auf Schadensersatz wegen einer unangemessenen Vergütungsvereinbarung

Neben den bisher diskutierten Nichtigkeitsgründen kommen bei Verstößen gegen § 87 Abs. 1 AktG insbesondere noch Schadensersatzansprüche gegen Aufsichtsrat oder Vorstand in Betracht. Diese Ansprüche sind Gegenstand eines wesentlichen Teils der Auseinandersetzung mit den möglichen Rechtsfolgen unangemessener Vorstandsgehälter.

Maßgeblicher Anknüpfungspunkt für eine Haftung der Organe bildet der Angemessenheitsbegriff in § 87 Abs. 1 S. 1 AktG. Da dieser jedoch auf Tatbestandsebene angesiedelt ist, kann sein näherer Inhalt vorliegend nur am Rande thematisiert werden. Vielmehr soll nachfolgend die Frage nach dem Aufsichtsrat gegebenenfalls bei der Vergütungsfestsetzung zustehender Handlungsgrenzen vertieft erörtert werden. Insbesondere sollen diesbezüglich die Anwendbarkeit und gegebenenfalls die näheren Anforderungen der Business Judgment Rule beziehungsweise die Existenz eines sich aus § 87 Abs. 1 AktG ergebenden materiell-rechtlichen Spielraums hinterfragt werden.

Hinsichtlich einer möglichen Vorstandshaftung ist insbesondere fraglich, woran eine Pflichtverletzung eventuell geknüpft werden kann. Unabhängig davon, ob sich ein Anspruch gegen den Aufsichtsrat oder Vorstand richten soll, wird die Feststellung eines Schadens der Gesellschaft zu problematisieren sein. Bei den zu behandelnden Fragestellungen soll den durch das VorstAG in § 87 Abs. 1 AktG eingefügten Neuerungen besonderes Augenmerk geschenkt werden.

1. Haftung des Aufsichtsrats wegen unangemessener Vorstandsbezüge

Nachfolgend sollen die Voraussetzungen, unter denen sich der Aufsichtsrat wegen Festsetzung eines unangemessenen Vorstandsgehalts schadensersatzpflichtig macht, näher beleuchtet und dabei zu den hierzu vertretenen Ansichten Stellung genommen werden. § 116 S. 1 AktG verweist auf die sinngemäße Anwendung von § 93 Abs. 2 bis Abs. 6 AktG, weshalb Erkenntnisse zur Vorstandshaftung entsprechend nutzbar gemacht werden können.[950]

a) Pflichtverletzung des Aufsichtsrats

Die Pflichten des Aufsichtsrats leiten sich aus den ihm zugewiesenen Aufgaben ab.[951] Maßgebliches Kriterium bei der Erfüllung dieser Pflichten, die stark zusammengefasst in der Überwachung und Beratung des Vorstands bestehen, ist genau wie beim Vorstandshandeln das Unternehmensinteresse.[952] In diesem Rahmen weist § 87 Abs. 1 AktG dem Aufsichtsrat ausdrücklich die Pflicht zu, für eine angemessene Vorstandsvergütung zu sorgen. Welche genauen Spielräume hieraus unter Umständen resultieren und in welchem Verhältnis diese Spielräume zu der Frage einer gerichtlichen Überprüfungsmöglichkeit stehen, soll im Folgenden erörtert werden.[953]

aa) Verletzung des Angemessenheitsgebots des § 87 Abs. 1 AktG

Die Konkretisierung des Angemessenheitsbegriffs durch den Aufsichtsrat und die damit einhergehenden, bereits mehrfach erwähnten Probleme spielen sich in erster Linie auf der Tatbestandsseite von § 87 Abs. 1 AktG ab.[954] Gleiches gilt folglich für den Inhalt einer Pflichtverletzung. Der genaue Umfang der Aufsichtsratspflicht entscheidet unmittelbar über eine Verletzung derselben.

Neben den in § 87 Abs. 1 AktG genannten Merkmalen sieht Ziffer 4.2 Abs. 2 S. 2 DCGK zusätzlich die Berücksichtigung des Erfolgs und der Zukunftsaussichten des Unternehmens als maßgeblich für eine angemessene Vergütung an. Außerdem können auf Seite der Gesellschaft zum Beispiel Mitarbeiter- und Umsatzzahlen sowie Liquiditätsfragen eine Rolle spielen. Hinsichtlich der Person des Vorstands muss der Aufsichtsrat nach allgemeiner Auffassung darauf achten, über welche

---

950 Vgl. hierzu allgemein etwa Hüffer/*Koch*, AktG, § 93 Rn. 1ff.

951 Vgl. zu den wichtigsten Aufgaben des Aufsichtsrats z.B. *Hambloch-Gesinn/Gesinn*, in: Hölters, AktG, § 116 Rn. 13ff.; *Hoffmann-Becking*, in: MüHdb Gesellschaftsrecht, § 29 Rn. 1ff.; *Ritter*, in: Schüppen/Schaub, MüHdb Aktienrecht, § 24 Rn. 117; *Spindler*, in: Spindler/Stilz, AktG, § 111 Rn. 6ff.

952 Vgl. nur *Hambloch-Gesinn/Gesinn*, in: Hölters, AktG, § 116 Rn. 13; *Spindler*, in: Spindler/Stilz, AktG, 116 Rn. 23.

953 Für eine klare Trennung *Schwark*, in: FS Raiser, S. 377, 388.

954 Ausführlich zur ausreichenden Bestimmbarkeit des Angemessenheitsbegriffs in § 87 Abs. 1 AktG a.F. *Lücke*, NZG 2005, 692ff.

speziellen Kenntnisse, Fähigkeiten und Erfahrungen der Vorstand verfügt, wie alt er ist, welchen Ruf er genießt, wie lange er schon der Gesellschaft angehörig ist und wie sich die jeweilige Verhandlungsposition gestaltet.[955]

Diese Aufzählung darf keinesfalls abschließend verstanden werden. Vielmehr ist es Aufgabe des Aufsichtsrats, einzelfallbezogen die zu beachtenden Maßstäbe auszuwählen und zueinander in Verhältnis zu setzen. Im Übrigen wird auf die obigen Ausführungen zu den vom VorstAG aufgegriffenen Angemessenheitskriterien Bezug genommen, welche erforderlich waren, um das Eingreifen der jeweiligen Rechtsfolge eines Verstoßes gegen § 87 Abs. 1 AktG untersuchen zu können.[956]

Es ginge deutlich über den Sinn und Zweck sowie die Kapazitäten dieser Arbeit hinaus, den Versuch zu unternehmen, das Angemessenheitsgebot an dieser Stelle inhaltlich weiter zu konkretisieren. Eine Unangemessenheit mag zwar der Anknüpfungspunkt für einen möglichen Schadensersatzanspruch gegen den Aufsichtsrat sein. Jedoch dürften sich aus der konkreten Ausgestaltung der Unangemessenheit kaum Erkenntnisse bezüglich der allgemeinen Anspruchsvoraussetzungen ableiten lassen. Die Art oder Schwere der Unangemessenheit kann grundsätzlich nicht über das Vorliegen einer Pflichtverletzung entscheiden.[957] Vielmehr setzt jede Form von Unangemessenheit eine Pflichtverletzung voraus.

In diesem Zusammenhang soll nicht der Eindruck entstehen, die bisherigen Erkenntnisse in Literatur und Rechtsprechung ließen für die Dienste des Vorstandes die Bestimmung eines alleinigen gerechten Preises, eines iustum pretium zu. Vielmehr scheint eine solche Möglichkeit in weiter Ferne beziehungsweise nicht möglich.[958] Praktisch deutlich besser handhabbar dürfte daher der Ausschluss erkennbar unangemessener Vorstandsvergütungen sein.[959]

Ohne dem nachfolgenden Gliederungspunkt zur Frage, inwieweit dem Aufsichtsrat im Rahmen des § 87 Abs. 1 AktG ein Spielraum eingeräumt wird, vorgreifen zu wollen, dürfte im Ergebnis jedenfalls eine haftungsrechtlich nicht angreifbare „Bandbreite angemessener Bezüge" verbleiben.[960] Für den an dieser Stelle verfolgten Zweck dürfte daher die Feststellung ausreichen, dass grundsätzlich irgendein Ver-

---

955 Vgl. zu Versuchen der Konkretisierung des Angemessenheitsgebots OLG Karlsruhe, NZG 2012, 299, 300 f.; OLG München, NZG 2008, 631, 632 f.; LG München I, NZG 2007, 477 f.; *Fleischer*, in: Spindler/Stilz, AktG, § 87 Rn. 19; *Ihrig/Wandt/Wittgens*, Beilage NZG 40/2012, 1, 7 f.; *Mertens/Cahn*, in: KöKo, AktG, § 87 Rn. 14 f.; *Seibt*, in: Schmidt/Lutter, AktG, § 87 Rn. 9; *Semler*, in: FS Happ, S. 277, 290 ff.

956 Siehe oben S. 62 ff., 110 ff. und 179 ff.

957 Diese Umstände dürften auf der Ebene des Verschuldens oder Schadens zum Tragen kommen.

958 Vgl. *Hohenstatt*, ZIP 2009, 1349, 1354; Hüffer/*Koch*, AktG, § 87 Rn. 5; *Martens*, in: FS Hüffer, S. 647; mit dem ausführlichen Versuch einer Annäherung *Thüsing*, ZGR 2003, 457 ff.

959 Siehe hierzu auch oben S. 71 f.

960 Vgl. *Peltzer*, in: FS Lutter, S. 571, 577.

stoß gegen § 87 Abs. 1 AktG einen Schadensersatzanspruch gegen den Aufsichtsrat auslösen kann.

bb) Entfallen einer Pflichtverletzung

Der voranstehende Gliederungspunkt sollte unter anderem aufzeigen, dass sich eine Annäherung an den konkreten Inhalt des Angemessenheitsbegriffs und somit die genaue Aufsichtsratspflicht mühsam gestaltet. Besonders aus diesem Grund scheint für diese Arbeit interessant, welcher der oben dargestellten Auffassung zu den grundlegenden Spielräumen des Aufsichtsrats bei der Konkretisierung des § 87 Abs. 1 AktG der Vorzug zu gewähren ist. Im Anschluss sollen die einzelnen Voraussetzungen erörtert werden, welche das Organ innerhalb dieser für vorzugswürdig erachteten Grenzen einzuhalten hat. Wie gewohnt sollen die Änderungen durch das VorstAG hierbei besondere Beachtung finden.

(1) Stellungnahme zu den möglichen Spielräumen des Aufsichtsrats im Rahmen der Vergütungsvereinbarung

Handlungsspielräume bei der Vereinbarung der Vorstandsvergütung werden dem Aufsichtsrat entweder unmittelbar aus § 87 Abs. 1 AktG oder im Rahmen der Business Judgment Rule zugesprochen. Teilweise wird in § 87 Abs. 1 AktG auch eine sogenannte Pflichtaufgabe des Aufsichtsrats mit Ermessensspielraum gesehen.[961]

Vordergründig betrachtet leuchten die Argumente der erstgenannten Meinung ein, die einen aus § 87 Abs. 1 AktG hervorgehenden materiell-rechtlichen Beurteilungsspielraum annimmt und gleichzeitig die Anwendung der Business Judgment Rule auf die Vergütungsentscheidung des Aufsichtsrats verneint. Dass es sich bei der Angemessenheit der Vorstandsvergütung nach § 87 Abs. 1 AktG um einen unbestimmten Rechtsbegriff handelt, dürfte unstreitig sein.

In diesem Zusammenhang mag es begrifflich leicht missverständlich sein, wenn dem Aufsichtsrat bei der Konkretisierung der Angemessenheit vielfach ein „Ermessen" eingeräumt wird. Der vorrangig im Verwaltungsrecht vorzufindende Begriff des Ermessens legt zunächst ein Verständnis im technischen Sinne nahe. Verwaltungsrechtliches Ermessen bezieht sich stets auf die Rechtsfolgenseite einer Norm und überlässt es dem Adressaten, bei Vorliegen der Tatbestandsvoraussetzungen überhaupt tätig zu werden („ob") und/oder zwischen verschiedenen Handlungsmöglichkeiten zu wählen („wie").[962] Bei dem Angemessenheitsgebot in § 87 Abs. 1 S. 1 AktG handelt es sich allerdings um eine Tatbestandsvoraussetzung. Ein Ermessen des Aufsichtsrats im verwaltungsrechtlichen Sinne scheidet somit aus. Diese begrifflichen Feinheiten dürften im Aktienrecht jedoch zu vernachlässigen sein.[963]

---

961 Siehe oben S. 40 f.

962 Vgl. nur *Maurer/Waldhoff*, Verwaltungsrecht, § 7 Rn. 7; *Niemann*, DStR 2004, 52 f.

963 *Schwark*, in: FS Raiser, S. 377, 387 f.; *Spindler*, in: MüKo, AktG, § 87 Rn. 40; *ders.*, AG 2011, 725, 726.

Neben dem Vorliegen eines unbestimmten Rechtsbegriffs dürfte auch der Wille des Gesetzgebers unstreitig sein, die Business Judgment Rule bei einer rechtlich gebundenen Entscheidung nicht zugunsten der handelnden Organmitglieder anzuwenden.[964] Bei der Konkretisierung von unbestimmten Rechtsbegriffen durch ein Organ einer Aktiengesellschaft grundsätzlich eine rechtlich gebundene Entscheidung anzunehmen, ist naheliegend. Die richtige Auslegung im Sinne des vom Gesetzgeber Gewollten dürfte im Zeitpunkt der Entscheidungsfindung nämlich schon vorgegeben sein, selbst wenn diese Auslegung noch nicht positiv bekannt sein sollte.[965]

Zu Letzterem müsste die nach den derzeitigen Erkenntnissen tatsächliche Unmöglichkeit der exakten Bestimmung eines alleinigen gerechten Preises, eines iustum pretium, nicht im Widerspruch stehen. Wenn eine solche faktische Unmöglichkeit § 87 Abs. 1 AktG immanent wäre, die Vorschrift also nach dem Willen des Gesetzgebers aus sich heraus zwingend einen gewissen Korridor angemessener Vergütungen voraussetzen würde, könnte dies sogar für einen eigenständigen materiell-rechtlichen Beurteilungsspielraum des Aufsichtsrats sprechen.

Unter welchen genauen Voraussetzungen ein solcher Beurteilungsspielraum überschritten wäre – insbesondere, ob die verwaltungsrechtlichen Grundsätze keine Anwendung fänden, weil die Ausgangssituationen unter Umständen zu unterschiedlich wären – wäre hiermit allerdings noch nicht geklärt.[966] Die Grenzen eines solch materiell-rechtlichen Beurteilungsspielraums bedürfen aber unter Umständen überhaupt keiner näheren Betrachtung. Es ist nämlich zweifelhaft, ob die soeben erörterte Sichtweise nicht wesentliche Aspekte unberücksichtigt lässt.

So ist schon unklar, warum aus ergebnisbezogener Sicht überhaupt strikt zwischen den materiell-rechtlichen Ebenen des Angemessenheitsbegriffs und der gerichtlichen Überprüfbarkeit getrennt werden soll. Zwar mag eine solche Trennung aus dogmatischer Sicht sehr wohl richtig sein. Zur praktischen Beurteilung eines Haftungsanspruchs gegen den Aufsichtsrat hilft sie jedoch nicht weiter. Die zwei Ebenen gingen bei Unterstellung eines materiell-rechtlichen Spielraums des Aufsichtsrats nämlich Hand in Hand. Wenn der Aufsichtsrat tatsächlich in gewissem Maße bestimmen dürfte, was angemessen ist und was nicht, müssten dies selbstverständlich auch Gerichte in einem Haftungsprozess beachten. Mit anderen Worten dürften die Gerichte nicht überprüfen, ob unter Umständen noch eine bessere Inhaltsbestimmung möglich gewesen wäre, solange sich der Aufsichtsrat innerhalb der gesetzgeberisch vorgegebenen Grenzen bewegt hätte. Nur die Überschreitung

964 Vgl. BT-Drs. 15/5092, S. 11; *Binder*, AG 2008, 274, 278 f.; *Thole*, ZHR 173 (2009), 504, 521; *Zimmermann*, WM 2008, 433, 435; für das Kartellrecht *Kapp/Gärtner*, CCZ 2009, 168, 170.

965 Vgl. nur *Schäfer*, ZIP 2005, 1253, 1256; *Thole*, ZHR 173 (2009), 504, 523.

966 Eine Anwendung der verwaltungsrechtlichen Grundsätze ablehnend ohne anderweitige Maßstäbe zu nennen *Schwark*, in: FS Raiser, S. 377, 388.

dieser Grenzen dürfte überprüft werden. Andernfalls liefe der Spielraum des Aufsichtsrats ins Leere.

Die sonstige Begründung eines materiell-rechtlichen Beurteilungsspielraums des Aufsichtsrats nach § 87 Abs. 1 AktG überzeugt ebenso wenig. Die Vertreter dieser Ansicht berufen sich unter anderem darauf, die Vergütungsentscheidung des Aufsichtsrats sei in einer gewissen Bandbreite stets mit dem Gesetz zu vereinbaren. Eine Vorstandsvergütung sei nicht allein deshalb unangemessen, weil eine gleichrangige oder besser geeignete Alternative gefunden hätte werden können.[967] Zum einen könnte eine solche – im Ergebnis zutreffende – Feststellung allenfalls aus einem materiell-rechtlichen Spielraum folgen, einen solchen aber nicht begründen. Zum anderen zeigt dieser Umstand gerade das Vorliegen einer unternehmerischen Entscheidung auf. Die Business Judgment Rule soll das Gesellschaftsorgan nämlich genau vor solchen Rückschaufehlern („hindsight bias") der nachträglichen Feststellung einer besser geeigneten Alternativentscheidung schützen.[968]

Auch wird nach hiesiger Auffassung die Befürchtung nicht geteilt, dem Aufsichtsrat werde über die Business Judgment Rule neben dem materiell-rechtlichen noch ein weiterer, nicht gebotener Spielraum eingeräumt. Insoweit wird schon nicht deutlich, um welche zusätzlichen Freiheiten des Aufsichtsrats es sich überhaupt konkret handeln soll. Die Anwendung der verwaltungsrechtlichen Grundsätze wird zwar abgelehnt. Jedoch werden die stattdessen vom Aufsichtsrat einzuhaltenden Grenzen nicht konkret benannt.[969] Selbst bei einem „doppelten" Spielraum könnten vom Aufsichtsrat auf beiden Ebenen wohl nur dieselben oder zumindest sehr ähnliche Voraussetzungen zu beachten sein, um eine Privilegierung des Aufsichtsrats rechtfertigen zu können. Eine ungerechtfertigte Besserstellung wäre im Ergebnis voraussichtlich nicht zu erwarten.

Durch die Verwendung eines unbestimmten Rechtsbegriffs zeigt der Gesetzgeber ebenfalls, dass er dem Aufsichtsrat keinen materiell-rechtlichen Beurteilungsspielraum einräumen will. Wie bereits erwähnt, gibt der Gesetzgeber selbst den Inhalt eines unbestimmten Rechtsbegriffs, gegebenenfalls zunächst von den Normadressaten unerkannt, vor.[970] Der Aufsichtsrat soll also nicht selbst über den Inhalt der Angemessenheit entscheiden, sondern nur für deren Einhaltung sorgen. Der Gesetzgeber geht daher mit seinem systematischen Ansatz von der theoretischen Möglichkeit aus, eine angemessene Vorstandsvergütung im Sinne eines iustum pretium könne im jeweiligen Fall eindeutig bestimmt werden. Hieran lässt sich erneut erkennen, dass die derzeitige und voraussichtlich auch zukünftige praktische Unmöglichkeit eines solchen Vorhabens eine tatsächliche Folge und nicht Grundlage von § 87 Abs. 1 AktG ist. Dieser unliebsame Konflikt kann über die Business

967 So *Schwark*, in: FS Raiser, S. 377, 388, u. a. mit Verweis auf BGHZ 111, 224, 227.

968 Vgl. nur *Fleischer*, in: Spindler/Stilz, AktG, § 93 Rn. 60; *Kocher*, CCZ 2009, 215, 216.

969 Vgl. *Schwark*, in: FS Raiser, S. 377, 388 f.

970 Vgl. z. B. *Maurer/Waldhoff*, Verwaltungsrecht, § 7 Rn. 29.

Judgment Rule im Sinne eines allgemeinen „Rechtfertigungsgrundes“ korrigiert werden.[971]

Im Übrigen wird generell infrage gestellt, ob es sich bei der Ausfüllung eines unbestimmten Rechtsbegriffs durch den Vorstand überhaupt um eine rechtlich gebundene Entscheidung handelt beziehungsweise deren Verständnis nicht deutlich zu weit gefasst ist. Bei der Ausfüllung eines unbestimmten Rechtsbegriffs könnten vielmehr die Gemeinsamkeiten mit einer unternehmerischen Entscheidung überwiegen, was die Anwendung der Business Judgment Rule oder zumindest deren Prüfungsvoraussetzungen zur Folge haben könnte.[972] Hinsichtlich des Aufsichtsrats dürften diese Überlegungen vollumfänglich übertragbar sein. Soweit man eine Übertragung für statthaft hält, wäre für einen materiell-rechtlichen Beurteilungsspielraum des Aufsichtsrats nach § 87 Abs. 1 AktG auch vor diesem Hintergrund kein Raum.

Die Pflicht des Aufsichtsrats nach § 87 Abs. 1 AktG unter bestimmten Voraussetzungen als unternehmerische Entscheidung zu betrachten, scheint sachgerecht. Eine solche wird nach herrschender Meinung wesentlich durch die ihr innewohnende Prognose und den unsicheren Verlauf charakterisiert.[973] Bei der Konkretisierung unbestimmter Rechtsbegriffe treten oft die gleichen Schwierigkeiten auf.[974] Dies ist immer dann der Fall, wenn das zur Entscheidung berufene Gesellschaftsorgan die Rechtslage ex ante, zum Beispiel wegen fehlender Rechtsprechung und unklarer Literaturstandpunkte, nicht klar bestimmen kann. Trotz der Einholung von qualifiziertem Rechtsrat ist die (erhebliche) Gefahr einer falschen rechtlichen Einschätzung durch das Organ gegeben, welches eine Prognose über die spätere Beurteilung durch Literatur und Rechtsprechung anstellen muss.[975]

Dies zeigt sich an dem Beispiel der Angemessenheit der Vorstandsvergütung nach § 87 Abs. 1 AktG besonders gut. Ist die Rechtslage wie in diesem Fall unklar, ist

971 In diesem Sinn *Reichert/Ullrich*, in: FS Schneider, S. 1017, 1021.

972 Vgl. für eine direkte Anwendung *Kocher*, CCZ 2009, 215, 217; für eine analoge Anwendung *Spindler*, in: FS Canaris, S. 403, 428 f.; für die entsprechende Prüfung der Voraussetzungen und Wertungen der Business Judgment Rule (keine analoge Anwendung) *Thole*, ZHR 173 (2009), 504, 523 f.; für eine Pflichtaufgabe mit Ermessensspielraum bei ähnlichen Prüfungsvoraussetzungen *Holle*, AG 2011, 778, 780 ff.; Hüffer/*Koch*, AktG, § 87 Rn. 23 und § 93 Rn. 11.

973 Vgl. *Brömmelmeyer*, WM 2005, 2065, 2066; *Bürgers*, in: Bürgers/Körber, AktG, § 93 Rn. 11; *Dauner-Lieb*, in: FS Röhricht, S. 83, 95; *Fleischer*, in: Spindler/Stilz, AktG, § 93 Rn. 68; *ders.*, NJW 2005, 3525, 3528; Hüffer/*Koch*, AktG, § 93 Rn. 16 ff.; *Lutter*, ZIP 2007, 841, 843; *Schäfer*, ZIP 2005, 1253, 1255 f.; *Schneider*, DB 2005, 707, 708 f.; *Semler*, in: FS Ulmer, S. 627 f.; a.A. *Bosch/Lange*, JZ 2009, 225, 230.

974 Vgl. z. B. *Maurer/Waldhoff*, Verwaltungsrecht, § 7 Rn. 29.

975 Vgl. *Fleischer*, ZIP 2005, 141, 149 f.; *Hopt/Roth*, in: GK, AktG, § 93 Rn. 139 ff.; *Kocher*, CCZ 2009, 215, 217; *Mertens/Cahn*, in: KöKo, AktG, § 93 Rn. 17 ff.; *Raiser/Veil*, Recht der Kapitalgesellschaften, § 14 Rn. 81 f.; *Spindler*, in: MüKo, AktG, § 93 Rn. 75 f.; *ders.*, in: FS Canaris, S. 403, 414 f.; *Thole*, ZHR 173 (2009), 504, 523.

eine ausnahmsweise Lockerung des sonst strengen Legalitätsprinzips zugunsten des entscheidenden Organs nicht zu beanstanden. Für den Vorstand beziehungsweise den Aufsichtsrat macht es keinen Unterschied, ob er keine eindeutige Entscheidung treffen kann, weil die Rechtslage nicht bestimmbar und/oder die Zukunft nicht eindeutig vorhersehbar ist.

In diesem Sinne dürfte es interessengerecht sein, das handelnde Organ bereits auf der Ebene der Pflichtwidrigkeit und nicht erst auf Ebene des Verschuldens zu entlasten.[976] Der Gesetzgeber überträgt dem Aufsichtsrat (und nach hiesiger Auffassung in gewissem Umfang dem Vorstand[977]) auf erster Stufe die äußerst schwierige Pflicht zu wissen, was eine unangemessene und eine angemessene Vorstandsvergütung ist. Die grundlegende Legitimation der Regelung des § 87 Abs. 1 AktG soll wegen der hohen wirtschaftlichen und gesellschaftlichen Bedeutung von Aktiengesellschaften und eines unterstellten Marktversagens bei der Vergütungsvereinbarung nicht angezweifelt werden.[978] Ebenso wenig soll die Verwendung eines unbestimmten Rechtsbegriffs durch den Gesetzgeber angegriffen werden angesichts der erheblichen und vielfältigen Schwierigkeiten bei der Bestimmung eines marktgerechten Vorstandsgehalts.

Die hieraus erwachsenden Unsicherheiten dürfen aber nicht vollständig auf das handelnde Organ einer privaten Gesellschaft abgewälzt werden. Die Bestimmung einer angemessenen Vorstandsvergütung liegt schließlich im Interesse der Aktiengesellschaft, ihrer Aktionäre und Gläubiger sowie der Öffentlichkeit.[979] Es bedarf daher eines Ausgleichs zugunsten des Organs, wobei eine Entlastung erst auf Verschuldensebene unzureichend sein dürfte. Das handelnde Organ kann eine ihm auferlegte haftungsrelevante Pflicht nicht erfüllen, wenn es nach Ausschöpfung aller Möglichkeiten und trotz guten Glaubens den genauen Inhalt der Pflicht nicht kennen kann. Aus diesem Grund würde die Feststellung eines persönlichen Verstoßes gegen § 87 Abs. 1 AktG das Organ über Gebühr belasten. Der Gesetzgeber würde den Aufsichtsrat (beziehungsweise Vorstand) sonst fast zu einer objektiven Pflichtverletzung zwingen. Dies kann nicht gewollt sein kann. Dennoch bleibt die nachträgliche Feststellung erforderlich, dass eine unangemessene Vorstandsvergütung im Ergebnis nicht mit dem Gesetz in Einklang zu bringen ist. Andernfalls würde eine rechtswidrig geschaffene Lage perpetuiert.

Um diesen Umständen bestmöglich gerecht zu werden, bietet es sich geradezu an, auf eine speziell für das Aktienrecht geschaffene Privilegierungsmöglichkeit, die Business Judgment Rule, zurückzugreifen. Zwar wäre es auch denkbar zugunsten eines Gesellschaftsorgans, welches einen unbestimmten Rechtsbegriff falsch deutet,

---

976 Vgl. *Thole*, ZHR 173 (2009), 504, 524.

977 Soweit man diesen als von § 87 Abs. 1 AktG direkt oder indirekt adressiert ansieht, z. B. über den Umweg der Grundsätze zum Missbrauch der Vertretungsmacht.

978 Siehe hierzu oben S. 91 und 119.

979 Letzteres dürften insbesondere die durch das VorstAG eingefügten Änderungen von § 87 Abs. 1 AktG gezeigt haben, siehe hierzu insbesondere oben S. 62 ff., 110 ff. und 179 ff.

auf ein fehlendes Verschulden abzustellen, um die Haftung auf diesem Weg entfallen zu lassen. Dies würde aber zwangsläufig die vorherige Feststellung eines Pflichtverstoßes beinhalten, was aus dogmatischer Sicht den soeben geäußerten Bedenken ausgesetzt wäre.

Eine Lockerung des Legalitätsprinzips wird übrigens nicht nur mit Blick auf unbestimmte Rechtsbegriffe vertreten, sondern teilweise auch, wenn die tatsächliche Grundlage einer Entscheidung nur schwer feststellbar ist. Auch dann finde die Business Judgment Rule Anwendung, obwohl es sich eigentlich um eine gebundene Entscheidung handele. Das Organ müsse ebenfalls eine Prognose über den tatsächlichen Sachverhalt anstellen.[980]

Dieser berechtigte Gedanke lässt sich grundsätzlich auf die Vereinbarung der Vorstandsvergütung übertragen. Bestimmte Parameter, wie zum Beispiel die übliche Vergütung vergleichbarer Unternehmen, wird der Aufsichtsrat – trotz Einholung externen Rats – nicht immer eindeutig feststellen können.[981] Genauso können die vom Vorstand tatsächlich zu erwartenden Leistungen vom Aufsichtsrat nur abgeschätzt werden, um eine Entscheidungsgrundlage zu bekommen.[982] Das hieraus resultierende zusätzliche Unsicherheitsmoment spricht ebenfalls für eine unternehmerische Entscheidung und somit für die Anwendung der Business Judgment Rule im Rahmen des § 87 Abs. 1 AktG.

Die vom Aufsichtsrat zu treffende Prognose (im engeren Sinne) über die Anreizwirkung und zukünftige Unternehmensentwicklung wird ohnehin schon ins Feld geführt, um eine unternehmerische Entscheidung zu begründen.[983] Somit ist die Heranziehung der Business Judgment Rule im Rahmen des § 87 Abs. 1 AktG aus drei voneinander unabhängigen Umständen angezeigt. Die Rechtslage ist unklar, die tatsächlichen Entscheidungsparameter sind teilweise schwer bestimmbar und zudem muss der Aufsichtsrat eine „echte" Prognose über die zukünftige Entwicklung des Unternehmens und die persönliche Entwicklung des Vorstands anstellen. Jeder der genannten Gründe könnte für sich genommen bereits ausreichen, um § 93 Abs. 1 S. 2 AktG auf § 87 Abs. 1 AktG zu erstrecken. Eine Kumulation der Gründe dürfte erst recht genügen.

Wäre bei der Bestimmung eines angemessenen Vorstandsgehalts ausschließlich die Ausfüllung eines unbestimmten Rechtsbegriffs problematisch, ließe sich gegebenenfalls noch streiten, ob die Business Judgment Rule direkt oder analog anzuwenden ist oder sogar nur daran angelehnte Voraussetzungen zu prüfen sind. In diese Richtung überlegt wohl auch die Ansicht, welche die Vereinbarung der

---

980 Vgl. *Kocher*, CCZ 2009, 215, 217 f., zur Feststellung der Vollwertigkeit eines Rückzahlungsanspruchs für ein gewährtes Upstream-Darlehen; a.A. z.B. *Kiefner/Theusinger*, NZG 2008, 802, 805 f., und *Wand/Tillmann/Heckenthaler*, AG 2009, 148, 153, die aber jeweils immerhin einen gewissen Beurteilungsspielraum zugestehen wollen.

981 Siehe hierzu oben S. 70 f.

982 In erster Linie sollen zukünftige Leistungen des Vorstands berücksichtigt werden, vgl. BT-Drs. 16/12278, S. 5; *Weber*, in: Hölters, AktG, § 87 Rn. 21.

983 Vgl. *Röttgen/Kluge*, NJW 2013, 900, 904; *Spindler*, AG 2011, 725, 726.

Vorstandsvergütung als Pflichtaufgabe mit Ermessensspielraum bezeichnet. Diese Ansicht verrät jedoch schon nicht, worin sich die Prüfungsvoraussetzungen im Verhältnis zur Business Judgment Rule im Einzelnen unterscheiden sollen.[984]

Aufgrund dieser Unklarheiten und insbesondere aufgrund des originären Prognosecharakters der Vergütungsentscheidung dürfte eine direkte Anwendung der Regelung sachgerechter sein. Es ist nicht ohne Weiteres nachvollziehbar, warum von den allgemeinen Grundsätzen abgewichen und so gegebenenfalls ein weiteres, erhebliches Problemfeld geschaffen werden soll. Ob der Gesetzgeber neben der Generalklausel des § 93 Abs. 1 S. 2 AktG noch etliche eigenständige, das heißt unterschiedliche Beurteilungsmaßstäbe schaffen wollte, darf schon aus Gründen der Rechtssicherheit und Praktikabilität bezweifelt werden. Vielmehr dürfte davon auszugehen sein, dass der Gesetzgeber derartig vergleichbare Sachverhalte mit Prognose- und Unsicherheitselementen allesamt durch die eigens hierfür geschaffene Business Judgment Rule erfassen wollte.

(2) Weitere Voraussetzungen der Business Judgment Rule unter besonderer Betrachtung der Neuregelungen des § 87 Abs. 1 AktG durch das VorstAG

Nachdem im vorangegangenen Punkt das Vorliegen einer unternehmerischen Entscheidung des Aufsichtsrats bezüglich des Vorstandsgehalts angenommen wurde, sollen nunmehr die weiteren Voraussetzungen der Business Judgment Rule dargestellt werden. Nach § 93 Abs. 1 S. 2 AktG in Verbindung mit § 116 S. 1 AktG muss der Aufsichtsrat annehmen dürfen, auf Grundlage angemessener Information zum Wohle der Gesellschaft zu handeln. Aus dem Gesellschaftswohl werden außerdem die ungeschriebenen Voraussetzungen abgeleitet, dass der Aufsichtsrat keinen Interessenkonflikten ausgesetzt sein darf und gutgläubig sein muss.[985] Soweit durch das VorstAG normierte Neuerungen gegebenenfalls Auswirkungen auf die vom Aufsichtsrat einzuhaltenden Voraussetzungen haben könnten, sollen sie innerhalb der nachfolgenden Ausführungen besonders berücksichtigt werden.

(a) Angemessene Informationsgrundlage des Aufsichtsrats

Um die Business Judgment Rule für sich beanspruchen zu können, muss der Aufsichtsrat nach § 93 Abs. 1 S. 2 AktG bei seiner Entscheidung über die Vorstandsvergütung vernünftigerweise annehmen dürfen, auf der Grundlage angemessener

984 Vgl. für eine direkte Anwendung *Kocher*, CCZ 2009, 215, 217; für eine analoge Anwendung *Spindler*, in: FS Canaris, S. 403, 428 f.; für die entsprechende Prüfung der Voraussetzungen und Wertungen der Business Judgment Rule (keine analoge Anwendung) *Thole*, ZHR 173 (2009), 504, 523 f.; für eine Pflichtaufgabe mit Ermessensspielraum bei ähnlichen Prüfungsvoraussetzungen *Holle*, AG 2011, 778, 780 ff.; Hüffer/*Koch*, AktG, § 87 Rn. 23 und § 93 Rn. 11.

985 Vgl. nur *Dauner-Lieb*, in: Henssler/Strohn, AktG, § 93 Rn. 24 f.; *Fleischer*, in: Spindler/Stilz, AktG, § 93 Rn. 72 und 76.

Informationen zu handeln.[986] Grundsätzlich nicht erforderlich ist es, dass das Organ sich sämtliche verfügbaren Informationen beschafft.[987] Eine angemessene Informationsgrundlage wird spätestens dann verneint, wenn die Entscheidung des Aufsichtsrats nach objektivierten Maßstäben ex ante betrachtet schlicht unvertretbar war.[988]

Für eine Entscheidung hierüber kann es dem entscheidenden Gericht oftmals an der erforderlichen betriebswirtschaftlichen Sachkunde fehlen. In diesen Fällen ist die Einholung eines Sachverständigengutachtens zur weiteren Aufklärung geboten.[989] Ob die Beschaffung einzelner Informationen angemessen ist oder nicht, muss anhand verschiedener Umstände beurteilt werden. So kommt es darauf an, um was für eine Entscheidung es sich handelt, welche Tragweite und Vorlaufzeit sie hat, welcher tatsächliche und rechtliche Zugang zu den jeweiligen Informationen besteht und in welchem Verhältnis die Kosten der Informationsbeschaffung zu dem zu erwartenden Nutzen der Information stehen.[990] Die letztgenannte Abwägung soll für sich genommen bereits eine unternehmerische Entscheidung darstellen, für die wiederum die Business Judgment Rule greifen soll.[991]

Ob eine solche Verschachtelung von unternehmerischen Entscheidungen und der daraus resultierenden „Business Judgment Rule in der Business Judgment Rule" zielführend und geboten ist, darf bezweifelt werden. Wie eine angemessene Informationsgrundlage zur Beschaffung einer angemessenen Informationsgrundlage aussehen soll, ist ein wenig rätselhaft. Eine solche Konstruktion ließe sich endlos weiter fortsetzen.[992] Das im Kern bestehende Problem des angemessenen Informa-

---

986 Siehe hierzu auch oben S. 35.

987 Vgl. *Dauner-Lieb*, in: Henssler/Strohn, AktG, § 93 Rn. 22; *Fleischer*, in: Spindler/Stilz, AktG, § 93 Rn. 70; *ders.*, in: FS Wiedemann, S. 827, 841 f.; Hüffer/*Koch*, AktG, § 93 Rn. 20 ff.; *Krieger/Sailer-Coceani*, in: Schmidt/Lutter, AktG, § 93 Rn. 17; *Lutter*, ZIP 2007, 841, 844 f.; *Schäfer*, ZIP 2005, 1253, 1258; *Ulmer*, DB 2004, 859, 860; *v. Werder*, ZfB 67 (1997), 901, 914 ff.; nach Verhältnis von Kosten/Nutzen differenzierend *Spindler*, in: MüKo, AktG, § 93 Rn. 48; a.A. BGH, ZIP 2008, 1675 (für GmbH); OLG Düsseldorf, AG 2010, 126, 128; wohl auch BGH, ZIP 2009, 223 (für Genossenschaft).

988 Vgl. *Bürgers*, in: Bürgers/Körber, AktG, § 93 Rn. 13; *Koch*, ZGR 2006, 769, 789, der auf allgemein anerkannte betriebswirtschaftliche Verhaltensmaßstäbe abstellt; *Winnen*, Die Innenhaftung des Vorstandes nach dem UMAG, S. 217 ff.

989 Vgl. BGH, ZIP 2011, 766, 768; *Dauner-Lieb*, in: Henssler/Strohn, AktG, § 93 Rn. 22; *Strohn*, DB 2012, 1193, 1195.

990 Vgl. BR-Drs. 3/05, S. 21; *Brömmelmeyer*, WM 2005, 2065, 2067; *Bürgers*, in: Bürgers/Körber, AktG, § 93 Rn. 13; *Fleischer*, in: Spindler/Stilz, AktG, § 93 Rn. 71; *ders.*, ZIP 2004, 685, 691; *Hopt/Roth*, in: GK, AktG, § 93 Rn. 104 ff.; *Krieger/Sailer-Coceani*, in: Schmidt/Lutter, AktG, § 93 Rn. 17.

991 Vgl. BT-Drs. 15/5092, S. 11 f.; *Fleischer*, in: FS Wiedemann, S. 827, 841; *Gehb/Heckelmann*, ZRP 2005, 145, 146; *Koch*, ZGR 2006, 769, 789; *Kock/Dinkel*, NZG 2004, 441, 444; *Spindler*, in: MüKo, AktG, § 93 Rn. 48; *Ulmer*, DB 2004, 859, 860 f.; kritisch *Weiss/Buchner*, WM 2005, 162, 164.

992 Vgl. *Freitag/Korch*, ZIP 2012, 2281, 2283 („Einwand des Endloszirkels"); *Schlimm*, Das Geschäftsleiterermessen des Vorstands einer AG, S. 207.

tionsumfangs würde nicht gelöst, sondern nur auf eine weitere Ebene verschoben. Zur Auflösung dieser Endlosschleife wäre es denkbar und vermutlich deutlich besser handhabbar, den Umfang der beschafften Informationen aus ex-ante-Sicht anhand eines an grobe Fahrlässigkeit angelehnten Maßstabs zu beurteilen.[993]

Besonders im Rahmen des § 87 Abs. 1 AktG scheinen ansatzweise greifbare Prüfungsmaßstäbe hinsichtlich einer angemessenen Informationsgrundlage vorhanden. Der Gesetzgeber gibt ein bestimmtes Ergebnis der Vergütungsentscheidung des Aufsichtsrats vor, nämlich die Angemessenheit der Vorstandsvergütung. Aus den hierfür maßgeblichen Kriterien, wenigstens soweit ein Mindestmaß an Einigkeit über sie besteht, lässt sich erahnen, zu welchen Punkten vom Aufsichtsrat Informationen einzuholen sind. Für andere unternehmerische Entscheidungen existiert meist nur das Unternehmensinteresse als Zielvorgabe. Diese Entscheidungen sind also von vorne herein deutlich offener.

Vor diesem Hintergrund könnte im Falle des § 87 Abs. 1 AktG eine an grober Fahrlässigkeit orientierte gerichtliche Überprüfungsmöglichkeit der Informationsbeschaffung durch den Aufsichtsrat erst recht gerechtfertigt sein. Selbstverständlich müsste es dem Aufsichtsrat unbenommen bleiben, den Vorwurf der groben Fahrlässigkeit bezüglich einer nicht eingeholten Information auszuräumen. Zudem wäre die Frage, inwieweit die Schlussfolgerungen des Aufsichtsrats aus den gesammelten Informationen, also seine eigentliche Prognose, gerichtlich überprüfbar ist, streng von der gerichtlichen Überprüfung der Informationsgrundlage zu unterscheiden.

Dass der Gesetzgeber offenbar selbst von einer hohen Bedeutung der Vergütungsentscheidung ausgeht, spricht nach hiesiger Ansicht auch für das Erfordernis einer effektiven gerichtlichen Kontrolle und einer möglichst umfangreichen Informationsbeschaffung. Andernfalls wäre die – vermehrt kritisierte – Herausstellung der Ersatzpflicht des Aufsichtsrats nach § 116 S. 3 AktG bei Festsetzung einer unangemessenen Vorstandsvergütung nur schwer zu verstehen.[994]

Die regelmäßige Vorlaufzeit einer Vergütungsentscheidung deutet ebenfalls auf ein hohes Informationserfordernis und Prüfungsniveau hin.[995] Nach § 84 Abs. 1 S. 1 AktG werden Vorstandsmitglieder auf höchstens fünf Jahre bestellt. Für die

---

993 Vgl. *Freitag/Korch*, ZIP 2012, 2281, 2286, die einen unmittelbaren Rückgriff auf den Begriff der groben Fahrlässigkeit jedoch ablehnen, da dieser aus dem ursprünglichen Gesetzesentwurf gestrichen wurde; für einfache Fahrlässigkeit *Säcker*, AG 2004, 180, 181; *Schäfer*, ZIP 2005, 1253, 1258; *Thümmel*, DB 2004, 471, 472; *Ulmer*, DB 2004, 859, 861f.; für eine objektivierte Plausibilitäts- bzw. Vertretbarkeitsprüfung vgl. Hüffer/*Koch*, AktG, § 93 Rn. 21; *Kocher*, CCZ 2009, 215, 221; *Redeke*, ZIP 2011, 54, 62f.; *Winnen*, Die Innenhaftung des Vorstands nach dem UMAG, 2009, S. 216f.; ähnlich *Hopt/Roth*, in: GK, AktG, § 116 Rn. 80; *Spindler*, in: MüKo, AktG, § 93 Rn. 47f.

994 Siehe hierzu auch oben S. 37 f.

995 Vgl. *Brandes*, ZIP 2013, 1107, 1112; *Fleischer*, in: Spindler/Stilz, AktG, § 87 Rn. 39; *ders.*, DStR 2005, 1318, 1319.

Praxis findet sich häufiger die Empfehlung, einen Vorstand erstmals für eine kürzere Dauer, zum Beispiel für drei Jahre, zu bestellen und anschließend für fünf Jahre wiederzubestellen.[996] Der Zeitpunkt der zu treffenden Entscheidung ist somit bereits lange im Voraus absehbar, mit Ausnahme von außerplanmäßigen Vertragsbeendigungen.

Unter den gesammelten Informationen hat der Aufsichtsrat diejenigen bei seiner Entscheidungsfindung zu berücksichtigen, die aus seiner Sicht einen Schluss auf die Angemessenheit der gewählten Vorstandsvergütung zulassen.[997] Zur eigenen Absicherung bietet es sich für den Aufsichtsrat an, den Umfang der zusammengetragenen Informationen, die engere Auswahl daraus und die Gründe hierfür sorgfältig zu dokumentieren. Auf diese Weise bestünde ein weiterer verfahrensrechtlicher Ansatz, um eine angemessene Informationsgrundlage des Aufsichtsrats beziehungsweise der einzelnen Mitglieder zu überprüfen und gegebenenfalls zu belegen.[998] Soweit ein einzelnes Aufsichtsratsmitglied noch die Einholung weiterer Informationen für erforderlich hält, die restlichen Mitglieder dies aber ablehnen, sollte das betroffene Mitglied sein Begehren in das Sitzungsprotokoll aufnehmen lassen.

Ausgehend von diesen allgemeinen Ausführungen sollen die mit dem VorstAG eingefügten Neuerungen des § 87 Abs. 1 AktG auf spezielle Anforderungen hinsichtlich einer angemessenen Informationsgrundlage überprüft werden. Durch das VorstAG wurde klargestellt, dass der Aufsichtsrat die Leistungen des Vorstands sowie die Üblichkeit dessen zu vereinbarender Vergütung zu berücksichtigen hat. Außerdem ist die Struktur der Vorstandsvergütung bei börsennotierten Aktiengesellschaften nach § 87 Abs. 1 S. 2 AktG bekanntermaßen auf eine nachhaltige Unternehmensentwicklung auszurichten.

Um diese Vorgaben einhalten zu können, benötigt der Aufsichtsrat womöglich spezielle Informationen zu den einzelnen Punkten. Ob sich für deren Beschaffung das grundsätzliche Erfordernis einer möglichst breiten Informationsgrundlage für die Vergütungsentscheidung im Einzelnen bestätigt beziehungsweise ob und welche Besonderheiten sich gegebenenfalls ergeben, ist Gegenstand der nachfolgenden Prüfung. Bei dieser soll außerdem im Blick behalten werden, welche Folgen das Einschalten eines Vergütungsberaters unter Umständen für den Aufsichtsrat mit sich bringen kann.[999]

---

996 Vgl. *Fleischer*, in: Spindler/Stilz, AktG, § 84 Rn. 14; *Fonk*, in: Semler/v. Schenck, Hdb AR, § 10 Rn. 38f.; *Lutter/Krieger/Verse*, Rechte und Pflichten des AR, Rn. 355; *Weber*, in: Hölters, AktG, § 84 Rn. 20; *Wiesner*, in: MüHdb Gesellschaftsrecht, § 20 Rn. 34.

997 Vgl. *Fleischer*, in: Spindler/Stilz, AktG, § 87 Rn. 39; *ders.*, DStR 2005, 1318, 1319; in diesem Sinn auch *Thüsing*, ZGR 2003, 457, 486f.

998 Vgl. *Lücke*, in: BeckHdb Vorstand, § 2 Rn. 127; *Thüsing*, ZGR 2003, 457, 486f.

999 Siehe hierzu oben S. 39 f.

(aa) Leistungen des Vorstands

Bekanntlich sind bei der Festsetzung der Vorstandsbezüge in erster Linie die zukünftigen Leistungen des Vorstandes zu berücksichtigen.[1000] Diese kann der Aufsichtsrat naturgemäß nur auf Grundlage der Aufgaben und erkennbaren Qualifikation des Vorstandes abschätzen.[1001] Steht eine Wiederbestellung des Vorstands an, kann sich der Aufsichtsrat bei seiner Einschätzung auf vorherige Leistungen des Vorstands stützen.[1002] Diese sollten dem Aufsichtsrat in der Regel bestens bekannt sein, da es nach § 111 Abs. 1 AktG seine ureigenste Aufgabe ist, den Vorstand zu überwachen. Im Übrigen handelt es sich um gesellschaftsinterne Informationen, das heißt, der Zugang hierzu ist problemlos und mit voraussichtlich geringem Aufwand möglich. Der Aufsichtsrat dürfte gehalten sein, sämtliche solcher leicht zugänglichen Informationsquellen auszuschöpfen, die die Einschätzungsmöglichkeit der zukünftigen Leistungen des Vorstands aus ex-ante-Sicht verbessern könnten.

Insbesondere Gehaltssteigerungen wird der Aufsichtsrat nur schwer rechtfertigen können, wenn die Leistungskurve des Vorstands schon vor den Neuverhandlungen seitwärts oder sogar nach unten verlief und anschließend weiter verläuft. Umso stärker diese Schere auseinander geht, desto stärker dürfte die dem Aufsichtsrat obliegende Darlegungs- und Beweislast hinsichtlich einer angemessenen Informationsgrundlage ausgeprägt sein.[1003]

Handelt es sich um eine Erstbestellung, kann der Aufsichtsrat nicht auf vergangene Vorstandsleistungen zurückgreifen. Zu externen Vorstandsanwärtern kann sich der Aufsichtsrat Informationen regelmäßig nur über allgemein zugängliche Medien oder subjektive Berichte dritter Personen, zum Beispiel eines Vergütungsberaters, verschaffen. Die Verlässlichkeit und der Wert solcher Informationen muss allerdings stets hinterfragt werden.[1004] Dennoch wird man vom Aufsichtsrat durchaus erwarten können, Informationen aus allgemein zugänglichen Medien aufzunehmen, soweit sie erkennbar relevant sind. Dies sollte ohnehin schon während der vorausgehenden Auswahl des Kandidaten passiert sein.

Bei der Auswahl eines externen Kandidaten wird der Aufsichtsrat gegebenenfalls einen Headhunter einsetzen.[1005] Soweit dessen Informationen einer Unabhängigkeits- und Plausibilitätsprüfung standhalten, wird man dem Aufsichtsrat die Einholung weiterer Informationen ganz regelmäßig nicht abverlangen können,

---

1000 Vgl. BT-Drs 16/12278, S. 5.

1001 Vgl. *Hoffmann-Becking*, ZHR 169 (2005), 155, 159; *Kort*, in: GK, AktG, § 87 Rn. 57; siehe hierzu auch oben S. 187 f.

1002 Vgl. BT-Drs. 16/12278, S. 5; *Annuß/Theusinger*, BB 2009, 2434, 2435; *Bauer/Arnold*, AG 2009, 717, 718; *Mertens/Cahn*, in: KöKo, AktG, § 87 Rn. 13; *Weber*, in: Hölters, AktG, § 87 Rn. 21.

1003 Allgemein liegt die Beweislast beim Organ, welches sich auf die Business Judgment Rule beruft, vgl. nur BT-Drs. 15/5092, S. 12; *Spindler*, in: Spindler/Stilz, AktG, § 116 Rn. 135.

1004 Vgl. *Bauer/Arnold*, AG 2009, 717, 718.

1005 *Semler*, NZG 2013, 771, 772.

insbesondere da er das hiermit verbundene Kosten-Nutzen-Verhältnis im Voraus nur schwer abschätzen kann.[1006]

Um sein Haftungsrisiko zu minimieren, wird der Aufsichtsrat sich auf die Dokumentation der externen Informationen sowie seine diesbezügliche Prüfung beschränken können, aufgrund welcher er von guten Leistungen des Vorstands ausgehen durfte. Trotz einer dem Aufsichtsrat zuzugestehenden Einschätzungsprärogative sollte die Begründung umso gründlicher erfolgen, je höhere Leistungen der Aufsichtsrat erwartet und desto höher die Vergütung des Vorstands daher ausfällt. Dass der Aufsichtsrat von schlechten Leistungen des Vorstands ausgeht, ist angesichts der vorherigen Auswahl dieses Kandidaten kaum vorstellbar.

Die voranstehenden Überlegungen zu einem externen Vorstandskandidaten dürften grundsätzlich übertragbar sein auf einen gesellschaftsinternen Anwärter, welcher neu zum Vorstand bestellt werden soll. Zwar dürfte ein Headhunter in solchen Fällen nicht zum Einsatz kommen. Jedoch kann der Aufsichtsrat gegebenenfalls innerhalb der Gesellschaft bereits gezeigte Leistungen heranziehen.[1007] Von dieser Möglichkeit sollte der Aufsichtsrat – unabhängig von der späteren Wertung dieser Informationen – auch Gebrauch machen, um sich wegen der einfachen Beschaffungsmöglichkeit nicht dem möglichen Vorwurf einer unangemessenen Informationsgrundlage auszusetzen.

(bb) Üblichkeit der Vergütungsabrede

Um die Üblichkeit eines Vorstandsgehalts zu eruieren, wird überwiegend ein vertikaler und horizontaler Vergleich für erforderlich erachtet.[1008] Beide Formen sollen hinsichtlich einer angemessenen Informationsbasis des Aufsichtsrats getrennt betrachtet werden.

(α) Vertikaler Vergleich

Informationen zu Gehältern auf vertikaler Ebene dürften für den Aufsichtsrat grundsätzlich gut zugänglich sein, da es sich um gesellschaftsinterne Informationen handelt. Aus diesem Grund scheint es wenig sinnvoll, hierbei einen Vergütungsberater hinzuziehen.[1009] Es müsste dem Aufsichtsrat ganz überwiegend selbst möglich sein, sich ohne externe Hilfe einen Überblick zu verschaffen. So kann der Aufsichts-

1006 Für einen Headhunter dürften ähnliche Anforderungen gelten wie für einen Vergütungsberater. Vgl. allgemein zu externem Rat BGH, NJW 2007, 2118, 2120; OLG Stuttgart, NZG 2010, 141, 143 f.; *Fleischer*, ZIP 2009, 1397, 1403 f.; *ders.*, in: FS Hüffer, S. 187, 198 ff.; *ders.*, NZG 2010, 121, 122 ff.

1007 Vgl. *Bauer/Arnold*, AG 2009, 717, 718; *Spindler*, in: MüKo, AktG, § 87 Rn. 48; *Weber*, in: Hölters, AktG, § 87 Rn. 21.

1008 Siehe hierzu oben S. 65 ff.

1009 Ggf. könnte sich ein Vergütungsberater aber bei der Frage, wie die Gehälter des Vorstands und der Mitarbeiter des Unternehmens in Bezug zu setzen sind, als hilfreich erweisen.

rat zum Beispiel den Vorstand um entsprechende Information bitten.[1010] Die gute Zugangsmöglichkeit spricht allgemein für eine eher ausführliche Informationsbeschaffung bezüglich der vertikalen Üblichkeit.

Welche konkreten Informationen der Aufsichtsrat sich mindestens verschaffen muss, um sich erfolgreich auf die Business Judgment Rule berufen zu können, ist hiermit freilich nicht gesagt. Insoweit können allenfalls Rückschlüsse aus den tatbestandlichen Voraussetzungen des § 87 Abs. 1 S. 1 AktG gezogen werden, die für einen vertikalen Vergleich des Vorstandsgehalts gelten. Diese Voraussetzungen, das heißt, welche Gehälter im Unternehmen wie in Bezug zur Vorstandsvergütung gesetzt werden sollen, sind allerdings nicht hinreichend geklärt.

Ziffer 4.2.2 Abs. 2 S. 3 DCGK hilft an dieser Stelle nicht weiter. Nach der Kodex-Empfehlung soll der Aufsichtsrat das Verhältnis der Vorstandsvergütung zur Vergütung des oberen Führungskreises und der Belegschaft insgesamt auch in der zeitlichen Entwicklung berücksichtigen, wobei der Aufsichtsrat für den Vergleich festlegt, wie der obere Führungskreis und die relevante Belegschaft abzugrenzen sind. Nach der Systematik des Kodexes steht es der Gesellschaft frei, die Empfehlung zu befolgen oder nicht. Diesem Charakter würde es grundsätzlich widersprechen, wenn die Empfehlung die Organhaftung im Rahmen der Business Judgment Rule durch nähere Konkretisierung der Tatbestandsvoraussetzungen von § 87 Abs. 1 S. 1 AktG bestimmen würde.[1011] Darüber hinaus wird Ziffer 4.2.2 Abs. 2 S. 3 DCGK als viel zu unbestimmt bezeichnet, da die Empfehlung weder die Vergleichsgruppen noch die zeitlichen Umstände ausreichend zu erkennen gebe.[1012]

Es bleibt somit zunächst der Rückgriff auf die Gesetzesmaterialien. Ausweislich dieser ist das „Lohn- und Gehaltsgefüge im Unternehmen"[1013] zu berücksichtigen. Eine Einschränkung der unternehmensinternen Vergleichsgruppen ist hieraus grundsätzlich nicht zu erkennen. Eine zu starke Eingrenzung würde dem gesetzgeberischen Zweck eines Üblichkeitsvergleiches, für eine bessere Akzeptanz von Vorstandsgehältern in der Öffentlichkeit zu sorgen, jedenfalls nicht gerecht.[1014] Nach der hier vertretenen Ansicht sollte der Aufsichtsrat daher zunächst allgemeine Angaben über die durchschnittlichen Vergütungen und deren Entwicklung auf den

---

1010 Vgl. *Wilsing/v.d. Linden*, DStR 2013, 1291, 1293.

1011 Vgl. *Bachmann*, in: Kremer/Bachmann/Lutter/v. Werder, DCGK, Rn. 81; *ders.*, WM 2002, 2137, 2138f.; *Fleischer*, in: Spindler/Stilz, AktG, § 93 Rn. 46; *Spindler*, in: MüKo, AktG, § 93 Rn. 32; *ders.*, in: Schmidt/Lutter, AktG, § 161 Rn. 68; wohl auch *Lutter*, ZHR 166 (2002), 523, 542; a.A. *Berg/Stöcker*, WM 2002, 1569, 1575ff.; *Buchta*, DStR 2003, 694, 695; *Claussen/Bröcker*, DB 2002, 1199, 1205; *Pielorz*, in: FS Metzeler, S. 167, 174; *Seibt*, AG 2002, 249, 250f.; *Seidel*, ZIP 2004, 285, 290f.; *Ulmer*, ZHR 166 (2002), 150, 166f.

1012 Vgl. hierzu sowie zum praktischen Umgang mit der Empfehlung *Wilsing/v.d. Linden*, DStR 213, 1291, 1292f.

1013 BT-Drs. 16/12278, S. 5; BT-Drs. 16/13433, S. 10.

1014 Zum Zweck des Üblichkeitsmerkmals, die öffentliche Akzeptanz zu fördern, siehe oben S. 68 ff.

verschiedenen Hierarchieebenen des gesamten Unternehmens auswerten beziehungsweise zusammenstellen.[1015] Die Daten konzernangehöriger Unternehmen sollten mitberücksichtigt werden, soweit der Vorstand auch für diese Unternehmen oder ein herrschendes Unternehmen tätig ist. Bei der Angemessenheitsprüfung müssen nach § 87 Abs. 1 S. 1 AktG schließlich auch Konzernbezüge beachtet werden, wie Ziffer 4.2.2 Abs. 2 S. 1 DCGK klarstellt.[1016]

Soweit der Aufsichtsrat bestimmte unternehmensinterne Gehaltsgruppen für nicht vergleichsrelevant erachtet, muss es ihm bei entsprechender Begründung freistehen, diese Gruppen von vorneherein von einem vertikalen Vergleich auszuklammern. Die vom Aufsichtsrat getroffene Auswahl dürfte nur anhand einer Plausibilitätsprüfung zu messen sein.[1017] Schließlich ist ein vertikaler Vergleich ein nachrangiges Instrument. Dies zeigt sich unter anderem daran, dass er zurücktreten muss, wenn Konflikte mit einem horizontalen Vergleich auftreten.[1018] Somit müssen plausible Abstriche beim vertikalen Vergleich grundsätzlich zulässig sein. Maßgeblich für deren Überprüfung könnte die eigene Dokumentation des Aufsichtsrats sein. Allerdings sollte die Begründungspflicht des Aufsichtsrats umso höher sein, je weiter er die Vergleichsgruppen fasst beziehungsweise je größere Teile der Belegschaft er ausklammert.

In zeitlicher Hinsicht deutet der Zweck des VorstAG darauf hin, dass vor allem eine Prognose über die Entwicklung der Vorstandsgehälter sowie sonstiger Gehälter im Unternehmen anzustellen ist. Ein bloßer Vergleich der bisherigen Entwicklung wäre vermutlich nur schlecht geeignet, die öffentliche Akzeptanz der aktuellen Vorstandsgehälter zu fördern. Mit der Annahme eines solchen Prognoseerfordernisses deckt sich auch der in anderen Punkten unterstellte unternehmerische Charakter der Vergütungsentscheidung des Aufsichtsrats.[1019]

In einem ersten Schritt bietet es sich dennoch an, die bisherige Entwicklung der Vorstandsgehälter und darüber hinaus relevanter Gehälter im Unternehmen zu betrachten. Hierbei ist allerdings unklar, welcher Zeitraum zugrunde zu legen ist.[1020] Anhand einer zu kurzfristigen Betrachtung wird man kaum feststellen können, ob das Vorstandsgehalt sich von den sonstigen Gehältern im Unternehmen abkoppelt und die Relation zu diesen verliert.[1021]

Um einen klaren Trend in der Gehaltsschere ausmachen zu können, müsste wohl der Zeitraum mehrerer aufeinanderfolgender Vergütungsvereinbarungen mit dem

1015 Vgl. *Wilsing/v.d. Linden*, DStR 2013, 1291, 1293.
1016 *Bachmann*, in: Kremer/Bachmann/Lutter/v. Werder, DCGK, Rn. 979.
1017 Vgl. für eine Plausibilitätsprüfung innerhalb der Ziffer 4.2.2 DCGK Handelsrechtsausschuss DAV, NZG 2013, 419, 420; *Wilsing/v.d. Linden*, DStR 2013, 1291, 1293.
1018 Siehe oben S. 67.
1019 Zum unternehmerischen Charakter der Vergütungsentscheidung siehe oben S. 194 f.
1020 Vgl. zur Problematik des zeitlichen Maßstabs im Rahmen von Ziffer 4.2.2 Abs. 2 DCGK *Wilsing/v.d. Linden*, DStR 2013, 1291, 1293.
1021 Vgl. zu dieser Zielsetzung eines vertikalen Vergleichs BT-Drs. 16/13433, S. 10.

Vorstand betrachtet werden. Würde man nur zwei aufeinanderfolgende Vergütungsvereinbarungen vergleichen, wäre noch nicht ersichtlich, ob sich die Entwicklung in eine bestimmte Richtung bestätigt und daher von einem Trend gesprochen werden kann. Hierzu müssten wohl mindestens drei Vereinbarungszeiträume überblickt werden.

Für den Fall, dass diese Zeitspannen außergewöhnlich kurz sein sollten, könnte es sinnvoll sein, zusätzlich auf eine Mindestanzahl retrospektiv zu vergleichender Jahre abzustellen. Dieser Zeitraum dürfte einerseits nicht zu kurz bemessen sein, um einen aussagekräftigen Überblick zur Gehaltsentwicklung im Unternehmen zu ermöglichen. Andererseits darf der Aufsichtsrat nicht über Gebühr belastet werden. Fraglich ist, ob ein Zeitraum von fünf oder zehn Jahren diesen Erfordernissen gerecht werden kann. In den Vorjahren vom Aufsichtsrat herangezogene Informationen könnten regelmäßig fortgeschrieben und gegebenenfalls ergänzt beziehungsweise angepasst werden. Die Nennung konkreter Zahlen mutet an dieser Stelle allerdings recht willkürlich an und soll daher nur als Anregung verstanden werden. Eine weitergehende Auseinandersetzung mit der tatbestandlichen Frage, ab wann ein vertikaler Vergleich ausreichend zurückblickt, wäre unter Umständen wünschenswert.

Im Anschluss an den rückblickenden Vergleich hat der Aufsichtsrat gemäß der gesetzlichen Aufgabenzuweisung in § 87 Abs. 1 AktG eine Prognose über die zukünftige Entwicklung des Vorstandsgehalts zu treffen. Eine Prognose muss stets auf der Grundlage von tatsächlichen Anhaltspunkten getroffen werden, vergleiche § 93 Abs. 1 S. 2 AktG. Über die vernünftigerweise in Betracht kommenden Tatsachen muss sich der Aufsichtsrat Kenntnis verschaffen. Wie kurz zuvor angenommen, darf der Umfang der vom Aufsichtsrat beschafften Information nicht (in grob fahrlässiger Weise) unvertretbar sein.

Dies wird voraussichtlich der Fall sein, wenn der Aufsichtsrat sich aufdrängende Umstände, zum Beispiel eine schlechte wirtschaftliche Lage der Gesellschaft oder besondere anstehende Aufgaben des Vorstands, gänzlich außer Acht lässt. Ebenfalls könnte man über eine unvertretbare Informationsgrundlage nachdenken, wenn der Aufsichtsrat eine zuvor im retrospektiven Vergleich festgestellte massive Auseinanderentwicklung der Gehälter überhaupt nicht für seine Prognose heranzieht. Nach Sinn und Zweck des VorstAG soll der Aufsichtsrat einer sich immer weiter auseinanderentwickelnden Gehaltsschere nämlich grundsätzlich entgegenwirken.[1022]

Damit der Aufsichtsrat hierzu ausreichend in der Lage ist, bedarf es neben seiner eigenen Prognose einer Vorhersage über die Entwicklung der sonstigen als relevant eingestuften Gehälter im Unternehmen. Die Zeiträume beider Prognosen sollten sich decken. Die Einschätzung über die Entwicklung der sonstigen Unternehmensgehälter wird allerdings der Vorstand abgeben müssen. Personalfragen gehören zu

1022 Vgl. BT-Drs. 16/13433, S. 10. Ob ein Entgegenwirken ggf. im Einzelfall aus besonderen Gründen nicht geboten sein könnte oder in welchem genauen Umfang es zu erfolgen hat, dürfte in erster Linie zu prüfen sein, wenn es darum geht, ob der Aufsichtsrat zum „Wohle der Gesellschaft" gehandelt hat.

den ureigensten (wenn auch teilweise delegierbaren) Geschäftsführungsaufgaben des Vorstands.[1023] In diese darf der Aufsichtsrat nicht eingreifen, § 111 Abs. 4 S. 1 AktG. Er wird die Prognose des Vorstands daher nur auf ihre Stichhaltigkeit überprüfen können. Soweit es sich um einen noch nicht amtierenden Vorstandskandidaten handelt, kann dieser nach Rücksprache mit dem Aufsichtsrat aufgrund eines häufig verbleibenden Informationsdefizits regelmäßig nur beschränkte Angaben zu einer möglichen Gehaltsentwicklung im Unternehmen machen. Die Anforderungen an die Prognose des Vorstands und deren Plausibilitätsprüfung durch den Aufsichtsrat müssten dementsprechend geringer ausfallen.[1024]

Die Entscheidung, ob eine unangemessene Informationsgrundlage vorlag, dürfte im jeweiligen Einzelfall zu treffen sein. Man wird eine unangemessene Informationsgrundlage aber pauschal unterstellen dürfen, wenn der Aufsichtsrat gänzlich auf die Heranziehung einer Prognose des (zukünftigen) Vorstands zu der Gehaltsentwicklung im Unternehmen oder auf deren Plausibilitätsprüfung verzichtet. Vor diesem Hintergrund darf nochmals ausdrücklich betont werden, dass der Aufsichtsrat seine wesentlichen Überlegungen zur Informationsgrundlage für einen vertikalen Üblichkeitsvergleich im eigenen Interesse sorgfältig protokollieren sollte.

(β) Horizontaler Vergleich

Für einen horizontalen Vergleich des Vorstandsgehalts benötigt der Aufsichtsrat externe Daten anderer Unternehmen. Seit dem Inkrafttreten des Vorstandsvergütungs-Offenlegungsgesetzes (VorstOG)[1025] sind unter anderem Aktiengesellschaften beziehungsweise Konzerne nach den §§ 285 Nr. 9 lit. a), 314 Abs. 1 Nr. 6 lit. a) HGB verpflichtet, im (Konzern-)Lagebericht Angaben zur Vorstandsvergütung zu machen. Informationen zu Vorstandsgehältern anderer Gesellschaften sind somit grundsätzlich gut und mit geringen Kosten zugänglich.[1026] Soweit dennoch erforderlich, kann der Aufsichtsrat auf Vergütungsstudien zurückgreifen.[1027]

1023 Vgl. nur *Liebscher*, in: BeckHdb AG, § 6 Rn. 5.

1024 Auch an dieser Stelle zeigt sich das Mitwirkungserfordernis des (werdenden) Vorstands bei der Festsetzung seiner Vergütung. Dieses Erfordernis – dem Aufsichtsrat im Rahmen der Gehaltsverhandlungen eine Prognose für die von diesem ausgewählten Vergleichsgruppen für einen bestimmten Zeitraum mitzuteilen – ergibt sich nach der hiesigen Ansicht ausschließlich aus § 87 Abs. 1 AktG und nicht etwa aus einer allgemeinen Pflicht des Vorstands. Der werdende Vorstand unterliegt schon keinen allgemeinen Vorstandspflichten. U.a. aus diesem Grund dürfte § 87 Abs. 1 AktG den Aufsichtsrat und zugleich den (werdenden) Vorstand adressieren. Zur erforderlichen Mitwirkung des Vorstands siehe insbesondere oben S. 79 ff.

1025 Gesetz über die Offenlegung der Vorstandsvergütungen (Vorstandsvergütungs-Offenlegungsgesetz – VorstOG) vom 03.08.2005, BGBl. I 2005, S. 2267 ff.

1026 So bietet etwa der Bundesanzeiger Verlag einen Online-Recherchedienst für zusammengestellte Vergütungsberichte unter dem Titel „Managergehälter – Das Vergütungsregister" an.

1027 Vgl. *Bauer/Arnold*, AG 2009, 717, 720.

Aufgrund dieser Möglichkeiten wird der Aufsichtsrat jedenfalls Daten zur Höhe der Vorstandsvergütungen bei relevanten Vergleichsunternehmen sammeln müssen. Sind diese börsennotiert, könnte man sich in Anlehnung an die genannten handelsrechtlichen Vorschriften noch fragen, ob der Aufsichtsrat sich zusätzlich über die Aufteilung der Vorstandsvergütungen in erfolgsunabhängige und erfolgsbezogene Komponenten sowie Komponenten mit langfristiger Anreizwirkung informieren muss. Dagegen könnte sprechen, dass der Gesetzgeber mit der Neuformulierung von § 87 Abs. 1 S. 1 AktG unter anderem einen „Aufschaukelungseffekt"[1028] der Vorstandsgehälter verhindern wollte. Die übliche Vergütung soll daher als rein auf die Höhe bezogene Obergrenze zu verstehen sein.[1029] Im Übrigen sollten die vom Aufsichtsrat zu erfüllenden Anforderungen bei der ohnehin schon schwierigen Vergütungsfindung nicht überspannt werden.

Unabhängig hiervon ist die gute und kostengünstige Zugangsmöglichkeit einer der Gründe, warum eine Pflicht des Aufsichtsrats, einen Vergütungsberater im Rahmen eines horizontalen Vergleichs einzuschalten, zu Recht abgelehnt wird.[1030] Aus Kostengesichtspunkten könnte man sogar überlegen, ob die regelmäßige Einschaltung eines Vergütungsberaters für die Beschaffung horizontaler Vergleichsdaten überhaupt noch gerechtfertigt ist. Für eine Rechtfertigung ließen sich gegebenenfalls auftretende Schwierigkeiten bei der zuallererst erforderlichen und äußerst wichtigen Bestimmung von relevanten Vergleichsunternehmen anführen.

Aktiengesellschaften ähnlicher Größe aus derselben Branche müssen – anders als vielleicht bei den im DAX30 gelisteten Auto- oder Chemiekonzernen – nicht immer auf den ersten Blick erkennbar sein. Besonders bei kleineren und mittleren Aktiengesellschaften könnte die Lage unübersichtlich sein. Im Übrigen ist es umstritten, ob grundsätzlich nur die Vorstandsgehälter nationaler oder auch internationaler Unternehmen zu vergleichen sind.[1031] Aufgrund dieser Unklarheiten dürfte die Frage, ob der Aufsichtsrat sich angemessen über die übliche Vorstandsvergütung informiert hat, in erster Linie von der Auswahl der richtigen Vergleichsunternehmen abhängen.

Diese Entscheidung scheint trotz der verbleibenden Unklarheiten besser objektiv überprüfbar als die Festlegung der innerhalb eines Unternehmens zu vergleichenden Gehaltsgruppen im Rahmen eines vertikalen Vergleichs. Ähnlich große und komplexe Unternehmen derselben Branche (Peergroup) aus dem relevanten Gebiet dürften in der Regel anhand von Kennzahlen, zum Beispiel zu Umsatz, Mitarbeitern, Produktionsstätten, bestehenden Vertragsbeziehungen, Absatz- und Beschaffungs-

---

1028 BT-Drs. 16/13433, S. 10.

1029 Vgl. *Fleischer*, in: Spindler/Stilz, AktG, § 87 Rn. 15; *ders.*, NZG 2009, 801, 802.

1030 Vgl. *Bauer/Arnold*, AG 2009, 717, 720; *Fleischer*, in: Spindler/Stilz, AktG, § 87 Rn. 41; *ders.*, in BB 2010, 67, 70; *Weber-Rey/Buckel*, NZG 2010, 761, 762.

1031 Siehe hierzu oben S. 66.

märkten etc. identifizierbar sein.[1032] Handelt es sich um den Vorstand einer Konzern-Muttergesellschaft, werden die Konzerndaten maßgeblich sein.[1033]

Die Auswahl der Vergleichsunternehmen und Informationen durch den Aufsichtsrat müsste ausnahmsweise voll gerichtlich überprüfbar sein. Andernfalls verkäme das ausdrücklich ins Gesetz eingefügte Merkmal der horizontalen Üblichkeit zu einer leeren Hülse. Bei der Bestimmung von Vergleichsunternehmen handelt es sich nicht um eine Informationsbeschaffung durch den Aufsichtsrat im engeren Sinn, sondern um deren Vorstufe. Im Übrigen dürfte eine möglicherweise fehlende unternehmerische Erfahrung, welche als Argument gegen eine volle richterliche Überprüfung von Organentscheidungen angeführt werden kann, hinsichtlich der Vergleichbarkeit von Unternehmen zumindest bei Hilfestellung durch einen Sachverständigen zu vernachlässigen sein.[1034]

Unter welchen konkreten Voraussetzungen der Aufsichtsrat die Vergleichsunternehmen beziehungsweise die maßgeblichen Kennzahlen nicht mehr hinreichend bestimmt und daher auf einer unangemessenen Informationsgrundlage die Vorstandsvergütung vereinbart hat, wird im Einzelfall zu entscheiden sein. Ob sich hieraus zukünftig allgemeine Grundsätze ableiten lassen, zum Beispiel Umsatz- oder Mitarbeiterabweichungen in einer bestimmten Höhe, bleibt abzuwarten.

Allzu strenge Maßstäbe sollten die Gerichte bei der Überprüfung der Informationsgrundlage zur horizontal üblichen Vergütung nicht anlegen, um der Komplexität und Verschiedenartigkeit der Unternehmen genügend Raum zu lassen. Um vor Gericht unter Umständen seine Beweggründe nachweisen und den entscheidenden Richtern eine entsprechende Argumentationsmöglichkeit eröffnen zu können, sollte der Aufsichtsrat seine Auswahlkriterien ausreichend dokumentieren. Durch die Hinzuziehung eines unabhängigen Vergütungsberaters könnte der Aufsichtsrat sein Haftungsrisiko trotz der gegebenenfalls gesteigerten gerichtlichen Nachprüfbarkeit der richtigen Vergleichsunternehmen ebenfalls minimieren.[1035]

Hinsichtlich einer angemessenen Informationsbasis für einen horizontalen Vergleich stellt sich genau wie beim vertikalen Vergleich die Frage nach dem anzulegenden zeitlichen Maßstab. Auch beim horizontalen Vergleich dürfte vieles für eine Kombination von retrospektiver und prospektiver Betrachtung sprechen.

So muss es selbstverständlich möglich sein, die zuletzt festgestellte übliche Vergütung anzuheben. Ein Grund hierfür könnten allgemeine wirtschaftliche Entwick-

---

1032 In diesem Zusammenhang sei auf die sog. Multiplikatormethode aus dem Bereich der Unternehmensbewertung hingewiesen, welche sich auf die Kennzahlen vergleichbarer Unternehmen stützt und diese folglich vorab bestimmen muss. Hierzu allgemein z.B. *Freiburg/Timmreck*, in: Richter/Timmreck, Unternehmensbewertung, S. 381 ff.

1033 Vgl. *Bachmann*, in: Kremer/Bachmann/Lutter/v. Werder, DCGK, Rn. 979; *Dauner-Lieb*, in: Henssler/ Strohn, AktG, § 87 Rn. 19; *Fonk*, in: Semler/v. Schenck, Hdb AR, § 10 Rn. 105.

1034 Zur oftmals fehlenden betrieblichen Erfahrung der Richter siehe oben S. 196.

1035 Siehe oben S. 40.

lungen sein, wie zum Beispiel generell deutlich verbesserte Geschäftsaussichten innerhalb der einschlägigen Branche des jeweiligen Unternehmens. In einem derartigen Fall ließe sich eine Gehaltssteigerung bei rein retrospektiver Betrachtung des üblichen Vorstandsgehalts nur schwer als angemessen begründen. Die letzte übliche Vergütung würde durch eine Anhebung nämlich überschritten, das heißt, die Vorstandsvergütung wäre unüblich hoch und somit tendenziell unangemessen nach § 87 Abs. 1 S. 1 AktG.[1036]

Zwar können unüblich hohe Vergütungen aufgrund besonderer Umstände gerechtfertigt sein.[1037] Es käme jedoch einem Zirkelschluss nahe, die allgemeine Verbesserung der Branchenaussichten als einen solchen besonderen Umstand anzuführen. Eine „unübliche" Vorstandsvergütung würde mit einem auch bei sämtlichen Vergleichsunternehmen vorliegenden, das heißt üblichen Parameter gerechtfertigt. Dogmatisch besser vertretbar erscheint es in solchen Fällen, den Rechtfertigungsgrund für eine höhere Vergütung bereits im Rahmen eines prospektiven Vergleichs der Gehälter zu berücksichtigen. Mit anderen Worten sähe man die retrospektiv betrachtet überhöhte Vergütung schlicht als zukünftig üblich an.

In diesem Sinne nennt Ziffer 4.2.2 Abs. 2 S. 2 DCGK die Zukunftsaussichten des Unternehmens als eines der zu beachtenden Angemessenheitskriterien. Hierbei handelt es sich um eine Konkretisierung der gesetzlichen Vorgaben und nicht eine eigens vom Kodex ausgesprochene Empfehlung.[1038] Insbesondere vor dem Hintergrund, dass die Angemessenheitsparameter des § 87 Abs. 1 AktG nebeneinander vorliegen müssen und sich gegenseitig beeinflussen[1039], dürfte es nur folgerichtig sein, die allgemeinen Zukunftsaussichten in einen horizontalen Vergleich einfließen zu lassen.

An diese Ausführungen schließt sich die Frage an, für welche konkreten Zeiträume der Aufsichtsrat möglicherweise Informationen beschaffen muss. Bezüglich des rückwärtsgewandten Vergleichs könnte bereits ein Blick auf die von den Vergleichsunternehmen zuletzt gemäß den §§ 285 Nr. 9 lit. a), 314 Abs. 1 Nr. 6 lit. a) HGB veröffentlichten Zahlen ausreichen.[1040] Anders als ein vertikaler dürfte ein horizontaler Vergleich weniger darauf abzielen, einen für die Öffentlichkeit kaum

---

1036 Vgl. zur Indizwirkung unüblich hoher Vergütungen *Fleischer*, NZG 2009, 801, 802; *Hohaus/Weber*, DB 2009, 1515, 1516; *Thüsing*, AG 2009, 517, 518; *Weber*, in: Hölters, AktG, § 87 Rn. 24.

1037 Vgl. LG München I, NZG 2007, 477 f.; *Bauer/Arnold*, AG 2009, 717, 719; *Dauner-Lieb*, Der Konzern 2009, 583, 586; *Hohenstatt*, ZIP 2009, 1349, 1350 f.; *Spindler*, in: MüKo, AktG, § 87 Rn. 54 ff.; *Weber*, in: Hölters, AktG, § 87 Rn. 24.

1038 Vgl. *Bachmann*, in: Kremer/Bachmann/Lutter/v. Werder, DCGK, Rn. 975; *Fleischer*, in: Spindler/Stilz, AktG, § 87 Rn. 14.

1039 Vgl. *Seibt*, in: Schmidt/Lutter, AktG, § 87 Rn. 8; *Weber*, in: Hölters, AktG, § 87 Rn. 16.

1040 Dies würde aber wohl nur ausreichen, wenn man bei einem horizontalen Vergleich allein auf nationale Unternehmen abstellen möchte. Zum Meinungsstand siehe oben S. 66.

noch nachvollziehbaren, längerfristigen Trend zu erkennen und abzumildern. Es ist grundsätzlich nicht erforderlich zu prüfen, ob das Vorstandsgehalt über einen längeren mehrjährigen Zeitraum „Maß und Bezug“ zu den Gehältern anderer Vorstände verloren hat.[1041] Vielmehr dürfte schon eine Momentaufnahme den korrigierenden Zweck eines horizontalen Vergleichs erfüllen.

Oben wurde sinngemäß unterstellt, die übliche Vergütung sei als wandernder Gradmesser zu verstehen.[1042] Der vorrangige Zweck eines horizontalen Vergleichs sollte folglich darin bestehen, deutliche, das heißt skandalöse Ausreißer von Vorstandsvergütungen nach oben zu verhindern.[1043] Die Feststellung, dass sich die Vergleichslinie über einen längeren Zeitraum kontinuierlich in eine bestimmte Richtung verschoben hat, in der Praxis heißt das wohl nach oben, ist hierfür nicht erforderlich.[1044]

Auf Grundlage des zuletzt ermittelbaren üblichen Gehalts kann der Aufsichtsrat eine Prognose über dessen zukünftige Entwicklung treffen. Diese sollte sich naturgemäß auf den neu zu vereinbarenden Vergütungszeitraum beziehen. Als Anknüpfungspunkt wird der Aufsichtsrat sich regelmäßig nur allgemeiner, nach anerkannten Wissenschaftsstandards erstellter Konjunktur-, Branchenstudien etc. bedienen können. Im Einzelfall könnten auch Informationen zu den von Vergleichsunternehmen beabsichtigten Schritten einholbar sein. Daneben könnte es sinnvoll beziehungsweise sogar geboten sein, eine Einschätzung des Vorstands als regelmäßig ausgewiesenem Branchenkenner einzuholen. Gegebenenfalls ist auch die Einschaltung eines Vergütungsberaters hilfreich, sollte sich eine Prognose nicht anders nachvollziehbar begründen lassen.

Sämtliche von Dritten eingeholte Informationen wird der Aufsichtsrat bekanntlich zumindest auf ihre Plausibilität prüfen müssen. Bei fehlender Plausibilität oder bei grob fahrlässiger Nichteinholung von sich aus ex-ante-Sicht aufdrängenden Informationen könnte eine unangemessene Informationsgrundlage des Aufsichtsrats im Sinne der Business Judgment Rule vorliegen.[1045] Bei einer gerichtlichen Überprüfung sollte bedacht werden, dass umso weniger gut belastbare Aussagen über die etwaige Entwicklung des üblichen Vorstandsgehalts getroffen werden können, je länger die Prognose in den anstehenden Vergütungszeitraum hineinreicht. Dementsprechend dürften sich die Anforderungen an die Informationsbeschaffung für einen prospektiven horizontalen Vergleich umso mehr mindern, je länger die beabsichtigte Dauer der Vergütungsperiode ist. Einem solch degressiven Informationsbedürfnis sind aber durch die maximale Dauer der Vorstandsbestellung nach § 84 Abs. 1 S. 1 AktG von vorneherein Grenzen gesetzt.

1041 Zum vertikalen Vergleich siehe oben S. 67.
1042 Siehe oben S. 69.
1043 Vgl. BT-Drs. 16/12778, S. 5.
1044 Zum kontinuierlichen Anstieg der Vorstandsgehälter siehe oben S. 5 f.
1045 Zum Prüfungsmaßstab siehe oben S. 195 ff.

(cc) Nachhaltige Unternehmensentwicklung

Diese Arbeit hat sich bereits in einem anderen Zusammenhang mit dem möglichen Begriffsinhalt von nachhaltiger Unternehmensentwicklung börsennotierter Gesellschaften im Sinne von § 87 Abs. 1 S. 2 AktG auseinandergesetzt. Dabei wurde im Wesentlichen zwischen einer engen und einer weiten Auffassung zur möglichen Bedeutung von nachhaltiger Unternehmensentwicklung unterschieden, wobei das umfassende Verständnis als vorzugswürdig eingestuft wurde.[1046]

Die Auslegung des unbestimmten Rechtsbegriffes dürfte starken Einfluss darauf haben, welche Informationen der Aufsichtsrat konkret benötigen könnte, um mit Blick auf die Business Judgment Rule für sich beanspruchen zu können, auf angemessener Grundlage gehandelt zu haben. Um gegebenenfalls weitere Argumente für eine weite beziehungsweise gegen eine enge Begriffsauslegung zu finden, sollen nachfolgend beide Meinungen auf den genauen Umfang der Informationsbeschaffungspflicht des Aufsichtsrats hin untersucht werden.

(α) Enges Verständnis

Zusammengefasst sehen die Vertreter einer engen Begriffsauslegung in nachhaltiger Unternehmensentwicklung nach § 87 Abs. 1 S. 2 AktG ausschließlich ein zeitliches Merkmal.[1047] In diesem Sinne kann der Begriff nachhaltig mit langfristig gleichgesetzt werden. Durch langfristige Verhaltensanreize sollen „Strohfeuer" und unverantwortliche Risiken verhindert werden. Einzelne Vertreter dieser Ansicht gehen bereits von einer nachhaltigen Vergütungsausrichtung aus, wenn Teile der variablen Vergütungsbestandteile eine mehrjährige, das heißt langfristige Bemessungsgrundlage nach § 87 Abs. 1 S. 3 Hs. 1
AktG haben.[1048]

Um langfristige von kurzfristigen Vergütungselementen abzugrenzen, muss der Aufsichtsrat für sich also zunächst die Rechtsfrage klären, welche genaue Dauer die mehrjährige Bemessungsgrundlage haben muss.[1049] Dieses Problem tritt jedoch auf einer früheren Ebene auf, nämlich wenn es darum geht, ob es sich bei der Ausfüllung eines unbestimmten Rechtsbegriffs um eine unternehmerische Entscheidung des Aufsichtsrates handelt und deshalb die Business Judgment Rule überhaupt Anwen-

---

1046 Siehe hierzu oben S. 166 f.

1047 Siehe oben S. 124 f.

1048 Vgl. *Louven/Ingwersen*, BB 2013, 1219 ff.; *Marsch-Barner*, ZHR 175 (2011), 737, 745.

1049 Die unterschiedlichen Auffassungen hierzu reichen von zwei- bis zu fünfjährigen Zeiträumen, vgl. *Fleischer*, NZG 2009, 801, 803 (drei bis fünf Jahre); *Gaul/Janz*, NZA 2009, 809, 810 (vier Jahre); *Hoffmann-Becking/Krieger*, Beilage NZG 26/2009, 1, 2 (zwei Jahre); *Seibert*, WM 2009, 1489, 1490 (drei bis vier Jahre); *Thüsing*, AG 2009, 517, 521 (fünf Jahre). Besser als auf einen starren Zeitraum lässt sich ggf. auf die individuelle Ausrichtung des jeweiligen Unternehmens abstellen, vgl. *Dauner-Lieb*, in: Henssler/Strohn, AktG, § 87 Rn. 28.

dung findet.[1050] Die Frage, ob der Aufsichtsrat angemessen über den tatsächlichen Sachverhalt informiert war, stellt sich an dieser Stelle also noch nicht.

Unabhängig von ihrer konkreten Dauer wird eine mehrjährige Bemessungsgrundlage als Betrachtung einer durchschnittlichen Performance, zum Beispiel die durchschnittliche Entwicklung des Aktienkurses, verstanden. Andere Gestaltungen werden ebenfalls als mehrjährige Bemessungsgrundlage angesehen, solange die variablen Bestandteile während des gesamten Bemessungszeitraums auch von Negativereignissen beeinflusst werden.[1051] Als solche kommen zum Beispiel die in der Gesetzesbegründung ausdrücklich genannten Haltefristen bei Aktienoptionen[1052] oder Auszahlungshürden beziehungsweise Rückforderungsklauseln („Clawback"[1053]) in Betracht.[1054]

Bei Auszahlungshürden und Rückforderungsklauseln wird unmittelbar nach Beendigung eines kurzfristigen Zeitraums, etwa nach einem Geschäftsjahr, die Erreichung bestimmter Ziele zunächst nur festgestellt, zum Beispiel die Schaffung bestimmter unternehmensinterner Einrichtungen. Die Auszahlung beziehungsweise Rückzahlung hängt anschließend davon ab, ob innerhalb des darauffolgenden mehrjährigen Zeitraums besondere, zuvor vertraglich vereinbarte Ereignisse eintreten beziehungsweise nicht eintreten. Dies könnten zum Beispiel bestimmte positive Auswirkungen der zuvor geschaffenen Einrichtungen sein.[1055]

Zu diesen potentiellen Ereignissen beziehungsweise zu der zu betrachtenden Performance wird der Aufsichtsrat Informationen benötigen. So wird er sich im betroffenen Unternehmensbereich wenigstens über die bisherige Entwicklung, den Ist-Zustand, den allgemeinen wirtschaftlichen und rechtlichen Ausblick und gegebenenfalls vom Vorstand geplante relevante Maßnahmen und Ziele erkundigen müssen. Auf dieser sich hieraus ergebenden plausiblen Grundlage wird der Aufsichtsrat eine Prognose treffen müssen über den Eintritt der zu definierenden

---

1050 Siehe hierzu oben S. 35 f. und 192 ff.

1051 Vgl. BT-Drs. 16/13433, S. 10; Hüffer/*Koch*, AktG, § 87 Rn. 13; *Weber*, in: Hölters, AktG, § 87 Rn. 36.

1052 Vgl. BT-Drs. 16/12778, S. 5; *Fleischer*, NZG 2009, 801, 803; *Hoffmann-Becking/Krieger*, Beilage NZG 26/2009, 1, 3 f.; *Hohaus/Weber*, DB 2009, 1515, 1518 f.

1053 Allgemein zu Clawback-Klauseln *Schuster*, in: FS Bauer, S. 973 ff.; *Wettich*, AG 2013, 374 ff.

1054 Vgl. für einen Überblick zu möglichen mehrjährigen Bemessungsgrundlagen *Deilmann/Otte*, GWR 2009, 261, 262 f.; *Weber*, in: Hölters, AktG, § 87 Rn. 36 m.w.N.; aus arbeitsvertraglicher Sicht *Dzida/Naber*, BB 2011, 2613, 2614 ff.

1055 Vgl. *Dzida/Naber*, BB 2011, 2613, 2614 ff. Auch vor diesem Hintergrund dürfte der Aufsichtsrat in vielen Bereichen auf die Mitwirkung des Vorstands angewiesen sein, um Auszahlungshürden beziehungsweise Rückforderungsgründe inhaltlich formulieren zu können. Andernfalls könnte der Aufsichtsrat durch das Festlegen bestimmter Ziele unerlaubt in die Geschäftsführungskompetenz des Vorstands eingreifen. Dieser Umstand spricht aus hiesiger Sicht ebenfalls dafür, dass § 87 Abs. 1 AktG Aufsichtsrat und Vorstand zugleich anspricht.

Ereignisse beziehungsweise über die zu erwartende Performance, das heißt den voraussichtlichen Zielerreichungsgrad. Man wird grundsätzlich davon ausgehen dürfen, dass die Verfügbarkeit von verlässlichen Informationen abnehmen wird, je länger die Betrachtung in die Zukunft reicht.

In seine Prognose muss der Aufsichtsrat auch das im Unternehmensinteresse anzustrebende Verhältnis von langfristig und kurzfristig ausgerichteten Vergütungsanreizen einfließen lassen, soweit eine Mischung vorgesehen beziehungsweise erforderlich ist. Von der variablen Vergütung – soweit eine solche überhaupt vereinbart wird – soll in der Regel mehr als die Hälfte langfristig ausgerichtet sein, um noch die gesetzlichen Vorgaben zu erfüllen.[1056] Das tatsächlich verwirklichte Verhältnis lässt sich aufgrund des variablen Charakters naturgemäß erst nachträglich feststellen.

Daher hat der Aufsichtsrat nicht nur eine Prognose über den Zielerreichungsgrad der langfristig, sondern auch über den der kurzfristig ausgerichteten Vergütungselemente abzugeben und in Verhältnis zu setzen. Hierbei kann beziehungsweise muss sich der Aufsichtsrat an seinen bisherigen Erfahrungen und den (vom Vorstand) vorgegebenen Planungen orientieren.[1057] Der Aufsichtsrat benötigt also zu kurzfristig ausgerichteten Vergütungselementen Information im gleichen Mindestumfang (bisherige Entwicklung der Parameter einschließlich Ist-Zustand, allgemeiner Ausblick sowie geplante unternehmerische Maßnahmen) wie zu langfristigen Bestandteilen.

In besonderen Notsituationen bleiben natürlich auch rein kurzfristige Anreize, die eine mehrjährige Bemessungsgrundlage naturgemäß verbieten, zulässig, um das Überleben der Gesellschaft wenigstens kurzfristig zu sichern.[1058] In diesen Sonderfällen scheidet die Beschaffung von Informationen zu langfristigen Verhaltensanreizen aus. Dies muss unter anderem aus systematischer Sicht selbst nach dem engen Verständnis zur nachhaltigen Unternehmensentwicklung möglich sein, da es sich bei § 87 Abs. 1 S. 3 Hs. 1 AktG bloß um eine Soll-Vorschrift handelt.[1059]

(β) Weites Verständnis

Weit verstanden kann nachhaltige Unternehmensentwicklung gemäß § 87 Abs. 1 S. 2 AktG als unternehmensspezifische Ausprägung des allgemeinen Nachhaltig-

---

1056 Vgl. *Deilmann/Otte*, GWR 2009, 261, 262; *Hohenstatt/Kuhnke*, ZIP 2009, 1981, 1987; *Weber*, in: Hölters, AktG, § 87 Rn. 33; auf die jeweilige Ausrichtung des Unternehmens abstellend *Dauner-Lieb*, in: Henssler/Strohn, AktG, § 87 Rn. 30.

1057 Vgl. *Hoffmann-Becking/Krieger*, Beilage NZG 26/2009, 1, 2f.; *Weber*, in: Hölters, AktG, § 87 Rn. 33.

1058 Vgl. *Dauner-Lieb*, in: Henssler/Strohn, AktG, § 87 Rn. 31; *Fleischer*, NZG 2009, 801, 803; *Gaul/Janz*, NZA 2009, 809, 811; *Hohenstatt/Kuhnke*, ZIP 2009, 1981, 1987; *Thüsing*, AG 2009, 517, 520; *Weber*, in: Hölters, AktG, § 87 Rn. 33.

1059 In der Möglichkeit rein kurzfristiger Anreize kann übrigens ein weiteres Argument gegen ein rein zeitliches Begriffsverständnis gesehen werden, da nachhaltig im Sinne von § 87 Abs. 1 S. 2 AktG vor diesem Hintergrund nur schwerlich mit langfristig gleichgesetzt werden kann.

keitskonzepts ausgelegt werden, was nach der hiesigen Ansicht eher dem Willen des Gesetzgebers entsprechen dürfte. Das allgemeine Nachhaltigkeitskonzept umfasst die generationenübergreifende Verbesserung sozialer, ökologischer und ökonomischer Belange. Folgt man einem weiten Begriffsverständnis, ist die Vergütungsstruktur des Vorstands börsennotierter Gesellschaften auf Ziele in diesem Sinne auszurichten, soweit sie im jeweiligen Unternehmensinteresse liegen. Eine abstrakte Orientierung könnte zum Beispiel der DNK bieten.[1060]

Nachdem der Aufsichtsrat in Zusammenarbeit mit dem Vorstand mögliche Ziele als nachhaltig im jeweiligen Unternehmensinteresse formuliert hat, zum Beispiel die Reduktion von Treibhausgasen, wird er Informationen zu den diesbezüglichen tatsächlichen Umständen benötigen. Hierbei handelt es sich um solche Informationen, die dem Aufsichtsrat eine rationale, im Detail begründete und ausgewogene, mit anderen Worten plausible Entscheidung in tatsächlicher Hinsicht ermöglichen.[1061] Der Aufsichtsrat darf nachhaltige Vergütungsziele nicht ausschließlich intuitiv, das heißt gänzlich ohne objektiv überprüfbare Begründung, treffen.[1062] Vielmehr muss er seine Annahmen nicht bloß global, sondern detailliert begründen.[1063]

Im Beispiel würde es also nicht ausreichen, wenn der Aufsichtsrat von einer Minderung der Treibhausgas-Emissionen ausgehen und dem Vorstand hierfür eine zusätzliche Vergütung gewähren würde, weil dieser irgendwelche darauf gerichtete Maßnahmen ergreifen will. Der Aufsichtsrat müsste zumindest skizzieren, warum beziehungsweise wie sich die konkret geplanten Schritte auf den Treibhausgasausstoß auswirken sollen, um die zusätzliche Vergütung hiervon abhängig machen zu können.

Im Übrigen müsste die Begründung ausgewogen sein, also gleichermaßen Chancen als auch Risiken preisgebende Informationen mit einbeziehen.[1064] So könnte zum Beispiel die vom Vorstand zur Reduktion von Treibhausgasen gewählte Technologie im Vergleich zu anderen Möglichkeiten wirtschaftlich stark nachteilig sein. Würde der Aufsichtsrat hierzu trotz naheliegendem Bedürfnis keine weiteren Informationen einholen oder vorhandene ausblenden, könnte die Entscheidung für eine höhere Vergütung des Vorstands bei Implementierung der „schlechteren" Technologie auf unzureichender Informationsgrundlage getroffen worden sein.

Die zur Erfüllung dieser Vorgaben konkret erforderliche Informationsdichte ist vom jeweiligen Einzelfall abhängig. Damit die genannten allgemeinen Anforderungen ansatzweise erfüllt werden können, bedarf es wohl zumindest eines Überblicks

---

1060 Siehe oben S. 131 ff.

1061 Vgl. *v. Werder/Maly/Pohle/Wolff*, DB 1998, 1193, 1196.

1062 Vgl. allgemein zur Begründung bzw. Dokumentation der Entscheidung durch das Organ z. B. *Fleischer*, in: FS Wiedemann, S. 827, 841; *Graumann/Grundei*, DBW 2011, 379, 382; *Grundei/v. Werder*, AG 2005, 825, 833 f.; *Lutter*, ZIP 2007, 841, 845; *Spindler*, AG 2006, 677, 681 f.; *Ulmer*, DB 2004, 859, 860.

1063 Vgl. *v. Werder*, in: Kremer/Bachmann/Lutter/v. Werder, DCGK, Rn. 666 ff.

1064 Vgl. z. B. *Binder*, AG 2012, 889, 894 f.; *v. Werder*, in: Kremer/Bachmann/Lutter/v. Werder, DCGK, Rn. 671.

zur bisherigen Entwicklung und dem derzeitigen Zustand des möglichen Parameters. Um eine Prognose zu zukünftigen Entwicklung abgeben zu können, muss sich der Aufsichtsrat weiter über den allgemeinen Ausblick, zum Beispiel aufgrund neuer technischer oder rechtlicher Möglichkeiten, und die vom Vorstand konkret geplanten Maßnahmen im relevanten Unternehmensbereich erkundigen. Die Sorgfaltsanforderungen an den Aufsichtsrat dürfen aber nicht überspannt werden. Er kann nicht zum Experten für sämtliche Technologiefragen oder Ähnliches werden müssen. In vielen Fällen dürfte hier wohl die Einschaltung eines spezialisierten Vergütungsberaters sinnvoll sein.[1065]

Auch im Falle einer weit ausgelegten nachhaltigen Unternehmensentwicklung soll die Bemessungsgrundlage der variablen, nachhaltigen Vergütungsbestandteile nach § 87 Abs. 1 S. 3 Hs. 1 AktG mehrjährig sein. Dementsprechend sollten sich auch die zu sammelnden Informationen auf diesen mehrjährigen Zeitraum erstrecken, wobei die beim engen Begriffsverständnis bereits diskutierte abnehmende Verfügbarkeit, je länger der Bemessungszeitraum dauert, berücksichtigt werden muss. Auch die obigen Ausführungen zur Informationsbeschaffung hinsichtlich kurzfristiger Anreize, um das Verhältnis zu den langfristigen Zielen zu prognostizieren, dürften entsprechend gelten.

Insoweit unterscheiden sich das hier unterstellte weite und enge Verständnis nachhaltiger Unternehmensentwicklung bezüglich einer angemessenen Informationsgrundlage im Rahmen der Business Judgment Rule auf den ersten Blick nur durch die zulässigen beziehungsweise gebotenen Vergütungsparameter. Hieraus könnten sich jedoch teilweise, zum Beispiel abhängig davon, ob Vergütungsparameter eine Finanzkennzahl oder ein technischer Wert ist, erhebliche Unterschiede hinsichtlich der Art der einzuholenden Informationen ergeben.

(dd) Anreizorientierte Vergütungszusagen

Die ausdrückliche Klarstellung in § 87 Abs. 1 S. 1 AktG bezüglich der Zulässigkeit von anreizorientierten Vergütungszusagen dürfte wie bisher im Rahmen dieser Arbeit zu vernachlässigen sein. Anreizorientierte Vergütungszusagen sind den Angemessenheitskriterien untergeordnet.[1066] Die sich aus letzteren ergebenden allgemeinen Anforderungen an die vom Aufsichtsrat einzuholenden Informationen, welche zum Teil in den voranstehenden Abschnitten diskutiert wurden, gelten entsprechend.

(ee) Zwischenergebnis

Als grundlegend kann festgehalten werden, dass der Aufsichtsrat Informationen zur Vorbereitung der Vergütungsvereinbarung mit dem Vorstand möglichst sorgfältig und ausführlich zusammentragen sowie seine Sammlung dokumentieren und be-

1065 Allgemein zur Beauftragung eines Vergütungsberaters siehe oben S. 39 f.
1066 Siehe oben S. 89.

gründen sollte. Zu den zukünftigen Leistungen des Vorstands, der vertikalen sowie horizontalen Üblichkeit und den Nachhaltigkeitsparametern – sowohl bei enger als auch weiter Begriffsauslegung – wird der Aufsichtsrat jeweils eine Prognose für den künftigen Vergütungszeitraum abgeben müssen. In diese sollte er unter anderem Daten zur bisherigen Entwicklung, dem Ist-Zustand und dem allgemeinen sowie unternehmensinternen Ausblick mit einbeziehen.

Zumindest innerhalb des Tatbestandes des § 87 Abs. 1 AktG sollte man darüber nachdenken, ob bezüglich der angemessenen Informationsgrundlage des Aufsichtsrats ein aus ex-ante-Sicht gerichtlich überprüfbarer, an grobe Fahrlässigkeit angelehnter Maßstab gelten kann oder sogar gelten muss. Für die zur Durchführung eines horizontalen Vergleichs vorab erforderliche Auswahl der Vergleichsunternehmen könnten gegebenenfalls sogar strengere Vorgaben sinnvoll sein.

Die Dauer des zurückliegenden Zeitraums, welcher vom Aufsichtsrat zur Erstellung einer angemessenen Informationsgrundlage anzuschauen ist, bedarf einer weiteren Klärung. Vergangene Leistungen des Vorstands beziehungsweise Kandidaten für die Gesellschaft oder den Konzern kommen grundsätzlich alle in Betracht. Schlechtleistungen dürfen allerdings nicht außer Acht bleiben. Für einen vertikalen Vergleich könnte man über eine grobe Betrachtung der letzten drei Vergütungszeiträume verknüpft mit einer Mindestanzahl zurückliegender Jahre nachdenken, um eine echte Trendbewertung zu ermöglichen. Für einen horizontalen Vergleich reichen unter Umständen schon die von den Vergleichsunternehmen zuletzt veröffentlichen Daten zur Vorstandsvergütung. Bezüglich der Daten zum allgemeinen sowie unternehmensinternen Ausblick muss allgemein die abnehmende Verfügbarkeit berücksichtigt werden, je länger ein Prognosezeitraum dauert.

(b) Handeln zum Wohl der Gesellschaft

Eine weitere Voraussetzung der Business Judgment Rule gemäß § 116 S. 1 AktG in Verbindung mit § 93 Abs. 1 S. 2 AktG ist, dass der Aufsichtsrat vernünftigerweise annehmen durfte, zum Wohle der Gesellschaft zu handeln. Mit dem Gesellschaftswohl ist nichts anderes gemeint als das Unternehmensinteresse.[1067] Folglich muss der Aufsichtsrat die Vergütungsvereinbarung mit dem Vorstand nach § 87 Abs. 1 AktG zuallererst den Zielen des Bestandserhalts und der Sicherung der dauerhaften Rentabilität seines Unternehmens unterordnen. Dass die Vergütungsvereinbarung tatsächlich nicht diesen Zielen dient, steht aufgrund der Unangemessenheit des Vorstandsgehalts bereits fest. Nur eine angemessene Vorstandsvergütung liegt auch im Unternehmensinteresse. Das Angemessenheitserfordernis des § 87

1067 Vgl. *Bürgers*, in: Bürgers/Körber, AktG, § 93 Rn. 15; *Dauner-Lieb*, in: Henssler/Strohn, AktG, § 93 Rn. 23; Hüffer/*Koch*, AktG, § 93 Rn. 23; *Koch*, ZGR 2006, 769, 790; *Schäfer*, ZIP 2005, 1253, 1257; *Winnen*, Die Innenhaftung des Vorstandes nach dem UMAG, S. 240.

Abs. 1 AktG konkretisiert insoweit das Unternehmensinteresse, ist diesem also nachgelagert.[1068]

Für das Eingreifen der Business Judgment Rule reicht es aber aus, wenn der Aufsichtsrat vernünftigerweise davon ausgehen durfte, die Vergütungsvereinbarung sichere den Bestand und die dauerhafte Rentabilität des Unternehmens. Der tatsächliche Verlauf ist nicht maßgeblich.[1069] Vielmehr ist eine ex-ante-Beurteilung vorzunehmen.[1070] Der Aufsichtsrat darf aus objektivierter Sicht nicht „schlechterdings unvertretbar"[1071] handeln.[1072] In diesem Sinne ist ein weiter Maßstab auch schon bei der Frage anzulegen, welche der zuvor gesammelten Informationen der Aufsichtsrat für seine Entscheidung berücksichtigt und wie er sie gewichtet.[1073] Eine unvertretbare Vergütungsentscheidung liegt spätestens dann vor, wenn aus Sicht eines ordentlichen und gewissenhaften Aufsichtsrats „das hohe Risiko eines Schadens unabweisbar ist und keine vernünftigen geschäftlichen Gründe dafür sprechen, es dennoch einzugehen."[1074]

Mit diesen Anforderungen geht einher, dass eine gerichtliche Kontrollmöglichkeit der Vergütungsentscheidung unter dem Blickwinkel, ob der Aufsichtsrat annehmen durfte, zum Wohle der Gesellschaft zu handeln, äußerst gering beziehungsweise fast nicht gegeben ist. Sofern der Aufsichtsrat wie soeben ausgeführt seine Entscheidung nach § 87 Abs. 1 AktG rational, detailliert und ausgewogen begründen kann, dürfte sie vertretbar sein. Nach diesen allgemeinen Maßgaben zur Prognosebeurteilung dürfte Unvertretbarkeit nur in seltenen Einzelfällen konkret feststellbar sein.

Aufgrund des hieraus folgenden äußerst weiten Handlungsspielraums des Aufsichtsrats ließe sich bezüglich nicht im Gesellschaftswohl liegender Vergütungsvereinbarungen in erster Linie an solche denken, die in der Nähe zur Sittenwidrigkeit stehen. Bei derartigen Konstellationen dürfte der Eintritt eines Schadens für die Gesellschaft aus Aufsichtsratssicht oftmals sehr wahrscheinlich oder sogar unvermeidbar sein. Insoweit kann auf die früheren Ausführungen in dieser Arbeit zu

---

1068 Vgl. *Baums*, in: FS Huber, S. 657, 664 ff.; *Dreher*, AG 2002, 214, 216; *Fonk*, NZG 2005, 248, 252; Hüffer/*Koch*, AktG, § 87 Rn. 7; *Kort*, NJW 2005, 333, 334; *Marsch-Barner*, in: FS Röhricht, S. 401, 406; *Reichert/Balke*, in: FS Hellwig, S. 285, 286 f.; offen bei LG Düsseldorf, NJW 2004, 3275, 3277.

1069 Vgl. allgemein hierzu schon BGHZ 75, 96, 113.

1070 Vgl. BT-Drs. 15/5092, S. 11.

1071 *Dauner-Lieb*, in: Henssler/Strohn, AktG, § 93 Rn. 22.

1072 Vgl. OLG Frankfurt, DB 2010, 2788, 2792 („noch als nachvollziehbar"); *Bosch/Lange*, JZ 2009, 225, 231 („ganz und gar unvernünftig"); *Hölters*, in: Hölters, AktG, § 93 Rn. 39; *Mertens/Cahn*, in: KöKo, AktG, § 93 Rn. 23 („objektiv plausibel").

1073 Vgl. *Heinz*, in: Schüppen/Schaub, MüHdb Aktienrecht, § 22 Rn. 60; *Lutter*, ZIP, 841, 844 ff.

1074 BGH, NZG 2002, 195, 196 (für Genossenschaftsbank); OLG Frankfurt, DB 2010, 2788, 2793.

einer möglicherweise sittenwidrigen Gehaltsvereinbarung entsprechend Bezug genommen werden.[1075]

Diese Bezugnahme kann jedoch nur hinsichtlich der dort aufgeführten objektiven Umstände gelten. Hinsichtlich der subjektiven Voraussetzungen bei den Organmitgliedern dürften Unterschiede bestehen. Damit ein Rechtsgeschäft, wie zum Beispiel eine Vergütungsvereinbarung, sittenwidrig ist, muss regelmäßig eine verwerfliche Gesinnung beider Geschäftspartner beziehungsweise zumindest des Begünstigten, das heißt des Vorstands, vorliegen.[1076] Auf die Sicht des Vorstands kann es aber bei der Prüfung der Business Judgment Rule zugunsten des Aufsichtsrats nicht ankommen. Allein der Aufsichtsrat musste davon ausgehen dürfen, zum Wohle der Gesellschaft zu handeln.

Im Lichte dieser Ausführungen sollen kurz einige ausgewählte Konstellationen untersucht werden, in denen eine Vergütungsabrede aus der ex-ante-Sicht eines vernünftigen Aufsichtsrates gegebenenfalls nicht mehr zum Wohle der Gesellschaft sein könnte. Aufhänger sollen hierbei wie gewohnt die durch das VorstAG vorgenommenen Änderungen in § 87 Abs. 1 AktG sein. Es darf jedoch nicht übersehen werden, dass die anstehenden Fragestellungen unter Umständen auch im Rahmen anderer Merkmale des Angemessenheitsgebots diskutiert werden könnten.

(aa) Leistungen des Vorstands

Vergütungsvereinbarungen mit Vorständen, die eine Vergütung für schlechte Leistungen oder Nichtleistungen gewähren, wurden weiter oben in dieser Arbeit als möglicherweise sittenwidrig eingestuft. Mit Blick auf die Business Judgment Rule dürfte der Aufsichtsrat bei Vorliegen derartiger objektiver Merkmale wohl auch nicht mehr annehmen, zum Wohle der Gesellschaft zu handeln. Ein Schaden für die Gesellschaft wäre in solchen Fällen sehr wahrscheinlich.[1077]

Fraglich ist, ob unter bestimmten Voraussetzungen ein hohes Schadensrisiko der Gesellschaft auch in weniger offensichtlichen Fällen bestehen kann. Soll dem Vorstand eine Vergütung für seine Leistungen gewährt werden, könnte man überlegen, ob der Aufsichtsrat stets versuchen muss, die niedrigste Vergütung mit dem Vorstand zu vereinbaren, die gerade noch durchsetzbar ist.[1078] Oftmals wird der Eindruck bekundet, die Aufsichtsräte „holten nicht das Beste für die Gesellschaft heraus“, da sie dem Vorstand äußerst wohlgesonnen und deshalb nicht gerade auf harte Verhandlungen bedacht seien.[1079] Genau genommen dürfte sich die aufgeworfene

---

1075 Siehe oben S. 113 ff. und 167 ff.

1076 Vgl. allgemein etwa BGHZ 146, 298, 301; BGH, NJW 2010, 363; *Ahrens*, in: Prütting/ Wegen/ Weinreich, BGB, § 138 Rn. 33 ff.; *Schmidt-Räntsch*, in: Erman, BGB, § 138 Rn. 22 f.

1077 Vgl. in diesem Sinn *Reichert/Balke*, in: FS Hellwig, S. 285, 286 f.

1078 Vgl. hierzu *Drygala*, in: FS Schneider, S. 275, 284.

1079 Vgl. RG, JW 1934, 2151, 2152; *Bernhardt*, BB 2008, 1686, 1687 f.; *Lutter*, ZIP 2003, 737, 739.

Frage auf das Angemessenheitsgebot nach § 87 Abs. 1 AktG allgemein beziehen, da sie bei sämtlichen Angemessenheitskriterien eine Rolle spielen würde. An der Schnittstelle Leistung des Vorstands / Gegenleistung der Gesellschaft zeigt sich die Problematik jedoch sehr deutlich.

Für eine Verpflichtung des Aufsichtsrats, ein möglichst niedriges Gehalt gegenüber dem Vorstand durchzusetzen, sprechen mehrere Aspekte. § 87 AktG soll das Vermögen der Gesellschaft zum Schutz von Aktionären, Arbeitnehmern und Gläubigern vor überhöhten Bezügen schützen.[1080] Dieser Schutz wird naturgemäß am besten gewährleistet, wenn die Gesellschaft möglichst wenig ihres Vermögens hergibt. Im Übrigen spricht auch die generelle Pflicht des Aufsichtsrats, bei der Vergütungsentscheidung das Unternehmensinteresse zu beachten, für die Vereinbarung eines Gehalts, das so niedrig wie möglich ist. Hierdurch würde dem Bestandserhalt sowie der Sicherung der dauerhaften Rentabilität des Unternehmens regelmäßig in größtmöglichem Umfang Rechnung getragen.

Daneben lässt sich noch die Aufgabe des Aufsichtsrates, die unbestimmten Rechtsbegriffe der Angemessenheit oder der Leistungen des Vorstands auszufüllen, als Argument anführen. Der Aufsichtsrat muss bei der Ausfüllung unbestimmter Rechtsbegriffe den Weg des geringsten Risikos wählen, welcher unter anderem anhand eines drohenden Schadens zu beurteilen ist.[1081] Ein Schaden wäre umso unwahrscheinlicher beziehungsweise geringer, je weniger Gehalt die Gesellschaft an ihren Vorstand zahlt.

Es erscheint somit naheliegend, dass der Aufsichtsrat versuchen muss, eine gerade noch durchsetzbare Vergütung mit dem gewünschten Vorstandskandidaten zu verhandeln. Natürlich dürfen die Verhandlungen des Aufsichtsrats nicht dazu führen, dass der favorisierte Vorstandskandidat von der Tätigkeit Abstand nimmt. Der Gesellschaft wäre nicht damit gedient, wenn nur der zweitbeste Kandidat eingestellt würde, von welchem gegebenenfalls nicht unwesentlich schlechtere Leistungen zu erwarten wären. Aus Gründen der Vorsicht könnte es ratsam für den Aufsichtsrat sein, seine Verhandlungsbemühungen zu dokumentieren. Soweit möglich könnte festgehalten werden, warum der Vorstand sich ab einer bestimmten Grenze konkret weigert, für eine geringere Vergütung tätig zu werden. Durch eine solche Dokumentation – gegebenenfalls mit Verweis auf anderweitige Beschäftigungsmöglichkeiten des Vorstands – ließe sich unter Umständen der kurz zuvor erwähnte Vorwurf entkräften, der Aufsichtsrat sei gegenüber den Forderungen des Vorstands zu nachgiebig. Hingegen könnte das völlige Fehlen einer Dokumentation von ernsthaften Verhandlungsbemühungen des Aufsichtsrats entsprechende Zweifel nähren.

Im Übrigen könnte man darüber nachdenken, ob der Aufsichtsrat mindestens mit zwei Vorstandskandidaten über eine Anstellung verhandeln muss, um über einen

1080 Vgl. nur Hüffer/*Koch*, AktG, § 87 Rn. 1; *Spindler*, in: MüKo, AktG, § 87 Rn. 1; zu § 78 AktG 1937 *Geßler*, JW 1937, 497, 499 f.; *Schlegelberger/Quassowski*, AktG 1937, § 78 Rn. 1.

1081 Vgl. *Kocher*, CCZ 2009, 215, 217.

so erzeugten Konkurrenzkampf einen gewissen Wettbewerb zu erzeugen. Sollten diese zwei Kandidaten aus Sicht des Aufsichtsrats ausnahmsweise in gleicher Weise geeignet erscheinen, wird dieser den „günstigeren" Vorstand auswählen müssen. Andernfalls würde die Gesellschaft ex ante betrachtet die gleiche Leistung zu einem höheren Preis erhalten, was nicht zu ihrem Wohl wäre.

Jedoch wird der Aufsichtsrat nur in den seltensten Fällen zwei Kandidaten als vollumfänglich gleichermaßen geeignet erachten. Noch unwahrscheinlicher dürfte es sein, dass der Aufsichtsrat von zwei aus seiner Sicht gleich geeigneten Kandidaten nachweisbar den „teureren" auswählt. Verfolgte der Aufsichtsrat tatsächlich sachfremde Motive, die ihn zu solch einem Schritt verleiten könnten, würde er wohl schon versuchen, die gleiche Eignung des ihm unliebsamen Kandidaten infrage zu stellen. Bei rechtmäßiger Motivation sollte der Aufsichtsrat seine Verhandlungsbemühungen mit dem unterstellt gleich geeigneten Kandidaten, soweit vorhanden, insbesondere den höheren Gehaltswunsch, zur eigenen Sicherheit dokumentieren.

Wenn nicht erkennbar ist, dass der Aufsichtsrat sich überhaupt mit der Möglichkeit eines weiteren Kandidaten beschäftigt hat, dann ist zweifelhaft, ob der Aufsichtsrat ex ante betrachtet annehmen durfte, zum Wohle der Gesellschaft zu handeln. Gleiches könnte gelten, wenn sich bestimmte Personen gerade als Vorstandskandidaten aufdrängen, vom Aufsichtsrat aber überhaupt nicht in den Entscheidungsprozess einbezogen werden. In diesen Fällen könnte es aus Sicht eines vernünftigen Aufsichtsrats nicht mehr plausibel nachvollziehbar sein, warum der letztendlich ausgewählte Vorstand die bestmögliche Lösung für die Gesellschaft sein soll. Daher sollte der Aufsichtsrat zumindest kurz festhalten, warum aus seiner Sicht überhaupt kein weiterer Kandidat existiert oder andere Kandidaten schlechter geeignet sind. Diese Annahmen dürften dann nach den allgemeinen Grundsätzen lediglich auf Plausibilität überprüft werden.

(bb) Üblichkeit der Vergütung

Vereinbarungen, die eine Vorstandsvergütung von mehr als dem Doppelten des horizontal Üblichen ermöglichen beziehungsweise gewähren, wurden in dieser Arbeit als gegebenenfalls sittenwidrig erörtert.[1082] Derartige Abreden könnten folglich mit Blick auf die Business Judgment Rule nicht mit dem Wohl der Gesellschaft übereinstimmen. Daher drängt sich die Frage auf, ob nicht die Vereinbarung eines Caps mit dem Vorstand geboten ist, um derartige Abreden zu vermeiden. Erforderte das Gesellschaftswohl eine solche Begrenzung der Vergütungshöhe, würde ihr Unterlassen eine Pflichtverletzung des Aufsichtsrats indizieren.

Gegen eine solche Sichtweise spricht allerdings § 87 Abs. 1 S. 3 Hs. 2 AktG. Diese Vorschrift sieht eine Begrenzung nur für außerordentliche Entwicklungen vor, um sogenannten „windfall profits" vorzubeugen, die nicht auf Leistungen des Vor-

1082 Siehe oben S. 117 ff.

stands zurückzuführen sind.[1083] Zu im Ergebnis unüblich hohen Vergütungen trifft die Norm keine Aussage. Darüber hinaus muss das Einziehen einer Begrenzungsmöglichkeit im Sinne von § 87 Abs. 1 S. 3 Hs. 2 AktG auch nicht zwangsläufig die Vereinbarung eines Caps im Sinne einer betragsmäßigen Höchstgrenze bedeuten.[1084] Zudem handelt es sich um eine Soll-Vorschrift, das heißt, eine generelle Pflicht zur Einhaltung besteht grundsätzlich nicht.

Vor diesem Hintergrund scheint es nur schwer vertretbar, eine aus § 87 Abs. 1 AktG resultierende Pflicht des Aufsichtsrats zur Vereinbarung eines „Üblichkeits-Caps“ anzunehmen. Entsprechend wird man kaum unterstellen können, der Aufsichtsrat habe nicht annehmen dürfen, zum Wohle der Gesellschaft zu handeln, nur weil er keine solche Begrenzung vereinbart habe. Zur Minimierung seines Haftungsrisikos und der Gefahr einer Sittenwidrigkeit könnte es für den Aufsichtsrat aber durchaus empfehlenswert sein, die Vergütung des Vorstands im Sinne einer Auffangklausel auf das Doppelte der üblichen Vergütung zu begrenzen.

Dies dürfte in den meisten Fällen, in denen der Aufsichtsrat die Empfehlung der Ziffer 4.2.3 Abs. 2 S. 6 DCGK befolgt, ohnehin bereits faktisch gewährleistet sein.[1085] Die Empfehlung sieht betragsmäßige Höchstgrenzen für die Vergütung des Vorstands insgesamt und hinsichtlich der variablen Vergütungsbestandteile vor. Damit die Höchstgrenzen noch vertretbar erscheinen, sollten sich diese regelmäßig innerhalb des Doppelten der üblichen Vergütung bewegen.

Diesbezüglich ist allerdings problematisch, dass sich das Doppelte des Üblichen im Zeitpunkt der für die Zukunft zu vereinbarenden Vorstandsvergütung noch nicht sicher vorhersagen lässt. Weiter oben wurde davon ausgegangen, der Üblichkeitsvergleich müsse sich in erster Linie auf den anstehenden Vergütungszeitraum beziehen. Es könnte also theoretisch vorkommen, dass die starren betragsmäßigen Höchstgrenzen im Sinne von Ziffer 4.2.3 Abs. 2 S. 6 DCGK über dem Doppelten des später festgestellten Üblichen liegen und auch die Vergütung höher ist. Für diesen Fall böte eine zusätzliche Begrenzung auf das Doppelte ein weiteres flexibles Instrument zur Wahrung der Angemessenheit, insbesondere der Üblichkeit. Ebenfalls käme eine solche flexible Schranke in Betracht, wenn ein Unternehmen der Empfehlung der Ziffer 4.2.3 Abs. 2 S. 6 DCGK nicht folgen sollte.

Aufgrund seiner Flexibilität infolge der nachträglichen Feststellung des Üblichen würde ein „Üblichkeits-Cap“ einer allgemein hohen beziehungsweise niedrigen Ge-

---

1083 Vgl. hierzu *Bauer/Arnold*, AG 2009, 717, 723; *Raapke*, Die Regulierung der Vergütung von Organmitgliedern und Angestellten im Aktien- und Kapitalmarktrecht, S. 161; *Seibert*, WM 2009, 1489, 1490; *Spindler*, in: MüKo, AktG, § 87 Rn. 91; *Thüsing*, AG 2009, 517, 521 f.; *Wasserer*, in: FS Roth, S. 871, 876 ff.

1084 Vgl. *Bosse*, BB 2009, 1650, 1651; *Deilmann/Otte*, GWR 2009, 261, 263; *Fleischer*, in: Spindler/Stilz, AktG, § 87 Rn. 37; *Hohenstatt*, ZIP 2009, 1349, 1352; Hüffer/*Koch*, AktG, § 87 Rn. 16; *Weber-Rey*, WM 2009, 2255, 2260 f.

1085 Vgl. allgemein zur Empfehlung *Bachmann*, in: Kremer/Bachmann/Lutter/v. Werder, DCGK, Rn. 1008 ff.

haltsentwicklung innerhalb der Branche Rechnung tragen. Der erst nachträglich möglichen Bestimmbarkeit einer Grenzverletzung und den Folgen hieraus auf den Vergütungsanspruch ließe sich durch eine entsprechende vertragliche Gestaltung womöglich gerecht werden (zum Beispiel Vereinbarung einer Rückforderungsklausel etc.).[1086] Eine Öffnungsklausel für besondere Leistungen des Vorstands, die ausnahmsweise auch Vergütungen über dem Doppelten zuließe, könnte eventuell sinnvoll sein.

Notwendige Mindestvoraussetzung eines Caps in Form der doppelten üblichen Vergütung dürfte sein, dass die als maßgeblich erachteten Vergleichsunternehmen im Rahmen der Vergütungsvereinbarung klar bestimmt oder zumindest bestimmbar sind. Soweit dies gewährleistet wäre, könnte der Aufsichtsrat zu Recht für sich beanspruchen, mit dem Ziel, unüblich hohen Vergütungen vorzubeugen, das Wohl der Gesellschaft im Blick gehabt zu haben. Eine unüblich hohe Vorstandsvergütung wie bei der Volkswagen AG im Jahr 2011 wäre durch eine solche Vereinbarung wohl nicht zustande gekommen.

(cc) Nachhaltige Unternehmensentwicklung

Im Rahmen einer weit verstandenen nachhaltigen Unternehmensentwicklung wurden Vergütungsabreden als möglicherweise sittenwidrig diskutiert, die Nachhaltigkeitsinteressen, zum Beispiel abgeleitet aus dem DNK, direkt zuwiderlaufen oder gar nicht beachten.[1087] Von sittenwidrigen Rechtsgeschäften wird der Aufsichtsrat aus ex-ante-Sicht aufgrund der äußerst schwerwiegenden Makel kaum annehmen dürfen, sie seien zum Wohl der Gesellschaft. Abgesehen von solchen denkbaren Extremfällen wäre bei einem weiten Nachhaltigkeitsverständnis fraglich, inwieweit der Aufsichtsrat das Verhältnis von nachhaltigen zu nicht nachhaltigen Zielen bestimmen muss, um von einer nachhaltigen Vergütungsstruktur im Sinne des § 87 Abs. 1 S. 2 AktG sprechen zu können. Im Falle einer falschen Gewichtung könnte die Vergütungsabrede – unabhängig von der Frage einer etwaigen Sittenwidrigkeit – nicht zum Wohle der Gesellschaft sein.

Mit dieser Thematik des „richtigen Verhältnisses“ haben sich die Vertreter eines weiten Nachhaltigkeitsverständnisses bisher nicht erkennbar befasst. Dem Grunde nach wird man ein Gewichtungserfordernis an sich in Anlehnung an das Verhältnis von langfristig zu kurzfristig ausgerichteten variablen Vergütungsanteilen nur bejahen können.[1088] Jedoch wird man kaum allgemeingültige Verhältnisangaben hierzu machen können. Wie bereits mehrmals in dieser Arbeit erwähnt, ist die Angemessenheit und somit auch Nachhaltigkeit gemäß § 87 Abs. 1 S. 2 AktG dem

---

1086 Vgl. zu den vertraglichen Gestaltungsmöglichkeiten in ähnlichen Fällen von mehrjährigen variablen Vergütungssystemen *Dzida/Naber*, BB 2011, 2613, 2614 ff.

1087 Siehe hierzu oben S. 167 ff.

1088 Zum Verhältnis langfristig und kurzfristig ausgerichteter variabler Vergütungsbestandteile siehe oben S. 211.

jeweiligen Unternehmensinteresse nachgeordnet.[1089] Ausschließlich Letzteres kann folglich maßgeblich für das konkrete Verhältnis nachhaltiger und nicht nachhaltiger Ziele sein.[1090]

Im Extremfall könnte auch ein völliges Außerachtlassen von Nachhaltigkeitszielen zum Wohle der Gesellschaft sein.[1091] Von einem existenzbedrohten Unternehmen wird man kaum erwarten können, den Vorstand zur Verbesserung von Umwelt- oder Sozialbelangen anzureizen, soweit dies nicht ohnehin gesetzlich geboten ist oder einen unmittelbaren wirtschaftlichen Vorteil verspricht. Aufwendungen für weit verstandene Nachhaltigkeitsziele werden sich oftmals erst mittelbar, das heißt über einen längeren Zeitraum, wirtschaftlich positiv für die Gesellschaft auswirken.[1092] In Zeiten der schweren Krise wären Maßnahmen in diese Richtung daher meist verfehlt. Folglich sollte der Aufsichtsrat zur eigenen Sicherheit die Vergütungsvereinbarung mit dem Vorstand umso besser begründen, je schlechter die Lage der Gesellschaft ist und je mehr weit verstandene nachhaltige Vergütungsziele festgelegt werden.

Andererseits wird ein Unternehmen umso mehr Nachhaltigkeitsziele im Sinne des unternehmensspezifisch abgewandelten Drei-Säulen-Konzepts verfolgen können, je besser es wirtschaftlich aufgestellt ist. In einer guten wirtschaftlichen Situation wird es sich ein Unternehmen eher leisten können, vorab Aufwendungen zu tätigen, welche sich erst mittelbar positiv bemerkbar machen. Dementsprechend sollte auch die Begründungslast des Aufsichtsrats entsprechend höher sein, je besser die wirtschaftliche Lage der Gesellschaft ist und umso weniger nachhaltige Vergütungsziele er mit dem Vorstand vereinbart. Im Streitfall könnte die Begründung des Aufsichtsrats auf ihre Vertretbarkeit aus ex-ante-Sicht überprüft werden, um ein Handeln gegen das Wohl der Gesellschaft auszuschließen.

Ein solches Begründungserfordernis und damit auch ein weites Nachhaltigkeitsverständnis selbst ließen sich gegebenenfalls mit dem sich hieraus voraussichtlich ergebenden Mehrwert rechtfertigen. Aufsichtsräte sähen sich gegebenenfalls verstärkt als verpflichtet an, Vorstände in komfortablen Situationen der Gesellschaft in größerem Umfang zur Förderung von Nachhaltigkeitsaspekten anzureizen. Über nachhaltige Investitionen im Sinne des Drei-Säulen-Konzepts – angepasst an das jeweilige Unternehmensinteresse – könnten sich bei ohnehin schon gut laufendem Geschäft gegebenenfalls noch schlummernde Potentiale nutzbar machen lassen, etwa durch Steigerung des Markenwertes. Außerdem könnten Zukunftschancen gesichert werden, zum Beispiel durch Ausgaben für Forschung und Entwicklung

---

1089 Vgl. *Baums*, in: FS Huber, S. 657, 664 ff.; *Dreher*, AG 2002, 214, 216; *Fonk*, NZG 2005, 248, 252; Hüffer/*Koch*, AktG, § 87 Rn. 7; *Kort*, NJW 2005, 333, 334; *Marsch-Barner*, in: FS Röhricht, S. 401, 406; *Reichert/Balke*, in: FS Hellwig, S. 285, 286 f.; offen bei LG Düsseldorf, NJW 2004, 3275, 3277.

1090 In diesem Sinne bzgl. langfristig und kurzfristig ausgerichteter variabler Vergütungsbestandteile *Dauner-Lieb*, in: Henssler/Strohn, AktG, § 87 Rn. 30.

1091 Siehe oben S. 211.

1092 Vgl. *Baetge/Schmidt*, IRZ 2010, 293 f.; Bundesregierung, Perspektiven für Deutschland, S. 74; *Kort*, NZG 2012, 926, 929; *Rosbach*, CCZ 2008, 101, 102.

oder innovative Technologien.[1093] Diese Belange könnten auf der Strecke bleiben, würde ein Vorstand nur zur mehrjährigen Optimierung von Finanzkennzahlen angereizt. Bei exzellenter Wirtschaftslage dürfte dies zudem ab einem bestimmten Maß nur noch ganz geringfügig möglich sein, das heißt, die Motivation des Vorstands würde sich ohne anderweitige Anreize vermutlich verringern. Dem Unternehmensinteresse wäre hiermit auf lange Sicht nicht gedient.

Als weiterer interessanter Punkt soll untersucht werden, ob dem Aufsichtsrat durch die Satzung der Gesellschaft vorgegeben werden kann, mit dem Vorstand eine in bestimmter Weise auf nachhaltige Unternehmensentwicklung ausgerichtete Vergütung zu vereinbaren. Genauso gut ließe sich losgelöst vom Begriff der Nachhaltigkeit fragen, ob in der Satzung allgemein Vorgaben zur Angemessenheit des Vorstandsgehalts gemacht werden können.[1094] Da jedoch gerade die Bedeutung des neu eingefügten Nachhaltigkeitsbegriffs nach § 87 Abs. 1 S. 2 AktG weitestgehend ungeklärt ist und über die Satzung eine individuelle Konkretisierung durch die Aktionäre denkbar wäre, bietet sich eine Behandlung an dieser Stelle an. In der Satzung könnten als für das Unternehmen nachhaltig erachtete Parameter sowie die sich hierauf beziehenden Vergütungsziele festgelegt werden. Hielte der Aufsichtsrat derartige Satzungsvorgaben nicht ein, könnte ein Handeln wider das Gesellschaftswohl zumindest in Betracht zu ziehen sein.

Ob Vergütungsvorgaben in der Satzung das Unternehmensinteresse näher eingrenzen würden und dies zulässig wäre, mag gegebenenfalls dahingestellt bleiben. Dieser auf den ersten Blick komplizierten Fragestellung müsste überhaupt nicht näher nachgegangen werden, wenn Vergütungsregelungen in der Satzung schon aus anderen Gründen unzulässig wären. So ist die Zulässigkeit von Regelungen zur Vorstandsvergütung in der Satzung in der aktienrechtlichen Literatur aus kompetenzrechtlichen Gründen umstritten. Die ablehnende Ansicht geht von Eingriffen in die Personalkompetenz des Aufsichtsrats nach § 84 Abs. 1 S. 5 in Verbindung mit S. 1 AktG und die Aufgabenzuweisung nach § 87 Abs. 1 AktG aus.[1095] Derartige Eingriffe in die aktienrechtliche Kompetenzordnung sieht die Auffassung, welche

---

1093 In diesem Zusammenhang sei z. B. auf die Stromkonzerne E.ON, RWE und EnBW hingewiesen, welchen auf breiter Front vorgeworfen wird, in wirtschaftlich guten Zeiten die „Energiewende verschlafen" zu haben mit erheblichen wirtschaftlichen Schwierigkeiten als Folge. Entsprechende Investitionen hätten die Zukunftsaussichten der Unternehmen ggf. verbessern können. Vgl. hierzu nur *Heide*, Handelsblatt Online vom 27.02.2014.

1094 So geschehen 2009 bei der Solarworld AG, vgl. *Fleischer*, in: Spindler/Stilz, AktG, § 87 Rn. 54 (Fn. 255); *Vetter*, ZIP 2009, 1307 ff.

1095 Vgl. *Fleischer*, in: Spindler/Stilz, AktG, § 87 Rn. 55 f.; *Fonk*, in: Semler/v. Schenck, Hdb AR, § 10 Rn. 118; *ders./Bedkowski*, AG 2009, 677, 683 f.; *Kort*, in: GK, AktG, § 87 Rn. 40 f.; *Lutter/Krieger/Verse*, Rechte und Pflichten des Aufsichtsrats, Rn. 332 f.; *Marsch-Barner*, in: FS Röhricht, S. 401, 404; *Mertens/Cahn*, in: KöKo, AktG, § 87 Rn. 4; *Seibt*, in: Schmidt/Lutter, AktG, § 87 Rn. 3; *Spindler*, in: MüKo, AktG, § 87 Rn. 41; *Vetter*, ZIP 2009, 1307, 1308 f.; *Wiesner*, in: MüHdb Gesellschaftsrecht, § 21 Rn. 46.

Vergütungsregelungen in der Satzung als zulässig erachtet, hingegen nicht, solange dem Aufsichtsrat nicht jegliche Entscheidungsfreiheit genommen wird.[1096]

Der erstgenannten, Vergütungsregelungen als unzulässig ansehenden Ansicht ist zuzustimmen. Die Kompetenzzuweisung an den Aufsichtsrat in § 84 Abs. 1 S. 5 in Verbindung mit S. 1 AktG dürfte abschließend sein. Für ein Recht der Hauptversammlung, über Vergütungsfragen mitzuentscheiden, sind keine Anhaltspunkte erkennbar. Somit muss es dem Aufsichtsrat unbenommen bleiben, sämtliche Vergütungsangelegenheiten frei mit dem Vorstand zu vereinbaren. Anderslautenden Satzungsinhalten stünde § 23 Abs. 5 S. 2 AktG entgegen.[1097] Aufgrund der generell strikt zu handhabenden Kompetenzregelungen im Aktienrecht dürfte etwas anderes angesichts der systematischen Stellung von den §§ 84, 87 AktG nur gelten, wenn eine ausdrückliche Ermächtigung oder sogar Verpflichtung der Hauptversammlung gesetzlich vorgesehen wäre.[1098]

Diese kompetenzrechtliche Problematik dürfte unabhängig von der Auslegung des Nachhaltigkeitsbegriffs in § 87 Abs. 1 S. 2 AktG bestehen. Versteht man nachhaltige Unternehmensentwicklung aber weit, wird der Kompetenzkonflikt durch Satzungsregelungen zur Vorstandsvergütung sogar noch verstärkt. Genau wie der Aufsichtsrat durch Festlegung von nachhaltigen Vergütungszielen in die Geschäftsführungskompetenz des Vorstands eingreifen könnte[1099], bestünde diese Gefahr auch bei entsprechendem Handeln der Hauptversammlung.

Losgelöst von Vergütungsfragen wird es zwar für möglich gehalten, den Vorstand in der Satzung allgemein zu ermächtigen, soziale Belange durch die Gesellschaft zu fördern. Eine Änderung des Gesellschaftszwecks soll hierin nicht liegen.[1100] Jedoch wird die Vorauswahl von bestimmten zu fördernden Einzelinteressen durch die Satzung vor dem Hintergrund der zu wahrenden Unabhängigkeit des Vorstands als nicht rechtmäßig erachtet. Dies käme sonst einer Verpflichtung des Vorstands gleich, bestimmte Gemeinwohl- beziehungsweise Stakeholder-Interessen zu fördern, was wiederum eine Änderung des Gesellschaftszwecks bedeuten würde.[1101]

Soweit ein Unternehmen diese Abkehr von einer rein erwerbswirtschaftlichen Zwecksetzung nicht ausnahmsweise vollziehen möchte, dürfte bereits die abstrakte Festlegung von weit verstandenen Nachhaltigkeitszielen der Gesellschaft in der Satzung kompetenzrechtlich nicht erlaubt sein. Folglich dürfte der Aufsichtsrat

---

1096 Vgl. *Beiner/Braun*, Der Vorstandsvertrag, Rn. 255; *Bürgers*, in: Bürgers/Körber, AktG, § 87 Rn. 2; *Feudner*, NZG 2007, 779, 780 f.; *Hoffmann/Preu*, Der Aufsichtsrat, Rn. 223; Hüffer/*Koch*, AktG, § 87 Rn. 4; *Körner*, NJW 2004, 2697, 2701; *Overlack*, ZHR 141 (1977), 125, 134 (auch für mitbestimmte GmbH); *Ulmer/Habersack*, in: Ulmer/Habersack/Henssler, MitbestG, § 31 Rn. 40.

1097 Vgl. *Fleischer*, in: Spindler/Stilz, AktG, § 87 Rn. 55.

1098 Für ein verbindliches Votum der Hauptversammlung z. B. *Drygala*, ZRP 2012, 161, 163 f.

1099 Siehe hierzu oben S. 79 f.

1100 Vgl. *Kort*, NZG 2012, 926, 930; *Müller-Michaels/Ringel*, AG 2011, 101, 111.

1101 Vgl. *Kort*, NZG 2012, 926, 930.

(beziehungsweise der Vorstand) auch nicht mittelbar durch entsprechende Satzungsregelungen hinsichtlich der Vergütungsparameter und erst recht nicht hinsichtlich der Vergütungshöhe gebunden werden. Ein Aufsichtsratshandeln gegen das Gesellschaftswohl bei der Vereinbarung nach § 87 Abs. 1 AktG aufgrund der Missachtung von Vergütungs- beziehungsweise Nachhaltigkeitsvorgaben in der Satzung dürfte somit ausscheiden.

(dd) Anreizorientierte Vergütungszusagen

Da anreizorientierte Vergütungszusagen in § 87 Abs. 1 S. 1 AktG nunmehr ausdrücklich als möglicher Bestandteil der Gesamtbezüge des Vorstands genannt werden, ist klargestellt, dass sie mit dem Wohl der Gesellschaft vereinbar sind. Weitergehende Erkenntnisse sind aus dieser Änderung durch das VorstAG nicht zu erwarten.[1102]

(ee) Zwischenergebnis

Aus Sicht des Aufsichtsrats könnte es sinnvoll sein, den Versuch zu dokumentieren, mit dem Vorstand ein möglichst niedriges Gehalt zu vereinbaren. Mit Hilfe einer solchen Dokumentation könnte der Aufsichtsrat gegebenenfalls den Vorwurf entkräften, ex ante betrachtet gegen das Wohl der Gesellschaft gehandelt zu haben. Selbstverständlich dürfen die Verhandlungsbemühungen des Aufsichtsrats nicht dazu führen, dass der favorisierte Vorstandskandidat von der Stelle Abstand nimmt. Im Übrigen kann es sich für den Aufsichtsrat anbieten, mit dem Vorstand für dessen Vergütung eine Begrenzung auf das Doppelte der üblichen Vergütung zu vereinbaren.

Satzungsvorgaben zur Vergütung dürften im Allgemeinen und insbesondere bezüglich weit verstandener nachhaltiger Vergütungsziele aufgrund der aktienrechtlichen Kompetenzordnung nicht zulässig sein. Allenfalls eine zulässige Ausrichtung des Gesellschaftszwecks auf bestimmte Nachhaltigkeitsbelange könnte den Aufsichtsrat (und den Vorstand) im Rahmen der Vergütungsvereinbarung nach § 87 Abs. 1 AktG hinsichtlich bestimmter Vergütungsparameter einschränken.

Somit dürfte das Eingreifen der Business Judgment Rule zugunsten des Aufsichtsrats im Rahmen der Vergütungsvereinbarung mit dem Vorstand nach wie vor nur ganz ausnahmsweise mit der Begründung abzulehnen sein, der Aufsichtsrat habe ex ante betrachtet wider das Wohl der Gesellschaft gehandelt. Das VorstAG hat an dem diesbezüglich weiten Handlungsspielraum des Aufsichtsrats und der geringen gerichtlichen Kontrollfähigkeit bezüglich der Vergütungsentscheidung nichts geändert. Der Fokus einer gerichtlichen Prüfung dürfte sich daher in erster Linie auf das zuvor behandelte Merkmal der angemessenen Informationsgrundlage des Aufsichtsrats richten.

1102 Siehe hierzu auch oben S. 89.

(c) Freiheit von Interessenkonflikten

Als ungeschriebene Voraussetzung der Business Judgment Rule ist die Freiheit des handelnden Organmitglieds von Interessenkonflikten allgemein anerkannt. Dies lässt sich damit begründen, dass das betroffene Organmitglied nach § 93 Abs. 1 S. 2 AktG vernünftigerweise annehmen dürfen muss, zum Wohle der Gesellschaft zu handeln. Im Falle eines Interessenkonflikts scheidet dies aus.[1103] Ein solcher wird regelmäßig bestehen, soweit das Organ eigene Interessen oder die nahestehender Personen verfolgt beziehungsweise sonst sachfremd beeinflusst ist.[1104] Ausnahmsweise wird ein Interessenkonflikt aber dann entfallen, wenn Sonderinteressen und Gesellschaftsinteressen sich decken.[1105] Interessenkonflikte sind vom betroffenen Organmitglied offenzulegen, wie auch die – fälschlicherweise nur als Empfehlung formulierten – Ziffern 4.3.3 und 5.5.2 DCGK vorsehen.

Im Allgemeinen dürften Interessenkonflikte im Aufsichtsrat deutlich häufiger vorkommen als im Vorstand, etwa weil das Aufsichtsratsmitglied gleichzeitig Vorstand der Muttergesellschaft ist oder mit der Gesellschaft in Vertrags- oder in Ausnahmefällen sogar in Wettbewerbsbeziehungen steht.[1106] Vor diesem Hintergrund ist insbesondere fraglich, welche Auswirkungen der Interessenkonflikt eines Aufsichtsratsmitglieds auf die anderen Mitglieder des Gremiums hat. Seit Inkrafttreten des VorstAG dürfte sich diese Frage im Rahmen des § 87 Abs. 1 AktG gegebenenfalls sogar öfter stellen. Die Vergütungsentscheidung darf nämlich nunmehr gemäß § 107 Abs. 3 S. 3 AktG nicht mehr an einen Ausschuss delegiert werden, um sie so transparenter zu gestalten.[1107]

Hierzu wird man festhalten dürfen, dass Organmitglieder, die einem offengelegten Interessenkonflikt unterliegen, nach einer weit verbreiteten Ansicht von den Beratungen und der darauffolgenden Beschlussfassung auszuschließen sind. Die unbefangenen Mitglieder sollen nicht „infiziert" werden, damit ihnen die Berufung

---

1103 Vgl. BT-Drs. 15/5092, S. 11; *Bürgers*, in: Bürgers/Körber, AktG, § 93 Rn. 14; *Kern*, ZVglRWiss 112 (2013), 70, 73; *Mertens/Cahn*, in: KöKo, AktG, § 93 Rn. 25; *Spindler*, in: MüKo, AktG, § 93 Rn. 60; kritisch *Krieger/Sailer-Coceani*, in: Schmidt/Lutter, AktG, § 93 Rn. 19.

1104 Vgl. BT-Drs. 15/5092, S. 11; BR-Drs. 3/05, S. 20; BGHZ 135, 244, 253; *Brömmelmeyer*, WM 2005, 2065, 2068; *v. Falkenhausen*, NZG 2012, 644, 648; *Fleischer*, ZIP 2004, 685, 690 f.; *Grunewald/Hennrichs*, in: FS Maier-Reimer, S. 147, 149; *Harbarth*, in: FS Hommelhoff, S. 323, 327; *Hopt/Roth*, in: GK, AktG, § 93 Rn. 90; *Ihrig*, WM 2004, 2098, 2105; *Kebekus/Zenker*, in: FS Maier-Reimer, S. 319, 328 f.; *Paefgen*, AG 2004, 245, 252 f.; *Schäfer*, ZIP 2005, 1253, 1257; *Winnen*, Die Innenhaftung des Vorstandes nach dem UMAG, S. 252.

1105 Vgl. *Blasche*, AG 2010, 692, 693; *Dauner-Lieb*, in: Henssler/Strohn, AktG, § 93 Rn. 24; *Fleischer*, in: Spindler/Stilz, AktG, § 93 Rn. 72; *Winnen*, Die Innenhaftung des Vorstandes nach dem UMAG, S. 255.

1106 *Lutter*, ZIP 2007, 841, 847.

1107 Vgl. *Henssler*, in: Henssler/Strohn, AktG, § 107 Rn. 28.

auf die Business Judgment Rule nicht verwehrt werden muss.[1108] Bei nicht offengelegten beziehungsweise nicht allgemein bekannten Interessenkonflikten wird häufig weiter differenziert. Teilweise wird die Anwendung der Business Judgment Rule zugunsten der unbefangenen Mitglieder gänzlich abgelehnt, da diese ebenfalls „infiziert" würden, unabhängig von einer subjektiven Kenntnis.[1109]

Dies käme jedoch nach einer anderen Auffassung einer „Kollektivierung des Interessenkonflikts"[1110] und somit einer Abstrafung des unbefangenen Organmitglieds gleich.[1111] Die Voraussetzungen der Business Judgment Rule sind jedoch für jedes Organmitglied individuell zu prüfen. Daher scheint es grundsätzlich besser vertretbar, die Business Judgment Rule nur dann nicht anzuwenden, wenn ein ursprünglich nicht befangenes Organmitglied tatsächlich vom Interessenkonflikt des befangenen Mitglieds beeinflusst wurde.[1112]

Die vorstehende Problematik kann jedoch aufgrund der Zielsetzung dieser Arbeit nicht weiter vertieft werden. Es handelt sich um ein generelles Problem im Umgang mit der Business Judgment Rule. Besondere Auswirkungen hierauf durch die Neuerungen des VorstAG sind nahezu nicht erkennbar. Insbesondere ist nur schwer vorstellbar, dass sich aufgrund der neu eingefügten Merkmale des § 87 Abs. 1 AktG regelmäßig spezielle Konstellationen eines Interessenkonflikts ergeben könnten.

Rein theoretisch wäre es zwar denkbar, dass ein Aufsichtsrat gleichzeitig Vorstand eines innerhalb des horizontalen Vergütungsvergleichs zu berücksichtigenden Konkurrenzunternehmens ist. Das Wettbewerbsverbot nach § 88 Abs. 1 AktG gilt für diese Konstellation nicht.[1113] Ein solcher Aufsichtsrat könnte unter Umständen auf die Idee kommen, mit dem Vorstand ein möglichst hohes Gehalt zu vereinbaren, um so das übliche Gehalt in die Höhe zu treiben, wovon er selbst als Vorstand der anderen Gesellschaft profitieren würde. Ob derartigen Fällen jedoch überhaupt eine Praxisrelevanz zukommen könnte, bedürfte zunächst einer näheren Prüfung.

(d) Gutgläubigkeit

Vollständigkeitshalber sei als letzte ungeschriebene Voraussetzung der Business Judgment Rule noch die Gutgläubigkeit des handelnden Organmitglieds erwähnt. Dieses muss nicht nur objektiv annehmen dürfen, zum Wohle der Gesellschaft zu

---

1108 Vgl. *Bunz*, NZG 2011, 1294, 1296; *Diekmann/Fleischmann*, AG 2013, 141, 149, die dem Betroffenen ein Recht zur Stellungnahme einräumen; *Fleischer*, in: Spindler/Stilz, AktG, § 93 Rn. 73; *Lutter*, ZIP 2007, 841, 847; *Spindler*, in: MüKo, AktG, § 93 Rn. 61; *Weber-Rey/Buckel*, AG 2011, 845, 850; a.A. *Blasche*, AG 2010, 692, 698; *Paefgen*, AG 2004, 245, 253.

1109 Vgl. *Blasche*, AG 2010, 692, 694ff.; *Lutter*, in: FS Priester, S. 417, 419f.

1110 *Spindler*, in: MüKo, AktG, § 93 Rn. 64.

1111 Vgl. *Hölters*, in: Hölters, AktG, § 93 Rn. 38; *Koch*, in: FS Säcker, S. 403, 409; *Mertens/Cahn*, in: KöKo, AktG, § 93 Rn. 29.

1112 Vgl. *Bunz*, NZG 2011, 1294, 1295; *Spindler*, in: MüKo, AktG, § 93 Rn. 64.

1113 *Dauner-Lieb*, in: Henssler/Strohn, AktG, § 88 Rn. 6; Hüffer/*Koch*, AktG, § 88 Rn. 4; *Fleischer*, in: Spindler/Stilz, § 88 Rn. 25; *Spindler*, in: MüKo, AktG, § 88 Rn. 20.

handeln, sondern auch subjektiv seine Entscheidung für richtig halten.[1114] Dem Merkmal der Gutgläubigkeit kommt eine Auffangfunktion zu, da bei fehlendem guten Glauben schon die anderen Voraussetzungen der Business Judgment Rule regelmäßig nicht vorliegen werden.[1115] Ob sich diesbezüglich aus den Änderungen durch das VorstAG besondere Erkenntnisse ableiten lassen, ist zu bezweifeln. Auf weiterführende Ausführungen zu diesem Punkt wird daher verzichtet.

(3) Zwischenergebnis

Die Vergütungsentscheidung des Aufsichtsrats nach § 87 Abs. 1 AktG hat unternehmerischen Charakter. Die Ausfüllung des Angemessenheitsbegriffs ist für den Aufsichtsrat wesentlich durch ihren Prognosecharakter geprägt. Hieran ändert auch der Umstand nichts, dass es sich technisch betrachtet bei der Ausfüllung des unbestimmten Rechtsbegriffs der Angemessenheit grundsätzlich um eine gebundene Entscheidung handelt. Der Aufsichtsrat kann sich auf die Business Judgment Rule als Haftungsprivilegierung nach § 116 S. 1 AktG in Verbindung mit § 93 Abs. 1 S. 2 AktG berufen. Ein materiell-rechtlicher Spielraum nach § 87 Abs. 1 AktG steht dem Aufsichtsrat bei der Vereinbarung der Vorstandsvergütung nicht zu.

Bei der Prüfung, ob die Voraussetzungen der Business Judgment Rule vorliegen, wird der Fokus regelmäßig darauf liegen, ob der Aufsichtsrat seine Entscheidung auf angemessener Informationsgrundlage getroffen hat.[1116] Aufgrund der vom Gesetzgeber in § 116 S. 3 AktG nochmals ausdrücklich hervorgehobenen hohen Bedeutung der Vergütungsentscheidung, der weitestgehend guten Verfügbarkeit von Informationen sowie der regelmäßig langen Vorlaufzeit wird der Aufsichtsrat möglichst viele Informationen zusammentragen müssen, um eine angemessene Entscheidungsgrundlage zu haben.

Zwar wird grundsätzlich schon in der Entscheidung über den Umfang der einzuholenden Informationen eine unternehmerische Entscheidung gesehen. Jedoch ließe sich im Rahmen des § 87 Abs. 1 AktG unter anderem aus den soeben genannten Gründen darüber nachdenken, ob im Falle einer gerichtlichen Überprüfung nicht ausnahmsweise ein strengerer Maßstab, gegebenenfalls vergleichbar mit grober Fahrlässigkeit, anzuwenden ist. Maßgeblich muss aber jedenfalls die ex-ante-Sicht des Aufsichtsratsmitglieds bleiben. Vorsichtshalber sollte dieses den Prozess der Informationsgewinnung sorgfältig dokumentieren, um sich nachträglich gegebenenfalls besser entlasten zu können.

1114 Vgl. *Bürgers*, in: Bürgers/Körber, AktG, § 93 Rn. 16; *Dauner-Lieb*, in: Henssler/Strohn, AktG, § 93 Rn. 25; *Hopt/Roth*, in: GK, AktG, § 93 Rn. 113; Hüffer/*Koch*, AktG, § 93 Rn. 24; *Koch*, ZGR 2006, 769, 790; kritisch *Spindler*, in: MüKo, AktG, § 93 Rn. 66; a.A. *Hauschka*, ZRP 2004, 65, 66; *Mertens/Cahn*, in: KöKo, AktG, § 93 Rn. 31; *Paefgen*, AG 2004, 245, 256.

1115 Vgl. *Arnold*, in: Marsch-Barner/Schäfer, Hdb börsennotierte AG, § 22 Rn. 22; *Fleischer*, in: Spindler/ Stilz, AktG, § 93 Rn. 76; *Hölters*, in: Hölters, AktG, § 93 Rn. 40.

1116 In diesem Sinne auch *Brandes*, ZIP 2013, 1107, 1112.

Nur in krassen Fällen wird die Anwendung der Business Judgment Rule mit der Begründung zu verneinen sein, der Aufsichtsrat habe nicht annehmen dürfen, zum Wohle der Gesellschaft zu handeln. Die Entscheidung des Aufsichtsrats kann insoweit nur auf ihre Vertretbarkeit überprüft werden. Dennoch empfiehlt sich für den Aufsichtsrat eine sorgfältige Dokumentation der Verhandlungen mit dem Vorstand, um einfacher seinen Willen zur Wahrung des Gesellschaftswohls nachweisen zu können. Anlässlich der Neuerungen des § 87 Abs. 1 AktG sollte der Aufsichtsrat besonderen Wert legen auf seine Einsparbemühungen zugunsten der Gesellschaft bezüglich der Gehaltshöhe, eine Deckelung von unüblich hohen Gehältern sowie die Begründung von nachhaltigen Vergütungszielen. Konkrete Satzungsvorgaben zur Vergütung, mit welchen indirekt das Gesellschaftswohl näher bestimmt würde, dürften nicht zulässig sein. Allenfalls käme eine – regelmäßig wohl nicht gewollte – individuelle Teiländerung des Gesellschaftszwecks zur abstrakten Festlegung weit verstandener nachhaltiger Vergütungsziele in Betracht.

Bezüglich der weiteren Voraussetzungen der Business Judgment Rule – Freiheit des Aufsichtsrats von Interessenkonflikten und Gutgläubigkeit – lassen die Neuerungen des VorstAG keine nennenswerten Auswirkungen erkennen. Greift die Haftungsprivilegierung nach § 93 Abs. 1 S. 2 AktG in Verbindung mit § 116 S. 1 AktG nicht ein, ist der Weg für eine vollumfängliche gerichtliche Überprüfung der Pflichtwidrigkeit sowie der nachfolgenden Haftungsvoraussetzungen eröffnet.

b) Verschulden des Aufsichtsrats

Der Aufsichtsrat haftet nach § 93 Abs. 1 S. 2 AktG in Verbindung mit § 116 S. 1 AktG nur, wenn er schuldhaft gehandelt hat. Dabei wird nicht zwischen fahrlässigem oder vorsätzlichem Verhalten unterschieden, das heißt, einfache Fahrlässigkeit reicht bereits aus.[1117] Einzuhalten ist der gesteigerte und aus objektiver Sicht zu beurteilende Sorgfaltsmaßstab eines ordentlichen und gewissenhaften Geschäftsleiters im Sinne des § 93 Abs. 1 S. 1 AktG beziehungsweise Aufsichtsratsmitglieds.[1118] Besondere Kenntnisse eines Aufsichtsratsmitglieds sind bei der Beurteilung zu berücksichtigen.[1119] Persönliche Defizite des Organs, sprich fehlende Kenntnisse oder Fähigkeiten, spielen hingegen keine Rolle.[1120] Dementsprechend wird der Ver-

1117 Vgl. *Hoffmann*, NJW 2012, 1393, 1394f.; *Hopt/Roth*, in: GK, AktG, § 93 Rn. 391; *Loritz/Wagner*, DStR 2012, 2189, 2191; *Mertens/Cahn*, in: KöKo, AktG, § 93 Rn. 136; *Spindler*, in: MüKo, AktG, § 93 Rn. 176.

1118 Vgl. nur *Dauner-Lieb*, in: Henssler/Strohn, AktG, § 93 Rn. 32; *Drygala*, in: Schmidt/Lutter, AktG, § 116 Rn. 43; Hüffer/*Koch*, AktG, § 93 Rn. 6 und 43; *Schmidt*, in: Heidel, AktG, § 93 Rn. 104.

1119 Vgl. OLG Düsseldorf, ZIP 1984, 825, 830f.; LG Hamburg, ZIP 1981, 194, 197; *Dreher*, in: FS Boujong, S. 71, 80; *Henssler*, in: Henssler/Strohn, AktG, § 116 Rn. 5; a.A. *Schwark*, in: FS Werner, S. 841, 850ff.; *Wirth*, ZGR 2005, 327, 334ff.

1120 Vgl. RGZ 163, 200, 208; *Schmidt*, in: Heidel, AktG, § 93 Rn. 103; *Wiesner*, in: MüHdb Gesellschaftsrecht, § 26 Rn. 15.

schuldensfrage im Rahmen der Organhaftung regelmäßig nur eine untergeordnete Bedeutung beigemessen, da eine objektive Pflichtverletzung einen subjektiven Verstoß impliziert.[1121]

Diskutiert wird das Entfallen eines Verschuldens allerdings in Fällen, in denen das Organmitglied sachkundigen Rat in Anspruch genommen und darauf vertraut hat, der Rat sich aber als falsch entpuppt.[1122] In Bezug auf die Vergütungsentscheidung des Aufsichtsrats nach § 87 Abs. 1 AktG drängt sich daher die Frage auf, ob das Vertrauen auf den Rat eines Vergütungsberaters den Verschuldensvorwurf des Aufsichtsrats entkräften kann. Dieser Punkt kommt allerdings schon auf einer früheren Prüfungsebene zum Tragen, nämlich wenn es im Rahmen der Business Judgment Rule darum geht, ob der Aufsichtsrat seine Vergütungsentscheidung auf Grundlage angemessener Information getroffen hat.[1123] Versichert sich der Aufsichtsrat der Unabhängigkeit des Vergütungsberaters und führt er eine Plausibilitätsprüfung der gelieferten Information durch, kann er sich grundsätzlich auf diese Weise eine angemessene Informationsgrundlage verschaffen.[1124]

Der angemessenen Informationsgrundlage gilt im Rahmen einer gerichtlichen Prüfung der Voraussetzungen der Business Judgment Rule ganz regelmäßig das Hauptaugenmerk, da die anderen Merkmale noch schlechter justiziabel sein dürften. Hat der Aufsichtsrat also auf Grundlage angemessener Information gehandelt, wird die Business Judgment Rule nur in Ausnahmefällen nicht eingreifen.[1125] Greift die Business Judgment Rule folglich regelmäßig ein, scheidet eine Pflichtverletzung nach § 116 S. 1 AktG in Verbindung mit § 93 Abs. 1 S. 2 AktG aus, sodass kein Anknüpfungspunkt für ein Verschulden existiert.

Hat der Aufsichtsrat trotz Einschaltung eines Vergütungsberaters nicht auf Grundlage angemessener Information gehandelt, da der hinzugezogene Experte nicht unabhängig ist oder seine Informationen einer Plausibilitätsprüfung nicht standhalten, ist kaum erkennbar, wie der Aufsichtsrat sein fehlendes Verschulden bei der Vereinbarung eines unangemessenen Vorstandsgehalts darlegen beziehungsweise beweisen könnte. Ob sich der Aufsichtsrat mit Hilfe eines Vergütungsberaters enthaften kann, dürfte sich somit in der Praxis in erster Linie auf Ebene der Business Judgment Rule entscheiden. Dies bestätigt die soeben erwähnte nachrangige Funktion der Verschuldensfrage. Auf weitere Ausführungen zu diesem Punkt soll daher verzichtet werden, da besondere Erkenntnisse aus der Untersuchung der durch das VorstAG normierten Änderungen nur schwer vorstellbar sind.

1121 Vgl. *Fleischer*, in: Spindler/Stilz, AktG, § 93 Rn. 205; *Goette*, in: Hommelhoff/Hopt/v. Werder, Hdb CG, S. 736; *Hopt/Roth*, in: GK, AktG, § 93 Rn. 392; *Spindler*, in: MüKo, AktG, § 93 Rn. 176f.

1122 Vgl. BGH, NJW 2007, 2118, 2120; BGH, NZG 2011, 1271, 1272f.; BGH, ZIP 2012, 1174, 1175f.; *Krieger*, ZGR 2012, 496ff.; *Loritz/Wagner*, DStR 2012, 2189, 2191f.; *Spindler*, in: MüKo, AktG, § 93 Rn. 177; *Strohn*, ZHR 176 (2012), 137, 138ff.

1123 Siehe hierzu z.B. oben S. 208.

1124 Vgl. *Weber-Rey/Buckel*, NZG 2010, 761, 766.

1125 Vgl. *Freitag/Korch*, ZIP 2012, 2281, 2282; *Lutter*, ZIP 2007, 841, 844f.

c) *Schaden der Gesellschaft*

Wie bereits mehrfach erwähnt ist ein Aufsichtsratsmitglied nach § 116 S. 1 AktG in Verbindung mit § 93 Abs. 2 S. 1 AktG verpflichtet, der Gesellschaft den aus einer Pflichtverletzung entstehenden Schaden zu ersetzen. Nach § 116 S. 3 AktG ist ein Aufsichtsratsmitglied namentlich zum Ersatz verpflichtet, wenn es eine unangemessene Vorstandsvergütung festsetzt. Im Zusammenhang mit einer unangemessenen Vorstandsvergütung ist es naheliegend, dass sich ein Schaden der Gesellschaft auf zwei Wegen äußern kann.[1126] Am ehesten dürfte ein Schaden aufgrund eines zu hohen Gehalts des Vorstands in Betracht kommen. Das Vermögen der Gesellschaft wäre um die Differenz zwischen angemessener und tatsächlicher Vergütung gemindert.[1127] Neben einem solchen unmittelbaren Schaden wäre auch eine falsche Anreizsetzung durch die Vergütung vorstellbar, welche sich mittelbar zu einem Schaden der Gesellschaft auswirkt.[1128]

Diese zwei denkbaren Grundkonstellationen sollen im Rahmen der durch das VorstAG in § 87 Abs. 1 AktG eingefügten Neuerungen nunmehr etwas näher beleuchtet werden. Dabei sollen ein Schaden in Form einer zu hohen Vergütung unter den Kriterien Leistungsgerechtigkeit und Üblichkeit des Vorstandsgehalts sowie ein Schaden aufgrund falscher Anreizsetzung unter dem Merkmal der nachhaltigen Unternehmensentwicklung diskutiert werden. Diese Zuordnung ist selbstverständlich nicht zwingend, scheint aber für den Zweck dieser Arbeit am passendsten.

aa) *Leistungen des Vorstands*

Eine Vergütung, die nicht den Leistungen des Vorstands entspricht, ist nach § 87 Abs. 1 S. 1 AktG unangemessen. In diesem Fall entsteht der Gesellschaft im vorgenannten Sinn ein Schaden in Höhe der Differenz zwischen angemessener, das heißt leistungsgerechter und tatsächlich gezahlter Vergütung.[1129] So dürften zum Beispiel einzelne Vergütungsbestandteile, die nicht zum Wohle der Gesellschaft oder sogar sittenwidrig sind, weil sie dem Vorstand eine zusätzliche Vergütung für Schlecht- oder Nichtleistungen gewähren, einen gegebenenfalls unter Zuhilfenahme von § 287 ZPO bezifferbaren Schaden darstellen.

Diesbezüglich lässt sich vor allem, aber nicht ausschließlich, an Einmalzahlungen an den Vorstand denken, dessen Anstellungsvertrag vorzeitig endet (Abfindungen).[1130] Erhält der Vorstand eine Abfindung, welche vom Aufsichtsrat nicht im Sinne von Ziffer 4.2.3 Abs. 4 S. 1 DCGK auf maximal zwei Jahresvergütungen

---

1126 Vgl. hierzu *Cahn*, in: FS Hopt, S. 431, 449 f.

1127 *Cahn*, in: FS Hopt, S. 431, 449; *Eichner/Delahaye*, ZIP 2010, 2082, 2085; *Habersack*, in: MüKo, AktG, § 116 Rn. 69; Hüffer/*Koch*, AktG, § 116 Rn. 19; *Spindler*, AG 2011, 725, 727.

1128 Vgl. *Cahn*, in: FS Hopt, S. 431, 450; *Habersack*, in: MüKo, AktG, § 116 Rn. 69.

1129 Vgl. *Cahn*, in: FS Hopt, S. 431, 449; *Eichner/Delahaye*, ZIP 2010, 2082, 2085; *Habersack*, in: MüKo, AktG, § 116 Rn. 69; *Spindler*, AG 2011, 725, 727.

1130 Zu Abfindungen siehe oben S. 115 ff.

oder noch nicht einmal auf die Vergütung der Restlaufzeit des Vertrages begrenzt wurde, könnte in dem überschießenden Betrag ein Schaden für die Gesellschaft liegen.[1131] Zumindest sollte ein solch fehlendes Abfindungs-Cap ausreichen, um die Beweislast für einen geringeren beziehungsweise fehlenden Schaden dem Aufsichtsrat aufzubürden. Entsprechendes könnte gelten, wenn der Aufsichtsrat keine Anrechnungsklausel für das vereinbart, was der Vorstand nach Vertragsbeendigung anderweitig verdient oder verdienen könnte. Der Schaden der Gesellschaft könnte dann in dem nicht auf die Abfindung angerechneten Betrag bestehen.[1132]

Eine vorherige Pflichtverletzung des Aufsichtsrats bei fehlendem Cap beziehungsweise fehlender Anrechnung wird man jedoch – als Voraussetzung für einen ersatzfähigen Schaden – jeweils nur an das Fehlen einer solchen Klausel an sich knüpfen können, wenn man auch den Vorstand von § 87 Abs. 1 AktG angesprochen ansieht. Andernfalls bestünde jeweils keine Verpflichtung des Vorstands zum Abschluss einer solchen Klausel, sodass Anknüpfungspunkt für eine Pflichtverletzung des Aufsichtsrats nur der fehlende Versuch einer entsprechenden Vereinbarung sein könnte. Über die Sinnhaftigkeit des letztgenannten Verständnisses von § 87 Abs. 1 AktG lässt sich mit Blick auf Sinn und Zweck der Norm streiten, wie bereits mehrfach im Rahmen dieser Arbeit thematisiert. Vorsichtshalber sollte der Aufsichtsrat jedenfalls seine Verhandlungsbemühungen dokumentieren, insbesondere wenn sich der Vorstand dem Abschluss der genannten Klauseln verweigern sollte.

Natürlich kommen schadhafte Vergütungsbestandteile für Schlecht- oder Nichtleistungen auch während eines laufenden Anstellungsvertrages in Betracht. Die Gewährung von laufender variabler Vergütung für schlechte Leistungen des Vorstands, zum Beispiel für die Verschwendung von Gesellschaftsvermögen, dürfte eher theoretischer Natur sein und ganz regelmäßig den in dieser Arbeit für möglich gehaltenen Verbotstatbestand des § 87 Abs. 1 AktG in Verbindung mit § 134 BGB, den Tatbestand der Sittenwidrigkeit oder sogar Straftatbestände erfüllen. Der dem Vorstand aus solchen Abreden zufließende Gehaltsbestandteil würde zugleich einen Schaden der Gesellschaft bedeuten.

Auch abseits dieser krassen Ausnahmen sind aber Vereinbarungen denkbar, nach denen sich das variable Gehalt völlig ohne Zutun des Vorstandes erhöhen könnte. Um solche Konstellationen zu verhindern, soll der Aufsichtsrat etwa nach § 87 Abs. 1 S. 3 Hs. 2 AktG für außerordentliche Entwicklungen eine Begrenzungsmöglichkeit mit dem Vorstand vereinbaren.[1133] Unterlässt der Aufsichtsrat es pflichtwidrig, mit dem Vorstand eine Begrenzungsmöglichkeit zu vereinbaren, könnte in dem über eine fiktive Begrenzung hinausgehenden Betrag ein Schaden der Gesellschaft liegen.

Ob die unterlassene Vereinbarung einer Begrenzungsmöglichkeit nach § 87 Abs. 1 S. 3 Hs. 2 AktG per se eine kausale Pflichtverletzung des Aufsichtsrats dar-

1131 Vgl. *Habersack*, in: MüKo, AktG, § 116 Rn. 69.

1132 Vgl. *Drygala*, in: Schmidt/Lutter, AktG, § 116 Rn. 64; *Habersack*, in: MüKo, AktG, § 116 Rn. 69.

1133 Siehe oben S. 74.

stellt, müsste auf der vorangehenden Prüfungsebene natürlich näher untersucht werden, darf aber aufgrund des Soll-Charakters der Vorschrift bezweifelt werden.[1134] Lässt sich eine kausale Pflichtverletzung des Aufsichtsrats aber im Einzelfall bejahen, bestünde zunächst für die Gesellschaft und anschließend für das Gericht die übliche Schwierigkeit der Bezifferung einer fiktiven Begrenzung, auf deren Grundlage sich der Schaden errechnen ließe.

Diese Bezifferung einer fiktiven Begrenzung und deren gerichtliche Überprüfung dürfte allerdings wesentlich einfacher fallen, als die vollständige Festsetzung einer angemessenen Vergütung. Zunächst obläge es ohnehin der Gesellschaft nach § 116 S. 1 AktG in Verbindung mit § 93 Abs. 2 S. 2 AktG, ihren Schaden darzulegen und zu beweisen.[1135] Hiervon ausgehend könnte das zur Entscheidung berufene Gericht den Schaden gemäß § 287 ZPO schätzen.[1136] Hierbei könnte sich das Gericht zum Beispiel an den anderen Bestandteilen der Vergütungsvereinbarung orientieren zum Beispiel an der Höhe der Fixvergütung, der insgesamt vorgesehenen variablen Vergütung, der vorgesehenen Gesamtvergütung. Darüber hinaus könnte sich das Gericht gegebenenfalls auch, soweit erforderlich nach Einholung eines Sachverständigengutachtens, auf branchenübliche Klauseln stützen.

Eine überhöhte, nicht leistungsgerechte Vergütung des Vorstands könnte ausnahmsweise auch deshalb vorliegen, weil der Aufsichtsrat pflichtwidrig, zum Beispiel aus persönlichen Motiven, trotz gleicher Eignung den „teureren“ von zwei Vorstandskandidaten auswählt. Der Schaden der Gesellschaft läge dann in der Differenz zu dem Gehalt des alternativen Kandidaten. Ein solcher Fall dürfte aber eher theoretischer Natur sein. Das fiktive niedrigere Gehalt könnte sich gegebenenfalls noch durch Aussagen des abgelehnten Kandidaten feststellen lassen. Allerdings dürfte die zuvor erforderliche Darlegung, dass der Aufsichtsrat beide Kandidaten für gleichermaßen geeignet gehalten hat, kaum gelingen.[1137]

Sollte der Aufsichtsrat allerdings einen sich aufdrängenden Kandidaten gar nicht beachtet oder die Möglichkeit eines zweiten Kandidaten gar nicht in Erwägung gezogen haben, könnte die Nachweismöglichkeit eines Schadens etwas weniger theoretisch sein. Die vorherige Anwendung der Business Judgment Rule könnte dann möglicherweise entfallen, da die Entscheidung des Aufsichtsrats ex ante betrachtet nicht mehr gut nachvollziehbar, das heißt nicht zum Wohle der Gesellschaft gewesen wäre.[1138]

1134 Auch an dieser Stelle darf man sich wieder fragen, wie der Aufsichtsrat mit dem Vorstand einen gesetzlich vorgegebenen Vertragsinhalt vereinbaren soll, ohne dass auch der Vorstand den Maßgaben des § 87 Abs. 1 AktG unterliegt.

1135 Vgl. zu den allgemeinen Grundsätzen nur *Habersack*, in: MüKo, AktG, § 116 Rn. 68 m.w.N.; *Reichert/Ullrich*, in: FS Schneider, S. 1017, 1034.

1136 Vgl. *Drygala*, in: Schmidt/Lutter, AktG, § 116 Rn. 62; *Habersack*, in: MüKo, AktG, § 116 Rn. 69; *Reichert/Ullrich*, in: FS Schneider, S. 1017, 1033; *Spindler*, AG 2011, 725, 727; kritisch *Mertens/Cahn*, in: KöKo, AktG, § 116 Rn. 77.

1137 Siehe oben S. 218.

1138 Siehe oben S. 218.

Im Übrigen müssten zwei Voraussetzungen vorliegen, damit ein kausaler Schaden der Gesellschaft angenommen werden könnte. Zunächst müssten von dem fiktiven alternativen Kandidaten gleichermaßen gute Leistungen erwartet werden dürfen. Bekanntermaßen dürfte dem Aufsichtsrat bei derartigen Beurteilungen aufgrund der Business Judgment Rule grundsätzlich ein erheblicher, eine Justiziabilität nahezu ausschließender Spielraum zustehen. Würde sich der Aufsichtsrat mit einem weiteren Kandidaten aber überhaupt nicht beschäftigen beziehungsweise einen sich aufdrängenden Kandidaten völlig außer Acht lassen, hätte der Aufsichtsrat von seinem Spielraum bezüglich des Kandidatenvergleichs erkennbar keinen Gebrauch gemacht.

Dieser Umstand könnte gegebenenfalls ausreichen, um zu unterstellen, gegebenenfalls sogar im Wege einer Beweislastumkehr, dass ex ante gesehen gleiche Leistungen erwartet werden durften. Durch eine entsprechende Dokumentation, zum Beispiel der fehlenden gleichen Eignung oder Existenz eines weiteren Kandidaten, könnte der Aufsichtsrat eine solche für ihn ungünstige Folge leicht abwenden.[1139]

Als weitere Schadensvoraussetzung müsste das fiktive Gehalt des Alternativ-Kandidaten niedriger als das tatsächliche des ausgewählten Vorstands sein. Im Einzelfall könnte dies unter Umständen durch entsprechende Aussagen des nicht bestellten Kandidaten dargelegt und nachgewiesen werden. Im Rahmen eines Prozesses wäre es dann eine wichtige Aufgabe des Gerichts, die Glaubhaftigkeit einer solchen Aussage, vor allem in Bezug auf ihre ex-ante-Sicht, zu überprüfen. Sind Aussagen eines alternativen Kandidaten nicht verfügbar, ließe sich gegebenenfalls allein auf übliche Vorstandsvergütungen in Vergleichsunternehmen abstellen. Natürlich müsste dem Aufsichtsrat der Nachweis unbenommen bleiben, dass ein Vorstand in der konkreten Situation für ein übliches Gehalt nicht zu gewinnen gewesen wäre. Ohnehin dürften solche Fälle wie soeben ausgeführt überwiegend theoretischer Natur sein.

bb) Üblichkeit der Vergütung

Unabhängig von der Frage, ob die Bezahlung des Vorstands leistungsgerecht ist, könnte sich ein Schaden der Gesellschaft gegebenenfalls auch in einer unüblich hohen Vorstandsvergütung manifestieren. Auch hier kommt das Problem der genauen Berechnung des Schadens zum Tragen. Unter Berufung auf den weiten Beurteilungsspielraum bei der Vergütungsvereinbarung wird eine Schadensersatzpflicht des Aufsichtsrats erst ab einer enormen Abweichung vom Üblichen angenommen.[1140] Damit dieser Maßstab nicht ins Uferlose läuft, müsste wohl spätestens von einer evidenten Überschreitung gesprochen werden, wenn das Vorstandsgehalt das Übliche um 100 % übersteigt.

1139 Siehe oben S. 218.

1140 Vgl. *Drygala*, in: Schmidt/Lutter, AktG, § 116 Rn. 62; *Habersack*, in: MüKo, AktG, § 116 Rn. 69; *Hüffer*, in: FS Hoffmann-Becking, S. 589, 597 f.

Bei wertender Betrachtung hat das zweifache mit dem einfachen Gehalt angesichts der stark erhöhten Verwendungsmöglichkeiten bei gleichem Aufwand nicht mehr viel zu tun. Der über das Doppelte der üblichen Vergütung hinausgehende Betrag dürfte somit jedenfalls einen Schaden der Gesellschaft darstellen, wenn nicht ganz ausnahmsweise besondere Gründe für eine Überschreitung vorlägen, welche im Prozess vom Aufsichtsrat darzulegen wären. Durch die Vereinbarung einer höhenmäßigen Begrenzung, welche sich unter anderem auf die übliche Vergleichsvergütung beziehen könnte, ließen sich derartige Schäden der Gesellschaft leicht vermeiden.[1141]

Ob ein Schaden der Gesellschaft auch in dem Bereich zwischen der üblichen Vergütung und deren Doppeltem mit Sicherheit bestimmt werden kann, ist fraglich. Unter dem voranstehenden Gliederungspunkt einer nicht leistungsgerechten Vergütung wurde dies für den eher theoretischen Fall diskutiert, dass der Aufsichtsrat sich überhaupt nicht mit einem alternativen Vorstandskandidaten beschäftigt. In diesem Fall ließe sich zur Berechnung eines Schadens gegebenenfalls auf den über die übliche Vergütung hinausgehenden Betrag abstellen. Außerhalb einer solchen Konstellation wird vereinzelt eine Abweichung von 25 % genannt.[1142] Wegen des Beurteilungsspielraums des Aufsichtsrats ist hier jedoch Zurückhaltung geboten, einen Schaden der Gesellschaft wegen einer unüblich hohen Vergütung zu unterstellen.

Am ehesten dürfte ein Gleichlauf mit der Bewertung, ob der Aufsichtsrat annehmen durfte, zum Wohle der Gesellschaft zu handeln, angezeigt sein. Kann der Aufsichtsrat die Vereinbarung einer unüblich hohen Vergütung nicht plausibel begründen, durfte er im Vereinbarungszeitpunkt ein Handeln zum Wohle der Gesellschaft nicht annehmen.[1143] Dann scheint es gerechtfertigt, zunächst einen korrespondierenden Schaden in Höhe der Differenz zwischen üblicher und tatsächlich gewährter höherer Vergütung zu vermuten. Dem Aufsichtsrat müsste in dem Fall konsequenterweise offenstehen, darzulegen und zu beweisen, dass kein oder nur ein geringerer Schaden entstanden ist.

Allerdings dürfte es in der Praxis aufgrund des äußerst weiten Maßstabs selten sein, dass der Aufsichtsrat ex ante betrachtet nicht annehmen durfte, zum Wohle der Gesellschaft zu handeln. Eindeutige Schadensfälle konzentrieren sich daher voraussichtlich auf Vorstandsgehälter, die über dem Doppelten des Üblichen liegen. Ab der Grenze des Doppelten lässt sich – wie bereits früher in dieser Arbeit – auch über die Sittenwidrigkeit der Vergütungsabrede nachdenken.[1144] Die Frage nach dem eigenständigen Anwendungsbereich eines Schadensersatzanspruches gegen den Aufsichtsrat wegen einer unüblich hohen Vergütung dürfte insoweit vor allem

1141 Siehe oben S. 218 ff.

1142 *Jickeli*, in: FS Säcker, S. 381, 390; auf eine Abweichung von 10–25 % von der äußerst schwammigen „Untergrenze einer jedenfalls zulässigen Vergütung“ abstellend *Hüffer*, in: FS Hoffmann-Becking, S. 589, 598.

1143 Siehe hierzu oben S. 212.

1144 Siehe oben S. 117 ff.

anhand der subjektiven Anforderungen an die Gesellschaftsorgane und der jeweiligen Durchsetzbarkeit zu beantworten sein.

Die subjektiven Voraussetzungen dürften im Rahmen der Prüfung eines Schadensersatzanspruches deutlich geringer ausfallen als bei der Sittenwidrigkeitsprüfung, bei der regelmäßig eine verwerfliche Gesinnung von Aufsichtsrat und Vorstand zu fordern sein dürfte.[1145] Hinsichtlich der Frage, ob der Aufsichtsrat ex ante annehmen durfte, zum Wohle der Gesellschaft zu handeln, wurde bereits angeführt, dass es diesbezüglich auf die Sicht des Vorstands nicht ankommen kann.[1146] Ließe sich also eine verwerfliche Gesinnung des Vorstands und somit eine Sittenwidrigkeit trotz Überschreitung der Grenze des Doppelten widerlegen, käme bei schuldhaftem Handeln des Aufsichtsrats dennoch ein Schadensersatzanspruch in Betracht.

cc) Nachhaltige Unternehmensentwicklung

Soweit die zunächst als nachhaltig erachteten Vergütungsziele des Vorstands tatsächlich nicht nachhaltig sind, könnten der Gesellschaft durch die hiervon ausgehende falsche Anreizwirkung für den Vorstand mittelbare Schäden erwachsen.[1147] Hinsichtlich unmittelbarer Schäden wird man annehmen dürfen, dass sie entfielen, soweit der unangemessene Vergütungsteil vom Vorstand aufgrund eines Bereicherungsanspruchs der Gesellschaft zurückerstattet würde. Dies dürfte jedoch nicht bezüglich der hier erörterten Folgeschäden gelten. Insoweit hat der Vorstand schlicht nichts erlangt, was er zurückgewähren könnte.

Soweit es also um den Ausgleich mittelbarer Schäden geht, kommt dem Schadensersatzanspruch eine besondere wirtschaftliche Bedeutung zu. Welche konkrete Form ein solcher Schaden annehmen könnte, dürfte wesentlich von dem bereits mehrfach diskutierten Begriffsverständnis einer nachhaltigen Unternehmensentwicklung abhängen.

(1) Enges Verständnis

Eng verstanden soll die Ausrichtung der Vorstandsvergütung auf nachhaltige Unternehmensentwicklung im Sinne von § 87 Abs. 1 S. 2 AktG der Vermeidung von „Strohfeuern" dienen.[1148] Der Vorstand soll zum Beispiel nicht dazu verleitet werden, langfristig gesehen werthaltiges Anlagevermögen zu „verhökern" und die Gesellschaft auf diesem Wege auszuzehren.[1149] Ein Schaden der Gesellschaft in diesem Sinne könnte somit entstehen, wenn der Vorstand Teile des Gesellschaftsvermögens veräußert, dieses aber nach dem maßgeblichen Stichtag zu einem deutlich besseren

1145 Siehe hierzu oben S. 106 f.
1146 Siehe oben S. 216.
1147 Vgl. *Cahn*, in: FS Hopt, S. 431, 450; *Habersack*, in: MüKo, AktG, § 93 Rn. 69.
1148 Siehe oben S. 124 f.
1149 Vgl. *Bauer/Arnold*, AG 2009, 717, 721.

Preis hätte veräußern können. Die Höhe des Schadens beliefe sich auf die Differenz zwischen tatsächlichem und hypothetischem Preis, welche gegebenenfalls unter Nennung konkreter Anhaltspunkte geschätzt werden könnte.

Außerdem könnte der Vorstand Vermögensteile abstoßen, welche kurz darauf zu einem den Veräußerungserlös übersteigenden Preis neu angeschafft werden müssen. Die gegebenenfalls zu schätzende Differenz würde einen Schaden der Gesellschaft darstellen.

Hinsichtlich äußerst risikobehafteter Finanzinstrumente könnte man überlegen, ob durch ihre Anschaffung ein Schaden für die Gesellschaft entstehen könnte. Kurzfristig könnten diese Instrumente das Vermögen der Gesellschaft aufgrund einer schnell steigenden Bewertung zwar mehren. Längerfristig könnte jedoch ein Verlust der Gesellschaft entstehen, wenn sich die hohen Risiken in Form von Wertverlusten realisierten.[1150]

Die vorstehenden Überlegungen dürfen keinesfalls als abschließend angesehen werden, sondern sollen lediglich einige möglich erscheinende Fallkonstellationen skizzieren. Ob tatsächlich ein nachweisbarer kausaler Schaden der Gesellschaft in vorstehender oder sonstiger Gestalt vorliegt, bedarf wohl stets einer sorgfältigen Prüfung sämtlicher Umstände des Einzelfalls. Diesbezüglich dürfte es im Prozess wesentlich auf das Vorbringen der Gesellschaft ankommen.

(2) Weites Verständnis

Nach dem in dieser Arbeit favorisierten weiten Begriffsverständnis kann man unter nachhaltiger Unternehmensentwicklung gemäß § 87 Abs. 1 S. 2 AktG zusätzlich zur Vermeidung von „Strohfeuern“ auch Ziele verstehen, welche sich durch die Festlegung von Vergütungsparametern umsetzen lassen, die unter maßgeblicher Beachtung der jeweiligen Unternehmensinteressen, das heißt ganz regelmäßig auch unter Einbeziehung von Stakeholder-Interessen an das allgemeine Nachhaltigkeitskonzept anknüpfen.[1151]

Im Zusammenhang mit derartigen Aufwendungen wird vereinzelt gefordert, die – hier durch die falsche Anreizsetzung mittelbar hervorgerufene – Minderung des Gesellschaftsvermögens müsse dem Unternehmenszweck widersprechen, um von einem Schaden sprechen zu können.[1152] Dieser Ansicht kann jedoch nicht beigetreten werden. Grundsätzlich entsteht der Gesellschaft auch durch Ausgaben für Soziales oder Ähnliches zunächst ein unmittelbarer Schaden. Hiervon ist die Frage auf einer früheren Ebene zu trennen, ob das Gesellschaftsorgan pflichtwidrig gehandelt hat. Allein dort ist zu berücksichtigen, ob bestimmte Aufwendungen mit

---

1150 Siehe hierzu oben S. 77 f.

1151 Siehe hierzu oben 125 f.

1152 Vgl. *Mertens*, Der Begriff des Vermögensschadens im Bürgerlichen Recht, S. 128 ff. und 165 ff. (subjektiver Schadensbegriff); *ders./Cahn*, in: KöKo, AktG, § 93 Rn. 59; im Ergebnis so auch *Loritz/Wagner*, DStR 2012, 2189, 2190.

dem Unternehmenszweck in Einklang zu bringen sind.[1153] Hinsichtlich eines Haftungsanspruchs wegen nicht nachhaltig ausgerichteter Vorstandsvergütung käme es also darauf an, ob der Aufsichtsrat die Vergütungsanreize, welche letztendlich mittelbar zu einer Vermögensminderung geführt haben, setzen durfte oder nicht. Im Rahmen dieser Beurteilung wird der Aufsichtsrat grundsätzlich durch die Business Judgment Rule privilegiert.[1154]

Lässt sich die Pflichtwidrigkeit des Aufsichtsratshandelns bejahen, stellt sich die bereits mehrfach erwähnte komplexe Frage der Schadensberechnung. Deren Beantwortung dürfte sich hinsichtlich weit verstandener Nachhaltigkeitsanreize noch weitaus schwieriger gestalten, da anders als bei einer bloß überhöhten Vorstandsvergütung noch ein Zwischenschritt vor dem Schadenseintritt erforderlich ist. Ein mittelbarer Schaden der Gesellschaft aufgrund nicht nachhaltiger Vorstandsvergütung dürfte grundsätzlich in einer dreistufigen Abfolge eintreten. Zunächst setzt der Aufsichtsrat über die Vergütung falsche, das heißt nicht nachhaltige Anreize für den Vorstand. Diese führen im zweiten Schritt dazu, dass sich ein unerwünschter Erfolg verwirklicht beziehungsweise ein gewünschter ausbleibt. Dieses Zustandekommen eines bestimmten Erfolgs beziehungsweise dessen Ausbleiben führt im dritten Schritt zu einer Minderung des Gesellschaftsvermögens, zum Beispiel in Form von entgangenem Gewinn, welcher nach § 252 S. 1 BGB ebenfalls ersatzfähig ist.

Zur besseren Verdeutlichung sollen nachfolgend zwei Beispiele genannt werden. Der Vorstand könnte im Rahmen der Vergütungsverhandlungen hinsichtlich seiner Unternehmensstrategie dem Aufsichtsrat gegenüber etwa erklären, wesentliches Know-how zum Einstieg in einen neuen beziehungsweise zum Erhalt der Konkurrenzfähigkeit in einem bereits vorhandenen Geschäftszweig erarbeiten zu wollen. Die Aufwendungen hierfür würden voraussichtlich das Gesellschaftsvermögen zunächst mindern und sich negativ auf die Finanzkennzahlen auswirken. Es wäre zumindest theoretisch denkbar, dass der Aufsichtsrat – bewusst oder unbewusst – eine Vergütungsvereinbarung mit dem Vorstand trifft, welche diesen von der Verwirklichung seiner Ziele aufgrund der negativen Auswirkungen auf die Finanzlage der Gesellschaft faktisch abhält. In der Folge würde das benötigte Know-how nicht gewonnen. Der neue Geschäftszweig könnte nicht erschlossen beziehungsweise der vorhandene nicht aufrecht erhalten werden. Die Einnahmen hieraus würden der Gesellschaft entgehen.

1153 Vgl. OLG Frankfurt, AG 2011, 595, 596; *Bürgers*, in: Bürgers/Körber, AktG, § 93 Rn. 22; *Fleischer*, in: Spindler/Stilz, AktG, § 93 Rn. 212; *Goette*, in: Hommelhoff/Hopt/v. Werder, Hdb CG, S. 736; *Großmann*, Unternehmensziele im Aktienrecht, S. 187 f.; *Habersack*, in: MüKo, AktG, § 93 Rn. 173; *Hölters*, in: Hölters, AktG, § 93 Rn. 253; *Hopt/Roth*, in: GK, AktG, § 93 Rn. 407; Hüffer/*Koch*, AktG, § 93 Rn. 47; *Marsch-Barner*, ZHR 173 (2009), 723, 724; *Schmidt*, in: Heidel, AktG, § 93 Rn. 99; wohl auch *Hommelhoff*, Die Konzernleitungspflicht, S. 204 (Fn. 36).

1154 Siehe hierzu oben S. 189 ff.

Genauso könnte der (werdende) Vorstand einer börsennotierten Gesellschaft, zum Beispiel eines Textilherstellers, dem Aufsichtsrat gegenüber kundtun, während seiner Amtszeit die vertriebenen Waren unter besseren Arbeitsbedingungen produzieren lassen zu wollen. Ein solcher Schritt könnte sich positiv auf das Image der Gesellschaft auswirken und gegebenenfalls aufgrund vergangener Ereignisse (in der Branche) geboten sein. Nunmehr könnte die Vergütungsvereinbarung so gestaltet sein, dass der Vorstand dieses im Unternehmensinteresse liegende nachhaltige Ziel aufgrund der unmittelbaren negativen Auswirkungen auf die Finanzkennzahlen des Unternehmens nicht weiterverfolgt. Käme es dann zu einem Negativereignis, zum Beispiel dem unfallbedingten Tod von Arbeitern in einer der Produktionsstätten, welches sich auf das Image des Unternehmens niederschlüge und dessen Markenwert sinken ließe, wäre das Gesellschaftsvermögen hierdurch gemindert.

Zur konkreten Berechnung solcher Schäden müssten der Unternehmenswert mit schädigendem Ereignis und der hypothetische Unternehmenswert ohne schädigendes Ereignis miteinander verglichen werden.[1155] Die Berechnung des Unternehmenswertes dürfte nach dem Ertragswertverfahren erfolgen[1156], auch wenn Art. 14 GG nicht genau vorgibt, wie der Wert eines Unternehmens zu ermitteln ist.[1157] Um den hypothetischen Unternehmenswert ermitteln zu können, wird es genau wie bei einem engen Nachhaltigkeitsverständnis wesentlich auf das Vorbringen der Gesellschaft im Prozess ankommen. Der Rückgriff auf § 287 ZPO, dessen Anforderungen nicht überspannt werden dürfen[1158], dürfte sich hier anbieten, wenn nicht sogar aufdrängen.

Wenn man eine nachhaltige Unternehmensentwicklung nach § 87 Abs. 1 S. 2 AktG wie hier im Sinne des Drei-Säulen-Konzepts versteht, scheinen deutlich mehr Konstellationen eines mittelbaren Schadens der Gesellschaft denkbar als bei einem rein zeitlichen Begriffsverständnis. Dies könnte ein weiteres wichtiges Indiz dafür sein, dass der Gesetzgeber bei Erlass des VorstAG ebenfalls von einem weiten Bedeutungsgehalt nachhaltiger Unternehmensentwicklung ausging. Die Herausstellung der Aufsichtsratshaftung nach § 116 S. 3 AktG wäre dann deutlich besser verständlich und weniger deklaratorisch als weithin angenommen. Wie kurz zuvor erwähnt, kommt einem Schadensersatzanspruch besondere Bedeutung hinsichtlich mittelbarer Schäden infolge einer unangemessenen Vorstandsvergütung zu, da die Gesellschaft lediglich unmittelbare Schäden auch im Rahmen eines Bereicherungsanspruchs gegen den Vorstand verfolgen beziehungsweise regulieren kann.

Die Betonung der Aufsichtsratshaftung in § 116 S. 3 AktG wäre umso nachvollziehbarer, je stärker der Gesetzgeber ihr eine gänzlich eigenständige Bedeutung zugemessen hätte. Grundsätzlich ist nämlich im Interesse einer effizienten Rechts-

---

1155 Vgl. hierzu ausführlich *Wollny*, DStR 2013, 2132 ff.
1156 Vgl. z. B. Hüffer/*Koch*, AktG, § 305 Rn. 24 ff.
1157 Vgl. BVerfGE 100, 289, 307; BVerfG, WM 2012, 1374, 1376.
1158 Vgl. nur BGH, NJW-RR 2007, 569, 571; BGH, NJW 2013, 525, 527; BAGE 143, 165, 171.

setzung nicht von rein deklaratorischen Tätigkeiten des Gesetzgebers auszugehen. Somit ist naheliegend, dass der Gesetzgeber einem Schadensersatzanspruch der Gesellschaft wegen Verstoßes gegen § 87 Abs. 1 AktG dort die größte Bedeutung zugemessen hat, wo parallele Ansprüche von vorneherein ausscheiden, da ihr Anwendungsbereich nicht eröffnet ist. Derartige Fälle könnten wie aufgezeigt am häufigsten auftreten, wenn nachhaltige Unternehmensentwicklung nach § 87 Abs. 1 S. 2 AktG weit zu verstehen wäre.

dd) Anreizorientierte Vergütungszusagen

Infolge der Änderungen durch das VorstAG nennt § 87 Abs. 1 S. 1 AktG nunmehr ausdrücklich anreizorientierte Vergütungszusagen wie zum Beispiel Aktienbezugsrechte als mögliche Teile der Gesamtvergütung des Vorstands. Durch einen übermäßig hohen Anteil von Aktienoptionen an der Gesamtvergütung könnte der Vorstand theoretisch angereizt werden, sich vorrangig auf die Steigerung des Aktienkurses zu konzentrieren und andere Belange zu vernachlässigen. Ein Schaden der Gesellschaft wäre dann zumindest nicht auszuschließen.

Allerdings ist in diesem Zusammenhang die Entscheidungskompetenz der Hauptversammlung zu beachten. Diese entscheidet nach § 192 Abs. 1 und Abs. 2 Nr. 3 AktG über das Auflegen und den Umfang eines Aktienoptionsprogramms für Vorstände. Der Beschluss bedarf nach § 193 Abs. 1 AktG einer Mehrheit von mindestens drei Vierteln des bei der Beschlussfassung vertretenen Grundkapitals. Nach § 193 Abs. 2 Nr. 4 AktG entscheidet die Hauptversammlung auch über die Aufteilung der Bezugsrechte auf die einzelnen Vorstandsmitglieder.[1159] Bereits aufgrund dieser Kontrollmechanismen, insbesondere der begrenzten Verfügbarkeit von Aktienoptionen, dürfte das tatsächliche Schadensrisiko infolge einer falschen Anreizsetzung durch Aktienoptionen zu vernachlässigen beziehungsweise als von den Eigentümern gewollt hinzunehmen sein.

Zusätzlich entschärfend dürfte die vom Vorstand bei der Ausübung von Aktienoptionen nach § 193 Abs. 2 Nr. 4 AktG mindestens einzuhaltende Wartefrist von vier Jahren wirken. Es ist kaum vorstellbar, wie der Vorstand über einen solch langen Zeitraum den Börsenkurs künstlich in die Höhe treiben und gleichzeitig die Unternehmensbelange derart vernachlässigen können soll, dass der Gesellschaft ein Schaden entstünde. Eine Steigerung des Börsenkurses über vier Jahre hinweg dürfte vielmehr nur realistisch sein, wenn der Vorstand gleichzeitig auch bemüht ist, einen Schaden langfristig von der Gesellschaft fern zu halten. Auf weitergehende Ausführungen zu diesem Punkt soll daher verzichtet werden.

ee) Zwischenergebnis

Ein Schaden der Gesellschaft wegen einer überhöhten, da nicht leistungsgerechten Vergütung des Vorstands ist denkbar, wenn der Aufsichtsrat es unterlässt, für den

---

1159 Vgl. hierzu z. B. Hüffer/*Koch*, AktG, § 87 Rn. 19 m.w.N.

Fall der vorzeitigen Vertragsbeendigung ein Abfindungs-Cap im Sinne von Ziffer 4.2.3 Abs. 4 S. 1 DCGK oder eine Anrechnungsklausel für anderweitige Einkünfte zu vereinbaren. Der Schaden der Gesellschaft läge in dem ein fiktives Abfindungs-Cap überschießenden beziehungsweise dem nicht angerechneten Betrag.

Außerdem könnte der Gesellschaft ein Schaden entstehen, wenn die Vergütungsabrede mit dem Vorstand keine Begrenzungsmöglichkeit für außerordentliche Entwicklungen nach § 87 Abs. 1 S. 3 Hs. 2 AktG vorsieht. In diesem Fall müsste ein Gericht zur Ermittlung des Schadensbetrages eine fiktive Begrenzungsmöglichkeit ermitteln, was jedoch deutlich besser handhabbar sein sollte, als die Bestimmung des angemessenen Gehalts.

Wählt der Aufsichtsrat einen „teureren" von zwei Vorstandskandidaten aus, obwohl gleich gute Leistungen zu erwarten waren, oder beschäftigt er sich mit einem sich aufdrängenden Kandidaten überhaupt nicht, könnte in der Differenz zu dem „günstigeren" (fiktiven) Kandidaten ebenfalls ein Schaden der Gesellschaft liegen.

Genauso dürften Vergütungen, welche das übliche Vorstandsgehalt um mehr als das Doppelte übersteigen, einen Schaden der Gesellschaft in der darüber hinausgehenden Höhe darstellen, wenn nicht ausnahmsweise besondere Rechtfertigungsgründe vorliegen. Unter der Grenze des Doppelten wird man einen Schaden der Gesellschaft wohl allenfalls bejahen dürfen, wenn der Aufsichtsrat ausnahmsweise nicht annehmen durfte, zum Wohle der Gesellschaft zu handeln. Im letztgenannten Fall könnte der Schaden der Gesellschaft in der Differenz zur üblichen Vergütung liegen.

Soweit man nachhaltige Unternehmensentwicklung im Sinne von § 87 Abs. 1 S. 2 AktG rein zeitlich verstehen möchte, könnte ein Schaden der Gesellschaft entstehen, wenn der Vorstand aufgrund der Vergütungsanreize Gesellschaftsvermögen stichtagsbezogen unter Preis veräußert oder das veräußerte Vermögen kurze Zeit später zu einem höheren Preis wieder angeschafft werden muss. Diese denkbaren Fallkonstellationen zu nicht nachhaltigen Vergütungsanreizen im engen Sinn sind selbstverständlich nicht abschließend.

Versteht man nachhaltige Unternehmensentwicklung weit im Sinne des unternehmensspezifisch angepassten Drei-Säulen-Konzepts, könnten falsch gesetzte Vergütungsanreize sich insbesondere infolge einer mittelbaren Imageschädigung negativ auf den Unternehmenswert auswirken, welcher zur Schadensberechnung mit dem hypothetischen Wert zu vergleichen wäre. Außerdem könnte der Gesellschaft Gewinn entgehen. Zur Bezifferung des Schadens ließe sich auf die Ertragswertmethode abstellen.

Im Allgemeinen wird es bei der Schadensermittlung ganz regelmäßig erheblich auf das Vorbringen der Gesellschaft ankommen. Ein zur Entscheidung berufenes Gericht kann diesbezüglich auf § 287 ZPO zurückgreifen beziehungsweise wird dies regelmäßig auch müssen. Zusammenfassend lässt sich festhalten, dass der Nachweis eines Schadens regelmäßig schwierig, aber nicht unmöglich sein dürfte. Unter Umständen würde der unmittelbare Schaden der Gesellschaft in Form des unangemessenen Vergütungsteils wieder entfallen, soweit der entsprechende Betrag erfolgreich vom Vorstand kondiziert werden könnte. Der mittelbare Schaden würde hierdurch jedoch nicht behoben.

d) Kausalität des Schadens

Die Kausalität zwischen einer unangemessenen Vergütungsvereinbarung und dem daraus resultierenden Schaden der Gesellschaft dürfte in erster Linie im Bereich der falschen, das heißt nicht im Sinne von § 87 Abs. 1 S. 2 AktG nachhaltigen Vergütungsanreize problematisch sein. Anders als für diese Fälle kurz zuvor beschrieben, dürfte der Schaden bei nicht leistungsgerechten oder unüblichen und somit überhöhten Vorstandsgehältern nicht dreistufig eintreten. Vielmehr führt die Pflichtverletzung des Aufsichtsrats bei überhöhten Bezügen ohne weiteren Zwischenschritt zum Schaden der Gesellschaft, sodass die Kausalität ganz regelmäßig feststehen dürfte.[1160]

Anders als in der Literatur teilweise vertreten, dürfte die Kausalität falscher Vergütungsanreize nicht immer dann entfallen, wenn noch andere Schadensursachen denkbar sind.[1161] Die fehlerhafte Vergütungsfestsetzung durch den Aufsichtsrat muss nach allgemeinen Grundsätzen gerade nicht allein ursächlich für den Schaden der Gesellschaft sein. Es reicht aus, wenn das pflichtwidrige Handeln des Aufsichtsrats nach dem gewöhnlichen Lauf der Dinge geeignet war, zusammen mit weiteren Ursachen zu dem Schaden zu führen.[1162]

Die Beweiserleichterung des § 287 Abs. 1 ZPO gilt zwar im Rahmen der haftungsbegründenden Kausalität nicht.[1163] Jedoch wird eine solche Erleichterung bezüglich falsch gesetzter Vergütungsanreize nach den vorherigen Ausführungen oftmals gar nicht erforderlich sein. Vielmehr wird man die Kausalität zunächst unterstellen dürfen, wenn sich nicht ein anderer Grund für den Schadenseintritt geradezu aufdrängt. Hiervon geht offenbar auch der Gesetzgeber aus, was die Neuregelungen des VorstAG zeigen. Der Gesetzgeber sieht falsche Vergütungsanreize als erhebliche Gefahr, die zu einem Schaden der Gesellschaft führen kann beziehungsweise wird.[1164] Die Anforderungen an die Kausalität zwischen der fehlerhaften Vergütungsfestsetzung durch den Aufsichtsrat und dem Eintritt des Schadens sollten daher nicht überspannt werden.

Weitestgehend eindeutig dürften Fälle sein, in denen der Vorstand gegenüber dem Aufsichtsrat oder Dritten seinen Willen zu einem bestimmten Handeln oder

---

1160 Vgl. allgemein zu Schadenskausalität nur *Drygala*, in: Schmidt/Lutter, AktG, § 116 Rn. 49; *Habersack*, in: MüKo, AktG, § 116 Rn. 69f.; *Hopt/Roth*, in: GK, AktG, § 93 Rn. 413; *Mertens/Cahn*, in: KöKo, AktG, § 93 Rn. 55; *Spindler*, in: Spindler/Stilz, AktG, § 116 Rn. 131.

1161 A.A. wohl *Cahn*, in: FS Hopt, S. 431, 450.

1162 Vgl. *Hölters*, in: Hölters, AktG, § 93 Rn. 262.

1163 BVerfGE 50, 32, 36; BGHZ 162, 259, 263f.; BGH, NJW 2008, 1381, 1382; *Foerster*, in: Musielak/Voit, ZPO, § 287 Rn. 4; *Saenger*, in: Saenger, ZPO, § 287 Rn. 6.

1164 Vgl. BT-Drs. 16/12278, S. 5.

Unterlassen äußert und die Vergütungsanreize diesem Willen erkennbar entgegenstehen. Das Erfordernis eines solchen Handelns oder Unterlassens könnte sich gegebenenfalls auch aus anderen Gründen aufdrängen. Käme es in diesem Zusammenhang zu einem Schaden der Gesellschaft, könnte die Kausalität aufgrund der falschen Vergütungsanreize solange als erwiesen gelten, bis der Aufsichtsrat nachweist, dass ein anderer Grund das fragliche Schadensereignis ausgelöst hat. Die Praxisrelevanz solcher Konstellationen bleibt allerdings abzuwarten und muss daher bis auf Weiteres infrage gestellt werden.

Auch wenn die Prüfung der Kausalität im Bereich des § 87 Abs. 1 AktG in Einzelfällen Probleme bereiten könnte, sollte hierin kein unüberwindbares Hindernis gesehen werden. Die Bedeutung der Kausalitätsfrage dürfte im Vergleich zu den anderen Prüfungspunkten tendenziell in den Hintergrund treten.

e) Darlegungs- und Beweislast

Die Beweislastverteilung hinsichtlich der Voraussetzung eines Schadensersatzanspruches gegen den Aufsichtsrat wegen der Festsetzung einer unangemessenen Vorstandsvergütung bestimmt sich wie oben ausgeführt nach den allgemeinen Grundsätzen.[1165] In praktischer Hinsicht müsste der Aufsichtsrat in einem Schadensersatzprozess wohl am dringendsten die Voraussetzungen der Business Judgment Rule nachweisen, bei deren Prüfung wiederum die Angemessenheit der Informationsgrundlage im Mittelpunkt stehen dürfte.[1166] Besondere Auswirkungen der Änderungen des VorstAG auf die Beweislastverteilung sind nicht erkennbar, weshalb weitere Ausführungen hierzu nicht erfolgen sollen.

f) Zwischenergebnis

Vereinbart der Aufsichtsrat mit dem Vorstand entgegen § 87 Abs. 1 AktG eine unangemessene Vergütung, kommt gegen Ersteren ein Schadensersatzanspruch der Gesellschaft in Betracht. In diesem Zusammenhang ist die Business Judgment Rule grundsätzlich zugunsten des Aufsichtsrats anwendbar.

Ob die Voraussetzungen der Business Judgment Rule erfüllt sind, dürfte wesentlich von der Informationsgrundlage des Aufsichtsrats abhängen. Bei der Überprüfung der Informationsgrundlage des Aufsichtsrats könnte ein an grobe Fahrlässigkeit angenäherter Maßstab geboten und praktikabel sein. Maßgeblich muss stets die ex-ante-Sicht des Aufsichtsrats sein. Den weiteren Merkmalen der Business Judgment Rule, insbesondere dem Handeln zum Wohle der Gesellschaft, wird angesichts der allein zulässigen Vertretbarkeitsprüfung nur eine untergeordnete Bedeutung zukommen.

Soweit ein pflichtwidriges Verhalten des Aufsichtsrats vorliegt, kann sich ein Schaden der Gesellschaft entweder unmittelbar durch eine überhöhte Vergütung

---

1165 Siehe oben S. 37 und 43.
1166 Siehe oben S. 229.

oder mittelbar infolge falscher Vergütungsanreize, zum Beispiel in Form eines geminderten Markenwertes, äußern. Die Bezifferung wird sich regelmäßig schwierig gestalten, dürfte aber in bestimmten Fällen unter Zuhilfenahme von § 287 ZPO gelingen. Im Falle einer erfolgreichen Rückforderung des unangemessenen Vergütungsteils gegenüber dem Vorstand würde es an einem unmittelbaren Schaden der Gesellschaft fehlen. Eingetretene Folgeschäden, zum Beispiel ausgelöst durch falsche Vergütungsanreize, würden hierdurch jedoch nicht behoben.

2. Haftung des Vorstands wegen unangemessener Vorstandsbezüge

Nunmehr soll zu einer möglichen Vorstandshaftung wegen der Vereinbarung eines unangemessenen Gehalts Stellung genommen werden, wie gewohnt unter besonderer Beachtung der Änderungen des VorstAG. Auf die Voraussetzungen eines Schadensersatzanspruches gegen den Vorstand wegen einer unangemessenen Vergütung unter Verstoß gegen § 87 Abs. 1 AktG, welche nicht ausdrücklich Gegenstand der Diskussion sind, soll dabei nicht näher eingegangen werden. Insoweit wird auf die obigen Ausführungen zur Aufsichtsratshaftung entsprechend verwiesen, soweit diese zumindest übertragbar sind. Weitergehende Ausführungen hierzu werden an dieser Stelle als nicht zielführend erachtet, da ein zusätzlicher Erkenntnisgewinn mit Blick auf die Änderungen des VorstAG bezweifelt werden darf.

a) Stellungnahme zum Anknüpfungspunkt einer Pflichtverletzung des Vorstands unter besonderer Betrachtung der Neuregelungen des § 87 Abs. 1 AktG durch das VorstAG

Zunächst bedarf es einer kritischen Bewertung der oben dargestellten Meinungen zu einem möglichen Anknüpfungspunkt einer Pflichtverletzung des Vorstands. Wie gewohnt sollen dabei die Neuregelungen des § 87 Abs. 1 AktG durch das VorstAG an den Stellen, an denen es sich anbietet, besondere Beachtung finden. Vorrangig könnte diesbezüglich die in § 87 Abs. 1 S. 2 AktG neu eingefügte Vorgabe in Betracht kommen, nach der die Vorstandsvergütung auf eine nachhaltige Unternehmensentwicklung auszurichten ist.

Eine Aufgliederung nach den einzelnen Neuerungen des VorstAG soll vorliegend jedoch anders als bisher in dieser Arbeit nicht vorgenommen werden, da der hieraus zu erwartende Erkenntnisgewinn ein solches Vorgehen wohl nicht rechtfertigen dürfte. Bezüglich des richtigen Anknüpfungspunktes für eine Pflichtverletzung im Zusammenhang mit einer Vorstandshaftung wegen dessen unangemessener Vergütung dürften vor allem allgemeine Überlegungen ausschlaggebend sein.

In diesem Sinn überzeugt die Ansicht nicht, welche bei einem Verstoß gegen § 87 Abs. 1 AktG eine Verletzung der allgemeinen Treue- und Sorgfaltspflicht des Vorstands annimmt. So ist das Argument der einschränkenden, eine aktive Beeinflussung des Aufsichtsrats durch den Vorstand voraussetzende Gegenauffassung, vor Bestellung träfen den Vorstand keine allgemeinen Organpflichten, grundsätzlich nicht von der Hand zu weisen.[1167] Darüber hinaus bestehen dogmatische Bedenken, welche ebenfalls hinsichtlich einer möglichen Nichtigkeit der Gehaltsabrede wegen eines Missbrauchs der Vertretungsmacht durch den Aufsichtsrat geäußert wurden. Nach der die Grundsätze des Vertretungsmachtmissbrauchs heranziehenden Auffassung soll § 87 Abs. 1 AktG einerseits nur den Aufsichtsrat ansprechen. Andererseits wird versucht, den Vorstand über die Grundsätze zum Missbrauch der Vertretungsmacht doch gänzlich den inhaltlichen Grenzen des § 87 Abs. 1 AktG zu unterwerfen. Dieser „Umweg" wirkt etwas gekünstelt und ist nicht erforderlich.[1168]

Auf einen möglichen Schadensersatzanspruch gegen den Vorstand lassen sich diese Überlegungen entsprechend übertragen. Die pauschale Bejahung eines Schadensersatzanspruches gegen den Vorstand bei Vorliegen eines objektiven Verstoßes gegen § 87 Abs. 1 AktG zielt darauf ab, dem Vorstand im Ergebnis die vollständigen Inhaltsvorgaben der Norm aufzuerlegen.[1169] Wenn ein Vorstand kein unangemessenes Gehalt annehmen oder vereinbaren darf, ist es ihm gleichzeitig verwehrt, selbiges zu fordern. Über § 87 Abs. 1 AktG soll also bestimmt werden, wie der Vorstand sich zu verhalten hat.

Zwar bleibt auch nach der anderen Meinung, welche einen Schadensersatzanspruch nur bei einem aktiven und pflichtwidrigen Handeln des Vorstands beziehungsweise einem sich aufdrängenden Verstoß annimmt, inhaltlicher Maßstab allein § 87 Abs. 1 AktG. Jedoch kann man diesbezüglich nicht unterstellen, die Normvorgaben sollten dem Vorstand uneingeschränkt auferlegt werden, um diesen so über allgemeine Organpflichten indirekt zum Adressaten der Vorschrift zu machen.

Allerdings verfängt auch die eine aktive Beeinflussung des Aufsichtsrats oder einen erkennbaren Verstoß gegen § 87 Abs. 1 AktG fordernde Ansicht nicht, soweit sie den Vorstand überhaupt nicht als Adressaten von § 87 Abs. 1 AktG ansieht. Es scheint konsequenter, den Vorstand neben dem Aufsichtsrat als zweiten unmittelbaren Adressaten der Norm anzusehen. Hierfür spricht vor allem die Neufassung des § 87 Abs. 1 S. 2 AktG. Bei einem weiten Verständnis nachhaltiger Unternehmensentwicklung, wie im Rahmen dieser Arbeit vertreten, obliegt es dem Vorstand zumindest, dem Aufsichtsrat Vorschläge für eine angemessene Vergütung zu unterbreiten. Aus diesen Vorschlägen könnte der Aufsichtsrat unter anderem Parameter für eine auf nachhaltige Unternehmensentwicklung ausgerichtete Vergütung ableiten. Ein solches Vorgehen scheint geboten, um einen Eingriff des Aufsichtsrats in die Geschäftsführungskompetenz des Vorstands zu vermeiden.[1170]

1167 Vgl. hierzu allgemein *Fleischer*, in: Spindler/Stilz, AktG, § 93 Rn. 117; *ders.*, WM 2003, 1045, 1046; Hüffer/*Koch*, AktG, § 84 Rn. 9; *Schmidt*, in: Heidel, AktG, § 93 Rn. 30; *Spindler*, in: MüKo, AktG, § 84 Rn. 9; *Wiedemann*, in: FS Heinsius, S. 949, 951.

1168 Siehe hierzu oben S. 183 f.

1169 Vgl. *Peltzer*, in: FS Lutter, S. 571, 574 und 579 f.; *Wiesner*, in: MüHdb Gesellschaftsrecht, 3. Aufl., § 21 Rn. 29 (Fn. 84); *Ziemons*, in: FS Huber, S. 1035, 1045 f.

1170 Siehe oben S. 79 ff.

Im Übrigen dürften auch Umstände bei den Vertragsverhandlungen dafür sprechen, dass § 87 Abs. 1 AktG sich mit an den Vorstand richtet. Es dürfte die Gesellschaft unangemessen benachteiligen, wenn allein sie in der Vertragsfreiheit eingeschränkt würde, der bei den Gehaltsverhandlungen ohnehin schon faktisch stärkere Vorstand aber keiner entsprechenden gesetzlichen Bindung unterläge.[1171] Das VorstAG wurde insbesondere geschaffen, weil der Gesetzgeber in falschen Vergütungsanreizen eine erhebliche Gefahr für das gesamte Wirtschaftssystem sieht. Daneben soll verloren gegangenes Vertrauen der Öffentlichkeit wiederhergestellt werden, indem die Angemessenheit der Gehälter der Unternehmenslenker noch stärker in den Fokus gerückt wird. Es wirkt abwegig, ein solches Ziel erreichen zu können, ohne die zentrale Figur des Geschehens, den Vorstand, mit ins Boot zu holen.[1172]

Aus diesem Grund überzeugt der Hinweis nicht, dem Vorstand stehe es frei, bei den Gehaltsverhandlungen allein seine Interessen zu verfolgen und die Maßgaben des § 87 Abs. 1 AktG nicht zu beachten. Es ist schon schwer nachvollziehbar, wie der (werdende) Vorstand sein Gehalt aushandeln und dabei gleichzeitig in Kauf nehmen dürfen soll, seinen Verhandlungspartner, das heißt seinen (zukünftigen) Dienstherren, durch Überschreitung der Grenzen des § 87 Abs. 1 AktG zu schädigen. Dies widerspräche allgemeinen vertraglichen Grundsätzen. Vertragspartner haben sich so zu verhalten, dass die Rechtsgüter des jeweils anderen Teils, zu denen auch dessen Vermögen zählt, nicht geschädigt werden, vergleiche § 241 Abs. 2 BGB.[1173] Diese vertraglichen Nebenpflichten gelten auch im vorvertraglichen Stadium, § 311 Abs. 2 Nr. 1 BGB.[1174]

Bei einem Verstoß gegen § 87 Abs. 1 AktG geht der Gesetzgeber von einem Schaden der Gesellschaft aus, wie § 116 S. 3 AktG unzweifelhaft zeigt. Dies ist auch dem Vorstand bekannt. Somit muss es Anliegen des (werdenden) Vorstands sein, die Gesellschaft durch sein zu vereinbarendes Gehalt nicht zu schädigen, das heißt, die Grenzen des § 87 Abs. 1 AktG einzuhalten. Der Vorstand kann nach vertraglichen Grundsätzen kein Interesse daran haben, ein unrechtmäßiges und selbstschädigendes Verhalten der Gesellschaft herbeizuführen. Insoweit ist die Situation nicht mit anderen Verhandlungssituationen vergleichbar, bei denen keine der Seiten einer spezialgesetzlichen Bindung unterliegt und ein Schaden aufgrund der Nichtbeachtung nicht zwangsläufig unterstellt wird.

Isoliert betrachtet könnte eine Haftung des Vorstands somit auch an dessen allgemeine oben genannte schuldrechtliche Nebenpflichten anknüpfen. Angesichts der größeren Sachnähe von § 87 Abs. 1 AktG bietet es sich aber an, in diese Spezialnorm die allgemeinen vertragsrechtlichen Wertungen hineinzulesen. Insoweit ist § 87 Abs. 1 AktG lex specialis zu den schuldrechtlichen Nebenpflichten. Dies gilt erst

1171 Siehe oben S. 94 f.

1172 Siehe hierzu oben insbesondere S. 96 f.

1173 Vgl. hierzu schon RGZ 78, 238, 240.

1174 Vgl. nur *Bachmann*, in: MüKo, BGB, § 241 Rn. 50 m.w.N.

recht, wenn man wie hier davon ausgeht, dass § 87 Abs. 1 AktG aus Gründen der Kompetenzordnung ohnehin den Vorstand mit anspricht.

Das Erfordernis, das Angemessenheitsgebot zu beachten, dürfte außerdem im eigenen Interesse des Vorstandes liegen. Soweit man dem Vorstand die Berechtigung einräumen möchte, bei den Vertragsverhandlungen seine eigenen Interessen völlig frei zu verfolgen, sind damit erkennbar rein monetäre Interessen gemeint. Allerdings stellt sich die Frage, wie der mit einem (eindeutig) unangemessenen Gehalt einhergehende Imageverlust im Interesse des Vorstands liegen soll. Die extrem rufschädigenden und den sozialen Frieden gefährdenden Auswirkungen unangemessener Vorstandsgehälter wurden in dieser Arbeit bereits mehrfach erwähnt.[1175]

Nun mag nicht auszuschließen sein, dass ein Vorstand im Einzelfall bereit wäre, unangemessene finanzielle Vorteile über sein (zunächst nur) immaterielles Interesse an einem guten Ruf zu stellen. Um ein berechtigtes Interesse dürfte es sich bei dieser Gewichtung aber nicht handeln, zumal die finanziellen Interessen innerhalb eines angemessenen Gehalts ausreichend Berücksichtigung finden. Daher könnte der Vorstand ab einer Überschreitung der Grenze des Angemessenen verpflichtet sein, seine mutmaßlichen immateriellen über seine finanziellen Interessen zu stellen. Folglich wäre dem Vorstand lediglich zuzusprechen, berechtigte und nicht jegliche Interessen bei seinen Gehaltsverhandlungen nach Belieben zu verfolgen. Ein (werdender) Vorstand kann kein Interesse an einem unangemessenen Gehalt haben.

Zusammenfassend ist eine Vorstandshaftung also denkbar, wenn der Vorstand ein unangemessenes Gehalt annimmt oder fordert, insbesondere wenn er Vergütungsvorschläge unterbreitet, die nicht auf eine nachhaltige Unternehmensentwicklung gerichtet sind. Wie bereits oben in dieser Arbeit thematisiert, lässt sich ein objektiver Verstoß gegen § 87 Abs. 1 AktG nicht leicht feststellen. Naheliegend könnte ein Verstoß des Vorstands unter Umständen noch sein, wenn er dem Aufsichtsrat einer börsennotierten Gesellschaft entgegen § 87 Abs. 1 S. 3 Hs. 1 AktG vorschlägt, eine rein stichtagsbezogene Bemessungsgrundlage für variable Vergütungsbestandteile zu vereinbaren. Darüber hinaus könnte der Vorstand gegen § 87 Abs. 1 S. 3 Hs. 2 AktG verstoßen, wenn er auf Vorschlag des Aufsichtsrats eine Gehaltsabrede trifft, die ohne erkennbaren Grund keine Begrenzungsmöglichkeit für außerordentliche Entwicklungen vorsieht.

Abgesehen von solch vermeintlich eindeutigen Beispielfällen existiert auf der objektiven Tatbestandsebene der Angemessenheit aber ein gewisser „Korridor der Angemessenheit". Dies ergibt sich unter anderem schon daraus, dass dem Aufsichtsrat bei der Ausfüllung des Angemessenheitsbegriffs nach § 87 Abs. 1 AktG die Business Judgment Rule zugute kommen kann.[1176] Daher dürften sich in der Praxis unangemessene Gehälter voraussichtlich besser ausschließen als angemessene bestimmen lassen.[1177]

1175 Siehe z.B. oben S. 67.

1176 Siehe hierzu oben S. 189 ff.

1177 Siehe hierzu auch oben S. 71 f.

Lässt sich ein Verstoß gegen § 87 Abs. 1 AktG trotz der vorhandenen Schwierigkeiten eindeutig feststellen, bildet dieser nach hiesiger Auffassung den unmittelbaren Anknüpfungspunkt einer möglichen Vorstandshaftung. Die Norm richtet sich zwar in erster Linie an den Aufsichtsrat. Bei ihm verbleibt die Letztverantwortung für die Vorstandsvergütung. Dennoch spricht die Norm nach ihrem Sinn und Zweck auch den Vorstand an und entfaltet insoweit bereits vorvertragliche Wirkung.[1178] In dieser spezialgesetzlichen Ausnahme ist kein Widerspruch zu dem Grundsatz zu sehen, dass den Vorstand vor Bestellung keine allgemeinen Organpflichten treffen. Diese bilden nach hiesiger Ansicht gerade nicht den Anknüpfungspunkt für eine Pflichtverletzung des Vorstands.

b) *Anwendbarkeit der Business Judgment Rule zugunsten des Vorstands*

Liegt ein Verhalten des Vorstands vor, welches ihn im Zusammenhang mit seiner Vergütungsvereinbarung zum Schadensersatz gegenüber der Gesellschaft verpflichten könnte, stellt sich die wichtige Anschlussfrage, ob der Vorstand sich gegebenenfalls auf die Business Judgment Rule berufen darf. Mehr als der Hinweis, dass es sich für den Vorstand bei der Vereinbarung nicht um eine unternehmerische Entscheidung handele, findet sich zu dieser Frage nicht.[1179]

Nachfolgend sollen daher einige als Denkanregungen zu verstehende Überlegungen hierzu erfolgen. Eine Auseinandersetzung mit den einzelnen Voraussetzungen von § 93 Abs. 2 S. 1 AktG käme wohl erst in Betracht, wenn die Frage der Anwendbarkeit ansatzweise geklärt scheint. Letzteres vermag diese Arbeit jedoch kaum zu leisten, weshalb von einer weitergehenden Erörterung der einzelnen Voraussetzungen der Business Judgment Rule abgesehen werden soll.

In der Sache könnte es gegebenenfalls überzeugen, eine unternehmerische Entscheidung des Vorstands im Sinne der Business Judgment Rule abzulehnen, soweit man den Vorstand nicht als Adressaten von § 87 Abs. 1 AktG ansieht. Die Business Judgment Rule privilegiert den Vorstand nur für den Bereich der Geschäftsleitung.[1180] Würde die Vergütungsvereinbarung nicht zu den Geschäftsleitungsaufgaben des Vorstands gehören, wäre der Anwendungsbereich der Business Judgment Rule also gar nicht eröffnet.

Fraglich ist jedoch, ob auch dann keine unternehmerische Entscheidung des Vorstands vorliegt, wenn man diesen wie hier nach § 87 Abs. 1 AktG als verpflichtet ansieht, keine unangemessene Vergütung anzunehmen oder zu fordern, sondern umgekehrt sogar Vorschläge für eine angemessene Vergütung zu unterbreiten. Eine

1178 A.A. wohl *Säcker/Stenzel*, JZ 2006, 1151, 1156, die nicht von einer gestörten Verhandlungssituation zwischen den Vertragspartnern ausgehen.
1179 Siehe oben S. 45.
1180 Vgl. nur *Spindler*, in: MüKo, AktG, § 93 Rn. 36 ff. m.w.N.

unternehmerische Entscheidung zeichnet sich bekanntermaßen durch ihren Prognosecharakter und Unsicherheiten über zukünftige Ereignisse aus.[1181]

Um dem Aufsichtsrat eine nachhaltig ausgerichtete Vergütung im Sinne eines weiten Begriffsverständnisses überhaupt vorschlagen zu können, muss der (zukünftige) Vorstand zuvor die Unternehmensstrategie zumindest teilweise planen. Dies dürfte ohnehin dem gebotenen und absolut üblichen Verlauf der Vertragsverhandlungen entsprechen. Für den Aufsichtsrat sollte ein wesentliches Kriterium für die Bestellung eines bestimmten Vorstands die von diesem beabsichtigte Strategie sein. Anderenfalls könnte der Aufsichtsrat überhaupt nicht beurteilen, ob der Vorstandskandidat der Richtige für den Posten in der jeweiligen Situation des Unternehmens ist. Folglich wird der Vorstand seine groben Planungen während der Vertragsverhandlungen darlegen müssen.

Bei der Unternehmensplanung handelt es sich naturgemäß um eine unternehmerische Entscheidung des Vorstands, welche wesentlich durch Unsicherheiten und Prognosen geprägt ist.[1182] Folglich dürfte die Business Judgment Rule bei den Gehaltsverhandlungen auch zugunsten des Vorstands anwendbar sein. Hierfür spricht auch der kurz zuvor erwähnte Umstand, dass die Einhaltung der Angemessenheit im Eigeninteresse des Vorstands liegen dürfte. Der Vorstand hat somit zum Beispiel abzuwägen, welche Leistungen er erbringen wird, wie sich das übliche Gehalt bei Vergleichsunternehmen entwickelt etc.

Zugegebenermaßen ließe sich gegen eine solche Sichtweise anführen, dass den Vorstand zumindest vor seiner Erstbestellung keine allgemeinen Organpflichten treffen. Daher mag es jedenfalls zu diesem Zeitpunkt ein wenig befremden, von einer unternehmerischen Entscheidung des Vorstands im Rahmen seiner Geschäftsleitungsaufgaben auszugehen. Hiermit wurde der Vorstandskandidat offiziell noch gar nicht betraut. Hierin zeigt sich jedoch erneut der spezialgesetzliche Ausnahmecharakter von § 87 Abs. 1 AktG. In der „vorvertraglichen Unternehmensplanung" könnte unter Umständen die erste Amtshandlung des Vorstands gesehen werden, soweit es anschließend zu einer Bestellung kommt. In diesem Fall könnte die Bestellung des Vorstands über § 87 Abs. 1 AktG zurückwirken auf den Zeitpunkt der Vertragsverhandlungen.

Anders entstünde ein Konflikt, der nur schwer aufzulösen wäre. Einerseits kommt eine Bestellung des Vorstands ohne das Nennen einer beabsichtigten, wenigstens grob skizzierten Strategie aus den soeben genannten Gründen kaum infrage. Andererseits müssen auch die Angaben des zukünftigen Vorstands hinsichtlich der geplanten Strategie in irgendeiner Weise verbindlich sein, da der Aufsichtsrat seine

---

1181 Vgl. BT-Drs. 15/5092, S. 11; BGHZ 135, 244, 253; *Baums*, ZGR 2011, 218, 222 f.; *Fleischer*, NZG 2008, 371; *ders.*, NZG 2011, 521, 522; Hüffer/*Koch*, AktG, § 93 Rn. 16 ff.; *Ihrig*, WM 2004, 2098, 2103 f.; *Spindler*, in: MüKo, AktG, § 93 Rn. 41.

1182 Vgl. *Abeltshauser*, Leitungshaftung, S. 219; *Altmeppen*, ZGR 1999, 291, 303 ff.; *Feddersen*, ZGR 1993, 114, 116 ff.; *Fleischer*, in: Spindler/Stilz, AktG, § 93 Rn. 53; *ders.*, in: Fleischer, Hdb Vorstandsrecht, § 7 Rn. 39; *Kropff*, NZG 1998, 613 f.; *Lutter*, in: FS Albach, S. 345, 350.

Bestellungs- und Vergütungsentscheidung hiervon jedenfalls teilweise abhängig machen muss. Der Vorstandskandidat kann im allseitigen Interesse nicht im luftleeren Raum agieren, sondern muss sich grundsätzlich an seinen (vorvertraglichen) Aussagen zur Unternehmensplanung messen lassen. Dies kann unter anderem dem Interesse des Unternehmens sowie der damit verbundenen Stakeholder-Gruppen an einem geordneten, das heißt soweit wie möglich vorhersehbaren, Geschäftsablauf entnommen werden.

Zwar ließe sich eine derartige Vorgabe mit Blick auf das Unternehmensinteresse gegebenenfalls noch aus allgemeinen vorvertraglichen Pflichten des Vorstands ableiten. Soweit jedoch eine spezielle Norm existiert, die erkennbar und zielgerichtet am frühestmöglichen Zeitpunkt, den Vertragsverhandlungen, anknüpft und eine derartige Auslegung zulässt, ist ein Rückgriff auf generelle Normen nach allgemeinen Grundsätzen nicht geboten.[1183] Darüber hinaus entfalten vorvertragliche Pflichten ihre Wirkung grundsätzlich nur zwischen den Verhandlungspartnern und nicht gegenüber Dritten, vergleiche § 311 Abs. 3 BGB. Ein Schutz der Stakeholder-Gruppen, den § 87 Abs. 1 AktG unter anderem unstreitig bezweckt und der somit zwingend erforderlich sein dürfte[1184], kann soweit ersichtlich gegenüber dem Vorstand im vorvertraglichen Bereich nur über die Norm selbst erreicht werden. Soweit man also auch den Vorstand von § 87 Abs. 1 AktG angesprochen sehen möchte, erscheint es nur billig und konsequent, den Vorstand im Gegenzug über die Business Judgment Rule zu privilegieren.

Natürlich müssten bezüglich der vorvertraglichen Planungen des Vorstands und der damit einhergehenden Prüfung der Voraussetzungen der Business Judgment Rule deutlich großzügigere Maßstäbe gelten als bei einem bereits bestellten Vorstand. Häufig werden dem Vorstand vor seiner Bestellung etliche unternehmensinterne Informationen nicht oder nicht in der erforderlichen Tiefe vorliegen. Soweit aufgrund dessen nach der Bestellung eine Anpassung der Unternehmensplanung erforderlich wäre, könnte dies dem Vorstand nicht angelastet werden. Dennoch dürfte eine solche Sichtweise im Ergebnis zu einer größeren Sorgfalt beider Organe ab dem ersten Geschäftskontakt führen.

Auch hinsichtlich der vom Vorstand anzustellenden Prognose zur Angemessenheit seines Gehalts, soweit man eine solche gemäß § 87 Abs. 1 AktG für erforderlich hält, müssten ihm im Rahmen der Business Judgment Rule voraussichtlich mehr Zugeständnisse als dem Aufsichtsrat gemacht werden. So dürfte etwa die Angemessenheit der Informationsgrundlage deutlich weniger streng zu beurteilen sein als beim Aufsichtsrat. Die Letztverantwortung für die Vergütung des Vorstands liegt nach dem Willen des Gesetzgebers beim Aufsichtsrat, § 116 Abs. 3 AktG.[1185] Im

---

1183 Siehe oben S. 36.

1184 Vgl. z. B. Hüffer/*Koch*, AktG, § 87 Rn. 1; *Spindler*, in: MüKo, AktG, § 87 Rn. 1; zu § 78 AktG 1937 *Schlegelberger/Quassowski*, AktG 1937, § 78 Rn. 1; zu den rechtsökonomischen Grundlagen *Meyer*, Vorstandsvergütung, S. 33 ff.

1185 Siehe z. B. oben S. 80.

Übrigen dürfte dem Aufsichtsrat das Anstehen von Vertragsverhandlungen regelmäßig deutlich früher bekannt werden als dem Vorstand, sodass auch diesbezüglich eine höhere Sorgfalt zu erwarten ist. Im gleichen Sinne wird ein werdender Vorstand das Wohl der Gesellschaft nur schwer bis ins Detail beurteilen können.

Die soeben geschilderte Sichtweise könnte zudem ein weiteres Problem lösen, welches entstünde, lehnte man eine unternehmerische Entscheidung des Vorstands hinsichtlich seiner Beteiligung an seinen Gehaltsverhandlungen ab. Zugunsten des Vorstands wäre die Business Judgment Rule nicht anwendbar, zugunsten des Aufsichtsrats allerdings schon.[1186]

Folglich könnte den Vorstand in der Praxis – zumindest soweit man einen einfachen Verstoß gegen § 87 Abs. 1 AktG in Verbindung mit der Loyalitäts- und Treuepflicht des Vorstands als ausreichenden Anknüpfungspunkt einer Haftung ansieht – schneller eine Haftung treffen als den Aufsichtsrat. Angesichts der kurz zuvor erneut erwähnten Letztverantwortung für die Vergütung des Vorstands läge ein vom Gesetzgeber offenkundig nicht gewollter Wertungswiderspruch vor. Den Aufsichtsrat soll grundsätzlich vorrangig eine Haftung wegen eines unangemessenen Vorstandsgehalts treffen.

c) *Zwischenergebnis*

Eine Vorstandshaftung wegen eines unangemessenen Vorstandsgehalts lässt sich nach der hier vertretenen Meinung unmittelbar an einen Verstoß gegen § 87 Abs. 1 AktG knüpfen. Ein Umweg über allgemeine Organpflichten dürfte nicht geboten sein. § 87 Abs. 1 AktG spricht nach hiesigem Verständnis neben dem Aufsichtsrat auch den Vorstand an. Eine unangemessene Vergütung liegt nicht im mutmaßlichen Interesse des (künftigen) Vorstands. Ein objektiver Verstoß des Vorstands gegen § 87 Abs. 1 AktG dürfte also vorliegen, wenn er eine unangemessene Vergütung fordert oder annimmt beziehungsweise dem Aufsichtsrat Vergütungsvorschläge unterbreitet, die nicht auf eine nachhaltige Unternehmensentwicklung ausgerichtet sind.

Im vorstehenden Sinne scheint es nur konsequent, die Business Judgment Rule auf die Beteiligung des Vorstandes an den Vergütungsverhandlungen anzuwenden. Befürwortet man eine Mitverantwortung des Vorstands für seine Vergütung nach § 87 Abs. 1 AktG, unterliegt die Entscheidung des Vorstands genau wie die des Aufsichtsrats Unsicherheiten und Prognosen. Der noch nicht bestellte Vorstand könnte im Rahmen der Gehaltsverhandlungen eine „vorweggenommene Strategieplanung“ durchführen. Dies würde allerdings nichts an der dem Aufsichtsrat obliegenden Letztverantwortung für die Angemessenheit der Vorstandsvergütung ändern. Unter anderem deshalb sollten für den Vorstand im Rahmen der Business Judgment Rule großzügigere Maßstäbe gelten als für den Aufsichtsrat.

1186 Siehe hierzu oben S. 189 ff.

III. Geltendmachung von Ansprüchen der Gesellschaft gegen die Organe

Liegen bereicherungsrechtliche Ansprüche oder Schadensersatzansprüche gegen den Aufsichtsrat und/oder den Vorstand vor, stellt sich wie oben dargestellt die Frage nach der Anspruchsdurchsetzung. Besondere Auswirkungen des VorstAG sind allerdings nicht zu erwarten. Daher soll ordnungshalber nur kurz auf naheliegende Punkte eingegangen werden, welche nicht bereits im Rahmen des obigen Meinungsüberblicks abgehandelt wurden.[1187]

1. Klageerzwingungs- und Klagezulassungsverfahren sowie Klage von Gesellschaftsgläubigern

Wegen des oben bereits erwähnten Dilemmas in Form eines Strukturdefizits dürfte es kaum zur Verfolgung von Ersatzansprüchen wegen eines Verstoßes gegen § 87 Abs. 1 AktG durch Organmitglieder kommen. Die bisherigen praktischen Erfahrungen bestätigen diesen Eindruck.[1188] Daher könnte man zunächst annehmen, Klageerzwingungs- (§ 147 AktG) oder Klagezulassungsverfahren (§ 148 AktG) kämen besondere Bedeutung bezüglich Ansprüchen wegen unangemessener Vorstandsvergütungen zu.

Hinsichtlich etwaiger Bereicherungsansprüche gegen den Vorstand müsste man jedoch zunächst überlegen, ob sie überhaupt vom Anwendungsbereich der §§ 147, 148 AktG erfasst wären. Vom Wortlaut der Norm aus betrachtet wäre dies zunächst zu verneinen. Im GmbH-Recht wird jedoch für die entsprechende Regelung des § 46 Nr. 8 GmbHG die Ausdehnung auf bestimmte weitere Ansprüche bejaht.[1189] Gleiches muss für § 147 AktG hinsichtlich Ausgleichs-, Herausgabe- sowie Unterlassungsansprüchen gelten, da in diesen Fällen eine ähnliche Interessenlage der Gesellschaftsorgane vorliegt wie bei Schadensersatzansprüchen.[1190] Folglich gelten die §§ 147, 148 AktG auch für in Betracht kommende Bereicherungsansprüche gegen den Vorstand wegen einer unangemessenen Vergütung.

Allerdings wird die praktische Bedeutung von Klageerzwingungs- und Klagezulassungsverfahren nach wie vor – trotz stetiger Absenkung der Voraussetzungen – als gering eingeschätzt, unabhängig von der Art des Anspruchs.[1191] Insbesondere auch die Wirkungen einer Klagemöglichkeit nach § 148 AktG werden – trotz gewisser Verbesserungen – mangels erkennbarer Nutzung und Effektivität als unbefriedi-

1187 Siehe oben S. 48 ff.

1188 Siehe hierzu oben S. 33.

1189 Vgl. BGH, WM 1975, 422, 423; BGHZ 97, 382, 384 ff.

1190 Vgl. *Hirschmann*, in: Hölters, AktG, § 147 Rn. 2.

1191 Vgl. nur *Mock*, in: Spindler/Stilz, AktG, § 147 Rn. 5 ff. m.w.N.; *Schröer*, in: MüKo, AktG, § 147 Rn. 1 ff. m.w.N.

gend empfunden.[1192] Auf die bezüglich beider Verfahren üblicherweise diskutierten Probleme kann diese Arbeit nicht im Einzelnen eingehen.[1193]

Ob ein Klageerzwingungsbegehren nach § 147 Abs. 1 S. 1 AktG wegen einer unangemessenen Vorstandsvergütung zukünftig vermehrt – im Wege von Ergänzungsanträgen nach § 122 Abs. 1 S. 1 AktG – auf die Tagesordnung von Hauptversammlungen gesetzt werden wird, bleibt abzuwarten. Nicht gänzlich ausgeschlossen werden kann zumindest, dass sich die Sensibilität für das Thema vor dem Hintergrund der durch das VorstAG vorgenommenen Neuerungen, insbesondere wegen des nach § 120 Abs. 4 AktG möglichen fakultativen Hauptversammlungsvotums über die Vorstandsvergütung („say on pay"), auch bei den Aktionären erhöht. Ob dies aber tatsächlich zu einer verstärkten Geltendmachung von Ansprüchen wegen unangemessener Vorstandsvergütung führen wird, ist momentan zweifelhaft, sollte aber zum Beispiel bei einer offensichtlich unüblich hohen Vergütung oder anderen groben Verstößen gegen § 87 Abs. 1 AktG nicht gänzlich ausgeschlossen werden.

Neben den erwähnten Verfahren existiert nach § 93 Abs. 5 AktG (in Verbindung mit § 116 S. 1 AktG) das Recht von Gesellschaftsgläubigern, zur Begleichung eigener Forderungen Ansprüche der Gesellschaft gegen die Organe im eigenen Namen geltend zu machen, soweit eine Befriedigung von der Gesellschaft nicht erlangt werden kann.[1194] Die praktische Bedeutung dieser Klagemöglichkeit dürfte im Zusammenhang mit unangemessenen Vorstandsgehältern ebenfalls gering ausfallen, weshalb weitere Ausführungen unterbleiben sollen.

2. Verjährung von Ansprüchen

Schadensersatzansprüche gegen die Organe verjähren bei börsennotierten Gesellschaften gemäß § 93 Abs. 6 AktG (gegebenenfalls in Verbindung mit § 116 S. 1 AktG) nach zehn Jahren, bei anderen Gesellschaften nach fünf Jahren. Für den Verjährungsbeginn ist allein die objektive Entstehung des Anspruchs maßgeblich. Dies kann jedenfalls nicht vor Beginn des Schadenseintritts der Fall sein.[1195]

Für die infrage kommenden Bereicherungsansprüche gegen den Vorstand gelten die hierauf anwendbaren Regelungen.[1196] Nach diesen ist grundsätzlich die regelmäßige Verjährungsfrist nach den §§ 195, 199 BGB maßgeblich.[1197] Nach den genannten Vorschriften würde die regelmäßige dreijährige Verjährungsfrist mit dem

---

1192 Vgl. nur *Habersack*, in: MüKo, AktG, § 116 Rn. 8 m.w.N.; Hüffer/*Koch*, AktG, § 148 Rn. 3.

1193 Vgl. etwa nur zur komplizierten Darlegung einer Unredlichkeit oder groben Pflichtverletzung *Cahn*, in: FS Hopt, S. 431, 451 f.

1194 Vgl. *Reichert/Ullrich*, in: FS Schneider, S. 1017, 1035.

1195 Vgl. z. B. *Spindler*, in: MüKo, AktG, § 93 Rn. 291 f. m.w.N.

1196 Vgl. allgemein für die Verjährung von Bereicherungsansprüchen gegen den Vorstand RGZ 96, 53, 55; *Mertens/Cahn*, in: KöKo, AktG, § 93 Rn. 197; für den Geschäftsführer einer GmbH RG, JW 1938, 2413, 2414.

1197 Vgl. nur *Schwab*, in: MüKo, BGB, § 812 Rn. 528.

Schluss des Jahres beginnen, in dem der Anspruch entstanden ist und die Gesellschaft von den Anspruch begründenden Umständen Kenntnis erlangt hätte oder ohne grobe Fahrlässigkeit hätte erlangen müssen.

3. Prozessuales

Käme es in der Praxis doch einmal zu einer gerichtlichen Geltendmachung von Ansprüchen, etwa infolge eines Austauschs der Personen im Aufsichtsrat oder Vorstand[1198], durch Einsetzung eines Insolvenzverwalters[1199] oder im Wege des Klageerzwingungsverfahrens, sei ordnungshalber angemerkt, dass das Gericht des Erfüllungsortes nach § 29 ZPO oder das Gericht am Wohnsitz des Organmitglieds nach § 13 ZPO zuständig wäre.[1200] Erfüllungsort im vorgenannten Sinne wäre der Sitz der Gesellschaft.[1201]

1198 Vgl. zu dieser Möglichkeit *Cahn*, in: FS Hopt, S. 431, 451.

1199 Vgl. LG Essen, Urt. v. 9.9.2013, 44 O 164/10, Rn. 1 ff.

1200 Vgl. *Reichert/Ullrich*, in: FS Schneider, S. 1017, 1035.

1201 *Habersack*, in: MüKo, AktG, 116 Rn. 72; *Hopt/Roth*, in: GK, AktG, § 93 Rn. 603; *Mertens/Cahn*, in: KöKo, AktG, § 93 Rn. 9.

D. Zusammenfassung und Fazit

Die Ausführungen im vorangegangenen Arbeitsteil zu möglichen zivil- und aktienrechtlichen Konsequenzen unangemessener Vorstandsgehälter ließen sich problemlos weiter fortführen. So wäre etwa denkbar, weitere Einzelprobleme im Rahmen der bereits dargestellten Rechtsfolgen oder auch gänzlich unerwähnt gebliebene Rechtsfolgen, wie eine zumindest ansatzweise in Betracht kommende Haftung aus § 823 Abs. 1 BGB wegen Verstoßes gegen § 87 Abs. 1 AktG, zu diskutieren. Allerdings muss die vorliegende Arbeit hiervon schon aus Kapazitätsgründen Abstand nehmen. Es dürfte insoweit kaum möglich sein, die sich anlässlich des Arbeitsthemas eröffneten Rechtsfragen abschließend und vollständig zu behandeln.

Daher gilt es, die bisher gefundenen Ergebnisse zusammenzufassen und sie mit Blick auf die einleitend in dieser Arbeit aufgeworfenen Fragen zu würdigen. Übergeordnete Aufgabenstellung in diesem Sinne war es zu prüfen, ob die Gesetzesänderungen durch das VorstAG eine Neubewertung der zivil- und aktienrechtlichen Folgen einer gegen § 87 Abs. 1 AktG verstoßenden Vorstandsvergütung erforderlich machen.[1202]

I. (Teil-)Nichtigkeit einer unangemessenen Vergütungsvereinbarung nach § 134 BGB

Ein Verstoß gegen § 87 Abs. 1 AktG führt nach dem in dieser Arbeit gefundenen Ergebnis gemäß § 134 BGB zur Teilnichtigkeit der unangemessenen Vergütungsvereinbarung, soweit der unangemessene Teil abtrennbar ist. Ist die Vergütungsvereinbarung nicht in einen unangemessenen und angemessenen Part aufteilbar, so ist sie insgesamt unwirksam. Einer Rückforderung vom Vorstand nach § 812 Abs. 1 S. 1 Alt. 1 BGB steht in beiden Fällen nichts im Wege. Insbesondere die bereicherungsrechtlichen Kondiktionssperren der §§ 814 Alt. 2, 817 S. 2 BGB sind aufgrund teleologischer Überlegungen nicht anwendbar und können daher einen Anspruch der Gesellschaft nicht zu Fall bringen.

Nach der hier vertretener Auffassung ist § 87 Abs. 1 AktG entgegen der überwiegenden Meinung als Verbotsgesetz im Sinne von § 134 BGB einzustufen. Dies legt der Sinn und Zweck von § 87 Abs. 1 AktG nahe, welcher durch das VorstAG eine maßgebliche Erweiterung erfahren hat. Die Vorschrift dient nicht mehr allein dem Schutz der Gesellschaft sowie ihrer Aktionäre und Gläubiger vor zu hohen Vorstandsgehältern. Der Gesetzgeber wollte durch die Neufassung des § 87 Abs. 1 AktG vor dem Hintergrund der 2007 begonnenen Finanzkrise ausdrücklich auch die

1202 Siehe oben S. 4.

Öffentlichkeit schützen und einen durch falsche Verhaltensanreize hervorgerufenen negativen „Dominoeffekt" für das Wirtschaftssystem im Ganzen verhindern.[1203]

Im Übrigen dürfte eine Mitwirkung des Vorstands bei seiner Vergütungsfestsetzung erforderlich sein, was ebenfalls für den Verbotscharakter des § 87 Abs. 1 AktG spricht. Der Vorstand dürfte dazu angehalten sein, dem Aufsichtsrat Vorschläge für seine Vergütung zu unterbreiten beziehungsweise zumindest aus der Unternehmensstrategie abgeleitete mögliche Parameter zu benennen. Dies ergibt sich unter anderem aus der Vorgabe, die Vorstandsvergütung gemäß § 87 Abs. 1 S. 2 AktG auf eine nachhaltige Unternehmensentwicklung auszurichten. Ohne entsprechende Mitwirkung würde ein Eingriff des Aufsichtsrats in die Geschäftsführungskompetenz des Vorstands drohen, da der Aufsichtsrat sonst selbst die Unternehmensstrategie beziehungsweise den Inhalt einer nachhaltigen Unternehmensentwicklung festlegen müsste. Die Letztverantwortung, für die Angemessenheit der Vorstandsvergütung zu sorgen, soll aber auch nach dem Inkrafttreten des VorstAG beim Aufsichtsrat verbleiben, wie § 116 S. 3 AktG unzweifelhaft zeigt. Dennoch ist es ein klares Indiz für ein Verbotsgesetz, wenn eine Norm beide Geschäftspartner anspricht.[1204]

Die Änderungen durch das VorstAG legen es somit im Zusammenspiel mit allgemeinen Überlegungen nahe, die Rechtsfolgen eines Verstoßes gegen § 87 Abs. 1 AktG mit Blick auf § 134 BGB neu zu bewerten.

II. Hilfsweise: (Teil-)Nichtigkeit einer unangemessenen Vergütungsvereinbarung nach § 138 BGB

Bereits vor dem VorstAG war anerkannt, dass Vergütungsvereinbarungen mit dem Vorstand unter hohen Voraussetzungen sittenwidrig und somit nichtig nach § 138 Abs. 1 BGB sein können. Gegen den Vorstand wäre dann ein Anspruch nach § 812 Abs. 1 S. 1 Alt. 1 BGB gegeben. Welche Umstände im Einzelnen zur Sittenwidrigkeit führen sollen, wird allerdings auch nach dem Erlass des VorstAG nicht erkennbar diskutiert.

Seit der Gesetzesänderung sind nach § 87 Abs. 1 S. 1 AktG ausdrücklich die Leistungen des Vorstands hinsichtlich der Angemessenheit seiner Vergütung zu beachten. Die Missachtung des Leistungsprinzips, welches es nach allgemeiner Ansicht auch schon vor dem VorstAG einzuhalten galt, kann zur Sittenwidrigkeit der Vergütungsvereinbarung führen. Hierzu bedürfte es allerdings einer offenkundigen und groben Verletzung des Leistungsprinzips, etwa durch Gewährung von zusätzlicher Vergütung für eine Nicht- oder Schlechtleistung. Das Leistungsprinzip wäre nach dem hier vertretenen Ergebnis außerdem infrage gestellt, wenn der Vorstand ohne erkennbaren Grund eine Vergütung erhielte, die über dem Doppelten des Branchenüblichen läge. Insoweit scheint es zwar nicht geboten, die rechtlichen

---

1203 Siehe hierzu oben insbesondere S. 76 ff.

1204 Siehe hierzu oben insbesondere 93 f.

Konsequenzen eines Verstoßes gegen § 87 Abs. 1 AktG infolge des VorstAG gänzlich neu zu bewerten. Eine gewisse Konkretisierung ist jedoch erkennbar.[1205]

Eine Neubewertung könnte allerdings hinsichtlich des durch das VorstAG neu eingefügten Merkmals einer nachhaltigen Unternehmensentwicklung gemäß § 87 Abs. 1 S. 2 AktG erforderlich sein. Zu diesem unbestimmten Rechtsbegriff existieren im Wesentlichen zwei unterschiedliche Auffassungen. Ein enges Verständnis versteht den Begriff allein in zeitlicher Hinsicht. Nachhaltig bedeute langfristig im Sinne von mehrjährig. Hingegen misst die weite Auffassung einer nachhaltigen Unternehmensentwicklung eine an das allgemeine Nachhaltigkeitskonzept angelehnte, jedoch an das jeweilige Unternehmensinteresse angepasste, Bedeutung bei. Das weite Verständnis wird im Rahmen dieser Arbeit insbesondere aus systematischen, historischen und teleologischen Gründen als vorzugswürdig erachtet. Abstrakte Anhaltspunkte für nachhaltige Vergütungsparameter im Sinne dieses weiten Verständnisses kann gegebenenfalls der DNK liefern.[1206]

Das der weiten Auffassung zugrunde liegende allgemeine Nachhaltigkeitskonzept, auch Drei-Säulen-Konzept genannt, umfasst in generationenübergreifender Weise Umwelt-, Sozial- und Wirtschaftsbelange. Als Sittenwidrigkeitsmaßstab kommt das Drei-Säulen-Konzept im Sinne einer übergeordneten rechtlichen und moralischen Wertung nach § 138 Abs. 1 BGB durchaus in Betracht. Im europäischen Verfassungsrecht und anderen europäischen Verfassungen ist das allgemeine Nachhaltigkeitsprinzip fest verankert. Im deutschen Grundgesetz lässt es sich zumindest ansatzweise entdecken. Im einfachen deutschen Recht hat das Prinzip bereits an zahlreichen Stellen Niederschlag gefunden. Im Übrigen entspricht es den unterstellten vorherrschenden Gerechtigkeitsvorstellungen der Bevölkerung.[1207]

Geht man wie hier davon aus, dass es sich bei dem allgemeinen Nachhaltigkeitsprinzip um einen übergeordneten Rechts- und Moralgrundsatz und somit geeigneten Sittenwidrigkeitsmaßstab handelt und der Begriff der nachhaltigen Unternehmensentwicklung hieraus abgeleitet ist, so scheint es nur folgerichtig, einen erheblich gegen § 87 Abs. 1 S. 2 AktG verstoßenden Vergütungsvertrag mit dem Vorstand als sittenwidrig einzustufen. Der im Aktienrecht nach überwiegender Auffassung maßgebliche Stakeholder-Ansatz stützt eine solche These.

Eine Sittenwidrigkeit wegen Verstoßes gegen § 87 Abs. 1 S. 2 AktG wäre in diesem Sinn vor allem denkbar, wenn von den Anreizen der Vorstandsvergütung eine erhebliche Gefahr für Nachhaltigkeitsbelange ausginge. Auch vollkommenes Außerachtlassen von Nachhaltigkeitsinteressen bei der Ausrichtung der Vorstandsvergütung könnte im Extremfall zu einer Sittenwidrigkeit des Rechtsgeschäfts führen. Unter Umständen ließe sich sogar ein Grundsatz aufstellen, nach welchem das jeweilige Unternehmen mehr weit verstandene Nachhaltigkeitsparameter bei der Vergütungsabrede berücksichtigen darf beziehungsweise muss, je besser seine

1205 Siehe oben S. 117 ff.
1206 Siehe oben S. 133 ff.
1207 Siehe hierzu oben S. 166.

wirtschaftliche Lage ist. Diesbezüglich ist klarzustellen, dass nach hiesigem Verständnis keine Pflicht des Unternehmens gemäß § 87 Abs. 1 S. 2 AktG bestehen soll, weit verstandene Nachhaltigkeitsaufwendungen zu tätigen. Der Vorstand soll lediglich hierzu angereizt werden, soweit es sich das Unternehmen in seiner aktuellen Situation leisten kann.[1208]

Damit das Merkmal der nachhaltigen Unternehmensentwicklung nicht in ausufernder Weise zur Begründung einer (teilweisen) Sittenwidrigkeit von Gehaltsvereinbarungen mit Vorständen herangezogen werden könnte, bedürfte es insgesamt wohl einer einschränkenden Betrachtung. Als oberste Maxime müsste stets das jeweilige Unternehmensinteresse beachtet werden.

Die Sittenwidrigkeit würde – wie bei anderen hier diskutierten Nichtigkeitsgründen – ganz regelmäßig nur die Vergütungsvereinbarung betreffen und nicht auch den Anstellungsvertrag oder die Bestellung des Vorstands. Soweit die Vergütungsvereinbarung in einen sittenwidrigen und rechtmäßigen Part teilbar wäre, bliebe letzterer wirksam. Soweit die Gehaltsvereinbarung mit dem Vorstand auch nach § 134 BGB nichtig sein sollte, ginge dies einer Nichtigkeit nach § 138 Abs. 1 BGB vor. § 138 Abs. 1 BGB hätte somit nach dem hier gefundenen Ergebnis keinen eigenständigen Anwendungsbereich mehr.[1209]

Stuft man § 87 Abs. 1 AktG hingegen nicht als Verbotsgesetz im Sinne von § 134 BGB ein, wäre denkbar, dass durch das VorstAG mit § 87 Abs. 1 S. 2 AktG zumindest ein neuer Anknüpfungspunkt für eine mögliche Sittenwidrigkeit geschaffen worden sein könnte.[1210] Insoweit sind die Rechtsfolgen eines Verstoßes gegen § 87 Abs. 1 AktG im Lichte des § 138 BGB jedenfalls teilweise neu zu bewerten.

III. Hilfsweise: (Teil-)Nichtigkeit einer unangemessenen Vergütungsvereinbarung nach den Grundsätzen zum Missbrauch der Vertretungsmacht

Nach den hier gefundenen Ergebnissen ist es entgegen einer häufig vertretenen Ansicht – unabhängig von den jeweils erforderlichen subjektiven Anforderungen an den Vorstand – ausgeschlossen, dass eine Vergütungsvereinbarung mit dem Vorstand wegen eines evidenten Vertretungsmachtmissbrauchs nichtig ist. Bejaht man wie hier den Verbotsgesetzcharakter von § 87 Abs. 1 AktG, bleibt kein Raum für die Heranziehung der Grundsätze zum Missbrauch der Vertretungsmacht. Die zwei unterschiedlichen Ansätze schließen sich gegenseitig aus.[1211] Soweit man sich aufgrund der Änderungen durch das VorstAG der Auffassung anschließen möchte, welche in § 87 Abs. 1 AktG eine Verbotsnorm im Sinne von § 134 BGB erblickt, wäre

1208 Siehe hierzu z. B. oben S. 160 und 221 f.
1209 Siehe hierzu oben S. 109 f.
1210 Siehe hierzu z. B. oben S. 185 f.
1211 Siehe hierzu oben S. 182 f.

also eine Neubewertung der Grundsätze zum Missbrauch der Vertretungsmacht in Bezug auf unangemessene Vergütungsvereinbarungen mit dem Vorstand angezeigt.

Neben der positiven Bejahung eines Verbotsgesetzes könnte die Anwendung der Grundsätze des Vertretungsmachtmissbrauchs auf unangemessene Vorstandsvergütungen auch aufgrund eines dogmatischen Widerspruchs abzulehnen sein. Die sich für eine Heranziehung der vorgenannten Grundsätze aussprechende Meinung fußt auf der Annahme, bei § 87 Abs. 1 AktG handele es sich um kein Verbotsgesetz, da die Regelung nur den Aufsichtsrat und nicht auch den Vorstand adressiere. Über den Umweg der Grundsätze zum Vertretungsmachtmissbrauch soll der Vorstand dann aber doch den Vorgaben des § 87 Abs. 1 AktG unterworfen werden, will er sich nicht der Gefahr der Nichtigkeit seiner Gehaltsabrede aussetzen.[1212]

Hält man die Grundsätze zum Missbrauch der Vertretungsmacht durch den Aufsichtsrat auf Vergütungsabreden mit dem Vorstand trotz dieser Unstimmigkeiten dennoch für anwendbar, dürfte es sachgerecht sein, hinsichtlich der subjektiven Anforderungen an den Vorstand zeitlich und sachlich zu differenzieren. Handelt es sich um eine Erstbestellung, dürften bei der Prüfung, ob der Vertretungsmachtmissbrauch für den Vorstand evident war, grundsätzlich strengere subjektive Voraussetzungen anzusetzen sein. Erst recht könnte dies gelten, wenn der werdende Vorstand regelmäßig über bestimmte Umstände, aus denen sich die Unangemessenheit seines Gehalts ergibt, nicht gut informiert sein kann. Ein derartiger Fall könnte zum Beispiel vorliegen, wenn der Vorstandskandidat die vertikale Gehaltsstruktur im Unternehmen noch nicht ausreichend kennt. Anders wäre es jedoch gegebenenfalls zu beurteilen, wenn der werdende Vorstand das jeweilige Angemessenheitskriterium, wie etwa die horizontale Vergleichsvergütung, im eigenen Interesse bestens kennen müsste.

IV. Kein Durchschlagen eines nichtigen Aufsichtsratsbeschlusses auf die Vergütungsvereinbarung

Ein Beschluss des Aufsichtsrats, der eine gegen § 87 Abs. 1 AktG verstoßende Vergütung des Vorstands billigt, ist nach dem hier gefundenen Ergebnis nichtig. Dieser Mangel schlägt allerdings nicht unmittelbar auf das Rechtsgeschäft mit dem Vorstand durch. Eine Einschränkung der Vertretungsmacht des Aufsichtsrats nach § 112 AktG infolge des nichtigen Beschlusses ist nicht anzunehmen. Der Vorstand ist im Außenverhältnis nicht an die Grenzen der Vertretungsmacht des Aufsichtsrats im Innenverhältnis gegenüber der Gesellschaft gebunden. Dies wäre allenfalls gerechtfertigt, wenn der Vorstand stets über Insider-Wissen bezüglich der Aufsichtsratstätigkeit verfügen würde. Dies wird man nicht durchgängig unterstellen können.

1212 Siehe hierzu oben S. 184 f.

Daher dürfte auch eine Bindung an die Unwirksamkeit der internen Willensbildung des Aufsichtsrats nicht gerechtfertigt sein

Die Nichtigkeit der Vergütungsvereinbarung könnte sich also nur aus einem der zuvor dargestellten Gründe ergeben. Hinsichtlich des Aufsichtsratsbeschlusses an sich ist somit keine wirkliche Neubewertung der Rechtsfolgen einer unangemessenen Vorstandsvergütung notwendig.

V. Schadensersatzansprüche gegen den Aufsichtsrat wegen einer unangemessenen Vergütungsvereinbarung

Neben einer möglichen Nichtigkeit kann ein Verstoß gegen § 87 Abs. 1 AktG auch zu Schadensersatzansprüchen gegen die Organe führen. Für den Aufsichtsrat geht dies eindeutig aus § 116 S. 3 AktG hervor. Eine Pflichtverletzung des Aufsichtsrats wird allerdings zweifelsfrei nur bei groben Verstößen gegen das Angemessenheitsgebot festzustellen sein. Aufhänger eines pflichtwidrigen Handelns können unter anderem die durch das VorstAG ausdrücklich benannten beziehungsweise neu eingeführten Merkmale der Vorstandsleistungen, der horizontalen und vertikalen Üblichkeit der Vorstandsvergütung sowie der nachhaltigen Unternehmensentwicklung sein.[1213]

Nach der hier geteilten Ansicht, hat die Entscheidung über die Vorstandsbezüge für den Aufsichtsrat unternehmerischen Charakter, das heißt, die Business Judgment Rule ist dem Grunde nach zu seinen Gunsten anwendbar. § 87 Abs. 1 AktG gewährt dem Aufsichtsrat keinen eigenen materiell-rechtlichen Beurteilungsspielraum, was jedoch in der Literatur teilweise vertreten wird.

In der Praxis dürfte es aufgrund der Unschärfe des Angemessenheitsbegriffs bezüglich einer möglichen Aufsichtsratshaftung wesentlich auf die Prüfung der Business Judgment Rule ankommen. Diesbezüglich dürfte wiederum die Prüfung einer angemessenen Informationsgrundlage des Aufsichtsrats von entscheidender Bedeutung sein. Aufgrund der üblicherweise langen Vorlaufzeit der Vergütungsentscheidung und der guten Zugänglichkeit der Informationen, etwa zu üblichen Vergleichsvergütungen, sollte der Aufsichtsrat seine Entscheidungsgrundlage möglichst sorgfältig und ausführlich zusammentragen sowie seine Tätigkeit zum eigenen Schutz dokumentieren und aufbewahren. Im Rahmen der Prüfung einer ausreichenden Informationsgrundlage im Rahmen des § 87 Abs. 1 AktG könnte es angezeigt sein, einen an grobe Fahrlässigkeit angelehnten, aus ex-ante-Sicht zu beurteilenden Maßstab anzulegen.[1214]

Bei der weiteren wichtigen Voraussetzung der Business Judgment Rule – der berechtigten Annahme des Aufsichtsrats, zum Wohle der Gesellschaft zu handeln – dürfte ein weiter gefasster Maßstab gelten. Insoweit dürfte es ex ante betrachtet nur darauf ankommen, ob der Aufsichtsrat seine Entscheidung in nachvollziehbarer Weise begründen kann. Gegebenenfalls könnte der Aufsichtsrat verpflichtet sein, zu ver-

1213 Siehe hierzu oben S. 187 ff.

1214 Siehe hierzu oben S. 197 f.

suchen, mit dem Vorstand ein möglichst geringes, gerade noch durchsetzbares, Gehalt zu vereinbaren und seine hierauf gerichteten Bestrebungen zu dokumentieren. Auch eine vertragliche Begrenzung der Vorstandsvergütung auf das Doppelte des Üblichen oder eine Anrechnungsklausel für anderweitige Bezüge bei vorzeitiger Vertragsbeendigung scheinen sinnvoll beziehungsweise erforderlich. Satzungsvorgaben zum Wohle der Gesellschaft mit Bezug auf die Vorstandsvergütung, insbesondere zu eventuell nachhaltigen Vergütungsparametern, dürften unzulässig sein.[1215]

Aufgrund des Vorstehenden dürften Schadensersatzansprüche gegen den Aufsichtsrat nur ausnahmsweise in Fällen von groben Verstößen gegen § 87 Abs. 1 AktG positiv feststellbar sein. Insoweit hat das VorstAG nicht zu grundlegenden Änderungen bei der Aufsichtsratshaftung wegen einer unangemessenen Vorstandsvergütung geführt. Allerdings dürften die Änderungen durch das VorstAG – etwa durch die Vorgabe der Üblichkeit – durchaus zu einer gewissen Konkretisierung des Haftungstatbestands – unter anderem auch der Voraussetzungen der Business Judgment Rule – beitragen.

Der Gesellschaft könnte im Einklang mit den vorherigen Ausführungen wegen Missachtung des Leistungsprinzips ein Schaden entstehen, wenn der Aufsichtsrat mit dem Vorstand kein Abfindungs-Cap oder keine Anrechnungsklausel vereinbart. Auch bei einer entgegen § 87 Abs. 1 S. 3 Hs. 2 AktG fehlenden Begrenzung für außerordentliche Entwicklungen könnte der Gesellschaft ein Schaden entstehen. Dieser läge in dem eine fiktive Begrenzung überschießenden beziehungsweise nicht angerechneten Betrag. Genauso könnten Vergütungen, die ohne erkennbaren Grund über dem doppelt Üblichen liegen, für die Gesellschaft einen Schaden bedeuten. Derartige Fälle eines unmittelbaren Schadens sollten aufgrund von mehr greifbaren Bezugspunkten deutlich besser handhabbar sein, als die vollständige Bestimmung eines angemessenen Gehalts. Ein solcher unmittelbarer Schaden könnte gegebenenfalls entfallen, soweit die Gesellschaft einen gleichzeitig gegen den Vorstand bestehenden Bereicherungsanspruch realisieren kann.[1216]

Neben solch unmittelbaren Schäden in Form eines überhöhten Gehalts sind auch mittelbare Schäden infolge falsch gesetzter, das heißt nicht nachhaltiger Vergütungsanreize denkbar. Bei einem engen, also rein zeitlichen Nachhaltigkeitsverständnis könnte der Schaden in nachträglich erforderlichen Mehraufwendungen infolge eines stichtagsbezogenen Handelns des Vorstands liegen. Bei einem weiten Nachhaltigkeitsverständnis im Sinne des Drei-Säulen-Konzepts könnten sich falsch gesetzte Vergütungsanreize zum Beispiel negativ auf das Firmenimage oder den Marken- und somit Unternehmenswert auswirken.[1217]

Zur Schadensberechnung – unabhängig vom Begriffsverständnis nachhaltiger Unternehmensentwicklung im Sinne von § 87 Abs. 1 S. 2 AktG – wäre die durch den falschen Verhaltensanreiz tatsächlich geschaffene Vermögenslage der Gesellschaft

---

1215 Siehe hierzu oben S. 222 ff.
1216 Siehe hierzu oben S. 230 ff.
1217 Siehe hierzu oben S. 235 ff.

mit der fiktiven zu vergleichen, gegebenenfalls im Wege einer Schätzung nach § 287 ZPO. Hierbei ließe sich wohl auf die Vertragswertmethode abstellen. Somit wird man auch bezüglich der Möglichkeit, den Schaden der Gesellschaft infolge einer unangemessenen Vorstandsvergütung zu bestimmen, von einer gewissen Verbesserung durch das VorstAG ausgehen dürfen. Nach wie vor dürfte sich die Schadensermittlung jedoch schwierig gestalten. Unmöglich dürfte sie in vielen Fällen allerdings nicht sein. Mittelbare Schäden der Gesellschaft würden selbst dann nicht entfallen, wenn es der Gesellschaft gelänge, den unangemessenen Gehaltsteil vom Vorstand zurück zu erlangen. Ein solcher Folgeschaden kann nicht Gegenstand des Bereicherungsanspruchs gegen den Vorstand sein, da dieser insoweit nichts erlangt hat. Dem Schadensersatzanspruch kommt somit eine besondere Funktion zu.[1218]

VI. Schadensersatzansprüche gegen den Vorstand wegen einer unangemessenen Vergütungsvereinbarung

Soweit eine Haftung des Vorstands wegen seiner unangemessenen Vergütung denkbar ist, wäre diese nach der im Rahmen dieser Arbeit bevorzugten Ansicht nicht an seine allgemeinen Organpflichten oder daran zu knüpfen, ob der Vorstand den Aufsichtsrat aktiv in seiner Entscheidung beeinflusst hat beziehungsweise den Verstoß des Aufsichtsrats ohne Weiteres erkennen konnte. Vielmehr sollte ein unmittelbarer Verstoß des Vorstands gegen § 87 Abs. 1 AktG als Auslöser der Haftung angesehen werden. Die Vorschrift spricht nach hiesigem Verständnis auch den Vorstand an, der auch als Privatperson kein berechtigtes Interesse an einer unangemessenen Vergütung haben kann.

Ein Verstoß des Vorstands im vorgenannten Sinn könnte allgemein in der Annahme oder dem Fordern einer unangemessenen Vergütung oder dem Unterbreiten nicht nachhaltiger Vergütungsvorschläge liegen. Soll ein Vorstand erstmals bestellt werden, könnte § 87 Abs. 1 AktG als spezialgesetzlich normierter Ausfluss des Grundsatzes culpa in contrahendo vorvertragliche Wirkung entfalten, wobei die anschließende Bestellung auf den Zeitpunkt der Vertragsverhandlungen zurückwirken könnte. Warum der Vorstand erst über den Umweg seiner allgemeinen Pflichten den Vorgaben des spezialgesetzlichen § 87 Abs. 1 AktG unterworfen werden soll, ist schon aus systematischer Sicht nicht recht nachvollziehbar. Geht man also wie hier davon aus, § 87 Abs. 1 AktG sei infolge des VorstAG auch an den Vorstand adressiert, dürfte eine Neubewertung einer möglichen Vorstandshaftung geboten sein.[1219]

Unabhängig von dem Anknüpfungspunkt für eine Pflichtverletzung des Vorstands könnte es konsequent sein, zugunsten des Vorstands die Business Judgment Rule dem Grunde nach für anwendbar zu erklären. Andernfalls könnte sich der Aufsichtsrat hierüber entlasten, der Vorstand allerdings nicht. Dies wäre ein widersprüchliches Ergebnis, da gemäß § 116 S. 3 AktG auch nach dem Inkrafttreten des VorstAG die Letztverantwortung für die Vorstandsvergütung beim Aufsichtsrat ver-

---

1218 Siehe hierzu oben S. 240 f.
1219 Siehe hierzu oben S. 79 ff.

bleiben soll. Der Vorstand würde gegebenenfalls unter geringeren Voraussetzungen haften als der Aufsichtsrat. Das kann nicht gewollt sein.

Befürwortet man außerdem wie im Rahmen dieser Arbeit, dass auch der Vorstand durch § 87 Abs. 1 AktG angesprochen wird, müsste dieser seine Entscheidung ohnehin wie der Aufsichtsrat unter Unsicherheiten infolge einer anzustellenden Prognose treffen. Dies würde zusätzlich für die Anwendung der Business Judgment Rule sprechen. Wegen der Letztverantwortung des Aufsichtsrats müssten für den Vorstand diesbezüglich aber großzügigere Maßstäbe gelten.[1220]

VII. Schwächen bei der möglichen Geltendmachung von Ansprüchen der Gesellschaft gegen die Organe

Liegen Ansprüche gegen den Aufsichtsrat oder Vorstand vor, wäre das jeweils andere Organ gehalten, diese geltend zu machen. Da sich das hierzu berufene Organ in aller Regel selbst belasten würde, dürfte es in der Praxis voraussichtlich nicht zu einer Geltendmachung auf diesem Wege kommen.[1221] Denkbar wäre eine Anspruchsverfolgung allenfalls bei Austausch der Personen in einem der Organe, bei Einsetzung eines Insolvenzverwalters oder im Wege des Klageerzwingungsverfahrens nach § 147 Abs. 1 AktG. Die Erhebung einer Aktionärsklage nach § 148 AktG dürfte in der Praxis noch unwahrscheinlicher als die zuvor genannten Möglichkeiten sein.[1222]

An diesen strukturellen Schwächen hat das VorstAG offenkundig nichts geändert. Das Hauptversammlungsvotum nach § 120 Abs. 4 AktG ist rein fakultativ und begründet weder Rechte noch Pflichten. Somit ist voraussichtlich damit zu rechnen, dass das Angemessenheitsgebot nach § 87 Abs. 1 AktG auch zukünftig in vielen Fällen eine Leerformel bleiben wird. Insoweit gilt die altbekannte Weisheit: Wo kein Kläger, da kein Richter. Es mag mit dem VorstAG zwar ansatzweise gelungen sein, die Anspruchsvoraussetzungen und Rechtsfolgen bei unangemessenen Vorstandsgehältern zumindest in einzelnen Punkten etwas näher einzugrenzen. Das bereits vor dem VorstAG bekannte Dilemma wird hierdurch jedoch nicht gelöst. Zukünftige Vergütungsexzesse ohne rechtliche Folgen sind somit nicht ausgeschlossen, wenn nicht sogar nur eine Frage der Zeit.

Dennoch ist seit dem Inkrafttreten des VorstAG zu beobachten, dass sich die Rechtsprechung etwas verstärkt mit den Rechtsfolgen einer unangemessenen Vorstandsvergütung auseinander setzt. Ob sich diese Entwicklung weiter fortsetzt, bleibt abzuwarten. Sollte dies der Fall sein, könnten sich potentielle Anspruchssteller hierdurch zumindest vereinzelt ermutigt fühlen. Trotz der ganz erheblichen Probleme in diesem Bereich scheint die wirksame Durchsetzung von Ansprüchen der Gesellschaft gegen den Vorstand oder Aufsichtsrat wegen einer unangemessenen Vorstandsvergütung somit nicht gänzlich ausgeschlossen. Das VorstAG dürfte dies zumindest nicht unwahrscheinlicher gemacht haben.

1220 Siehe hierzu oben S. 247 ff.
1221 Siehe hierzu oben S. 48 f.
1222 Siehe hierzu oben S. 251 f.

E. Jüngste Entwicklung

Erneut darum bemüht, wirksame Mittel zur Regulierung von Vorstandsgehältern zu schaffen, beschloss der Bundestag am 27.06.2013 den Entwurf eines Gesetzes zur Verbesserung der Kontrolle der Vorstandsvergütung und Änderung weiterer aktienrechtlicher Vorschriften (VorstKoG). Der Entwurf sah vor, ein jährliches Vergütungsvotum nach § 120 Abs. 4 AktG verbindlich zu machen.[1223] Das Gesetz scheiterte jedoch, da vom Bundesrat der Vermittlungsausschuss angerufen wurde und anschließend der Diskontinuitätsgrundsatz eingriff.[1224] Der Referentenentwurf für eine Aktienrechtsnovelle 2014 sah ein verbindliches Hauptversammlungsvotum nach § 120 Abs. 4 AktG entgegen dem Koalitionsvertrag zwischen CDU/CSU und SPD dann nicht mehr vor.[1225]

Eingeführt wurde ein Hauptversammlungsvotum bei börsennotierten Aktiengesellschaften allerdings auf europäischer Ebene. Die EU-Kommission unterbreitete in diesem Sinn am 09.04.2014 einen Vorschlag zur Änderung der Aktionärsrechterichtlinie 2007/36/EG und der Rechnungslegung-Richtlinie 2013/34/EU, nach welchem eine verpflichtende Abstimmung mindestens alle drei Jahre stattfinden sollte.[1226] Nach einiger Abstimmung mit dem Europäischen Rat stimmte das EU-Parlament am 14.03.2017 einer angepassten Fassung der Änderungsrichtlinie zu. Nach erfolgter formeller Zustimmung durch den Rat muss die Änderungsrichtlinie nun nach ihrem Inkrafttreten bis zum 10.06.2019 in nationales Recht umgesetzt werden.[1227] Nach dem gemäß der Änderungsrichtlinie anzupassenden Art. 9a der Aktionärsrechterichtlinie soll das Votum der Hauptversammlung zur Vergütungspolitik grundsätzlich verbindlich sein. Die Mitgliedstaaten sollen allerdings vorsehen können, dass das Votum nur beratenden Charakter hat.[1228]

Die Einbeziehung der Hauptversammlung bei der Festsetzung der Vorstandsvergütung ist in der Lehre umstritten. Teilweise wird die Hauptversammlung als nicht ausreichend qualifiziert angesehen.[1229] Zudem wird die Gefahr eines Kompetenzkonfliktes gesehen.[1230] Daher wird etwa über die Gründung einer Behörde nachgedacht, welche nach einer Anregung durch ein Aktionärsquorum mögliche Ansprüche wegen einer unangemessenen Vorstandsvergütung weiter prüfen und

---

1223 BT-Drs. 17/14214, S. 7.

1224 Vgl. *Müller-Eising*, GWR 2014, 229.

1225 Vgl. *Müller-Eising*, GWR 2014, 229; ferner Handelsrechtsausschuss DAV, NZG 2014, 863.

1226 Europäische Kommission, COM(2014) 213 final; vgl. hierzu auch *Verse/Wiersch*, EuZW 2014, 375, 379.

1227 Vgl. hierzu auch *Philipp*, EuZW 2017, 243.

1228 Kurzer Überblick bei *Koch*, BB 2017, 1.

1229 So noch *Hoffmann*, in: Spindler/Stilz, AktG, 2. Aufl., § 120 Rn. 54.

1230 Vgl. *Hoffmann*, in: Spindler/Stilz, AktG, § 120 Rn. 60.

einen besonderen Vertreter zur Anspruchsverfolgung benennen dürfen soll.[1231] Andere wiederum sehen in der (verbindlichen) Mitwirkung der Hauptversammlung den einzig hilfreichen Weg.[1232]

Zur Sinnhaftigkeit einer Hauptversammlungsbeteiligung oder zu anderen denkbaren Möglichkeiten Stellung zu nehmen, würde den Rahmen dieser Arbeit deutlich sprengen. Selbst wenn eines Tages auf nationaler Ebene ein verbindliches Hauptversammlungsvotum im Rahmen der europäischen Gesetzgebung vorgeschrieben sein sollte, könnte sich dies voraussichtlich nur auf anschließend zu vereinbarende Vorstandsvergütungen auswirken. Für nach dem derzeit geltenden Recht vereinbarte Vorstandsgehälter und diesbezüglich mögliche Rechtsfolgen sollten die Ausführungen in dieser Arbeit dem Grunde nach ihre Gültigkeit behalten. Da die EU-Änderungsrichtlinie ohnehin ausdrücklich ein rein beratendes Hauptversammlungsvotum zulässt, dürfte auf deutscher Ebene tendenziell nicht mit der Einführung eines verbindlichen Votums zu rechnen sein. Schließlich wurde ein solches Ansinnen vom deutschen Gesetzgeber jüngst aufgegeben.

Größere Auswirkungen dürfte die Umsetzung der Änderungsrichtlinie daher hinsichtlich der Ausrichtung der Vorstandsvergütung haben. Nach Erwägungsgrund 29 der vom Europäischen Parlament beschlossenen Fassung sollen die Leistungen von Mitgliedern der Unternehmensleitung anhand sowohl finanzieller als auch nicht-finanzieller Kriterien, gegebenenfalls einschließlich ökologischer, sozialer und Governance-Faktoren, bewertet werden. Hierin lässt sich die wohl mehr als eindeutige zukünftige gesetzliche Vorgabe sehen, die Vergütungen von Vorständen deutscher Aktiengesellschaften am Drei-Säulen-Konzept auszurichten.[1233] Dies steht im Einklang mit der oben bereits erwähnten sogenannten EU-CSR-Richtlinie 2014/95/EU, welche für bestimmte Unternehmen des öffentlichen Interesses bereits eine Berichtspflicht zu Zielen des Drei-Säulen-Konzepts vorsieht.[1234]

Durch die entsprechende Umsetzung der genannten Änderungsrichtlinie dürfte der europäische Gesetzgeber ein wichtiges – teilweise bereits vor dem Gesetzgebungsverfahren entwickeltes – Ergebnis dieser Arbeit bestätigen. So wird ein weites, unternehmensspezifisch an das Drei-Säulen-Konzept anknüpfendes Verständnis nachhaltiger Unternehmensentwicklung gemäß § 87 Abs. 1 S. 2 AktG angesichts der ausdrücklichen Einbeziehung nicht-finanzieller Faktoren wohl als vorzugswürdig gegenüber der engen, rein zeitlichen Sichtweise erachtet.

Zwar wurde der soeben genannte Wortlaut des maßgeblichen Erwägungsgrundes der Änderungsrichtlinie diesbezüglich im Vergleich zu einem früheren Entwurf minimal abgeschwächt. So hieß es in dem am 08.07.2015 vom Europäischen Parlament verabschiedeten Entwurf noch, die Leistung der Unternehmens-

---

1231 *Cahn*, in FS Hopt, S. 431, 454.

1232 Vgl. *Drygala*, ZRP 2012, 161, 163 f.; *v. Falkenhausen/Kocher*, AG 2010, 623, 628; *Schüppen*, ZIP 2010, 905, 908 ff.

1233 Vgl. *Velte*, NZG 2016, 294, 295.

1234 Vgl. *Velte*, NZG 2016, 294, 295 f.

leitung solle unter anderem anhand nicht-finanzieller Kriterien wie ökologischen und sozialen Faktoren und Aspekten der Unternehmensführung bewertet werden. Jedoch dürfte deshalb keine grundlegend andere Bewertung angebracht sein. Es dürfte nicht wesentlich ins Gewicht fallen, dass die zu berücksichtigenden ökologischen, sozialen und Governance-Faktoren nicht mehr beispielhaft, sondern nur noch als gegebenenfalls einzubeziehend aufgeführt werden. Entscheidend dürfte vielmehr das Festhalten an der ausdrücklichen Nennung und somit die Vorgabe einer bestimmten Grundausrichtung sein. Die jetzige Formulierung, nach welcher die Vergütung der Unternehmensleitung nur noch eventuell auf die genannten Aspekte auszurichten sein wird, ist lediglich bestimmten Konstellationen geschuldet, in welchen eine entsprechende Vergütungsausrichtung angesichts des konkreten Unternehmensinteresses nicht angebracht wäre. Dies wird im Rahmen dieser Arbeit nicht bestritten.[1235]

Nach dem Inkrafttreten der Änderungsrichtlinie wird man überlegen müssen, ob überhaupt eine entsprechende Anpassung des Aktienrechts erforderlich sein wird. Nach dem hier gefundenen Ergebnis wäre die Änderungsrichtlinie mit § 87 Abs. 1 S. 2 AktG durch das VorstAG bereits umgesetzt. Eine reine Klarstellung könnte daher allenfalls letzte Zweifel ausräumen, wäre aber aufgrund der gerade im Wirtschaftsrecht gebotenen europarechtskonformen Auslegung nicht zwingend erforderlich.[1236]

1235 Siehe hierzu oben S. 221.
1236 Siehe hierzu oben S. 161 f. und 164.

Schriften zum Gesellschafts-, Bilanz- und Unternehmensteuerrecht

Herausgegeben von Barbara Grunewald und Joachim Hennrichs

Band 1 Moritz Pöschke: Eigenkapital mittelständischer Gesellschaften nach IAS/IFRS. 2009.

Band 2 Ulrike Lehmann: Gesellschaftsrechtliche Gestaltungen im Erbschaft- und Schenkungsteuerrecht. Eine Untersuchung der Erbschaft- und Schenkungsteuersubjektivität der Personengesellschaft sowie der mittelbaren Anteilsschenkung. 2009.

Band 3 Christian Graw: Das Konzept der Anteilseignerbesteuerung nach § 22 UmwStG 2006 – insbesondere im Vergleich zu § 21 UmwStG 1995. 2009.

Band 4 Christopher M. Picot: Die Rechte der Aktionäre beim Delisting börsennotierter Gesellschaften. 2009.

Band 5 Pascal Alexander Salomon: Regelungsaufträge in der Societas Privata Europea. Einführung in eine neue Rechtsform unter besonderer Berücksichtigung des Gesetzgebungs-instruments des Regelungsauftrages. 2010.

Band 6 Anna Sabrina Cryns: Gesellschafterfremdfinanzierung in Frankreich und Zinsschranke – ein Rechtsvergleich. 2011.

Band 7 Björn Karst: Das Marktmanipulationsverbot gem. § 20a WpHG. Unter besonderer Berücksichtigung der „Safe-Harbor"-Regelung. 2011.

Band 8 Ulrike Petig: Verdeckte Sacheinlagen im GmbH- und Aktienrecht. Die Veränderungen durch MoMiG und ARUG. 2012.

Band 9 Jochen Möller: Vorteilsanrechnung bei nützlichen Pflichtverletzungen im Kapitalgesellschafts- und Kartellrecht. 2012.

Band 10 Alexander Kersten: Zinsschranke und IFRS. Rechtssystematische Einordnung einer punktuellen Maßgeblichkeit der IFSR im Steuerrecht am Beispiel der Zinsschranke. 2012.

Band 11 Tobias Strohmeier: Special Purpose Acquisition Companies. SPACs im Spannungsfeld von deutschem Aktien- und Kapitalmarktrecht. 2012.

Band 12 Ruth Winter: Die steuerliche Behandlung von Scheinauslandsgesellschaften. Eine Untersuchung zur doppelansässigen Kapitalgesellschaft. 2013.

Band 13 Daniel Krey: IFRS und Ausschüttungsbemessung. 2013.

Band 14 Gabriel Jakob Litzenberger: Sanierungspflichten in der Krise von AG und GmbH. 2014.

Band 15 Franziska Neumann: Rechtliche Probleme von PIPE-Transaktionen. 2014.

Band 16 Jan Winzen: Vorzugsaktie und KGaA. Instrumente zur Kontrollerhaltung bei der Eigenkapitalfinanzierung. Unter besonderer Berücksichtigung der Vereinheitlichung von Aktiengattungen. 2014.

Band 17 Andreas Gerten: Angemessenheit und Steuern. Verdeckte Einkommensverwendung bei Kapitalgesellschaften im internationalen Vergleich. 2014.

Band 18 Isabel Kristin Fischer: Die Partnerschaftsgesellschaft mit beschränkter Berufshaftung. Rechtliche Einordnung und Haftungsverfassung unter Berücksichtigung der englischen LLP. 2015.

Band 19 Leif Klinkert: Probleme der neuen Ansatzrechte im Sinne des § 268 Abs. 8 HGB und der entsprechenden Ausschüttungssperren. Zugleich ein Vergleich zur kalifornischen Ausschüttungsregelung. 2016.

Band 20 Kai Sofia Loth: Die Haftung der Organe einer Aktiengesellschaft bei Entscheidungen unter Rechtsunsicherheit. De lege lata et ferenda. 2016.

Band 21 Nikolaus Moench: Die Societas Unius Personae (SUP). 2016.

Band 22 Moritz Evertz: Unternehmensstrafrecht aus gesellschaftsrechtlicher Sicht. Eine Untersuchung am Beispiel des nordrhein-westfälischen Gesetzesentwurfs zur Einführung eines Verbandsstrafgesetzbuchs. 2016.

Band 23 Gudrun Dorothea von der Laage: Handelsbilanzielle und körperschaftsteuerliche Aspekte der Sitzverlegung einer Europäischen Aktiengesellschaft (SE). Profili contabili e fiscali (dell'IRES) del trasferimento di sede di una Società Europea (SE). 2017.

Band 24 Christina Schröter: Rechtliche Grundlagen und normzweckadäquate Unternehmensbewertung bei Kapitalgesellschaften. 2017.

Band 25 Eric Becker: Unternehmerische Freiheit in deutscher KGaA und britischer PLC. Eignet sich die PLC als Rechtsformalternative für börsenwillige Familienunternehmen in Deutschland? 2017.

Band 26 Benedikt Statz: Die Haftungsverfassung der Partnerschaftsgesellschaft mit beschränkter Berufshaftung. 2017.

Band 27 Moritz Beneke / Barbara Grunewald: Der Besondere Vertreter nach § 147 AktG. 2018.

Band 28 Florian Wirkes: Rechtsfolgen einer nicht nach § 87 Abs. 1 AktG angemessenen Vorstandsvergütung. Unter Berücksichtigung der Änderungen durch das Gesetz zur Angemessenheit der Vorstandsvergütung (VorstAG). 2018.

www.peterlang.com